Ullstein

ÜBER DAS BUCH

Über die politische Führung des Dritten Reiches gibt es zahlreiche biographische Nachschlagewerke. Was bisher fehlte, ist ein »Who's who« der führenden Militärs der nationalsozialistischen Diktatur. Diese Lücke schließen nun 27 international renommierte Militärhistoriker aus Deutschland, den Vereinigten Staaten und Großbritannien. Wer waren die Männer, die den militärischen Apparat Hitler-Deutschlands aufbauten und das Dritte Reich zur Eroberung fast ganz Europas und schließlich in die totale Niederlage führten? Die über Hunderttausende deutscher und verbündeter Soldaten sowie ein noch nie dagewesenes Waffenarsenal geboten? Auf höchstem fachlichen Niveau, gleichwohl auch für den interessierten Laien verständlich, geben die biographischen Skizzen kritisch Auskunft über die Elite der deutschen Wehrmacht, über Hitlers Generäle und Admiräle – von Dönitz bis Guderian, von Manstein bis Rommel.

DIE HERAUSGEBER

Prof. Dr. Ronald Smelser, geboren 1942, lehrt seit 1983 deutsche Geschichte an der University of Utah in Salt Lake City und gilt als einer der führenden amerikanischen NS-Experten. Seine Arbeitsschwerpunkte sind die Außen- und Sozialpolitik des Dritten Reiches. Er ist Mitherausgeber der biographischen Sammelbände »Die braune Elite«, Band 1 und 2, Darmstadt 1989 und 1993.

Dr. Enrico Syring, geboren 1960, Historiker in Gießen, beschäftigt sich seit Jahren mit der Rolle der bewaffneten Macht im Dritten Reich und mit dem Zweiten Weltkrieg. Er ist Autor der im Propyläen Verlag erschienenen Studie »Hitler. Seine politische Utopie« (1994) und Mitherausgeber von »Die braune Elite« und »›Für Deutschland‹. Die Männer des 20. Juli«.

Herausgegeben von
Ronald Smelser / Enrico Syring

Die Militärelite
des Dritten Reiches

27 biographische Skizzen

Ullstein

Ullstein Buchverlage GmbH,
Berlin
Taschenbuchnummer: 33220

Ungekürzte Ausgabe
Juli 1997

Umschlagentwurf:
Christof Berndt & Simone Fischer
Unter Verwendung eines Fotos
von AKG Photo
Alle Rechte vorbehalten
© 1995 by Verlag Ullstein GmbH, Berlin · Frankfurt am Main
Printed in Germany 1997
Gesamtherstellung:
Clausen & Bosse, Leck
ISBN 3 548 33220 X

Die englischsprachigen Beiträge wurden von Kurt Baudisch
und Hans-Ulrich Seebohm übersetzt.

Gedruckt auf alterungsbeständigem Papier
mit chlorfrei gebleichtem Zellstoff

Die Deutsche Bibliothek – CIP-Einheitsaufnahme

Die Militärelite des Dritten Reiches: 27 biographische Skizzen/
hrsg. von Ronald Smelser und Enrico Syring.
[Die engl.-sprachigen Beitr. wurden von Kurt Baudisch und
Hans-Ulrich Seebohm übers.]. – Ungekürzte Ausg. –
Berlin: Ullstein, 1997
   (Ullstein-Buch; 33220: Ullstein-Zeitgeschichte)
   ISBN 3 548 33220 X

INHALT

Eine Elite im Widerstreit

VON RONALD SMELSER UND ENRICO SYRING

Sie waren Spitzenmilitärs des nationalsozialistischen Deutschlands. Während des Zweiten Weltkriegs führten sie Befehl über Hunderttausende deutscher und verbündeter Soldaten. Wegen ihrer militärischen Führungsleistungen genossen und genießen sie bis auf den heutigen Tag international hohes Ansehen. Und doch sind sie – nicht erst nach 1945 und nicht nur in der aktuellen Traditionsdebatte der Bundeswehr – infolge ihrer Verwicklungen in die Massenverbrechen des Regimes, dem sie dienten, ins Gerede gekommen. Wer waren die Männer, die den militärischen Apparat Hitler-Deutschlands aufbauten und ihn während des Krieges handhabten? 27 Historiker aus Deutschland, den USA und Großbritannien versuchen hierauf im vorliegenden Band eine Antwort zu geben.

Bei dieser Sammlung biographischer Skizzen handelt es sich um den dritten Band eines größeren Projekts, in welchem die Lebenswege prominenter Repräsentanten des Dritten Reiches in einer auch dem historisch interessierten Laien zugänglichen Form aufgearbeitet werden sollen. Die ersten beiden Bände dieser Reihe sind unter dem Titel »Die braune Elite«[1] erschienen. In ihnen wurden ausschließlich Angehörige der politischen Sphäre NS-Deutschlands vorgestellt. Komplementär hierzu kommen nun bedeutende und damals angesehene Führer des deutschen militärischen Apparates jener Zeit zur Darstellung. Daß dieses Buch nicht einfach »Die braune Elite, Band 3« betitelt wird, resultiert aus dem hochkomplizierten und nicht auf einen einfachen Nenner zu bringenden Verhältnis zwischen den deutschen Militärs und dem Regime, dessen bewaffnete Macht sie von 1933 bis 1945 verkörperten.

Da es sich beim Nationalsozialismus um ein zutiefst politisch-ideologisches Phänomen des Massenzeitalters handelte, scheinen sich auf den ersten Blick nur vereinzelte Berührungspunkte mit einem militärischen Establishment ergeben zu haben, welches sich traditionell und überaus standes- und selbstbewußt als eine über die Welt des Politischen erhabene Elite dünkte. Und doch geriet gerade dieses militärische Establishment in den Jahren nach 1933, wenn auch in unterschiedlichem Grade, unter den Bann Hitlers, wurde mit nur wenigen Ausnahmen zu einem willfährigen, ja zuweilen geradezu enthusiastischen Kollaborateur bei der Entfesselung und Durchführung eines bis dahin in der Geschichte einzigartigen Eroberungs- und Rassenvernichtungskrieges.

Anders als diejenigen Parteigänger Hitlers, die in den beiden Bänden der »Braunen Elite« skizziert worden sind, scheinen zumindest die Angehörigen des höheren Offizierkorps der Reichswehr und der Wehrmacht nur in vergleichsweise geringer Zahl einen bewußten Weg zur nationalsozialistischen Ideologie gesucht und gefunden zu haben. Für die meisten war offenbar entscheidender, daß sie ein Teil des Staatsapparates waren und in dieser Eigenschaft dem Reichswehrministerium und später auch ganz unmittelbar dem legalen Staatsoberhaupt – ab August 1934 Adolf Hitler – unterstanden. Ihr Verhältnis zum Regime war mithin weitaus komplexer und problematischer als dasjenige der »bekennenden« Nationalsozialisten bzw. Hitler-Anhänger. Diese Komplexität soll anhand der Karrieren der 27 hier präsentierten Generäle und Admiräle verdeutlicht werden.

Angesichts der Vielzahl der militärischen Führer, die hierfür grundsätzlich in Frage gekommen waren, mußte eine rigorose Auswahl getroffen werden. Dabei spielten rein pragmatische Gründe, wie die relative Beengtheit des für unser Vorhaben zur Verfügung stehenden Raumes und die Frage der Gewinnung kompetenter Autoren, eine nicht zu unterschätzende Rolle. In bestimmter Ausprägung typische Vertreter des militärischen Apparates NS-Deutschlands, wie beispielsweise Ernst Busch oder

10

Kurt Zeitzler, sind allein deshalb nicht mit in unsere Sammlung aufgenommen worden, weil wir trotz aller Bemühungen keine für diese »Fälle« kompetenten Kollegen ermitteln konnten. Trotzdem sind wir zuversichtlich, daß unsere Auswahl eine hinsichtlich ihrer sozialen Herkunft, ihrer fachmilitärischen Orientierung und ihrer Einstellung zum Regime bemerkenswerte Vielfalt und Spannbreite umfaßt. Zudem glauben wir, immerhin die bedeutendsten ehemaligen deutschen Spitzenmilitärs zur Darstellung gebracht zu haben.

Nicht berücksichtigt wurden jene Offiziere und Generäle, die unmittelbar mit dem Hitler-Attentat vom 20. Juli 1944 in Verbindung standen. Auch dies war eine rein pragmatische Entscheidung, denn Ludwig Beck, Caesar von Hofacker, Friedrich Olbricht, Hans Oster, Claus Schenk Graf von Stauffenberg, Hellmuth Stieff, Carl-Heinrich von Stülpnagel, Henning von Tresckow und Erwin von Witzleben sind bereits 1994 in einem biographischen Sammelband gewürdigt worden, dessen Herausgeberteam mit demjenigen der »Braunen Elite« teilweise identisch war.[2] Überschneidungen sollten vermieden werden. Gleichwohl sei hier ausdrücklich darauf hingewiesen, daß auch die am 20. Juli beteiligten höheren Offiziere zur Militärelite des Dritten Reiches gehörten und in einem umfassenden Bild derselben angemessen berücksichtigt werden müssen.

Zudem wird bei der Lektüre des vorliegenden Sammelbandes deutlich werden, daß auch einige der hier behandelten militärischen Führer in engerer oder loserer Fühlung mit dem deutschen Widerstand standen bzw. von diesem – zum Teil wiederholt – angesprochen worden sind. Es dürfte wohl Ausdruck der Tradition und des besonderen Standesbewußtseins sein, welches zumindest innerhalb des höheren Offizierkorps selbst noch unter den Bedingungen des NS-Regimes gepflegt wurde, daß bis dato kein Fall bekannt geworden ist, in dem auch nur einer dieser in aller Regel vergeblichen Kontaktversuche denunziert worden wäre.[3]

Ferner haben wir uns entschlossen, auch die drei bekanntesten Generäle der Waffen-SS mit in unsere Auswahl aufzunehmen.

Nicht etwa, weil wir der Ansicht wären, die Angehörigen dieser Organisation seien »Soldaten wie andere auch«[4] gewesen, sondern allein, weil sie während des Zweiten Weltkrieges von Deutschlands Gegnern als ein Teil der deutschen Streitkräfte erlebt und wahrgenommen worden sind. Gleichwohl unterschied sich die Waffen-SS – zumal ihre Elite-Verbände – hinsichtlich ihres Selbstverständnisses, ihrer Auslese- und Ausbildungskriterien sowie ihrer brutalen, oftmals in jeder Hinsicht rücksichtslosen Kampfesweise erheblich von der Wehrmacht.[5] Allerdings haben deren Vertreter nach 1945 nur allzu geflissentlich verdrängt, daß sie den Panzerdivisionen der Waffen-SS während des Krieges gerade aufgrund dieser spezifischen Eigenheiten nicht selten bewundernd Respekt gezollt haben. Auch ist die in den ersten Nachkriegsjahrzehnten in Deutschland vorherrschende Lesart, der zufolge die Kriegs- und Massenverbrechen, besonders auf dem sowjetischen Kriegsschauplatz, nahezu ausschließlich auf das Konto dieser mit Argwohn beobachteten Rivalin der etablierten bewaffneten Macht gegangen seien, inzwischen als eindeutig apologetisch entlarvt worden: Auch die Wehrmacht war zutiefst darin verstrickt.[6]

Bei der Betrachtung der hier versammelten Vertreter aller Teilstreitkräfte ist neuesten Forschungsergebnissen zu den Affinitäten zwischen militärischen und nationalsozialistischen Kriegszielen Rechnung getragen worden. Die Autoren haben – anders als in den zumal in der englischsprachigen Literatur vorherrschenden »war heroes«-Bänden – nicht nur die rein militärische Seite der Karrieren dieser Männer durchleuchtet, sondern ihr Verhältnis zu Hitler und zum Nationalsozialismus, mithin ihre politischen und weltanschaulichen Dispositionen, mit einbezogen. Es galt auch, die Karriere jedes Offiziers vor dem Hintergrund des durch die Nachkriegspublizistik verbreiteten Bildes zu reflektieren, denn zuweilen sind um manche der hier vorgestellten Spitzenmilitärs regelrechte Mythen gewoben worden, die sich als so außerordentlich zählebig erwiesen, daß ihnen zumindest in der öffentlichen Diskussion gelegentlich noch bis auf den heutigen Tag geradezu der Rang unumstößlicher historisch-wissenschaftlicher Erkenntnisse zugemessen wird.

Auf allgemeinerer Ebene haben die überlebenden hohen militärischen Führer nach 1945 beispielsweise ihren Anteil am Zustandekommen der nach 1942 immer häufiger eintretenden militärischen Rückschläge bzw. Katastrophen und an den diesen zugrunde liegenden Fehlentscheidungen vorsätzlich und systematisch verschleiert[7], indem sie behaupteten, Hitler habe sie in dieser Phase des Krieges oftmals mit brutaler Gewalt gezwungen, offensichtlich unsinnige Befehle wider besseres Wissen und gegen ihren erbitterten Widerstand dennoch auszuführen.[8] Tatsächlich ist der historischen Forschung seit längerem bekannt, daß sich Hitler – gerade umgekehrt – bei einer ansehnlichen Reihe jener Entscheidungen, die ihm nach 1945 als ganz besonders krasse Fehlleistungen allein angelastet worden sind, seinerzeit in Übereinstimmung mit den Ratschlägen seiner besten militärischen Fachleute befunden hatte.[9] Diese Feststellung sollte nicht in Hitler-Apologie umschlagen, wohl aber den Blick für die historische Mitverantwortung einer Elite öffnen, die sich ihr nur allzu lange zu entziehen gewußt hat.

In der historischen Realität war das persönliche Verhältnis der Oberbefehlshaber zu Hitler viel komplizierter, als bisweilen noch immer angenommen wird. Er hatte sie nicht einfach hypnotisiert oder bestochen, und sie lebten keineswegs in beständiger Angst vor ihm oder waren ihm einfach in blinder Loyalität regelrecht hörig. Viele traten ihm tatsächlich in wichtigen Fragen persönlich entschieden entgegen, und zwar auch noch in der zweiten Hälfte des Krieges, als er sich immer weiter auch in die kleinsten Details der Kriegführung einzumischen begann und ein nach menschlichem Ermessen fürchterliches Ende absehbar wurde. Hitler seinerseits reagierte dann in der Regel nicht einfach mit barschen Befehlen an die ihm Untergebenen, sondern rang zuweilen mühevoll um die entsprechenden militärischen Führer, versuchte sie von seiner Sicht der Dinge zu überzeugen. »Gerade die Generale sind ja ein Jahrzehnt lang nicht einer würerischen Kraft gewichen, sondern einer oft bezwingenden, mit Gründen argumentierenden Persönlichkeit gefolgt.«[10] Diese Feststellung Albert Speers erweist sich für den über die deutsche Kriegführung während des Zweiten Weltkrieges arbeitenden Zeithistoriker oft in einem geradezu frappierenden Ausmaß als stichhaltig.

Alles in allem findet auch manche unter den Fachhistorikern überaus kontroverse Frage in den hier versammelten Beiträgen ihren Niederschlag: Wie konnten die hier porträtierten Männer – zumeist loyal bis zum bitteren Ende – nur einem Regime dienen, dessen Zielvorstellungen offenkundig all jenen Werten zuwiderliefen, die man traditionell als zivilisiert einstufen würde? Waren sie einfach militärische Techniker, die sich engstirnig so ausschließlich auf ihre beruflichen Aufgaben konzentrierten, daß sie sich um die größeren Zusammenhänge ihres Tuns keinerlei Gedanken machten? Oder stimmten sie über weite Strecken mit den Zielen ihrer politischen Führung überein? Wurden sie von (unbewußten) Affinitäten zur nationalsozialistischen Ideologie geleitet[11], oder handelte es sich bei ihnen eher um fachlich hochbefähigte, ehrgeizige und wendige Karrieristen – wie man sie zu allen Zeiten in allen Berufssparten innerhalb jeder staatlichen Ordnung findet –, denen es völlig gleichgültig war, unter welchen politischen Rahmenbedingungen sie mit aller Kraft ihren persönlichen Aufstieg betrieben?[12] Aus welchen Gründen zeigten sich so viele Offiziere bereit, die immer barbarischere, ja massenmörderische deutsche Kriegführung mitzutragen? Und welche Rolle spielten sie bei der Entwicklung und Umsetzung des Blitzkrieg-Konzeptes? Machte sie am Ende gar die seit den zwanziger Jahren dieses Jahrhunderts international zu beobachtende Modernisierung des militärischen Denkens gegenüber den »modernen« Elementen in der Politik der neuen Machthaber besonders anfällig? Auf all diese Fragen gibt es keine einfachen Antworten.

Die hier abgehandelten Oberbefehlshaber aller Teilstreitkräfte waren Produkte der Kriegführung des 20. Jahrhunderts. Die

Erfahrung des ersten »totalen« Krieges der Weltgeschichte, des Ersten Weltkrieges, hat sie nachhaltig geprägt. Einige der Offiziere entstammten traditionsgebundenen alten Adelsfamilien, aus denen schon seit Jahrhunderten Offiziere hervorgegangen waren. Andere kamen aus dem Bürgertum oder gar der unteren Mittelschicht und betrachteten die militärische Karriere als Leiter zum sozialen Aufstieg.[13] Den zerstörerischen Abnutzungskrieg von 1914 bis 1918 erlebten sie zumeist als junge Truppen- und/oder Stabsoffiziere. Diese Erfahrung prägte ihre persönliche Anschauung und ihr Verhalten in den Jahren zwischen 1939 und 1945. Der massenhafte anonyme Tod, den der Erste Weltkrieg mit sich brachte, bahnte den Weg zum späteren Genozid. In der Mobilisierung der Massen und in der mythisch stilisierten Frontkameradschaft lagen die ersten Vorankündigungen der späteren Volksgemeinschaftsideologie. Der mit dem Weltkrieg einhergehende Modernisierungsschub verringerte die Kluft zwischen den nach wie vor eher traditionsverbundenen, zumeist älteren Offizieren und denjenigen, die im Krieg zunehmend einen rationalisierten, industrialisierten Prozeß, eine professionell organisierte Form der Gewaltanwendung zu erblicken begannen. Hinzu kamen der unübersehbare Zusammenbruch der völkerrechtlichen Bemühungen aus der Vorkriegszeit zur Einhegung des Krieges und das Wegfallen der sorgsamen Unterscheidung zwischen Kombattanten und Nichtkombattanten.

Niederlage und Revolution am Ende des Ersten Weltkrieges zogen eine ganze Reihe krisenhafter Entwicklungen nach sich. Die zuvor große und stolze Armee des Kaiserreiches wurde drastisch auf die kleine und im internationalen Vergleich unterbewaffnete Reichswehr der Weimarer Republik zurückgestutzt. Die Soldaten wahrten kühle Distanz zur neuen Staatsordnung, die vielen fremd erschien. Um wenigstens einigermaßen den Anschluß zum militärtechnischen Fortschritt zu halten, gingen sie oft Wege, die offiziell verboten waren. Am schwersten wog jedoch, daß die Verbindung des professionellen Ethos des Militärs zu einem übergeordneten Wertesystem verlorenging.

Die meisten der hier porträtierten Offiziere wurden in die Reichswehr übernommen. Hinsichtlich des in ihr vorherrschenden Offiziertyps formulierte ein ehemaliger Berufsoffizier nach 1945: »Eins unterliegt wohl, wenn wir heute kritisch zurückschauen, keinem Zweifel: der Schlag des jüngeren Offiziers, der als Begleitoffizier, Ordonnanzoffizier oder Adjutant in höheren Stäben Dienst getan hatte, der kluge, wendige und auch elegante Mann war wohl zu zahlreich in der Armee vertreten. … Der Charakter, die Zivilcourage, die ›Sucht zu selbständigem Denken‹ (mit diesem ironisch gefärbten Wort wurden … kritische Anwandlungen jüngerer Offiziere abgewiesen) hätten in höherem Maße anerkannt werden müssen.«[14] Doch trotz all dieser Probleme trieb die deutsche bewaffnete Macht der Zwischenkriegszeit den Prozeß der Modernisierung entschlossen weiter voran. Möglicherweise sind in der Reichswehr – notgedrungen – mehr als in anderen Armeen die industriellen Implikationen des Krieges zwischen 1914 und 1918 ernsthaft studiert und Folgerungen aus den neuen Erkenntnissen gezogen worden, so daß einige Offiziere daraus den Weg zur Entwicklung der Blitzkrieg-Strategie für den nächsten Krieg gefunden haben.

Die nationalsozialistische »Machtergreifung« konfrontierte das Offizierkorps der Reichswehr mit einer Kombination aus Verlockung und Drohung. Viele, zumal traditionsbewußte ältere Offiziere betrachteten die Nationalsozialisten in ihrer Masse als ordinäre Aufsteiger oder gar schlichtweg als zur Macht gelangten Pöbel und standen deren Treiben mit kaum verhohlener Verachtung gegenüber. Hitler selbst wurde aus der Sicht der Reichswehr allerdings alsbald zu einer Gestalt mit ganz eigentümlicher Faszinationskraft. Er besaß Autorität und gab sich patriotisch. Er allein schien fähig, die Massen in so umfassender Weise zu mobilisieren, wie man dies seit dem August 1914 kaum mehr für möglich gehalten hatte. Seine Weltanschauung, so wie sie damals dargestellt wurde, schien zusammen mit seinem charismatischen Führertum endlich jene Verbindung zwischen dem professionellen Ethos des Offizierkorps und einer höheren, »vaterländischen« Sinngebung wiederherzustellen, welche man in den Jahren der Republik so schmerzlich vermißt hatte. Hitlers demonstrativ zur Schau getragene Kühnheit und seine visionär wirkende Vorstellungskraft sprachen vor allem diejenigen Offiziere an, die ein ausgesprochen modernes Kriegsbild verfochten. Mehr als durch alles andere wurde das Offizierkorps jedoch durch die Aussicht mit Begeisterung erfüllt, Deutschlands militärische Souveränität wiederzuerlangen und das Reich wieder in den Rang einer in Europa führenden Macht erheben zu können.

Und so akzeptierten die meisten dieser Offiziere ein Regime und einen »Führer«, der seine Versprechen in den Jahren nach 1933 ja zunächst tatsächlich einlöste. Ja, die Reichswehrführung ließ auf Geheiß des Reichswehrministers von Blomberg und seines ersten Gehilfen von Reichenau die bewaffnete Macht in einem staatsstreichartigen Akt bereits unmittelbar nach dem Tod des Reichspräsidenten von Hindenburg, noch am Nachmittag des 2. August 1934, aus eigenem Antrieb auf Adolf Hitler persönlich vereidigen.[15] Allerdings wurden einige Ereignisse von ihr auch völlig falsch beurteilt, zu deren Zustandekommen sie tatkräftig beigetragen hatte[16] bzw. an deren Verlauf sie nicht ganz unschuldig war[17] und die in einer damals noch fern scheinenden Zukunft einmal voll auf sie zurückschlagen sollten: so die Ermordung zweier Generäle im Rahmen der Niederschlagung des »Röhmputsches« im Juni 1934, so die Übernahme des Oberbefehls über die Wehrmacht durch Hitler im Gefolge der Blomberg-Fritsch-Krise im Februar 1938.

In der Tat haben wir hier das Porträt eines Offizierkorps, das in die verwirrende Mehrgesichtigkeit eines Regimes eingebunden war, von dessen ideologischen Grundsätzen es manche teilte, ohne deren Implikationen jedoch wirklich durchdacht zu haben; das ferner wegen der Wiederherstellung der militärischen Souveränität Deutschlands dankbar war und doch der Kontrolle eines »Zivilisten« vollständiger unterlag als jemals zuvor. Dieses Offizierkorps war offenbar nur allzu gerne bereit, sich das bis dahin interne Ringen um die eigene Kommandostruktur in einer

17

Atmosphäre aus der Hand nehmen zu lassen, die es uneinig, verwirrt und in rücksichtslosen persönlichen Rivalitäten gefangen zurückließ, wie sie auch für die zivile Seite des Regimes so charakteristisch waren.

Dieses Offizierkorps hat seine durchaus vorhandenen Bedenken angesichts der nationalsozialistischen Erfolge – zunächst in der Innenpolitik, dann auch in der Außenpolitik und im Kriege – immer wieder zurückgestellt. Aus eigenem Antrieb hätte dieses Offizierskorps keinen »totalen« Krieg um alles oder nichts gewagt; aber dennoch hat es Hitler mit all seiner Tatkraft und seinem Ideenreichtum dabei unterstützt, einen solchen Krieg zu führen, um dann angesichts der anfänglichen Erfolge sogar einen Glauben an die Unbesiegbarkeit der deutschen Waffen zu entwickeln.

Im Krieg gegen die Sowjetunion identifizierten sich diese Offiziere schließlich immer mehr mit dem Mann und dem System, dem sie dienten. Doch selbst in den Fällen, in denen dies einmal nicht zutraf, fanden sich die entsprechenden militärischen Führer in einem Konflikt gefangen, der zwar als massenmörderischer Eroberungs- und Vernichtungskrieg begonnen hatte, sich nun aber mehr und mehr in einen verzweifelten Kampf um die Selbstbehauptung gegenüber einer überwältigenden feindlichen Mächtekonstellation verwandelte. Für diese Befehlshaber ging es jetzt nicht mehr um Hitler und sein Drittes Reich, sondern schlichtweg um die Rettung ihres Vaterlandes. Am Ende zerstörte sie der Krieg – wenn nicht ihr Leben, so doch ihre Karriere.

Wieder erhebt sich die Frage, wie dies alles geschehen konnte. Die Beiträge zu diesem Sammelband lassen ein Zusammenfließen verschiedener Faktoren deutlich werden. Die hier vorgestellten hohen Offiziere teilten in unterschiedlichem Maße manche der ideologischen Grundsätze des Regimes. Sie waren von einer starren nationalistischen bzw. patriotischen Einstellung durchdrungen. Sie meinten in Hitler die Personifikation des Einklangs von Volk und Nation zu sehen. Sie teilten den Glauben an eine kulturelle, rassische und/oder technologische Höherwertigkeit der Deutschen und waren zumindest latent von einem tief verwurzelten Antisemitismus geprägt; deshalb waren sie bereit, sich die Vorstellung der Identität von bolschewistischem Herrschaftssystem und Judentum zu eigen zu machen, mit anderen Worten: Sie übernahmen das zentrale Feindbild des NS-Regimes. Diese Offiziere schlossen sich der Überzeugung an, der Krieg im Osten werde sich fundamental von dem im Westen unterscheiden und könne nicht gemäß den Grundsätzen zivilisierten militärischen Verhaltens geführt werden. Sie teilten die Auffassung, das 20. Jahrhundert sei ein »deutsches Jahrhundert«; das Reich solle daher endlich die ihm »zustehende« Rolle der europäischen Hegemonialmacht übernehmen und müsse Großbritannien in dessen Funktion als Weltmacht beerben.

Gleichzeitig machten sich die hier porträtierten Offiziere jedoch nicht klar, mit welchen Implikationen diese von ihnen – wenn auch in differenzierter Form – geteilten ideologischen Grundsätze behaftet waren. Das ging ihnen erst auf, als sie sich bereits ausweglos in einen »totalen« Krieg verstrickt sahen.

Ferner müssen wir im Auge behalten, daß Deutschland zwar während des Ersten Weltkrieges ab 1916 de facto eine *Militärdiktatur* war, im Zweiten Weltkrieg jedoch, wie alle anderen Mächte auch, unter *ziviler* Führung stand (auch wenn sich Hitler selbst sicherlich nicht als Zivilist betrachtete). Und der oberste zivile »Führer« war überaus populär. Dies schränkte die Optionen des Offizierkorps drastisch ein. Deshalb hat Bernhard R. Kroener in seiner Fromm-Skizze im vorliegenden Band kurz und bündig formuliert: »Hatte man sich nach dem Ersten Weltkrieg der Gewinnung der politisch-militärischen Handlungsfreiheit der Vorkriegszeit verschrieben, sah man sich nun als Steigbügelhalter eines Regimes, das leichtherzig den Weg in eine kriegerische Auseinandersetzung wählte.«

Unübersehbar befand sich das höhere Offizierkorps hinsichtlich des von ihm bis dahin so sorgfältig behaupteten und gehegten Elitestatus seines Berufsstandes in einer Umbruchsituation.

Das NS-System eröffnete nämlich in erheblichem Maße Möglichkeiten zur horizontalen wie vertikalen sozialen Mobilität. Die SS und auch die Waffen-SS boten sich einerseits jungen Männern bescheidener Herkunft als Vehikel für den sozialen Aufstieg geradezu an, dienten andererseits aber auch als Brücken zur Integration alter (aristokratischer) Eliten in das Regime. Gleichzeitig wurden im Verlauf des Krieges auch innerhalb der etablierten militärischen Organisation Männer von einfacher sozialer Herkunft in Ränge hineinbefördert, die bisher überwiegend den Angehörigen der alten Eliten vorbehalten waren. Diese Aufsteiger hatten oftmals durch herausragende Leistungen gerade bei der Umsetzung modernster Formen der Kriegführung, etwa in der Führung von Panzer-, Schlachtflieger- oder kombinierten Verbänden, auf sich aufmerksam gemacht.

Hitler gelang es vor allem, sich der persönlichen Loyalität ebendieser sozialen Aufsteiger zu versichern, zumal die Möglichkeit zum sozialen Aufstieg zu den grundlegenden Organisationsprinzipien seiner Herrschaft zu gehören schien. Er ging dieser Loyalität selbst dann nur graduell verlustig, als er das Land nach anfänglichen Erfolgen immer offensichtlicher in den Untergang zu führen begann.

Ob alt oder jung, all die hier zur Diskussion stehenden hohen Offiziere unterlagen in steigendem Maße einem Prozeß, der ihnen immer größere Schwierigkeiten bereitete, zwischen einer moralischen und einer unmoralischen Form der Kriegführung zu unterscheiden: Der Krieg hatte sich inzwischen zu einem höchst komplexen industrialisierten Konflikt entwickelt, der die meisten Oberbefehlshaber in die relative Isolierung einer weitgehend bürokratisierten Kommando- und Kontrollstruktur zwang. Diese Entwicklung, die auch im militärischen Bereich mit einer sich immer weiter ausdifferenzierenden Arbeitsteilung einherging, entfremdete die meisten von ihnen weitgehend der Wirklichkeit des »totalen« Krieges an den Fronten. In gewisser Weise ähnelte ihr Arbeitsalltag – selbst dann, wenn sie ein Oberkommando an der Front führten – mehr demjenigen von Managern in den Führungsetagen der Wirtschaft unserer Tage als dem ihrer Berufsvorgänger noch in der zweiten Hälfte des 19. Jahrhunderts. Jedenfalls machte sich auch bei ihnen die hektische Betriebsamkeit und die »entmoralisierende Wirkung moderner arbeitsteilig-bürokratischer Großorganisationen« bemerkbar, welche die schmerzhafte Realität der »entfesselte[n] Gewalt im [bürokratischen] Verfahren«[18] verschwinden ließen. Abgesehen von zufälligen Begegnungen konnten sie daher auch die Massenmorde an Juden und anderen Zivilisten im Hinterland der Front zumeist auf bloße Aktenvorgänge reduzieren, hinsichtlich deren man sich, zumal sie nicht eindeutig und unmittelbar dem eigenen Verantwortungsbereich zugeordnet waren, mit einigermaßen »gutem Gewissen« für schlichtweg »nicht zuständig« halten konnte und die man daher besser verdrängte oder doch zumindest nicht »*offiziell* zur Kenntnis nahm«.

Gleichzeitig führten die enormen Verluste, die sich zunehmend prekärer gestaltende Lage der deutschen Streitkräfte und der außerordentlich hohe Personalverschleiß auf den höheren Führungsebenen zum Zusammenbruch des Gruppenzusammenhaltes, welcher bis dahin mitgeholfen hatte, die Effektivität und Schlagkraft der Armee aufrechtzuerhalten. An seiner Stelle sollten nun die planmäßige Ideologisierung und Fanatisierung der Truppe die Kampfentschlossenheit der Verbände angesichts einer immer aussichtsloseren ausstattungsmäßigen Unterlegenheit gewährleisten.[19]

Alle diese Prozesse führten in ihrem Zusammenwirken zu einer fortschreitenden moralischen Desensibilisierung des höheren Offizierkorps. Zudem ließ die Verwischung auch der letzten Unterschiede zwischen Kombattanten und Nichtkombattanten, die zu einem kennzeichnenden Merkmal der Kriege des 20. Jahrhunderts wurde, den traditionellen Ehrenkodex der Offiziere als überholt erscheinen.

Zu guter Letzt muß noch ein – wenngleich banaler – Sachverhalt in Rechnung gestellt werden, der in der öffentlichen Diskussion zumeist übergangen wird bzw. nicht hinreichend deutlich zur Geltung kommt: Die Offizierslaufbahn war schon damals im Grundsatz eine Karrierelaufbahn wie jede andere auch. Wer hier reüssieren wollte, mußte genau die gleiche Art von Wendigkeit beweisen, wie sie auch heute noch in allen Sparten des Berufslebens jedenfalls dann erforderlich ist, wenn man sich nicht mit einer Durchschnittskarriere begnügen will. »Höheren Ortes« unangenehm aufzufallen konnte damals wie heute die Karriere nachhaltig behindern, wenn nicht gar beenden. Und die Art und Weise, in der mit vielen derjenigen Generäle umgesprungen wurde, die in Polen 1939/40 gegen die Massenerschießungen durch den SD protestiert hatten, wurde innerhalb des Offizierkorps als deutliches Signal verstanden.[20] Man wußte seither, daß man seine Karriere aufs Spiel setzte, wenn man sich nicht in schlichtem Gehorsam auf den eigenen Aufgabenbereich konzentrierte, sondern sich in Belange einmischte, die einen »nichts angingen«.

Da aber auch die überwiegende Mehrzahl der hier vorgestellten hohen Offiziere mit aller Macht einen möglichst hohen Rang und eine möglichst einflußreiche Dienststellung erstrebte und sich kaum etwas Schlimmeres vorstellen konnte, als während eines Krieges, in welchem Kameraden und Rivalen zu »Ruhm und Ehren« kamen, untätig zu Hause herumsitzen zu müssen, bekannte sie sich de facto selbst dann zum Primat ihrer Karriere, wenn sie dafür vor Massenmord die Augen verschließen mußte.

Ludwig Becks mahnende Worte aus dem Juli 1938, der soldatische Gehorsam der Offiziere habe dort seine Grenze, »wo ihr Wissen, ihr Gewissen und ihre Verantwortung die Ausführung eines Befehls verbieten«[21], fanden unter den hier grob umrissenen Rahmenbedingungen jedenfalls nur in Ausnahmefällen Beachtung. Angesichts einer Wirklichkeit, die sie kaum noch durchschauten, die sie verwirrte und verunsicherte, und angesichts der Tatsache, daß es die legale Staatsführung war, auf deren Geheiß Ungeheuerliches geschah, zogen sich die meisten der hohen Militärs des Dritten Reiches karrierebewußt auf ihren eigenen unmittelbaren Aufgabenbereich und den soldatischen Gehorsam zurück und machten sich dadurch zumindest der Beihilfe zu den Massenverbrechen des Regimes schuldig. »Der Mann der Pflicht wird schließlich auch noch dem Teufel gegenüber seine Pflicht erfüllen müssen«[22] – diese Formulierung Dietrich Bonhoeffers bewahrheitete sich im Falle der Militärelite NS-Deutschlands auf das schauerlichste.

War diese Entwicklung unausweichlich? Und – kann sie sich wiederholen? Diese Fragen sind nicht leicht zu beantworten, berühren sie doch grundlegende Problemstellungen im Verhältnis von militärischer und politischer Führung. Immerhin müssen sich die ranghöchsten Offiziere der deutschen Wehrmacht, die Generalfeldmarschälle, in deren herausgehobenem Rang die Grenze zwischen Politik und Militär nach altpreußischem Verständnis verfloß, in besonderem Maße die Mahnung eines so traditionsbewußten Generals wie Ludwig Beck vorhalten lassen – auch wenn diese angesichts der während des Krieges erlebten Wirklichkeit anachronistisch wirken mochte: »Es ist ein Mangel an Größe und an Erkenntnis der Aufgabe, wenn ein Soldat in höchster Stellung in solchen Zeiten seine Pflichten und Aufgaben nur in dem begrenzten Rahmen seiner militärischen Aufgaben sieht, ohne sich der höchsten Verantwortung vor dem gesamten Volk bewußt zu werden. Außergewöhnliche Zeiten verlangen außergewöhnliche Handlungen!«[23]

Dieser Band erscheint zufällig am Ende eines sechsjährigen Gedenkzyklus, in welchem wir anhand der entsprechenden Jahrestage die Ereignisse des Zweiten Weltkriegs noch einmal durchlebt haben.[24] Dieses Erinnern hat uns das Ausmaß und die Bedeutung eines Konfliktes wieder zu Bewußtsein gebracht, der nicht nur infolge der Zerstörungen, die er mit sich brachte, in der menschlichen Geschichte bisher einzigartig dasteht. Daß sich innerhalb dieses Zyklus unerwartet auch die Vereinigung Deutschlands vollziehen konnte, verleiht seiner Bedeutung nur einen zusätzlichen besonderen Akzent; denn mit dem Zusammenbruch des Kommunismus und der Wiederherstellung der staatlichen Einheit Deutschlands ist auch die Nachkriegszeit definitiv an ihr Ende gelangt – und damit eine Weltordnung, die aus diesem Krieg hervorgegangen ist. Immerhin wurden auch schon mit zunehmendem Abstand zum Kriegsende eine Reihe bis dahin höchst kontroverser (um nicht zu sagen: tabuisierter) Fragen nach und nach einer ernsthaften, sach- und quellenorientierten Diskussion unterzogen. Die Spanne dieser Themen reicht vom Beginn der fortschreitenden Entmythologisierung des Krieges seit den siebziger Jahren über die Rolle der Wehrmacht beim Massenmord an den europäischen Juden und anderen Zivilisten während des Zweiten Weltkrieges bis zur Rehabilitierung derjenigen, die während der letzten Monate des Krieges desertierten. Wir hoffen zuversichtlich, daß sich eine unvoreingenommene, wissenschaftlichen Standards verpflichtete Aufarbeitung der Geschichte des Zweiten Weltkrieges nun auch in den Ländern des untergegangenen »Ostblocks« durchsetzen wird.

Als Herausgeber danken wir den Autoren für eine angenehme und in der Sache engagierte Zusammenarbeit, dem Ullstein Verlag für seine Umsicht bei der Betreuung des Bandes und den Herren Hans-Ulrich Seebohm und Kurt Baudisch für die gewissenhafte und sachkundige Übersetzung der englischsprachigen Beiträge.

Anmerkungen

1 Ronald Smelser/Rainer Zitelmann (Hrsg.), Die braune Elite. 22 biographische Skizzen, Darmstadt 1989, und Ronald Smelser/Enrico Syring/Rainer Zitelmann (Hrsg.), Die braune Elite II. 21 weitere biographische Skizzen, Darmstadt 1993.

2 Klemens von Klemperer/Enrico Syring/Rainer Zitelmann (Hrsg.), »Für Deutschland«. Die Männer des 20. Juli, Frankfurt a. M./Berlin 1994

3 Vgl. Horst Mühleisen (Hrsg.), Patrioten im Widerstand. Carl-Hans von Hardenbergs Erlebnisbericht, in: *Vierteljahrshefte für Zeitgeschichte* 41 (1993), S. 419–477, hier S. 429f.

4 So die bereits im Titel umrissene Position von beispielsweise Paul Hausser, Soldaten wie andere auch. Der Weg der Waffen-SS, Osnabrück 1966.

5 Vgl. dazu etwa die sich geradezu komplementär ergänzenden Arbeiten von Bernd Wegner, Hitlers politische Soldaten. Die Waffen-SS 1933–1945, Paderborn ⁴1990, und George H. Stein, Geschichte der Waffen-SS, Düsseldorf 1978.

6 Angesichts der inzwischen kaum mehr zu überblickenden Literatur zu dieser Problematik hier nur eine knappe Auswahl: Christian Streit, Keine Kameraden. Die Wehrmacht und die sowjetischen Kriegsgefangenen, Bonn (Neuausgabe) 1991; Helmut Krausnick/Hans-Heinrich Wilhelm, Die Truppe des Weltanschauungskrieges. Die Einsatzgruppen der Sicherheitspolizei und des SD 1938–1942, Stuttgart 1981; Jörg Friedrich, Das Gesetz des Krieges. Das deutsche Heer in Rußland 1941–1945. Der Prozeß gegen das Oberkommando der Wehrmacht, München/Zürich 1993; Omer Bartov, Hitlers Wehrmacht. Soldaten, Fanatismus und die Brutalisierung des Krieges, Reinbek 1995; Gerhard Schreiber, Die italienischen Militärinternierten im deutschen Machtbereich 1943–1945. Verraten – verachtet – vergessen, München 1990 (= Beiträge zur Militärgeschichte, Bd. 28); Walter Manoschek, »Serbien ist judenfrei«. Militärische Besatzungspolitik und Judenvernichtung in Serbien 1941/42, München 1993 (= Beiträge zur Militärgeschichte, Bd. 38).

7 Vgl. beispielsweise Bernd Wegner. Erschriebene Siege, Franz Halder, die »Historical Division« und die Rekonstruktion des Zweiten Weltkrieges im Geiste des deutschen Generalstabes, in: Ernst Willi Hansen/Gerhard Schreiber/Bernd Wegner (Hrsg.), Politischer Wandel, organisierte Gewalt und nationale Sicherheit. Beiträge zur neueren Geschichte Deutschlands und Frankreichs. Festschrift für Klaus-Jürgen Müller, München 1995 (= Beiträge zur Militärgeschichte, Bd. 50), S. 287–302.

8 Die in Deutschland weitverbreiteten populär-kriegsgeschichtlichen Werke Paul Carells etwa »transportieren« diese Sichtweise bis auf den heutigen Tag.

9 Vgl. beispielsweise Manfred Kehrig, Stalingrad. Analyse und Dokumentation einer Schlacht, Stuttgart 1974 (= Beiträge zur Militär- und Kriegsgeschichte, Bd. 15); Dieter Ose, Entscheidung im Westen 1944. Der Oberbefehlshaber West und die Abwehr der alliierten

Invasion, Stuttgart ²1985 (= Beiträge zur Militär- und Kriegsgeschichte, Bd. 22); Ralf Schabel, Die Illusion der Wunderwaffen. Die Rolle der Düsenflugzeuge und Flugabwehrraketen in der Rüstungspolitik des Dritten Reiches, München 1994 (= Beiträge zur Militärgeschichte, Bd. 35) und Bernd Wegner, Strategie der Niederlage. Die deutsche Kriegführung gegen die Sowjetunion vom Ende des »Blitzkrieges« bis zum Ende der Illusionen (Dezember 1941–Juli 1943), ungedr. Habilitationsmanuskript, Hamburg 1995 (der erste Teil wurde bereits im Rahmen der Reihe Das Deutsche Reich und der Zweite Weltkrieg, Bd. 6: Der globale Krieg. Die Ausweitung zum Weltkrieg und der Wechsel der Initiative 1941–1943, Stuttgart 1990, publiziert. Der zweite Teil wird im 8. Band derselben Reihe erscheinen).

10 Albert Speer, Spandauer Tagebücher, Frankfurt a. M./Berlin (Neuausgabe) 1994, S. 63.

11 So etwa Manfred Messerschmidt, Die Wehrmacht im NS-Staat. Zeit der Indoktrination, Hamburg 1969.

12 So etwa Friedrich (Anm. 6).

13 Zur Sozialstruktur des höheren Offizierkorps der Wehrmacht und zu dessen weltanschaulich-politischem Hintergrund vgl. immer noch Reinhard Stumpf, Die Wehrmacht-Elite. Rang- und Herkunftsstruktur der deutschen Generale und Admirale 1933–1945, Boppard am Rhein 1982 (= Wehrwissenschaftliche Forschungen, 29) und Gotthard Breit, Das Staats- und Gesellschaftsbild deutscher Generale beider Weltkriege im Spiegel ihrer Memoiren, Boppard am Rhein 1973 (= Wehrwissenschaftliche Forschungen, 17).

14 Dietrich von Choltitz, Soldat unter Soldaten, Konstanz/Zürich/Wien 1951, S. 25.

15 Vgl. Karl Otmar Frhr. von Aretin, Der Eid auf Hitler. Eine Studie zum moralischen Verfall des Offizierkorps der Reichswehr, in: ders., Nation, Staat und Demokratie in Deutschland. Ausgewählte Beiträge zur Zeitgeschichte, Mainz 1993, S. 175–194.

16 Vgl. Immo von Fallois, Kalkül und Illusion. Der Machtkampf zwischen Reichswehr und SA während der Röhm-Krise 1934, Berlin 1994 (= Beiträge zur Politischen Wissenschaft, Bd. 75).

17 Karl-Heinz Janßen/Fritz Tobias, Der Sturz der Generäle. Hitler und die Blomberg-Fritsch-Krise 1938, München 1994.

18 Walter Grode, Nationalsozialistische Moderne. Rassenideologische

Modernisierung durch Abtrennung und Zerstörung gesellschaft-licher Peripherien, Frankfurt a. M./Berlin/Bern/New York/Paris/Wien 1994 (= Europäische Hochschulschriften, Reihe III: Ge-schichte und ihre Hilfswissenschaften, Bd. 606), S. 175.

19 Vgl. Manfred Messerschmidt, Die Wehrmacht: Vom Realitätsverlust zum Selbstbetrug, in: Hans-Erich Volkmann (Hrsg.), Ende des Drit-ten Reiches – Ende des Zweiten Weltkrieges. Eine perspektivische Rückschau, München/Zürich 1995, S. 223–257.

20 Vgl. Rüdiger von Manstein/Theodor Fuchs (Hrsg.), Erich von Man-stein. Soldat im 20. Jahrhundert. Militärisch-politische Nachlese, Koblenz [2]1983, S. 197.

21 Ludwig Beck am 16. Juli 1938, hier zitiert nach: Ulrich Cartarius (Hrsg.), Opposition gegen Hitler. Bilder, Texte, Dokumente. Mit ei-nem Essay von Karl Otmar von Aretin, (Neuausgabe) Berlin 1994, Dok. 158, S. 131.

22 Dietrich Bonhoeffer in seiner Schrift »Nach 10 Jahren« (Weihnach-ten 1942), hier zitiert nach: Peter Steinbach/Johannes Tuchel (Hrsg.), Widerstand in Deutschland 1933–1945. Ein historisches Lesebuch, München 1994, S. 142.

23 Cartarius (Anm. 21), Dok. 158, S. 131.

24 Vgl. Jochen Thies, Helmut Schmidt's Rückzug von der Macht. Das Ende der Ära Schmidt aus nächster Nähe, Stuttgart [2]1988, S. 185.

Johannes Blaskowitz –
Der christliche General

VON CHRISTOPHER CLARK

Als Oberbefehlshaber Ost (Oktober 1939 bis Mai 1940) protestierte Blaskowitz mehrmals aufs schärfste gegen die an der polnischen Bevölkerung verübten Verbrechen der Einsatzgruppen und Polizeiverbände im Generalgouvernement. Er verspielte dadurch auch noch den letzten Rest des Vertrauens der politischen Führung in seine Person und damit jegliche Chance auf weiteren beruflichen Aufstieg. In den wenigen biographischen Darstellungen erscheint Blaskowitz als Typus des aufrechten Offiziers, dessen Ehrgefühl es nicht zuließ, zu den Verbrechen des NS-Regimes zu schweigen. Blaskowitz' »Aufstand des Gewissens« mündete jedoch nicht in eine aktive politische Opposition zum Nationalsozialismus. Er suchte niemals den Anschluß zu den Kreisen des militärischen Widerstandes und blieb bis zum Ende des Krieges im aktiven militärischen Dienst. Im Frühjahr 1948, kurz bevor er wegen Kriegsverbrechen vor Gericht kommen sollte, beging er Selbstmord im Nürnberger Gefängnis. Im folgenden soll versucht werden, die Motive und Hintergründe dieser wechselvollen Laufbahn näher zu beleuchten.

Johannes Albrecht Blaskowitz wurde am 10. Juli 1883 im ostpreußischen Paterswalde, Kreis Wehlau, geboren. Sein Vater, Pfarrer im nahe gelegenen Walterkehmen, galt wegen seiner ergreifenden Bußpredigten als das »donnernde Gewissen« seiner

Gemeinde. Der Sohn kam mit 11 Jahren auf die Kadettenanstalt in Köslin, anschließend auf die Hauptkadettenanstalt in Berlin-Lichterfelde, und wurde als sechzehnjähriger Fähnrich dem Infanterie-Regiment 18 (von Grolman) in Osterode (Ostpreußen) zugewiesen. Die Entscheidung für die Offizierslaufbahn dürfte Blaskowitz nicht schwergefallen sein. Sein älterer Bruder war ebenfalls Soldat gewesen; und nach dessen frühem Tod verfolgte der Vater das berufliche Fortkommen seines verbliebenen Sohnes mit um so mehr Anteilnahme. Den Ersten Weltkrieg erlebte Blaskowitz zunächst als Hauptmann an der Front und später auch als Generalstabsoffizier. Er nahm an den Schlachten in Lothringen und Flandern sowie an den Kämpfen in Tirol und am Feldzug in Serbien teil, wurde zweimal leicht verwundet und mit dem Eisernen Kreuz I. Klasse ausgezeichnet. Als Generalstabsoffizier (seit April 1916) war er an den Schlachten bei Kowel und Riga beteiligt. Es folgten weitere Einsätze an der Westfront.

Die Jahre bis zur Machtübernahme durch die Nationalsozialisten verbrachte Blaskowitz im Bereich des Wehrkreises V. Nach mehreren Dienststellungen in Ulm und Stuttgart kam er 1930 als Oberst nach Konstanz, um das Kommando des 14. (Badischen) Infanterie-Regiments zu übernehmen. Als »dienstältester Offizier, der die badische Staatsangehörigkeit besitzt«, wurde er nebenamtlich auch zum Landeskommandanten in Baden ernannt. In dieser Stellung blieb er bis Anfang 1933. Mit dem Umzug nach Konstanz begann für ihn ein militärischer Lebensabschnitt, den er selbst viel später als den schönsten seines beruflichen Lebens bezeichnete. Einem Nachruf aus dem Jahr 1955 zufolge verehrten die »Seehasen« des 14. Regiments an diesem Vorgesetzten seine »Herzensgüte«, seinen »Glaubensmut« und seinen »kämpferischen Willen zu unbedingter Gerechtigkeit«. »Wir Seehasen«, schrieb ein ehemaliger Angehöriger des Regiments, »[haben] ihn gefühlt und geachtet nicht nur als den Vorgesetzten, der über die Geschicke von vielen zu befinden hatte, noch mehr: Wir haben ihn geliebt!«[1] Blaskowitz' Fähigkeit, die Achtung und Zuneigung der ihm unterstellten Soldaten zu gewinnen, war und blieb eine seiner auffallendsten Eigenschaften. Die »bezwingende und verwandelnde Kraft« seiner Sprache bei öffentlichen Auftritten und seine »Meisterschaft des rechten Wortes zur rechten Stunde« sowie die offene und fürsorgliche Art seines Umgangs mit Soldaten mögen dabei eine Rolle gespielt haben: Auch bei der Konstanzer Einwohnerschaft, bei den badischen Landesbehörden und bei der Presse, zu der er ein besonderes Vertrauensverhältnis pflegte, erfreute er sich hohen Ansehens.

Sein Charisma und seine persönliche Autorität dürften zu seinem anhaltenden Erfolg als Ausbilder der Truppe wesentlich beigetragen haben. Als Inspekteur der Waffenschulen in Berlin war Generalleutnant Blaskowitz für die Erziehung und Ausbildung der Offiziersanwärter des Reichsheeres verantwortlich. Unter seiner Leitung wurden zunächst die Fähnrichslehrgänge und 1934 die neuen Kriegsschulen eingerichtet, die eine schnellere und intensivere Ausbildung der Offiziersanwärter aller Waffengattungen ermöglichten. In Berlin und später als Wehrkreisbefehlshaber II in Stettin leistete der inzwischen zum General der Infanterie beförderte Ostpreuße durch seinen erzieherischen Einsatz einen wesentlichen Beitrag zum Aufbau der jungen Wehrmacht. Noch in den letzten Kriegsjahren betonten die dienstlichen Beurteilungen durch seinen Vorgesetzten, Generalfeldmarschall von Rundstedt, seine »hervorragende« Begabung auf diesem Gebiet.

Zu Blaskowitz' politischer Einstellung während dieser Jahre gibt es nur fragmentarische Belege. Über seine politische Orientierung in den frühen Jahren der Republik ist leider nichts bekannt. Einem oft zitierten Brief des Hauptmanns Hellmuth Stieff zufolge hielt er die Weimarer Parteien für das »Unglück Deutschlands«, die »durch ihre Eigenbrötelei jegliche stabile und nützliche Regierungsarbeit« verhinderten. Bei einer Übung seines Regiments im Jahre 1932 äußerte er sich abwertend zur Politik der NSDAP: »Falls die Nazi … Dummheiten machen, wird ihnen mit aller Gewalt entgegengetreten werden, und man wird selbst vor blutigsten Auseinandersetzungen nicht zurückschrekken.« Um Deutschland »aus dem Elend zu führen«, müsse die Regierung »von den Fesseln des Parlamentarismus befreit werden, um unabhängig arbeiten zu können«. Voraussetzung für eine solche Unabhängigkeit sei »das Vertrauen des Reichspräsidenten und die Macht der Reichswehr«.[2] Wie einem Brief des ehemaligen »Seehasen« Hans Gies zu entnehmen ist, soll Blaskowitz den Grundsatz, »daß die Reichswehr überpolitisch zu sein habe«, so ernst genommen haben, daß er nicht einmal im Familienkreis bereit war, tagespolitische Themen zu diskutieren. Das Gefühl der Verpflichtung gegenüber einem den Parteien übergeordneten deutschen Staatsgebilde und den Wunsch nach einer unabhängigen politischen Rolle für die Reichswehr teilte Blaskowitz mit vielen anderen Offizieren. Seiner Skepsis gegenüber der NSDAP lag zu dieser Zeit vor allem die Forderung der Nationalsozialisten nach politischer Macht zugrunde, die der Herstellung einer dringend notwendigen »überparteilichen Regierungsgewalt« entgegenstehe.

Die Neuorientierung der Reichswehrführung nach den März-Wahlen 1933 zu einer »offenen Bündnispolitik« und einer »politisch-ideologischen Öffnung« gegenüber der NS-Bewegung läßt sich auch bei Blaskowitz nachweisen – wenn auch nur bedingt und fragmentarisch. Bei der Einweihung eines Ehrendenkmals für die im Weltkrieg Gefallenen hielt Blaskowitz im März 1935 eine Ansprache, in der er Adolf Hitler als Gottes Antwort auf Deutschlands Not darstellte: »Und war die Noth am höchsten, war Gottes Hilf' am nächsten. Sie gab uns unseren Führer, der alle nationalen Kräfte in eine mächtige Bewegung zusammenfaßte und die wahre Volksgemeinschaft neu erstehen ließ, der gestern die Wehrhoheit des deutschen Volkes wieder herstellen ließ und damit das Vermächtnis unserer toten Helden erfüllte.«[3] Der Hinweis auf die soeben eingeführte Wehrpflicht läßt allerdings eher auf eine instrumentale Befürwortung der »nationalen« Ziele der NS-Außenpolitik als auf ein genuines Bekenntnis zur Ideologie des Nationalsozialismus schließen. Von seiner Grundhaltung her war Blaskowitz eher unpolitisch-konservativ. Er fühlte sich »stets verbunden und verpflichtet gegenüber dem natürlich Gewachsenen, der Überlieferung«.[4] Auch sein Bekenntnis zum Christentum dürfte einer gewissen inneren Distanz zum Nationalsozialismus Vorschub geleistet haben.

Als er 1936 nach Stettin kam, war der zweiundfünfzigjährige Generalleutnant und Wehrkreisbefehlshaber Nachfolger des späteren Generalfeldmarschalls von Bock. Blaskowitz genoß das volle Vertrauen seiner militärischen Vorgesetzten, fiel jedoch bei der politischen Führung bald in Ungnade. Anläßlich einer Truppenübung mit Panzern in Anwesenheit Hitlers stießen Blaskowitz' Ansichten über den Einsatz von Panzerverbänden auf die entrüstete Ablehnung des »Führers«. Anstatt einzusehen, daß »der operative Einsatz [von Panzern] den Schwung für die Vorwärtsbewegung und damit die Überlegenheit bringe«, habe Blaskowitz den Panzer lediglich als »schwere Waffe der Infanterie« betrachtet.[5] Hitler befand daraufhin, daß er für höhere Kommandoaufgaben nicht geeignet sei. Die Heeresführung vermochte sich dennoch zunächst mit ihren Personalvorstellungen durchzusetzen, und Blaskowitz wurde Ende 1938 zum Oberbefehlshaber der Heeresgruppe 3 ernannt. Damit war er in eine der sieben höchsten Kommandostellen des Heeres aufgerückt. In dieser Eigenschaft leitete er am 15. März 1939 den Einsatz deutscher Truppen bei der Besetzung Böhmens und übte dort im Auftrag des Oberbefehlshabers des Heeres die vollziehende Gewalt aus.

Im Polenfeldzug führte Blaskowitz die 8. Armee als nördliche Armee der Heeresgruppe Süd. Seine Armee erhielt den Auftrag, offensiven Flankenschutz für den linken Flügel der 10. Armee unter von Reichenau gegen die um Lodz-Kalisch und in der Provinz Posen vermuteten Feindkräfte zu gewährleisten. Es galt dabei, auf dem von Groß-Wartenberg über Sieradz und Lodz auf Warschau zielenden Angriffsstreifen mit der Nachbararmee möglichst Schritt zu halten und dabei stets auf einen von Norden her erwarteten polnischen Gegenangriff gefaßt zu sein. Die

Hauptaufgabe, die Truppenmassen der polnischen Krakauer Armee zu zerschlagen und dadurch den Weg nach Warschau frei zu machen, sollte der mit der Hauptmasse der schnellen Verbände versehenen 10. Armee zufallen. Dennoch zog die Armee Blaskowitz im Laufe des Feldzuges den Schwerpunkt der Kampfhandlungen immer mehr auf sich.

Als es am 9. September bei einem Gegenangriff der Polen auf Verbände der 8. Armee bei Łeczyca beinahe zu einem polnischen Durchbruch in Richtung Lodz kam, entschloß sich Blaskowitz, die im Angriff nach Osten befindliche Armee zum Gegenangriff in nordwestlicher Richtung herumzuwerfen. In der kurz darauf folgenden und für den Ausgang des Feldzuges entscheidenden Kesselschlacht an der Bzura hatte die 8. Armee maßgeblichen Anteil am deutschen Erfolg. Die Konfrontation mit der politischen Führung blieb jedoch nicht aus. Bei einem Frontbesuch hatte sich Hitler erneut mit Blaskowitz' Leitung der Kampfhandlungen unzufrieden gezeigt. Dennoch wurde ihm die Durchführung des Angriffs auf Warschau übertragen.

Für seine Verdienste im Polenfeldzug wurde Blaskowitz zum Generaloberst befördert und mit dem Ritterkreuz ausgezeichnet. Er erhielt zunächst das Kommando über die aus der 8. Armee gebildete 2. Armee, die an der Westfront eingesetzt werden sollte. Dieses Kommando behielt er jedoch nur zehn Tage. Am 23. Oktober kam die Ernennung zum Oberbefehlshaber Ost. Dem »Oberost« unterstanden neben den im Wehrkreis I (Ostpreußen) beheimateten Truppen die in Polen verbliebenen deutschen Verbände. Trotz des eindrucksvollen Titels galt die neue Ernennung als Zurücksetzung. Der Schwerpunkt der militärischen Vorbereitungen hatte sich bereits nach Westen verlagert. Nicht zum letzten Mal sollte der Generaloberst vom Mittelpunkt des Geschehens ferngehalten werden. Der Grund dafür lag in dem andauernden Mißtrauen Hitlers. Dem Tagebucheintrag des Führeradjutanten Major Engel vom 18. November 1939 ist zu entnehmen, daß bei Hitler schon zu dieser Zeit »eine lang gehegte Aversion« gegen Blaskowitz zum Durchbruch kam. Er habe Blaskowitz »niemals das Vertrauen geschenkt. Er sei auch gegen die Beauftragung mit der Führung einer Armee gewesen ...«[6]

Als Blaskowitz sein neues Amt übernahm, unterstanden dem Oberbefehlshaber Ost die in Polen stationierten deutschen Truppen, nicht jedoch die zivilen Verwaltungsorgane und insbesondere nicht die in Polen zunehmend aktiven »Polizeiverbände« und »Einsatzgruppen« des Reichssicherheitshauptamtes (RSHA). Die Beziehungen zwischen den militärischen Befehlshabern und den polizeilichen Sonderformationen in Polen hatten sich seit Mitte September immer mehr abgekühlt. Als mit dem erfolgreichen Fortgang und Abschluß des Feldzuges die Lage in Polen überschaubarer wurde, offenbarte sich die Behauptung der Polizeiführer, sie beschränkten sich auf die Gewährleistung der Sicherheit und Ordnung hinter der Front, zusehends als Fiktion. Die brutalen und ohne jegliche Rücksprache mit der Heeresführung unternommenen Maßnahmen der polizeilichen Sonderformationen gegen die polnische Bevölkerung lösten bei mehreren Heeresgruppen- und Armeeoberbefehlshabern offene Entrüstung aus. Das problematische Nebeneinander von Militär und Polizei in Polen versuchte Hitler unter anderem durch immer engere Definitionen der militärischen »vollziehenden Gewalt« zu regeln.

Am 25. Oktober, zwei Tage nach Blaskowitz' Ernennung, wurde die Militärverwaltung in Polen endgültig aufgelöst. In seinem Tagesbefehl vom 26. Oktober gab der neue »Oberost« bekannt, daß das Ostheer ab diesem Tage »rein soldatische Aufgaben« zu erfüllen habe, »von Verwaltungsaufgaben oder solchen der Innenpolitik wird es befreit«.[7] Das hielt Blaskowitz jedoch nicht davon ab, die Maßnahmen der polizeilichen Verbände weiterhin schärfstens zu verurteilen. Nach nur drei Wochen im neuen Amt schüttete er dem Oberstleutnant Stieff sein Herz über die Zustände im Bereich Oberost mit der Bemerkung aus, Stieff möchte im OKH davon Gebrauch machen. Am 27. November ließ er dem Oberbefehlshaber des Heeres, von Brauchitsch,

34

einen ersten umfassenden Bericht vorlegen. Dieser Bericht wies auf das »ziemlich gestörte« Verhältnis zwischen der Wehrmacht und »den Organen der Sicherheits- und Ordnungspolizei« hin. Die Polizei habe noch »keine sichtbaren Aufgaben der Ordnung geleistet, sondern nur Schrecken in der Bevölkerung verbreitet«. Da polizeiliche Aktionen im »feldgrauen Rock« durchgeführt wurden, stellten diese für die Wehrmacht eine »unerträgliche Belastung« dar. »Zusammenfassend kann gesagt werden, daß die Verhältnisse im besetzten Gebiet dringend einer baldigen Neuordnung bedürfen.« Begründet wurde diese scharfe Kritik durch den Hinweis auf die wachsende Gefahr für die Sicherheit der deutschen Truppen in Polen: »Der augenblickliche Zustand treibt einer Entwicklung entgegen, die einen militärischen Unruheherd herbeiführt und die Ausnutzung des Landes zugunsten der Truppe unmöglich macht.«[8] Diese Argumentation durfte nicht fehlen, denn Blaskowitz' Recht, als »Oberost« überhaupt in Verwaltungs- und innenpolitische Fragen einzugreifen, beschränkte sich auf Fälle, in denen die »militärische Sicherheit« tangiert wurde.

Dem Bericht legte Blaskowitz ein anonymes, am 18. November bei ihm eingegangenes Schreiben bei. Darin wurde auf die von SS und SD ausgeübten »ungeheueren Grausamkeiten an der jüdischen und polnischen Bevölkerung« verwiesen. Das Schreiben trug die Unterschrift »Die Bevölkerung von Lodz und Warschau«. Daß die hierfür verantwortlichen Polen Blaskowitz offensichtlich als geeigneten Adressaten für ihr Plädoyer betrachteten, ist an sich bemerkenswert; ebenso die Tatsache, daß er bereit war, offiziell als der Interessenvertreter der polnischen Ortsbevölkerung gegenüber den Organen des RSHA aufzutreten. Als der Bericht Hitler vorgelegt wurde, reagierte er mit »schweren Vorwürfen gegen ›kindliche Einstellungen‹ in der Führung des Heeres. Mit Heilsarmee-Methoden führe man keinen Krieg.«[9] Ob der Ausdruck »Heilsarmee-Methoden« eine Anspielung auf Blaskowitz' auch von anderen Zeitgenossen als auffallend empfundene Frömmigkeit war, muß offenbleiben.

Kaum zwei Wochen später fertigte Blaskowitz einen zweiten, nicht erhalten gebliebenen Bericht an, in dem weitere »Verstöße der Polizei, SS und Verwaltung« aufgelistet wurden. Er ließ sogar sechs Exemplare dieses Berichtes durch Oberquartiermeister Jaenecke nach Berlin zum OKH bringen. Blaskowitz ging es also nicht nur um die Benachrichtigung seines Vorgesetzten über die Lage im Osten, sondern um die Herbeiführung eines Meinungswandels innerhalb breiter Offizierskreise. In dieser Hinsicht waren die Berichte auch nicht ganz ohne Wirkung. Die Stimmung im Heer war seit Ende November durch Himmlers berüchtigten »Kindererzeugungserlaß« ohnehin sehr gereizt. Dieser »Freibrief [an SS und Polizei] für geschlechtliche Betätigung in der Heimat« löste in der ersten Dezemberwoche eine Reihe von heftigen Protesten aus. Die Resonanz der Meldungen aus Polen wurde hierdurch wesentlich verstärkt. Am 18. Dezember fuhr der Abwehroffizier Helmuth Groscurth an die Westfront, um den Stäben der drei Heeresgruppen unter anderem den zweiten Blaskowitz-Bericht zu unterbreiten. Der Bericht wurde mehrmals vervielfacht und weitergereicht. Die steigende Empörung über die Vorgänge in Polen warf ein unvorteilhaftes Licht auf die passive Haltung von Brauchitschs, der ein möglichst reibungsloses Verhältnis zwischen Heer, SS und Polizei anstrebte. Auf diese Weise trug Blaskowitz zu der wachsenden »Vertrauenskrise« bei, die sich Ende des Jahres 1939 zwischen den Stäben der Front und dem Oberbefehlshaber des Heeres abzeichnete.

Trotz zahlreicher Bekundungen der Entrüstung häuften sich weiterhin Fälle willkürlicher Gewalt an Juden und Polen im Generalgouvernement. Die damit verbundene politische Gefahr wurde spätestens im Frühjahr 1940 erkennbar, als im Industriegebiet Kamienna eine große polnische Aufstandsorganisation entdeckt wurde. Blaskowitz sah sich angesichts dieser Entwicklung veranlaßt, nochmals zur Frage der Behandlung des polnischen Volkes Stellung zu nehmen. In seinen Notizen für einen auf den 15. Februar angesetzten Vortrag beim Oberbefehlshaber des Heeres schilderte er die verheerenden politischen Folgen der deutschen Gewaltherrschaft in kompromißloser Sprache. Die zahlreichen Gewaltakte gegen Juden würden bei der polnischen Bevölkerung Mitleid erwecken und der »feindlichen Propaganda« wirksames Material liefern. Das Ansehen der Wehrmacht würde »eine nicht wieder gut zu machende Einbuße erleiden«. »Der schlimmste Schaden« sei jedoch »die maßlose Verrohung und sittliche Verkommenheit, die sich in kürzester Zeit unter wertvollem deutschem Menschenmaterial wie eine Seuche ausbreiten« würde. Abschließend zitierte er einen Bericht des Oberbefehlshabers im Grenzabschnitt Süd, General Ulex, in dem dieser die Ab- und Auflösung der »gesamten Polizeiverbände *einschließlich ihrer sämtlichen höheren Führer*« als »den einzigen Ausweg aus diesem unwürdigen, die Ehre des ganzen deutschen Volkes befleckenden Zustand« verlangte.[10]

Diese Ausführungen lassen die Beweggründe für Blaskowitz' kritische Haltung deutlich erkennen. Sicherlich mußte er im Hinblick auf seinen Adressaten die Gefährdung der militärischen Sicherheit besonders hervorheben. Unverkennbar sind jedoch das spontane Entsetzen und der Abscheu, welche die Greueltaten der Polizeiorgane bei ihm hervorgerufen hatten. Die Liste der illegalen Beschlagnahmen, Mißhandlungen und Ermordungen, die Blaskowitz seinen Notizen beifügte, ging weit über eine sachlich-statistische Auflistung hinaus. Sie enthielt Auszüge aus Augenzeugenberichten, die mit ihren haarsträubenden Details bei den Lesern nur Ekel und Empörung erregen konnten. Blaskowitz sprach wohl auch für sich selbst, als er schrieb: »Jeder Soldat fühlt sich angewidert und abgestoßen durch diese Verbrechen … Er versteht nicht, wie derartige Dinge … ungestraft möglich sind.«[11] Blaskowitz konnte und wollte nicht erkennen, daß die Normen des Völkerrechts und der Menschlichkeit für den »harten Volkstumskampf« gegen die Polen als aufgehoben gelten sollten. Seine Ablehnung einer solchen Kriegführung wurde durch seine Auffassung der soldatischen Ehre gestärkt. Er gehörte ja zu jenen älteren Wehrmachtsoffizieren aus den ehemaligen königlichen Armeen, die sich den »Geboten der Ritterlichkeit« verpflichtet fühlten.

Grundlage für seine den unmittelbaren Handlungsrahmen sprengende ethische Verpflichtung dürfte jedoch sein christlicher Glaube gewesen sein. »Das, was zählt, steht gewiß nicht in den Akten« – dieses Wort Goethes gilt in besonderem Maße für Fragen des Gewissens und der religiösen Überzeugung. Dennoch steht fest, daß Blaskowitz »eine hohe sittliche Auffassung des Offiziersberufes mit ... tiefer Frömmigkeit verband«.[12] Sein christlicher Glaube war kein »Erbe aus seinem väterlichen Pfarrhause, das [er] verstaubt im Leben mit sich herumschleppte«, sondern eine »Lebendigkeit, die sich in die Praxis umsetzte«.[13]

Zu dem Zeitpunkt, als er seine Berichte abfaßte, mag Blaskowitz noch gehofft haben, auf diese Weise einen Wandel auf der obersten politischen Ebene herbeizuführen. Über die sich zunehmend radikalisierenden Vorstellungen der politischen Führung und die beinahe unbegrenzte Kompromißbereitschaft des Oberbefehlshabers des Heeres, von Brauchitsch, blieb Blaskowitz zunächst im dunkeln. Seine Kritik richtete sich dementsprechend vornehmlich gegen die aus seiner Sicht für Greueltaten verantwortlichen »charakterlich angekränkelten« Beamten der Polizeiverbände und deren Führer.

Schon am 7. Februar 1940, einen Tag nach Fertigstellung des dritten Berichts, sandte der Oberbefehlshaber des Heeres indes ein Schreiben unter anderem an den Oberost, das über seine Haltung zu diesen Fragen keinen Zweifel lassen konnte. »Kritik«, die »die Einheitlichkeit und Schlagkraft der Truppe« gefährde, solle »unterbunden werden«, warnte von Brauchitsch, denn die »vom Führer angeordnete Lösung volkspolitischer Aufgaben [müsse] schon zwangsläufig zu sonst ungewöhnlichen, harten Maßnahmen gegenüber der polnischen Bevölkerung des besetzten Gebiets führen«.[14]

Spätestens in der zweiten Märzwoche 1940 dürfte Blaskowitz vollends klargeworden sein, daß die in Polen begangenen Greueltaten keine »Exzesse« waren, sondern die logische Konsequenz der von radikalen rassenideologischen Motiven durchdrungenen und von Hitler selbst unterstützten Besatzungspolitik der SS-Führung. Denn am Abend des 13. März 1940 hielt Himmler auf Einladung von Brauchitschs in Koblenz vor den versammelten Oberbefehlshabern der Heeresgruppen und Armeen einen Vortrag über rassenpolitische Maßnahmen im besetzten Gebiet. Himmler hatte zunächst Bedenken, vor Skeptikern wie »Blaskowitz und Ulex« über solch heikle Themen zu sprechen, willigte aber im Interesse einer Verständigung zwischen Heer und SS schließlich ein. Bei dieser Gelegenheit kam es zu der von General Ulex notierten Beteuerung Himmlers: »Ich tue nichts, was der Führer nicht weiß.«[15] Spätestens von diesem Zeitpunkt an konnte es für Blaskowitz, der mit anwesend war, über die Mitverantwortlichkeit der politischen Führung für die Geschehnisse in Polen keinen Zweifel mehr geben. Ebenso charakteristisch war die Tatsache, daß der Vortrag bei den Anwesenden auf keinerlei offenen Protest stieß. Bereits im Januar hatte Blaskowitz erkannt, daß die meisten Offiziere des Heeres »zu schlapp« seien, um für zu Unrecht Verfolgte einzutreten.

Es kann kaum verwundern, daß Hitler diesen eigenwilligen General, der im April des Jahres noch weitere Dossiers über SS-Verbrechen vorlegte, nicht mehr als höchsten Heeresführer im Osten dulden wollte. In Polen hatte sich Blaskowitz nicht nur mit den »höheren SS- und Polizeiführern«, sondern auch mit Generalgouverneur Frank angefeindet, der seine Maßnahmen für einen »Eingriff in seine Rechte« hielt. Der Oberbefehlshaber Ost mag sich noch im April 1940 als »Herr der Lage« in Polen gefühlt haben, »als der Mann, der in Wirklichkeit befiehlt«.[16] In Wirklichkeit war Blaskowitz aber auch innerhalb der Heeresgeneralität bereits völlig isoliert. Am 14. Mai 1940 wurde er auf höchsten Befehl seines Amtes enthoben, ohne daß Einspruch von seinen Vorgesetzten eingelegt wurde.

Blaskowitz bekam zunächst den Oberbefehl über die 9., eine Reservearmee im Frankreichfeldzug, wurde aber schon nach zwei Wochen in die Führerreserve nach Dresden versetzt. Seine beruflichen Aufstiegschancen waren ebenso wie die einiger anderer Offiziere, die sich zur deutschen Polenpolitik kritisch geäußert hatten, infolge seines unnachgiebigen Verhaltens ruiniert. Unter den damaligen Generalobersten des Heeres war Blaskowitz der einzige, der nie zum Feldmarschall befördert wurde. Er hatte nun jene »Berg- und Talbahnfahrt« abwechselnder Ernennungen und Versetzungen begonnen, die seine restliche militärische Laufbahn kennzeichnen sollte. Am 9. Juni 1940 kam die Ernennung zum Militärbefehlshaber Nordfrankreich, der zwei Wochen später – vermutlich nach einer Intervention Himmlers – die erneute Versetzung in die Führerreserve folgte. In einem Brief an Blaskowitz vom 26. Juni sprach der Oberbefehlshaber des Heeres, von Brauchitsch, sein »volles Verständnis« dafür aus, »daß diese Änderung nach so kurzer Zeit Sie schmerzlich bewegen wird«. Das Bewußtsein, daß »lediglich dienstliche Notwendigkeiten und keinerlei andere Einwirkungen« den Anlaß zu diesem Entschluß geboten hatten, sollte dem Adressaten über seine Enttäuschung »hinweghelfen«. Allein die Tatsache, daß der Oberbefehlshaber des Heeres es für notwendig hielt, dieses »nochmals [zu] betonen«[17], bekräftigt jedoch den Verdacht, daß hier politische Motive mitwirkten. Zu einer dauerhafteren Verwendung für Blaskowitz kam es erst am 25. Oktober 1940, als er zum Oberbefehlshaber der in Frankreich stationierten 1. Armee ernannt wurde.

Diese neue Dienststellung konnte dem frontbewährten Generalobersten in militärischer Hinsicht wenig Befriedigung bieten. Am 11. November 1942, kurz nach der alliierten Landung in Nordafrika und gemäß einer Vereinbarung mit den Spitzen der Vichy-Regierung, marschierten die Verbände seiner Armee in das unbesetzte Frankreich, ohne auf Widerstand zu stoßen. Ansonsten kamen dem Oberbefehlshaber der 1. Armee lediglich Besatzungsaufgaben zu. Im Ausbildungsbereich betätigte er sich jedoch mit seinem charakteristischen Engagement. Wie aus seinen »Richtlinien für die Ausbildung« ersichtlich wird, betrachtete er eine »lebendige, abwechslungsreiche und überlegte Gestaltung des Dienstes« als Voraussetzung für die »Erhaltung der Frische« unter den Auszubildenden. Blaskowitz bemühte sich vor allem um die Ausbildung der für den Osteinsatz vorgesehenen Einheiten im Hinblick auf die »besonderen Kampfbedingungen des Ostens«. Diese erforderten eine entsprechende Vorbereitung *auf allen Gebieten«,* ob etwa durch »praktische Belehrungen über Winterhygiene« und die »Gewöhnung von Mensch und Pferd an die Einwirkung von Kälte und Temperaturschwankungen« oder durch die besondere Ausbildung von Panzervernichtungstrupps, »deren dringende Notwendigkeit der Krieg im Osten gezeigt« habe.

Blaskowitz war sich der Schwierigkeit seiner Aufgabe, vom fernen Südfrankreich aus die Lehren aus dem Rußlandfeldzug zu ziehen, nur allzu bewußt. Die amtlichen Mitteilungen der Heeresführung ergänzte er durch private Korrespondenz mit alten Kameraden im Osteinsatz. In einem Brief vom 15. September 1943 bedankte sich Blaskowitz bei seinem ehemaligen Oberquartiermeister, Generaloberst Jaenecke, der ihn mit »offenherzigen« Darlegungen über die Lage in Rußland versorgt hatte: »Für mich, der ich nun schon jahrelang dem Kampfgeschehen ferngehalten werde, ist es natürlich ungemein wertvoll, von berufenen Stellen zu hören, wie die Kampfverhältnisse sich im Laufe der Jahre geformt und gewandelt haben. Nur so bin ich in der Lage, meinen Männern annähernd ein Bild davon zu geben, wie es dereinst auch bei uns kommen kann.«[18]

In Frankreich bemühte sich Blaskowitz, wie er das auch unter weit weniger vorteilhaften Bedingungen in Polen getan hatte, um ein möglichst konstruktives Verhältnis zur Ortsbevölkerung. Bei dem Einsatz der Truppe zur Unterstützung der französischen Landwirtschaft, schrieb er im Sommer 1941, sei »selbstloses Denken« erforderlich. Es gehe »nicht darum, für die Truppe selbst zu ernten, sondern weit über diese Notwendigkeit hinaus dem Land und seiner Bevölkerung zu helfen«.[19] Hier handelte Blaskowitz konsequent nach dem achtzehn Monate zuvor in seinem ersten Polen-Bericht geäußerten Grundsatz, daß »mit Gewaltmaßnahmen allein … die Sicherheit und Ruhe des [besetzten] Landes nicht zu schaffen« sei, sondern »nur durch Schaffung eines befriedeten und mit den notwendigsten Lebensgütern versorgten Volk[es]«.[20]

Die ersten dreieinhalb Jahre in Frankreich vergingen in verhältnismäßiger Ruhe. Im Mai 1944 wurde Blaskowitz das Kommando über die aus der 1. und der 19. Armee gebildete Armeegruppe G übertragen. Zeitlich traf die neue Ernennung mit einem plötzlichen Aufleben der französischen Résistance im Zentralmassiv zusammen. Vor allem nach der alliierten Landung in der Normandie nahm die »Freischärler- und Terroristentätigkeit« des Widerstandes bedrohliche Ausmaße an. Die deutsche Führung reagierte mit scharfen Gegenmaßnahmen. Am 17. Juni wurden Blaskowitz drei Protestbriefe vom Toulouser Regional-Präfekten wegen im Laufe der »Terroristenbekämpfung« an Zivilpersonen verübten Verbrechen deutscher Soldaten vorgelegt. In seiner Antwort bestand der Generaloberst auf dem Recht der deutschen Wehrmacht, sich »gegen einen solchen Kampf unter *allen* ihr zu Gebote stehenden Machtmitteln [zu] wehren. Wenn dabei Kampfmethoden ergriffen werden müssen, die für Westeuropa neuartig sind, so bleibt festzustellen, daß auch der Kampf von Terroristen aus dem Hinterhalt für westeuropäische Verhältnisse etwas Neuartiges darstellt.« In einem solchen »hinterhältigen Kampf, wo der Freund nicht vom Feind zu unterscheiden ist«, sei es unvermeidbar, daß »mitunter Unschuldige zu Opfer fallen«. Die Unterbindung eines »solchen Vergießens unschuldigen Blutes« sei nur dann möglich, »wenn die franz[ösischen] Behörden und die Bevölkerung aus sich heraus den Kampf der Terroristen unmöglich machen«.[21]

Auch wenn mit einer derartigen Zusammenarbeit seitens der französischen Bevölkerung wohl nicht zu rechnen war, blieb Blaskowitz nach wie vor entschlossen, die »Bandenbekämpfung« in Südfrankreich möglichst völkerrechtskonform zu führen. Mit seinem Tagesbefehl vom 17. Juni 1944 distanzierte er sich daher vor den Männern seiner Armeen von dem Verhalten jener SS-Verbände, die eine Woche zuvor in Oradour-sur-Glane unter dem Deckmantel der »Terroristenbekämpfung« sechshundert Männer, Frauen und Kinder ermordet hatten.

Der Armeegruppe G oblag nach den alliierten Großlandungen an der Kanalküste die Aufgabe, die südfranzösische Küste zu verteidigen. Dafür reichten jedoch die Blaskowitz zur Verfügung stehenden Verbände und deren materielle Ausstattung nicht aus. Seit Jahren waren ihm – zunächst für die Rußland- und später für die Normandie-Front – »alle Reserven restlos weggenommen« worden. Am 16. August, einen Tag nach der alliierten Landung an der französischen Mittelmeerküste (Unternehmen »Dragoon«) und viel zu spät für eine geordnete Rückzugsoperation, wurden diese endlich durch Hitler freigegeben. Blaskowitz fiel nun die Aufgabe zu, seine Armeen an die elsaß-lothringische Grenze zurückzuführen. Trotz der Versuche seitens der Amerikaner, die Blaskowitz-Armeen durch eine »überholende Verfolgung« einzuschließen, konnte der Rückzug entgegen allen Erwartungen erfolgreich abgeschlossen werden.

Die »Berg- und Talbahnfahrt« war damit jedoch noch nicht beendet. Blaskowitz wurde zwar mit dem Eichenlaub zum Ritterkreuz des Eisernen Kreuzes ausgezeichnet, gleichzeitig aber auch trotz Einspruch Rundstedts am 21. September 1944 erneut in die Führerreserve versetzt. Am 24. Dezember bekam er das Kommando seiner alten Heeresgruppe G am Südflügel der Westfront, wurde aber nach drei Wochen wiederum abgelöst und am 28. Januar 1945 zum Oberbefehlshaber der Heeresgruppe H am Nordflügel ernannt. Angespornt durch das Bewußtsein, »daß wir für die Zukunft unseres Volkes durchzustehen haben«[22], versuchte Blaskowitz die Disziplin der zahlenmäßig und materiell weit unterlegenen deutschen Verbände durch Androhung drakonischer Strafen aufrechtzuerhalten. Ein von Blaskowitz unterschriebener Befehl vom 5. März 1945 gab bekannt, daß Soldaten, die sich von ihrer Einheit entfernten, durch neugeschaffene Kriegsgerichte am Orte »summarisch abgeurteilt und erschossen«

werden sollten.[23] Als die Armeen der Heeresgruppe H durch Verbände der 21st Army Group auseinandergetrieben wurden und Holland abgeschnitten wurde, erhielt Blaskowitz am 7. April die Ernennung zum Oberbefehlshaber der Niederlande (»Festung Holland«). Hier unterstanden ihm lediglich zwei Generalkommandos und die Reste der 25. Armee. Blaskowitz lehnte eine Teilkapitulation bis zuletzt strikt ab und kapitulierte erst am 5. Mai 1945. Noch am 2. Mai konnte er im Einvernehmen mit den Alliierten Maßnahmen zur Behebung der Ernährungskrise der Bevölkerung einleiten.

Vom Standpunkt des heutigen Betrachters aus mag es vielleicht verwunderlich erscheinen, daß Blaskowitz nach seinen Erfahrungen im Generalgouvernement weder an die Kreise des militärischen Widerstandes herantrat, noch von ihnen zur Mitarbeit angeworben wurde. In der Tat ließ er nach dem gescheiterten Attentat vom 20. Juli ein Schreiben an den »Führer« senden, in dem er Hitler versicherte, die Soldaten der Armeegruppe G würden sich »nach diesem ruchlosen Verbrechen um so fester um ihn scharen«.[24] Und in Personalbeurteilungen bezeichnete Rundstedt Blaskowitz seiner politischen Einstellung nach als »Nationalsozialist«. Allerdings soll Blaskowitz' Verhältnis zu den NS-Führungsoffizieren in seinem Stab auffallend kühl gewesen sein. Wie dem auch sei: Der Grund dafür, daß Blaskowitz auch nach Polen dem Regime weiterhin treu diente, liegt sicherlich nicht in seiner geistigen Nähe bzw. Distanz zum Nationalsozialismus, sondern in seiner Auffassung vom Offiziersberuf.

Blaskowitz war alles andere als ein »politischer Soldat«: Sein Professionalismus, in dem neben militärischem Zunftstolz auch christlich-moralische Vorstellungen eine Rolle spielten, schloß einen rein politisch-karrieristischen Ehrgeiz aus. Blaskowitz bemühte sich weit mehr um das Wohl und die Anerkennung seiner Untergebenen als um die Gunst seiner Vorgesetzten. Diese Berufsauffassung ermöglichte es ihm, auch dann nach seinen Grundsätzen zu handeln, wenn dies gegen den politischen Zeitgeist verstieß. Aber Blaskowitz' Professionalismus implizierte eben auch eine gewisse Eingeschränktheit, denn sein politisches Desinteresse und sein fachmännischer Rigorismus machten ihn für jeden *politischen* Widerstand untauglich. Genau dies erkannte Ulrich von Hassell, als er im Oktober 1943 in Frankreich mit Blaskowitz zusammentraf: »Unterhaltung mit Blaskowitz nicht sehr ergebnisreich. Sieht die Dinge im wesentlichen rein soldatisch.«[25]

Die letzten drei Jahre seines Lebens verbrachte Blaskowitz in der Gefangenschaft, zeitweise in Dachau, später im Steinlager Allendorf bei Marburg und zuletzt im Nürnberger Gefängnis. Das Leben in der Haft – teilweise in einer kleinen Einzelzelle ohne Tageslicht – traf ihn sehr hart. Die Dachauer Zeit bezeichnete er als »die schwerste seines Lebens«. Seine Briefe aus dieser Zeit bringen eine christlich-philosophische Resignation zum Ausdruck, welche für ihn im Grunde schon immer charakteristisch gewesen war. Im Februar 1948 sollte Blaskowitz im Rahmen des »OKW-Prozesses« gegen »Wilhelm von Leeb und Genossen« wegen Kriegsverbrechen in Polen und Frankreich vor Gericht gestellt werden. Die oben zitierten entlastenden Dokumente standen seinem Verteidiger damals nicht zur Verfügung.

Am 5. Februar 1948, kurz vor Prozeßbeginn, nahm sich Blaskowitz das Leben, indem er sich den Treppenschacht der Nürnberger Gefängnisrotunde hinabstürzte. Der Selbstmord löste bei Angehörigen und Freunden Bestürzung aus, nicht zuletzt, weil Blaskowitz als ein verhältnismäßig »leichter Fall« galt, der mit einem Freispruch hätte rechnen können. Über den ausschlaggebenden Anlaß läßt sich nur spekulieren – sei es die Befürchtung, durch seine Aussagen andere zu belasten, sei es eine »momentane Depression« in den letzten Tagen seines Lebens oder die (wenn auch unbegründete) Angst, er könne doch für schuldig befunden werden.

Blaskowitz' Frau und Tochter hatten nach Kriegsende auf dem Hof des Heidebauern Johannes Kopcke in Bommelsen, Kreis Fallingbostel, Zuflucht gefunden. Kopcke war im Ersten Weltkrieg Blaskowitz' Pferdebursche gewesen und blieb – auch dies bezeichnend für den Menschen Johannes Blaskowitz – Zeit seines Lebens freundschaftlich mit ihm verbunden. In Bommelsen wurde Blaskowitz dann auch am 16. Februar 1948 beigesetzt.

Anmerkungen

Ich danke Herrn Dr. Joachim Ludewig für die freundliche Zusendung seiner biographischen Skizze des Generaloberst Johannes Blaskowitz. Sein Aufsatz erscheint demnächst in der Zeitschrift *Militärgeschichte*.

1 [General Gustav Seiz], Blaskowitz, in: *Der Seehase*. Nachrichtenblatt der Kameradschaft ehemaliger 114er und 14er, Nr. 66, (Ostern 1955), [S. 4]. Die Angehörigen des 14. Badischen waren als »Seehasen« bekannt.

2 Brief des Hauptmanns Stieff an seine Braut, Truppenübungsplatz Ohrdruf, 21. Aug. 1932, in: Horst Mühleisen (Hrsg.), Hellmuth Stieff: Briefe, Berlin 1991, Brief Nr. 36, S. 71.

3 Ansprache von Johannes Blaskowitz, gehalten bei der Einweihung des Ehrenmales für die im Weltkriege Gefallenen auf dem Friedhof zu Bommelsen am Heldengedenktage, Sonntag, 17. März 1935 (Abschrift), BA-MA Freiburg, MSg 1/1814.

4 Seiz (Anm. 1), [S. 4].

5 Nicolaus von Below, Als Hitlers Adjutant 1937–1945, Mainz 1980, S. 116.

6 Hildegard von Kotze (Hrsg.), Heeresadjutant bei Hitler 1938–1943. Aufzeichnungen des Majors Engel, Stuttgart 1974, Eintrag vom 18. 11. 1939, S. 68.

7 Tagesbefehl vom 26. Oktober, zitiert nach: Helmut Krausnick/ Hans-Heinrich Wilhelm, Die Truppe des Weltanschauungskrieges. Die Einsatzgruppen der Sicherheitspolizei und des SD 1938–1942, Stuttgart 1981 (= Quellen und Darstellungen zur Zeitgeschichte, Bd. 22), S. 96.

8 Bericht des Oberbefehlshabers Ost, Generaloberst Blaskowitz, an den Oberbefehlshaber des Heeres. Lodz, 27. 11. 1939, BA-MA Freiburg, N 104/3, z. T. abgedruckt in: Helmut Krausnick/Harold C.

Deutsch/Hildegard von Kotze (Hrsg.), Helmuth Groscurth. Tagebücher eines Abwehroffiziers, Stuttgart 1970, Dok. Nr. 43, S. 426f.

9 Kotze (Anm. 6), S. 68.

10 Vortragsnotizen für Vortrag Oberost (Generaloberst Blaskowitz) beim Oberbefehlshaber des Heeres am 15. 2. 1940 in Spala (Fotokopie einer Abschrift), Bericht Ulex vom 2. Februar 1940, Hervorhebung im Original, BA-MA Freiburg, RH 53 – 23/23.

11 Ebd.

12 Hans Gies, Eidesstattliche Aussage zur Anklage gegen Generaloberst Blaskowitz, Klingenstein, 22. Jan. 1948 (Abschrift), BA-MA Freiburg, MSg 1/1814.

13 Ansprache des Pfarrers Schrader bei der Beisetzung von Johannes Blaskowitz (Abschrift), Fallingbostel, 16. Februar 1948, BA-MA Freiburg, MSg 1/2603.

14 Der ObdH an die OB der HGruppen und an Ob. Ost, 7. 2. 1940; zitiert nach: Krausnick/Wilhelm (Anm. 7), S. 103f.

15 IfZ, ZS 626, zitiert nach ebd., S. 105.

16 Zwischenbericht des SS-Brigadeführers Berger, Chef des Ergänzungsamtes der Waffen-SS, Tgb. Nr. 178/40 geh. an Reichsführer-SS und Chef der deutschen Polizei, Berlin, 25. 4. 1940, BA-MA Freiburg, RH 53-23/23, Bl. 31.

17 Brief des Oberbefehlshabers des Heeres von Brauchitsch an Generaloberst Blaskowitz, H.Qu., 26. Juni 1940 (Abschrift), BA-MA Freiburg, Pers 6/20, Bl. 52.

18 Brief Blaskowitz' an Generaloberst Erwin Jaenecke, O.u., 15. 9. 1943; BA-MA Freiburg, N 761/4.

19 Schreiben des Oberbefehlshabers der 1. Armee an kommandierende Generale und Div.-Kommandeure, 27. 6. 1941, gez. Blaskowitz: BA-MA Freiburg, RH 20-1/100 (AOK 1: Anlagen zum Tätigkeitsbericht Ia), Bd. 1, Bl. 12 (Abschrift von Abschrift).

20 Bericht des Oberbefehlshabers Ost (Anm. 8).

21 Oberbefehlshaber der Armeegruppe G an den Kommandant des H.V.St. 654 Toulouse (zur Weiterleitung an den Toulouser Regional-Präfekten), Geheim, H.Qu. den 17. 6. 44, BA-MA Freiburg, RH 19 XII/3 (Anlage 243), Bl. 327.

22 Brief an Anneliese Weitz, O. u., 17. 2. 1945, BA-MA Freiburg, MSg 1/2603.

23 Zitiert nach: W. Denis Whitaker/Shelagh Whitaker, Rhineland. The Battle to End the War, London 1989, S. 267.
24 Kriegstagebuch Armeegruppe G (Führungsabteilung), 21. 7. 1944, BA-MA Freiburg, RH 19 XII/5, Bl. 43.
25 Friedrich Freiherr Hiller v. Gaertringen (Hrsg.), Die Hassell-Tagebücher 1938–1944. Aufzeichnungen vom Anderen Deutschland [von Ulrich von Hassell], Berlin 1988, S.365.

Bibliographie

Quellen

Ein Nachlaß Blaskowitz ist nicht vorhanden. Im Militärarchiv Freiburg i. Br. befinden sich seine Personalakte sowie verschiedene kleinere Briefsammlungen aus seiner Korrespondenz mit Freunden und Kameraden. Eine vollständige Abschrift der »Notizen« vom 6. Februar 1940 liegt dort ebenfalls vor. Der Schriftwechsel von General a. D. Hans Gies mit Kameraden und Anna Blaskowitz enthält auch Presseartikel und persönliche Stellungnahmen zu Blaskowitz. Von Nutzen sind auch die Kriegstagebücher der von Blaskowitz befehligten Armeen und Armeegruppen. Eine unveröffentlichte Darstellung der »Armee Blaskowitz im Polenfeldzug« von General Jaenecke befindet sich ebenfalls im Militärarchiv (RH 20-8/46). Unter den gedruckten Tagebüchern und Briefsammlungen sind folgende besonders aufschlußreich: Horst Mühleisen (Hrsg.), Hellmuth Stieff: Briefe, Berlin 1991: Helmut Krausnick/Harold C. Deutsch/Hildegard von Kotze (Hrsg.), Helmuth Groscurth. Tagebücher eines Abwehroffiziers, Stuttgart 1970, und Hans-Adolf Jacobsen (Hrsg.), Generaloberst Halder. Kriegstagebuch, Bd. I: Vom Polenfeldzug bis zum Ende der Westoffensive, Stuttgart 1962.

Literatur

Eine umfassende Blaskowitz-Biographie gibt es nicht. Unter den knappen Darstellungen in Nachschlagewerken ist der Aufsatz von Friedrich-Christian Stahl in: B. Ottnad (Hrsg.), Badische Biographien, Neue

Folge, Bd. 2, Stuttgart 1987, S. 41–45, besonders zu empfehlen. Die beste kritische Würdigung Blaskowitz' bietet Joachim Ludewig, »Generaloberst Johannes Blaskowitz«; dieser Aufsatz erscheint demnächst in der Zeitschrift *Militärgeschichte*. Blaskowitz' Leistungen als militärischer Führer in Südfrankreich wurden erstmalig näher untersucht in: Joachim Ludewig, *Der deutsche Rückzug aus Frankreich 1944*, Freiburg 1994 (= Einzelschriften zur Militärgeschichte, Bd. 39). Blaskowitz wird in vielen Untersuchungen zu Besatzungspolitik und Widerstand im Dritten Reich erwähnt, fast ausschließlich im Zusammenhang mit seiner Tätigkeit als »Oberost«. Besonders nützlich sind: Helmut Krausnick/Hans-Heinrich Wilhelm, Die Truppe des Weltanschauungskrieges. Die Einsatzgruppen der Sicherheitspolizei und des SD 1938–1942, Stuttgart 1981 (= Quellen und Darstellungen zur Zeitgeschichte, Bd. 22) und Harold C. Deutsch, Verschwörung gegen den Krieg, München 1969. Blaskowitz' Führung als Oberbefehlshaber der Heeresgruppe H wird kritisch beurteilt in: Milton Shulman, Defeat in the West, London ²1968, und W. Denis und Shelagh Whitaker, Rhineland. The Battle to End the War, London 1989.

Werner von Blomberg –
Hitlers »idealistischer« Kriegsminister

VON RICHARD R. MULLER

Generalfeldmarschall Werner von Blomberg, geboren am 2. September 1878 in Stargard (Pommern), gestorben am 14. März 1946 in Nürnberg, gibt den Historikern, die sich mit dem Militär des Dritten Reiches befassen, manches Rätsel auf. Einerseits wird Blomberg oft als der Archetyp eines nationalsozialistischen Generals geschildert – er war Hitler persönlich ergeben, betrieb beflissen die Durchdringung der Reichswehr mit nationalsozialistischen Prinzipien und der »braunen« Ideologie und war ein gefügiges Werkzeug der nationalsozialistischen Aggression. Andererseits wird er in manchen Abhandlungen als Gegner der aggressiven Außenpolitik Hitlers dargestellt, der seine ablehnende Haltung auf der durch die Hoßbachniederschrift bekanntgewordenen Besprechung am 5. November 1937 klar zum Ausdruck brachte, was Hitler veranlaßte, Anfang des Jahres 1938 die erste sich bietende Gelegenheit zur Entlassung Blombergs zu nutzen.

Die Debatte über die Rolle von Blombergs dauert bis zum heutigen Tag an. Dabei steht fest, daß er viel dazu beigetragen hat, ein einträchtiges Verhältnis zwischen dem deutschen Militär und der NSDAP herzustellen. Bei der massiven Wiederaufrüstung der dreißiger Jahre spielte er eine führende Rolle, und er war der Architekt des Kommandosystems, auf dessen Grundlage die Wehrmacht den Zweiten Weltkrieg führte. Dann fiel er den Machtkämpfen innerhalb der Führung des Dritten Reiches zum Opfer und wurde kurzerhand abgehalftert, als er nicht länger als Puffer zwischen den verschiedenen Machtzentren fungieren konnte. Obgleich er aufgrund seiner Ausbildung und seiner Positionen dazu berufen schien, die entscheidende Rolle in der Militärpolitik des Dritten Reiches zu spielen, kamen seine großen Fähigkeiten nie zum Tragen. Ein Skandal führte schließlich zu seinem Abschied.

Auch Blombergs Persönlichkeit ist zwiespältig einzuschätzen. Groß und schneidig, erschien er manchen als Verkörperung der deutschen militärischen Tugenden, gemildert durch einen gewissen Sinn für Menschlichkeit und Humor. Er unternahm ausgedehnte Reisen nach England, in die USA und die Sowjetunion und hatte dadurch einen weiteren Horizont als die meisten deutschen Offiziere seiner Generation. Sein internationaler Ruf war geeignet, Neid zu erwecken, und seine guten Manieren und sein Charme beeindruckten viele Beobachter. Vom britischen Militärtheoretiker Captain Basil H. Liddell Hart, der von Blomberg 1932 während der Genfer Abrüstungskonferenz begegnete, stammt folgende scharfsichtige Charakterisierung: »Blomberg war ein geborener Enthusiast und betrachtete den Waffenberuf unter dem Blickwinkel eines Don Quichotte. ... Er wurde fast lyrisch, als er über den Appell zur ›Ritterlichkeit‹ im Kriege dozierte. Beobachtet man die höheren militärischen Ebenen über einen längeren Zeitraum genauer, so neigt man zum Skeptizismus, doch Blomberg beeindruckte mich dadurch, daß sein Treuebekenntnis außergewöhnlich ehrlich, wenn nicht jungenhaft war. Er war von großer und breiter Statur und machte weder einen arroganten noch verbissenen Eindruck, sondern legte eine natürliche Höflichkeit, verbunden mit einer erfrischend offenen Art zu reden, an den Tag.«[1]

Obwohl Blomberg viele persönliche Vorzüge besaß und durchaus imstande war, ein breites Publikum für sich einzunehmen, gab es doch auch weniger positive Züge seines Charakters. Zwar zeichnete er sich durch einen regen, forschenden Geist aus, doch war er eben auch in hohem Maße beeinflußbar und neigte dazu, impulsiv und unüberlegt zu handeln. 1928 kehrte er voller Begeisterung für das kommunistische System von einer Reise in die Sowjetunion zurück, die seiner Meinung nach die Kluft zwischen der Armee und der Gesellschaft insgesamt erfolgreich überbrückt hatte. Wie er selbst bekannte, war er nahe daran, selbst Kommunist zu werden, nachdem er die Sowjetgesellschaft nur ganz kurz und selektiv kennengelernt hatte. Es ist kaum verwunderlich, daß manche seiner Kollegen ihn für etwas unausgeglichen hielten, da er zu schwärmerischer Begeisterung und Maßlosigkeit neigte. Generalfeldmarschall Gerd von Rundstedt erinnerte sich: »Blomberg war uns immer etwas fremd, er schwebte in anderen Regionen.«[2] Doch kamen seine Aufgeschlossenheit gegenüber neuen militärischen Entwicklungen, sein Enthusiasmus für vorwärtsweisende nationale Bewegungen und sein gewinnendes Wesen Blomberg in den Anfangsjahren des Dritten Reiches sehr zugute.

Blombergs Karriere während des Ersten Weltkrieges und in der Reichswehr-Ära wies ihn als einen Mann mit überragenden Fähigkeiten aus, die ihn für die höchsten Ämter prädestinierten. Nachdem er 1897 das Offizierspatent erhalten hatte, besuchte er von 1904 bis 1907 die Kriegsakademie und diente danach beim Großen Generalstab. Während des Krieges war er in verschiedenen Stellungen an der Front und im Stabsdienst eingesetzt, darunter als Ia im Generalstab der 7. Armee, und erhielt die höchste Auszeichnung des kaiserlichen Deutschland, den Pour le Mérite. Nach dem Krieg wurde er zum Dienst im 100000-Mann-Heer der Reichswehr auserwählt, wo er rasch aufstieg. Als Chef des Truppenamtes (1927–1929) befaßte er sich hauptsächlich mit dem Grenzschutz und der Planung der Wiederaufrüstung. In der ersteren Frage überwarf er sich mit Reichswehrminister Kurt von Schleicher und wurde auf den Posten des Befehlshabers im Wehrkreis I in Ostpreußen abgeschoben – weit weg von den Korridoren der Macht.

Während seiner Dienstjahre in der Reichswehr war Blomberg neuen taktischen und technischen Konzepten gegenüber ungewöhnlich aufgeschlossen. In seinen unveröffentlichten Memoiren berichtet er über eine Reihe von Meinungsverschiedenheiten mit seinem Vorgänger als Chef des Truppenamtes (1920–1926), Generaloberst Hans von Seeckt, und beklagt sich unter anderem über dessen offensichtliches Zögern, Neuerungen wie die umfassende Motorisierung der Reichswehr voranzutreiben. Selbstverständlich kann Seeckt selbst schwerlich als ein Gegner von Neuerungen im Heer angesehen werden. Von Bedeutung ist jedoch, daß Blomberg neue Ideen frühzeitig und enthusiastisch unterstützte. Er spielte eine führende Rolle beim Zustandekommen der geheimen Zusammenarbeit von Reichswehr und Roter Armee und förderte auch den heimlichen Ausbau des Flugplatzes in Lipezk und der Panzerschule in Kasan. Blomberg beschäftigte sich darüber hinaus intensiv mit der ausländischen militärischen Fachliteratur über die Kriegführung mit Panzern, vor allem mit den Veröffentlichungen von Liddell Hart und J. F. C. Fuller. Es ist daher kaum verwunderlich, daß er ein früher Befürworter der Panzerwaffe war und die Aufstellung der ersten drei Panzerdivisionen im Herbst 1934 nachdrücklich befürwortete.

Die nationalsozialistische Machtübernahme am 30. Januar 1933 rettete Blomberg davor, als Befehlshaber im Wehrkreis I der Vergessenheit anheimzufallen. In den Augen von Reichspräsident Paul von Hindenburg sowie des ehemaligen Reichskanzlers Franz von Papen besaß Blomberg genügend Autorität und beste konservative Referenzen, um das Amt des Reichswehrministers in einem Kabinett Hitler erfolgreich auszufüllen (trotz der störenden Verfassungsbestimmung, daß das Amt mit einem Zivilisten zu besetzen sei). Hitler selbst erhob keine Einwände: Durch Vermittlung von Blombergs Stabschef, Oberst Walther von Reichenau, hatte er Blomberg kennengelernt und war von ihm beeindruckt. Obwohl Papen und Hindenburg geglaubt hatten, Blomberg werde das Ideal des »unpolitischen« Reichswehroffiziers verkörpern, hatte er dem Nationalsozialismus gegenüber ausgesprochenes Wohlwollen entwickelt. Zu dieser politischen Wandlung hatten von Reichenau und der nationalsozialistisch eingestellte Pfarrer des Wehrkreises I, Ludwig Müller, beigetragen, die ihm die Parteiphilosophie nahegebracht hatten. Schließlich leistete Blomberg am 30. Januar 1933 – mehrere Stunden vor Hitler und den übrigen neuen Kabinettsmitgliedern – den Amtseid als Reichswehrminister.

Während der ersten Jahre nach seiner Ernennung stand Blomberg auf dem Gipfel seiner Macht. Seinem Aufstieg zum Minister folgte im April 1933 die Ernennung zum persönlichen Vertreter Hitlers im Reichsverteidigungsrat und zum Oberbefehlshaber der Wehrmacht. Sein neuer Status als Kabinettsmitglied ermöglichte ihm politische Einflußnahme, während er gleichzeitig aktiver Heeresoffizier blieb. Er nutzte sein Amt, um die Interessen der Reichswehr im Deutschen Reich unermüdlich zu verteidigen, wobei er den Standpunkt vertrat, daß die nationale Verteidigung eine rein militärische Angelegenheit sei und daß der Wehrmachtführung in allen Fragen der Wiederaufrüstung, Mobilisierung der Wirtschaft und Kriegsplanung das entscheidende Wort zukomme. Aus diesem Grund arbeitete Blomberg sehr eng mit Reichswirtschaftsminister Dr. Hjalmar Schacht zusammen. Sein späteres Verhältnis zu Hermann Göring, dem Leiter des Vierjahresplanes, war allerdings weit weniger harmonisch, als es um den Aufbau der Luftwaffe und die Zuteilung von Rohstoffen ging. Es scheint, daß Hitler sich in den ersten Jahren nur wenig in die inneren Angelegenheiten der Reichswehr einmischte, zumal er von Blombergs Ergebenheit und Fähigkeiten überzeugt war.

Blomberg spielte eine bedeutende (wenn auch periphere) Rolle bei der großen Säuberungsaktion, die am 30. Juni 1934 gegen die Führung der SA, der paramilitärischen Organisation der Braunhemden unter Ernst Röhm, durchgeführt wurde. Obwohl Blomberg als Befehlshaber im Wehrkreis I zwischen 1930 und 1933 beim Schutz der deutschen Ostgrenze mit der SA zusammengearbeitet hatte, erkannte er, welche Gefahr diese SA für das Monopol der Reichswehr als militärische Macht im

Deutschen Reich darstellte. Hitlers Kontrolle über die Reichswehr war trotz seiner häufigen Appelle an das Offizierkorps, in denen er eine stark erweiterte Wiederaufrüstung versprach, Mitte des Jahres 1934 keineswegs gefestigt. Daher hatte er beschlossen, entschieden zugunsten der Reichswehr zu handeln und sich mit einer einzigen durchgreifenden Aktion die lästige radikale SA vom Halse zu schaffen. Zwar wurde die eigentliche Säuberungsaktion von SS-Formationen durchgeführt, doch sorgte Blomberg für ein reibungsloses Zusammenspiel mit den lokalen Kommandostellen der Reichswehr und für technische Unterstützung, Unterbringung und Verpflegung der SS-Einheiten.

Auch wenn die meisten Angehörigen des Offizierkorps die Liquidierung der SA-Führung begrüßten, war es schwierig, ihnen die Ermordung der Generäle Kurt von Schleicher und Kurt von Bredow – zweier politischer Gegner Hitlers, die man bei der Gelegenheit mit beseitigt hatte – zu erklären. Monatelang gab es deswegen innerhalb der Reichswehr Meinungsverschiedenheiten und Diskussionen. Schließlich veröffentlichte Blomberg am 2. April 1935 eine Stellungnahme, der zu entnehmen war, daß trotz gegenteiliger Gerüchte keine Rehabilitation der beiden toten Generäle erwogen werde. Zwar hatte die Röhm-Affäre dazu geführt, die Vorrangstellung der Reichswehr in allen militärischen Angelegenheiten zu festigen, hatte aber auch zur Folge, daß Blomberg beim Offizierkorps an Glaubwürdigkeit verlor. Durch eine andere Maßnahme, deren volle Tragweite erst lange nach Blombergs Abschied erkennbar werden sollte, ebnete er am 24. September 1934 den Weg für die Eingliederung der noch in den Anfängen stehenden SS-Verfügungstruppe in die Planung zur Mobilisierung der Wehrmacht, wodurch er langfristig die Stellung der traditionellen Streitkräfte als einzige Waffenträger im Reich aufs Spiel setzte.

Blombergs Ruf als »Nazigeneral« ist nicht nur darauf zurückzuführen, daß er Adolf Hitler bewunderte, sondern vor allem auf seine Bemühungen, die Reichswehr zu politisieren. Er er-

55

griff zahlreiche Initiativen, um die Reichswehr deutlich mit der NSDAP in Übereinstimmung zu bringen. So wurde die Reichswehruniform mit Reichsadler und Hakenkreuz versehen, bei militärischen Zeremonien wurden nationalsozialistische Ansprachen und Insignien eingeführt, und die Form der Anrede und des offiziellen Grußes wurden geändert. Mit Reichenaus Hilfe formulierte Blomberg den Fahneneid der deutschen Soldaten um – dieser wurde nun auf die Person Adolf Hitlers statt auf die Reichsverfassung abgelegt. Schließlich fügte Blomberg den infamen »Arier-Paragraphen« in das Reichswehrgesetz ein, der Nichtarier vom Dienst in der Reichswehr ausschloß. Blombergs nationalsozialistischer Eifer brachte ihm – nach dem Titelhelden eines Propagandafilms – bald den Spitznamen »Hitlerjunge Quex« ein.

In den oben erwähnten Maßnahmen spiegelte sich die allgemeine Einstellung Blombergs zur »Gleichschaltung« der Reichswehr wider. Obwohl seine Verbindungen zur nationalsozialistischen Bewegung vor 1933 nicht besonders ausgeprägt waren, steht fest, daß seine baldige Unterstützung des soziopolitischen NS-Programms nicht auf Opportunismus beruhte, sondern auf Überzeugung. Er glaubte, die Machtergreifung von 1933 biete der Reichswehr die Möglichkeit, zur wahren »Schule der Nation« zu werden, wie dies die Reformer des preußischen Heeres ursprünglich vorgesehen hatten. Tatsächlich stellte er oft einen Zusammenhang zwischen den nationalsozialistischen Idealen und denen Gneisenaus her und war mit seinem Hang zum Romantizismus für das nationalsozialistische Ideal der »Volksgemeinschaft« und für das Flair des Nationalsozialismus als einer wahrhaft neuen, revolutionären Entwicklung empfänglich. Das neue Regime war für ihn der »Ausdruck breiten nationalen Wollens und die Verwirklichung dessen . . ., was viele der Besten seit Jahren angestrebt« hätten.[3] Daher wies er auch das Offizierkorps der Reichswehr, wie etwa in einer Rede am 15. September 1933, unverzüglich darauf hin, daß die nationalsozialistische Machtübernahme weit mehr bedeute als nur einen Regierungswechsel.

Sie sei vielmehr eine »fundamentale Veränderung des Denkens und Wollens des ganzen Volkes und die Verwirklichung einer neuen Philosophie«.[4]

Dank der neuen Möglichkeiten, welche die nationalsozialistische Machtergreifung eröffnete, konnte Blomberg an dem zentralen Pfeiler seines Militärprogramms weiterbauen, nämlich der Entwicklung und Einführung einer wirklich einheitlichen Kommandostruktur für die ganze Armee. Eine der zentralen Lehren aus dem Ersten Weltkrieg war, daß der moderne, »totale« Krieg nicht nur den koordinierten Einsatz der Kampfverbände erforderte, sondern auch die einheitliche Leitung der Wirtschafts- und Rüstungsprogramme. Bereits Blombergs Vorgänger, die Generäle Wilhelm Groener und von Schleicher, hatten detaillierte Vorschläge ausgearbeitet, die in diese Richtung wiesen, und von Blomberg, der weit mehr politische Macht besaß als sie, war nun auch in der Lage, dieses Konzept zu verwirklichen.

Im Prinzip waren sich die militärischen Führer des Dritten Reiches darin einig, daß für den Kriegsfall eine einheitliche Kommandostruktur erforderlich sei. Tatsächlich kamen die ersten Vorschläge für ein solches Arrangement vom Heer und nicht aus Blombergs Amt. So kam es bald zu einer großen Debatte über die Frage, ob dem Heer, das sich mit einer gewissen Berechtigung als das militärische Hauptinstrument einer kontinentalen Macht betrachtete, die führende Rolle in der herauszubildenden Kommandostruktur zufiel oder nicht. Kurz gesagt wollten Blomberg und Reichenau, daß das Wehrmachtamt den Status eines »Wehrmacht-Generalstabes« mit der Rahmenrichtlinienkompetenz gegenüber den drei Teilstreitkräften zugesprochen bekäme, während Generaloberst Werner Freiherr von Fritsch, Oberbefehlshaber des Heeres, und General Ludwig Beck, Chef des Generalstabes des Heeres, den Standpunkt vertraten, das Heer solle diese Funktionen übernehmen.

Der Konflikt zwischen dem Heer und Blomberg kam in der Frage der Kriegsplanung am schärfsten zum Ausdruck. Beck widersetzte sich hartnäckig Blombergs Weisung vom 2. Mai 1935, welche die Bezeichnung »Schulung« trug und sich mit den Vorbereitungen für einen Überraschungsangriff auf die Tschechoslowakei befaßte. Die Debatte spitzte sich schließlich im Mai 1937 durch die Bekanntgabe der Blombergschen »Weisung für die einheitliche Kriegsvorbereitung der Wehrmacht« weiter zu. Diese Direktive, in der die militärstrategische Lage Deutschlands umrissen war, forderte die Vorbereitung einer Reihe von Eventualplänen für den Kriegsfall, die vom Heer erarbeitet werden sollten. Erneut wurden diese Planungen durch Becks Widerstand verhindert.

Blombergs Vision von einem einheitlichen Oberkommando der Wehrmacht wurde aus mehreren Gründen nicht verwirklicht. Zum einen war sein eigener Stab, das Wehrmachtamt, viel zu klein und zu unerfahren für die Erfordernisse einer umfassenden militärischen Planung – in der Tat so unzureichend, daß der Generalstab des Heeres die gemeinsamen Manöver der drei Wehrmachtsteile im Jahre 1937 planen mußte. Zum anderen waren Blombergs Möglichkeiten, die rasch expandierende Luftwaffe zu kontrollieren, durch Görings Status stark eingeschränkt, der zwar Blomberg in der Militärhierarchie nominell unterstellt, aber wie dieser Kabinettsminister war. Im Geiste des von Hitler praktizierten »Führerprinzips« wurde zugelassen, daß diese inneren Machtkämpfe stattfanden, und das Problem der einheitlichen Kommandostruktur wurde nie zufriedenstellend gelöst.

Zwar gelang es ihm nicht, sein Ideal der Wehrmachtstruktur durchzusetzen, doch drückte Blomberg dem Militär des Dritten Reiches auf andere Weise seinen Stempel auf. Seine Rolle als militärischer Erneuerer beim Wiederaufbau des Heeres wurde bereits erwähnt, doch übte er auch auf die Entwicklung der Luftwaffe einen entscheidenden Einfluß aus. Im Mai 1933, kurz nach seiner Ernennung zum Reichswehrminister, setzte er durch Zusammenlegung des Reichskommissariats für Luftfahrt mit dem Luftschutzamt des Reichswehrministeriums die Schaffung des

Reichsluftfahrtministeriums (RLM) ins Werk. Nicht nur schuf er die institutionellen Grundlagen für die Entwicklung der Luftwaffe als selbständiger Teilstreitkraft, sondern sorgte auch für ihre bevorzugte Behandlung bei der Zuteilung von Personal und Rohstoffen. Nach Blombergs Vorstellung sollte der neue Wehrmachtteil ein »Elite-Korps mit stürmischem Angriffsgeist«[5] werden. Daher ließ er auch einige der vielversprechendsten Reichswehroffiziere, darunter Hans Jeschonnek, Albert Kesselring und vor allem Walther Wever, zu der im Entstehen begriffenen Luftwaffe versetzen.

Zwar kann man Blomberg nicht als einen regelrechten Luftwaffentheoretiker ansehen, doch deckten sich seine Auffassungen von der künftigen Rolle der Luftwaffe innerhalb der Wehrmacht mit den wichtigsten Thesen des deutschen Luftmacht-Denkens Mitte der dreißiger Jahre. Er lehnte den Gedanken ab, daß sich die Luftwaffe die Lehren des italienischen Generals und Kriegstheoretikers Giulio Douhet zu eigen machen und sich vorwiegend auf den strategischen Bombereinsatz konzentrieren sollte. Statt dessen war Blomberg der Auffassung, die Luftwaffe müsse so konzipiert und ausgerüstet sein, daß sie im Kontext eines künftigen europäischen Krieges entweder selbständig oder im Zusammenwirken mit dem Heer und der Kriegsmarine einen »operativen Luftkrieg« führen könne. Zweifellos hat Blombergs Unterstützung viel zur raschen Entwicklung der Luftwaffe beigetragen, und es ist eine Ironie der Geschichte, daß ausgerechnet Göring, der eine zentrale Rolle bei Blombergs späterem Sturz spielen sollte, am meisten von seinem Wirken profitierte. Seine Probleme mit der Luftwaffe hat er mithin weitgehend selbst verschuldet.

Lange vor Blombergs tatsächlicher Absetzung begann Hitler seinen Reichskriegsminister als einen immer weniger nützlichen Verbündeten anzusehen. Manche hatten Blomberg wegen seiner Willfährigkeit gegenüber Hitler zwar als »Gummilöwen« bezeichnet, doch Hitler selbst schlußfolgerte aus der schwankenden Haltung, die Blomberg aus Furcht vor einem britischen und französischen militärischen Eingreifen während der Remilitarisierung des Rheinlandes im März 1936 eingenommen hatte, daß ihm die nötige Charakterstärke für seinen Posten fehle. Außerdem verringerte sich Blombergs Wert als Bindeglied zum Offizierkorps im gleichen Maße, wie er seine Glaubwürdigkeit bei der überwiegenden Mehrheit der führenden Offiziere einbüßte.

Auch wenn die zeitliche Nähe der Entlassung Blombergs zu der von Hitlers Adjutanten Hoßbach protokollierten Besprechung am 5. November 1937 anderes vermuten ließe, existiert kein direkter kausaler Zusammenhang zwischen beiden Ereignissen. Hitler hatte auf Blombergs Ersuchen die obersten Befehlshaber der Wehrmacht (von Blomberg, von Fritsch, Raeder und Göring) sowie Reichsaußenminister von Neurath in die Reichskanzlei gerufen. Der eigentliche Grund für diese Zusammenkunft war die Lösung einiger Probleme, die bei der Bewilligung von Rohstoffen zwischen Heer und Luftwaffe aufgetreten waren. Tatsächlich kam es jedoch zu einer umfassenden Darlegung der militärpolitischen Lage Deutschlands. Hitlers Hauptargument lautete, die Zeit arbeite gegen Deutschland. Daher müsse er jede sich bietende Gelegenheit nutzen, sein Ziel, die Gewinnung von Lebensraum, zu erreichen. Der Verlauf der Besprechung war zeitweilig durch heftige Auseinandersetzungen zwischen Fritsch und Blomberg einerseits und Göring andererseits sowie durch Einwände gekennzeichnet, die von den Oberbefehlshabern gegen Hitlers Zeitplan erhoben wurden. Dennoch versuchte Blomberg in seinen nachfolgenden Direktiven die Kriegsplanung der Wehrmacht mit Hitlers Intentionen in Übereinstimmung zu bringen, wodurch deutlich wurde, daß es mit seiner oft zitierten »Opposition« gegen die Pläne des »Führers« gar nicht so weit her war, wie allgemein geglaubt wird.

Die eigentlichen Umstände, die zum Sturz Blombergs führten, sind ziemlich trivial und grenzen ans Tragikomische: Der seit 1932 verwitwete Blomberg verliebte sich 1937 in eine viel jüngere Frau, Luise Margarethe Gruhn. Leider hatte Fräulein Gruhn früher einmal Modell für pornographische Aufnahmen gestanden und war deswegen bei den Justizbehörden auffällig geworden (obwohl sie, soweit man feststellen kann, niemals eine »registrierte Prostituierte« gewesen ist, wie von manchen behauptet wird). Blomberg kannte ihre Vergangenheit, war aber entschlossen, zu seinem Eheversprechen zu stehen. Er bat Göring um Rat, und dieser belehrte ihn, daß der Nationalsozialismus über Klassenschranken hinweg geschlossene Ehen als durchaus akzeptabel ansehe und sie sogar fördere. In noch tiefere Dankesschuld gegenüber Göring geriet der Reichskriegsminister dadurch, daß jener sich dazu bereit erklärte, dafür zu sorgen, daß ein Rivale, der ebenfalls um die Gunst von Fräulein Gruhn geworben hatte, nach Argentinien ins »Exil« geschickt werde. Generalfeldmarschall von Blomberg und Luise Margarethe Gruhn heirateten in aller Stille am 12. Januar 1938, wobei Hitler und Göring als Trauzeugen fungierten.

Es dauerte nur wenige Tage, bis die Führungsspitze des Reiches über Frau von Blombergs Vergangenheit informiert war. Die Sache drohte nicht nur für das deutsche Militär ein Skandal zu werden, sondern für den ganzen NS-Staat. Hitler entschied, Blomberg müsse entweder seine Ehe sofort wieder auflösen oder um seinen Rücktritt nachsuchen. Göring spitzte die Krise weiter zu, indem er Blomberg über den Inhalt von Hitlers Ultimatum absichtlich falsch informierte. Während Hitler offenbar angedeutet hatte, Blomberg könne im Amt bleiben, wenn er sich scheiden lasse, gab Göring Blomberg zu verstehen, daß der Rücktritt auf jeden Fall unumgänglich sei. Darüber hinaus sagte Göring ihm die Unwahrheit, als er ihm mitteilte, die führenden Männer der Generalität forderten ebenfalls seinen Rücktritt (tatsächlich waren die Einzelheiten der Mesalliance der übergroßen Mehrheit des Offizierkorps gar nicht bekannt). Blomberg, am Rande eines Nervenzusammenbruchs stehend, nahm seinen Abschied.

Der Sturz Blombergs am 27. Januar 1938 war in der Tat nur ein Vorspiel für die weit wichtigere (und sorgfältiger inszenierte) Absetzung von Generaloberst Freiherr von Fritsch, der aufgrund des von der höchsten SS-Führung und anderen erhobenen Vorwurfs homosexueller Handlungen entlassen wurde. Im Laufe der letzten Unterredungen, die Blomberg vor seinem Ausscheiden aus dem Amt mit Hitler führte, unterbreitete er diesem mehrere Vorschläge. Der erste betraf seinen Nachfolger. Da Fritsch wegen des damals eskalierenden Skandals nicht in Frage kam, schlug er aufgrund seines Ranges Göring vor, doch lehnte Hitler dies ab, da Göring sowohl zu träge als auch von seinen vielen Ämtern zu sehr beansprucht sei und daher für den Posten nicht ernsthaft in Betracht käme. Daraufhin schlug Blomberg vor, Hitler selbst solle das Amt übernehmen. Dieser entschied sich dann aber dafür, daß General Wilhelm Keitel unter seinem Oberbefehl als Chef des neugeschaffenen Oberkommandos der Wehrmacht die bisher dem Reichskriegsministerium obliegenden Verwaltungsgeschäfte übernehmen werde – trotz Blombergs Protesten, daß Keitel doch bloß sein »Chef de bureau« sei.

Nach seiner Entlassung zog sich Blomberg aus dem öffentlichen Leben zurück. Er unternahm mit seiner Frau eine mehrmonatige Weltreise. Nach einigen halbherzigen Versuchen, seine früheren Ämter wiederzuerlangen, verbrachte er die Kriegsjahre völlig zurückgezogen und schrieb seine Memoiren. Nach der deutschen Kapitulation im Mai 1945 wurde Blomberg von den Alliierten verhaftet, um vor dem Internationalen Militärgerichtshof in Nürnberg als Zeuge auszusagen. Während seiner Haft mußte er weitere Erniedrigungen erdulden, da er von den meisten seiner früheren Kameraden gemieden wurde, gegen die er bei der Zeugenvernehmung haßerfüllt ausgesagt hatte. Im März 1946 starb der ehemalige Reichskriegsminister und Oberbefehlshaber der Wehrmacht im Nürnberger Gefängnis.

Trotz der lächerlichen Umstände seines Sturzes muß Werner von Blomberg ein bedeutender Platz in der Militärgeschichte des Dritten Reiches zugebilligt werden. Mit seinen weitreichenden Befugnissen, über wirtschaftliche, personelle, politische sowie Fragen der Wiederaufrüstung zu entscheiden, war er einerseits der mächtigste deutsche Kriegsminister aller Zeiten, der in hohem Maße dazu beitrug, die Grundlagen für die Organisation zu schaffen, mit der die deutsche Wehrmacht im September 1939 in den Krieg zog. Zusammen mit Fritsch, Beck und der jungen Generation der Militärreformer hatte er bewirkt, daß die wiederbewaffnete Wehrmacht den gegnerischen europäischen Armeen zu Beginn des Krieges technisch überlegen war. Er schuf ferner die Bedingungen, unter denen die Luftwaffe in nur vier Jahren zur mächtigsten Luftstreitmacht in Europa wurde. Allerdings riefen seine Bemühungen um eine einheitliche Kommandostruktur der Wehrmacht den sich zunehmend verschärfenden, kontraproduktiven Zwist zwischen dem Oberkommando des Heeres (OKH) und dem Oberkommando der Wehrmacht (OKW) hervor, der die Planung und Leitung der Kriegsanstrengungen des Dritten Reiches von 1939 bis 1945 behinderte. Und schließlich zeigt Blombergs Laufbahn, daß die militärischen und außenpolitischen Ambitionen Hitlers und des deutschen Offizierkorps sich nur graduell voneinander unterschieden.

Anmerkungen

1 B. H. Liddell Hart, The German Generals Talk, New York 1948, S. 22.
2 Gerd von Rundstedt, hier zitiert nach: Klaus-Jürgen Müller, Das Heer und Hitler. Armee und nationalsozialistisches Regime 1933–1940, Stuttgart 1969, S. 51.
3 Werner von Blomberg, hier zitiert nach: Wilhelm Deist, Die Aufrüstung der Wehrmachtteile 1933–1939, in: Wilhelm Deist / Manfred Messerschmidt / Hans-Erich Volkmann / Wolfram Wette, Das Deutsche Reich und der zweite Weltkrieg, Bd. I: Ursachen und Voraussetzungen der deutschen Kriegspolitik, Stuttgart 1979, S. 404.
4 Werner von Blomberg, hier zitiert nach: Robert J. O'Neill, The German Army and the Nazi Party 1933–1939, London 1966, S. 63.
5 Werner von Blomberg, hier zitiert nach: Deist (Anm. 3), S. 478.

Bibliographie

Quellen

Werner von Blomberg schrieb seine Memoiren nach seiner Entlassung
als Reichskriegsminister. Die mehrbändige Reihe, die seine Tätigkeit bis
zum Jahre 1933 behandelt, wurde nie veröffentlicht und wird im Bundes-
archiv/Militärarchiv (BA-MA) in Freiburg im Breisgau aufbewahrt.
Eine ergiebigere Quelle, die Aufschluß über Blombergs Rolle im militärischen Bereich des Dritten Reiches gibt, sind die vielen Akten des
OKW, des OKH und der Wehrkreise, die gleichfalls im BA-MA aufbewahrt werden. Außerdem enthalten die umfangreichen Protokolle des
Internationalen Militärgerichtshofes in Nürnberg viele Dokumente, die
auf Blombergs Rolle bei der Reorganisation der Wehrmacht für den
Krieg Bezug nehmen.

Literatur

Es gibt keine umfassende wissenschaftliche Biographie über Werner von
Blomberg. Walter Görlitz verfaßte eine kurze biographische Skizze für
Corelli Bernett (Hrsg.), Hitler's Generals, New York 1989. Über Blombergs Tätigkeit während der Reichswehr-Periode siehe Francis L. Car-
sten, The Reichswehr and Politics 1918–1933, Oxford 1966. Robert J.
O'Neill, The German Army and the Nazi Party 1933–1939, London 1966,
enthält eine detaillierte (zum Teil etwas zu wohlwollende) Darstellung
von Blombergs Persönlichkeit und seiner Rolle im Dritten Reich. Zwei
ausgezeichnete Werke sind für die Beurteilung der politischen Tätigkeit
Werner von Blombergs unerläßlich: Manfred Messerschmidt, Die Wehrmacht im NS-Staat. Zeit der Indoktrination, Hamburg 1969, und Klaus-
Jürgen Müller, Das Heer und Hitler. Armee und nationalsozialistisches
Regime 1933–1940, Stuttgart 1969. Die Beiträge in Wilhelm Deist u. a.,
Das Deutsche Reich und der Zweite Weltkrieg, Bd. 1: Ursachen und Voraussetzungen der deutschen Kriegspolitik, Stuttgart 1979, sind wichtig
für das Verständnis der Rolle, die von Blomberg bei der Entwicklung
der Kommandostruktur der Wehrmacht, in der Kriegswirtschaft, bei der
Entwicklung der Kriegsdoktrin und in der Operationsplanung der Wehr-
macht gespielt hat. Die detaillierteste Auskunft über die Blomberg-
Fritsch-Krise gibt Harold C. Deutsch, Das Komplott oder die Entmach-

tung der Generäle. Blomberg- und Fritsch-Krise. Hitlers Weg zum Kriege, Zürich 1974, obwohl Karl-Heinz Janßen und Fritz Tobias in Der Sturz der Generäle. Hitler und die Blomberg-Fritsch-Krise 1938, München 1994, eine Neuinterpretation der damaligen Vorgänge vorgenommen haben, welche sich von der vorherrschenden Ansicht unterscheidet, die entlassenen Generäle hätten eine koordinierte »militärische Opposition« gegen Hitlers Kriegsziele betrieben.

Fedor von Bock – Soldat ohne Fortune

VON HORST MÜHLEISEN

Für Klaus W. Jonas

Fedor von Bock war einer von achtzehn Offizieren des Heeres, die zwischen Juli 1940 und April 1945 den Rang eines Feldmarschalls erhielten. Von diesen achtzehn war er der einzige, der an den Folgen von Kampfhandlungen starb, Anfang Mai 1945 in Ostholstein, in den letzten Tagen des Krieges.

Fedor von Bock wurde am 3. Dezember 1880 in Küstrin, Neumark, geboren. Sein Vater Moritz war zuletzt Kommandant von Torgau und schied als Generalmajor aus; er starb am 18. April 1897 in Charlottenburg; seine Mutter Olga, geborene von Falkenhayn, gehörte dem meißnischen Uradel an. Bock besuchte die Vorschulen in Graudenz und Wiesbaden, das Gymnasium dieser Stadt und setzte, nach Versetzung des Vaters, den Besuch in Charlottenburg fort, um in die Hauptkadettenanstalt Groß Lichterfelde einzutreten. In der Selekta, der letzten Klasse, war er Portepée-Unteroffizier.

Die Erziehung im Elternhaus, mehr noch im Kadettenkorps, wo die Ausbildung sehr hart war, prägte ihn entscheidend. Vaterlandsliebe und Pflichttreue, Zuverlässigkeit und Ehrenhaftigkeit gehörten ebenso zur Richtschnur für den künftigen Offizier wie eine strenge Dienstauffassung und gesellschaftliche Formen. Bis zum Ende seines Lebens blieb Bock zudem Monarchist, der seinem ehemaligen Herrscherhaus die Treue wahrte.

Am 15. März 1898 wurde Bock zum Leutnant ernannt und in das Fünfte Garde-Regiment zu Fuß, das in Spandau lag, versetzt. Der junge Offizier bewährte sich außerordentlich, so daß er bald Bataillons-, dann Regimentsadjutant wurde. Am 9. Oktober 1905 heiratete er Mally von Reichenbach, die bereits vier Jahre später, im Dezember 1910, starb. Aus der Ehe ging eine Tochter, Ursula, hervor.

Für einen Truppenoffizier bot das preußische Heer kaum Aufstiegsmöglichkeiten. *Travailler pour le Roi de Prusse* – so lautete die Devise. Bock war ehrgeizig und bestand die Aufnahmeprüfung für die Kriegsakademie, die er ab Herbst 1908 besuchte. Am 1. April 1910, nach Abschluß der Akademie, wurde Oberleutnant von Bock zum Großen Generalstab kommandiert und zwei Jahre danach, im März 1912, unter Beförderung zum Hauptmann dorthin versetzt, um im folgenden Jahr zweiter Generalstabsoffizier (Ib) beim Gardekorps zu werden.

In dieser Dienststellung zog Hauptmann von Bock im August 1914 ins Feld und übernahm im Januar 1915 die Geschäfte des ersten Generalstabsoffiziers (Ia) bei seinem Korps. Im folgenden Jahr führte er für kurze Zeit ein Bataillon des Vierten Garde-Regiments zu Fuß. Am 27. März 1917 kehrte Major von Bock von der Karpatenfront, wo er im Stab einer Infanteriedivision gedient hatte, als erster Generalstabsoffizier zum Gardekorps zurück, trat indes schon am 11. April als zweiter Generalstabsoffizier zum Oberkommando der Heeresgruppe Deutscher Kronprinz über. Seine Ernennung zum ersten Generalstabsoffizier dieser Heeresgruppe erfolgte am 27. Juli 1917. In dieser Verwendung blieb Bock bis Januar 1919. Kronprinz Wilhelm urteilte: »Dieser hochbegabte Offizier ist durch seine unverwüstliche Frische in den Zeiten schwerster und entsagungsvollster Arbeit mir und meinem Chef [Oberst, Generalmajor Friedrich Graf von der Schulenburg] eine nie wankende Stütze gewesen.«[1] Wilhelm II. verlieh in seiner Eigenschaft als König von Preußen Bock am 1. April 1918 den Orden Pour le Mérite, die höchste preußische Kriegsauszeichnung, die der Kronprinz erbeten hatte. Nur 687 Offiziere erhielten sie im Ersten Weltkrieg.

Nach der Demobilmachung des Oberkommandos der Heeresgruppe, die im Januar 1919 abgeschlossen war, trat Bock, nachdem er kurzzeitig der Heeresfriedenskommission angehört hatte, Ende Mai 1919 in den Generalstab des Reichswehr-Gruppenkommandos 1 über. Damit erfüllte sich der Wunsch des Obersten Albrecht von Thaer, Bocks Vorgänger als erster Generalstabsoffizier beim Gardekorps, der im November 1918 notiert hatte, man müsse »Männer wie Bock, Beck und Fritsch auch für eine sehr kleine heruntergesetzte Armee sich reservieren. Alle 3 sind Männer 1. Klasse.«[2]

Wie stand Bock, der in seiner äußeren Erscheinung ein Herr, ein Aristokrat – nicht nur seines Namens wegen – war, zur Weimarer Republik? Er war ein im Grunde unpolitischer Mensch und ein überzeugter Monarchist. Immer hatte er Befehle von seinem Obersten Befehlshaber entgegengenommen, von seinem Kaiser und König, nun erhielt er sie vom Reichspräsidenten. In der Reichswehr war seine Laufbahn von stetem Wechsel zwischen Stabs- und Truppendienst gekennzeichnet. Der Chef der Heeresleitung ernannte ihn im Mai 1920 zum Chef des Stabes des Wehrkreiskommandos III in Berlin und zugleich der 3. Division. Im April 1924 wurde Bock Kommandeur des Jägerbataillons im 4. (Preuß.) Infanterieregiment, das er im Juni 1926, inzwischen Oberst, übernahm und bis Oktober 1929 führte. Zum 1. Dezember desselben Jahres wurde Bock, obwohl Infanterist, zum Kommandeur der 1. Kavalleriedivision in Frankfurt/Oder ernannt und zum 1. Februar 1931 zum Generalleutnant befördert. An der Spitze dieser Division stand er bis zu seiner am 1. Oktober 1931 erfolgten Ernennung zum Kommandeur der 2. Division im Wehrkreis II in Stettin, wo Bock Hitlers »Machtergreifung« am 30. Januar 1933 erlebte.

Es ist nicht bekannt, wann Bock erstmals mit dem Nationalsozialismus in Berührung kam. In seiner monarchisch-konservativen Grundhaltung sah er in Hitler, nach Hindenburgs Tod, wieder eine Art König von Preußen, dem er vorbehaltlos diente. *Le Roi est mort – vive le Roi* – so könnte Bocks Haltung beschrieben werden. Daher kritisierte er die Befehle, gleich welcher Art, des Obersten Befehlshabers nicht, obgleich Bock das Regime und den „Führer" innerlich wohl ablehnte und nach dem Pogrom vom November 1938 im Kreise von Generalen erregt die Frage stellte, ob man »dieses Schwein, den Goebbels, nicht aufhängen« könne.[3] Weshalb Bock den Weg in den Widerstand nicht fand, wird noch zu untersuchen sein.

Über drei Jahre war Bock in Stettin und gehörte auf den Führer- und Generalstabsreisen zur »Spitzenklasse«.[4] Dann, Ende Mai 1935, übernahm er, nachdem er im März desselben Jahres zum General der Infanterie befördert worden war, die Führung des Gruppenkommandos 3 in Dresden, wobei ihn Oberst, dann Generalmajor Nikolaus von Falkenhorst, sein Chef des Generalstabes, tatkräftig unterstützte. Der weitere Ausbau und die Aufrüstung der Wehrmacht sollten rasch abgeschlossen werden, denn Hitler wollte den Krieg. »Nationaler Aufbruch« hieß die Losung, die viele blendete, auch Fedor von Bock. Mitte Oktober 1935 wurde er Oberbefehlshaber des Gruppenkommandos 3.

In diese Zeit fällt Bocks zweite Eheschließung. Am 20. Oktober 1936 heiratete er Wilhelmine von der Osten, geborene von Boddien, die aus ihrer ersten Ehe vier Kinder, zwei Söhne und zwei Töchter, mitbrachte, denen Bock ein fürsorglicher und liebevoller Vater wurde.

Am 1. März 1938 wurde er zum Generalobersten befördert und befehligte im selben Monat die 8. Armee, die hastig gebildet worden war, nachdem Hitler am 11. März befohlen hatte, den Anschluß Österreichs an das Deutsche Reich durchzuführen. Mit Umsicht leitete Bock den Einmarsch und berichtete nach seiner Rückkehr in Dresden »in begeisterten Worten von der Aufnahme der deutschen Truppen in Österreich«.[5] Im November übernahm er den Oberbefehl über das Heeresgruppenkommando 1 in Berlin.

Im Feldzug gegen Polen befehligte Bock die Heeresgruppe

Nord, die aus zwei Armeen bestand. Die 3. Armee unter Küchler marschierte in Ostpreußen auf, die 4. Armee mit Kluge in Ostpommern. Bock zeichneten drei herausragende Eigenschaften aus: Er hatte eine große operative und strategische Begabung, noch größer aber waren Ehrgeiz und Eitelkeit.

Am 1. September 1939 trat die Heeresgruppe zum Angriff an. Der Gegner kapitulierte am 16. dieses Monats, nachdem er durch Teile der 4. Armee und der zur Heeresgruppe Süd gehörenden 10. Armee zwischen Weichsel und Bzura eingeschlossen worden war. Bocks Fürsorge für die polnischen Gefangenen war vorbildlich. Am 27. September fiel Warschau, zwei Tage später Modlin, die letzte Festung. Am selben Tag erhielt Generaloberst von Bock für seine Führungsleistungen das Ritterkreuz des Eisernen Kreuzes; eine höhere Stufe dieser Auszeichnung wurde ihm indes nicht mehr verliehen.

Den Oberbefehl über die Heeresgruppe B, die an der Westfront lag, übernahm Bock am 10. Oktober 1939. Sie bestand aus der 6. Armee unter Reichenau und der 18. Armee mit Küchler und trat am 10. Mai 1940 zum Angriff an. Fünf Tage danach kapitulierten die holländischen Streitkräfte. Die 6. Armee ging so zügig vor, daß der Eindruck entstand, sie führe den Hauptstoß. Diese Kriegslist gelang, die Truppen überrannten die Verteidigungslinien des Gegners an Maas und Albert-Kanal. Nachdem dieses Operationsziel erreicht war, konnten die schnellen Verbände der Heeresgruppe B herangezogen werden, um die Heeresgruppe A zu unterstützen. Diese Entlastung war bedeutsam, da die Heeresgruppe A die Hauptlast des Angriffs trug.

Nach Abschluß der ersten Phase des Feldzuges befahl das Oberkommando des Heeres (OKH), die Verbände umzugruppieren. Die Heeresgruppe B übernahm den Abschnitt von der Kanalküste bei Abbéville über Amiens bis zur Aisne.

Am 5. Juni begann die neue Offensive der Heeresgruppe westlich Paris. Neun Tage später, am 14. Juni, marschierte die 18. Armee in die Hauptstadt ein, und am 22. Juni 1940 schwiegen die Waffen.

Hitler beförderte Bock am 19. Juli zum Generalfeldmarschall, wozu auch Kronprinz Wilhelm gratulierte,[6] und überreichte ihm am 14. August den Marschallstab. Im Herbst 1940 übernahm das Oberkommando der Heeresgruppe den Befehl im Osten und verlegte nach Posen an die deutsch-sowjetische Demarkationslinie. Nun wurde Major der Reserve Carl-Hans Graf von Hardenberg, der in seiner Geradlinigkeit und Unbeirrbarkeit, mit der er Überzeugungen vertrat, an Friedrich August Ludwig von der Marwitz erinnert, persönlicher Adjutant des Feldmarschalls. Bock aber erkrankte und mußte die Führung der Heeresgruppe an Feldmarschall List übergeben. Ende Januar 1941 nahm Bock seinen Dienst wieder auf und machte sich mit den Planungen des Unternehmens »Barbarossa«, des Feldzuges gegen die Sowjetunion, vertraut, nachdem die Operationsabteilung im Generalstab des Heeres die Führungsgrundlagen ausgearbeitet hatte. Die Heeresgruppe sollte beim Angriff auf die Sowjetunion als Heeresgruppe Mitte aus dem Raum Warschau mit starken Panzerverbänden sowohl die Heeresgruppe Nord unterstützen als auch den Angriff auf Moskau durchführen. Bei ihr lag zunächst der Schwerpunkt des deutschen Ostheeres. Den linken Flügel bildete die 9. Armee unter Strauß und die Panzergruppe 3 mit Hoth, den rechten Flügel Kluges 4. Armee und die Panzergruppe 2 unter Guderian.

Der Krieg gegen die Sowjetunion begann am 22. Juni 1941. Die drei Heeresgruppen, Nord, Mitte und Süd, stießen in die unermeßliche Weite des russischen Raumes vor. In ihr verloren sich die Armeen, die Korps, Divisionen, Regimenter, die Bataillone und Kompanien. Zu umfassend waren die Operationen, zu viele Unwägbarkeiten der Art, vor denen Clausewitz gewarnt hatte, waren gegeben. Aber die Feldmarschälle und Generale hatten die Lehren dieses Kriegstheoretikers vergessen.

Die Führungsabteilung des Oberkommandos der Heeresgruppe Mitte leitete Oberstleutnant i. G. Henning von Tresckow, der erste Generalstabsoffizier, unter dessen Persönlichkeit und Einfluß die Abteilung zum Zentrum des Widerstandes an der Ostfront wurde.

Bock führte großzügig, um Kleinigkeiten kümmerte er sich nicht. Im Verlauf des Feldzuges des Jahres 1941 unternahm Tresckow mit Hardenberg immer wieder den Versuch, den Oberbefehlshaber, seinen Onkel, für den Widerstand zu gewinnen; doch ihre Bemühungen waren vergeblich. Den Auseinandersetzungen vorausgegangen war der Befehl zur Beschränkung der Kriegsgerichtsbarkeit und der »Kommissarbefehl«. Anfang Juni 1941 hatte Major i. G. Rudolf-Christoph Freiherr von Gersdorff, der dritte Generalstabsoffizier (Ic/AO), beide Befehle in Posen erhalten. Gersdorff, der sich der Ungeheuerlichkeit der Befehle bewußt war, ging zu Tresckow; beide sprachen bei Bock vor, und Gersdorff beschwor ihn, zu Hitler zu fliegen, um Protest einzulegen. Doch nicht der Oberbefehlshaber flog in das Hauptquartier, sondern Gersdorff übernahm den Auftrag. Wie erwartet, erreichte er nichts; er kehrte nach Posen zurück und meldete »den völligen Mißerfolg« seiner Mission. Darauf erklärte Bock: »Meine Herren, ich stelle fest, der Feldmarschall von Bock *hat* protestiert.«[7]

Ein anderes Erlebnis wirkte noch tiefer. Im August 1941 wurde Hardenberg nahe der weißrussischen Stadt Borissow an der Beresina Augenzeuge eines Massakers lettischer SS-Einheiten an den Bewohnern des jüdischen Ghettos. Nun war Hardenberg, zusammen mit Leutnant der Reserve Heinrich Graf von Lehndorff, dem persönlichen Ordonnanzoffizier Bocks, entschlossen, die eigene und die Standesehre zu verteidigen. Hardenberg empfand Zorn, Trauer und Scham. Er sprach mit Tresckow, und gemeinsam suchten sie Bock auf. Hardenberg berichtete ihm, was er hatte mit ansehen müssen; er und Tresckow forderten die Bestrafung der Schuldigen. Wieder verlangte der erste Generalstabsoffizier, daß Bock zu Hitler fliegen solle, um »ihn wegen der Massaker zur Rede zu stellen«.[8] Und erneut lehnte der Feldmarschall ab.

In Borissow befand sich im Sommer 1941 auch das Hauptquartier der Heeresgruppe Mitte. Dorthin war Hitler am 4. August gekommen, um seine Entscheidung mitzuteilen, wie der Feldzug gegen die Sowjetunion strategisch weitergeführt werden solle. Das Oberkommando hatte einen Plan ausgearbeitet, der eine umfassende Operation gegen Moskau vorsah. Hitler aber entschied nach wirtschaftlichen und nicht nach strategischen Überlegungen. Er wollte die Kornkammer Ukraine, die Erzvorkommen des Donez-Beckens und das Öl von Baku in die Hand bekommen. Dies bestimmte sein Denken und Handeln. Energisch widersetzte sich Bock in diesem Falle, doch alle gut begründeten Einwände fanden bei dem Diktator kein Gehör. Hitler befahl der Heeresgruppe den Angriff auf Moskau und die Abgabe der Panzergruppe 2 an die Heeresgruppe Süd und der Panzergruppe 3 an die Heeresgruppe Nord, so daß die Heeresgruppe Mitte kaum mehr über nennenswerte Panzerkräfte verfügte. Hitlers Entschluß leitete die Zeit der Niederlagen ein; die Zeit der Siege ging im September zu Ende.

Der Angriff auf Moskau begann am 2. Oktober. Aber diese Operation, deren Deckname »Taifun« gelautet hatte, entwickelte sich nicht zu einem Wirbelsturm. Am 7. Oktober brach die Schlammperiode herein. In Schnee und Eis blieb die Offensive liegen, und Bock wurde im Dezember durch Kluge ersetzt.

Kurz vor der Ablösung hatte Tresckow dem Oberbefehlshaber einen schonungslosen Vortrag über die Gesamtlage gehalten. Denn nach preußischer Tradition waren der Chef des Generalstabes und der erste Generalstabsoffizier hierzu verpflichtet. Dieser »bezeichnete Hitler als den allein Schuldigen«, wie Schlabrendorff, Tresckows Ordonnanzoffizier, überliefert.[9] Bock unterbrach, noch ehe Tresckow seinen Vortrag beenden konnte, und schrie, wobei er vor Zorn bebte: »Ich dulde nicht, daß der Führer angegriffen wird! Ich werde mich vor den Führer stellen und ihn gegen jedermann verteidigen, der ihn anzugreifen wagt!« Erneut waren Tresckow und Hardenbergs Bemühungen gescheitert, Bock für den Widerstand zu gewinnen. Immer sah Bock in dem »Führer« seinen Obersten Befehlshaber, dem er dienen mußte. Den Eid zu brechen war für Fedor von Bock undenkbar; seine Vorstellungswelt war dafür zu eng.

»Preußische Feldmarschälle meutern nicht!« Mansteins Wort kann auch für Bock gelten. Er konnte sich der Fronde aber auch deshalb nicht anschließen, weil er den Widerstand wohl als aussichtslos ansah. Nur Hitler fühlte er sich, allen Demütigungen zum Trotz, verpflichtet. Die Bindung war zu stark, und sie sollte noch stärker werden. Aber festzuhalten bleibt auch, daß Bock die Offiziere, die zur Verschwörung entschlossen waren und handelten, nicht verriet. Er wußte, daß die Führungsabteilung der Heeresgruppe sich zur stärksten Zelle der Konspiration entwickelte, und er hat dies geduldet.

Des Feldmarschalls Ablösung erfolgte am Abend des 18. Dezember 1941, am folgenden Tag verabschiedete er sich von seinem Stabe. Nun war Kluge Oberbefehlshaber, auf dem die Verantwortung lastete. Am 20. Dezember schließlich verließ Bock, zusammen mit Hardenberg, das Hauptquartier Smolensk und fuhr bis Wilna. Am 21. Dezember traten sie die Weiterfahrt nach Steinort, dem Gut des Grafen Lehndorff, an. Am Tage danach notierte Bock: »Mittags Meldung beim Führer im Hauptquartier, der sehr freundlich ist.«[10] Für Bock bedeutete diese Freundlichkeit alles. Über eine weitere Verwendung erfuhr der Feldmarschall nichts; Hitler schwieg. Bock beabsichtigte, eine Kur auf dem Semmering anzutreten. Doch dazu kam es nicht, denn am 16. Januar 1942 erhielt er die Nachricht, er solle Nachfolger Reichenaus werden, der einen Schlaganfall erlitten hatte und am folgenden Tag starb, und die Heeresgruppe Süd übernehmen. Sofort nahm Bock an, alle Kränkungen vergessend. Die Übernahme erfolgte am 20. Januar in Poltawa, dem Hauptquartier. Nun stand Bock wieder in Hitlers Gunst, der am 5. April die Weisung 41, die Grundlage für den Sommerfeldzug dieses Jahres, erließ. Darin befahl er als Hauptoperation, den »Durchbruch in den Kaukasusraum zu erzwingen«.[11] Wieder lag bei der Heeresgruppe, deren Oberbefehlshaber Bock war, der Schwerpunkt. Das strategische Ziel dieser Operation war, die Ölgebiete des Nordkaukasus zu gewinnen. Zum Flankenschutz und zur Rückendeckung sollte die Wolga bei Stalingrad erreicht werden.

Die Offensive begann am 28. Juni. Aber während der Schlacht bei Millerowo, nördlich des Don, erfolgte, ohne Angabe von Gründen, Bocks erneute Ablösung. Am 13. Juli erfuhr er, daß Generaloberst Freiherr von Weichs die Führung der Heeresgruppe B – die Heeresgruppe Süd war Anfang Juli in A und B geteilt worden, wogegen Bock schärfsten Protest eingelegt hatte – erhalte; die Übernahme durch den neuen Oberbefehlshaber erfolgte am 15. Juli 1942.

Bocks Absetzung hing mit seinem eigenwilligen Angriff auf Woronesch zusammen, das am 7. Juli erobert worden war. Auch hatte der Feldmarschall scharfe Kritik an der Gesamtführung der Operation geäußert; diese Beurteilung war am 13. Juli 1942 beim OKH eingegangen. Kritik am OKH war aber gleichbedeutend mit Kritik an Hitler, der seit 19. Dezember 1941 auch Oberbefehlshaber des Heeres war.

Wieder war Bock tief getroffen, und nie hat er diese zweite Absetzung verwunden. Nun war seine militärische Laufbahn beendet, trotz vieler Bemühungen, die er bis in den Herbst 1944 hinein unternahm. Lapidar und sarkastisch kommentierte Ulrich von Hassell, der ehemalige Botschafter in Rom, am 1. August 1942: »Beim Militär die alte Leier. Bock ist schon wieder spazieren gehen geschickt. Sie haben es nicht anders verdient.«[12]

Bock kehrte nach Berlin zurück und mit ihm Hardenberg, der in Neuhardenberg wohnte »und zu dem sehr wenigen Dienst«[13] in die Hauptstadt fuhr, wie er in seinen Erinnerungen schrieb. Vergeblich versuchte Bock, die Gründe für seine Absetzung zu erfahren. Aber alle Offiziere, die er fragte, wichen aus, wiegelten ab, verstrickten sich in Widersprüche, besonders Keitel, der Chef des Oberkommandos der Wehrmacht, und Schmundt, der Chefadjutant der Wehrmacht bei Hitler. Schließlich resignierte Bock und gab seine Bemühungen auf. Er hatte wohl erkannt, daß es aussichtslos war, diese Mauer der Beschwichtigungen, falschen Freundlichkeiten und Unaufrichtigkeiten einzureißen.

Der seiner Verwendung enthobene Feldmarschall hielt sich in

Berlin, in Grodtken bei Heinrichsdorf, dem Gut seiner Gattin in Ostpreußen, und anderswo auf. Im Herbst 1942 schrieb er an einen Bekannten, Karl Werkmeister, der als Gesandtschaftsrat in Bukarest tätig war: »Die überraschende Veränderung hat nun manche schwere Verantwortung auf andere Schultern gelegt. Mir selber geht's aber gut. Hardenberg ist mit hier, d. h. er wohnt in Neuhardenberg und nimmt mir das bißchen Schererei, was unvermeidlich ist, auch noch ab, so daß ich – wohl zum ersten Mal in meinem Leben – Zeit habe, mich mit privaten Dingen in Ruhe zu beschäftigen, zu lesen, zu reiten, zu jagen und zu faulenzen, soviel ich will.«[14]

Im September 1943 kam Bock nach Neuhardenberg, das neben der Hauptstadt zu einem Zentrum des militärischen Widerstandes geworden war, wo konspirative Gespräche stattfanden. Hardenbergs Vorgesetzter indessen war kein Frondeur. Er erschien in Uniform, »ein Feldmarschall in Ungnade«, wie Ursula von Kardorff, eine mit der Familie befreundete Journalistin, notierte.[15] Immer noch warb Hardenberg um Bock, den er genau kannte.

Frau von Kardorff fragte sich: »Ob er Erfolg hat?« Diese Skepsis war berechtigt, denn des Hausherrn intensive Bemühungen waren wieder vergeblich. Der ehemalige Oberbefehlshaber hatte »keinerlei Bitterkeit gegen Hitler«[16], unter dessen Einfluß er unverändert stand. Und je länger Bock ohne Kommando blieb, desto serviler verhielt er sich dem Diktator und dem Regime gegenüber. Nach diesem Besuch war Hardenberg realistisch genug, sich einzugestehen, daß der Widerstand auf diese schwankende Gestalt verzichten mußte. Bitter beklagte er sich, wenige Tage später, bei Hassell: Bock sei politisch völlig urteilslos.

Die Zeit drängte. Hardenberg und seine Freunde wollten das Attentat durchführen, das dann am 20. Juli 1944 scheiterte. Am 25. Juli wurde Graf Hardenberg nach zwei Selbstmordversuchen in das Konzentrationslager Sachsenhausen-Oranienburg gebracht. Er überlebte aufgrund glücklicher Umstände und mit Hilfe von Mithäftlingen.

Und Bock? Hardenberg war am 10. Juli zu ihm nach Ostpreußen gefahren, um ihn über das geplante Attentat und den beabsichtigten Staatsstreich sowie seine Beteiligung zu unterrichten. »Dieses Bekenntnis war ich ihm schuldig«, schreibt er. Bocks Antwort ist indes nicht bekannt. Die Unterredung war mehr als ein Akt der Loyalität. Sie bedeutete, den unterschiedlichen Auffassungen zum Trotz, einen Beweis des Vertrauens und der Achtung für den Feldmarschall. »Ich sitze viel auf dem Lande in Ostpreußen, wo meine Frau einen früheren Besitz ihrer Mutter, der 1918 in Südostpreußen zu Polen verlorengegangen war, jetzt vom Reich zurückgepachtet hat«, notierte Bock im Januar 1944.[17] Und im März bekundete er: »Von meinem ›Misthaufen‹ hier verfolge ich alles Geschehen mit dem gleichen Interesse, als ob ich auf einem ›Feldherrnhügel‹ stände, und versuche daneben, weiter meinem Vaterlande als Ackerbauer zu nützen, so gut es eben geht.«[18] Dies klingt nicht nach Resignation, auch wenn Sarkasmus nicht zu überhören ist. Belegt ist, daß Bock im Oktober 1944 einen Vorstoß beim OKH, gewiß den letzten, unternommen hatte: »Selbstverständlich stehe ich zur Verfügung, wann und wo ich gebraucht werde.«[19]

Zwar blieb nach preußischer Tradition ein Feldmarschall immer im Dienst, doch diese Devise traf für Fedor von Bock nicht zu. Sein Ehrgeiz, seine Ruhmsucht und seine Eitelkeit waren größer, er wollte Hitler, seinem Obersten Befehlshaber, bis zum Ende dienen und ihm ein gehorsamer und gläubig ergebener Feldmarschall sein. Indes gab ihm der Diktator, anders als Feldmarschall Ritter von Leeb, keine Dotation.

Aufmerksam verfolgte Bock den Kriegsverlauf, besonders den an der Ostfront, und kommentierte das Geschehen. Aber er, der geschulte Generalstabsoffizier, erfahren in Beurteilungen von Lagen, erkannte bis August 1944 nicht, daß Deutschland den Krieg schon lange verloren hatte. War es Verdrängung gewesen? Nun wußte er es, weil die Rote Armee im Baltikum stand und Ostpreußen gefährdet war. Es war nur noch eine Frage der Zeit, bis die Kämpfe auf das Reich übergriffen.

In den Spätsommer des Jahres 1944 fällt auch der private Besuch zweier Offiziere in Grodtken. Am 12. September kamen Oberst i. G. Peter von der Groeben und Oberst Berndt Leopold von Kleist, Bocks ehemalige Mitarbeiter im Oberkommando der Heeresgruppe B und Mitte. Ausführlich besprachen die beiden Offiziere die militärischen Ereignisse mit ihrem einstigen Oberbefehlshaber. Die Offensive der Roten Armee hatte die Front der Heeresgruppe Mitte, deren erster Generalstabsoffizier Groeben im Juli 1943 geworden war, durchbrochen und nach dem 22. Juni 1944 innerhalb von zwei Wochen achtundzwanzig von vierundvierzig Divisionen vernichtet. 350 000 Soldaten waren gefallen oder in Gefangenschaft geraten. Am Ausgang des Sommers stand die Rote Armee an San und Weichsel. Groeben bekundet, daß er und Kleist keinen Auftrag besaßen, den Feldmarschall zu unterrichten; auch habe ihr Besuch keine bestimmte Absicht verfolgt und sei privat gewesen.[20]

Das Ende kam schnell, nachdem die Rote Armee am 12. Januar 1945 auf der ganzen Front zwischen den Karpaten und der Ostsee zur Großoffensive angetreten war. Sechs Tage später, am 18. Januar, verließ Bock mit seiner Familie Ostpreußen. Am 23. April 1945 trafen sie in Petersdorf bei Lensahn, Ostholstein, ein, wo sie im Gutshaus der Familie von Ludowig ein Unterkommen fanden.

»Die Dinge treiben mit Riesenschritten dem Ende zu«, so lautet Bocks Schlußsatz in seiner letzten Eintragung, nachdem er sich am 2. Mai mit Feldmarschall von Manstein getroffen hatte, um die politische und militärische Entwicklung zu besprechen.[21] Manstein hatte mit seiner Familie in unmittelbarer Nachbarschaft, auf Gut Weißenhaus, Aufnahme gefunden. Bei dieser Zusammenkunft hatten sich die beiden Feldmarschälle für den nächsten Tag, den 3. Mai, zu einem Gespräch in Weißenhaus verabredet, um ihr Verhalten den Engländern gegenüber festzulegen, wenn die Kapitulation erfolgte.

Am frühen Nachmittag des 3. Mai fahren Bock, seine Gattin, deren jüngste Tochter, Katharina von der Osten, und Ingrid Jahr, eine Freundin, nach Weißenhaus. Unteroffizier Martin Kallinich steuert den Wagen. Auf der Fahrt greift ein britischer Jagdbomber das Auto, das in Richtung Oldenburg fährt, an und feuert mit seinen Bordwaffen. Frau von Bock, ihre Tochter und deren Freundin sind sofort tot, auch Kallinich. Brennend stürzt der Feldmarschall, der neben dem Fahrer saß, aus dem Wagen und wälzt sich in einem Graben, um die Flammen zu ersticken. Mit schweren Brandwunden wird er in das Marinelazarett nach Oldenburg gebracht, wo er am 4. Mai stirbt. Noch am Abend des 3. Mai 1945 hatte ihn Manstein besucht. Des Feldmarschalls letzte Worte waren: »Manstein, retten Sie Deutschland!«[22] Dafür war es aber zu spät.

Wenige Tage danach wurden die Toten auf dem Friedhof zu Lensahn beigesetzt. Manstein hielt eine Ansprache, und eine unbewaffnete Panzerkompanie stellte mit Zustimmung der Engländer das militärische Ehrengeleit.

Anmerkungen

1 Vgl. Kronprinz Wilhelm, Meine Erinnerungen an Deutschlands Heldenkampf, Berlin 1923, S. 262. Vgl. auch Karl Rosner (Hrsg.), Erinnerungen des Kronprinzen Wilhelm. Aus den Aufzeichnungen, Dokumenten, Tagebüchern und Gesprächen, Stuttgart/Berlin 1922, S. 294–302 (Bericht des Majors Ludwig Beck »Meine Erlebnisse am 9. XI. 1918 im Gr. H. Qu.« vom 14. 11. 1919), hier S. 294.

2 Vgl. Siegfried A. Kaehler (Hrsg.) Albrecht von Thaer, Generalstabsdienst an der Front und in der O.H.L. Aus Briefen und Tagebuchaufzeichnungen 1915–1919, Göttingen 1958, S. 278.

3 Zitiert nach: Joachim Fest, Staatsstreich. Der lange Weg zum 20. Juli, Berlin 1994, S. 380.

4 Vgl. Erich von Manstein, Verlorene Siege, Frankfurt a. M. 1966, S. 71. Vgl. auch Siegfried Westphal, Erinnerungen, Mainz 1975, S. 73.

5 Vgl. Albert Kesselring, Soldat bis zum letzten Tag, Bonn 1953, S. 25.

6 Am 27. 7. 1940 aus Oels in Schlesien. Der Kronprinz schrieb: »Dem jungen Heeresgruppenführer gratuliert herzlichst zur stolzen Würde des Generalfeldmarschalls mit vielen schönen Grüßen der einstige Heeresgruppenführer Wilhelm, Kronprinz.« Vgl. Klaus W. Jonas, Der Kronprinz Wilhelm, Frankfurt a. M. 1962, S. 265f.

7 Vgl. Rudolf-Christoph Frhr. v. Gersdorff, Soldat im Untergang, Frankfurt a. M. u. a. ³1977, S. 89.

8 Ebd., S. 100.

9 Vgl. Fabian von Schlabrendorff, Offiziere gegen Hitler. Neue durchges. und erw. Ausgabe von Walter Bußmann. Nach der Edition von Gero v. Gaevernitz, Berlin 1983, S. 49; auch das nachfolgende Zitat ebenda.

10 Vgl. Tagebuch vom 22. 12. 1941, S. 181, in: BA-MA Freiburg i. Br., Nachlaß Bock N 22/9.

11 Vgl. Walther Hubatsch (Hrsg.), Hitlers Weisungen für die Kriegsführung 1939–1945. Dokumente des Oberkommandos der Wehrmacht, Frankfurt a. M. 1962, S. 183–188, hier S. 184 (Dok. 41).

12 Vgl. Friedrich Frhr. Hiller von Gaertringen (Hrsg.), Die Hassell-Tagebücher 1938–1944. Aufzeichnungen vom Andern Deutschland [von Ulrich von Hassell], Berlin 1988, S. 322.

13 Vgl. Horst Mühleisen, Patrioten im Widerstand. Carl-Hans Graf von Hardenbergs Erlebnisbericht, in: *Vierteljahrshefte für Zeitgeschichte* 41 (1993), S. 419–477, hier S. 452.

14 Vgl. Bock an Werkmeister, 23. 9. 1942, in: BA-MA Freiburg i. Br., Nachlaß Werkmeister N 492/2.

15 Vgl. Ursula von Kardorff, Berliner Aufzeichnungen 1942–1945. Unter Verwendung der Original-Tagebücher neu hrsg. und kommentiert von Peter Hartl, München 1992, S. 112 (Eintragung vom 6. 9. 1943).

16 Ebd., S. 112.

17 Vgl. Bock an Werkmeister, 23. 1. 1944, in: BA-MA Freiburg i. Br., Nachlaß Werkmeister N 492/2.

18 Vgl. Bock an Werkmeister, 26. 3. 1944, in: BA-MA Freiburg i. Br., Nachlaß Werkmeister N 492/2.

19 Vgl. Tagebuch vom 18. 10. 1944, S. 39, in: BA-MA Freiburg i. Br., Nachlaß Bock N 22/15.

20 Mitteilungen des Generalmajors (Bw) a. D. Peter von der Groeben vom 10. 2. 1994 an den Verfasser. Groeben und Kleist waren aus

Ortelsburg/Ostpreußen gekommen, wo sich im Spätsommer 1944 das Hauptquartier der Heeresgruppe Mitte befand (ebenda).

21 Vgl. Tagebuch vom 2. 5. 1945, S. 63, in: BA-MA Freiburg i. Br., Nachlaß Bock N 22/15.
22 Vgl. Rüdiger von Manstein/Theodor Fuchs, Manstein. Soldat im 20. Jahrhundert. Militärisch-politische Nachlese, München 1981, S. 215; Alexander Stahlberg, Die verdammte Pflicht. Erinnerungen 1932 bis 1945, Berlin/Frankfurt a. M. 1987, S. 436.

Bibliographie

Quellen

Alle Angaben zu Bocks militärischer Laufbahn und die persönlichen Daten sind der Personalakte entnommen, in: Bundesarchiv-Militärarchiv (BA-MA) Freiburg i. Br., Pers 6/2, fol. 2^r–4^r, und: Fedor von Bock, Generalfeldmarschall, in: Dermot Bradley (Hrsg.), Deutschlands Generale und Admirale, Teil IV: Die Generale des Heeres 1921–1945, Bd. 2, Osnabrück 1993, S. 40ff. Die Beförderung zum Feldmarschall ist ausführlich dokumentiert: Personalakte, fol. 53^r. In derselben Akte findet sich auch aufschlußreiches Material über Bocks zweite Absetzung, fol. 61^r–64^r.

Als Bock am 18. Januar 1945 Gut Grodtken in Ostpreußen verließ, konnte er bei dem hastigen Aufbruch nur wenige Papiere mitnehmen. So blieben nur das Tagebuch, das die Zeit von August 1939 bis Mai 1945 umfaßt, und einige Schriftstücke erhalten. Diese Unterlagen befinden sich im BA-MA, Nachlaß Bock N 22. Weitere Akten und Korrespondenzen, die sich in Bocks Haus, in Berlin-Dahlem, Helfferichstraße 34, und Grodtken befanden, müssen als verloren angesehen werden. Sein Marschallstab und Interimstab befinden sich im Familienbesitz, auch der Orden Pour le Mérite.

Dem Diarium entnommen sind Daten und Mitteilungen, so die über Bocks vorbildliche Fürsorge für die polnischen Gefangenen: Eintragung vom 26. 9. 1939, S. 37^r, in: BA-MA, Nachlaß Bock N 22/1.

Die wesentliche Durchführung des Einmarsches der 8. Armee in Österreich oblag dem Korpskommando VII unter seinem Kommandierenden General, General der Inf. Eugen Ritter von Schobert, dem späteren Generalobersten und Oberbefehlshaber der 11. Armee. Vgl. KTB Korpskommando VII (Führungsgruppe I a) vom 10. 3.–31. 3. 1938, in: BA-MA, RH 53 – 7/v. 1442.

Über Bock als Heerführer unterrichtet: Percy Ernst Schramm (Hrsg.), Kriegstagebuch des Oberkommandos der Wehrmacht (Wehrmachtführungsstab), Bd. I: 1. August 1940–31. Dezember 1941, zus.gest. und erl. von Hans-Adolf Jacobsen, Frankfurt a. M. 1965; Bd. II: 1. Januar 1942–31. Dezember 1942, zus.gest. und erl. von Andreas Hillgruber, Erster Halbbd., Frankfurt a. M. 1963.

Literatur

Die historische Forschung hat Bocks Verwendungen als Oberbefehlshaber von Heeresgruppen eingehend untersucht und kritisch dargestellt: Militärgeschichtliches Forschungsamt (Hrsg.), Das Deutsche Reich und der Zweite Weltkrieg, Bd. 2: Die Errichtung der Hegemonie auf dem europäischen Kontinent, Stuttgart 1979 [Polen- und Frankreichfeldzug] und Militärgeschichtliches Forschungsamt (Hrsg.), Das Deutsche Reich und der Zweite Weltkrieg, Bd. 4: Der Angriff auf die Sowjetunion, Stuttgart 1983. Auf die weiterführende Literatur in diesen Bänden wird verwiesen.

An älteren, indes nicht überholten Darstellungen seien genannt: Alfred Philippi und Ferdinand Heim, Der Feldzug gegen Sowjetrußland 1941 bis 1945. Ein operativer Überblick, Stuttgart 1962; Alfred W. Turney, Disaster at Moscow: von Bock's campaigns 1941–1942, Albuquerque 1970 [mit sachlichen Fehlern und Ungenauigkeiten, besonders für die Zeit von August 1942 bis Mai 1945]; Albert Seaton, Der russisch-deutsche Krieg 1941–1945, hrsg. von Andreas Hillgruber, Frankfurt a. M. 1973.

Über das Ende Bocks und seiner Familie unterrichtet ausführlich der Beitrag von Bernhard Schröter, Der Soldatentod des Generalfeldmarschalls Fedor von Bock bei Lensahn (Rückschau auf düstere Ereignisse des deutschen Zusammenbruchs 1945), in: Jahrbuch für Heimatkunde im Kreis Oldenburg–Holstein 10 (1966), S. 167–175. Alle Angaben sind diesem Aufsatz entnommen.

Zur Persönlichkeit Bocks vgl. Mitteilungen des Generalmajors (Bw) a. D. Karl Christian Kleyser vom 25. 11. 1977 und des Generalmajors (Bw) a. D. Peter von der Groeben vom 24. 8. 1993 an den Verfasser. Vgl. auch Mühleisen (wie Anm. 13), S. 425, Anm. 37. Zu Grocben: ebd., S. 424, Anm. 36.

Walther von Brauchitsch –
Der überforderte Feldherr

VON KARL-HEINZ JANSSEN

Keiner von Hitlers Feldherren ist zu seinen Lebzeiten von den eigenen Kameraden und später von der Nachwelt einer so verheerenden Kritik unterworfen worden wie Walther von Brauchitsch, der letzte militärische Oberbefehlshaber des Heeres, das unter seinem Kommando in Polen, Frankreich, auf dem Balkan und schließlich in Rußland zu Felde zog. Die nationalkonservative Opposition im Widerstand verachtete ihn als charakter- und willenlosen Menschen; für kritische jüngere Offiziere und hernach für ungezählte Historiker und Publizisten war er der Mann, der das Heer an Hitler »verkaufte«. Hitler und Goebbels diente er als Sündenbock für alle Fehler und Katastrophen, die sie selber verursacht hatten; ebenso verfuhren die Memoirenschreiber, um von der schweren Mitschuld der Wehrmacht im Dritten Reich abzulenken.

Die neueren Militärhistoriker rechnen ihm die verbrecherischen Befehle zu, die er unterschrieben hat und derentwegen ihn die Engländer vor Gericht stellen wollten. Ehe er als Kriegsverbrecher angeklagt werden konnte, ist Brauchitsch 1948 in britischer Gefangenschaft an Angina pectoris gestorben. Memoiren hat er nicht geschrieben, und kein Biograph hat bisher seine Feder an ihm versucht. Das ist um so verwunderlicher, als in seinem Persönlichkeitsbild Wesenszüge zu entdecken sind, die auf den ersten Blick so gar nicht in das Umfeld der nationalsozialistischen Diktatur hineinpassen wollen.

Dieser hochbefähigte Soldat, eines der Musterexemplare aus der Schule des preußischen Generalstabs und der Seecktschen Reichswehr, entstammte einer schlesischen Offiziers- und Gelehrtenfamilie. Sein Vater, ehedem Flügeladjutant Kaiser Wilhelms I., war Direktor der preußischen Kriegsakademie. Auch der Sohn, Leibpage der letzten Kaiserin, bewegte sich in höfischen Kreisen. Er war eine elegante Erscheinung, von zartem Körperbau, feinnervig, vornehm und würdevoll. Wiewohl im Umgang ausgesucht höflich, ja nett, wahrte er kühle Distanz, blieb zurückhaltend und wirkte immer etwas befangen. Wenn er mit seinen hartnäckig vorgetragenen Mahnungen, Einwänden und Bedenken Hitler bis zum Wutanfall gereizt hatte, verstummte er und zog sich zurück. Er verkörperte, wie man es bei seiner Herkunft und Erziehung nicht anders erwartete, die preußischen Tugenden, war pflichtbewußt, loyal, ordentlich, sorgfältig, sachgerecht und fromm. Kein Mann von Eisen oder der großen Worte, weder Feuerkopf noch Romantiker, ging ihm das Charisma des großen Heerführers ab. Einem machtbewußten Willensmenschen und Bohemien wie Hitler konnte er nicht imponieren.

Fast wäre der Kelch der Versuchung an ihm vorübergegangen. Seine blendende Karriere gedachte er als Kommandierender General in Ostpreußen zu beenden. Da er sich scheiden lassen wollte, reichte er seinen Abschied ein, wie es sich nach altpreußischen Ehrbegriffen von selbst verstand. Doch Generaloberst von Fritsch, sein Heeresoberbefehlshaber, mochte sein »bestes Pferd im Stall« nicht missen und vertraute ihm die Panzergruppe 4 in Leipzig an. Von dort wurde er Ende Januar 1938 nach Berlin gerufen – er sollte Nachfolger Fritschs werden, gegen den ein Verfahren wegen angeblicher Homosexualität lief.

Brauchitschs Nominierung war eine Verlegenheitslösung, die Nationalsozialisten hatten ihn jedenfalls nicht ins Gespräch gebracht. Hitler hätte am liebsten General von Reichenau berufen, einen modernen und durchsetzungsfähigen Offizier mit besonders großer Aufgeschlossenheit gegenüber nationalsozialistischen Ideen. Doch den mochte er dem Offizierkorps nicht zumuten. Und Generalstabschef Beck, für den sich Goebbels stark gemacht hatte, war zur Übernahme des Amtes nicht zu bewegen, solange die Schuld des verehrten Generalobersten von Fritsch nicht erwiesen war. Brauchitsch hingegen wurde nach nationalsozialistischen Maßstäben als Reaktionär eingestuft. Seine dauernden Querelen mit dem ostpreußischen Gauleiter Koch hatten ihn zudem bei der Partei in Mißkredit gebracht.

Dennoch hat Generalfeldmarschall von Blomberg, der wegen einer Mesalliance als Kriegsminister zurücktreten mußte, gerade ihn im Verlauf seiner Abschiedsaudienz Hitler als Alternativkandidaten zu Reichenau vorgeschlagen. Er muß also überzeugt gewesen sein, daß Brauchitsch, abgesehen von seiner unbestrittenen fachlichen Kompetenz, genauso selbstverständlich wie er selbst und übrigens auch Fritsch die nationalsozialistische Weltanschauung als Grundlage der Armee betrachten, ja, das Heer sogar noch enger an den Einparteienstaat heranführen werde. Andererseits hat damals auch der von Hitler sehr respektierte dienstälteste aktive General, Gerd von Rundstedt, diesen Kandidaten gutgeheißen.

Brauchitsch, aus der Provinz herbeigerufen, war außerstande, die Hintergründe der »Blomberg-Fritsch-Krise« zu durchschauen. Ehe er sich versah, war er bereits eine Schachfigur im Machtgerangel zwischen Wehrmachtführung und Oberkommando des Heeres (OKH) um die Spitzengliederung der Streitkräfte geworden, das durch seine Zusage ungewollt zuungunsten der Armee vorentschieden wurde. Allerdings wäre seine Ernennung beinahe noch gescheitert. In seiner Korrektheit offenbarte er Hitler seine Selbstzweifel, ob er des Amtes überhaupt würdig sei: Brauchitsch wollte sich nicht nur von seiner Frau, der Mutter seiner drei erwachsenen Kinder, scheiden lassen, sondern auch noch eine wesentlich jüngere Frau heiraten, die aus erster Ehe schuldlos geschieden und aus zweiter Ehe verwitwet war. Hitler, der gar nicht verstand, daß jemand wegen solcher Skrupel ein hohes Amt ausschlagen könnte, zeigte sich großzügig. General Keitel mußte sich sofort um die materielle Sicherstellung der ersten Frau kümmern und die Gestapo den Leumund der künftigen Frau von Brauchitsch überprüfen, damit dem Staat eine ähnliche Blamage wie im Fall der jungen Frau von Blomberg erspart blieb. Brauchitsch hat dann jedoch selber das entscheidende Scheidungshindernis ausgeräumt, indem er seiner Frau eine Abfindung zahlte, für die er sich in Schulden stürzen mußte.

Inzwischen hatte aber, ohne sein Wissen, Reichsminister Lammers alles in die Wege geleitet, um die Versorgung der geschiedenen Frau zu regeln. Brauchitsch hat zu seinem Entsetzen erst am Jahresende durch Zufall erfahren, daß sie aus einem Reichsfonds eine damals recht beachtliche Monatsrente von 800 Mark erhielt. Diskretion, Takt und rechtliche Gründe verboten es dem Generalobersten, diese ungerechtfertigten Zahlungen zu unterbinden. Dafür mußte er das böse Gerücht in Kauf nehmen, er habe sich für eine stattliche Summe – die Angaben schwankten zwischen 80 000 und 250 000 Reichsmark – in moralische Abhängigkeit begeben und quasi das Heer an den Diktator verkauft. Erst nach fünf Jahrzehnten sind diese Behauptungen widerlegt worden. Der Diktator zeigte sich auch noch in anderer Weise gefällig: Er stellte den neuen Oberbefehlshaber des Heeres im Range den Reichsministern gleich (als Mitglied eines Kabinetts, das am Tage nach seiner Ernennung zum letzten Mal zusammentrat) und stattete ihn mit einer Funktionszulage von 4000 Reichsmark aus, einer Aufwandsentschädigung, die vierfach höher ausfiel als bei den zivilen Ministern. Es spricht für Brauchitsch, daß er über die Ausgaben, die er aus diesem Dispositionsfonds bestritt, akribisch Buch geführt hat. Dennoch ist ihm der Vorwurf nicht erspart geblieben, er habe sich durch dieses »Taschengeld« korrumpieren lassen. Tatsächlich hat jedoch Brauchitsch – im Gegensatz zu einer Reihe von hohen Offizieren der Wehrmacht – niemals eine Dotation erhalten. Er hatte keinen Anlaß zur Unterwürfigkeit, und Hitler hat sich schon bald und dann immer wieder über das Verhalten dieses Oberbefehlshabers ärgern müssen.

Nur nach langem Zögern und unter schweren Bedenken hat Brauchitsch das verantwortungsvolle Amt übernommen. Glückwünsche verbat er sich. Erleichtert wurde ihm der Schritt dadurch, daß Fritsch, der selber nicht mehr mit Hitler zusammenarbeiten wollte, ihn bestärkte, im Interesse der Armee die Nachfolge anzutreten. Das hieß, auch der neue Mann sollte innerhalb des nationalsozialistischen Systems über die Autonomie des Heeres wachen und Übergriffe von Parteistellen oder der als Konkurrenz gefürchteten SS abwehren. Folglich befand sich Brauchitsch in einem dauernden Kleinkrieg. Vor allem lag ihm an der Militärseelsorge, die er unbedingt beibehalten wollte. Auch mühte er sich, die vor- und nachmilitärische Ausbildung der SA unter die Kontrolle der Armee zu bringen. Entgegen dem Rat der Wehrmachtführung übernahm er den Stab Fritschs und hielt auch an Generalstabschef Beck fest, der nach wie vor das Ziel verfolgte, der Armee in einem allumfassenden Reichsgeneralstab die ausschlaggebende Stimme zu verschaffen.

Die vorrangige Aufgabe, die sich Brauchitsch gestellt hatte, war jedoch die Rehabilitierung seines Vorgängers Fritsch. Er wirkte als Beisitzer im Reichskriegsgericht mit, welches den ehemaligen Oberbefehlshaber im März 1938 wegen erwiesener Unschuld freisprach. Nun hob ein monatelanges Ringen mit Hitler an, der sich einer öffentlichen Ehrung für Fritsch, wie sie die Armee erwartete, immer wieder entzog. Erst als sich die Sudetenkrise zuspitzte, gab der Diktator nach: Brauchitsch durfte seinem Vorgänger ehrenhalber ein Regiment übergeben. Wegen dieser Spannungen hatte der Oberbefehlshaber, ebenso wie einige andere Generäle, bereits seinen Abschied erwogen. Aber wegen der plötzlich ausbrechenden Kriegsgefahr bat er seine Kameraden, bei der Fahne zu bleiben. Die Frage des Rücktritts sollte sich ihm noch öfter stellen: so unmittelbar bei Beginn des Polenfeldzugs, als die Westmächte – entgegen den Versprechungen Hitlers, denen der von Natur aus gutgläubige Brauchitsch vertraute – doch in den Krieg eintraten; so im Herbst 1939, als er sich aus wohlerwogenen militärischen Gründen einer Westoffensive widersetzte. Doch jedesmal hielt ihn sein Pflichtgefühl davon ab, diesen Schritt auch zu vollziehen: »Ein soldatischer Führer kann nicht seinen Abschied nehmen, wenn die von ihm geführte Truppe zur Entscheidung antritt und ihr Leben einsetzt.«[1]

Eine Bewährungsprobe ähnlicher Art hatte Brauchitsch zu bestehen, als ihn Generalstabschef Beck durch seinen Appell zum Generals-Streik gegen den Krieg in eine prekäre Situation brachte. Da Hitler unverkennbar bereit war, wegen der Tschechoslowakei einen Krieg mit den Westmächten zu riskieren, für den Deutschland nicht gerüstet war und den es auf längere Sicht verlieren mußte, wollte ihn der Generalstabschef mit diesem außergewöhnlichen Schritt zur Einsicht bringen. Es war und bleibt aller Ehren wert, daß Ludwig Beck an die politische Mitverantwortung der Militärs, an ihre moralische Verpflichtung vor dem eigenen Gewissen und vor der Nation erinnerte.

Sein Vorgesetzter Brauchitsch ließ über die Denkschrift des Generals intern diskutieren und reichte sie danach an Hitler weiter, aber zum Streik ließ er es nicht kommen. Man machte es sich zu leicht, wollte man einfach die Argumente des tief enttäuschten Beck, der sich im Stich gelassen fühlte, übernehmen und Brauchitsch Versagen im Amt und Charakterschwäche vorwerfen. Es war nicht klar, ob Hitler es ernst meinte oder ob er nur bluffte; mangels außenpolitischer Informationen konnten die Militärs auch nicht erkennen, ob Hitler das Verhalten der Westmächte richtig einschätzte, die dann tatsächlich in München die Tschechoslowakei im Stich ließen.

Die Unterstützung seiner Kameraden blieb Beck aber auch deshalb versagt, weil seine militärtechnischen Argumente nicht überzeugten: Es schien durchaus möglich, die Tschechoslowakei binnen weniger Tage in einem Blitzkrieg niederzuwerfen, ehe ihre Verbündeten eingreifen konnten. Der Oberbefehlshaber des Heeres durfte auch die Risiken einer Generalsfronde nicht geringachten: Der von der großen Mehrheit des Volkes getragene

Diktator, der soeben erst »Großdeutschland« geschaffen hatte, hätte jüngere, fanatische Offiziere in die obersten Ränge nachrücken lassen oder den Reichsführer-SS Himmler zum neuen Heeresoberbefehlshaber ernennen und damit aus der privilegierten Armee ein nationalsozialistisches Volksheer machen können. Jedenfalls schien es Brauchitsch und den meisten seiner Kameraden besser (freilich auch bequemer), als Soldaten zu gehorchen und sich nicht in die Politik einzumischen.

Wie gering die Chancen einer Opposition in einer totalitären Diktatur waren, erwies sich beim Rücktritt Becks von seinem Amt, der ja als Protest gegen den Krieg gedacht war. Das Volk erfuhr nichts davon; Beck aber ließ sich für den Kriegsfall als Armeeoberbefehlshaber an der Westfront einteilen. Erst nach München mußte er auf Geheiß Hitlers seinen Abschied nehmen. Brauchitsch hatte sich da schon längst mit seinem neuen Generalstabschef Halder arrangiert. Anders als Fritsch, der stets auf Parität mit seinem Generalstabschef geachtet hatte, ließ sich Brauchitsch mehr auf die repräsentativen Pflichten seines Amtes abdrängen; der dominierende operative Kopf in diesem Gespann war zweifellos Halder. Der Oberbefehlshaber des Heeres deckte dessen Aktivitäten kraft seiner Verantwortlichkeit.

Seit dem Wegfall der Position des Kriegsministers war der Oberbefehlshaber des Heeres Hitler unmittelbar unterstellt. Nicht Halder, sondern Brauchitsch mußte seinen Kopf hinhalten. Es zeigte sich rasch, daß der vorsichtige, behutsame Generaloberst, der auf die Kraft seiner sachlichen Argumente vertraute, der Dialektik und Verschlagenheit des Diktators nicht gewachsen war. Mit seiner zähen Beharrlichkeit fiel er Hitler bald auf die Nerven. Ihr Verhältnis war von Anfang an spannungsreich. Die Vertrauensbasis erhielt nach dem Polenfeldzug ihren ersten sichtbaren Riß. In seinem Nachruf auf Generaloberst von Fritsch, der vor Warschau gefallen war, hatte es Brauchitsch gewagt, seinen Vorgänger als den Schöpfer des siegreichen Heeres zu rühmen, ein Verdienst, das der Diktator für sich selber beanspruchte. Ärgerlich widerrief Hitler seinen Entschluß, den Oberbefehlshaber des Heeres zum Generalfeldmarschall zu befördern. Den Marschallstab überreichte er ihm erst nach dem triumphalen Sieg über Frankreich. Aber zu diesem Zeitpunkt mußte sich Brauchitsch als Oberbefehlshaber des Heeres dadurch eher düpiert fühlen, da sieben der ihm unterstellten Generäle die gleiche Ehre zuteil wurde. Mehrmals hat sich Hitler in den Jahren 1939 und 1940 vorgenommen, den obstinaten Brauchitsch zu entlassen, hielt dann aber doch wieder an ihm fest, weil er nur ungern auf vertraute Gesichter in seiner Umgebung verzichtete. Im November 1940, als bereits der Überfall auf die Sowjetunion vorbereitet wurde, wollte Hitler sogar aus beider Horoskop herausgelesen haben, es werde so lange für Deutschland gutgehen, als beide zusammenarbeiteten.

Funktionieren konnte diese Zusammenarbeit trotz aller Spannungen nicht zuletzt deshalb so lange, weil die außen- und militärpolitischen Ziele von Diktator und Armee weitgehend identisch waren. Man unterschied sich lediglich in den Methoden und Fristen der Planung. So ist Brauchitsch offensichtlich nicht verwundert gewesen, als ihm Hitler im Frühjahr 1939 eröffnete, im Falle einer gewaltsamen Lösung der polnischen Frage wolle er die Grenzen Deutschlands weit nach Osten vorschieben, eventuell auch einen eigenen ukrainischen Staat gründen. Er hat danach den Überfall auf Polen bis in die letzten Einzelheiten ausgearbeitet, fand dies auch, wie er als Zeuge in Nürnberg versichert hat, ganz in Ordnung, da nur bei ernsthaften Vorbereitungen die Staatsführung in Verhandlungen glaubwürdig drohen könne. Militärische Macht als Mittel der Erpressung einzusetzen, hielt er demnach für legitim. Er rechnete fest damit, daß Hitlers vermeintlicher Bluff genauso von Erfolg gekrönt sein werde wie in der Sudetenkrise.

Allerdings hätte er aus der Erfahrung des Ersten Weltkrieges wissen können, daß sich der Erpresser auch festbluffen kann, so daß er das Schwert tatsächlich ziehen muß. Im Juli 1939 will Brauchitsch Hitler jedoch vor einem Krieg gewarnt haben, da dieser alle nationalsozialistischen Errungenschaften aufs Spiel setze. Hitler lehnte es ab, mit einem Militär über politische Angelegenheiten zu diskutieren. Also gehorchte der Generaloberst. Sein Gehorsam ging so weit, daß er in den letzten Friedenstagen für keinen der Zivilisten mehr zu sprechen war, die ihm den Ernst der Lage klarmachen wollten.

Nach dem Eindringen der deutschen Truppen in Polen erläßt Brauchitsch eine Proklamation an die Zivilbevölkerung, worin er ihr völkerrechtlichen Schutz durch die deutsche Armee verspricht – ein Versprechen, das er nicht einhalten kann. Denn schon nach wenigen Tagen beginnt das Morden der Himmlerschen Einsatzgruppen aus Sicherheitspolizei und SD im Rücken der Front mit Massenexekutionen. Erklärtes Ziel ist es, die Eliten der polnischen Gesellschaft – Adel, Popen, Intellektuelle – und, als besondere Gruppe, die Juden auszurotten.

Obwohl Brauchitsch formal die vollziehende Gewalt im besetzten Gebiet ausübt, kann er dem Teufelswerk nicht Einhalt gebieten, ist vielmehr bestrebt, die Mitverantwortung so rasch wie möglich abzugeben. Nach dem Ende des Feldzuges wird die Heerführung voll eingeweiht in das, was man in der amtlichen Tarnsprache »volkspolitische Flurbereinigung« nennt, nämlich das Vorhaben, einen Großteil der polnischen Bevölkerung aus den von Deutschland annektierten Westgebieten ins Landesinnere zu vertreiben und die jüdischen Einwohner in Ghettos einzusperren.

Zur Brutalisierung des Krieges trägt Brauchitsch sogar noch sein Scherflein bei, indem er befiehlt, versprengte polnische Truppen, die weiterkämpfen, wie Freischärler zu behandeln. Auch meint er die Truppe vor allzu freundlichem Umgang mit Polen und Juden warnen zu müssen. In der Wirklichkeit aber hat der SS- und Polizeiterror längst auf die Armee abgefärbt; jahrelange Goebbels-Propaganda entfaltet ihre Wirkung: Soldaten und sogar Offiziere beteiligen sich an Ausschreitungen. Die Manneszucht ist in Gefahr, und der Oberbefehlshaber ermahnt die Truppe zur strengsten Disziplin. Monatelang muß sich Brauchitsch den Beschwerden entsetzter Generäle stellen; er bringt

Himmler dazu, vor die Generalität zu treten, die von ihm beschwichtigende Erklärungen zu hören bekommt. Das alles ist freilich nur ein Vorgeschmack auf noch viel Schrecklicheres, das anderthalb Jahre später in Rußland geschehen wird – dann aber mit aktiver Beteiligung des Heeres. Brauchitsch hat es versäumt, den Anfängen zu wehren. Er zieht sich auf das Soldatische zurück. Das erwartet Hitler auch von ihm, will er doch noch im Spätherbst 1939 auch im Westen losschlagen.

Vielleicht die größte militärische Leistung, die man dem Heeresoberbefehlshaber und seinem Generalstabschef nachrühmen darf, ist ihr hartnäckiger Widerstand gegen diese unsinnige Angriffsabsicht Hitlers, die nur mit einer Katastrophe des deutschen Heeres in Schlamm und Schnee hätte enden können. Es gelingt ihnen, die Westoffensive um ein halbes Jahr hinauszuzögern. Allerdings können sie sich mit ihrem Gegenkonzept einer defensiven Kriegführung nicht durchsetzen. Wie schon 1914 werden deutsche Divisionen die belgische Neutralität verletzen und dazu auch noch die holländische. Die beiden Feldherren lassen sich auch herab, den hinter ihrem Rücken von Manstein und Hitler ausgeheckten »Sichelschnitt«-Angriffsplan – den berühmten Panzerdurchbruch in den Ardennen und den anschließenden Vorstoß zum Meer – in ihre eigenen Entwürfe aufzunehmen und zu vollenden.

Daraus erwächst nichts Gutes: Als Frankreich unerwartet binnen sechs Wochen besiegt ist, steht Hitler vor der Generalität glänzend gerechtfertigt da. Hybris ergreift Volk und Wehrmacht und Führung. Jetzt scheint dem deutschen Soldaten nichts mehr unmöglich. Hitler und die Generäle fassen ihr nächstes Ziel ins Auge: Lebensraum in den Weiten der Sowjetunion. Diesmal ist die Katastrophe programmiert: In fahrlässiger Unterschätzung der sowjetischen Widerstandskraft und der russischen Rüstungskapazitäten planen das Oberkommando und der Generalstab mit völlig unzulänglichen Mitteln und fast ohne Reserven einen auf drei Monate befristeten Blitzkrieg. Auch der sonst so bedächtige Brauchitsch läßt sich vom Rausch der Vorfreude anstecken. Er schätzt, Rußland werde binnen vier Wochen geschlagen sein. Ihm, dem leidenschaftlichen Jäger, wird das Wort von der bevorstehenden »Hasenjagd« zugeschrieben.

Ein anderes Unheil wirft bereits im Frühjahr 1941 seine Schatten voraus, als Hitler in einer Ansprache vor der Generalität einen Raub-, Eroberungs- und Vernichtungskrieg konzipiert. Die Folgen lang anhaltender Infektion des deutschen Volkes durch antibolschewistische und antisemitische Hetzpropaganda wirken sich nun in den berüchtigten vier verbrecherischen Befehlen aus, die von den Militärs gründlich vorbereitet werden: die Zusammenarbeit mit den zum Mord bestellten Einsatzgruppen; der Barbarossa-Erlaß über die Aufhebung der Kriegsgerichtsbarkeit; die Richtlinien für das Verhalten der Truppe in Rußland und der Kommissarbefehl.

Wie selbstverständlich wird sich auch Brauchitsch fortan der Tarnvokabel von den »Trägern des jüdisch-bolschewistischen Systems« bedienen, wie selbstverständlich die Gleichsetzung von Juden und Partisanen akzeptieren. Es ist daher nur konsequent, daß er im Herbst 1941 den berüchtigten Befehl Reichenaus, worin der Oberbefehlshaber der 6. Armee bei seinen Soldaten um »volles Verständnis für die Notwendigkeit der harten, aber gerechten Sühne am jüdischen Untermenschentum« wirbt, allen höheren Kommandostellen an der Ostfront und im rückwärtigen Gebiet als vorbildliche Vorlage für ähnliche Befehle zustellen läßt.

Am größten war das Entsetzen der Heeresgruppen- und Armeeoberbefehlshaber über den Kommissarbefehl, der ihnen zumutete, kriegsgefangene Politoffiziere umbringen zu lassen. Sie bestürmten Brauchitsch, deswegen bei Hitler vorstellig zu werden. Doch der Oberbefehlshaber des deutschen Heeres hatte längst resigniert. Er hielt es für zwecklos, Hitler von diesem Vorhaben abbringen zu wollen. Statt dessen reagierte er in erprobter Weise, indem er die Anordnungen Hitlers mit eigenen Befehlen unterlief, die das Schlimmste abmildern sollten.

In diesem Fall bestand die größte Sorge der Generäle darin, es könne die Manneszucht der eigenen Truppe leiden. Deshalb fügte Brauchitsch dem Kommissarbefehl eine Ergänzung bei, in welcher verlangt wurde, die abgesonderten Kommissare sollten »außerhalb der eigentlichen Kampfzone unauffällig auf Befehl eines Offiziers« erschossen werden. Zum Barbarossa-Erlaß erließ er einen eigenen Disziplinarerlaß, der die Offiziere anhielt, bei der Bestrafung feindlicher Zivilpersonen nicht immer gleich Erschießungen vorzunehmen und beim Kampf gegen Freischärler oder bei Kollektivbestrafung ganzer Dörfer willkürliche Ausschreitungen einzelner Soldaten zu verhindern. An der eigentlichen Ungeheuerlichkeit, daß praktisch jeder irgendwie verdächtige sowjetische Zivilist ermordet werden konnte, änderte der Disziplinarerlaß jedoch nichts. Dennoch scheint Brauchitsch angenommen zu haben, mit diesem Erlaß sei er vor der Geschichte salviert, sonst hätte er ihn in Nürnberg nicht so selbstrühmend herausgestellt. Freilich wollte er als Zeuge der Verteidigung seine Kameraden vom Oberkommando der Wehrmacht und aus dem Generalstab vor dem Urteil bewahren helfen, sie hätten verbrecherischen Organisationen angehört. Das wahre Urteil hatte indes schon im April 1941 der Widerständler Ulrich von Hassell gesprochen: »Mit der Unterwerfung unter Hitlers Befehl opfert Brauchitsch die Ehre der Armee.«[2]

Als Feldherr hat Brauchitsch in Rußland das selbstverschuldete Scheitern des Blitzkrieges erlebt. Fast mehr noch als der verbissene Widerstand der Roten Armee und die blutigen Verluste der Wehrmacht machten ihm und Halder Hitlers dauernde Eingriffe in die operative Führung zu schaffen. Da Brauchitsch den täglichen Ärger herunterschluckte, verfolgten ihn die nervenaufreibenden Szenen im »Führerhauptquartier« noch nachts im Schlaf. Er wurde herzkrank, als er die Einsatz- und Nachschubwünsche der Front nicht mehr erfüllen konnte. Seit Hitler selber das Gespräch mit den Frontoberbefehlshabern suchte, begann sich Brauchitsch überflüssig zu fühlen. Seine Autorität schwand mehr und mehr dahin. Am Tag der überraschenden sowjetischen Gegenoffensive vor Moskau am 5. Dezember 1941 meldete er sich krank und erbat seinen Abschied. Hitler rannte minutenlang sprachlos auf und ab, bis der Feldmarschall den Raum verließ. Zwölf Tage später entließ er Brauchitsch und ernannte sich selbst zu dessen Nachfolger.

Die nächsten Kriegsjahre verbringt der unglückliche Feldherr mit seiner Frau auf seinem Landsitz in Schlesien. Nur zweimal macht er noch von sich reden: Im Sommer 1942 steht er in Paradeuniform an der Bahre seines einstigen Gegenspielers und Partners Reinhard Heydrich, der in Prag einem Attentat zum Opfer gefallen war. Kam er auf Befehl? Und einen Monat nach dem mißglückten Attentat auf Hitler vom 20. Juli 1944 veröffentlicht der *Völkische Beobachter* einen großaufgemachten Artikel unter seinem Namen. Darin distanziert er sich von den einstigen Kameraden, die den Aufstand gewagt hatten, und begrüßt »als Nationalsozialist und als ehemaliger Oberbefehlshaber des Heeres«[3] die Ernennung des Reichsführers-SS Himmler zum Befehlshaber des Ersatzheeres. Selbst diese tiefe Demütigung hat er sich nicht ersparen können oder wollen. Er war schon am 20. Juli selbst unter den ersten, die Hitler zur Errettung seines Lebens gratulierten. Seine Beweggründe sind unbekannt. Die Familie vermutete, er habe etwas zugunsten seiner Neffen, der Gebrüder von Haeften, unternehmen wollen. Beide waren in den Putsch verwickelt und mußten dafür mit dem Leben bezahlen. Brauchitsch selber hatte es, anders als sein Mitarbeiter Halder, stets abgelehnt, sich an der Verschwörung zu beteiligen. Kontakten mit Männern der Widerstandsbewegung ging er, wo immer er konnte, aus dem Weg. Sehenden Auges ließ er es geschehen, daß Hitler und seine ihm noch ergebenen Generäle den Krieg bis zur fast völligen Zerstörung des Vaterlandes fortsetzten.

Im Januar 1945, beim Herannahen der Roten Armee, muß sich der Feldmarschall auf strengen Befehl in den Westen begeben. Er findet Zuflucht auf einem Gutshof in Holstein, bis ihn die Engländer verhaften. Im März 1948, als in Nürnberg der OKW-Prozeß gegen eine Reihe von Generälen beginnt, rührt sich bei ihrem einstigen Oberbefehlshaber wieder das Pflichtgefühl: In einer schriftlichen Erklärung übernimmt Brauchitsch die Alleinverantwortung für die militärischen Operationen seiner Untergebenen. Er ignoriert, daß es in dem Prozeß vorwiegend um Kriegsverbrechen im Rahmen dieser Operationen geht. Die Anwälte hielten die Erklärung zudem für nutzlos; sie würde lediglich den Anklägern als Argument für die These vom Kadavergehorsam dienen. Das für seine Biographie wegweisende Wort, das den fatalistischen Hintergrund seines bis zuletzt ungebrochenen Gehorsams beleuchtet, hatte er bereits im August 1946 im Nürnberger Zeugenstand gesprochen: »Hitler war das Schicksal Deutschlands, und dieses Schicksal war nicht aufzuhalten.«[4] Brauchitsch steht damit bereits in einer Kontinuität. Denn ganz ähnlich hatte es auch sein Vorgänger Fritsch formuliert. Die Armee spricht sich selber frei.

Anmerkungen

1 Augenzeugenbericht Curt von Siewerts, 13. 1. 1951 (Institut für Zeitgeschichte/München, ZS 148).
2 Friedrich Frhr. Hiller von Gaertringen (Hrsg.), Die Hassell-Tagebücher 1938–1944. Aufzeichnungen vom Anderen Deutschland [von Ulrich von Hassell], Berlin 1988, S. 248.
3 Generalfeldmarschall von Brauchitsch, »Höchster Krafteinsatz«, in *Völkischer Beobachter* vom 20. 8. 1944, S. 1.
4 Der Prozeß gegen die Hauptkriegsverbrecher vor dem internationalen Militärgerichtshof Nürnberg. 14. November 1945 – 1. Oktober 1946, 42 Bde., Nürnberg 1947–1949, hier Bd. XX, S. 640.

Bibliographie

Quellen

Einen regelrechten Nachlaß Brauchitschs gibt es nicht. Seine Personalakten liegen im Bundesarchiv-Militärarchiv in Freiburg (Br.), und das Berlin Document Center verfügt über einen ungeordneten Bestand über seine Person. Neben der Sammlung »Zeugenschrifttum« des Instituts für Zeitgeschichte in München (hier vor allem Walther von Brauchitsch, Charlotte von Brauchitsch und Curt Siewert) kommt unter diesen Umständen den von Fritz Tobias (Hannover) in seinem Privatarchiv zusammengetragenen Materialien eine besondere Bedeutung zu. Einen guten Einblick in die Dienstgeschäfte als Oberbefehlshaber des Heeres bietet Hans-Adolf Jacobsen (Hrsg.), Generaloberst Franz Halder. Kriegstagebuch. Tägliche Aufzeichnungen des Chefs des Generalstabs des Heeres 1939–1942, 3 Bde., Stuttgart 1962–1964. Der Prozeß gegen die Hauptkriegsverbrecher vor dem internationalen Militärgerichtshof Nürnberg. 14. November 1945 – 1. Oktober 1946, 42 Bde., Nürnberg 1947–1949, beinhaltet neben einer Zeugenaussage Brauchitschs auch Material zu seiner Tätigkeit als Chef des OKH.

Unter den veröffentlichten Erinnerungen ehemaliger Kameraden Brauchitschs sind Erich von Manstein, Aus einem Soldatenleben 1887–1939, Bonn 1958; ders., Verlorene Siege, München [9]1981 und Siegfried Westphal, Der deutsche Generalstab auf der Anklagebank. Nürnberg 1945–1948, mit einer Denkschrift von Walther von Brauchitsch – Erich von Manstein – Franz Halder – Walter Warlimont – Siegfried Westphal, Mainz 1978, noch am ergiebigsten.

Literatur

Eine wissenschaftlichen Ansprüchen genügende Brauchitsch-Biographie liegt nicht vor. Die biographischen Skizzen von Curt Siewert, »Generalfeldmarschall Walther v. Brauchitsch«, in: *Deutscher Soldatenkalender 1973,* München 1973, und im Rahmen von Martin Moll, Die deutschen Generalfeldmarschälle 1935–1945, Rastatt (Baden) 1961, sowie Gerd F. Heuer, Die deutschen Generalfeldmarschälle und Großadmirale, Rastatt (Baden) 1978, sind, abgesehen von den darin enthaltenen Laufbahndaten, inzwischen zumindest in Teilen überholt.

Karl-Heinz Janßen/Fritz Tobias, Der Sturz der Generäle. Hitler und die Blomberg-Fritsch-Krise 1938, München 1994, schildern die Hintergründe von Brauchitschs Ernennung zum Oberbefehlshaber des Heeres und widerlegen zahlreiche Legenden, die jahrzehntelang in diesem Zusammenhang um ihn gewoben wurden. Christian Hartmann, Halder. Generalstabschef Hitlers 1938–1942, Paderborn/München/Wien/Zürich

1991, liefert eine kritische Darstellung der Binnenstruktur des Gespanns Brauchitsch-Halder. Zum grundsätzlichen Verhältnis zwischen Wehrmacht und Nationalsozialismus und zu den ersten Jahren der Amtsführung Brauchitschs noch immer unverzichtbar sind Klaus-Jürgen Müller, Das Heer und Hitler. Armee und nationalsozialistisches Regime 1933–1940, Stuttgart 1969. Zur Rolle des Oberbefehlshabers des Heeres im Rahmen der Kriegführung sind vor allem Das Deutsche Reich und der Zweite Weltkrieg, Bd. 1, 2 und 4, Stuttgart 1979–1983, heranzuziehen. Helmut Krausnick/Hans-Heinrich Wilhelm, Die Truppe des Weltanschauungskrieges. Die Einsatzgruppen der Sicherheitspolizei und des SD 1938–1942, Stuttgart 1981, und Christian Streit, Keine Kameraden. Die Wehrmacht und die sowjetischen Kriegsgefangenen 1941–1945, (Neuausgabe) Bonn 1991, beleuchten die Verstrickungen des unter Brauchitschs Oberbefehl stehenden Heeres in die Massenverbrechen des Regimes. Und Gerhard Ritter, Carl Goerdeler und die deutsche Widerstandsbewegung, (Neuauflage) Stuttgart 1984, enthält eine faire Auseinandersetzung mit der Haltung Brauchitschs zum deutschen Widerstand.

Eduard Dietl –
Lieblingsgeneral des »Führers«
VON WINFRIED HEINEMANN

Eduard Dietl war ein Kind der Berge, und man erinnert sich vor allem im Allgäu an seine Führung der Gebirgstruppen in Narvik und später in Finnland. Aber der spätere Generaloberst Dietl war auch einer der Wegbereiter des Nationalsozialismus, von dem er sich bis zu seinem Tod nie gelöst hat.

Eduard Dietl, 1890 in Bad Aibling geboren, trat 1909 als Fahnenjunker in das 5. Königlich-Bayerische Infanterie-Regiment ein, 1911 wurde er Leutnant. Während des Ersten Weltkrieges verlor er zwei Brüder. Er selbst kämpfte an der Westfront, wurde mehrfach verwundet und so durch dasselbe Kriegsbild geprägt wie der Gefreite Hitler.

Unterstellungen, die beiden hätten sich bereits damals kennengelernt, können allerdings nicht ernst genommen werden.

Im April 1919 trat Dietl in das Freikorps Epp ein und nahm mit diesem Verband aus bayerischen Freiwilligen an der Niederschlagung der Münchener Räterepublik teil, ohne daß aber eine Beteiligung an den von vielen Truppenteilen damals begangenen Greueltaten bekanntgeworden wäre.

Im Frühsommer 1919 fand auch der Gefreite Hitler als »Bildungsoffizier« der Reichswehr Verwendung – sein erster Schritt in die Politik. Die mündliche Überlieferung, wonach es der Hauptmann Dietl war, der Hitler für diese Tätigkeit empfohlen habe, ist ausgesprochen unsicher. Belegt ist aber, daß Hitler vor Dietls Kompanie gesprochen hat. Bei der Grabrede auf Dietl führte Hitler am 1. Juli 1944 aus: »Als erster Offizier der deutschen Wehrmacht hat er mir seinen Verband zur Verfügung gestellt, um politisch auf ihn einzuwirken. Eine Stunde, nachdem ich damals zur 3. Kompanie seines Regiments gesprochen hatte, gab mir dieser Mann seine Hand und erklärte, er würde von jetzt ab mein Gefolgsmann und Anhänger sein.«[1] Damit wird Dietl aber nicht zum »Steigbügelhalter« Hitlers mit quasi weltgeschichtlicher Bedeutung. Es war nicht Dietl, der Hitler den Einstieg in die Politik ermöglicht hat, sondern der Hauptmann Karl Mayr vom Reichswehrgruppenkommando 4.

Gleichwohl hat dieses Zusammentreffen dazu geführt, daß Dietl noch 1919 Mitglied der Deutschen Arbeiter-Partei wurde. Über die Motive für diesen Schritt und die politischen Vorprägungen Dietls geben die Quellen keine Auskunft. In den ältesten Mitgliederlisten wird Dietl jedenfalls mit der Nummer 524 aufgeführt. Hitler selbst erscheint erst unter der Nummer 555, aber diese Reihenfolge ergibt sich daraus, daß die Liste alphabetisch organisiert ist. Auch darf man aus der Nummer nicht auf eine entsprechend große Zahl von Mitgliedern schließen; die Liste beginnt mit der Nummer 501. Dietl war also eines der ersten 160 Mitglieder der späteren NSDAP. Im Laufe des Jahres 1920 ist Dietl dann wieder ausgetreten, wohl weil er »als aktiver Offizier nicht Parteimitglied sein durfte«[2], wie er selbst später angab. Im Freikorps Epp wird man die Frage der Mitgliedschaft in der DAP/NSDAP nicht zu restriktiv gehandhabt haben, verstand sich die »Bewegung« doch als »national« und eher »unpolitisch«. Mit der Übernahme des Freikorps in die Reichswehr hingegen muß für Dietl die Aufgabe parteipolitischer Bindungen verbunden gewesen sein, auch schon bevor 1921 das Reichswehrgesetz in Kraft trat.

Damit war Dietl zwar auf die Weimarer Reichsverfassung vereidigt, er hatte sich aber keineswegs von der rechtsradikalen Gedankenwelt gelöst. Im Gegenteil, es gab in der Frühphase der

Weimarer Republik zumindest im süddeutschen Raum kaum eine Umsturzbewegung der politischen Rechten, an der Dietl nicht beteiligt gewesen wäre. So sollte er beim Kapp-Putsch in München eine tragende Rolle übernehmen und den vorgesehenen »Offiziersblock« führen. Da der Putschversuch sich aber auf Berlin beschränkte, trat Dietl nicht weiter in Erscheinung.

Nach der Besetzung des Rheinlands durch französische Truppen bereitete die Reichswehrführung die schnelle Verstärkung des 100 000-Mann-Heeres vor. Dabei dachte man naturgemäß zuerst an die »Wehrverbände« oder »Vaterländischen Verbände«, die Organisationen der politischen Rechten. Das Infanterieregiment 19 in München sollte gegebenenfalls in der Lage sein, unter Heranziehung dieser Verbände schnell zwei weitere Bataillone aufzustellen. Die von Dietl geführte 1. Kompanie sollte dabei mit zwei Kompanien »Hermannsbund« und einer Kompanie »Nationalsozialisten (SA)« ein Bataillon bilden. Daher war Dietl unter Billigung seiner Vorgesetzten bereits ab dem Frühjahr 1923 als militärischer Ausbilder der Münchener SA tätig gewesen und hatte dort gleichgesinnte Kameraden und Freunde gefunden.

So kann es nicht überraschen, daß Dietl am 8. und 9. November 1923 innerlich auf seiten der Putschisten stand, als Hitler und einer der populärsten Generäle des Ersten Weltkriegs, Ludendorff, darangingen, das verhaßte »System« durch einen Umsturz zu beseitigen. Dietl war zwar nicht an den Putschvorbereitungen beteiligt gewesen, aber als am 8. November bayerische Reichswehroffiziere in München zu einer Besprechung zusammenkamen, gehörte Dietl zu den Scharfmachern. Er meinte, »daß die Jugend lange genug gewartet habe, daß nun endlich gehandelt werden müßte«.[3]

Am Abend des 8. November erschien Dietl in der Kaserne, um die seit längerem geplante Nachtausbildung der SA, des Bundes »Oberland« und des »Hermannsbundes« zu leiten. Kurz vor 22.00 Uhr traf die Nachricht vom Putsch ein. Dietl billigte die bereits getroffenen Maßnahmen, die eine Bewaffnung der

SA verhindern sollten. Gleichzeitig stellte sich aber auch die Frage des Einsatzes der Reichswehr – und das hieß des I. Bataillons Infanterieregiment 19 – gegen die Putschisten und zur Verteidigung der verfassungsmäßigen Ordnung. Hierzu aber war Dietl nicht bereit. Er meldete zusammen mit drei Leutnanten (darunter sein späterer Generalstabschef Karl von Le Suire), man könne von ihm alles verlangen, »aber auf Exzellenz Ludendorff schießen, kann ich persönlich nicht«.[4] Dietls Weigerung, in der Stunde der Not die Republik zu schützen, wurde recht bald in der Stadt bekannt und zum Gegenstand eines vom Regiment eingesetzten Untersuchungsausschusses unter dem Oberstleutnant und späteren Generalfeldmarschall List. Der Ausschuß kam seinem Auftrag nach, »die gegen Hauptmann Dietl umlaufenden Gerüchte zu entkräften«. Er befand, da es einen Einsatzbefehl zum fraglichen Zeitpunkt nicht gegeben hatte, könne man Dietl nicht den Vorwurf des Ungehorsams machen. Damit entging Dietl knapp der Entfernung aus der Reichswehr; er wurde lediglich auf den Truppenübungsplatz Ohrdruf strafversetzt.

Dietl gehörte nicht zum engsten Kreis um Hitler. In Hitlers frühen Aufzeichnungen findet er keine Erwähnung, nach dem gescheiterten Putsch hat Dietl weder den »Führer« im Gefängnis besucht noch sich wieder politisch betätigt. Hitlers Aussage, Dietl sei ein »Geburtshelfer des Dritten Reiches«[5] gewesen, ist sehr wahrscheinlich eine Übertreibung.

Ohne die Vergrößerung der Wehrmacht in den Jahren vor 1939 wäre Dietl wohl als geachteter, aber unbedeutender Regimentskommandeur in den Ruhestand verabschiedet worden. So aber übernahm er, nachdem er 1935 Kommandeur eines der ersten spezialisierten Gebirgsjägerregimenter der Wehrmacht geworden und am 1. April 1938 zum Generalmajor befördert worden war, im Mai 1938 die Führung der 3. Gebirgsdivision in Graz. Mit dieser Division zog er im September 1939 in den Zweiten Weltkrieg. Nicht alles, was Dietl in den Friedensjahren des Dritten Reiches tat, war typisch für einen Nationalsozialisten. So brachte er beispielsweise den Sohn eines alten Freundes in seinem Regiment unter, obwohl er zu einem Viertel jüdischer Abstammung war. Dennoch war Dietl im Offizierkorps als Nationalsozialist bekannt.

Seine große Stunde schlug, als das Deutsche Reich im April 1940 nach Dänemark und Norwegen griff. In der Planung war ursprünglich eine andere Division für die schwierigste Teilaufgabe des Unternehmens, die Besetzung des Erzhafens Narvik, vorgesehen gewesen. Aber auf Hitlers persönliche Intervention hin fiel dieser Auftrag letztlich an die 3. Gebirgsdivision unter Generalleutnant Dietl. Die Besetzung Norwegens gestaltete sich für die Wehrmacht weitgehend unproblematisch, auch wenn die Kriegsmarine größere Verluste zu beklagen hatte. Lediglich in Narvik kam es zur Krise, als Briten und Franzosen Truppen anlandeten und gegen den Widerstand von Dietls bunt zusammengewürfelter Truppe aus Heeres- und Marinesoldaten versuchten, den strategisch wichtigen Hafen zu nehmen.

Dietl gelang es, seine Soldaten durch persönliches Vorbild und hervorragende Menschenführung zum Durchhalten zu veranlassen – auch als Hitler selbst das Unternehmen fast schon aufgegeben hatte. Letztlich hätte aber auch der beste Wille nichts gegen die überlegenen britischen und französischen Kräfte ausrichten können, zumal der Seeweg ins Reichsgebiet abgeschnitten war. Die Entwicklung der Lage in Frankreich nach dem deutschen Angriff vom Mai 1940 veranlaßte die Westalliierten jedoch, ihre Truppen aus Narvik abzuziehen. Dietl hatte mit seinen Durchhalteparolen Erfolg gehabt. Am 19. Juli 1940 beförderte ihn Hitler »unter Berücksichtigung der einmaligen Verdienste«[6] zum General der Infanterie und zeichnete ihn als ersten Offizier der Wehrmacht mit dem Eichenlaub zum Ritterkreuz aus.

Als am 22. Juni 1941 die deutsche Wehrmacht die Sowjetunion angriff, führte Dietl die »Befehlsstelle Finnland«, aus der Anfang 1942 das »Armeeoberkommando Finnland« und im Juni 1942 das »Oberkommando 20. Gebirgsarmee« wurde. Dietls

Auftrag lautete, die finnischen Nickelgruben bei Petsamo vor dem Zugriff der Roten Armee zu sichern und weiter nach Osten anzugreifen, um letztlich die Landverbindung zwischen Murmansk und dem Kernland der Sowjetunion zu durchtrennen. Während der Einmarsch in das nunmehr verbündete Finnland reibungslos vonstatten ging, verlor der Angriff in der Tundra bald an Schwung. Mehrere verlustreiche Offensiven an der Liza schlugen nicht durch. In einigen Regimentern stiegen die Verluste, es kam zu einzelnen Fällen offener Unmutsäußerungen. Es gelang Dietl aber, durch gezielte Maßnahmen einen nachhaltigen Einbruch der Moral zu vermeiden. Durchweg wird Dietls Fähigkeit zur unmittelbaren Menschenführung als seine herausragende Eigenschaft angesehen: »Ich habe von keinem der Angesprochenen auch nur ein einziges Wort des Unmuts über General Dietl gehört. Im Gegenteil: Alle sprachen nur in Hochachtung, glühender Verehrung und voller Dank für die durch seinen persönlichen Einsatz vorbildliche Betreuung [über Dietl].«[7] Hinter dieser Stärke verbarg sich jedoch auch eine Schwäche. Während ihm der persönliche Umgang mit Menschen lag, hatten Dietls operative Fähigkeiten offensichtlich ihre Grenzen. Zwar gelang es ihm, den Sowjets einen durchschlagenden Erfolg in Nordfinnland zu verwehren, doch das gestellte Ziel, die Abschnürung von Murmansk, erreichte er nicht.

Hitlers »Lieblingsgenerale« waren bürgerlicher, vielfach süddeutscher Herkunft, Infanteristen, relativ jung, und hatten in der Regel keine Generalstabsausbildung durchlaufen. Zu dieser Gruppe gehörten außer Dietl auch Rommel, Hube und der zeitweise unter Dietl dienende Schörner. Auffallend ist, daß Dietl trotz seiner langjährigen Bekanntschaft mit Hitler nie den Rang eines Generalfeldmarschalls erreicht hat: Es fehlte letztlich der triumphale Sieg, der Anlaß dazu hätte sein können. Ebenso ist es denkbar, daß eine solche Ernennung die Beziehungen zum finnischen Staatspräsidenten, Marschall Mannerheim, gestört hätte. Vor allem ist das Ausbleiben dieser letzten Krönung von Dietls Laufbahn aber wohl darauf zurückzuführen, daß selbst

ihm wohlgesonnene Kameraden seine Fähigkeiten als Oberbefehlshaber kritisch einschätzten: Er »war sicher nicht der geniale
Strateg, zu dem ihn der Mythos seinerzeit hochspielte«.[8]
Andere, weniger wohlmeinende, hielten ihn schlicht für »aufrei-
zend dumm«.[9] Für Hitler selbst stand Dietls Popularität im
Vordergrund – ebenso wie bei Rommel. Zu diesem aber merkte
Hitler an, für ihn stehe »Rommels Können natürlich außer
jedem Zweifel«[10] – für den ihm persönlich näherstehenden Dietl
fehlt eine solche Bemerkung.

Der Kriegsschauplatz im hohen Norden war weitgehend men-
schenleer, so daß es zu Ausschreitungen der Wehrmacht gegen
die Zivilbevölkerung, wie sie sich in Weißrußland und der Ukraine
ereigneten, nicht kam. Auch Erschießungen von politischen
Kommissaren der sowjetischen Armee sind nicht bekannt. Inwieweit Berichte zutreffen, wonach Dietl eine Mitschuld an der
Ermordung von Insassen zweier Feldstraflager trifft, die ihm im
Sommer 1942 unterstellt waren, muß derzeit noch offenbleiben.

Besondere Bedeutung hatte Dietl für die nationalsozialistische Propaganda, galt er doch als volksnah, ja leutselig. Auch
hier bietet sich die Parallele zu Rommel an. Im Herbst 1943
wurde Dietl ins Reich zitiert, um in Bayern und der »Ostmark«
eine Reihe von öffentlichen Reden zu halten. Dietls Ansprachen
erfüllten die Erwartungen vollauf. Die Plätze in München, Ro-
senheim, Ingolstadt und Graz waren mit Tausenden von Menschen gefüllt. Dietl erzählte vom heldenhaften Kampf seiner
»Jäger« in der Arktis und forderte zum Durchhalten auf: »Wir
erkennen den Krieg als das Instrument eines sinnvollen Schicksals an«, und: »Ich glaube an den Führer. Je schwieriger die
Lage, desto mehr vertraue ich ihm.«[11] Natürlich war es auch kein
Zufall, daß Dietl ausgerechnet im November 1943, 20 Jahre nach
dem Putsch von 1923, vor der Münchener Feldherrnhalle auf-
trat, zumal Goebbels' Propagandamaschine Dietls Rolle in der
»Kampfzeit« weit übertrieben herausgestellt hatte. Zudem kam
es nach den Rückschlägen an der Ostfront und in Afrika und angesichts des sich steigernden Bombenkrieges im Reichsgebiet

darauf an, die Moral der Massen zu heben. Niemand, der den »Bergfex« reden hörte, konnte Zweifel daran haben, daß sich hier ein führender und populärer General ganz mit den Zielen des nationalsozialistischen Regimes identifizierte.

Inzwischen bot aber die Lageentwicklung auch in Finnland Grund zur Sorge. Angesichts der sowjetischen Erfolge war zu befürchten, daß der finnische Bündnispartner aus dem Krieg ausscheiden werde. Möglicherweise würde die finnische Regierung sogar versuchen, sowjetisches Wohlwollen dadurch zu erkaufen, daß sie der Sowjetarmee gestattete, durch Südfinnland vorzustoßen und so die in Finnland kämpfenden deutschen Kräfte von ihren rückwärtigen Verbindungen über die Ostsee abzuschneiden. Daher schien es sinnvoll, rechtzeitig die Rückzugswege durch Nordnorwegen wintersicher auszubauen und gegen Angriffe von See zu befestigen. Dieser militärischen Notwendigkeit stand aber das politische Problem gegenüber, daß offensichtliche deutsche Rückzugsvorbereitungen den finnischen Widerstandswillen schwächen und das befürchtete Ausscheren aus der gemeinsamen Front auslösen bzw. beschleunigen konnten. Als Hitler am 28. September 1943 befahl, solche Rückzugsvorbereitungen zu treffen, geschah dies gegen Dietls ausdrückliche Empfehlung. Noch 1943 begannen daraufhin die Bauarbeiten sowohl an den Straßen in Nordfinnland als auch an der Reichsstraße 50, die vom Nordkap die norwegische Küste hinab nach Süden führte. Bei diesen Arbeiten wurden auch Sträflinge aus den Emslandlagern der Justizverwaltung eingesetzt, also Personen, die wegen unterschiedlicher Delikte zu Zuchthaus verurteilt und für »wehrunwürdig« befunden worden waren, darunter Deserteure, Kriegsdienstverweigerer und politische Häftlinge. Die äußerst harten Lebensbedingungen, eine schlechte Versorgung und teilweise unmenschliche Behandlung führten dazu, daß viele Häftlinge den Tod fanden. Trotz des massiven Einsatzes der Organisation Todt, der Sträflinge und der Truppe konnte der Ausbau der Marschstraßen jedoch erst im Frühsommer 1944 richtig anlaufen.

Daß Dietl fester als viele andere Generäle auf dem Boden der nationalsozialistischen Weltanschauung stand, zeigte sich in einem von ihm unterzeichneten Erlaß zur Frage der Heirat deutscher Soldaten mit norwegischen und finnischen Frauen. Im Dezember 1942 ging eine »sehr ernste Mahnung an die Vorgesetzten aller Dienstgrade«[12] heraus, in der er solche Ehen grundsätzlich ablehnte. Es handele sich »bei den vorgelegten Anträgen, abgesehen von ganz wenigen Ausnahmen ... nur um recht geringwertige Vertreterinnen der Nachbarvölker« und um »rassisches Treibholz«. Auch wenn Norwegerinnen Arierinnen seien, fehle es ihnen doch an der Vertrautheit mit deutscher Kultur, sie könnten daher keine guten deutschen Mütter abgeben. Im Oberkommando der Wehrmacht hielt man eine solche Einstellung für beispielhaft und verteilte den Erlaß zur Belehrung an alle anderen Armeeoberbefehlshaber. Nur der Reichsführer-SS Heinrich Himmler mochte solchem rassischen Rigorismus nicht zustimmen und beklagte die »ungeheuer schädlichen Auswirkungen dieses Befehls«.[13] Ihm kam es darauf an, aus den »nordischen Völkern« Freiwillige für die Waffen-SS zu gewinnen, und das konnte nicht gut gelingen, wenn man die Schwestern der zukünftigen SS-Soldaten als »rassisches Treibgut« abqualifizierte.

Im Sommer 1944 war erneut zu befürchten, daß Finnland einen Separatfrieden mit der Sowjetunion schließen würde. Am 22. Juni meldete sich Dietl bei Hitler auf dem Obersalzberg und besprach mit ihm Möglichkeiten, die Finnen zu unterstützen, um so einen Abfall zu verhindern. Eine Evakuierung Finnlands stand nicht zur Debatte. Am Tag darauf stürzte Dietls Maschine auf dem Rückflug nach Finnland ab; es gab nur zwei Überlebende. Der »Held von Narvik« war tot. Hitler, der die laufenden Verhandlungen mit den Finnen nicht belasten wollte, befahl, Dietls Tod für eine Woche zu verheimlichen. Daher entstanden schon bald Gerüchte, der Flugzeugabsturz sei vielleicht doch kein Unfall gewesen. Hitler ließ sofort eine Flugunfalluntersuchung anstellen, weil er befürchtete, es handele sich um Sabotage durch die Alliierten, die so das deutsch-finnische Bündnis weiter belasten wollten. Diese Untersuchung kam jedoch zu dem Ergebnis, es habe sich um einen Unfall gehandelt.

Als unhaltbar erweist sich bei näherer Betrachtung die gelegentlich geäußerte Vermutung, Hitler habe Dietl wegen seiner kritischen Haltung beseitigen lassen. Dietl hatte am Tag zuvor dem »Führer« unverblümt vorgetragen, aber zu einem Zerwürfnis war es keinesfalls gekommen. Außerdem sollte die Ermordung des noch viel bekannteren Feldmarschalls Rommel nur wenige Monate später zeigen, daß das Regime die Beseitigung populärer Heerführer sehr viel gründlicher vorzubereiten wußte.

Ebenso abenteuerlich sind Spekulationen, der deutsche Widerstand habe Dietl anzuwerben versucht, dieser habe abgelehnt und sei daher ermordet worden, damit er die Verschwörung nicht verraten könne. Diese Interpretation läßt die Frage offen, weshalb der »Mord« an Dietl ausgerechnet auf dem Rückweg vom »Führerhauptquartier« zur Front erfolgen mußte – und nicht vor seinem Zusammentreffen mit Hitler. Vor allem aber läßt sie offen, aus welchen Gründen sich Angehörige des Widerstandes ausgerechnet an einen der herausragenden Nationalsozialisten in der deutschen Generalität mit der Bitte um Unterstützung gewandt haben sollten.

Als Dietls Tod offiziell bekanntgegeben wurde, hieß es im Tagesbefehl der Wehrmacht: »Als fanatischer Nationalsozialist hat sich Generaloberst Dietl in unwandelbarer Treue und leidenschaftlichem Glauben seit Beginn des Kampfes unserer Bewegung für das Großdeutsche Reich persönlich eingesetzt.«[14] Hitler selbst, sonst Begräbnissen eher abgeneigt, erwies seinem treuen Weggefährten die letzte Ehre. In seiner Rede führte er aus, er habe einen »teuren und treuen Freund« verloren, der bis zu seinem Tode ein »Nationalsozialist … nicht der Phrase, sondern dem Willen, der Überlegung und doch auch dem Herzen nach«[15] gewesen sei.

Einige wenige Generäle haben nach langjährigem loyalem Dienst für das Dritte Reich dessen verbrecherischen Charakter erkannt und darum gekämpft, zumindest den sinnlos gewordenen Krieg zu beenden. Dabei ist nicht nur an aktive Widerständler zu denken. Auch Führer wie Rommel haben, wenn auch spät, auf ein rasches Kriegsende gedrängt. Zu ihnen gehört Dietl nicht. Es gibt kein Anzeichen, daß er sich je von seiner Haltung als unbedingter Befürworter Hitlers und des NS-Regimes abgewandt hat.

Anmerkungen

1 Zitiert nach: *Münchner Neueste Nachrichten,* Nr. 183, 3. Juli 1944, S. 1.
2 Personal-Fragebogen Nr. 9624401, US Mission Document Center, Berlin.
3 Aufzeichnung über eine Besprechung bayerischer Reichswehroffiziere, 8. November 1923, BA-MA RH 37/213D, auch abgedruckt in: Heinz Hürten (Bearb.), Das Krisenjahr 1923. Militär und Innenpolitik 1922–1924, Düsseldorf 1980 (= Quellen zur Geschichte des Parlamentarismus und der politischen Parteien. Zweite Reihe: Militär und Politik, 4), S. 119f.
4 Kdr I/19 – Zum Herrn Kommandeur 19. I.R., München, 16. 11. 23, in: BA-MA RH 37/767.
5 Adolf Hitler, Die Monologe im Führerhauptquartier 1941–1944. Die Aufzeichnungen Heinrich Heims, hrsg. von Werner Jochmann, Hamburg 1980, 30. November 1941.
6 Max Domarus, Hitler. Reden und Proklamationen 1932–1945. Kommentiert von einem deutschen Zeitgenossen, 2 Bände, Würzburg 1962–1963, S. 1552.
7 Brief von Major a.D. Boergen, München, an Kameradenkreis der Gebirgstruppe vom 5. 12. 1993.
8 Ebd.
9 Edmund Glaise von Horstenau, Ein General im Zwielicht. Die Erinnerungen, hrsg. von Peter Broucek, Band 3: Deutscher Bevollmächtigter General in Kroatien und Zeuge des Untergangs des »Tausendjährigen Reiches«, Wien 1988 (= Veröffentlichungen des Instituts für Neuere Geschichte Österreichs, 76), S. 187.

10 Henry Picker, Hitlers Tischgespräche im Führerhauptquartier 1941–
1942, Bonn 1951, S. 164.

11 Zitiert nach: *Münchner Neueste Nachrichten*, Nr. 318, 15. 11. 1943.

12 Oberkommando der 20. (Gebirgs)-Armee, Abt. IIa Nr. 1234/42 geh.
Az 13/42 vom 23. 12. 1942, in: BA-MA RH 20-20/185.

13 Niederschrift. Der Reichsführer-SS RF/Bn/1664/43 geh. Rs. vom
17. 6. 1943, National Archives Washington, T 175-124.

14 Hier zitiert nach dem Original in: BA-MA Pers 6/22, f. 17f.

15 Zitiert nach: *Münchner Neueste Nachrichten*, Nr. 183, 3. Juli 1944.

Bibliographie

Quellen

Dietls Personalakten im Bundesarchiv-Militärarchiv (BA-MA, Pers 6)
und im Bayerischen Staatsarchiv-Kriegsarchiv sind erhalten. Zu Dietls
Rolle im November 1923 finden sich Angaben in den Beständen des Instituts für Zeitgeschichte, München, sowie im Hauptstaatsarchiv und im
Staatsarchiv München. Auch ist das Aktenmaterial des Infanterieregiments 19 im BA-MA erhalten (RH 37). Einige zentrale Stücke sind abgedruckt in Heinz Hürten (Bearb.), Das Krisenjahr 1923. Militär und Innenpolitik 1922–1924, Düsseldorf 1980 (= Quellen zur Geschichte des
Parlamentarismus und der politischen Parteien. Zweite Reihe: Militär
und Politik, 4).

Dietls Rolle in Narvik kann in den Akten der Wehrmachtführung
(Oberkommando der Wehrmacht/Wehrmachtführungsstab, BA-MA
RW 4) sowie der Zwischenvorgesetzten, insbesondere der »Gruppe
XXI«, verfolgt werden (BA-MA RH 24–21). Auch das Kriegstagebuch
seiner Division ist erhalten (RH 28-3). Ebenso lückenlos ist das Aktenmaterial des Gebirgskorps Norwegen und der 20. Gebirgsarmee sowie
ihrer Vorgängerorganisationen überliefert (BA-MA RH 24-19 und RH
20-20), so daß sich dem Forscher ein reiches Betätigungsfeld bietet.

Es gibt mehrere, auch frühe Versuche zu einer Dietl-Biographie. Das Werk aus der Feder seines Generalstabschefs und seiner Witwe Gerda-Luise Dietl und Kurt Herrmann (Hrsg.), General Dietl, München 1951, ist naturgemäß apologetisch. Ebenso tendenziös-unkritisch können aber auch neuere Werke sein. Hier ist die wohl bekannteste Biographie zu nennen: Roland Kaltenegger, Generaloberst Dietl. Der Held von Narvik. Eine Biographie, München 1990. Eine ausführliche Rezension des Autors dazu findet sich in *Militärgeschichtliche Mitteilungen* 49 (1991), S. 216ff. Auch das Werk von Franz Kurowski, Generaloberst Eduard Dietl. Kampf der Gebirgsjäger zwischen Narvik und Lappland, Leoni am Starnberger See 1990, wird wissenschaftlichen Ansprüchen keinesfalls gerecht.

Zu Dietls Rolle beim Kapp-Lüttwitz-Putsch finden sich Hinweise bei Johannes Erger, Der Kapp-Lüttwitz-Putsch. Ein Beitrag zur deutschen Innenpolitik 1919/20, Düsseldorf 1967 (= Beiträge zur Geschichte des Parlamentarismus und der politischen Parteien, 35). Zu dem Putschversuch in München 1923: Harold J. Gordon, Hitlerputsch 1923. Machtkampf in Bayern 1923–1924, Frankfurt a. M. 1971, und, wenn auch älter, Wilhelm Hoegner, Hitler und Kahr. Die bayerischen Napoleonsgrößen von 1923. Ein im Untersuchungsausschuß des Bayerischen Landtags aufgedeckter Justizskandal, 2 Teile, München 1928 (anonym erschienen).

Die Besetzung Norwegens und Dänemarks ist Gegenstand einer neueren Veröffentlichung: Hans-Martin Ottmer, »Weserübung«. Der deutsche Angriff auf Dänemark und Norwegen im April 1940, München 1994 (= Operationen des Zweiten Weltkrieges, 1), die das ältere Werk von Hubatsch überholt erscheinen läßt.

Eine wissenschaftliche Untersuchung der Kampfführung in Finnland steht noch aus. Eine unzureichende Darstellung findet sich in Waldemar Erfurth, Der Finnische Krieg 1941–1944, Wiesbaden 1950. Eher apologetisch Konrad Knabe, Die schweigende Front. Dietl's Kampf im hohen Norden. Zeitgeschichte im Bild, Leoni 1979; Hermann Hölter, Armee in der Arktis. Die Operationen der deutschen Lappland-Armee, Bad Nauheim 1953, und Karl Ruef, Winterschlacht im Mai. Die Zerreißprobe des Gebirgskorps Norwegen (XIX. Geb.A.K.) vor Murmansk, Graz 1984. Die derzeit noch aktuellste Beschreibung der Rolle der Feldstraflager findet sich bei Norbert Haase und Brigitte Oleschinski (Hrsg.), Das

111

Torgau-Tabu. Wehrmachtstrafsystem, NKWD-Speziallager, DDR-Straf-vollzug, Leipzig 1993.

Dietls Einordnung in die Struktur der deutschen Wehrmachtgenerali-tät ergibt sich aus dem Standardwerk von Reinhard Stumpf, Die Wehr-macht-Elite. Rang- und Herkunftsstruktur der deutschen Generale und Admirale 1933 bis 1945, Boppard 1982 (= Wehrwissenschaftliche For-schungen. Abteilung Militärgeschichtliche Studien, 29). Eine im Kern richtige Darstellung mit Fehlern im Detail gibt es zu Dietls Tod: Jürgen Thorwald, Die ungeklärten Fälle, Stuttgart ²1950. Die Bundeswehr-kaserne in Füssen ist nach Dietl benannt; eine umfassende (entschieden für eine Umbenennung eintretende) Darstellung der öffentlichen Dis-kussion darüber findet sich bei Brigadegeneral Winfrid Vogel, Der fal-sche Held, in: *Die Zeit* 45, 5. November 1993, S. 86.

Josef »Sepp« Dietrich – Hitlers Volksgeneral

VON JAMES J. WEINGARTNER

1892 in ein bescheidenes Elternhaus in Hawangen bei Memmingen (Oberbayern) geboren und lediglich mit Volksschulabschluß versehen, sollte es Josef »Sepp« Dietrich im Zweiten Weltkrieg aufgrund seiner »natürlichen« Führungsbegabung und seiner engen persönlichen Beziehung zu Hitler als Soldat zu großer Popularität bringen. In diesem Sinne reflektierte er den egalitären Zug in der nationalsozialistischen »Revolution«.

Nach einer Lehre im Hotelfach trat Dietrich 1911 als Artillerist in das bayerische Heer ein und wurde im Herbst 1914 bei den harten Kämpfen in Flandern schwer verwundet. Nach seiner Genesung wurde er zunächst zur Unteroffiziersausbildung auf die Artillerieschule des Heeres in Sonthofen geschickt und kehrte im Sommer 1915 an die Front zurück, wo er wenige Monate später abermals verwundet wurde.

Dies war der Wendepunkt, an dem Dietrichs Beschäftigung mit der modernen mobilen Kriegführung begann. Im November 1916 wurde er zur Infanteriegeschützbatterie 10 des Sturmbataillons 2 der 3. Armee versetzt. So nahm er an den »Sturmtruppen«-Operationen teil, die dazu bestimmt waren, den blutigen Stellungskrieg aufzubrechen, indem man hochmobile Elitetruppen der Infanterie, begleitet von der eigenen leichten Artillerie, dazu einsetzte, die feindlichen Stellungen zu durchbrechen und ihren Zusammenhalt zu erschüttern. Doch war dies eine Aufgabe, die von Panzerfahrzeugen, mit Artillerie bestückt, wie sie von den Alliierten ab 1916 eingesetzt wurden, besser erfüllt werden konnte. Anfang 1918 kam Dietrich zur Bayerischen Sturmpanzerkampfwagen-Abteilung 13 und wurde als Geschützführer in einem der erbeuteten britischen Panzer eingesetzt. Als Teilnehmer an den deutschen Offensiven jenes Jahres gehörte er zu den ersten deutschen Soldaten, die Erfahrungen im Panzerkampf sammelten, und darauf beruhte dann auch der während des Zweiten Weltkrieges erhobene Anspruch, er sei der dienstälteste deutsche Panzersoldat an der Front.

Deutschlands sehr bescheidene Investition in die neue Technologie ging in der Niederlage vom November 1918 unter. Dietrich wurde im März 1919 im Rang eines Vize-Wachtmeisters aus dem bayerischen Heer entlassen; um jedoch nicht gänzlich auf das Leben in disziplinierter Kameradschaft verzichten zu müssen, trat er in die bayerische Landespolizei ein. Gleichzeitig scheint er als Mitglied im »Bund Oberland« an rechtsnationalistischen Umtrieben beteiligt gewesen zu sein und nahm möglicherweise 1921 an Kämpfen gegen polnische Annexionisten in Oberschlesien teil, doch bleibt diese Phase seines Lebens weitgehend im dunkeln. Auch mag er am 9. November 1923 im Verlauf von Hitlers fehlgeschlagenem »Bierhallenputsch« an Hitlers Marsch auf die Feldherrnhalle teilgenommen haben; jedenfalls wurde ihm später bescheinigt: »Überall, wo ein Mann gebraucht wird, ist er zu finden«[1], und er war Träger des »Blutordens«, der den Teilnehmern an diesem zentralen Element der NS-Mythologie verliehen wurde.

Der formale Beitritt zur NSDAP erfolgte im Mai 1928 zusammen mit der Übernahme eines Postens in der im Entstehen begriffenen SS. Rasch stieg Dietrich in dieser expandierenden Organisation auf. Innerhalb eines Jahres war er SS-Führer von München, wo die »Bewegung« ihr Hauptquartier hatte, und im Sommer 1930 übertrug ihm Reichsführer-SS Himmler bereits die Verantwortung für die SS-Kräfte in ganz Süddeutschland.

Dieses Jahr war ein Meilenstein in Dietrichs Karriere, denn es war zugleich das Jahr, in dem sich das politische Schicksal der NSDAP entschied. Er muß zu diesem Zeitpunkt bereits Hitlers wohlwollende Aufmerksamkeit erregt haben, denn sein Name erschien auf der Kandidatenliste für die Reichstagswahlen im September 1930, und so rückte auch er durch den Wahlerfolg, welcher die Nationalsozialisten von 12 auf 107 Sitze katapultierte, als Abgeordneter in den Reichstag ein. Wichtiger jedoch als seine stumme Teilnahme an der Anonymität der Nazi-Blockpolitik war sein Aufstieg in der rasch sich entfaltenden SS. Als wichtiger Wendepunkt muß dabei der Oktober 1932 betrachtet werden, als Dietrich gleichzeitig zum Führer der SS-Gruppe »Nord« mit Hauptquartier in Hamburg und zum Kommandeur von Hitlers persönlicher Leibwache ernannt wurde. Dabei verdankte er seinen Aufstieg wohl in erster Linie seinem Erfolg als Organisator und Führer sowie seiner Rolle bei der Unterdrückung abweichlerischer Elemente in der aufsässigen SA. Da konnte sein Wert in Hitlers Augen angesichts der Kaltblütigkeit nur noch weiter wachsen, mit der er in den letzten turbulenten Monaten vor Hitlers Ernennung zum Reichskanzler jungen kommunistischen Schlägern gegenübergetreten sein soll.

So überrascht es dann nicht, daß Hitler kurz nach der Ernennung zum Reichskanzler bei seinem Entschluß, eine persönliche Wacheinheit zu schaffen, Sepp Dietrich mit einbezog. Aus der ursprünglichen »Stabswache« von 120 Mann, die im März 1933 aufgestellt wurde, entstand bis zum Herbst desselben Jahres eine Formation in Bataillonsgröße, die den Namen »Leibstandarte Adolf Hitler« erhielt. Die Entwicklung der »Leibstandarte« verlief nicht ohne beträchtliche Reibereien zwischen Dietrich und dem Reichsführer-SS. Offenbar hielt sich Dietrich als Kommandeur einer rein militärischen Organisation von Anfang an für grundsätzlich unabhängig von Himmler und nur Hitler gegenüber verantwortlich – eine Auffassung, zu deren Widerlegung der »Führer« wenig unternahm. Jedenfalls ist bekannt, daß während der ersten Monate des Dritten Reiches Dietrichs Beziehung zu Reichswehroffizieren wie General Werner von Fritsch, dem Kommandeur des Wehrkreises III, zu dem auch Berlin gehörte, weitaus herzlicher war als diejenige zum Reichsführer-SS. Zwar mußte Dietrich die Einordnung der »Leibstandarte« in die administrativen Strukturen der SS im Frühjahr 1934 schließlich hinnehmen, doch widersetzte er sich weiterhin der völligen Absorption in die Gesamt-SS und baute statt dessen die »Leibstandarte« zum Garderegiment des »Führers« aus.

Der wahre Wert Dietrichs und der »Leibstandarte« als Machtinstrument zeigte sich dann während der »Nacht der langen Messer« im Juni/Juli 1934. Die Liquidierung der lästigen SA-Führung war nicht die einzige Zuständigkeit der »Leibstandarte«, vielmehr spielten Dietrich und seine Männer eine bedeutende Rolle in der gesamten Operation. Dietrich beaufsichtigte die Exekution von sechs SA-Führern durch ein Erschießungskommando im Münchener Gefängnis Stadelheim, während weitere Opfer in der Stammkaserne der »Leibstandarte« in Berlin-Lichterfelde zu Tode kamen. Am 5. Juli 1934 wurde Dietrich von Hitler persönlich für »herausragende Dienste« bei der Säuberungsaktion zum SS-Obergruppenführer ernannt.

Dietrich behauptete später, über die Hinrichtungen, deren Durchführung ihm befohlen worden sei, entsetzt gewesen zu sein, doch gibt es keinen Beleg dafür, daß seine Treue zu Hitler und dem Regime durch dieses Erlebnis in irgendeiner Weise erschüttert wurde. Dietrichs militärischer Ehrgeiz überwog zudem das Politische, und die »Leibstandarte« wuchs Mitte bis Ende der dreißiger Jahre als Teil der »SS-Verfügungstruppe«, des Vorläufers der dann später im Krieg eingesetzten »Waffen-SS«.

Der aus einfachen Verhältnissen stammende, ungebildete Dietrich genoß den Umgang mit den Heeresoffizieren ebenso, wie er sich andererseits mit nur teilweisem Erfolg darum bemühte, mit der komplexen Führung eines motorisierten Infanterie-Regiments zurechtzukommen, zu dem sich die Vorkriegs-»Leibstandarte« entwickelte. Mehr Erfolg war ihm dabei beschieden, sich die Treue und Zuneigung seiner Soldaten zu verdienen – eine Tatsache, die wohl auch der Hauptgrund für seine große Popularität als Truppenkommandeur im Zweiten Weltkrieg gewesen sein dürfte.

Ein Besucher, der die Kaserne in Lichterfelde in Begleitung Dietrichs besichtigte, schrieb von der aufrichtigen Herzlichkeit, mit der die Männer ihren Kommandeur grüßten, und ebenso davon, wie er sich für deren persönliche Belange einsetzte. Oftmals aß Dietrich mit in der Mannschaftsmesse, und einmal, als ein verärgerter Rekrut einem Unteroffizier das Gewehr vor die Füße geworfen hatte, der daraufhin einen Bericht über den Vorfall anfertigte, belegte er letzteren wegen Feigheit mit einer Disziplinarstrafe. Ein Angehöriger der »Leibstandarte« in den Vorkriegsjahren hat geschrieben: »Die Jugend fand es prächtig. Sepp Dietrich und seine Leibstandarte – das war ergreifend.«[2]

Obwohl es, wie gesagt, mit seiner Bildung und Ausbildung nicht weit her war, fühlte sich Dietrich mit der »Blitzkrieg-Maschinerie« in seinem Element, was zweifellos auf seine Erfahrungen mit den primitiven Panzern des Ersten Welkriegs zurückzuführen war. Und zuweilen bot er dem Heer in diesen Fragen seinen Rat an, für den man sich allerdings nicht immer erkenntlich zeigte. Offenbar hatte er Anfang der dreißiger Jahre gelernt, ein Flugzeug zu lenken, und war später bei Daimler-Benz und Auto-Union ein gesuchter Fahrer für Straßenrennen. Im Herbst 1935 wurde er von den Konstrukteuren einer Militärrakete um Fürsprache für das Projekt gebeten – dies mit der Begründung, daß er ein Mann sei, der für Innovationen ein offenes Ohr habe. Seine Begeisterung für die moderne Technologie geht auch aus dem Vorkriegs-Ausbau der Lichterfelder Kaserne zur ultramodernen Heimstätte der »Nationalsozialistischen Kampfgemeinschaft« hervor. Außer einer riesigen, üppig ausgestatteten Soldatenmesse, in der bis zu 1700 Mann gleichzeitig essen konnten, gehörte eine Mammut-Garage mit modernster Werkstattausrüstung zu der Kaserne. Unter Dietrichs Aufsicht und von Hitler ermutigt, erwarb sich Lichterfelde einen internationalen

Ruf als »der letzte Schrei« in modernen Militäranlagen, und ausländische Militärmissionen rissen sich darum, sie inspizieren zu dürfen.

Dietrich führte seine »Leibstandarte« als motorisiertes Infanterie-Regiment am 1. September 1939 in die Schlacht. Sein Debüt als Kriegsbefehlshaber war wenig spektakulär, denn die »Leibstandarte« kämpfte im Anfangsstadium des Feldzuges als Teil von Blaskowitz' 8. Armee nur zögernd und ineffizient. Doch sie steigerte sich und spielte eine wichtige Rolle bei der Einkreisung starker polnischer Kräfte im Bzura-Kessel, in dem annähernd 105 000 Gefangene gemacht wurden.

Zwei Aspekte von Dietrichs Rolle als Kommandeur, die ihn durch den ganzen Krieg begleiten sollten, wurden bereits in Polen deutlich: Einer war das eingehende Interesse, das Hitler an den Leistungen Dietrichs und seiner »Leibstandarte« zeigte. Während des Polenfeldzugs folgte der »Führer« dem Vormarsch der Einheit, die seinen Namen trug, mittels einer großen Landkarte in der Reichskanzlei, auf der die jeweilige Position der »Leibstandarte« schlicht durch die Aufschrift »Sepp« gekennzeichnet war. Der zweite Aspekt war Dietrichs Unvermögen – oder vielleicht auch sein mangelnder Wille –, seine Soldaten an kriminellem Verhalten zu hindern. Angehörige des Regiments waren an der Ermordung polnischer Juden und der mutwilligen Zerstörung polnischer Dörfer beteiligt. Dietrich war zwar kein eingefleischter Nationalsozialist, doch widersetzte er sich der NS-Ideologie und ihren Manifestationen nur dann, wenn er meinte, daß die militärische Effizienz seiner Truppen darunter litt.

Die Leistungen Dietrichs und seiner »Leibstandarte« im Westfeldzug, der am 10. Mai 1940 begann, waren um einiges eindrucksvoller als sieben Monate zuvor in Polen. Am 25. Mai bewies Dietrich nicht nur ein gesundes taktisches Urteilsvermögen, sondern auch mutige Eigeninitiative, als er, entgegen Hitlers Befehl vom Vortag, den Vormarsch der deutschen Truppen auf Dünkirchen vorübergehend unterbrach, den Aa-Kanal überquerte und die bedrohliche Watten-Höhe am anderen Ufer einnahm. Es handelte sich hierbei um einen Akt intelligenter Insubordination, für den er paradoxerweise von seinem »Führer« das Ritterkreuz empfangen sollte. Im Juni, in der zweiten Phase des Feldzuges, agierte die »Leibstandarte« als schnelle Erkundungstruppe der Panzergruppe »Kleist« bei deren Vorstoß tief ins Innere Frankreichs. Doch auch im Westen waren die Soldaten unter Dietrichs Kommando in schwerwiegende Verletzungen des Kriegsrechts verwickelt. Am 28. Mai, nach einem Tag schwerer Kämpfe, in deren Verlauf Dietrich unter Feindfeuer gezwungen worden war, Zuflucht in einem Abwasserrohr zu suchen, sollen Soldaten unter dem Befehl von Hauptsturmführer Wilhelm Mohnke etwa fünfzig (möglicherweise sogar neunzig) gefangene britische Soldaten in eine Scheune bei Wormhoudt getrieben und dann niedergemetzelt haben.

Doch Dietrich konnte auch anders sein. Nach einer Reihe von Blitzvorstößen durch Südjugoslawien nach Griechenland im April 1941 als Teil der Operation »Marita« wurde eine Kampfgruppe der »Leibstandarte« mit einem Kapitulationsangebot der 16 Divisionen starken griechischen Epirus-Armee konfrontiert. Dietrich nutzte die Gelegenheit, ohne Rücksprache mit seinen Vorgesetzten mit dem griechischen Kommandeur, General Tsolakoglu, eine Kapitulationsvereinbarung auszuhandeln, die es den Offizieren gestattete, ihre Seitenwaffen zu behalten, und den Mannschaften, nach Übergabe ihrer Waffen nach Hause zu gehen. Dies war eine im Kontext des Zweiten Weltkriegs anachronistische Geste, die zudem Hitlers Hauptverbündeten Benito Mussolini zutiefst erzürnte, dessen mißlungener Angriff auf Griechenland die deutsche Intervention überhaupt erst erforderlich gemacht hatte. Am folgenden Tag wurde eine revidierte, härtere Waffenstillstandsvereinbarung unterzeichnet, und Hitler erklärte Dietrich später: »Sie sind ein guter, tapferer Soldat, aber kein Diplomat, noch weniger Politiker. Sie haben vergessen, daß wir immer noch einen Freund namens Mussolini haben, und der ist wütend.«[3]

Zwar hatte Sepp Dietrich in seiner Naivität Hitler vorübergehend in eine peinliche Lage gebracht, doch mit den Leistungen seiner »Leibstandarte« konnte die SS – in ihrer Rivalität zur Wehrmacht – äußerst zufrieden sein. SS-Obergruppenführer Kurt Daluege, Chef der Ordnungspolizei, schrieb Dietrich von der Freude, die seine Taten in SS-Kreisen hervorriefen, zumal er keinerlei Generalstabsausbildung genossen habe, und meinte, die Wehrmacht müsse ihre Einstellung zu ihm nun wohl ein für allemal revidieren. Aber Dietrich beteiligte sich nicht an den Bemühungen, seine Waffen-SS-Einheit aus der Wehrmacht, in deren Gesellschaft sie mit wachsendem Erfolg kämpfte, herauszuheben; vielmehr jubelte er nach dem Sieg über Frankreich, er habe »die einzige Einheit der *Wehrmacht* [Hervorhebung des Autors], die den Namen des Führers trägt«, geführt. Dennoch sollte Dietrichs Image als ideale Verkörperung des nationalsozialistischen Kommandeurs, der durch unverbrüchliche Treue, festen Willen und Tapferkeit dem »Führer« einen Sieg nach dem anderen bescherte, erst in den Schlachten an der Ostfront zur vollen Blüte gelangen.

Dietrichs »Leibstandarte«, nunmehr offiziell eine motorisierte Infanterie-Division, betrat im Juni 1941 im Rahmen von Gerd von Rundstedts Heeresgruppe Süd den sowjetischen Kriegsschauplatz und tat sich alsbald in der Einkreisungsschlacht um Uman hervor, worauf sie vom Kommandeur des XXXXVIII. Panzerkorps für ihren unvergleichlichen Schneid und Wagemut in höchsten Tönen gelobt wurde. Hitlers eingehendes persönliches Interesse an Dietrich und der »Leibstandarte« zeigte sich wiederum sehr deutlich, als der »Führer« seinem alten Kameraden detaillierte Ratschläge für den Fall einer Bedrohung durch die Rote Armee erteilte. Und als sich nach den großen Siegen des Sommers im Spätherbst und Winter die ersten Krisen abzeichneten, wandte sich Hitler an Dietrich, um zuverlässige Informationen über die gefährliche Lage der deutschen Truppen im Südabschnitt der Ostfront zu erhalten.

Im Dezember berichtete Dietrich über den katastrophalen

Zustand seiner eigenen Truppen direkt an das »Führerhauptquartier«, und später suchte ihn Hitler bei Mariupol auf, um sich persönlich berichten zu lassen. Dietrich benutzte die Gelegenheit, um die Führung der Heeresgruppe Süd zu verteidigen, deren Oberbefehlshaber, Generalfeldmarschall Rundstedt, abgelöst worden war – und später sollte er auch Heinz Guderian, einem weiteren Opfer des Ostfront-Debakels, Rückendeckung geben. Dies beeinträchtigte jedoch die hohe Gunst, die Dietrich bei Hitler und der gesamten Führungsspitze NS-Deutschlands genoß, nicht im geringsten. Die »nationale Institution«, wie er von Hitler genannt wurde, erhielt Ende des Jahres das Eichenlaub zum Ritterkreuz und wurde während des Urlaubs in Berlin von Göring und Goebbels gefeiert. Für Hitler wurde er zunehmend zum Hoffnungsträger, der – im Gegensatz zu den »bürgerlichen Generälen« – mit seinem Charisma die materiellen und zahlenmäßigen Hindernisse auf dem Weg zum Sieg überwinden konnte.

Dietrichs Ruf als – in Hitlers Augen – außerordentlich durchschlagende Kraft festigte sich noch durch die Leistung, welche die »Leibstandarte« zusammen mit zwei weiteren Elite-Panzerdivisionen der Waffen-SS, nämlich »Das Reich« und »Totenkopf«, im Schreckenswinter 1942/43 nach der Katastrophe von Stalingrad vollbrachte. Die Rückeroberung von Charkow durch das SS-Panzerkorps unter dem Befehl von Paul Hausser – einer der wenigen herausragenden Gestalten unter den deutschen Kommandeuren jener Zeit – war Grund zum Jubel auf allen Ebenen, und Dietrich bekam den Großteil des Lobes ab. Wie Goebbels berichtete, zeigte sich Hitler über Dietrichs persönliches Heldentum und taktische Meisterschaft entzückt, und der Kommandeur der »Leibstandarte« erhielt als Belohnung nun auch noch die Schwerter zum Ritterkreuz.

Der Erfolg bei Charkow ebnete den Weg zu Dietrichs Aufstieg in eine höhere Kommandoebene. Ein neues SS-Panzerkorps, I. SS-Panzerkorps »Leibstandarte« benannt, wurde im Sommer 1943 unter Dietrichs Befehl offiziell aufgestellt – wobei Haussers

Korps zum II. SS-Panzerkorps »degradiert« wurde –, wenn es auch erst im Frühjahr 1944 voll einsatzbereit war, gerade noch rechtzeitig zur anglo-amerikanischen Invasion in der Normandie.

Im letzten Kriegsjahr hatte Dietrich weit größere Verbände zu befehligen als jene, mit denen er im Zeitraum 1939 bis 1943 seinen Ruf begründet hatte, während gleichzeitig die Lage für Deutschland immer schwieriger wurde. Bei der organisatorischen Führung seines Korps und später einer ganzen Armee stützte sich Dietrich weitgehend auf seinen Stabschef Fritz Kraemer, der von der Wehrmacht zur Waffen-SS versetzt worden war. Dietrichs Stärke blieb, was sie immer gewesen war: die Fähigkeit, seine Soldaten in schwierigen Situationen zu motivieren und einen gesunden Menschenverstand zu bewahren. In den heftigen Panzerschlachten um Caen im Juni/Juli 1944 war es zumeist Kraemer, der die taktischen Entscheidungen traf, während Dietrich unweit der Front zu finden war und seine in zunehmende Bedrängnis geratenden Truppen aufmunterte, Waffen-SS und Wehrmacht gleichermaßen. Durch seinen unermüdlichen Einsatz verdiente er sich die Achtung und Dankbarkeit der Armeeoberbefehlshaber, unter denen er kämpfte. Im Anschluß an die Zerschlagung von Montgomerys »Goodwood«-Offensive gegen die deutschen Verteidigungsanlagen auf dem Höhenzug bei Bourguebus bekannte Hans Eberbach von der Panzergruppe West: »Sepp Dietrich ist so was von großartig.«[5] Doch Dietrich erkannte die hoffnungslose Lage der Deutschen in der Normandie, die sich angesichts der eigenen hohen Verluste und ständig nachströmender alliierter Kräfte sowie deren absoluter Lufthoheit verzweifelt bemühten, eine zusammenhängende Frontlinie aufrechtzuerhalten. Zwar ist kein Nachweis erbracht worden, daß Dietrich bereit war, einen Anti-Hitler-Putsch zu unterstützen, doch kritisierte er oftmals unrealistische Befehle, die von Hitler und dem OKW kamen, besonders jene zu dem selbstmörderischen Gegenangriff auf Mortain im August 1944, der kräftemäßig nicht mehr zu leisten war und die Gefahr vergrößerte, entlang der Invasionsfront eingeschlossen zu werden.

Nach dem Zusammenbruch der deutschen Verteidigung in der Normandie und dem Ausbruch eines Teils der verbliebenen Truppen wurde Dietrich (nunmehr SS-Oberstgruppenführer und Generaloberst der Waffen-SS sowie Träger des Ritterkreuzes mit Eichenlaub, Schwertern und Brillanten), dessen Wertschätzung bei Hitler anscheinend durch nichts zu beeinträchtigen war, mit dem Aufbau einer neuen Armee betraut, die für eine zukünftige neue Offensive im Westen eingesetzt werden sollte. Die 6. Panzerarmee, die größte von Dietrich im Zweiten Weltkrieg befehligte Formation, sollte ursprünglich Hauptträger von »Wacht am Rhein« werden, der Ardennen-Offensive vom Dezember 1944, mittels deren Antwerpen zurückerobert und ein Großteil der anglo-amerikanischen Streitkräfte in Nordwesteuropa abgeschnitten und vernichtet werden sollte.

Dietrich hatte keinen Anteil an der Planung dieser Offensive und sollte sich später äußerst kritisch über deren Konzeption äußern. In einer Konferenz vor dem Angriff wurde Dietrich nach eigenen Angaben von Hitler gefragt: »Ist Ihre Armee vorbereitet?«, worauf Dietrich geantwortet haben will: »Nicht auf einen Angriff.« Darauf wiederum Hitler: »Sie sind niemals zufrieden.«[6] Hierbei ist auch anzumerken, daß Dietrich von Kritik seitens Rundstedts und Jodls an seiner Leistung während der Operation nicht verschont blieb. Zwar gelang es ihm, den Alliierten einen gehörigen Schrecken einzujagen, doch erreichte die 6. Panzerarmee nicht einmal die Maas, geschweige denn Antwerpen. Das letztliche Scheitern der Operation lag jedoch weniger an der Qualität der deutschen Führung als vielmehr an dem schwierigen Gelände, den unzureichenden deutschen Ressourcen und der Überlegenheit der amerikanischen Artillerie und taktischen Luftstreitkräfte, die beide von erfahrenen Kommandeuren geschickt eingesetzt wurden. Im Anfangsstadium der Ardennen-Offensive ereignete sich auch das berüchtigtste Kriegsverbrechen, das mit dem Namen Sepp Dietrich verbunden ist: die Ermordung amerikanischer Kriegsgefangener durch Soldaten der »Leibstandarte Adolf Hitler« südlich von Malmédy in Belgien. Dies sollte erhebliche Auswirkungen auf Dietrichs Nachkriegsschicksal haben.

Hitlers Vertrauen in Dietrich wurde durch den Zusammenbruch der Offensive nicht erschüttert, der »Führer« scheint sie bereitwillig Mächten zugeschrieben zu haben, die vom Oberbefehlshaber der 6. Panzerarmee nicht zu beeinflussen waren. Dieses ungewöhnliche Vertrauen sollte jedoch durch das Resultat von Dietrichs letztem Kampfauftrag während des Krieges untergraben werden: dem Versuch, mit seinem in 6. SS-Panzerarmee umbenannten, stark geschwächten Großverband den Zusammenbruch der deutschen Verteidigung im Südosten aufzuhalten. Unter dem Decknamen »Frühlingserwachen« wurde in Ungarn eine größere Offensive gegen die 3. Ukrainische Front der Roten Armee geführt. Der Angriff, der Anfang März 1945, behindert durch Schneematsch und unter erheblichen Nachschubproblemen, stattfand, konnte zwar einen anfänglichen Erfolg verzeichnen, wurde dann jedoch durch sowjetische Gegenangriffe zurückgeworfen, so daß ein Rückzug in beträchtlicher Unordnung auf Wien hin die Folge war. Hitlers Enttäuschung war diesmal erheblich. In einer theatralischen Geste wies er Dietrich an, sämtlichen SS-Divisionen unter seinem Kommando zu befehlen, die hochgeschätzten Divisions-Ärmelstreifen abzutrennen, einschließlich des von der »Leibstandarte« geführten »Adolf Hitler«. Dietrich weigerte sich jedoch, diesen Befehl auszugeben, und die Tatsache, daß er seines Kommandos nicht enthoben wurde, deutet darauf hin, daß es sich bei Hitlers Direktive lediglich um die gereizte Reaktion eines zunehmend ratlosen und konfusen Mannes gehandelt hatte.

Dietrich ergab sich am 9. Mai 1945 Teilen der 36. US-Infanteriedivision, nachdem er durch umsichtiges Manövrieren dafür Sorge getragen hatte, daß die Reste seiner Armee nicht den sowjetischen Streitkräften in die Hände fielen.

Die Nachkriegsphase seines Lebens wurde weitgehend durch das Thema seiner kriminellen Handlungen während der zwölfjährigen Geschichte des Dritten Reiches bestimmt. Zwar war er bereits von der Sowjetunion aufgrund von Morden, die nach der Rückeroberung Charkows im März 1943 von Truppen der Waffen-SS begangen worden waren, in Abwesenheit zum Tode verurteilt und von den Briten zu dem Massenmord in Wormhoudt vom Mai 1940 verhört worden, doch war es das sogenannte Malmédy-Massaker vom Dezember 1944, für das Dietrich schließlich vor Gericht gestellt und zu einer langjährigen Haftstrafe verurteilt wurde.

Der Prozeß gegen 74 frühere Angehörige der Waffen-SS wegen der Ermordung von mindestens 72 amerikanischen Kriegsgefangenen und zahlreichen belgischen Zivilisten während der Ardennen-Offensive bleibt weiterhin sehr umstritten. Dietrich wurde von einem US-Militärgericht angeklagt, vor dem Angriff den Befehl ausgegeben zu haben, daß Kriegsgefangene zu töten seien, zumindest wenn es zweckmäßig erscheine. Sämtliche deutschen Angeklagten (außer einem Elsässer, der den französischen Behörden übergeben wurde) wurden im Juli 1946 verurteilt, Dietrich zu lebenslänglicher Haft.

Der Malmédy-Prozeß wurde in den Vereinigten Staaten und Deutschland heftig kritisiert, weil er angeblich auf Geständnissen beruhte, die von den Beschuldigten erpreßt worden waren. Keines der 43 Todesurteile wurde vollstreckt, und Dietrich kam, nachdem er zehn Jahre in amerikanischer Gefangenschaft verbracht hatte, im Oktober 1955 auf Bewährung frei. Der amerikanische Kommandant der Festung Landsberg, wo die in Sachen Malmédy Verurteilten einsaßen, war überzeugt, daß Dietrich ein Mann von ausgezeichnetem Charakter sei und einen guten Staatsbürger abgeben werde. Doch weniger als ein Jahr nach seiner Entlassung wurde er von den bayerischen Behörden wegen seiner Rolle bei den Morden vom Juni/Juli 1934 abermals festgenommen. Diesmal wurde er wegen Totschlags zu 18 Monaten Gefängnis verurteilt und wiederum in die Festung Landsberg eingeliefert. Der deutsche Richter stellte fest, Dietrich sei zwar ein »einfacher« Mann, doch immerhin in der Lage gewesen, das Ungesetzliche seines Tuns zu erkennen.

Die letzten Jahre seines Lebens verbrachte Dietrich zurückgezogen in Ludwigsburg. Außer der Familie galt sein Interesse in erster Linie der Jagd sowie der HIAG (Hilfsgemeinschaft auf Gegenseitigkeit), die sich um die Veteranen der Waffen-SS kümmerte und das Ansehen dieser Organisation zu rehabilitieren versuchte. Von deren Angehörigen verehrt, starb Sepp Dietrich 1966 im Alter von 74 Jahren an einem Herzschlag.

Sepp Dietrich war zwar militärisch nicht so inkompetent, wie er nach dem Krieg oftmals dargestellt wurde, aber auch kein genialer Befehlshaber, zu dem ihn die Nazipropaganda während des Krieges hochstilisiert hatte. Vielmehr war er ein mit ungeschliffener Intelligenz begabter, energischer Truppenführer, der in der Lage war, seine Männer durch kameradschaftliches Verhalten, persönliche Tapferkeit und echte Anteilnahme hochgradig zu motivieren. Gleichzeitig verdiente er sich die Achtung vieler führender Persönlichkeiten der Wehrmacht aufgrund der im allgemeinen hervorragenden Leistung seiner Truppen, seiner schlichten Aufrichtigkeit und seiner Bereitschaft, die Angemessenheit von Hitlers Befehlen in Frage zu stellen. Es ist jedoch kaum zweifelhaft, daß er schon infolge seiner sehr beschränkten formalen Bildung nicht dazu befähigt war, auf höherer als Divisionsebene Kommando zu führen, und daß er seine Erhebung über dieses Niveau in erster Linie Hitlers Gunst zu verdanken hatte.

In moralischer Hinsicht gibt Dietrichs Karriere mehr zu denken. Zwar bemühte er sich in der Vorkriegszeit, sich von Himmler unabhängig zu machen, doch tat er dies in erster Linie aus persönlichem Ehrgeiz und nicht aus Abscheu gegenüber den Verbrechen des »SS-Staates«. Bereitwillig, wenn nicht gar mit Begeisterung, beteiligte er sich an den Morden im Juni/Juli 1934, und nicht ohne Grund sah Hitler in ihm einen treuen Waffengefährten. Es gibt keinen Beleg dafür, daß er die ihm untergebenen Truppen offen dazu ermutigte, Kriegsverbrechen zu begehen. Zwar wurde behauptet, er habe die Tötung von annähernd 4000 sowjetischen Kriegsgefangenen im Verlauf von drei Tagen angeordnet, um die

Ermordung und Verstümmelung von sechs Angehörigen der »Leibstandarte« durch die Rote Armee im Sommer 1941 zu rächen, doch wurde dies von Veteranen der »Leibstandarte« bestritten, und überzeugende Beweise dafür existieren nicht. Es ist jedoch schwer vorstellbar, daß Dietrich keinen Beitrag zu der enorm hohen Todesrate unter den sowjetischen Gefangenen im Zweiten Weltkrieg geleistet haben sollte. Es ist nicht als Entschuldigung für ihn gemeint, wenn man feststellt, daß er, wenn schon nicht durch Anstiftung, so doch bereits durch die Duldung von Kriegsverbrechen wie viele andere Kommandeure beider Seiten des Zweiten Weltkriegs Schuld auf sich geladen hat.

Anmerkungen

1 Baldur von Schirach, Josef Dietrich, in: Ders., Die Pioniere des Dritten Reiches, Essen o. J. [um 1934], S. 43f., hier S. 44.

2 Ernst-Günther Krätschmer, Die Ritterkreuzträger der Waffen-SS, Göttingen 1957, S. 10.

3 Ehrengard Schramm-von Thadden, Griechenland und die Großmächte im Zweiten Weltkrieg, Wiesbaden 1955, S. 222f.

4 Regimentsbefehl vom 25. 6. 1940, in: U.S. National Archives Microfilm Publication No. T-354, Miscellaneous SS Records: Einwandererzentralstelle, Waffen-SS, and SS-Oberabschnitte, Reel 610, Frame 000247.

5 Ferngespräch Feldmarschall v. Kluge – Gen. Eberbach, Zeit: 18.00 bis 18.30 Uhr, KTB, Hr.Gr. D. Anlagen, U.S. National Archives Microfilm Publication No. T-311, Records of German Field Commands – Army Groups, Reel 28, Frames 7034764ff.

6 Interview mit Obstgrf. »Sepp Dietrich«, 10. Juli 1945, U.S. National Archives Foreign Military Studies Collection, Manuscript N. ETHINT16, S. 2f.

Bibliographie

Quellen

Grundlage für jede ernsthafte Beschäftigung mit Sepp Dietrich sind seine persönlichen SS-Akten, die lange Zeit vom U.S. Berlin Document Center verwahrt und erst kürzlich dem Bundesarchiv überstellt wurden. Die Aufzeichnungen der Leibstandarte SS »Adolf Hitler« befinden sich im Bundesarchiv Koblenz und im Bundesarchiv-Militärarchiv in Freiburg im Breisgau.

Literatur

Charles Messenger, Hitler's Gladiator. The Life and Times of Oberstgruppenführer und Panzergeneraloberst der Waffen-SS Sepp Dietrich, London 1988, ist die einzige umfassende Dietrich-Biographie mit vielen interessanten Einzelheiten persönlicher Art. Bei Rudolf Lehmann, Die Leibstandarte, Osnabrück 1977–1982, handelt es sich um eine »aufpolierte« und unvollständige Chronik, die jedoch einige nützliche Informationen über Dietrich enthält. James J. Weingartner, Hitler's Guard. The Story of the Leibstandarte SS Adolf Hitler, 1933–1945, Nashville 1989, enthält eine Analyse der Rolle Dietrichs in Deutschland vor dem Zweiten Weltkrieg sowie seiner Karriere als Kommandeur einer kämpfenden Einheit. George H. Stein, Geschichte der Waffen-SS, Königstein (Ts.) 1978, ein eher erzählerisches Standardwerk, stellt Dietrich in den Kontext der Entwicklung der Waffen-SS, desgleichen die jüngere und analytischere Studie von Bernd Wegner, Hitlers politische Soldaten. Die Waffen-SS 1933–1945, Paderborn 1994. Franz Kurowski, Dietrich and Manteuffel, in: Correlli Barnett (Hrsg.), Hitler's Generals, New York 1989, S. 411–422, bietet einen geradezu enthusiastischen, völlig unkritischen Bericht. Bei Friedrich Wilhelm von Mellenthin, Waffen-SS General Josef (»Sepp«) Dietrich: The Obedient Party Soldier and Father to His »Lanky Lads«, in: Ders., German Generals of World War II, Norman, 1977, S. 225–237, handelt es sich um einen vergleichsweise ausgewogenen und aufschlußreichen Essay eines deutschen Stabsoffiziers mit weitreichender Erfahrung.

Karl Dönitz – Der »unbesiegte« Admiral

VON KEITH W. BIRD

Für die meisten Historiker und Marinetheoretiker ist der Werdegang von Karl Dönitz (geboren am 16. September 1891 in Berlin, gestorben am 24. Dezember 1980 in Aumühle bei Hamburg) mit der Entwicklung und den Operationen der U-Boot-Flotte Deutschlands in der Zeit von 1935 bis 1945 identisch. Mit seiner starken Persönlichkeit beeinflußte er nicht nur Offiziere und Mannschaften sowie die Taktik und Bewaffnung der U-Boot-Flotte, sondern spielte auch eine tragische Rolle, als er 1943 Oberbefehlshaber der Kriegsmarine und in den letzten Kriegstagen als Hitlers Nachfolger Reichspräsident wurde.

Der Mythos von der Effizienz der Dönitzschen U-Boot-Strategie wurde sowohl in den Memoiren, die Dönitz und sein Vorgänger im Amt des Oberbefehlshabers, Erich Raeder, gut aufeinander abgestimmt veröffentlichten, als auch durch die nach 1945 erschienene umfangreiche historische und populäre Literatur über die Führung des Seekrieges von 1939 bis 1945 ständig kultiviert und verteidigt. Raeder wie Dönitz verwiesen auf ihr erfolgreiches Bestreben, die »unpolitische« Position der Kriegsmarine und deren Unabhängigkeit von Hitler und dem NS-Staat zu bewahren. Dies bedeutet jedoch nicht, daß es keine scharfen Differenzen zwischen beiden gab. Tatsächlich trat Raeder schon kurz nach Ausbruch des Krieges gegen England und Frankreich der von Dönitz gebten Kritik an der Flottenbaupolitik vor 1939 sowie dessen Behauptung, mit 300 U-Booten hätte England besiegt werden können, offiziell und wiederholt entgegen.

In seinen Schriften und Interviews leugnete Dönitz nach dem Krieg, irgendwelche Kenntnis von den nationalsozialistischen Kriegsverbrechen gehabt zu haben; er rühmte die »ehrenhafte« Seekriegführung und betonte besonders, er habe die Interessen der Kriegsmarine bei Hitler erfolgreich vertreten. Seine Verbitterung darüber, daß er wegen »Führung eines Angriffskrieges« und wegen »Kriegsverbrechen« in Nürnberg verurteilt worden war, kommt in seinen Memoiren »Zehn Jahre und zwanzig Tage« sowie in späteren Veröffentlichungen und Interviews deutlich zum Ausdruck.

Dönitz' frühere Kriegsgegner stellten sich nicht nur hinter ihn, indem sie den U-Boot-Krieg priesen und behaupteten, dieser hätte für den Ausgang des Krieges »entscheidend« sein können, sondern entlasteten ihn auch im Nürnberger Prozeß; diese Bemühungen kulminierten in der Veröffentlichung von »Dönitz at Nuremberg. A Reappraisal« im Jahre 1976. Dönitz und seine Helfer hofften, dieses Buch würde ihm als einem Offizier von »unübertroffenem Können«, der »sich und seine Zukunft aufopferte, um vielen Tausenden von Menschen das Leben zu retten«[1], seinen Platz in der Geschichte sichern (gemeint war die Rolle, die Dönitz und die Marine während der letzten Kriegsmonate bei der Evakuierung von über zwei Millionen deutschen Zivilisten und Soldaten über die Ostsee spielten). Als schließlich die drei Marinebünde im Januar 1981 ihren letzten »Führer« aus den Tagen des Krieges zu Grabe trugen, ehrten sie einen Mann, der »die Kriegsmarine untadelig«[2] im Krieg geführt habe, und beklagten, daß ihm kein Staatsbegräbnis zuteil geworden sei. Inzwischen waren aber neue Dokumente über Dönitz' Führung sowohl als »Befehlshaber der U-Boote« (seit 1936) wie auch als Oberbefehlshaber der Kriegsmarine (seit 1943) aufgetaucht. Im Zusammenhang mit der Öffnung der deutschen Marinearchive in Freiburg und der Bekanntgabe der alliierten Erfolge bei der

Entschlüsselung des Geheimcodes der deutschen Kriegsmarine begann Anfang der siebziger Jahre der Mythos von Dönitz' heroischem U-Boot-Krieg und von der angeblichen Distanz der Kriegsmarine zu Ideologie und Praxis des Nationalsozialismus zu schwinden.

Als Ergebnis dieser neuen Studien, die sich sowohl auf das Verhältnis Hitlers zu Marineleitung und Flottenbau als auch auf die politische und militärische Führung der Marine von 1919 bis 1945 und schließlich auf die operativen Aspekte des Seekrieges konzentrierten, begann der wahre Dönitz sichtbar zu werden. Er war die Inkarnation der deutschen Seekriegspolitik. Unter seiner Leitung gingen die preußisch-deutschen Traditionen der Kriegsmarine völlig im NS-Staat auf. Dieser Aspekt des Dönitzschen Erbes ist von denen, die seine militärische und politische Rolle bewerteten, am wenigsten verstanden worden. Das Scheitern der Strategie des Großadmirals und der Bankrott seiner militärischen und politischen Führung nach 1943 lassen sich direkt auf die militärischen und politischen Anschauungen des Marineoffizierkorps seit den Anfängen der kaiserlichen Marine zurückführen. Die Dokumente belegen überzeugend das Streben des Marineoffizierkorps nach einer »Weltflotte« und enthüllen die »Affinität« der Marine »für den Nationalsozialismus«[3], welche die Gleichschaltung der Marine mit dem NS-Staat erleichterte. Das Marineoffizierkorps, das weder gewillt noch fähig war, Fehler im kaiserlich-deutschen Flottenbau in der Zeit vor 1914 zuzugeben oder Kritik an den Seekriegsoperationen im Ersten Weltkrieg hinzunehmen, propagierte eifrig seine Seemachtideologie und war davon überzeugt, daß Deutschland sich eines Tages wieder für die Kriegsmarine begeistern würde. Als Angehöriger der »Crew 1910«, der sich dazu entschloß, als einer der 1500 Offiziere weiterzudienen, die der Reichsmarine im Jahre 1919 zugebilligt wurden, war Dönitz tief von den Traditionen und Lehren der deutschen Kriegsmarine im kaiserlichen Deutschland und in der Weimarer Republik durchdrungen.

Betrachtet man Dönitz' militärische Laufbahn, so spiegeln

sich die Wechselhaftigkeit seiner Persönlichkeit, seine Schwächen und seine Eitelkeit, aber auch seine Stärke und Zähigkeit in der Entwicklung und den Konsequenzen seiner Führungstätigkeit wider. Dönitz' Konzentration auf seine Ziele, seine »Rastlosigkeit«[4] und seine völlige Hingabe an seine Karriere und die U-Boote sind während seines ganzen Werdeganges durch die Einschätzungen seiner Vorgesetzten gut dokumentiert. Für seine U-Boot-Offiziere und Mannschaften war er »der Löwe« oder »Onkel Karl«; in diesen Bezeichnungen spiegeln sich sowohl die Ehrfurcht, die man vor ihm empfand, als auch die Verehrung, die er genoß.

Wie er in seinen Memoiren schildert, entschied sich Dönitz aufgrund seiner Begeisterung für U-Boote, wegen des Kameradschaftsgeistes der Offiziere und Mannschaften, aber auch in der Erwartung, daß das im Versailler Vertrag festgelegte Verbot von U-Booten bald aufgehoben würde, im Jahre 1919 für den Beitritt zur neuen Reichsmarine der Weimarer Republik. Die Erinnerungen an das Versagen der Politiker und an die »rote Revolution«, die den deutschen Staat in den Jahren 1918 und 1920 bedrohten, waren entscheidende Faktoren, die Dönitz' Handeln in der Schlußphase des Zweiten Weltkriegs bestimmten. Das schmähliche Ende der Schlachtflotte im Ersten Weltkrieg und der Zusammenbruch der Disziplin in den Matrosenaufständen der Jahre 1918 und 1920 (nachdem die Führung der Marine den rechtsgerichteten Kapp-Putsch unterstützt hatte), beeinflußten Dönitz persönlich und beruflich, »denn die U-Boote« hatten »auch im ersten Weltkrieg bis zu seiner Beendigung ihre Pflicht getan«.[5]

Wenn man Dönitz' Kommandos von 1924 bis 1935 und die Beurteilungen seiner Person aus dieser Zeit in Betracht zieht, so erscheint der Auftrag, den ihm Raeder im September 1935 erteilte, vorbestimmt: Er sollte die neue U-Boot-Waffe aufbauen. Raeder lobte zum Beispiel 1924 in der Bewertung der Person Dönitz' kurz vor dessen Berufung in das Oberkommando der Marine nach Berlin seine technische Qualifikation und sein

»klares Urteil in Fragen der Seekriegführung«.[6] Raeder empfahl ihn für die Ausbildung und Schulung von Offiziersanwärtern – beides Belege dafür, daß Dönitz die richtigen militärischen und politischen Auffassungen des Offizierkorps vertrat.

Da Dönitz von 1924 bis 1927 in der Wehrabteilung mit den inneren und äußeren politischen Angelegenheiten der Marine befaßt war, hatte er unmittelbar mit der rigorosen antikommunistischen Kampagne der Marine, mit der Sorge für Disziplin und Ordnung sowie mit dem ersten größeren Vorschlag der Marine zum Flottenbau zu tun. Später begrüßte er wie viele Offiziere, die unter der militärfeindlichen »Parteipolitik« in der Weimarer Republik gelitten hatten, die von der nationalsozialistischen Bewegung propagierte promilitärische »Volksgemeinschaft« – die vorausgesagte Vorbedingung für die Wiedergeburt der deutschen Seemacht. Von 1928 bis 1930 kehrte er wieder zum aktiven Dienst auf See zurück – zuerst als Navigationsoffizier an Bord des Kreuzers »Nymphe« und danach als Chef der neuen 4. Torpedoboot-Halbflottille. Hier fand er Gelegenheit, nächtliche Überfälle auf Schiffskonvois zu simulieren, was sich später unmittelbar auf die Entwicklung der U-Boot-Waffe auswirken sollte.

Als im Herbst 1933 mit der geheimen U-Boot-Ausbildung begonnen wurde, war Dönitz bereits wiederholt als »Offizier mit einer starken Persönlichkeit« beurteilt worden, »der eine besondere Beachtung und Förderung verdient«.[7] Mit Hitlers energischer Unterstützung wurde mit dem U-Boot-Bau und der entsprechenden Ausbildung nach 1933 Ernst gemacht, und im Juni 1935 erlaubte der deutsch-englische Flottenvertrag Deutschland, Unterseeboote im Verhältnis von 45:100 im Vergleich zur britischen U-Boot-Flotte zu bauen. Nun konnte die Marine den U-Boot-Bau offen vorantreiben, und Dönitz wurde im September 1935 zum Chef der U-Boot-Flottille »Weddingen« ernannt.

Die Entwicklung der U-Boot-Waffe unter Dönitz läßt sich nur verstehen, wenn man berücksichtigt, in welche Euphorie die Marine verfiel, als klar wurde, daß sich ihre Ambitionen für eine von schweren Schlachtschiffen dominierte »Weltflotte« mit

Hitlers Streben nach Weltherrschaft deckten. Die führenden Männer der Marine erkannten, daß die Flottenbaupläne letztendlich auf einen Krieg gegen England und die USA hinausliefen. Das Problem war das Timing. Wann würden die Überwasserstreitkräfte bereitstehen? Der deutsch-englische Flottenvertrag war nur ein zeitweiliger Notbehelf. Die Kriegsmarine rechnete damit, bis 1944 soweit zu sein, daß sie die Royal Navy herausfordern konnte. Trotz des Arguments, das britische Schallortungsgerät »Asdic« habe die U-Boot-Waffe unwirksam gemacht, und obwohl sich Dönitz durch seine Versetzung zu den U-Booten »auf ein Nebengleis«[8] geschoben fühlte, war sich die Marine sehr wohl der Einsatzmöglichkeiten der U-Boot-Waffe insbesondere in einem Krieg gegen England bewußt.

Aufgrund seiner Erfahrungen und Führungsqualitäten war Dönitz der ideale Mann für die Ausbildung der Offiziere und Mannschaften der künftigen U-Boot-Waffe. An Bord der »Breslau« im Mittelmeer wie auch als Kommandant eines eigenen U-Bootes hatte er den Seekrieg bei verschiedenen Operationen im Ersten Weltkrieg unmittelbar erlebt und war sich daher wohl bewußt, wie wichtig es war, den taktischen und strategischen Einsatz der U-Boote auf der Grundlage operativer Erfahrungen aus dem Ersten Weltkrieg theoretisch zu untermauern. Berücksichtigt man, daß die deutsche Seekriegsleitung neuen Ideen ablehnend gegenüberstand und auf eine Überwasserflotte fixiert war, dann ist es nicht verwunderlich, daß die ersten offiziellen Äußerungen des politisch klugen Dönitz über den Kriegseinsatz von U-Booten im September 1935 den traditionellen Standpunkt der Marine widerspiegelten: das U-Boot sei eine »stationäre« Angriffswaffe, die gut in »weit entfernten Seegebieten« operieren könne.[9] Nach 1938, als die Notwendigkeit einer realistischen Planung gegen England nicht länger ignoriert werden konnte, begann er auf eine rasche Erweiterung der U-Boot-Rüstung zu dringen. Am 1. September 1939 erklärte er offiziell, daß eine 300 Boote umfassende U-Boot-Waffe in der Lage sei, Englands transatlantische Verbindungen lahmzulegen.

Zu dieser Schlußfolgerung war Dönitz über die Entwicklung der Rudeltaktik gelangt, mittels deren die technischen Grenzen des U-Boots (geringe Geschwindigkeit sowohl im aufgetauchten Zustand als auch unter Wasser) kompensiert werden konnten. Dank der Funkübertragung im Kurz- und Langwellenbereich sowie der Periskopantenne war das Problem der Funkverbindung zwischen den auf See befindlichen U-Booten und der Seekriegsleitung an Land gelöst, und man konnte die U-Boote zu Zielen hinlenken und konzentriert gegen feindliche Kräfte und Konvois einsetzen. Dönitz sorgte sich nicht, daß ein U-Boot-Krieg durch verbesserte Maßnahmen der U-Boot-Bekämpfung oder durch das von Deutschland 1936 unterzeichnete Abkommen gefährdet werden könnte, welches die Versenkung von Handelsschiffen ohne angemessene Vorwarnung verbot (Prisenordnung), und er negierte die Tatsache, daß Raeder und die Seekriegsleitung auf ihre Überwasserflotte fixiert waren und den U-Booten eine zweitrangige Bedeutung beimaßen. Auch weigerte sich Hitler hartnäckig, seine Prioritäten für den Ausbau der Überwasserflotte zu ändern, und beteuerte zudem, daß bis zum Krieg gegen England noch Jahre vergehen müßten. Als die Kriegsmarine schließlich gezwungen war, die Möglichkeit eines Krieges gegen England in Betracht zu ziehen und eine Strategie zu entwickeln, die auf die Unterbindung des britischen Handelsverkehrs abzielte, betonte das neue Bauprogramm (der Z-Plan des Jahres 1939) weiterhin die Verwendung von Überwasserschiffen und sah nur 249 U-Boote vor – eine Zahl, deren Erhöhung Dönitz erfolglos forderte. Am 1. September 1939 vermerkte Dönitz selbstgefällig in seinem Kriegstagebuch, wenn der Krieg mit England käme, würde sich zeigen, daß seine Forderungen nach mehr U-Booten »sogar noch richtiger«[10] gewesen seien.

Die vorhandenen Dokumente zeigen eindeutig, daß Dönitz' Forderungen unrealistisch und eher das Produkt seiner Selbsttäuschung waren, zumal die deutschen Schiffswerften mit enormen Arbeitskräfte- und Materialproblemen zu kämpfen hatten. Doch ähnlich wie Tirpitz trieb er seine Sache ungeachtet der

Interessen der Marine oder Deutschlands energisch voran und mischte sich ständig in Bereiche ein, die außerhalb seiner Zuständigkeit lagen. Wie andere auch erkannte er nicht die Diskrepanz zwischen Marineplanung und Schiffbaukapazitäten, zwischen der bestehenden militärisch-politischen Lage und den Zukunftsplänen.

Als England und Frankreich Deutschland den Krieg erklärten, sprach Raeder auch für Dönitz und das Offizierkorps, als er klagte, die Kriegsmarine könne wegen des »vorzeitigen« Kriegsausbruchs nur noch zeigen, wie man »tapfer« stirbt, und »den Grundstock für den späteren Wiederaufbau legen«.[11]

In der Anfangsphase des Krieges haderte Dönitz mit den Einschränkungen, die sich einerseits durch den Mangel an U-Booten ergaben – im September 1939 standen nur 57 U-Boote zur Verfügung, von denen lediglich 25 für operative Aufgaben im Atlantik geeignet waren –, andererseits durch die Hoffnungen Hitlers, ein Abkommen mit England schließen und jegliche Probleme mit neutralen Staaten (insbesondere den USA) vermeiden zu können, die ein »uneingeschränkter« U-Boot-Krieg gegen Handelsschiffe zweifellos hervorgerufen hätte. Zu seinen Bemühungen, über Raeder Druck auf Hitler auszuüben, zählten – neben seiner unwillkommenen (und abgelehnten) Bitte, mit der Leitung eines U-Boot-Amtes betraut zu werden, das ein umfangreiches Programm für den U-Boot-Bau planen und realisieren sollte – auch seine energischen Versuche, seine Rudeltaktik und die Möglichkeit zu demonstrieren, mit U-Booten große Erfolge zu erzielen. Hierdurch sollte sowohl Raeder als auch der politischen Führung vor Augen geführt werden, daß das U-Boot die wichtigste Waffe für den Krieg gegen England sei.

Dönitz' Enttäuschung wurde mit jedem verlorenen U-Boot, für das noch kein Ersatz da war, sowie aufgrund der unerträglich hohen Zahl untauglicher Torpedos – mindestens ein Drittel waren Blindgänger – immer größer. Diese Probleme erreichten während der Invasion Norwegens im März 1940 ihren Höhepunkt, als die Seekriegsleitung den Krieg gegen die Handelsschiffahrt unterbrach, um der Invasion Flankenschutz zu geben. Im Norwegenfeldzug schlug die große Stunde für die Überwassereinheiten der Marine, und Raeder benutzte diesen Waffengang als Rechtfertigung für ihre Rolle in den expansionistischen Plänen Deutschlands, während die U-Boot-Waffe hier keinen maßgeblichen Beitrag leistete. Doch nutzte Dönitz die schweren Verluste, welche die Überwasserflotte im Verlauf des Norwegenfeldzuges erlitt, sowie die Tatsache, daß in Norwegen und seit Juni 1940 in Frankreich neue Stützpunkte für die U-Boote zur Verfügung standen, um erneut höhere Mittel für den U-Boot-Krieg im Atlantik zu fordern. Nachdem Hitler halbherzig eine Landung in England (die »Operation Seelöwe«) erwogen und die Luftwaffe die Schlacht um England verloren hatte, begann der »Führer« sein Augenmerk auf die Sowjetunion zu richten, und die Mittel, die der Marine für die Fortsetzung des Seekrieges noch zugestanden wurden, kamen nunmehr naturgemäß in erster Linie der U-Boot-Waffe zugute.

In seinen Memoiren teilt Dönitz den Atlantikkrieg von Juli 1940 bis Mai 1943 in sechs Etappen ein. Die meisten Berichte sind dieser Chronologie gefolgt, aber neue Informationen über die Gegenmaßnahmen der Alliierten haben das Bild vom Auf und Ab im Atlantikkrieg, in dem im Mai 1943 die Wende eintrat, erheblich revidiert. In seinem Kriegstagebuch gab Dönitz erst im Februar 1944 zu, daß weitere operative Einsätze im Atlantik sinnlos seien; später behauptete er sogar, das U-Boot sei bis zum Kriegsende unangefochten die primäre Waffe geblieben.

Nachdem Hitler im August 1940 der offiziellen Bekanntgabe des uneingeschränkten U-Boot-Krieges zugestimmt hatte, konnten Dönitz' U-Boote die von ihm entwickelte Taktik anwenden: Nachtangriffe der aufgetauchten U-Boote und die Jagd in Rudeln. Die Erfolge, die dabei erzielt wurden, bestärkten Dönitz in der Annahme, daß der Gegner keinerlei wirksame technische oder organisatorische Abwehrmaßnahmen entwickelt hatte oder entwickeln könnte, war jedoch wegen des Mangels an U-Booten weiter frustriert. Diese Periode – bis November

1940 – wurde die »goldene Zeit« des U-Boot-Krieges genannt, da die Zahl der monatlichen Versenkungen bei nur geringen eigenen Verlusten ständig anstieg. Von Februar bis November 1941 erlitt die U-Boot-Offensive aufgrund der Abwehrmaßnahmen der Alliierten jedoch schwere Rückschläge, wozu der erweiterte Geleitschutz der US-Marine bis Island und die erhöhte Zahl britischer Geleitschiffe und Flugzeuge beitrugen, besonders aber die Fortschritte auf dem Gebiet der Radartechnik und die Erfolge der britischen Funkaufklärung, die mit dem Projekt »Ultra« den deutschen Marinecode geknackt hatte, was dazu führte, daß die Schiffskonvois nunmehr den patrouillierenden U-Booten aus dem Weg gehen konnten.

Der Einfall in die Sowjetunion im Juni 1941 und Hitlers Beharren darauf, U-Boote vor der Küste Norwegens zu stationieren und andere ins Mittelmeer zu entsenden, vermehrten die Probleme noch, mit denen Dönitz konfrontiert war, um von der Marineführung und vom Luftwaffenführungsstab die nötige Unterstützung für den U-Boot-Krieg zu erhalten – vor allem organisatorische und Koordinationsfragen, denen sich auch die Alliierten gegenübersahen, die sie aber im Unterschied zu den Deutschen erfolgreich lösen konnten.

Als Hitler den USA im Dezember 1941 den Krieg erklärt hatte, wurde Dönitz' große Strategie in vollem Umfang erkennbar. Die Kriegserklärung beendete auch die Isolation seines U-Boot-Krieges von der deutschen Marineführung und vom Oberkommando der Wehrmacht. Dönitz' Strategie der ökonomischen Kriegführung – seine »Tonnagestrategie« – bestand darin, die größtmögliche Zahl von Schiffen mit dem geringstmöglichen Risiko zu versenken. Er unternahm keinen Versuch, den potentiellen Beitrag der U-Boot-Waffe zur Militärstrategie Deutschlands insgesamt beziehungsweise zu Operationen in anderen Gebieten in Erwägung zu ziehen. Vielmehr strebte er danach, seine Methoden um ihrer selbst willen anzuwenden, und dabei waren die Hauptbezugsgrößen das »Potential« seiner U-Boote, gemessen an der Zahl der Bruttoregistertonnen, die pro Boot und Tag auf See versenkt wurden, sowie die Zahl der verfügbaren U-Boote.

Die Kampagne in amerikanischen Gewässern (die »Operation Paukenschlag«) war charakteristisch für Dönitz' Bemühungen, Seegebiete auszuwählen, wo sich die besten Ergebnisse erzielen ließen. Die Seekriegsleitung dagegen favorisierte einen Handelskrieg, in dem die U-Boote an Ziele herangeführt wurden, deren Vernichtung eine »entscheidende Wirkung« haben konnte – zum Beispiel zur Unterbrechung des Nachschubs nach England, in den Mittelmeerraum oder in die Sowjetunion.

Der Mangel an Ressourcen für den Handelskrieg sowie Dönitz' Fixierung auf den »Tonnagekrieg« hatten zur Folge, daß die Differenzen zwischen Dönitz und Raeder sowie zwischen U-Boot-Führung und Seekriegsleitung immer größer wurden. Dies änderte sich erst, als Dönitz Ende Januar 1943 Raeders Amt übernahm. Genauso wie im Ersten Weltkrieg unterschätzten die deutschen Seekriegsstrategen die Schiffbaukapazität des Gegners gewaltig. Außerdem erhielten sie von den U-Boot-Kommandanten übertriebene Berichte über die erzielten Versenkungen. Hierzu bemerkten Dönitz' Anhänger, daß er seine Strategie verbessert hätte, wenn ihm genaue Informationen verfügbar gewesen wären.

Doch schon im September 1941 waren alle Elemente vorhanden, die zur Niederlage im U-Boot-Krieg führen mußten: sowohl die höhere Zahl alliierter Geleitzüge und Flugzeuge als auch eine neue Taktik und eine neue Technologie, wie zum Beispiel Radar und HF/DF (Funkortung im Hochfrequenzbereich). Alle diese Faktoren galten bis zum Bekanntwerden der Tatsache, daß den Alliierten die Entschlüsselung des gegnerischen Codes gelungen war, als die Hauptursachen für die »Katastrophe« des U-Boot-Krieges im Jahre 1943. Durch die Veröffentlichung der bis Anfang der siebziger Jahre geheimgehaltenen Fakten über die von der militärischen Aufklärung der Alliierten erzielten Erfolge stellte sich sowohl die Geschichte des Seekrieges als auch der Streit über Dönitz' Argumente für eine erweiterte U-Boot-Flotte in einer neuen Dimension dar.

Die Alliierten nutzten den Umstand, daß sie deutsche Funksprüche rechtzeitig entziffern konnten, überaus effizient. Sie waren so in der Lage, Schiffskonvois von den U-Booten fortzulenken und Überwasserstreitkräfte zum Schutz gefährdeter Konvois zusammenzuziehen. Es ist eine Ironie des Schicksals, daß nach Entschlüsselung des Codes Dönitz' eigene Rudeltaktik und die von der Küste aus über Funk erfolgende Einsatzleitung es den Alliierten ermöglichten, strategische und taktische Siege zu erringen. Dönitz' Versuche, eine bessere Koordinierung mit der Luftwaffe herbeizuführen, schlugen fehl. Dies trug mit dazu bei, daß der U-Boot-Führungsstab keine Konvois mehr zu orten vermochte und nicht in der Lage war, ein bestimmtes Schema in der Festlegung der Konvoirouten zu erkennen. Wäre ihnen dies gelungen, hätten die Deutschen vielleicht Verdacht geschöpft, daß ihr eigenes Sicherheitssystem Lücken aufwies, und Gegenmaßnahmen treffen können. Heute ist unbestritten, daß ohne die erfolgreiche Funkaufklärung die Wende im U-Boot-Krieg erst gekommen wäre, wenn die rein technische und materielle Überlegenheit der Alliierten das Schicksal der U-Boote besiegelt hätte.

Man kann davon ausgehen, daß das allgemeine Versagen der deutschen Marineaufklärung sowohl eng mit den organisatorischen Problemen zusammenhing, mit denen Dönitz und der U-Boot-Führungsstab zu kämpfen hatten, als auch mit dem Mangel an Stabsoffizieren, an dem die deutsche Marineorganisation bereits seit den Tagen der kaiserlichen Marine krankte. Da es weder einen Admiralstab noch eine Admiralstabsausbildung im eigentlichen Sinne gab, versuchte Dönitz die Unfähigkeit, die Gefechtsordnung des Gegners und die militärische Gesamtlage einzuschätzen, durch »geistreiche Improvisationen«[12] wettzumachen.

Die Schlacht im Atlantik erreichte im März 1943 ihren Höhepunkt, als der U-Boot-Führungsstab nach dem größten Geleitzuggefecht des Krieges von widersprüchlichsten Informationen hinsichtlich der Auswirkungen von Radar, Funkortungsgeräten und neuen Taktiken des Gegners zur U-Boot-Bekämpfung überflutet wurde. Obwohl Dönitz mehr U-Boote auf See hatte als je zuvor (im März über hundert Boote), entschied er sich ungeachtet dessen, daß er zuvor einen neuen U-Boot-Typ gefordert hatte, für die Produktion einer höheren Anzahl von U-Booten alter Bauart, und dies trotz der großen Knappheit an Arbeitskräften und Rohstoffen. Da er zunehmend auf unerfahrene Besatzungen zurückgreifen mußte, erhöhte sich die Abhängigkeit von über Funk übermittelten Befehlen des U-Boot-Führungsstabes.

Überheblichkeit, gefördert durch die rassistische Einstellung des Marineoffizierkorps, sowie unzureichende Schulung trugen dazu bei, daß der Gegner, insbesondere die USA, und folglich die für die U-Boot-Offensive benötigten Ressourcen weiterhin unterschätzt wurden. Dönitz, der die verfügbaren Informationen entweder falsch interpretierte oder nicht zur Kenntnis nahm, konzentrierte seine Aufmerksamkeit weiterhin auf die Schlacht, die tagtägliche Kriegführung, und glaubte fest daran, daß die deutschen Gegenmaßnahmen eine Wirkung zeitigten.

Im Januar 1944, als es den Alliierten gelungen war, die Lücke in der Kontrolle des Luftraumes im mittleren Teil des Atlantiks zu schließen, versuchte Dönitz beharrlich, seine Taktik zu modifizieren, indem er die Verteidigung der Western Approaches – des Seegebiets westlich der Britischen Inseln – aufs Korn nahm und Konvois über Wasser angreifen ließ. Diese Taktik schlug ebenso fehl wie frühere Versuche, die U-Boote mit Flakgeschützen auszurüsten. Die Ergebnisse zeigten eindeutig, daß der U-Boot-Führungsstab jede Initiative verloren hatte. Da die Verluste stiegen und Dönitz zusammen mit dem »Führer« darauf bestand, daß der U-Boot-Krieg feindliche Kräfte band, die sonst voll gegen Deutschland selbst eingesetzt worden wären, wurde in dieser letzten Etappe des U-Boot-Krieges – Februar 1944 bis Mai 1945 – auf die Rudeltaktik verzichtet und der Krieg mit selbständig operierenden U-Booten fortgesetzt. Zumindest sollten die U-Boote mit den gegnerischen Entwicklungen auf dem

Gebiet der U-Boot-Abwehr in Berührung bleiben und auf die versprochenen neuen U-Boot-Typen und Waffen warten.

Gerade in dieser Phase des Krieges werden Dönitz' politische, taktische und militärische Irrtümer und seine Kurzsichtigkeit besonders deutlich. In der Zeit von Februar 1944 bis Mai 1945 verlor der »heroische U-Boot-Krieg« seinen Nimbus, es wurde deutlich, wie sinnlos es war, so viele U-Boot-Besatzungen zu opfern. Dönitz' Versuch einer »defensiven Kriegführung«, mit der Zeit für einen neuen U-Boot-Krieg gewonnen werden sollte, schlug fehl. Der Mai 1945 kam, bevor genügend U-Boote neuen Typs verfügbar waren, auf die man so viele Hoffnungen gesetzt hatte. Sowohl das Versagen der Aufklärung als auch die Unfähigkeit der Marine, mit den Alliierten auf technischem Gebiet Schritt zu halten, hängen eng damit zusammen, daß Dönitz so großen Nachdruck auf die Führung und die Rolle des Kommandeurs legte. Das Gemisch aus Clausewitz, Mahan und der NS-Doktrin, welches das alte Sprichwort »Nicht Schiffe kämpfen, sondern Menschen« widerspiegelte, trug dazu bei, daß sich Dönitz und sein Stab auf die Entwicklung einzelner Waffen konzentrierten, während Engländer und Amerikaner bei der Waffenentwicklung ein systematisches Vorgehen an den Tag legten, bekannt unter der Bezeichnung »operations research«, wobei der Krieg als ein rationaler Prozeß und nicht als ein vom »Willen« und von heroischem Kampf bestimmter Vorgang aufgefaßt wurde, wie er sich in den ständigen, von Dönitz seinen Besatzungen erteilten Befehlen widerspiegelte.

Obwohl Dönitz und seine Anhänger während des Krieges dokumentarisch belegten, wie sie die U-Boot-Kriegführung gegenüber Deutschlands oberster militärischer und politischer Führung verteidigten, und ihre Handlungen nach dem Kriege energisch rechtfertigten, setzte die Kritik an Dönitz erst Mitte der siebziger Jahre ein. Admiral Ruge, der im November 1944 das Marine-Waffenamt übernommen hatte, wies in seinen Memoiren darauf hin, daß nicht diese Einrichtung an den Problemen des U-Boot-Krieges schuld war, wie Dönitz ständig behauptete, sondern die U-Boot-Führung selbst, die sich »technisch überholen«[13] ließ. Nach Dönitz' Tod begann die »einheitliche Front« der U-Boot-Kommandanten und -Besatzungen mit dem Erscheinen von Memoiren wie »Fackeln über dem Atlantik« von Erich Topp zu zerbröckeln. In diesem Buch kam die Auffassung der »Front« zum Ausdruck, daß der U-Boot-Krieg verloren wurde, weil der Marinecode geknackt worden war und man sich zu wenig und zu spät mit Forschung und technischer Entwicklung befaßt hatte.

Ende 1942 spiegelte Hitlers Zorn über die ausbleibenden Erfolge der deutschen Überwasserstreitkräfte Dönitz' Enttäuschung über die Mittel wider, die Raeder und die Seekriegsleitung der Überwasserflotte unter Benachteiligung »seines« U-Boot-Krieges zukommen ließen. Unter dem Großadmiral wurde die lange währende Debatte zwischen den Befürwortern einer Hochseeflotte und den Befürwortern des Handelskrieges zugunsten der letzteren entschieden.

Nach 1943 änderte sich durch Dönitz' Führung und die gewaltige Aufgabe der Marine, die europäischen Küsten- und Binnengewässer mit schwindenden Ressourcen zu verteidigen, der Charakter der Kriegsmarine völlig. Als 1944 die Reste der Überwasserflotte mit den Kräften des Küstenschutzes zusammengelegt wurden, setzte sich entsprechend der Auffassung Hitlers, »ihm seien 20 Zerstörer oder 200 S-Boote lieber als ein Schlachtschiff«[14], die Tendenz zur »Miniaturisierung« der Seestreitkräfte durch. Unter Dönitz sollten der Küstenschutz, der Geleitschutz, die Minenkriegführung und die Unterstützung der Landstreitkräfte die Hauptaufgabe der neuen, künftigen Marine sein: Dadurch sollte eine moderne, elitäre Unterwasserflotte – eine »U-Bootmarine« – unterstützt werden. Nach Dönitz' Auffassung war mit den neuen U-Boot-Typen XXI und XXVI, die eine hohe Unterwassergeschwindigkeit und einen großen Fahrbereich aufwiesen, ein entscheidender Durchbruch erzielt, der die Regeln der U-Boot-Kriegführung grundlegend verändern sollte.

Dönitz ignorierte wie seine Vorgänger Tirpitz und Raeder die große Knappheit an Arbeitskräften, Stahl und Treibstoff und nutzte seinen wachsenden Einfluß bei Hitler, um im Frühjahr 1944 dessen Zustimmung zum Bau einer riesigen Flotte von 2400 U-Booten in einem Zeitraum von fünf Jahren zu erhalten. Um dieses Ziel realisieren zu können – was angesichts der ständigen Luftangriffe der Alliierten auf Industrieanlagen und Transportverbindungen eindeutig eine Illusion war –, vollzog er einen weiteren Bruch mit der Marinetradition, indem er Speers Ministerium für Rüstung und Kriegsproduktion alle Fragen des Flottenbaus übertrug. Damit wurde der Bau von Kriegsschiffen zum ersten Mal in der Geschichte unter zivile Kontrolle gestellt. Auch wenn er die »Infiltrierung ›maritimen‹ Gedankenguts«[15] (und damit der Priorität des U-Boot-Baus) in einen der mächtigsten Sektoren des Dritten Reiches beabsichtigt haben mag, ist dies ein typisches Beispiel für Dönitz' unentwegte Versuche, seinen U-Boot-Krieg um jeden Preis fortzusetzen.

Den Höhepunkt dieser letzten Etappe der Führungsrolle Dönitz' bildete seine Ernennung zum Nachfolger Hitlers als Staatsoberhaupt. Gerade dies hat den Streit darüber entfacht, wie groß sein Fanatismus und in welchem Maße er dem »Führer« und der nationalsozialistischen Ideologie ergeben gewesen sei. Zwar behaupteten Dönitz und seine Anhänger, sein bedingungsloser Gehorsam gegenüber Hitler habe lediglich dem Interesse der Marine gedient und sei für die Aufrechterhaltung von Disziplin und Ordnung notwendig gewesen, doch beweisen die vorhandenen Dokumente, daß er Hitlers Paladin war und bewußt danach trachtete, seinen Einfluß auf Hitler aufrechtzuerhalten, indem er dazu aufrief, »Opfer zu bringen« und den »heroischen Kampf« ohne Rücksicht auf Verluste beziehungsweise ohne militärisch gerechtfertigte Gründe fortzusetzen. Die »Operation Ostfront« zum Beispiel führte zum Verlust der »Scharnhorst« mit nur 36 Überlebenden bei einer Mission, die Dönitz trotz der Vorbehalte seines Stabes befohlen hatte. Es kann daher nicht überraschen, daß diejenigen seiner ehemaligen Kriegsgegner, die schnell bei der Hand waren, ihn als den herausragenden U-Boot-Kommandeur des Krieges zu feiern, ihn in seiner Rolle als Oberbefehlshaber für ungeeignet ansahen.

Die Reden, die Dönitz während des Krieges hielt, seine Handlungen nach dem 20. Juli 1944 und seine U-Boot-Kriegführung nach 1944 lassen erkennen, daß sich in seinen Aufrufen zur Solidarität sowohl ein fast religiöser Glaube an den »Führer« als auch ein fanatisches Credo widerspiegelten, wonach der Soldat die Pflicht habe, zu kämpfen, keine Fragen zu stellen und die Politik den politischen Führern zu überlassen. Andererseits genoß Dönitz die Aufmerksamkeit, die ihm Hitler und dessen engste Berater (Speer, Goebbels und Himmler) zuteil werden ließen, und er sonnte sich in dem Ruhm – kultiviert durch seine wiederholten Versprechungen eines »neuen U-Boot-Krieges« im Frühjahr 1945 –, er habe trotz einer »schweren technischen Krise« den U-Booten wieder »Bewegungsfreiheit« verschafft und könne sich schon als Nachfolger Görings betrachten.[16] In seiner eigenen »Paradigmenfalle« gefangen wie auch in der deutschen Marinetradition verhaftet, war er unfähig, anders zu handeln. Seine Ergebenheit gegenüber Hitler war sowohl persönlich als auch institutionell bedingt. Seine Überzeugung, der Sieg könne trotz klar erwiesener zahlenmäßiger und technischer Unterlegenheit allein durch Willenskraft und Fanatismus errungen werden, sicherte ihm einen besonderen Platz in Hitlers Nähe. Die Tatsache, daß er als einer der höchsten militärischen Führer Hitlers beharrlich auf der weiteren Besetzung der Krim und Nordafrikas bestand und sich weigerte, das Übungsgebiet für die U-Boot-Ausbildung in der Ostsee aufzugeben, hatte schwere und unnötige Verluste zur Folge.

Es war Dönitz, der Ende 1943 dem Mythos der Marine, »apolitisch« zu sein, ein Ende bereitete und offen die »ideologische Schulung« der Marine befürwortete, die anerkennen müsse, daß der Soldat die Verkörperung des Staates zu sein habe. Angesichts des totalen Krieges forderte Dönitz einen »heiligen Krieg« des Nationalsozialismus. Er glaubte, nur ein ideologisch einiges und »reines« Volk habe die Chance, den

Krieg zu gewinnen. In dieser Einstellung kam die von Dönitz und den militärischen Führern seiner Generation vertretene Ansicht zum Ausdruck, Marine und Heer seien im Ersten Weltkrieg eigentlich »unbesiegt« geblieben und durch den »geistig-moralischen Zusammenbruch der Heimatfront«[17] (den »Dolchstoß in den Rücken«) verraten worden. Nach Dönitz' Auffassung gewährte die nationalsozialistische Ideologie den besten Schutz dagegen, daß Deutschland nochmals seine nationale Einheit und seinen nationalen Willen verlor. Gerade auf diese Funktion der Ideologie, welche die Aufgaben des Führens und Opferbringens erleichtere, nahm Dönitz am 11. Mai 1945 Bezug, als er die »besten und edelsten Züge«[18] des Nationalsozialismus verteidigte.

Dönitz' Entscheidungen, die Überlebenden von U-Boot-Angriffen nicht mehr zu retten oder durch Exekutionen Exempel zu statuieren, um jeden Ansatz von »Defätismus« und Fahnenflucht in der Marine im Keim zu ersticken, müssen ebenso vor diesem Hintergrund gesehen werden wie der Wunsch der Marine, keine Wiederholung ihres beschämenden Zusammenbruchs im Jahr 1918 zu erleben.

In seinen Versuchen, den Krieg zu verlängern, um Soldaten und Zivilisten von der Ostfront zu evakuieren, und einen Separatfrieden mit dem Westen zu schließen, spiegelte sich auch die antikommunistische Haltung der Marine wider, die von den Erinnerungen an die Matrosenaufstände im Jahre 1918 und den anschließenden Ausbruch der Revolution in Deutschland herrührte. Dönitz' wiederholte Aufrufe zur »Härte« und zu bedingungslosem Gehorsam sowie die Tatsache, daß er den Tod in der Schlacht als die höchste Soldatentugend pries, führten dazu, daß die Marine 80 Prozent der U-Boot-Besatzungen verlor. Auch wenn seine Anhänger diesen Aspekt von Dönitz' Tätigkeit später ignorierten und die Auffassung vertraten, sein Verhalten habe dem vorherrschenden »Zeitgeist« entsprochen, hatte Dönitz' Führungsstil weniger mit »Menschenführung« zu tun, die das Marineoffizierkorps seit seinen Mißerfolgen im Ersten Weltkrieg zu entwickeln trachtete, als mit dem, was Michael Salewski als »Menschenverführung«[19] bezeichnet hat.

Dönitz beklagte sich bitter über seine Verurteilung im Nürnberger Kriegsverbrecherprozeß und war der Ansicht, er habe dank der nicht geringen Unterstützung durch seine ehemaligen Feinde, welche die »Legalität« seiner U-Boot-Kriegführung bestätigten, den U-Boot-Krieg »entlastet«. Er und seine U-Boot-Kameraden waren, wie er es in seinen letzten Befehlen ausdrückte, »unbesiegt und unbefleckt«[20] geblieben. Als seine Marine und der Staat eins wurden, war es diese letzte Illusion, die es Dönitz ermöglichte, in Friedensverhandlungen zu treten und das Böse zu leugnen, das, wie er wußte, präsent war und an dem er teilgehabt hatte – angefangen von der Verwendung von Kriegsgefangenen und KZ-Häftlingen als Arbeitskräfte beim Bau und bei der Wartung der U-Boote bis zur Zusammenarbeit mit Himmler, der SS und dem SD, um den U-Boot-Krieg bis zum Schluß führen zu können. Hitlers Tod ermöglichte es ihm, sich auf die preußisch-deutsche Tradition des Heeres und der Marine zurückzuziehen, die ihm während seines ganzen Werdeganges und während des Krieges Halt gegeben hatte.

Im Anschluß an seine 20tägige Regierungszeit, während seiner Gefängnishaft in Spandau und der restlichen Jahre bis zu seinem Tode im Jahre 1980 blieb Dönitz fest davon überzeugt, daß er ein Opfer der Siegerjustiz sei, kümmerte sich nicht um die zunehmende Zahl von Belegen, die den wahren Charakter seiner Führung offenbarten, und war verbittert darüber, daß sein überragendes militärisches Können und vor allem seine politische Rolle am Ende des Dritten Reiches von der westdeutschen Regierung nicht anerkannt wurden, deren Fahne, wie er es sich gewünscht hatte, seinen Sarg bedeckte.

Wie stets war Dönitz nicht in der Lage, den Charakter des »Staates« zu verstehen, den er für so kurze Zeit von Hitler geerbt hatte, oder zog es bestenfalls, wie er es in so vielen anderen Situationen getan hatte, bewußt oder unbewußt vor, ihn zu ignorieren. Im Grunde war Dönitz nicht Deutschlands letzter

»Führer«, sondern die allerletzte Personifizierung der Versuche der deutschen Marine, ihre gesellschaftlichen und politischen Ziele mit ihren militärischen Traditionen in Übereinstimmung zu bringen. Im Geiste der früheren »Flottenbauer« der Marine verfolgte Dönitz, »in Kontinenten [träumend]«[21], seine Ambitionen so hartnäckig, daß er alle übrigen politischen und militärischen Überlegungen beiseite schob.

Anmerkungen

1 Aus der Widmung von H. K. Thompson/Henry Strutz (Hrsg.), Dönitz at Nuremberg. A Reappraisal, New York 1976.

2 Deutscher Marinebund, Dönitz. Dokumentation zur Zeitgeschichte. Großadmiral Karl Dönitz, Wilhelmshaven 1981, S. 9.

3 Gerhard Schreiber, Zur Kontinuität des Groß- und Weltmachtstrebens der deutschen Marineführung, in: *Militärgeschichtliche Mitteilungen,* XXVI (1979), S. 120, 130.

4 Beurteilung vom 1. November 1931 von Canaris, PG 31044, Persönliche Dokumente von Dönitz (P/Akte), BA-MA, Nachlaß Dönitz.

5 Karl Dönitz, Mein wechselvolles Leben, Göttingen 1968, S. 133.

6 Peter Padfield, Dönitz. The Last Führer, New York 1984, S. 110.

7 Ebd., S. 124.

8 Karl Dönitz, Zehn Jahre und zwanzig Tage, München ⁷1980, S. 12f.

9 Jost Dülffer, Weimar, Hitler und die Marine. Reichspolitik und Flottenbau 1920 bis 1939, Düsseldorf 1973, S. 387.

10 Padfield (Anm. 6), S. 186f.

11 Gerhard Wagner (Hrsg.), Lagevorträge des Oberbefehlshabers der Kriegsmarine, München 1972, S. 20f.

12 Michael Salewski, Die deutsche Seekriegsleitung 1935–1945, München 1975, Bd. II, S. 306.

13 Friedrich Ruge, In vier Marinen. Lebenserinnerungen als Beitrag zur Zeitgeschichte, München 1979, S. 259f.

14 Salewski (Anm. 12), S. 474.

15 Ebd., S. 291.

16 Elke Fröhlich (Hrsg.), Die Tagebücher von Joseph Goebbels. Teil II:
   Diktate 1941–1945, 15 Bde., München / New Providence / London /
   Paris 1993ff., hier Bd. 15, Eintr. 21. 3. 1945, S. 557.
17 Michael Salewski, Menschenführung in der deutschen Kriegsmarine
   1933–1945, in: Menschenführung in der Marine, Herford 1981, S. 99.
18 Salewski (Anm. 12), S. 558.
19 Salewski (Anm. 17), S. 94.
20 Padfield (Anm. 6), S. 419.
21 Franz Halder, Kriegstagebuch, Bd. III, Stuttgart 1964, S. 455.

Bibliographie

*

Quellen

Um eine Übersicht über die veröffentlichten und unveröffentlichten
Quellen für eine Untersuchung über Dönitz und die Marine zu gewinnen, siehe das umfangreiche Werk von Keith W. Bird, German Naval
History. A Guide to the Literature, New York 1985, S. 57–211. Außer den
archivierten Beständen, die sich im Bundesarchiv/Militärarchiv in Freiburg befinden und die Nachlässe von Dönitz und den Marineführern
enthalten, sind Kopien der wichtigen Protokolle über die US National
Archives und das British Public Record Office, London, zugänglich, insbesondere von den Kriegstagebüchern der Seekriegsleitung und des
Befehlshabers der U-Boote.

Ein ausgezeichneter Katalog der deutschen U-Boot-Dokumente sind
die Records Relating to U-Boat Warfare 1939–1945, hrsg. von der National Archives and Records Administration, Washington, DC, 1985. Zu
den wichtigsten veröffentlichten deutschen Marinequellen gehört Werner Rahn / Gerhard Schreiber (Hrsg.), Kriegstagebuch der Seekriegsleitung 1939–1945, Teil A, 68 Bde., Bonn 1988. Das Kriegstagebuch des
Marinestabes ist eine der wichtigsten und umfassendsten Quellen über
den Seekrieg. Diese Bände zeigen zusammen mit dem von P. E. Schramm
herausgegebenen Kriegstagebuch des Oberkommandos der Wehrmacht
1940–1945, 4 Bde., Frankfurt a. M. 1961–1979, welche Bemühungen die
Marine unternahm, um ihre Aufgaben mit der deutschen Kriegführung
insgesamt zu koordinieren. – Die von Gerhard Wagner herausgegebenen

Lagevorträge des Oberbefehlshabers der Kriegsmarine, München 1972, (Aufzeichnungen von den Besprechungen Raeders und Dönitz' mit Hitler) dokumentieren den Kampf der Marine um Ressourcen und Prioritäten sowie die mit allen Aspekten des Seekrieges verbundenen operativen und technischen Probleme.

Literatur

Umfassende Angaben (bis 1983) zu den sekundären Quellen über Dönitz und seine Führung des U-Boot-Krieges enthält Keith W. Bird, German Naval History. A Guide to the Literature, New York 1985. Eine wissenschaftliche Dönitz-Biographie, welche die komplizierten Fragen analysiert, welche seine Persönlichkeit und den Charakter seiner Führung während des Dritten Reiches betreffen, muß noch geschrieben werden. Peter Padfield, Dönitz. The Last Führer, London 1984, hat das derzeit zugängliche reiche Quellenmaterial genutzt, doch mangelt es dem Werk an Objektivität und historischer Perspektive. Die von Walter Görlitz verfaßte Biographie Karl Dönitz. Der Großadmiral, Göttingen 1972, ist mehr eine rechtfertigende Schrift, in der der Standpunkt vertreten wird, Dönitz' Verhältnis zum NS-Staat habe sich auf seinen Glauben an den »Primat der Politik« gegenüber dem Militär gegründet. Die Hauptthemen für künftige Dönitz-Biographien finden sich ansatzweise in mehreren Werken: Michael Salewski, Die deutsche Seekriegsleitung 1935–1945, 3 Bde., Frankfurt a. M. / München 1970–1975, ist die erste detaillierte Studie über das Oberkommando der Kriegsmarine während der NS-Zeit und nimmt eine kritische Bewertung der Führung Dönitz' nach 1943 und seines Verhältnisses zu Hitler und zur Partei vor.

Zwei Monographien jüngeren Datums untersuchen das Verhältnis zwischen Kriegsmarine und Nazistaat: Charles S. Thomas, The German Navy and the Nazi Era, London 1990, und Eric Rust, Naval Officers under Hitler: The Story of Crew 34, New York / London 1991. Thomas argumentiert, daß Kriegsmarine und NSDAP unter Dönitz eins wurden, während Rust in seinem einzigartigen Profil des Seekadettenjahrgangs (»Crew«) 1934 die Meinung vertritt, daß es der großen Mehrheit der Offiziere nur darum ging, das Vaterland zu verteidigen, und sie mit dem Nationalsozialismus wenig im Sinn hatten.

Das Auf und Ab im U-Boot-Krieg und Dönitz' Äußerungen dazu sind in einem neuen, vom British Ministry of Defence herausgegebenen Werk über die Erfolge der Alliierten bei der Funkcode-Entschlüsselung dargestellt: The U-Boat War in the Atlantic 1940–1945, 3 Bde., London 1989. Diese unverzichtbare Geschichte der U-Boot-Operationen wurde von den Briten nach dem Krieg in Auftrag gegeben (und war bis zu ihrer Veröffentlichung nicht leicht zugänglich) und von Dönitz' Schwiegersohn Günther Heßler verfaßt, der unbegrenzten Zugang zu den Marinedokumenten hatte. Anmerkungen des Herausgebers bringen die ursprüngliche Fassung auf den neuesten Stand.

Die wenigen Werke, die Dönitz veröffentlicht hat, verraten mehr durch das, was darin weggelassen wurde, als durch das, was sie enthalten. Das (erstmals 1959 erschienene) Hauptwerk, Karl Dönitz, Zehn Jahre und zwanzig Tage, München ⁷1980, geht fast ausschließlich auf die Entwicklung der Taktik und den U-Boot-Einsatz ein und rechtfertigt Dönitz' Strategie und Führung. Sein zweiter Memoirenband, Karl Dönitz, Mein wechselvolles Leben, Göttingen 1968, konzentriert sich auf seine Erfahrungen als Kadett und auf die Periode des Ersten Weltkrieges sowie auf die Zeit der Weimarer Republik und enthält ein Schlußkapitel, in dem er seine Verurteilung als Kriegsverbrecher beklagt. Seine letzte Veröffentlichung, Deutsche Strategie zur See im Zweiten Weltkrieg. Die Antworten des Großadmirals auf 40 Fragen, Frankfurt a. M. 1970, enthält seine »Antworten« auf 40 Fragen, die ihm französische Journalisten und Wissenschaftler stellten und die den Bereich der Strategie und Politik betrafen.

Was die technische Seite des U-Boot-Krieges und die Fragen betrifft, die mit der »Massenproduktion« von U-Booten und der Entwicklung neuer Waffen zusammenhängen, so bleibt Eberhard Rößler, Geschichte des deutschen U-Bootbaus, München 1973, das Standardwerk. Als in den siebziger Jahren und nach Dönitz' Tod die »Front« zu zerbröckeln begann, war Erich Topp, Fackeln über dem Atlantik. Lebensbericht eines U-Boot-Kommandanten, Herford/Bonn 1990, einer der ersten Offiziere, die öffentlich das nach dem Kriege gezeichnete Bild vom romantischen und »heroischen U-Boot-Krieg« zurechtrückten.

Eine ausgezeichnete Fallstudie von Tim Mulligan, Lone Wolf. The Life and Death of U-Boat Ace Werner Henke, Westport 1993, dokumentiert das Versagen von Dönitz' Strategie und Technik in den Jahren 1942–1944 und legt den Grundstein für künftige Studien über Dönitz und seine Kommandanten. Neueste Erkenntnisse zu Dönitz' Haltung gegen Kriegsende vermittelt Herbert Kraus, Karl Dönitz und das Ende des »Dritten Reiches«, in: Hans-Erich Volkmann (Hrsg.), Ende des Dritten Reiches – Ende des Zweiten Weltkriegs. Eine perspektivische Rückschau, München/Zürich 1995, S. 1–23.

Werner Freiherr von Fritsch –
Der tragische General

VON WILLIAMSON MURRAY

Von allen Generälen, die bei der Schaffung der deutschen Militärmacht und danach bei der Führung der militärischen Operationen im Zweiten Weltkrieg eine entscheidende Rolle spielten, wissen wir über Werner von Fritsch am wenigsten. Von Anfang 1934 bis zu seiner Entlassung im Februar 1938, die unter dem unzutreffenden Vorwurf der Homosexualität erfolgte, war er Oberbefehlshaber des Heeres. Und doch war er unter denjenigen Generälen, die dabei mitwirkten, das deutsche Heer zum mächtigsten militärischen Instrument einer Landmacht im 20. Jahrhundert zu machen, einer der bedeutendsten. Nur Hans von Seeckt spielte eine noch wichtigere Rolle bei der zwischen den beiden Weltkriegen erfolgten Formierung und Entwicklung jener Armee, die nach 1939 so nahe daran war, die Geschicke der Welt in neue, düstere Bahnen zu lenken. Daß es so schwierig ist, den Werner von Fritsch umgebenden Nebel der Geschichte zu durchdringen, ist auf zwei Faktoren zurückzuführen: einerseits auf die Verschwiegenheit des Mannes selbst und zum anderen auf die Bemühungen der Gestapo, nach Fritschs Tod im Felde alle Spuren zu verwischen, die darauf hätten schließen lassen können, daß der General dem NS-Staat und seinem »Führer« kritisch gegenüberstand.

Fritschs Tragödie war eine doppelte. Er und der Chef des Generalstabs, Ludwig Beck, waren dazu verurteilt, Deutschlands Militär im Dienste einer schrecklichen Tyrannei und eines Tyrannen wiederzubewaffnen, der vor den Generälen kein Hehl aus seinen Zielen machte. Sie rüsteten das Heer in einer Weise wieder auf, die den unvermeidlichen Weltkrieg sich noch länger hinziehen und katastrophalere Folgen für das Volk haben ließ, dem sie eigentlich dienen sollten. Beck brachte den Mut und die moralische Stärke auf, den Charakter des Regimes beim Namen zu nennen, während Fritsch – von Hitler aufgrund von fragwürdigen Beschuldigungen in Unehren entlassen – den Tod auf dem Schlachtfeld fand. In gewisser Hinsicht waren somit die Triumphe der Wehrmacht in den ersten Jahren des Zweiten Weltkriegs – Triumphe, die den Schrecken der Massenvernichtung ermöglichten und die darin gipfelten, daß der größte Teil des Reiches in dem Sturm zerstört wurde, den Deutschland letztlich erntete – die fragwürdigen Marksteine im Leben des Werner von Fritsch.

Fritsch wurde am 4. August 1880 in Benrath bei Düsseldorf geboren. Er hatte einen unbarmherzigen Zuchtmeister zum Vater, auf den es zurückzuführen ist, daß es ihm sein ganzes Leben lang schwerfiel, engere Bindungen zu anderen Menschen einzugehen. Trotzdem besaß er die Fähigkeit, buchstäblich alle, die ihn kennenlernten, mit seinem Charme zu bezaubern. Von allen Befehlshabern im deutschen Heer war er beim Offizierkorps der beliebteste. Fritsch war der geborene Soldat und mit einem scharfen Verstand begabt. Er begann seine Laufbahn als Artillerist, also in der entscheidenden Waffengattung des Ersten Weltkrieges. 1907 wurde er im Alter von 27 Jahren, noch als Leutnant, an die Kriegsakademie abkommandiert, wo er ein Schüler von Wilhelm Groener wurde. Er legte nicht nur als erster seiner Klasse das Examen ab, sondern bekam auch die besten Noten in Taktik und Militärgeschichte – den beiden zentralen Fächern im Lehrplan der Kriegsakademie.

Fritsch lernte während seines Militärdienstes im Ersten Weltkrieg viele Seiten des Krieges kennen. Wie die meisten Generalstabsoffiziere wechselte er vom Stabsdienst zum Fronteinsatz und zurück. Als Protegé von Max Bauer, der grauen Eminenz Ludendorffs, diente er zu verschiedenen Zeiten bei der 4. Armee, der 47. Reserve-Division, der 1. Gardedivision, der 10. Armee, den Luftstreitkräften und dem VI. Reservekorps und beendete den Krieg beim Grenzschutz Nord. Sogar als Stabsoffizier suchte Fritsch die Nähe der Front – 1917 wurde er durch Granatsplitter am Kopf verwundet. Im Verlauf des Krieges erhielt er das Eiserne Kreuz I. Klasse und den Orden des Hauses Hohenzollern. 1919 war er Stabschef von General Graf von der Goltz im Baltikum, wo er dem französischen Leiter der Interalliierten Kontrollkommission, General Niessel, auffiel, der sich folgendermaßen über ihn äußerte: »Major von Fritsch ist jung, arrogant und außerordentlich selbstsicher. Es scheint, er hat keine Skrupel, mit der Wahrheit Versteck zu spielen oder unbequemen Fragen auszuweichen. Er weist alle fachlichen Vorzüge und alle Charaktermängel des preußischen Generalstabsoffiziers auf, der sich dem gewöhnlichen Sterblichen häufig – und auch zu Recht – überlegen fühlt.«[1]

Die Niederlage und der Versailler Vertrag hatten zur Folge, daß das Offizierkorps des deutschen Heeres drastisch verringert wurde. Dies nutzte der nach dem Kapp-Putsch zum Oberbefehlshaber des Heeres beförderte General Hans von Seeckt aus, um Generalstabsoffizieren die entscheidenden Kommandos in der Reichswehr zu übertragen. Anfang der zwanziger Jahre stand Fritsch Seeckt nahe und wurde, zweifellos verdientermaßen, mit einer Reihe von ausgesuchten Sonderkommandos betraut.

Während der politisch wechselvollen Nachkriegszeit scheint Fritsch ein realistischeres politisches und strategisches Urteilsvermögen besessen zu haben als die meisten seiner Offizierskameraden. Den Kapp-Putsch beobachtete er mit Skepsis, da er in einer gefährlichen Zeit die politische Ordnung des Landes zu spalten drohe. Darüber hinaus distanzierte er sich eindeutig von Seeckts antipolnischer Politik: angesichts der kommunistischen Gefahr, die vom bolschewistischen Rußland ausging, solle das

Reich den Polen lieber helfen. Andererseits legte Fritsch, inzwischen Chef der 1. Abteilung des Truppenamtes, eine erstaunliche politische Naivität an den Tag, als er Seeckt im Juli 1926 drängte, sich seiner Absetzung mit Gewalt zu widersetzen. Er selbst befolgte seinen Rat allerdings nicht, als es im Februar 1938 unter weit schlimmeren Umständen um die eigene Person ging.

Seeckts dauerhaftester Beitrag zum deutschen Militär nach dem Kriege bestand darin, daß er das, was sich im Ersten Weltkrieg auf dem Schlachtfeld abgespielt hatte, einer gründlichen und ehrlichen Analyse unterwarf und die Lehren daraus zog. Die Tatsache, daß der denkende Teil des Offizierkorps – der Generalstab – die Armee jetzt voll und ganz unter seiner Kontrolle hatte, gewährleistete, daß die Fortschritte, die 1917 auf dem Gebiet der Militärdoktrin erzielt worden waren, nämlich die Verteidigung in der Tiefe und die flexible Auftragstaktik, nicht in Vergessenheit gerieten. Seeckt rief nicht weniger als 57 von Generalstabsoffizieren geleitete Ausschüsse ins Leben, um die allgemeinen und die spezifischen Fragen untersuchen zu lassen, die der Krieg aufgeworfen hatte. Weil die meisten der in diesen Ausschüssen tätigen Generalstabsoffiziere über unmittelbare Erfahrungen mit den Entwicklungen in Taktik und Militärdoktrin der Jahre 1917/18 verfügten, beruhten diese Nachkriegsstudien und Berichte auf einer soliden, realistischen Einschätzung dessen, was sich tatsächlich ereignet hatte, und nicht auf dem, was nach dem subjektiven Empfinden einiger Generäle vielleicht geschehen war. Das Ergebnis war die hervorragende Heeresdienstvorschrift 487 (»Führung und Gefecht mit kombinierten Waffen«).

Fritsch war in diese Bemühungen, die aus den Schlachtfelderfahrungen des Ersten Weltkriegs gezogenen Lehren gründlich zu durchdenken, zweifellos einbezogen. In den zwanziger Jahren führte seine Tätigkeit in den Stäben wie auch bei der Truppe dazu, daß er in der Hierarchie der Reichswehr rasch bis zur höchsten Ebene aufstieg. Von 1920 bis 1922 arbeitete Fritsch im Reichswehrministerium, 1922 übernahm er die Führung eines Artillerie-Bataillons und wurde dann zum Stabschef der 1. Division ernannt. Von 1926 bis 1928 befehligte er das Artillerie-Regiment 2. Bis 1930 war er Kommandeur der 1. Kavallerie-Division in Frankfurt/Oder und wurde im Oktober zum Befehlshaber des Wehrkreises III ernannt.

Neben seinen regelmäßigen Beförderungen und Ernennungen spielte Fritsch eine entscheidende Rolle bei der Weiterentwicklung der Militärdoktrin. 1927 stellte die von ihm geleitete 1. Abteilung (Operative Führung) des Truppenamts zur Zukunft der Panzerwaffe fest: »Schnell fahrende Panzer werden höchstwahrscheinlich die den Verlauf einer Operation entscheidende Offensivwaffe werden. Vom taktischen Gesichtspunkt aus wird diese Waffe, in selbständigen Verbänden wie Panzerbrigaden konzentriert, am wirksamsten sein.«[2] Solche scharfsichtigen Urteile waren typisch für das Denken in der gesamten Reichswehr, obwohl das Heer wegen der Verbotsklauseln im Versailler Vertrag keinen einzigen Panzer auf deutschem Boden besaß.

Fritschs wichtigster Beitrag auf diesem Gebiet bestand darin, daß er Anfang der dreißiger Jahre in einem von Beck geleiteten Arbeitsausschuß gemeinsam mit Leeb, Bock und Busch die Heeresdienstvorschrift 487 überarbeitete. Dank Becks Begabung als Autor und Denker entwickelte der Ausschuß *Die Truppenführung,* das wohl beste militärische Handbuch, das je verfaßt wurde und das die Ausbildung wie den Kampfeinsatz der deutschen Armee auf dem Schlachtfeld auf ein Niveau hob, das dem seiner Gegner in den Anfangsjahren des Zweiten Weltkrieges insgesamt überlegen war.

Wie die ganze Führungsspitze des Heeres war auch Fritsch seit den ersten Tagen des NS-Regimes mit den größenwahnsinnigen Zielen Adolf Hitlers vertraut. Vier Tage nach seiner Ernennung zum Kanzler, am 3. Februar 1933, trug Hitler einer Gruppe hoher Offiziere, darunter auch Fritsch, seine Ziele vor. Der neue Reichskanzler äußerte, er beabsichtige nicht nur die Struktur des Versailler Vertrages zu ändern, sondern auch das europäische Kräftegleichgewicht von Grund auf zu zerstören. Nicht jeder Zuhörer wird die von Hitler dargelegten langfristigen Ziele ganz ernst genommen haben, doch stellte er dem Militär zugleich riesige, ungeahnte Mittel in Aussicht, um mit der Wiederaufrüstung zu beginnen. Trotz der außerordentlich schwierigen wirtschaftlichen Probleme, denen sich das Reich gegenübersah, erhielt jede der drei Teilstreitkräfte einen Blankoscheck für die Initiierung von Rüstungsprogrammen, von denen jedes für sich genommen die langfristige wirtschaftliche Stabilität des Landes gefährden konnte.

Zur Zeit der nationalsozialistischen »Machtergreifung« war Fritsch noch Befehlshaber des Wehrkreises III; als jedoch der Chef der Heeresleitung, Kurt von Hammerstein-Equord, seinen Abschied nahm, trat Fritsch zu Beginn des Jahres 1934 als dessen Nachfolger ins Rampenlicht. In seinem neuen Amt sah er sich sofort mit zwei grundsätzlichen Problemen konfrontiert: erstens mit dem Verhältnis zwischen der Armee einerseits und der nationalsozialistischen Partei und ihrem »Führer« andererseits, zweitens mit den schwierigen Fragen, die mit der Festlegung des Kurses bei dem massiven Wiederbewaffnungsprogramm des Heeres zusammenhingen. In beiden Bereichen hinterließ Fritsch seine Spuren, was seinem Land aber auf lange Sicht nicht unbedingt zum Nutzen gereichte.

Fritsch war weder der Kandidat Hitlers für den Posten des Oberbefehlshabers des Heeres gewesen noch derjenige des Reichswehrministers Werner von Blomberg. Beide hatten gehofft, Blombergs engsten Mitarbeiter, den relativ jungen und ehrgeizigen Walther von Reichenau, durchsetzen zu können. Doch die oberste Führung der Reichswehr legte sich quer. Hitler äußerte gegenüber seinem Adjutanten, Friedrich Hoßbach, Reichspräsident Paul von Hindenburg habe mit seinem Rücktritt gedroht, wenn nicht Fritsch diesen Posten bekäme. Fritsch verstand sich gut mit Blomberg, nur mißfiel ihm die Tatsache, daß der Reichswehrminister bis zu seinem Sturz Anfang 1938 das Regime und dessen Symbole voll und ganz akzeptierte. Fritsch machte allerdings keine Schwierigkeiten, als sich Blomberg und Reichenau nach Hindenburgs Tod daranmachten, die Wehrmachtführung von der Notwendigkeit zu überzeugen, daß Offizierkorps und Truppe nunmehr einen persönlichen Treueeid auf Adolf Hitler zu leisten hätten.

Auch konnte Fritsch sich nicht zu einem ernsthaften Protest durchringen, als die Generäle von Schleicher und von Bredow während der »Säuberungsaktion« gegen die SA im Sommer 1934 ermordet wurden. Fritschs antinationalsozialistische Aktivitäten beschränkten sich auf einen Hang zu regimefeindlichen Bemerkungen, wobei er es mitunter völlig an Diskretion mangeln ließ. William Shirer erwähnt in seinen Memoiren, daß er im Jahre 1935 auf einer Zuschauertribüne in der Nähe von Fritsch gestanden habe; der General habe dort »am laufenden Band sehr sarkastische Bemerkungen [gemacht] – über die SS, die Partei und verschiedene Parteiführer, sobald sie erschienen. Er war voller Verachtung ihnen allen gegenüber.«[3] So war es nicht verwunderlich, daß er sich die Führer der Partei bald zu Feinden machte, denn die Wehrmachtführung stand unter strenger Beobachtung. Hitler und Fritsch verstanden sich niemals gut, und der Oberbefehlshaber des Heeres scheint in den dreißiger Jahren eine der wenigen Persönlichkeiten gewesen zu sein, die den »Führer« einschüchtern konnten.

Für Fritsch war der Hauptpunkt der Kontroverse mit dem NS-Regime Mitte der dreißiger Jahre das Eindringen der SS in die Domäne des Heeres. Durch die Zusammenarbeit der Reichswehr mit dem Regime in der »Nacht der langen Messer« im Sommer 1934, als Hitler seine »Säuberungsaktion« gegen die SA-Führung unternahm, war die Sturmabteilung als ernsthafter Rivale ausgeschaltet. Aber gleich danach war ein langfristig noch viel gefährlicherer Konkurrent auf den Plan getreten: Heinrich Himmlers SS mit ihren Bemühungen, eine von der Kontrolle der Armee unabhängige weitere Streitmacht zu schaffen. Die SS führte einen ständigen »Guerillakrieg« gegen die Wehrmacht; zweifellos trug Fritsch durch seine unverhohlene Verachtung der »Asphaltsoldaten« auch nicht gerade zur Besserung der Lage bei. Und so blieben die Beziehungen zwischen der SS-Verfügungstruppe und der Armee »sehr kühl, wenn nicht gar feindlich«[4], wie Fritsch sie im Februar 1938 charakterisierte.

Das Verhältnis zwischen Blomberg und Fritsch wurde nicht nur durch Meinungsverschiedenheiten darüber beeinträchtigt, wie eng die Zusammenarbeit von Armee und Partei sein sollte; beträchtliche Auseinandersetzungen gab es auch über die Frage, wer über die Strategiepolitik des Reiches entscheiden sollte. Blomberg und Reichenau strebten danach, innerhalb des Reichswehrministeriums (später des Reichskriegsministeriums) etwas in der Art eines gemeinsamen Führungsstabes zu schaffen, um die Arbeit der drei Wehrmachtteile zu kontrollieren und zu koordinieren. Zieht man die begrenzten Mittel in Betracht, welche für die Aufrüstung zur Verfügung standen, so wäre ein derartiger Ansatz durchaus sinnvoll gewesen. Fritsch und Beck aber dachten nicht daran, sich unter Blombergs und Reichenaus Kontrolle zu fügen, und kämpften geschickt und erfolgreich um die Erhaltung ihrer Selbständigkeit. Sie wurden von den beiden anderen Wehrmachtteilen unterstützt: Hermann Göring, der nicht nur Oberbefehlshaber der Luftwaffe, sondern auch Reichsluftfahrtminister (und daher Blomberg einerseits untergeben, andererseits gleichgestellt) war, hatte nicht die Absicht, die Luftwaffe Blomberg zu unterstellen, und die Kriegsmarine unter Admiral Erich Raeder verfolgte ebenfalls einen unabhängigen Kurs. Dies war einer der wenigen Bereiche, wo sich die drei Wehrmachtteile in der Vorkriegszeit im wesentlichen einig waren. Und auch Hitler konnte es nur recht sein, denn niemand außer ihm selbst sollte den strategischen Kurs des Reiches bestimmen.

Trotz aller Betonung, die in den meisten Nachkriegs-Darstellungen auf die Rolle Fritschs im Verhältnis zwischen NSDAP und Wehrmacht gelegt wurde, verbrachte Fritsch den größten Teil seiner Zeit damit, das Heer auf den Krieg vorzubereiten. Und in dieser Hinsicht leistete er Hervorragendes. Er sah als sein Leitprinzip an, was Hitler ihm nahegelegt hatte, als er ihm zur Übernahme seines Amtes als Chef der Heeresleitung gratulierte: »Schaffen Sie eine Armee der größtmöglichen Stärke, innerer Entschlossenheit und Einheit auf der Grundlage der bestmöglichen Ausbildung.«[5] Was die deutsche Wehrmacht zu einem so außergewöhnlichen Instrument militärischer Gewalt im künftigen Krieg machte, war ihre systematische und gründliche Ausbildung in den dreißiger Jahren. Wie oben bereits erwähnt, beruhte die Vorbereitung der Militärdoktrin auf einer rückhaltlosen und vollständigen Prüfung dessen, was sich auf den Schlachtfeldern des Ersten Weltkrieges abgespielt hatte. Historiker werfen militärischen Institutionen oft vor, sich auf den vergangenen Krieg vorbereitet zu haben; in Wirklichkeit sind solche Vorwürfe aber reiner Unsinn. Natürlich bereitet man sich auf den nächsten Krieg vor, nur zieht man die falschen Schlüsse aus dem Studium des vergangenen Krieges. Daher die zumeist schmählichen Leistungen auf dem Schlachtfeld. In diesem Fall jedoch bereitete sich die deutsche Wehrmacht tatsächlich nach einer exakten, gründlichen Auswertung der Vergangenheit vor.

Fritsch und der Chef des Generalstabes, Beck, fügten neue Entwicklungen wie den Panzerkampf in den größeren Rahmen einer Kriegführung mit gemischten Verbänden ein, die auf Schnelligkeit, Flexibilität, Auftragstaktik und Frontführung setzte. Daher dachte das gesamte Offizierkorps – und nicht etwa nur eine kleine Gruppe von »Rechtgläubigen« wie in Großbritannien – in Begriffen, die auf den Panzerkrieg anwendbar waren.

Damit soll nicht gesagt werden, daß die höhere Armeeführung die Idee des Panzerkrieges mit Begeisterung aufgenommen hätte; im Gegenteil. So äußerte der spätere Generalfeldmarschall Gerd von Rundstedt nach einem Manöver mit Panzertruppen in den dreißiger Jahren zu Guderian: »Alles Unsinn, mein lieber Guderian, alles Unsinn.«[6] Die von Fritsch und Beck entwickelte Struktur ermöglichte jedoch die außerordentlich rasche Akzeptanz des Panzerkrieges, nachdem die höhere Führung des Heeres genau beobachtet hatte, was sich 1939 und 1940 auf den

Schlachtfeldern abspielte, und so aus den Feldzügen zu Beginn des Zweiten Weltkrieges lernte. Dieses breite, auf einer klaren Doktrin beruhende Verständnis erklärt auch, weshalb so viele deutsche Panzerkommandeure nicht aus den Panzertruppen hervorgegangen waren. Alle deutschen Kommandeure – ob Infanterie, Artillerie oder Panzerwaffe – kämpften nach dem gleichen Rahmenkonzept, das im Handbuch *Die Truppenführung* von 1933 festgelegt war.

Nach dem Krieg warf Guderian dem Oberkommando des Heeres (jedoch nicht Fritsch) und insbesondere Beck vor, der Entwicklung des Panzerkrieges jedes nur denkbare Hindernis in den Weg gelegt zu haben. Doch spiegelte Guderians Kritik an Beck lediglich seine Wut über den Verrat wider, den sein Vorgänger im Amt des Generalstabschefs in seinen Augen am »Führer« begangen hatte, dem er – Guderian – so treu und hingebungsvoll bis zum bitteren Ende gedient hatte. Denn Beck hatte die Schaffung der Panzerwaffe im gleichen Maße unterstützt wie Fritsch. Im Frühjahr 1935 (noch vor Aufstellung der ersten Panzerdivision) leitete Beck mit Fritschs Unterstützung eine Generalstabsreise, die dazu diente, sich über die Einsatzmöglichkeiten eines Panzerkorps zu informieren, und im darauffolgenden Jahr wurde im Rahmen einer weiteren Generalstabsreise der mögliche Einsatz einer ganzen Panzerarmee erprobt. Die Vorführung der versuchsweise aufgestellten Panzereinheiten in den Manövern des Jahres 1935 beeindruckte Beck und Fritsch hinreichend, daß sie die Aufstellung von drei Panzerdivisionen anordneten. Ende 1935 hob der Chef des Generalstabes den möglichen Einsatz von Panzerdivisionen gegen Fernziele hervor und empfahl ihren Einsatz als selbständige Waffengattung »in Verbindung mit anderen motorisierten Waffen«.[7]

Das Hauptgewicht der Rüstung galt allerdings den eher traditionellen Bereichen. Dafür gab es gute Gründe. Der erste und wichtigste war, daß Deutschland aufgrund seiner wirtschaftlichen und geographischen Lage wenig Zugang zu Rohstoffen, besonders Erdöl, hatte. Das langfristige Hauptziel der Eroberungspolitik Hitlers bestand zugegebenermaßen darin, Zugang zu Rohstoffquellen zu gewinnen, doch konnte Deutschland nicht damit rechnen, in absehbarer Zukunft über genügend Erdöl zur Versorgung eines vollständig motorisierten oder mechanisierten Heeres zu verfügen. Zudem war das deutsche Heer, wie dies bei jeder militärischen Institution der Fall ist, eine ausgesprochen konservative Organisation. Vor 1933 hatte es keinerlei Erfahrungen auf dem Gebiet der Mechanisierung gegeben (abgesehen von dem relativ unbedeutenden Versuch einer Zusammenarbeit mit der Sowjetunion) und nur sehr wenig auf dem der Motorisierung. Aus diesem Grund wollten Fritsch und Beck die Zukunft des Heeres nicht durch Konzepte aufs Spiel setzen, die aus deutscher Sicht noch unerprobt waren.

Der bedeutendste Beitrag, den Fritsch während seiner Amtszeit für das Heer leistete, hing mit der Unterstützung der Seecktschen Tradition zusammen, das Heer, seinen Ausbildungsstand und seine Manöverleistung absolut ehrlich und auf der Grundlage objektiver Kriterien zu beurteilen. Folglich übte das Heer an den Leistungen ihrer Einheiten schonungslose Kritik und entwickelte danach die zur Verbesserung erforderlichen Ausbildungsprogramme. Unter Fritsch erwartete die Armeeführung von den nachgeordneten Befehlshabern ehrliche und exakte Berichte über den Leistungsstand ihrer Truppen. Wenn eine Einheit unter der vorgeschriebenen Norm lag, mußte ihr Kommandeur dies melden und gleichzeitig die zur Behebung der Mängel notwendigen Maßnahmen treffen. Und je höher die Kommandoebene, desto kritischer und anspruchsvoller waren die Erwartungen. Vor allem das Oberkommando des Heeres und der Generalstab setzten unter Fritschs Leitung ihre ungewöhnlich hohen Normen und Erwartungen nicht nur im gesamten Offizierkorps, sondern auch bei Unteroffizieren und Mannschaften durch – und dies trotz der umfassenden Erweiterung, die das Offizierkorps unter entsprechendem Qualitätsverlust erfahren hatte.

Aber nicht jede Entscheidung, die Fritsch als Oberbefehlshaber des Heeres auf taktischer und operativer Ebene traf, war klug. So unterstützte er moralisch und materiell das Raketenprogramm der Wehrmacht, das schließlich die V-2 hervorbrachte – die wohl teuerste, aber eine der am wenigsten wirksamen Waffen im europäischen Krieg. Ebenso wie Walter Dornberger, der Leiter des V-2-Programms, scheint Fritsch von der Idee besessen gewesen zu sein, eine Rakete – in seinen Augen ein Artilleriegeschoß – zu entwickeln, die man über große Entfernungen hinweg gegen den Gegner einsetzen konnte, so wie man 1918 mit der »Dicken Bertha« Paris beschossen hatte. Angesichts der knappen Ressourcen, über die Deutschland verfügte, und der technologischen Probleme, die damit verbunden waren, eine große Rakete in den Weltraum zu schießen und mit hoher Zielgenauigkeit wieder zur Erde zurückkehren zu lassen, hätte die Führungsspitze der Armee die Sinnlosigkeit eines solchen Waffensystems allerdings bereits 1937 erkennen müssen. Aber es scheint nicht Fritschs besondere Stärke gewesen zu sein – und in dieser Hinsicht glich er Hitler –, Mittel und Zweck in vernünftige Relation zueinander zu setzen.

Die massive Aufrüstung des Heeres und der anderen Wehrmachtteile hätte zur Folge haben müssen, daß man sich ernsthaft fragte, wohin der NS-Staat eigentlich steuerte. Während der ersten drei Jahre der Wiederaufrüstung kosteten die Schaffung der entsprechenden Industriekapazitäten und die Reorganisierung der Wirtschaftsstruktur die meiste Kraft. 1936 wurde jedoch bereits das Ausmaß der Rüstungsproduktion erkennbar, und die ersten Quittungen für die rasche Erweiterung der Wehrmacht kamen auf den Tisch. Noch bedrohlicher war die Flut von Rüstungsgütern und die wachsende Zahl neu aufgestellter Verbände, durch die sich die Stärke des Reichsheeres bis 1939 verachtfachte.

General Friedrich Fromm, Chef des Allgemeinen Heeresamtes im OKH, war sich darüber im klaren, worauf es hinauslief, und 1936 warnte er Fritsch: »Es muß also anschließend an die Aufrüstungsperiode bald der Einsatz der Wehrmacht erfolgen oder eine Milderung des Zustandes dadurch erreicht werden, daß die

Forderungen an die Höhe der Kriegsbereitschaft gesenkt werden.«[8] Was Fromm im Grunde genommen damit ausdrücken wollte, war: Ende 1939 würde die Wehrmacht infolge des massiven Wiederbewaffnungsprogramms voll ausgerüstet sein; und was sollte dann mit der Waffen- und Rüstungsproduktion geschehen? Das Reich würde vor der Wahl stehen, entweder die Waffen einzusetzen oder bankrott zu gehen. Fritsch ging auf diese klare strategische Warnung nicht ein.

Von manchen Autoren wurde behauptet, Fritsch habe das Heer einzig und allein auf defensive Aufgaben vorbereiten wollen. Die Tatsachen beweisen das Gegenteil: Nicht nur die Größe des neuen Heeres ging weit über das Maß dessen hinaus, was die Verteidigung des Reiches erforderte, auch die Eile, mit der die Rüstung betrieben wurde, und die Struktur der Streitkräfte zeigen eindeutig, daß sich die Wehrmacht auf offensive Aufgaben vorbereitete. Um die künftigen Pläne für die militärische Rüstung zu rechtfertigen, äußerte Fritsch Ende 1936 gegenüber Blomberg: »Nach den Worten des Führers soll ein schlagkräftiges Heer in möglichst kurzer Zeit geschaffen werden.«[9] Letzten Endes hätten Fritsch und Beck aufgrund der Logik ihres Rüstungsprogramms und angesichts des Charakters des Regimes, dem sie dienten, erkennen müssen, daß das unvermeidliche Ergebnis der von ihnen ins Werk gesetzten Aufrüstung der Krieg sein würde.

Hitler erkannte das ebenfalls. Anfang November 1937 rief er seine höchsten militärischen und außenpolitischen Berater zusammen, um mit ihnen die Tatsache zu erörtern, daß sich Deutschlands Wirtschaft infolge des gewaltigen Rüstungsprogramms in ernsthaften Schwierigkeiten befand. Zwar besteht zwischen den Daten, die Hitler für das Losschlagen Deutschlands nannte, und den folgenden Ereignissen kaum ein Zusammenhang; ausschlaggebend war vielmehr, was der »Führer« äußerte und wie er es sagte. Es war klar, daß er vorhatte, in naher Zukunft loszuschlagen, und seine Bemerkungen wurden von den Zuhörern zweifellos auch so verstanden. Hitler betonte, entscheidend sei die Tatsache, daß »die materielle Austattung und Bewaffnung [der Wehrmacht] modern [seien]; bei weiterem Zuwarten läge die Gefahr ihrer Veraltung vor«.[10] Fritsch und Blomberg wiesen nachdrücklich darauf hin, daß die Wehrmacht *noch* nicht soweit sei, um große militärische Operationen durchführen zu können, und das Reich daher in seiner Außenpolitik derzeit noch keine große Risiken eingehen könne.

Es ist nicht klar, wie die Besprechung endete, doch sollte man nicht einen direkten Zusammenhang zwischen der von Hitlers Adjutanten aus dem Gedächtnis zusammengefaßten Zusammenkunft und jenen Ereignissen konstruieren, die im Januar des darauffolgenden Jahres eintraten. Hitler dürfte allerdings über den Widerstand, auf den er gestoßen war, nicht recht glücklich gewesen sein, und so war er sicherlich entschlossen, jede sich nur bietende Gelegenheit zu nutzen, sich seiner Widersacher zu entledigen. Diese Gelegenheit ergab sich durch die skandalträchtige Heirat Blombergs. Es muß betont werden, daß Blombergs Absetzung ein direktes Ergebnis der moralischen Entrüstung war, welche die Generalität über den vermeintlichen Verrat an ihrem Ehrenkodex empfand. Fritsch selbst befand sich zu dieser Zeit auf einer ausgedehnten Urlaubsreise in Ägypten und kehrte erst kurz vor Ausbruch der Blomberg-Krise ins Reich zurück. Hitler war zweifellos entzückt darüber, die Situation für seine Zwecke ausnützen zu können, und hätte gewiß auch keine Schwierigkeiten gehabt, Fritsch und andere, die bald darauf ihren Abschied nehmen sollten, im gleichen Zuge kaltzustellen, indem er sie schlicht zum Rücktritt aufforderte.

Einer der wenigen politischen Fehler, die Hitler in den dreißiger Jahren machte, bestand darin, daß er die hochgespielten und offenkundig falschen Beschuldigungen ausnutzte, wonach Fritsch homosexuell sein sollte. Diese Beschuldigungen, die von Heinrich Himmler und Reinhard Heydrich in die Welt gesetzt worden waren, genügten, um Fritsch zur Aufgabe seines Amtes zu zwingen, und Hitler konnte einen ehrgeizigen General, Walther von Brauchitsch, zum Oberbefehlshaber des Heeres ernennen. Als Fritsch dem falschen Zeugen in Anwesenheit Hitlers gegenübergestellt wurde, schwieg er und lieferte damit dem »Führer« die Handhabe zu seiner Entlassung.

Die Intrige der Gestapo wurde jedoch sehr bald als solche erkannt, und zahlreiche hohe Generäle (unter ihnen einige der entschiedensten Parteigänger der Nationalsozialisten) empörten sich über die falschen Anschuldigungen. Nicht nur die Tatsache der falschen Beschuldigungen, sondern auch deren Charakter hatten eine Lage geschaffen, die eine Zeitlang außer Kontrolle zu geraten drohte. Dennoch wäre es falsch, anzunehmen, daß Hitler sich einer einheitlichen Front von Offizieren gegenübersah, die über die Behandlung Fritschs empört waren. Es gab viele ehrgeizige Offiziere, die sich, wie Keitel und Brauchitsch, nur zu gern den Weg an die Spitze ebnen wollten, indem sie vom Sturz ihrer höchsten Vorgesetzten profitierten. Und unterhalb der Heeresführung befand sich die große Masse der Offiziere, zumeist begeisterte Nationalsozialisten und dem »Führer« treu ergeben, von der kaum anzunehmen war, daß sie einen Staatsstreich gegen das Regime unterstützt hätte.

Hitler wurde wieder Herr der Lage, indem er wegen Österreich eine internationale Krise herbeiführte. Der riesige Propagandaerfolg, den er mit dem »Anschluß« erzielte, ermöglichte es dem NS-Regime, die Krise in der Wehrmachtführung zu entschärfen. Nach dem Anschluß Österreichs stellte das Reichskriegsgericht unter Vorsitz von Göring das Verfahren gegen Fritsch ein, ohne die Schuld der SS-Führung an der Fabrizierung dieses Unsinns zu untersuchen. Während die Armee den erfolgreichen »Anschluß« feierte, verflog der Ärger über die Behandlung Fritschs. Auf Veranlassung Hitlers wurde der in den Ruhestand versetzte General durch ein Offiziersehrengericht wenigstens teilweise rehabilitiert und im Juni 1938 zum Chef des Artillerie-Regiments 12 ernannt, dessen Kommandeur er einst gewesen war.

Für Fritsch begann nun ein einsames und verbittertes Leben im Ruhestand. Ludendorff hatte ihn zu Beginn seiner Tätigkeit als Oberbefehlshaber des Heeres gewarnt: »Hitler wird niemandem gegenüber loyal bleiben, er wird selbst Sie nach wenigen Jahren verraten.«[11] Fritschs Verbitterung veranlaßte ihn jedoch nicht, den Weg des Widerstandes zu wählen, den Beck nach seinem Rücktritt als Generalstabschef auf dem Höhepunkt der Sudetenkrise im Sommer jenes Jahres einschlug. Andererseits wäre Fritsch wahrscheinlich nicht so weit gegangen wie Manstein, der in einem Brief an Beck schrieb, die Generäle sollten sich Hitlers Strategie nicht widersetzen, denn er »hat die politische Situation bisher immer richtig eingeschätzt«.[12] Wahrscheinlich lag Fritschs Haltung irgendwo dazwischen, wie es in der folgenden Bemerkung zum Ausdruck kommt: »Hitler ist Deutschlands Schicksal im Guten wie im Bösen.«[13]

Unglücklich über sein Dasein im Ruhestand, verbittert darüber, wie ihn das Regime behandelt hatte, und vielleicht sogar an der Zukunft des Reiches zweifelnd, begleitete Fritsch sein Regiment im Polenfeldzug in den Kampf. Am Rande Warschaus mußten er und sein Adjutant unter dem Beschuß polnischer Heckenschützen Deckung suchen. Ein polnischer MG-Schütze feuerte drauflos, ein Querschläger traf den General am Bein und durchschlug die Oberschenkelarterie. Kurz danach war der ehemalige Oberbefehlshaber des Heeres verblutet.

Anmerkungen

1 Zitiert in: John Wheeler-Bennet, The Nemesis of Power. The German Army in Politics 1918–1945, New York 1967, S. 302.
2 Robert J. O'Neill, The German Army and the Nazi Party 1933–1939, New York 1966, S. 130f.
3 William L. Shirer, Berlin Diary. The Journal of a Foreign Correspondent 1934–1941, New York 1941, S. 27.
4 O'Neill (Anm. 2), S. 103.
5 Ebd., S. 29.
6 M. Plettenberg, Guderian. Hintergründe des deutschen Schicksals 1918–1945, Düsseldorf 1950, S. 14.

7 Wilhelm Deist, The Wehrmacht and German Rearmament, London 1981, S. 42f.

8 Wilhelm Deist u. a., Das Deutsche Reich und der Zweite Weltkrieg, Bd. I: Ursachen und Voraussetzungen der Deutschen Kriegspolitik, Stuttgart 1979, S. 436.

9 Ebd.

10 Akten zur deutschen auswärtigen Politik [ADAP], Serie D, 10. November 1937.

11 O'Neill (Anm. 2), S. 29.

12 Brief von Manstein an Beck, Juli 1938, Beck-Nachlaß, BA-MA, N28/3.

13 O'Neill (Anm. 2), S. 29.

Bibliographie

Quellen

Die drei Hauptquellen, die für diesen Beitrag verwendet wurden, sind der Beck-Nachlaß im Militärgeschichtlichen Forschungsamt in Potsdam, die erbeuteten deutschen Protokolle auf Mikrofilm in den National Archives, Washington, und die Reihe Akten zur deutschen auswärtigen Politik, Serie D.

Literatur

Die beste Darstellung der Anfangskarriere von Fritsch ist und bleibt Johann von Kielmansegg, Der Fritschprozeß 1938, Hamburg 1949. Ein weiterer sehr nützlicher Augenzeugenbericht ist Friedrich Hoßbach, Zwischen Wehrmacht und Hitler, Hannover 1949. Es gibt drei ausgezeichnete Untersuchungen über das politische Verhältnis von Partei und Armee, zwei in deutscher und eine in englischer Sprache: Klaus-Jürgen Müller, Das Heer und Hitler, Stuttgart 1966; Manfred Messerschmidt, Die Wehrmacht im NS-Staat, Hamburg 1969; und Robert J. O'Neill, The German Army and the Nazi Party 1933–1939, London 1966. Telford Taylor, Sword and Swastika, New York 1952, und John Wheeler-Bennet, The

Nemesis of Power, New York 1964, sind ein wenig veraltet, aber immer noch sehr nützlich.

Was die Gesamtentwicklung und die Politik der Aufrüstung in den dreißiger Jahren betrifft, so ist Band 1 des Werkes des Militärgeschichtlichen Forschungsamtes über die Geschichte des Zweiten Weltkrieges ebenso umfang- wie aufschlußreich: Wilhelm Deist u. a., Das Deutsche Reich und der Zweite Weltkrieg, Bd. I.: Ursachen und Voraussetzungen der Deutschen Kriegspolitik, Stuttgart 1979. Wilhelm Deist, The Wehrmacht and German Rearmament, London 1981, enthält die Forschungsergebnisse und Gedanken des Autors über die deutsche Aufrüstung in englischer Übersetzung. Die Fritsch-Blomberg-Krise wird in zwei Werken unter jedem nur denkbaren Blickwinkel untersucht: Harold Deutsch, Hitler and His Generals. The Hidden Crisis January-June 1938, Minneapolis 1974, und Karl-Heinz Janßen / Fritz Tobias, Der Sturz der Generäle. Hitler und die Blomberg-Fritsch-Krise 1938, München 1994. Das letztgenannte Werk bietet eine realistischere Untersuchung der Motive und Handlungen der Generäle.

Friedrich Fromm –
Der »starke Mann im Heimatkriegsgebiet«

VON BERNHARD R. KROENER

Im Januar 1942, auf dem Höhepunkt der Winterkrise im Osten, bezeichnete Hitler den Chef der Heeresrüstung und Befehlshaber des Ersatzheeres, den Generalobersten Friedrich Fromm, dankbar als »den starken Mann im Heimatkriegsgebiet«.[1] Wenige Wochen zuvor hatte Generalfeldmarschall Walther von Brauchitsch, angesichts seiner bevorstehenden Demission, Fromm sogar als seinen möglichen Nachfolger im Amt des Oberbefehlshabers des Heeres bei Hitler ins Gespräch gebracht.

Als militärischer Vorgesetzter von bis zu 1,8 Millionen Soldaten und Zivilpersonal der Wehrmacht auf dem Boden des Reiches und in den besetzten Gebieten, verfügte der Befehlshaber des Ersatzheeres über die zahlenmäßig stärkste bewaffnete Macht in der Heimat. Überdies kontrollierte er aus seinem Dienstsitz im Berliner »Bendlerblock« wesentliche Teile des ministeriellen Apparates des ehemaligen Reichskriegsministeriums. Ihm unterstand das Allgemeine Heeresamt mit allen nachgeordneten Schulen und Ausbildungseinrichtungen, während er über die Wehrkreise die gesamte personelle Ersatzgestellung der Wehrmacht steuerte. Als Chef der Heeresrüstung überwachte er die Arbeit des Heereswaffenamtes mit seinen in Spitzenzeiten etwa 40000 Beschäftigten und damit die gesamte Entwicklung, Erprobung und Auslieferung von Heeresgerät an das Feldheer. In dieser Eigenschaft war Fromm auch Mitglied des Reichsforschungs-rates. Seine Befugnisse umfaßten das V-Waffen-Programm ebenso wie die militärisch verantworteten Teile der deutschen Atomrüstung. Die Militärverwaltung und damit Ernährung, Bekleidung und Besoldung unterstanden ihm über das Heeresverwaltungsamt und die Heereshaushaltsabteilung. Er war Chef der Heeresrechtsabteilung und damit oberster Gerichtsherr in der Heimat. Bis hin zur Militärseelsorge, zum Heeresveterinär-wesen und zu Teilen des Heeressanitätswesens erstreckten sich seine Befugnisse.

Daher erscheint es auf den ersten Blick erstaunlich, daß die historische Forschung von diesem einflußreichen, in zentraler Funktion verwendeten Offizier bisher kaum Notiz genommen hat. Wenn von Fromm die Rede ist, dann beschränken sich die Aussagen fast ausschließlich auf seine Rolle während der Ereignisse im Bendlerblock am 20. Juli 1944. Fast hat es den Anschein, als habe er sich mit seiner Entscheidung, die führenden Köpfe des militärischen Widerstandes exekutieren zu lassen, selbst aus der kollektiven Erinnerung ausradiert.

Der Spannungsbogen, der einerseits von der offenkundigen Machtstellung im militärischen Zentrum des nationalsozialistischen Regimes und andererseits von einem bewußten, Verachtung signalisierenden Vergessen in der Gegenwart gekennzeichnet ist, läßt einmal mehr die Chancen und Reichweiten einer biographischen Analyse erkennen. Indem sie die individuellen Handlungsstränge und Motivationsimpulse von ihren Anfängen her entwirrt und deutet, vermag sie den Fallstricken vorschneller und kurzatmiger Interpretationen zu entgehen. Dies erscheint um so notwendiger, je intensiver das moralische Verdikt der Nachgeborenen Gefahr läuft, Orientierungen und Entscheidungen einer Persönlichkeit eindimensional zu bewerten.

Der als Sohn des späteren königlich-preußischen Generalleutnants der Artillerie Richard Fromm am 8. Oktober 1888 in Berlin geborene Friedrich Fromm wuchs in die bewußt erfahrene Tradition einer bürgerlich-protestantischen Familie hinein, deren

172

sozialer Aufstieg sich im 19. Jahrhundert über drei Generationen hinweg fast idealtypisch vollzogen hatte: Aus einem märkischen Pfarrhaus hatte er über eine mittlere Beamtenkarriere in der Steuerverwaltung bis in die Spitze der bürgerlich geprägten Artilleriewaffe geführt. Das Vorbild eines in jeder Hinsicht dominierenden Vaters ließ den hochbegabten hünenhaften jungen Mann die Offizierslaufbahn der Feldartillerie einschlagen. Durch einen unregelmäßig verheilten Nasenbeinbruch seit früher Jugend gezeichnet, entwickelte der empfindsame, etwas linkische junge Offizier eine innere Distanz zu seiner Umgebung, die ihn sein Leben lang begleiten sollte und eine eindringende Beurteilung seiner Persönlichkeit noch zusätzlich erschwert.

Während des Ersten Weltkrieges, den Fromm zunächst im Westen, dann im Osten als Regiments- und Brigadeadjutant miterlebte, zeigte sich rasch, daß seine Stärken weniger im Bereich der operativen Führungskunst als vielmehr auf dem Feld der Organisation lagen. Die Erfahrungen eines industrialisierten Massenkrieges führten ihm die zunehmend unüberbrückbaren sozialen Spannungen zwischen einer adlig-elitären Elite von Berufsmilitärs und der Masse der bürgerlichen Reserveoffiziere und Mannschaften drastisch vor Augen. Vor diesem Hintergrund empfand der junge Hauptmann und Generalstabsoffizier den Zusammenbruch 1918 in erster Linie als Bankrotterklärung der Monarchie. Sie hatte die Chance des mit dem Kriegsausbruch erzwungenen »Burgfriedens« nicht als Ausgangspunkt zur Überwindung der ständisch-sozialen Verkrustungen des Wilhelminismus zu nutzen verstanden. Mit dieser Beurteilung unterschied sich Fromm kaum von den politischen Orientierungen der Mehrzahl der jüngeren Offiziere, denen wie ihm die Chance eröffnet wurde, in die neue Reichswehr übernommen zu werden. Zunächst im »Grenzschutz Ost« in Frankfurt/Oder eingesetzt und dann als Fachmann für Organisationsfragen bei der 3. Division (Berlin) verwendet, hatte er vom ersten Tag an ein weites Betätigungsfeld, verstärkten sich aber auch seine in Krieg und Zusammenbruch gereiften politischen Überzeugungen.

In der Reichswehr erkannte er den einzigen Garanten eines wiederzuerlangenden deutschen Großmachtstatus. Folgerichtig begriff er seine Arbeit in erster Linie als Verpflichtung, unter extrem ungünstigen Bedingungen die Voraussetzungen für eine gewaltsame Revision der Ergebnisse von Versailles zu schaffen. Geheime Mobilmachungsvorbereitungen, der Versuch, Waffenbestände vor den Augen der Internationalen Militärkontrollkommission in Sicherheit zu bringen, in den späten zwanziger Jahren die organisatorische und finanzielle Vorbereitung der deutschen Ausbildungsvorhaben in der Sowjetunion und schließlich seine Verwendung in der deutschen Delegation bei den Genfer Abrüstungsgesprächen fügen sich konsequent in diesen Horizont ein.

Seit Anfang 1928 war Fromm im Wehramt des Reichswehrministeriums tätig, wo er zuletzt als Major und Haushaltsreferent den Wehretat in den entsprechenden Ausschüssen des Reichstages vertrat. In dieser Funktion unterstützte er, indem er Mittel aus dem Reichswehretat in den Wahlkampffonds des greisen Feldmarschalls lenkte, in Zusammenwirken mit Reichswehrminister Wilhelm Groener 1932 die Wahl Hindenburgs. Fast scheint es, als ob seine Verschlossenheit ihn für Aktionen prädestinierte, mit denen am Rande und außerhalb der Legalität die Position der bewaffneten Macht verbessert werden konnte. Wie sehr seine politisch-militärischen Vorstellungen mit den Auffassungen der Reichswehrelite übereinstimmten, beweist seine spannungslose Zusammenarbeit mit so unterschiedlichen Charakteren wie Fritsch, Hammerstein, Schleicher, Blomberg und schließlich Brauchitsch.

Die Machtübernahme der Nationalsozialisten erschien ihm zunächst als Ausdruck einer nationalen Revolution. Nun mochte es gelingen, nicht nur die bisherigen parlamentarischen Beschränkungen der Aufrüstung abzustreifen, sondern auch den dringend notwendigen technologischen Modernisierungsschub herbeizuführen. Ebenso wichtig erschien Fromm und der gesamten Reichswehrführung die Aussicht, durch die sich abzeichnende Verbindung von Volk und Staat den gescheiterten Burgfrieden doch noch zur Volksgemeinschaft vollenden zu können. Indem Hitler eine als »Wiederwehrhaftmachung« apostrophierte gesellschaftliche Militarisierung propagierte, versprach er, die materielle und ideologische Voraussetzung der als unvermeidlich angesehenen Auseinandersetzung mit den Siegermächten von Versailles herzustellen. Dabei blieben Fromm und die Reichswehrelite zunächst in der elitären Vorstellung befangen, im Kräfteparallelogramm des neuen Reiches sei die Armee der stärkere Partner. Seine saloppe Bemerkung dem Chef des Truppenamtes, Generalmajor Wilhelm Adam, gegenüber, die Armee müsse an den rechten Rand der Bewegung fahren, hieß im Sprachgebrauch eines exerziergeübten Artilleristen nicht mehr und nicht weniger, als daß die Armee aus dem Hintergrund die Partei und ihre Massenorganisationen steuern solle. In diesem Sinne begann Fromm sich bereits Ende 1933 als Chef des Wehramtes aktiv in das Ausbildungswesen der SA einzuschalten. Als die Reichswehr spürte, daß ihr der revolutionäre Arm der NSDAP zu entgleiten drohte, lag die gewaltsame Entmachtung der SA, an der Fromm durch logistische Unterstützung mitwirkte, durchaus in ihrem Interesse.

Mit der Ermordung Schleichers, dessen Volksheervorstellungen er eher geteilt hatte als die Führerheerkonzeption Seecktscher Prägung und mit dem er auch nach dessen Ausscheiden aus dem Amt verbunden geblieben war, begann bei Fromm, wohl früher als bei anderen führenden Vertretern der Wehrmacht, die Unterstützung für die »nationale Revolution« zu erkalten. Seine wachsenden Zweifel am nationalsozialistischen Regime und an dessen menschenverachtender Politik ordnete er jedoch bis zu einem gewissen Grade seiner grundsätzlichen programmatischen Zielsetzung, der Aufrüstung des Heeres, die in den folgenden Jahren von ihm maßgeblich bestimmt wurde, unter.

Im Oktober 1935 zum Chef des Allgemeinen Heeresamtes ernannt, war Fromm wesentlich an der Wiedereinführung der allgemeinen Wehrpflicht beteiligt. Vor dem Hintergrund einer personell wie materiell prekären Situation der Wehrmacht, erfüllte ihn die außenpolitische Konfrontationspolitik Hitlers zunehmend mit Sorge. Im August 1936 legte er dem Oberbefehlshaber des Heeres, Generaloberst Fritsch, die Frage vor, ob bei der politischen Führung des Reiches die feste Absicht bestehe, »die Wehrmacht zu einem bestimmten schon festgelegten Zeitpunkt einzusetzen oder nicht«.[2] Die rasante, primär an politischen und militärisch-strategischen Prämissen orientierte Aufrüstung lief zunehmend Gefahr, die bestehende Friedenswirtschaft und damit die ökonomische Leistungsfähigkeit des Reiches insgesamt zu überfordern. Als erster Spitzenmilitär hatte er erkannt, daß am Ende der Aufrüstungsphase die Wehrwirtschaft in eine Kriegswirtschaft überführt werden mußte. Anderenfalls riskierte die Führung des Reiches den Kollaps der durch die unmittelbaren und mittelbaren Rüstungsaufträge ausgelasteten Volkswirtschaft. Die dem Prozeß einer forcierten Aufrüstung innewohnende Dynamik mußte zwangsläufig in einen militärischen Konflikt einmünden, auf den das Heer weder hinsichtlich der inneren Kohärenz der Verbände noch hinsichtlich seiner Ausbildung und kriegsmäßigen Bevorratung eingestellt war. Fromm war sich dieses Dilemmas früher als Beck bewußt geworden. Im Unterschied zu jenem sah er aber in den folgenden Jahren keine Möglichkeit, seinen Rücktritt zu provozieren. Als Ventil erschienen ihm seine zunehmend pessimistischeren Lagebeurteilungen, mit denen er nicht hinter dem Berg hielt. Es konnte nicht ausbleiben, daß sie auch den Angehörigen des diplomatischen Korps in Berlin bekannt wurden. Aus seiner Zeit in Genf verfügte Fromm über Beziehungen zu verschiedenen westlichen Diplomaten. Ob er diese Kontakte genutzt hat, um die Kriegspolitik des Dritten Reiches bewußt zu konterkarieren, läßt sich nur vermuten.

Die »Wiederwehrhaftmachung« als Voraussetzung der dem Reich naturgemäß zukommenden Weltmachtstellung und als Fundament der innenpolitischen Schlüsselrolle der Wehrmacht im autoritären Führerstaat war für Fromm wie für die gesamte militärische Elite des Dritten Reiches eine selbstverständliche

Position. Auch eine gewaltsame Auseinandersetzung um die im Westen und Osten verlorenen Territorien und eine ferne Abrechnung mit dem als Drahtzieher der Novemberrevolution empfundenen marxistischen System in Moskau ordnete sich in den politischen Horizont der militärischen Führung ein.

Die Geschwindigkeit, mit der sich dieser Konflikt am außenpolitischen Horizont abzuzeichnen begann, versetzte die Generalität zunehmend in die Rolle des Zauberlehrlings, dem der Besen des politisch-ideologischen Hausputzes aus der vermeintlichen Kontrolle geriet. Eine militärische Niederlage, das war ihnen allen bewußt, bedeutete neben allen anderen Folgen auch ihre endgültige innenpolitische Entmachtung. Letztlich vermochte die Heeresführung nach der Fritsch-Krise und angesichts einer bewußt herbeigeführten Kriegsgefahr nur mehr defensiv zu reagieren. Wie einige andere militärische Organisationsfachleute glaubte Fromm sich in einer Zwangslage gefangen, aus der er sich auch in den folgenden Jahren nicht zu lösen vermochte. Hatte man sich nach dem Ersten Weltkrieg der Wiedergewinnung der politisch-militärischen Handlungsfreiheit der Vorkriegszeit verschrieben, sah man sich nun als Steigbügelhalter eines Regimes, das leichtherzig den Weg in eine kriegerische Auseinandersetzung wählte, die man zwar einkalkuliert hatte, in der Größenordnung eines europäischen Konfliktes zu diesem Zeitpunkt aber für existentiell bedrohlich ansah. Das bedeutete für die Führungselite der Wehrmacht, soweit sie über die Tugend einer klaren Lagebeurteilung verfügte, daß man, vor dem Hintergrund eines deutlichen Verlustes von politischen Einwirkungsmöglichkeiten, nur mehr fachlich und im Rahmen der jeweiligen Kompetenzen agieren konnte. Andererseits widersprach es dem beruflichen Selbstverständnis der überwiegenden Mehrzahl der militärischen Führer, einen Rücktritt zu erzwingen, nachdem man den Weg so weit mitgegangen war und seinen Verlauf zum Teil auch aktiv mitbestimmt hatte. Die zahlreichen, interessanterweise zumeist aus den Zirkeln der Organisationsfachleute stammenden Denkschriften, die im Spätsommer 1939 vor den

Risiken eines europäischen Konfliktes warnten, sprechen in dieser Hinsicht eine deutliche Sprache.

Nach Abschluß des Polenfeldzuges und im Angesicht der Auseinandersetzung mit Frankreich, dem Angstgegner der Reichswehr, erschienen Fromm Staatsstreichüberlegungen, wie realistisch sie auch immer betrieben werden mochten, als innen- wie außenpolitischer Selbstmord. In seinem eigenen Befehlsbereich hatte er im Herbst 1939 erfahren können, wie rasch das Regime Positionen zu besetzen in der Lage war, die das Militär aus Unfähigkeit oder durch die Ungunst der Verhältnisse hatte räumen müssen. Im Februar 1940 offiziell zum Chef der Heeresrüstung und Befehlshaber des Ersatzheeres ernannt, mußte Fromm bereits im März die Munitionsfertigung, einen zentralen Bereich der Heeresrüstung, an einen Vertrauten aus Hitlers unmittelbarem Umfeld abtreten. Auf dem Munitionssektor hatte sich das bewahrheitet, was Fromm und Thomas, der Chef des Wehrwirtschafts- und Rüstungsamtes im OKW, gerade hinsichtlich der militärischen Verantwortung für eine umfassende Vorbereitung der Gesellschaft für den industrialisierten Krieg immer wieder befürchtet hatten: die Zurückdrängung der militärischen Macht aus den politisch-industriellen Entscheidungsbereichen und ihre Reduzierung auf die eng begrenzte unmittelbare Führung des Waffenkrieges.

Der unerwartet rasche Sieg über Fankreich hatte für die gesamte militärische Führung, aber nicht nur für sie, geradezu katastrophale Folgen. Hitler, der militärische Dilettant, hatte ihre Befürchtungen und pessimistischen Lagebeurteilungen – wie es schien – gründlichst diskreditiert. Wollten die Militärs das innenpolitische Gewicht siegreicher Waffen nicht unnötig aufs Spiel setzen, mußten sie, unter Hintansetzung aller möglichen fachlichen Bedenken, eine durch nichts zu erschütternde Siegeszuversicht an den Tag legen. Diese Haltung fiel um so leichter, als das Bewußtsein, daß es an den Grenzen des Reiches keinen ernstzunehmenden Gegner mehr gebe, der allgemeinen Überzeugung der Wehrmachtführung entsprach. Auch der Chef der

Heeresrüstung machte in dieser Hinsicht keine Ausnahme. Der Eindruck, den Ulrich von Hassell bereits im Frühjahr 1940 gewann, daß Fromm, dem man bisher ein gewisses Augenmaß für die Realitäten des Krieges nachgesagt habe, ebenfalls »vom wilden Kriegsknecht gebissen«[3] sei, dürfte durchaus zutreffend gewesen sein.

Im Juli 1940 nahm der Chef der Heeresrüstung in Anwesenheit des Gauleiters von Berlin, Joseph Goebbels, am Brandenburger Tor den Vorbeimarsch der aus Frankreich zurückkehrenden Truppen ab. Im Bewußtsein des militärischen Sieges drängte Fromm den Vertreter des Regimes öffentlich in eine untergeordnete Position, die durch die physische Ungleichheit der beiden Männer gleichsam publikumswirksam unterstrichen wurde. Goebbels hat diesen Affront nie vergessen. Aber noch einen anderen unversöhnlichen Gegner schuf sich Fromm im Sommer 1940. Hitler, in der Erkenntnis, daß der geplante Krieg gegen die Sowjetunion in erster Linie eine Frage militärischer Organisation sein werde, informierte Ende Juli 1940 zunächst den Chef der Heeresrüstung über seine Angriffsabsichten. Dieser eindeutige Vertrauensbeweis dem Verantwortlichen für das gesamte personelle Ersatzgeschäft der Wehrmacht gegenüber ließ dem Chef des Oberkommandos der Wehrmacht, Generalfeldmarschall Wilhelm Keitel, seine ungefestigte Position als militärischer Sekretär des Führers und Obersten Befehlshabers besonders deutlich bewußt werden. Keitel, der schon seit den zwanziger Jahren in steter Konkurrenz zu Fromm gestanden hatte, ließ in den folgenden Monaten keine Gelegenheit aus, Fromms Zusicherung Hitler gegenüber, er könne die Ausrüstung des Ostheeres bis zum Sommer 1941 sicherstellen – vorausgesetzt, das OKW weise ihm die erforderlichen materiellen und personellen Ressourcen termingerecht zu –, zu torpedieren.

Im Sommer 1940 näherte sich Fromms Stern seinem höchsten Stand. Ein Jahr später erkannte er früher als die anderen militärischen Führer, daß nach dem Scheitern des Vabanquespiels im Osten der Krieg nicht mehr zu gewinnen war. In einem mutigen

Schritt, der den späteren Vorwurf des Opportunismus zumindest fragwürdig erscheinen läßt, trug er Ende Oktober 1941, also noch vor Beginn der russischen Gegenoffensive, dem Oberbefehlshaber des Heeres seine Bedenken vor und forderte diesen auf, Hitler zu einer politischen Beendigung des Krieges aus der augenblicklichen Position militärischer Stärke heraus zu veranlassen. Brauchitsch, der zu diesem Zeitpunkt Fromms pessimistische Lagebeurteilung keineswegs teilte, der sich zudem seiner zunehmend schwächer werdenden Position durchaus bewußt war, hat diese Demarche offenbar nur halbherzig weiterverfolgt.

Wenige Wochen später wandte sich Hitler mit der Aufforderung an Fromm, der unter dem Druck der Roten Armee weichenden Ostfront den dringend benötigten Ersatz nachzuführen. Der Befehlshaber des Ersatzheeres befand sich in einer kritischen Position. Einerseits verstärkten sich seine Bedenken hinsichtlich des Kriegsausganges, andererseits vermochte er sich nicht aus der Verantwortung zu lösen, alles zur Unterstützung der Ostfront aufzubieten. Seine Unentbehrlichkeit als militärischer Organisationsfachmann bewahrte ihm zumindest bis zum Spätsommer 1942 seinen Einfluß bei Hitler. Gegen alle Voraussagen schien eine begrenzte deutsche Offensive im Süden der Ostfront noch einmal Raum zu gewinnen, schien es zu gelingen, die sowjetischen Erdölgebiete im Kaukasus zu besetzen. Doch bereits im Juli 1942 ließ eine wachsende materielle und personelle Auszehrung des Ostheeres keinen Zweifel daran, daß selbst bei Erreichen der gesteckten Operationsziele die Kraft zu einem vollständigen Niederringen des sowjetischen Gegners fehlen würde.

Ende November 1942, etwa ein Jahr nach seinem vergeblichen Vortrag bei Brauchitsch, versuchte Fromm mit einer erneuten Denkschrift an den Oberbefehlshaber des Heeres – jetzt war es Hitler selbst –, eine deutsche Friedensinitiative herbeizuführen. Mit diesem Schritt hatte sich der Chef der Heeresrüstung in den Augen des Regimes als unzuverlässig diskreditiert. Selbst Speer, der Fromm als einen der wenigen Militärs schätzen gelernt hatte, der über den engen Rahmen seines Fachgebietes hinaus gesamt-politische und wirtschaftliche Zusammenhänge in militärische Lagebeurteilungen einzubringen vermochte, gelang es nicht mehr, Fromm zu einem Führervortrag mitzunehmen. Der Verlust des unmittelbaren Zuganges zu Hitler markiert augenfällig den massiven Einflußverlust, den der Chef der Heeresrüstung und Befehlshaber des Ersatzheeres hatte hinnehmen müssen. Während Goebbels im Winter 1942/43 Hitler erneut für sein Konzept eines totalen Krieges zu begeistern suchte, gewann der Chef des OKW, Keitel, mit seinem Eintritt ins »Dreimännergremium« neben Lammers und Bormann eine Schlüsselstellung im Verteilungskampf der personellen Ressourcen in der zweiten Kriegshälfte.

Für Fromm verband sich das offensichtliche Scheitern seines Lebenswerkes mit einer persönlichen Katastrophe. Im November 1942 fiel sein einziger Sohn an der Ostfront. Seit Anfang 1943 scheint er resigniert zu haben, häuften sich die beruflichen Mißerfolge, setzte die Erosion seines Befehlsbereiches ein. Bereits 1942 hatte er in einer von ihm als fair empfundenen Absprache Speer weite Bereiche der Heeresrüstung unterstellt. Im Januar 1943 erfuhr er mit der Ernennung Guderians zum Inspekteur der Panzertruppen einen entscheidenden Einbruch in den unmittelbaren Bereich des Ersatzheeres. Wenig später erfolgte mit der Errichtung des Wehrmachtersatzamtes unter General Olbricht eine erneute Schmälerung seines Einflusses. Gleichzeitig wuchsen seine Rivalitäten mit verschiedenen Ämtern des OKW, die seine Schwächung zur Arrondierung ihrer Einflußsphären nutzten. So bemühte sich der Chef des Heeresstabes, General Walter Buhle, im Ausbildungssektor des Heeres Fuß zu fassen, während der Chef des Allgemeinen Wehrmachtamtes, General Hermann Reinecke, dem zunehmend als politisch unzuverlässig eingestuften Fromm die Aufsicht über die Wehrgeistige Rüstung im Ersatzheer zu entwinden suchte.

Goebbels, aber auch Bormann und schließlich Himmler suchten 1943 verstärkt nach Möglichkeiten, Fromm zu ersetzen, scheiterten aber an der Unmöglichkeit, eine personelle Alternative zu der in fast zwanzig Jahren erworbenen Fachkenntnis Fromms vorzuführen. In Aussicht genommene Kandidaten, welche die Gewähr ideologischer Festigkeit und persönlicher Härte boten, wie etwa der spätere Generalfeldmarschall Model, scheiterten letztlich an dieser Hürde. Im Laufe des Jahres 1943 versuchte Fromm wahrscheinlich, den Dienst zu quittieren, wie wohl auch seine Kontakte zum Widerstand in dieser Zeit deutlichere Konturen gewonnen haben dürften.

Seine intensiven Verbindungen zu Großindustriellen der Rüstungsbranche, seine für einen Berufsmilitär erstaunlichen wirtschafts- und finanzpolitischen Kenntnisse, sein Interesse an technischen Neuerungen und vor allem seine enge Verbindung zum Heereswaffenamt machten ihn als Lobbyisten für die Industrie interessant. Während die einen ihn für eine leitende Tätigkeit bei Rheinmetall-Borsig zu gewinnen suchten, brachten andere ihn mit den Industriellen zusammen, die bereits erste Überlegungen für die wirtschaftliche Zukunft des Reiches nach Hitler anstellten. Warum die Verhandlungen mit Rheinmetall-Borsig, nachdem sie offenbar weit gediehen waren, scheiterten, läßt sich mit letzter Sicherheit nicht mehr rekonstruieren.

Ein Bündel unterschiedlich zu gewichtender Motive dürfte Fromm schließlich bewogen haben, doch nicht aus dem Amt zu scheiden. Eine tragende Grundströmung stellte dabei seine spezifische Auffassung vom Beruf des Offiziers dar. Angesichts einer sich immer aussichtsloser gestaltenden Kriegslage schien es ihm mit seinem Berufsethos unvereinbar, seinen Platz zu räumen. Der Schöpfer der personellen und materiellen Rüstung des Heeres wollte nicht durch Amtsverzicht das Scheitern seines Lebenswerkes eingestehen.

Die persönlichen Motive bilden aber nur eine Seite seiner Entscheidung. Der Kampf der Partei gegen den als unzuverlässig eingeschätzten Befehlshaber des Ersatzheeres nahm im Angesicht der sich verschärfenden Kriegslage deutlichere Züge an. Himmler, Reichsführer SS (RFSS) und Chef der deutschen Polizei, hatte im Sommer 1943 den Reichsinnenminister Frick ersetzt. Anfang 1944 wurde deutlich, daß Himmler eine Gelegenheit suchte, das Gewaltmonopol der Partei durch die Kontrolle über das Ersatzheer zu vervollständigen, zumal Fromm unter dem Eindruck eines zunehmenden inneren Notstandes als Folge der katastrophalen Luftangriffe die vollziehende Gewalt im Heimatkriegsgebiet anstrebte. Wenige Tage vor dem Attentat übertrug Hitler dem RFSS hinsichtlich der neuaufzustellenden Volksgrenadierdivisionen, die als Elitedivisionen des Heeres eine besonders hochwertige materielle wie personelle Ausstattung erhalten sollten, weitgehende Vollmachten.

Der Befehlshaber des Ersatzheeres befand sich persönlich, aber auch was die Befugnisse seines Amtes betraf, im Juli 1944 in einer gefährlich labilen Lage. In dieser Situation mußte das Attentat vom 20. Juli, dessen Akteure ausschließlich in der nächsten Umgebung Fromms zu finden waren, das Regime ohne weiteres überzeugen, daß Fromm das eigentliche »Haupt der Verschwörung« sei. Unmittelbar nachdem die ersten Meldungen aus dem Bendlerblock im »Führerhauptquartier« bekannt geworden waren, ernannte Hitler den RFSS zum Befehlshaber des Ersatzheeres. Es ist bezeichnend, daß man in der Umgebung Hitlers von der Beteiligung Fromms so felsenfest überzeugt war, daß man ihm noch nicht einmal die Chance einer Rechtfertigung einräumte. So mußte es andererseits Fromm, als er erfuhr, daß die ersten Fernschreiben mit seinem Namen gezeichnet waren, klar sein, daß die Verschwörer ihn ohne seine Zustimmung in eine Lage gebracht hatten, die für ihn zweifellos lebensbedrohlich werden würde.

Die nachfolgende gewaltsame Dienstenthebung, die keinem anderen deutschen Befehlshaber während des Zweiten Weltkrieges widerfuhr, bedeutete für den nach dem Ehrenkodex der kaiserlichen Armee erzogenen Offizier eine unerträgliche Schmach. Diese beiden Ereignisse haben Fromm offenbar so tief aufgewühlt und verletzt, daß er glaubte, seine Ehre nur durch eine standrechtliche Exekution der unmittelbar Beteiligten wiederherstellen zu können. Die Persönlichkeit und Lebensgeschichte Fromms lassen diesen Interpretationsansatz glaubhafter erscheinen als den platt konstruierten Feigheitsvorwurf, den der Volksgerichtshof präsentierte, oder den pauschal geäußerten Opportunismusverdacht, der in der historischen Forschung seit einem halben Jahrhundert weitgehend ungeprüft weitergegeben wird.

Unmittelbar nach den nächtlichen Erschießungen begab sich Fromm zur Berichterstattung zu Goebbels, wo ihn auch Himmler erwartete. Noch in der Nacht verhaftet, blieb Fromm mehrere Wochen in Ehrenhaft, bis er am 14. September 1944 durch den Ehrenhof aus der Wehrmacht entlassen und dem Volksgerichtshof überantwortet wurde. Die folgenden Monate verbrachte er, wie viele am Attentat Beteiligte, im Gestapogefängnis in der Prinz-Albrecht-Straße. Noch am 5. März 1945 sorgte sich Goebbels, ob der Volksgerichtshof nach dem Tode Freislers auch wirklich zu einem Todesurteil gegen Fromm fände – eine Befürchtung, die sich bei der Willfährigkeit der deutschen Justiz im Nationalsozialismus als unbegründet erwies. Am 7. März 1945 wurde Friedrich Fromm wegen Feigheit zum Tode verurteilt. In einer längeren Verteidigung, deren innere Logik selbst den Berichterstatter der Parteikanzlei von der Haltlosigkeit der Anklage überzeugte, sahen sich seine Gegner im NS-Regime ein letztes Mal in ihrer Einschätzung seiner Gefährlichkeit bestätigt. Am 12. März 1945 wurde Fromm von einem Erschießungspeloton im Zuchthaus Brandenburg-Göhrden hingerichtet.

Anmerkungen

1 Bernhard R. Kroener, Die personellen Ressourcen des Dritten Reiches im Spannungsfeld zwischen Wehrmacht, Bürokratie und Kriegswirtschaft 1939–1942, in: Das Deutsche Reich und der Zweite Weltkrieg, Bd. 5/1, Organisation und Mobilisierung des deutschen Machtbereichs. Kriegsverwaltung, Wirtschaft und personelle Ressourcen 1939–1941, S. 693–1002, S. 916.

2 Ausarbeitung über den Aufbau des Friedens- und Kriegsheeres vom 1. August 1936, AHA, Ia, Nr. 1790/36 gHdos. BA-MA RH 15/70; Wilhelm Deist, Die Aufrüstung der Wehrmacht, in: Das Deutsche Reich und der Zweite Weltkrieg, Bd. 1: Ursachen und Voraussetzungen der deutschen Kriegspolitik, Stuttgart ²1991, S. 371–534, S. 434f.

3 Friedrich Frhr. Hiller von Gaertrigen (Hrsg.), Die Hassell-Tagebücher 1938–1944. Aufzeichnungen vom Andern Deutschland [von Ulrich von Hassell], Berlin 1988, S. 193 (Eintrag vom 23. April 1940).

Bibliographie

Quellen

Persönliche Aufzeichnungen von Fromm sind, von einigen wenigen Briefen in Familienbesitz (AFr-Zernien) abgesehen, nicht erhalten geblieben. Seine Personalakte im BA-MA besteht bezeichnenderweise nur aus einem Blatt, in dem das Heerespersonalamt lakonisch Todesurteil und Erschießung vermerkt. Umfangreicher, wenngleich weit verstreut sind die amtlichen Quellen zum Wirken Fromms als Chef des Wehramtes und des Allgemeinen Heeresamtes 1933–1939 (BA-MA RH 15). Dagegen sind die Akten aus dem Bereich Chef HRüst u BdE nur in Splittern überliefert (BA-MA, RH 15). Einen Glücksfall stellen daher die 1993 vom Imperial War Museum dem BA-MA überlassenen Diensttagebücher des ChdS Chef HRüst und BdE dar. Sie überliefern in handschriftlichen Stichwortnotizen die Gegenstände der täglichen Besprechungen bei Fromm von 1938 bis zum 31. 12. 1943. Das Material zum Jahr 1944 ist in großem Umfang von Gestapo und SD konfisziert worden.

Literatur

Eine Fromm-Biographie des Verfassers ist in Vorbereitung. Eine kleinere biographische Skizze findet sich bei Robert Wistrich, Wer war wer im Dritten Reich, München 1983, S. 79f.; Bernhard R. Kroener, Generaloberst Friedrich Fromm und der deutsche Widerstand. Annäherung an eine umstrittene Persönlichkeit, in: Heinrich Walle (Hrsg.), Aufstand des Gewissens. Militärischer Widerstand gegen Hitler und das NS-

Regime 1933–1945, Berlin u. a. 1994, S. 556–578. Zu Fromms Anteil an der deutschen Aufrüstung der Zwischenkriegszeit: Michael Geyer, Aufrüstung oder Sicherheit. Die Reichswehr in der Krise der Machtpolitik 1924–1936, Wiesbaden 1980; Wilhelm Deist, Die Aufrüstung der Wehrmacht, in: Das Deutsche Reich und der Zweite Weltkrieg, Bd. 1: Ursachen und Voraussetzungen der deutschen Kriegspolitik, Stuttgart 1979, S. 371–534. Zu seiner Tätigkeit als Chef HRüst und BdE: Bernhard R. Kroener, Die personellen Ressourcen des Dritten Reiches im Spannungsfeld zwischen Wehrmacht, Bürokratie und Kriegswirtschaft 1939–1942, in: Das Deutsche Reich und der Zweite Weltkrieg, Bd. 5/1: Organisation und Mobilisierung des deutschen Machtbereichs. Kriegsverwaltung, Wirtschaft und personelle Ressourcen 1939–1942, Stuttgart 1988, S. 693–1002.

Heinz Guderian –
»Panzerpapst« und Generalstabschef

VON HANS-HEINRICH WILHELM

Bis heute wird Generaloberst Heinz Guderian (geboren am 17. Juni 1888 in Kulm/Westpreußen, gestorben am 15. Mai 1954 in Schwangau/Allgäu) vielfach geringschätzig als Panzerführer abgetan, der am Anfang des Zweiten Weltkrieges mit einigen Panzerraids Überraschungserfolge erzielt habe, dann aber vom Glück verlassen worden und weitgehend in Vergessenheit geraten sei. Nur in der von einem seiner Söhne und zahlreichen anderen ehemaligen Schülern Guderians wiederaufgebauten Panzertruppe der Bundeswehr hält man noch das Andenken Guderians als des vermeintlichen alleinigen Schöpfers dieser neuen Waffe und als eines legendären Truppenführers hoch, dem sowohl auf der eigenen als auch auf der »Feindseite« kaum jemand das Wasser reichen konnte. Aber wer weiß überhaupt noch, daß Guderian immerhin vom 20. Juli 1944 bis Ende März 1945 Generalstabschef des Heeres und damit wichtigster militärischer Berater Hitlers auf sämtlichen OKH-Kriegsschauplätzen war? Daß Guderian sich immer dagegen gewehrt hat, auf ein »nur-militärisches« Rollenverständnis eingeengt zu werden, und als »politischer General« nicht selten eine außerordentlich verhängnisvolle Rolle gespielt hat? Daß die Verluste der »Ära Guderian«, also des letzten Dreivierteljahres des Zweiten Weltkriegs, auf deutscher Seite bedeutend höher waren als alle Verluste in den fast fünf vorangegangenen Jahren, daß der kaum nachvollziehbare Optimismus dieses Idols aus früheren Jahren Hitler nicht nur die Verlängerung seiner Schreckensherrschaft noch um einige weitere Monate ermöglichte, sondern auch der Gegenseite, vor allem der Roten Armee, noch einmal gigantische Verluste aufbürdete, deren genaues Ausmaß wir bis heute nicht kennen?

Schon im Ersten Weltkrieg hatte Guderian zu jenen »Feuerköpfen« gehört, die sich nicht ohne weiteres geschlagen geben wollten und im Baltikum auch gegen den erklärten Willen der neuen Reichsregierung den Krieg noch um einige Wochen auf eigene Faust fortsetzten. Von seinen gegenrevolutionären Hoffnungen aber doch abgekommen, bevor sie seine weitere Karriere ernstlich gefährden konnten, hatte Guderian in den Folgejahren – wie wohl die meisten Generalstabsoffiziere seiner Generation – kaum eine Möglichkeit ungenutzt gelassen, hinter dem Rücken der Interalliierten Kontrollkommission die Wiederaufrüstung Deutschlands vorzubereiten. Die Verbote fast sämtlicher moderner Angriffswaffen wurden durch Übungen mit Attrappen unterlaufen. Statt an Panzern wurde an »Großtraktoren« Fahrausbildung betrieben. Wesentliche Teile der Kraftfahrausbildung wurden an paramilitärische Organisationen der nationalen Rechten delegiert. Auslandskommandos und ein intensives Studium der internationalen Fachliteratur sorgten dafür, daß der Anschluß an neue technische Entwicklungen nicht verlorenging. Zum Teil entwickelte die deutsche Rüstungsindustrie auch in Eigeninitiative neue Prototypen, um sie bei einem plötzlich auftretenden Bedarf der Reichsregierung sofort anbieten zu können. Die in jenen Jahren angeknüpften Kontakte zur »Schwarzen Reichswehr«, den Freikorps-Traditionswahrern, den Veteranenvereinigungen und den Kraftfahrsportlern brachten Guderian schon früh in direkten Kontakt mit zahlreichen führenden Repräsentanten der nationalen Rechten und einigen Nationalsozialisten der ersten Stunde. Die alte Verbundenheit mit vielen der nach 1933 plötzlich tonangebenden Leute noch aus der sogenannten Verbotszeit sollte sich Guderian und den anderen Verfechtern einer möglichst umfassenden Heeresmotorisierung noch oft als hilfreich erweisen. Über die Weimarer Republik urteilte Guderian zeit seines Lebens eher noch abfälliger als der Durchschnitt seiner Generation und die meisten ehemaligen Reichswehr-Offiziere. Mehr als ein lästiges Intermezzo, das man irgendwie überdauern mußte, hat er wohl nie in ihr erblickt, den Beginn des Dritten Reiches dagegen trotz gewisser Reserven gegenüber dem Rabaukentum der SA und dem rhetorischen Niveau vieler Parteiredner aus vollem Herzen begrüßt.

Nicht nur die Flieger- und die Gastruppe, auch die Panzertruppe hatte jahrelang ihre entscheidenden Ausbildungsdefizite in der Sowjetunion zu kompensieren versucht, die nicht zu den Unterzeichnern des Versailler Vertrages gehörte und ein großes Interesse daran hatte, daß im mit Sicherheit zu erwartenden nächsten »imperialistischen« Krieg ihr jemand – einer häufig gebrauchten Wendung Stalins zufolge – die Kastanien aus dem Feuer holte (bevor sie selber eingriff und den »Weltbürgerkrieg« zu ihren Gunsten entschied). Die deutsche Seite stellte das Know-how, die Prototypen, die Ausbilder und die eine Hälfte der »Kursanten«, die sowjetische Seite die andere sowie das Erprobungsgelände und die noch fehlende Logistik. Zur »Krönung« der »harmonischen« Zusammenarbeit zwischen den beiden Hauptverlierern des Ersten Weltkriegs durften einige angehende russische Generalstabsoffiziere auch an den verbotenen, unter einer Tarnbezeichnung aber dennoch durchgeführten Generalstabslehrgängen in Deutschland teilnehmen, bei denen auch Guderian als Lehrer aktiv wurde. Wie es scheint, hat aber kaum einer der unter falschem Namen angereisten russischen Offiziere die »Säuberungen« der dreißiger Jahre und den Spanischen Bürgerkrieg überlebt. Immerhin dürfte die weitgehende Adaption der damaligen deutschen Führungsgrundsätze zumindest mitverantwortlich gewesen sein für das sowjetische Hochrüstungstempo Ende der zwanziger und Anfang der dreißiger Jahre, ohne welches die Rote Armee wohl kaum in die Lage geraten wäre, vor allem bei den modernen Angriffswaffen – von den Panzern über die Fliegerei bis zur Fallschirmtruppe – einige Jahre lang mindestens quantitativ weltweit die Führung zu übernehmen (was anderen die willkommene Gelegenheit gab, in großem Maßstab »nachzurüsten«).

Sofort nach der »Machtergreifung« setzten Guderian und einige andere Befürworter einer operativen Panzerwaffe – auch inspiriert durch englische Theoretiker wie Liddell Hart und Praktiker wie J. F. C. Fuller – alle Hebel in Bewegung, um mit Hitlers massiver Unterstützung den Vorsprung des Auslands aufzuholen. Die generalstabsinternen Widerstände waren gering, wurden von Guderian aber auch nach 1945 noch weit überbewertet. Blomberg, Fritsch, Reichenau und Brauchitsch förderten den »Motorisierungsgedanken«, soweit sie konnten. Die Einwände der »Traditionalisten« im Umkreis der Kavallerie-Inspektion und des Generalstabschefs Beck erledigten sich mit dem weiteren Fortschreiten der Aufrüstung größtenteils von selbst. Einer der Hauptstreitpunkte über Jahre war die Frage, ob man die Panzerkräfte möglichst konzentriert in einigen wenigen selbständig operierenden Verbänden oder gleichmäßig auf alle Divisionen des Heeres verteilt einsetzen solle. Guderians den Artilleristen nachempfundenes Plädoyer lautete in solchen Fällen stets: »Klotzen, nicht kleckern!«, weshalb sich dieses einprägsame *Ceterum censeo* auch als angebliches Guderian-Originalzitat im kollektiven Gedächtnis der gesamten Kriegsgeneration festfraß.

Im Zweiten Weltkrieg erzielte Guderian seine größten taktischen Erfolge in der Tat durch eine oft nur vorübergehende Konzentration aller verfügbaren Kräfte auf einen einzigen Punkt, durch den sogenannten verbundenen Einsatz aller Waffen, die rücksichtslose Ausnutzung einmal erzielter (Durchbruchs-)Erfolge, die rastlose Verfolgung des geschlagenen Gegners, die ganz bewußte Verbreitung von Furcht und Schrecken auch unter der feindlichen Zivilbevölkerung (»Panikmache«) sowie durch eine variantenreiche, möglichst geschickte Kombination von Feuer und Bewegung. Kurz: mit einer möglichst konsequenten Umsetzung der Liddell-Hart-Theorie vom »reißenden Wild-

bach«, der sich auch durch noch so viele Dämme nicht mehr
stoppen läßt, wenn er erst einmal an einer Stelle die Front durchbrochen hat und nachhaltig genug aus der Tiefe genährt wird.
Von Massenangriffen auf breiter Front hielt Guderian denkbar
wenig. Die Verwendung von Panzern als bloße Unterstützungs-
waffe der Infanterie lehnte er als völlig verfehlt ab. Auch der
Entwicklung der sogenannten Sturmgeschütze, mit denen der
Infanterie wieder zu mehr Angriffsschwung verholfen werden
sollte, stand er lange Zeit sehr reserviert gegenüber. Dagegen
favorisierte er Kradschützen, Panzerabwehrkanonen von hoher
Durchschlagskraft und die sogenannte Panzerabwehr aller Truppen, die jedoch erst in der zweiten Kriegshälfte mit der »Panzer-
faust« ein billiges und dennoch hocheffizientes Panzervernich-
tungsmittel an die Hand bekam. Hitlers Vorliebe für schwerge-
panzerte, entsprechend langsame Riesenpanzer teilte er nicht.
In seinen Augen schützten sich Panzer am besten durch ihre
Schnelligkeit und ihre Wendigkeit im Gefecht sowie durch eine
geschickt konstruierte Silhouette, die der feindlichen Panzerabwehr die Erzielung von Volltreffern nahezu unmöglich machte.
Geachtet wurde ferner auf Geländegängigkeit und Watfähigkeit,
auf »Verlastbarkeit« der kompletten Verbände bei Transporten
über größere Strecken und auf robuste, leicht reparierbare Kon-
struktionen. Als ehemaliger Nachrichtenoffizier bestand Guderian auf Führungsmitteln, die dem neuesten nachrichtentechni-
schen Stand entsprachen. Selbstverständliche Voraussetzung
dieses »Erfolgsrezepts« waren hervorragend gedrillte, zum
Teamwork erzogene, mit ihrer Waffe bestens vertraute Panzerbe-
satzungen, die sich auch ohne fremde Anleitung in jeder Situation zu helfen wußten – aber vor und nach jedem Einsatz ge-
schont werden sollten und auf gar keinen Fall in irgendwelchen
infanteristischen Kampfeinsätzen sinnlos verheizt werden durften, was viele waffenfremde Kommandeure bis 1945 partout
nicht einsehen wollten.

Als leidenschaftlicher Verfechter der »Führung von vorn« und
einer möglichst geringen Gängelung seiner am besten stets mit

einer »Fahrkarte bis zur Endstation« (Guderian) ausgestatteten, nur allzu verwundbaren Panzerverbände konnte er in Hitlers autoritärem »Führerstaat« nur »arbeiten«, wenn ihm der Mann an der Spitze uneingeschränktes Vertrauen entgegenbrachte und sich alle Zwischenvorgesetzten äußerste Zurückhaltung auferlegten, ihn im Gegenteil aufs uneigennützigste mit Nachschub versorgten und ihm jede Sorge um seine tiefen Flanken abnahmen. Wenn dieses – natürlich stets vorab geprobte und genau abgesprochene – »Zusammenspiel« nicht völlig reibungslos klappte oder auch nur die Luftwaffenunterstützung im entscheidenden Moment ausfiel, waren auch die ingeniösesten Konzepte sofort in ihrer Substanz gefährdet und auch von noch so begabten Unterführern kaum mehr zu retten. Damit ist bereits angedeutet, welcher Art die »Friktionen« in aller Regel waren, mit denen sich auch Guderian fast täglich herumzuschlagen hatte, selbst in den »glücklichsten« Phasen seiner Karriere.

Im Grunde erwiesen sich die Arbeitsbedingungen, die Hitlers »Panzerpapst« für sich und seine Panzerleute einforderte, als »systemsprengend«, als in der eigentümlichen Verfassung des Dritten Reiches nicht vorgesehen. Dies wurde aber erst in der zweiten Hälfte des Krieges vollends deutlich, als alle anderen ihre Ansprüche immer mehr zurückschrauben mußten, um endlich den Panzern die von Guderian schon immer geforderte oberste Priorität einzuräumen, als aber auch diese einseitige Festlegung auf die Panzer die Kräftevergeudung im längst eingerissenen Führungschaos noch weiter potenzierte, ohne am Dahinschwinden der Siegchancen irgend etwas zu ändern. In seinen Schriften hatte Guderian sich nicht nur auf die deutschen, die englischen und die französischen Erfahrungen im Ersten Weltkrieg sowie auf die neuesten Erfahrungen in Spanien, Abessinien usw. bezogen, sondern sich auffallend oft auch auf gewisse »zeitlose« Grundsätze gestützt, wie sie auch schon von Clausewitz, Napoleon, Hindenburg und Ludendorff sowie von Friedrich dem Großen und manch legendärem Reiterführer der preußisch-deutschen Armeegeschichte beherzigt worden waren

(»Coup d'œil!«; »Activité, vitesse!«; »Toujours en vedette!«;
»In doubt hit out!«; »Immer feste druff!«; »Im Krieg hat nur das
Einfache Erfolg!«; »Ran wie Blücher!« etc.). Natürlich war ihm
und seinen Schülern auch das Dilemma des Prinzen von Hom-
burg in der Schlacht von Fehrbellin nur zu geläufig, wie es Heinrich von Kleist in seinem – weitgehend ahistorischen – Drama
dargestellt hatte: die objektive Notwendigkeit, sich über strikte
Befehle der obersten Führung hinwegzusetzen, wenn nur so
eine einmalige Chance genutzt werden konnte, verbunden mit
dem persönlichen Risiko, nicht nur im Falle des Mißlingens dafür vor ein Kriegsgericht gestellt zu werden. Wenn jemand durch
seinen Beruf ständig in dieser Weise in Versuchung geführt
wurde, sich über die »weisen Ratschlüsse« irgendwelcher hoher
Herren an ihren grünen Tischen hinwegzusetzen, konnte eine gewisse »déformation professionelle« wohl nicht lange ausbleiben.
So fragt sich auch in Guderians Fall, ob seine Neigung zur Un-
botmäßigkeit, sein »Mannenstolz vor Königsthronen« und seine
Besserwisserei auch in Situationen, in denen er gar nicht den
Überblick besaß, um seinen Vorgesetzten gerecht werden zu
können, auf positiv oder negativ zu bewertenden Charakter-
eigenschaften beruhten oder lediglich durch habitualisierte Umgangsformen in »seiner« Panzerwaffe induziert waren, die nur
von Außenstehenden nicht verstanden wurden. Mit dem Selbstbewußtsein eines lange Zeit erfolgverwöhnten Mannes hat Guderian nämlich aus seiner Meinung nie ein Hehl gemacht und sie
auch gegenüber Hitler offensiv vertreten, ohne daß man ihn deswegen gleich als notorischen Frondeur verdächtigen konnte:
Solange der Erfolg ihm treu blieb, wurden ihm seine Starallüren
und seine direkte Art im allgemeinen auch gern nachgesehen.
Um so rascher konnte indes auch er wegen Ungehorsams in
Ungnade fallen, wenn er einmal auch nur einen kleinen Mißerfolg erlitt oder sich eine seiner Prophezeiungen nicht erfüllte.
Aus seiner Sicht gehörte dies aber zu seinem Berufsrisiko: Wer
damit nicht leben konnte, hätte besser einen anderen Beruf
ergriffen.

Für die Umsicht und den Eifer, die Guderian auf dem Panzersektor von Anfang an bewies, wurde der in Westpreußen geborene, aber in Elsaß-Lothringen eingeschulte Ex-Kadett, dessen Vater auch schon Berufsoffizier gewesen war, nach 1933 durch eine kaum mehr erwartete Blitzkarriere entschädigt. Erst seit 1927 Major und seit 1931 Oberstleutnant, wurde der Chef des Stabes der Inspektion der Kraftfahrtruppen schon zum 1. April 1933 zum Oberst befördert. 1935 gehörte Guderian zu den ersten, die eine ganze Panzerdivision befehligen und unter »friedensmäßigen« Bedingungen erproben durften. So konnte er auch als einer der ersten feststellen, wie sich die neuen Führungsgrundsätze und die von ihm entworfene Gefechtsgliederung dieser Verbände bewährte. Nicht nur bei der Remilitarisierung des Rheinlandes, sondern auch beim Einmarsch in Österreich war Guderian, seit 1936 Generalmajor und seit dem 4. Februar 1938 Generalleutnant sowie Kommandierender General eines eigenen Korps, im Brennpunkt des Geschehens dabei.

Seine Panzerparaden bei den Reichsparteitagen und die in den Wochenschauen weiterverbreiteten Manövereindrücke hatten nicht nur aller Welt suggeriert, daß mit der Deutschen Wehrmacht in Zukunft wieder zu rechnen sei, sondern auch nicht wenigen von Hitlers Bluffs und Pressionen der Vorkriegszeit erst zu jener Drohkulisse verholfen, ohne die sie wahrscheinlich zum Scheitern verurteilt gewesen wären.

Die Zerschlagung der »Rest-Tschechei« war das erste große außenpolitische Abenteuer Hitlers, an dem Guderian nicht in Planung und Durchführung maßgeblich beteiligt gewesen zu sein scheint. Erst bei der Übernahme der Reste der tschechoslowakischen Armee in die Wehrmacht war auch Guderian – mit seinen in Österreich gesammelten einschlägigen Erfahrungen – wieder voll mit von der Partie und sehr erleichtert, daß ihm die von der Firma Škoda entwickelten Panzer und die nach französischen Mustern gebauten Grenzbefestigungen kampflos in den Schoß gefallen waren.

Hitlers »unblutige Erfolge« bis 1938/39 hat Guderian selbst

nach 1945 noch sehr bewundert, obwohl ihm die Implikationen dieser Risikopolitik durchaus die ganze Zeit über bewußt gewesen waren.

Den Abgang des »Cunctators« Beck dürfte Guderian kaum bedauert haben. Die sogenannte Blomberg-Fritsch-Krise Anfang 1938 hatte ihm zu einem weiteren Karrieresprung verholfen. Den kometenhaften Aufstieg der Waffen-SS scheint Guderian, seit November 1938 »Chef der Schnellen Truppen« und zum General der Panzertruppen avanciert, mit großem Wohlwollen verfolgt zu haben – im Gegensatz zu zahlreichen älteren Generälen. Auch in der Folgezeit waren die Top-»Elite«-Verbände der Waffen-SS (und des Heeres) wiederholt seinem Kommando unterstellt. Die SS-Generäle Steiner, Hausser und Sepp Dietrich waren alte Bekannte aus der »Kampfzeit«, mit denen Guderian bis 1945 stets gerne und ohne nennenswerte Berührungsängste kooperierte. An anderen Waffen-SS-Generälen störte ihn eher deren unvollständige militärische Ausbildung als deren politische Ausrichtung, und die einfachen Soldaten der Waffen-SS haben den »Schnellen Heinz« nicht selten als Seydlitz redivivus noch intensiver vergöttert als seine zahlreichen Verehrer in gewissen »Eliteverbänden« des Heeres und der Luftwaffe.

Der Auftakt des Polenfeldzuges brachte für den Irredentisten Guderian eine kurze Wiederbegegnung mit der alten Heimat seiner Vorväter. Nach erfolgreicher Durchquerung des »Korridors« wurde sein XIX. Armeekorps im Bahntransport an die Ostgrenze Ostpreußens befördert, um von dort aus bis nach Brest-Litowsk vorzustoßen. Die Bilder von der gemeinsamen deutsch-sowjetischen Parade, abgenommen von Kriwoschein und Guderian, werden auch heute noch immer wieder gezeigt. Weniger bekannt sind Guderians abfällige Berichte über den Zustand der Roten Armee im Herbst 1939, die – kombiniert mit Berichten anderer aus dem russisch-finnischen Krieg – in der Vorgeschichte des Rußlandfeldzugs von 1941 eine nicht ganz unwichtige Rolle spielten.

Mit der Militäropposition von 1938/39 scheinen keine Verbindungen bestanden zu haben. Auf jeden Fall gehörte Guderian 1940 zu den nicht sehr zahlreichen Generälen, die dem Waffengang im Westen eher optimistisch entgegensahen. An der Vorbereitung und Durchführung des Mansteinschen »Sichelschnitt«-Planes war Guderian jedenfalls maßgeblich und mit ganzem Herzen beteiligt. Ohne seine tatkräftige »Führung von vorn« wären möglicherweise sowohl der Durchbruch durch die Ardennen als auch der anschließende Raid zum Ärmelkanal bloße Theorie geblieben.

Guderian bevorzugte stets zügige Angriffe in die Tiefe des Raumes und haßte die Verzettelung seiner dafür wenig geeigneten Panzerkräfte im Kampf um hartnäckig verteidigte Punktziele in nicht hinreichend panzergängigem Gelände. Städte wurden, wenn es nach ihm ging, nach Möglichkeit weiträumig umgangen, weshalb er 1942/43 auch nicht verstand, warum Hitler eine seiner besten Armeen auf das bloße Prestigeziel Stalingrad ansetzte und Paulus dann auch noch verbot, sich aus diesem »zweiten Verdun« wieder herauszuwinden, solange dazu noch die Möglichkeit bestanden hätte. Auch vor den Polderlandschaften am Kanal hatten Guderian, sein angeheirateter Cousin Wilhelm Keitel und viele andere Generäle seit dem Ersten Weltkrieg einen höllischen Respekt. Deshalb hatten es Guderians schnelle Verbände vor Dünkirchen wohl auch so eilig, abgelöst zu werden und sich für den zweiten Teil des Frankreichfeldzugs umzugruppieren. Außerdem glaubte damals auf deutscher Seite kaum jemand, daß das englische Expeditionskorps sich so rasch entschließen werde, seine Verbündeten schmählich im Stich zu lassen. Genügend Zeit vorausgesetzt, hätte man, wie man meinte, es ohne weiteres auch Luftwaffe und Artillerie allein überlassen können, die in ihrer Stärke unterschätzten Restkräfte im Kessel niederzukämpfen. Erst nach dem Krieg begriff auch Guderian, daß hier möglicherweise eine der größten Chancen des Krieges ungenutzt geblieben war. Weit davon entfernt, einzuräumen, daß auch er sich damals geirrt hatte, schob er – wie die meisten Generäle – die Hauptschuld Hitler zu: ein Argumentationsmuster, dem wir in der Folgezeit bei fast allen deutschen Mißerfolgen wiederbegegnen werden, zumal Guderian auch zu jenen Generälen gehörte, die nach 1945 ganz offen die Parole ausgegeben hatten, ein möglichst geschlossenes Auftreten der überlebenden Repräsentanten des mittlerweile geächteten Generalstabs sei wichtiger als die Pflege irgendwelcher individueller Profilneurosen, und in jedem Zweifelsfall liege nichts näher, als den toten Diktator für alles haftbar zu machen, was aus neuer Sicht kritikwürdig oder verurteilenswert sei.

Der zweite Teil des Frankreichfeldzugs führte Guderian bis an die Schweizer Grenze bei Besançon und Belfort. Danach begannen die Weltverteilungspläne großen Stils, an denen er ebenfalls beteiligt war. Wie es scheint, hätte er eine Eroberung großer Teile des Mittelmeerraums und Afrikas befürwortet. Statt dessen wurde er jedoch schon bemerkenswert früh in den Osten beordert, um die Vorbereitung des Überfalls auf die Sowjetunion abzuschirmen und vor Ort zentral zu koordinieren.

Obwohl immer alarmierendere Nachrichten über die Stärke der Roten Armee in Berlin eingingen, wurden die eigenen Angriffsabsichten nicht vertagt. Den Balkanfeldzug bekam Guderian erst Monate später indirekt zu spüren, als sich der durch diese Diversion verursachte Mangel an Reserven bei der Nährung des Angriffs aus der Tiefe störend bemerkbar machte und die auf Kreta dezimierte Fallschirmtruppe nicht mehr dazu herangezogen werden konnte, den ins Stocken geratenen Angriff wieder in Fluß zu bringen. Nach dem Krieg hat Guderian bestritten, die bekannten verbrecherischen Befehle (vom Kommissarbefehl bis zum Kriegsgerichtsbarkeitserlaß) überhaupt gesehen, geschweige denn befolgt zu haben. Das Gegenteil läßt sich jedoch aktenmäßig nachweisen. Auch die Aktivitäten der »Einsatzgruppen« Heydrichs in seinem Rücken können Guderian nicht auf Dauer verborgen geblieben sein. Reichenaus bekannten Befehl vom 10. Oktober 1941 – am 28. des Monats von Generalquartiermeister Wagner in Brauchitschs Auftrag und mit einer Empfehlung Hitlers auch an Guderians 2. Panzerarmee übersandt, aber erst am 5. November bei ihr eingegangen – hat sich Guderian jedenfalls am 6. November 1941 ebenfalls zu eigen gemacht, also die Werbung der Generalität um Verständnis für die »völlige Vernichtung der bolschewistischen Irrlehre, des Sowjetstaates und seiner Wehrmacht« sowie für die »erbarmungslose Ausrottung artfremder Heimtücke und Grausamkeit« vollinhaltlich unterstützt: »Nur so werden wir unserer geschichtlichen Aufgabe gerecht, das deutsche Volk von der asiatisch-jüdischen Gefahr ein für allemal zu befreien.«[1] Das war alles andere als selbstverständlich, wenn man sich erinnert, wie professionell die Inspektion der Kraftfahrtruppen noch vor wenigen Jahren mit der Roten Armee bei der Schaffung des Fundaments für Hitlers Panzerwaffe kooperiert hatte und wie korrekt und konziliant Guderian noch 1939 in Brest-Litowsk mit seinen Gegenspielern von der Roten Armee umgegangen war. Ob Guderian damals nur gute Miene zum bösen Spiel gemacht hat und erst jetzt sein wahres Wesen enthüllte, wissen wir nicht. Ganz ausschließen läßt sich natürlich nicht, daß er sich auch im Spätherbst 1941 nur zähneknirschend dem Zwang der Verhältnisse beugte. Es liegen jedoch genug andere despektierliche Äußerungen Guderians über die Sowjetunion und ihre Armee vor, weshalb die Wahrscheinlichkeit nicht sehr groß ist, daß Mitglieder seines Stabes Guderian erst durch erheblichen Überredungsaufwand oder subtilen Druck dazu veranlassen mußten, diesen kaum zu umgehenden Befehl auch wirklich selbst zu unterschreiben.

Bei allen Vorbesprechungen und Planspielen hatte Guderian die besondere Bedeutung des Zeitfaktors betont: Nur unaufhaltsam immer weiter vorstürmende Panzer könnten auf der Gegenseite jene Panik auslösen, die alles wie ein Kartenhaus zusammenstürzen lasse. Entsprechend nervös reagierte er, als Kluge und andere in seinem Rücken immer wieder viel zuviel Zeit für die Ausräumung irgendwelcher Kessel brauchten und auch noch Rotarmisten aus den Kesseln in großer Zahl entwischen ließen.

Die ursprünglichen strategischen Konzeptionen konnten bereits als gescheitert gelten, als Guderian zu seinem Rechtsschwenk in den Bereich der Heeresgruppe Süd abgedreht wurde, der mit der Schlacht von Kiew zwar zu einem der spektakulärsten Erfolge des Jahres 1941 führte, aber den Schlußangriff auf Moskau ernstlich gefährdete. Denn die Gegenseite nutzte erwartungsgemäß die ihr gewährte Verschnaufpause, um sich viel gründlicher zu verschanzen, als ihr dies bis dahin möglich gewesen war; und die Herbstschlammperiode führte zu einem weiteren vermeidbaren Kräfteverschleiß und zu weiteren Verzögerungen, die natürlich erneut Stalin mehr nützten als den Angreifern.

Wegen überzogener Anschuldigungen Kluges bei Hitler auf dem Höhepunkt der Winterkrise von seinem Posten als Oberbefehlshaber der 2. Panzerarmee abberufen, mußte Generaloberst Guderian bis Anfang März 1943 pausieren. Quasi als Trostpflaster bekam der Eichenlaub-Träger als einer der ersten ein großes Gut im »Warthegau« als Dotation übereignet, als im Heerespersonalamt ruchbar wurde, daß der zur »Führerreserve« des OKW versetzte »Rekonvaleszent« und mutmaßliche Frühpensionär beabsichtigte, sich irgendwo im Voralpenland anzukaufen und sich dort endgültig zur Ruhe zu setzen.

Nach der Ausrufung des »totalen Krieges« durch Goebbels mit der neu geschaffenen Position eines Generalinspekteurs der Panzertruppen betraut, absolvierte Guderian 1943/44 ein umfangreiches Reiseprogramm, durch das er unter anderem auch auf die Abwehr der im Westen erwarteten Invasion Einfluß zu nehmen hoffte. Er ließ die vorhandenen Vorschriften durchforsten oder völlig neu erarbeiten, reorganisierte die ihm unterstellte Truppe auf der Basis der neuesten Kriegserfahrungen, kümmerte sich um das Instandsetzungs- und das Ausbildungswesen, kämpfte um eine bessere Bewaffnung und forcierte gemeinsam mit Speer die Panzerrüstung im weitesten Sinn in fast allen Sparten.

Im Sommer 1943 brachte die mehrfach verschobene Operation »Zitadelle« die größten Panzerschlachten des Krieges, die aber wegen der alliierten Landung auf Sizilien nicht »durchgeschlagen« werden konnten und mit einer großangelegten sowjetischen Gegenoffensive endeten. Nach dieser herben Enttäuschung wollte Guderian erneut auf Zeit spielen, seine Verbände erst einmal wieder »auffrischen«, die Ausbildung weiter verbessern, die »Kinderkrankheiten« der neuen Panzertypen auskurieren und Generalstabschef Zeitzler erst nach erfolgter Konsolidierung erneut zu einem großen Schlag ausholen lassen; aber die Initiative war längst zum Gegner übergegangen, der seine Angriffsunternehmungen allmählich immer geschickter genau so zu staffeln lernte, daß sich die deutschen Gegenwehrmöglichkeiten weiter verringerten.

Lange Zeit sowohl von Parteigrößen wie Ley und Goebbels als auch vom militärischen Widerstand (Tresckow, Goerdeler, Rabenau und anderen) umworben, führte Guderian auch persönlich im Auftrag der Militäropposition Sondierungsgespräche mit Manstein und anderen Spitzenvertretern der Generalität, die er nach dem Scheitern der Verschwörung abstritt oder doch zu bagatellisieren versuchte. Bei einem erfolgreichen Attentat auf Hitler hätte sich wohl auch Guderian den neuen Männern kaum verweigert – trotz seiner Bedenken gegen Beck, Kluge und einige andere, denen er einen erfolgreichen Putsch schon aufgrund ihres Naturells, zum Teil freilich auch aufgrund einer langen Kette negativer Erfahrungen einfach nicht zutraute. Er lehnte es allerdings ab, sich selbst noch einmal in ähnlicher Weise wie 1941 zum Prellbock machen zu lassen, um erneut im entscheidenden Augenblick von seinen weniger wagemutigen »Freunden« im Stich gelassen zu werden. Natürlich hätte er auch einen Bürgerkrieg gern vermieden: Am 20. Juli waren seine ehemaligen Schüler und seine guten alten Freunde ziemlich gleichmäßig auf beide plötzlich einander feindlich gegenüberstehenden Lager verteilt, er selbst vermutlich in ähnlicher Weise innerlich zerrissen.

Dennoch vermuteten gute Kenner der Szenerie wie Speer und Goebbels am 20. Juli sofort, daß eigentlich nur ein draufgängerischer Choleriker wie Guderian (»Heinz Brausewetter«) als Drahtzieher hinter dem Stauffenberg-Putsch stecken könne.

Aus Hitlers Sicht war es also sicher ein recht geschickter Schachzug, noch am Abend des 20. Juli ausgerechnet Guderian als Nachfolger des erkrankten und selbst in Verdacht geratenen Kurt Zeitzler kommissarisch zum neuen Generalstabschef des Heeres zu ernennen. Guderians Loyalitätserklärungen und Aufrufe aus der Zeit unmittelbar nach dem 20. Juli konfrontierten den aufgestörten, durch eine Verhaftungsserie nahezu enthaupteten Generalstab des Heeres mit neuen Höhepunkten des »Führer«-Byzantinismus, die vielleicht eher Guderians schlechtem Gewissen als seiner ehrlichen Überzeugung entsprangen. Die heute noch dokumentarisch belegbaren Verdachtsgründe gegen Guderian hätten nach den Maßstäben jener Wochen und Monate sicher dreimal ausgereicht, um auch ihn zum Tode verurteilen zu lassen. Statt dessen fiel in der neuen Konstellation Guderian die undankbare Aufgabe zu, die Verschwörung, von der er gewußt und an der er zu Zeiten auch selbst aktiv mitgewirkt hatte, »unnachsichtig« zu liquidieren und den durch Stauffenbergs Tat angeblich befleckten »Ehrenschild« der Wehrmacht wieder mit »reinzuwaschen«. Man glaubt ihm gerne, daß er nur *nolens volens* an den Sitzungen jenes »Ehrenhofs« teilnahm, der eigens gebildet wurde, um die »Verräter« aus der Wehrmacht auszustoßen und sie der Gestapo und Freislers Volksgerichtshof zu überantworten – ihnen also auch noch das »Privileg« einer militärgerichtlichen Erledigung ihres »Falles« zu nehmen. Nur in einigen wenigen Fällen wollte Guderian dennoch gewagt haben, sich für fälschlich in Verdacht geratene Kameraden einzusetzen oder seinen Einfluß in mäßigendem Sinne geltend zu machen.

Schon 1943 bei der gewaltsamen Beendigung des Warschauer Ghettoaufstandes hatten Untergebene Guderians in recht erheblicher Anzahl mitgewirkt. Nun bestand eine seiner ersten Amtshandlungen in der ungeheuer blutigen Niederschlagung auch des nationalpolnischen Aufstandes in Warschau, der die Rote Armee vom anderen Weichselufer aus tatenlos zusah. Was danach von der Stadt noch übrig war, wurde durch Heerespioniere dem Erdboden gleichgemacht, weil nach der nun vorherrschenden deutschen Militärdoktrin völlig zerstörte Städte leichter nachhaltig zu verteidigen waren als noch intakte oder nur teilweise zerstörte. Wäre es nach Guderian und den führenden Männern der Pionierwaffe gegangen, hätte das Modell Warschau auch bei allen anderen Großstädten in der Folgezeit zur Anwendung kommen sollen – zum Beispiel auch in Budapest und Wien, in Breslau, Königsberg und sogar noch in der Reichshauptstadt Berlin. Überhaupt wurden alle größeren Städte zu Festungen erklärt, alle Verkehrsknotenpunkte von einiger Bedeutung wenigstens zu »Festen Plätzen«. Überall wurden tiefgestaffelte Verteidigungssysteme angelegt, unter selbstverständlicher Mitheranziehung der örtlichen Zivilbevölkerung, aber auch von Zwangsevakuierten und Flüchtlingen aus ganz anderen Regionen und von zum Teil über noch größere Distanzen antransportierten jüdischen und nicht-jüdischen Häftlingen und Zwangsarbeitern. Die Strategie Guderians in diesen Monaten unterschied sich, wie man sieht, in fast allen Punkten diametral vom »Bewegungskrieg« der Jahre 1939 bis 1941, und sie erwies sich denn auch der in vielen Punkten einfach vom Gegner übernommenen Strategie der Roten Armee keineswegs als überlegen, zumal sie einen noch höheren Kräfteverschleiß implizierte, also den Ruin eigentlich nur noch weiter beschleunigen konnte.

Als Propagandist bevorzugte Guderian in voller Übereinstimmung mit Goebbels die Schwarzweißmalerei: Es ging angeblich um Sein oder Nichtsein. Stalin verkörperte das absolut Böse, während für die eigene Seite bis zum Schluß alle Greuel dementiert wurden. Wie sich das nach kurzer Zeit reorganisierte OKH drastisch von seinen Vorgängern und allen sonst in den letzten Monaten in Mißkredit geratenen Generälen distanzierte, distanzierte es sich selbstverständlich auch aufs schärfste von Seydlitz, Paulus und vom Nationalkomitee »Freies Deutschland«. Mit »Yorck-Taten« wurde – jedenfalls in offiziellen Verlautbarungen – nicht geliebäugelt. Nur unterderhand führte Guderian Geheimgespräche mit Goebbels, Himmler, Ribbentrop und anderen, wie sich auf politischem Wege der militärisch kaum noch zu gewinnende Krieg beenden ließe. Aber zur Abschirmung dieser »ketzerischen« Gespräche, die leicht jeden der Beteiligten den Kopf kosten konnten, verfaßte nicht nur Guderians »Nationalsozialistischer Führungsoffizier« für den OKH-Bereich weiter fanatische Durchhalteappelle, die sich in der Diktion und in ihrem ideologischen Gehalt durch nichts mehr von den »verrücktesten« SS-Durchhaltebefehlen unterschieden.

Kein Vorschlag war zu absurd, um nicht Gehör zu finden, wenn er zur Steigerung der Wehrkraft beitragen mochte. Humanitäre Überlegungen rangierten bis zuletzt weit hinter den angeblichen oder tatsächlichen Erfordernissen der Mobilisierung auch noch der allerletzten Reserven für den »Endkampf«, den angeblich das letzte Bataillon auf dem Schlachtfeld entschied. Für diesen militärischen Wahnsinn sich fast bis zum Schluß mit seinem Namen verbürgt zu haben, diesen Vorwurf wird man Guderian wohl kaum ersparen können.

Als »Frontflickschuster« hatte Guderian eher noch weniger Fortune als seine Vorgänger. Als Folge einer Rochade gingen Schlag auf Schlag Rumänien und Bulgarien verloren. Damit waren Guderian gleich von Anfang an fast alle Ölquellen entzogen, die er für eine »elastische Fechtweise« – auch in der strategischen Defensive – unbedingt benötigt hätte. Um so erbitterter wurde bis zum Frühjahr 1945 um die letzten Ölgebiete in Ungarn gekämpft, ohne die an eine Rückeroberung von Ploesti natürlich überhaupt nicht zu denken war. Die letzten intakten Firmen zur Gewinnung von synthetischem Betriebsstoff wurden Guderian allerdings erst zerschlagen, als die Rote Armee schon zum Sturm auf die Reichshauptstadt ansetzte (was bis dahin immer noch Hoffnungen genährt hatte, die offenbar an einer möglichst langen Fortsetzung der Abnutzungsstrategie an der Ostfront interessierten Westmächte könnten sich in allerletzten Minute doch noch zu einem formellen Frontwechsel entschließen).

Die Installation immer neuer Marionettenregierungen in Budapest unter starker Mitwirkung der Generalinspektion der Panzertruppen und des OKH seit dem Frühjahr 1944 bewies auch den letzten Zweiflern, daß deutsche Generalstäbler sehr genau wußten, was man bei der Inszenierung von Staatsstreichen zu beachten hatte, daß sie im Falle Hitler also aus anderen Gründen immer wieder »versagt« haben mußten. In Ungarn brachte jeder von Guderian, Wenck und anderen induzierte »Regierungsumschwung« einen weiteren Rechtsruck, aber kaum einer verbesserte die verzweifelte militärische Lage des Landes auch nur für die nächsten Wochen. Hauptziel der deutschen »Strategie« schien ohnedies nur zu sein, die hinhaltende Kampfführung in Ungarn unter tunlichster Schonung der eigenen Kräfte »bis zum letzten Ungarn« fortzusetzen, mit anderen Worten: der Roten Armee noch möglichst viele möglichst verlustreiche Abnutzungsschlachten aufzudrängen, bevor sie den Reichsboden erreichte. In internen Papieren war indes noch lange davon die Rede, auf die in mehrere Teilschläge zerfallende »Ardennen-Offensive« im Westen nach Möglichkeit eine ganze Serie großer Entlastungsvorstöße in die ungarische Tiefebene folgen zu lassen, mit dem Fernziel, für Hitler zu Ostern oder zu seinem Geburtstag Ploesti zurückzuerobern und dann das Blatt auch im Osten noch einmal völlig zu wenden. Nur weil in OKW und OKH einige unter Hitlers Einfluß reichlich realitätsblind gewordene Planer sich noch immer von solchen kühnen Visionen nicht verabschieden mochten, wurden nicht schon im Winter alle verfügbaren Reserven nach Pommern und Ostpreußen geworfen, um Deutschland wenigstens in den Grenzen von 1937 »feindfrei« zu halten, solange dies ging.

Im OKH wurde durch trügerische Schaubilder immer noch allen »Gutgläubigen« suggeriert, daß das russische Kräftepotential sich dem Ende zuneige und es folglich nur darauf ankomme, mit ähnlichen Verlustrelationen wie bisher noch einige Zeit weiterzukämpfen. Die Hauptsache sei die Motivation der eigenen Leute. Wenn es gelänge, genug »Gläubigkeit« – an den »Führer«, an den »Endsieg«, an die Überlegenheit der eigenen Waffen, an die Existenz irgendwelcher noch nicht ins Spiel gebrachter deutscher Trümpfe usw. – zu verbreiten, werde man auch diese Situation meistern, zumal die beiderseitigen Kräfterelationen in der Vergangenheit schon einige Male noch ungünstiger gewesen seien. Wer die verlangte optimistische Ausstrahlung nicht besaß, wurde gnadenlos abgelöst: ein Grund mehr, weshalb so viele Anhänger der »Guderian-Schule« noch ganz zum Schluß in Spitzenpositionen aufrückten oder sich aus ihnen kaum mehr vertreiben ließen.

Den raschen Vorstoß der Russen von der Weichsel an die Oder konnte Guderian – trotz monatelanger Vorbereitung auf diesen Eventualfall – nicht verhindern. Sofortige noch weitere Vorstöße nach dem Westen wurden wohl nur durch vorübergehend nicht zu lösende logistische Probleme der Roten Armee, Stalins Angst vor deutschen Flankenangriffen und die jahreszeitlich bedingte Kaum-Passierbarkeit der Oder bzw. des Oderbruchs verhindert. Ende März 1945 wurde Guderian jedoch wegen neuerlicher Mißhelligkeiten in Ungarn und an der Oder-Front ein weiteres Mal gegen seinen Willen »krankheitshalber« beurlaubt.

Guderian, der weltberühmte Theoretiker des Bewegungskrieges, beschloß seine aktive Laufbahn mit einer »Kriegführung des armen Mannes«, in der angeblich die absolute Unbeweglichkeit das A und O war. Wie weit dieses Konzept aufging, wird sich vielleicht etwas genauer beurteilen lassen, wenn wir über die beiderseitigen Verluste in der allerletzten Phase des Krieges endlich genauer informiert werden. Den schließlichen Sieg Stalins hat es freilich nicht verhindert. Manstein hatte bis zuletzt auf eine Art Remis gehofft. Ungezählte andere gönnten der Roten Armee allenfalls einen Pyrrhussieg, dessen sie auf Jahrzehnte nicht froh werden würde. Guderian jedenfalls tröstete sich und andere schon bald nach dem Kriege wieder mit der »Einsicht«, daß wenigstens seine Panzerwaffe qualitativ bis zum Schluß jedem Gegner mindestens gewachsen gewesen sei. Auch diese Behauptung bedarf jedoch noch der exakten Überprüfung.

Nach dem Krieg kam Guderian erstaunlich glimpflich davon. Als Mitarbeiter der Historical Division der Amerikaner erhielt er schon bald Gelegenheit, sich frühzeitig maßgeblich in die generalstabsmäßige Aufarbeitung des Zweiten Weltkriegs einzuschalten. Als Memoirenschreiber, Verfasser militärpolitischer Zeitkommentare und als geschätzter Interviewpartner der in- und ausländischen Presse war Guderian gerade dabei, sich auch in Bonn und Washington als ungenannter Hintergrundberater der Macht wieder zu etablieren, als er im Mai 1954 ziemlich unerwartet einem Herzleiden erlag. Immer schon ein großer Verehrer Hindenburgs, bei vielen alten Landsern weit populärer, als Eisenhower es in der amerikanischen Armee je war, hätte er nach dem Willen seiner vielen Anhänger eigentlich sogar direkt in die Politik gehen und – zum Beispiel gemeinsam mit dem sieben Jahre jüngeren, auch aus Kulm an der Weichsel gebürtigen, aber schon 1952 verstorbenen Kurt Schumacher – den »Adenauer-Klüngel« in Bonn das Fürchten lehren sollen. Er wurde auch gefragt, ob er gegebenenfalls bereit wäre, an die Spitze einer neuen Armee zu treten. Nicht nur im Hinblick auf seine angegriffene Gesundheit lehnte Guderian solche Ansinnen jedoch stets »weise« ab. Als ziemlich dreister Apologet in eigener Sache dürfte er gewußt haben, daß er den Bogen nicht überspannen durfte: Wäre er zu früh und mit großem Aplomb ins Rampenlicht zurückgekehrt, hätten die Westalliierten vielleicht doch Gründe gefunden, polnischen Auslieferungsersuchen stattzugeben oder sein Entnazifizierungsverfahren auf anderer Ebene noch einmal aufzurollen. Sein couragierter Einsatz nicht nur für verurteilte Kriegsverbrecher, sondern auch für »Landsberger«, die wegen Menschheitsverbrechen zum Tode verurteilt waren, seine zahlreichen Kontakte zu rechtslastigen Schriftstellern und ehemaligen Parteigrößen, sein Eintreten für die »alten Kameraden« von der Waffen-SS und für Major Remer hatten bei besorgten Demokraten schon für genug böses Blut gesorgt. Auch seine Beerdigung endete mit einem mittleren Eklat: Der ehemalige Goslarer Jäger hatte sich unter der preußischen Fahne aufbahren lassen, auf die er vor dem Ersten Weltkrieg vereidigt worden war.

In der internationalen Fachliteratur wird Guderian bis heute in der Regel als eine der vermeintlich wichtigsten Quellen zur

Geschichte des Dritten Reiches oft und meist völlig unkritisch zitiert, obwohl vor allem seine Memoiren einer aktenmäßigen Überprüfung sehr oft nicht standhalten. Auch die bisher vorliegenden Biographien vernachlässigen allzusehr die vielen Schattenseiten dieses Mannes, dessen fataler Einfluß auf die Geschichte unseres Jahrhunderts bisher kaum erkannt worden ist. Zum Teil liegt es wohl daran, daß Guderian und seine Anhänger recht geschickt waren im Spurenverwischen. Zum Teil ließen sich jedoch auch andere Ursachen anführen, weshalb es gar nicht so einfach ist, die gesamte Laufbahn dieses erst ziemlich spät ins Blickfeld der breiten Öffentlichkeit geratenen Experten für einige wenige Schlüsselbereiche der Militärtechnik sowie des Generalstabsdienstes zu überblicken.

Der »Mythos«, der bei der bloßen Nennung seines Namens auch heute noch sofort evoziert wird, handelt allerdings nur von der beneidenswerten Vitalität, dem unbeschreiblichen Elan und dem kaum erklärlichen Charisma dieses »modernen Alexander«, über den mancher im gesellschaftlichen Auftreten gewandtere Angehörige der »karmesinroten Zunft« gelegentlich hinter seinem Rücken nachsichtig gelächelt haben mag, gegen den aber so oft einfach kein Kraut gewachsen zu sein schien, wenn es irgendwo wirklich hart auf hart ging. Hätte Guderian in seiner Jungenhaftigkeit nicht soviel Sympathie auf sich gezogen und vielleicht auch deshalb verschiedentlich reüssiert, wo alle anderen nichts erreichten, hätte wohl auch der ihm gegenüber oft außerordentlich mißtrauische Hitler am Ende Guderian nicht zu den ganz wenigen Generälen gezählt, ohne die er nicht auskommen konnte, auch wenn er sich fast ständig mit ihm stritt. Noch ganz zuletzt sollen beide sich zu langen Spaziergängen und Kamingesprächen unter vier Augen zusammengetan haben, bei denen sie vergeblich alle ihnen noch verbliebenen Optionen erörterten. Auch diese eigenartige Männerfreundschaft des Erfolgsanbeters Hitler mit dem oft nur durch den erzielten Erfolg nachträglich in seinem Verhalten gerechtfertigten »unkonventionellen« General bedarf noch der näheren Analyse.

Anmerkungen

1 Pz. AOK. 2/Ia Nr. R 288/41 g., gez. Guderian, datiert vom 6. 11. 1941,
   BA-MA 25034/123.

Bibliographie

Quellen

Guderians Beiträge zur militärwissenschaftlichen Fachliteratur ermöglichen ein genaues Studium der allmählichen Herausbildung des oben
skizzierten »Systems Guderian«. Seine dienstliche Laufbahn läßt sich
am besten anhand der Akten im Freiburger Militärarchiv studieren. Am
besten ist die Quellenlage für die Jahre 1939 bis 1941. Weniger ergiebig
ist Guderians in Privatbesitz befindlicher persönlicher Nachlaß, der aber
vor allem für die Frühzeit manche Lücken schließt.

   Obgleich sich in der kaum mehr überblickbaren Memoiren-Literatur
zum Zweiten Weltkrieg hie und da auch ausgesprochen gehässige und
viele sehr kritische Kommentare zur Person des Generalobersten finden, wird sein Image im In- und Ausland noch immer vorrangig durch
seine Autobiographie – Heinz Guderian, Erinnerungen eines Soldaten,
Neckargemünd 1950 –, geprägt, die schon deshalb unverzichtbar ist.

Literatur

Eine wissenschaftlichen Ansprüchen genügende Guderian-Biographie
gibt es nicht. Eine noch unpublizierte umfängliche Studie des Verfassers
über Guderian und seine Zeit wird nicht nur dessen Autobiographie in
vielen Punkten korrigieren. Die zahlreichen im Handel befindlichen
Lebensbeschreibungen sind unter weitgehender oder völliger Vernach-
lässigung der Archivbestände entstanden. Als einführende Lektüre emp-
fiehlt sich am ehesten Kenneth J. Macksey, Guderian. Der Panzergeneral, Düsseldorf 1976 – vor allem wegen der darin enthaltenen erfrischend
respektlosen Charakterstudie.

Franz Halder –
Der verhinderte Generalstabschef

VON CHRISTIAN HARTMANN

Die Lebenswege vieler deutscher
Spitzenmilitärs erscheinen oft ste-
reotyp, wie die stete Wiederholung ein und desselben Musters.
Trotzdem gab es auch in der Gruppe der sogenannten Wehrmacht-
elite ungewöhnliche Lebensläufe.
Die Biographie des Generalobersten Franz Halder gehört zweifellos dazu.

Schon äußerlich strahlte der
hagere Stabsoffizier nur wenig
von dem aus, was man sich gemeinhin unter einem deutschen General vorstellt. Sein Bürstenhaarschnitt und der unvermeidliche
Zwicker, die strengen Züge und seine zuweilen durchbrechende
Pedanterie schienen ebenso wie seine Belesenheit und seine weit-
gespannten geistigen Interessen eher für den Typus des Wissen-
schaftlers zu sprechen als für den des Soldaten. Nicht wenige seiner Zeitgenossen haben ihn denn auch – je nach Sympathie – als
Professor oder als Schulmeister charakterisiert. Erst recht ungewöhnlich war seine Emotionalität. Sie schien so gar nicht zu seiner nüchternen, trockenen Art, dem disziplinierten Lebensstil,
seinem unermüdlichen Arbeitseifer und zähen Ehrgeiz zu pas-
sen. Und doch genügten schon geringe Anlässe, um ihn, den
Chef des Generalstabs des Heeres, von Rührung überwältigt zu
sehen, deren er selbst in der Öffentlichkeit nur schwer Herr werden konnte.

Aber nicht nur Halders Charakter und seine Biographie haben

den Zeitgenossen und erst recht der Nachwelt Rätsel aufgegeben. Für den Nachfolger der legendären preußisch-deutschen Generalstabschefs war auch seine Herkunft ungewöhnlich. Zwar entstammte der am 30. Juni 1884 in Würzburg geborene Sohn eines bayerischen Artilleriehauptmanns ebenfalls einer alten Soldatenfamilie, doch repräsentierte Halder mit seiner bürgerlich-bayerischen Herkunft eine Militärtradition, wie sie für die deutsche Armee vor dem Ersten Weltkrieg eher untypisch war. Halder wurde nicht im Kadettenkorps erzogen, sondern in der vergleichsweise liberalen Atmosphäre eines humanistischen Gymnasiums, und er entstammte einer Gesellschaft, welche die Armee schätzte, ohne den militärischen Gedanken jedoch zu verabsolutieren. Allerdings qualifizierte sich auch Halder – wie viele der künftigen Wehrmachtsgeneräle – schon in jungen Jahren für den Generalstabsdienst. Nachdem er im Juli 1902 in das »Stammregiment der Familie«[1], das 3. bayerische Artillerieregiment, eingetreten war, wurde er 1914 als einer der Besten seines Jahrgangs in den bayerischen Generalstab aufgenommen. Seine Leistungen waren so ungewöhnlich, daß er während des Krieges ausschließlich in Stabsstellungen Verwendung fand. Diese besondere Qualifikation sorgte dann auch dafür, daß der Hauptmann Halder 1919 in das drastisch reduzierte Offizierkorps der Reichswehr übernommen wurde. Selbst hier blieben Truppenverwendungen die Ausnahme, was sogar bei erfahrenen Generalstabsoffizieren selten vorkam. Die ungünstigen Berufsperspektiven konnten Halders stetige Karriere nicht beeinträchtigen; bereits im Dezember 1931 wurde er zum Oberst befördert. Mit seinem ebenso unauffälligen wie erfolgreichen Dienst erfüllte er geradezu perfekt die hohen fachlichen Anforderungen der Reichswehr; und auch seine konservativ-monarchistische Gesinnung, die allerdings ganz aufs Private beschränkt blieb, dürfte kaum der theoretisch »unpolitischen«, faktisch jedoch attentistischen Haltung der Reichswehrführung widersprochen haben.

Halders politische Zurückhaltung änderte sich erst mit der »Machtergreifung« der Nationalsozialisten. In einem Brief an den damaligen Generalleutnant Ludwig Beck vom August 1934 ging Halder scharf mit der neuen Diktatur ins Gericht: »Das reine und von idealistischem Schwung getragene Wollen des Kanzlers [Hitler] wird durch die Überzahl völlig unzulänglicher, z.T. wahrhaft minderwertiger Ausführungsorgane in der Praxis vielfach zu einem Zerrbild, teilweise zum Gegenbild dessen, was der Kanzler will.«[2] Die »urteilsfähigen und wertvollen Teile der Bevölkerung« würden »immer mehr in die Negation gedrängt«. Auch sei die Röhm-Revolte nur eine »und vielleicht nicht die gefährlichste Eiterbeule, die Deutschlands kranker Körper« trage. »Die Reinigung der SA, die Wühlarbeit in der NSBO, die wachsenden wirtschaftlichen Schwierigkeiten können überraschend schnell auch andere Eiterbeulen zur Reife bringen.« Wenn Halder der militärischen Führung schließlich empfahl, alles zu tun, »was uns später die schreckliche Rolle des bewaffneten Friedensstifters im eigenen Volke ersparen kann«, so war dies Ausdruck eines eigenwilligen wie ungewöhnlichen politischen Verantwortungsgefühls.

Auch nach seiner Ernennung zum Kommandeur der 7. (Münchener) Infanteriedivision im Oktober 1934 scheute der Generalmajor Halder nicht die Konfrontation mit den Nationalsozialisten; so gut es ging, versuchte er jene Kräfte, die bislang seine Heimat repräsentiert hatten – Königshaus, Kirche, in gewisser Weise auch den Staat – vor dem Zugriff der neuen Machthaber zu schützen. Ein ständiger Kleinkrieg war die Folge, so daß noch im Juni 1938 der Reichsführer-SS Heinrich Himmler mißvergnügt von Halder als dem »Mutter-Gottes-General« sprach.[3]

Es spricht für das hohe fachliche Können Halders, wenn diese politischen Vorbehalte sein berufliches Fortkommen nicht behinderten. Allerdings wurde erst ein eher zufälliges Zusammentreffen mit Hitler zum Wendepunkt seiner militärischen Laufbahn und damit seines gesamten Lebens. Als Ausbildungsspezialist im Generalstab des Heeres sollte Halder im September 1937 in einem großen mehrtägigen Wehrmachtmanöver die Ergebnisse der rasanten Aufrüstung überprüfen. Die fachliche Modernität, der Ideenreichtum und das Organisationstalent des bayerischen Generals beeindruckten Hitler: Hier hatte er sein Modell für die künftigen Blitzfeldzüge! Schon ein gutes halbes Jahr später ließ Hitler seine Umgebung wissen, daß er »auf Grund seiner Beobachtungen im Wehrmachtmanöver … den General Halder schätzen gelernt« habe, so daß »er mit diesem viel lieber zusammenarbeiten würde als mit dem General Beck«.[4]

Bereits am 1. September 1938 übernahm Halder Becks Posten. Das Amt des Generalstabschefs des Heeres war immer noch eine Schlüsselposition, deren Bedeutung freilich erst in ihrem organisatorischen und personellen Kontext deutlich wird. Schon allein die Dominanz der Landkriegführung in der deutschen Armee sorgte dafür, daß die Führungsstäbe der beiden anderen Teilstreitkräfte kaum mit dem Generalstab des Heeres konkurrieren konnten. Auch sollten die Ansätze für eine übergreifende Führung der gesamten Wehrmacht, wie sie jetzt das Oberkommando der Wehrmacht verkörperte, nie konsequent verwirklicht werden. Vor allem aber besaß das Heer – wie sich bis 1941 immer drastischer herausstellte – mit Generaloberst Walther von Brauchitsch einen Oberbefehlshaber, der noch nicht einmal bereit war, die militärischen Möglichkeiten eines solchen Amts zu nutzen, von den darin angelegten politischen Möglichkeiten ganz zu schweigen. Halder beabsichtigte dies um so mehr. Daß der General dem Nationalsozialismus eigentlich skeptisch gegenüberstand, muß einem derartigen Konzept nicht widersprechen – im Gegenteil. Denn noch immer schien die Struktur der Wehrmachtführung darauf hinauszulaufen, daß der »Zweite Mann« im Heer, der Generalstabschef, der erste militärische Berater des Staatsoberhaupts war. Anders als Beck, der Theoretiker, war Halder fest entschlossen, diesen Einfluß in die Praxis der strategischen Entschlußbildung einzubringen – mit und notfalls auch gegen Hitler.

Angesichts der angespannten außenpolitischen Lage, vor der sich Halders Amtsantritt im September 1938 vollzog, blieb auch kaum etwas anderes übrig. Den unzureichenden Rüstungsstand der Wehrmacht vor Augen, hatte Beck mit nicht mehr als mit Denkschriften Hitlers Kriegspolitik aufzuhalten versucht. Auch Halder machte sich über die Gefährlichkeit von Hitlers militärischen Absichten keine Illusionen. Im Gegensatz zu seinem Vorgänger wich er jedoch während der Sudetenkrise, als Hitlers Außenpolitik einen europäischen Krieg auszulösen drohte, auf ein riskantes Doppelspiel aus: Offiziell bereitete er den Krieg gegen die Tschechoslowakei generalstabsmäßig vor. Im Falle der militärischen Eskalation wollte er jedoch auf den Staatsstreich zurückgreifen. Aufgrund der friedlichen Lösung dieser internationalen Krise, aber auch wegen der dürftigen Quellenlage ist es schwer einzuschätzen, wie ernst es Halder mit seinen subversiven Planungen gegen Hitler tatsächlich gewesen ist. Handelte es sich nur um eine Gedankenspielerei, um einen von mehreren Plänen im Arsenal des Generalstäblers, oder tatsächlich um ein ernstzunehmendes Krisenmanagement, mit dem eine militärisch wie politisch unhaltbare Situation schlagartig bereinigt werden sollte?

Als sich im nächsten Jahr die Situation wiederholte – diesmal mit Frontstellung gegen Polen –, agierte Halder ungeachtet aller Zweifel und Schwankungen allerdings ganz im Sinne seines Obersten Kriegsherrn. Noch im Sommer 1939 ließ er seine ehemaligen Verbündeten im oppositionellen Umfeld wissen, daß »die Grenzziehung im Osten ... unsinnig« wäre und daß »Hitler es niemals zum Weltkrieg kommen lassen würde«.[5]

Tatsächlich gelang es dem Generalstabschef im September 1939, die polnischen Streitkräfte innerhalb weniger Wochen zu zerschlagen, ohne daß die Westalliierten die Chance einer weitgehend entblößten deutschen Westfront offensiv genutzt hätten. Das änderte freilich wenig an den bedrohlichen langfristigen Perspektiven der neuen strategischen Situation. Beherrscht vom Trauma des Ersten Weltkriegs, begann Halder im Herbst 1939 noch einmal, den Staatsstreich in sein Kalkül einzubeziehen, denn Hitler war von einer Offensive im Westen nicht abzubringen. Einem seiner Generalstabsoffiziere gestand Halder damals,

»er sei seit Wochen mit der Pistole in der Tasche zu Emil [Hitler] gegangen, um ihn evtl. über den Haufen zu schießen«.[6] Es waren jedoch nicht nur die unabsehbaren Konsequenzen, die Halder vor diesem letzten verzweifelten Schritt zurückhielten. Mehr und mehr begann sich in ihm die Vorstellung zu verfestigen, daß eine gewaltsame Ausschaltung des NS-Regimes im Krieg wohl kaum möglich sein werde. Bereits im April 1940 gab er vor seinen Mitarbeitern die Parole aus: »Der Krieg hat zahlreiche Probleme aufgeworfen, er wird sie selbst beantworten.« Der deutsche Generalstab habe »nicht nur ein Erbe zu wahren, sondern zu mehren«.[7]

In der zunächst aussichtslos scheinenden Lage war es dem Chef dieses Generalstabs jedoch gerade nicht gelungen, ein tragfähiges militärisches Konzept zu entwickeln. Ein solcher Ausweg bot sich erst zufällig: Ein Außenseiter und noch dazu alter Rivale Halders, Generalleutnant Erich von Manstein, hatte Hitler im Februar 1940 einen Operationsansatz vorgestellt, dessen Chancen Hitler sofort erkannte. Zwar war es Halder, der aus diesem – dann »Sichelschnitt« genannten – Plan den militärischen Triumph des Sommers 1940 machte. Doch zeigten die Auseinandersetzungen zwischen Hitler und seinen militärischen Beratern während des Feldzuges, deren Kooperation während der Schlacht von Dünkirchen erstmals versagte, wieviel der Generalstab von seinem fachlichen Prestige eingebüßt hatte. Vor der veränderten strategischen Lage schienen solche Differenzen vorerst unerheblich. Der Siegestaumel sorgte vielmehr dafür, daß Halders Ressentiments gegenüber seinem Obersten Kriegsherrn mehr und mehr zurücktraten. Andererseits verfiel dieser jetzt der Vorstellung, daß er nicht nur zur strategischen, sondern ebenso zur operativen Führung berufen sei – bislang die unbestrittene Domäne des Generalstabschefs.

Obwohl Halder weiterhin auf die noch ausstehende Auseinandersetzung mit Großbritannien fixiert blieb – in Form einer direkten Landung oder durch Verlagerung der deutschen Kriegführung in den Mittelmeerraum und den Nahen Osten –, war er jetzt bemüht, »jede Aufgabe zu erfüllen, die uns gestellt wird«.[8] So hatte er auch nichts dagegen einzuwenden, als sich Hitler bis Dezember 1940 zum Überfall auf den bisherigen sowjetischen Verbündeten entschloß, selbst wenn dem Generalstabschef – wie er sich kurz darauf eingestand – der Sinn dieses Feldzugs eigentlich »nicht klar« war.[9] Zudem blieb die nun Platz greifende Kritik- und Verantwortungslosigkeit nicht allein auf das Militärische beschränkt. Als noch eklatanter erwiesen sich die moralischen Folgen. Halder war schon bereit gewesen, die Exzesse der deutschen Besatzungspolitik im Generalgouvernement hinzunehmen. Jetzt akzeptierte er nicht nur den ideologischen Charakter des Eroberungs- und Vernichtungsfeldzugs gegen die Sowjetunion; in Teilbereichen – genannt seien etwa »Kommissarbefehl«, Besatzungspolitik oder Behandlung der Kriegsgefangenen – begann auch er, das Heer in ein Konzept einzubinden, welches dem traditionellen Kriegsrecht Hohn sprach. Ein solches Verhalten besaß wohl weniger rassenideologische Motive. Maßgebend waren eher die handfesten Gemeinsamkeiten, wie sie in der Bewertung des Bolschewismus zwischen NS-Führung und Offizierkorps bestanden. Vor allem aber sollte mit dieser Anbiederung an die NS-Ideologie jener Eindruck revidiert werden, den die ständigen Bedenken und das Zögern des Generalstabs bei Hitler hinterlassen hatten. Unter den wenigen noch verbliebenen Oppositionellen erkannte man schon damals: »Brauchitsch und Halder haben sich nun bereits auf das Hitlersche Manöver eingelassen, das Odium der Mordbrennerei von der bisher allein belasteten SS auf das Heer zu übertragen; sie haben die Verantwortung übernommen und durch einige an sich gar nichts ändernde, aber den Schein wahrende Zusätze (über die Notwendigkeit, die Disziplin zu wahren usw.) sich selbst und andere getäuscht. Hoffnungslose Feldwebel!«[10]

Seinen Höhepunkt fand der Wirklichkeitsverlust und die Selbstpreisgabe des Generalstabschefs mit dem am 22. Juni 1941 beginnenden Feldzug gegen die Sowjetunion. Zunächst war Halder fest davon überzeugt, »daß der Feldzug gegen Rußland

215

innerhalb [von] 14 Tagen gewonnen wurde«.[11] Als er sich dann im August 1941 eingestehen mußte, »daß der Koloß Rußland, der sich bewußt auf den Krieg vorbereitet hat, mit der ganzen Hemmungslosigkeit, die totalitären Staaten eigen ist, von uns unterschätzt«[12] wurde, setzte er erst recht alles daran, bis zum Einbruch des Winters eine militärische Entscheidung zu erzwingen – schon weil die logistische Planung des Generalstabs darauf abgestellt war, im Winter eine kleine Besatzungstruppe, nicht aber eine kämpfende Front versorgen zu müssen. Der im Sommer 1941 – gewissermaßen folgerichtig – ausbrechende Streit mit Hitler über das weitere operative Vorgehen soll nicht darüber hinwegtäuschen, daß hier die Konsequenzen einer katastrophalen strategischen Fehlentscheidung auch des Generalstabs zu bewältigen waren. Mit Diskussionen über operative Ansätze war ihr schon jetzt nicht mehr beizukommen. In aller Schärfe wurde dies deutlich, als Halder im Oktober 1941 endlich die Möglichkeit erhielt, den von ihm favorisierten direkten Angriff auf Moskau zu eröffnen. Hatte die Wehrmacht trotz aller Verluste bislang das Schlachtfeld beherrscht, so endete diese Offensive im Desaster des furchtbaren Winters 1941/42. Bereits diese Winterkrise hätte beinahe zum Zusammenbruch der gesamten Ostfront geführt. Nicht ohne Geschick gelang es Halder allerdings, die Verantwortung für diesen folgenschweren Führungsfehler ausgerechnet dem Generalfeldmarschall von Brauchitsch zuzuschieben. Physisch wie psychisch verbraucht, hatte Halders direkter Vorgesetzter schon längst jeglichen Einfluß auf die militärische Führung verloren. Mit der Entlassung dieses »Sündenbocks« am 19. Dezember 1941 wurde der Generalstabschef jetzt Hitler direkt unterstellt und damit eine besonders enge Kooperation zwischen den beiden ungleichen Männern eingeleitet. Ob es sich um die gnadenlose Strategie des Haltens im Winter 1941/42 handelte oder um eine weitgehend bedingungslose Unterstützung der Hitlerschen Sommeroffensive des Jahres 1942 – eine eigenständige Führung des Generalstabschefs war immer weniger zu erkennen. Im August 1942 – Hitler hatte inzwischen die

216

Offensivkraft der Heeresgruppe Süd in einem zeitgleichen Angriff auf Stalingrad und den Kaukasus verzettelt – war freilich der Punkt erreicht, an dem sich die Folgen dieses verantwortungslosen Hasardspiels nicht mehr ignorieren ließen. Die Spannungen, die jetzt zwischen Hitler und der militärischen Führung im Angesicht der Niederlage – einer sich endgültig abzeichnenden totalen Niederlage – ausbrachen, wußte Halder zu nutzen – zumindest für sich selbst. Jetzt, vor der Katastrophe von Stalingrad, entlud sich auch seine Verbitterung über seine sukzessive fachliche Entmachtung. Scharfe Auseinandersetzungen mit Hitler waren die Folge. Am 24. September 1942 wurde Halder entlassen. Für die Führung der institutionellen Reste, die nach Halders Amtszeit vom Generalstab des Heeres übriggeblieben waren, wählte Hitler einen Newcomer, den bislang nur wenige kannten: den Generalmajor Kurt Zeitzler.

Nach seinem glanzlosen Abgang lebte der verabschiedete Generaloberst zurückgezogen, Kontakte zum Widerstand vermied er, so gut es ging. Gleichwohl traf auch ihn nach dem 20. Juli 1944 der ganze Haß Hitlers. Seine Fühlungnahme zum oppositionellen Umfeld während der Jahre 1938 und 1939 ließ sich jetzt nicht mehr verbergen, so daß Halder verhaftet und bis Kriegsende von KZ zu KZ verlegt wurde. Möglicherweise bewahrte ihn nur die rechtzeitige Befreiung durch US-Truppen vor einer Hinrichtung.

Für die westalliierten Siegermächte blieb dieser Eindruck prägend. Zahlreichen deutschen Generälen wurde jetzt der Prozeß gemacht, die Spitzen des OKW richtete man hin. Halder, obwohl tief in Hitlers Kriegspolitik verstrickt, blieb hingegen von jeder Anklage verschont. Im Nürnberger Kriegsverbrecherprozeß und im sogenannten OKW-Prozeß fungierte dieser wichtige militärische Mitarbeiter Hitlers lediglich als Zeuge. Erst im Jahr 1948 kam es zu einem zügig durchgeführten Entnazifizierungsprozeß, der denn auch keinen Zweifel daran ließ, daß der ehemalige Generalstabschef als »überhaupt nicht belastet«[13] einzustufen sei. Diese Entscheidung akzeptierte bis September 1950 auch die bayerische Verwaltung, die den Freispruch nochmals aufgehoben hatte.

Vermutlich war es auf mehr als auf Halders KZ-Haft zurückzuführen, wenn er die Welle von Nachkriegsprozessen straflos überstand. Denn Halder hatte es schon früh verstanden, sich der amerikanischen Besatzungsmacht unentbehrlich zu machen. Noch als Kriegsgefangener hatte er im Sommer 1946 begonnen, eine Gruppe ehemaliger deutscher Offiziere und Generäle zu leiten, die im Auftrag der Historical Division der US Army ihre Kriegserfahrungen in schließlich über 2500 Studien aufarbeiteten. Die Amerikaner schätzten es sehr hoch ein, daß sie in Halder einen militärischen Fachmann gefunden hatten, der ohne große Vorbehalte bereit war, für den ehemaligen Gegner zu arbeiten. Als Halder seine Zuarbeit für die Historical Division im Juni 1961 beendete, wurde ihm dafür der Meritorious Civilian Service Award verliehen, eine der höchsten Zivilauszeichnungen der USA.

Diese ungewöhnliche Kooperation verschaffte Halder allerdings nicht nur persönliche Vorteile. Damit konnten nicht nur der Erfahrungsschatz und der hohe Grad an Professionalität, den sich die Wehrmacht im Zweiten Weltkrieg erworben hatte, an die führende westliche Siegermacht weitergegeben werden; dieser Auftrag gab ihm auch die einzigartige Möglichkeit, die erste halbwegs wissenschaftliche Aufarbeitung der jüngst zurückliegenden militärischen Ereignisse so zu prägen, wie er das wollte. Und davon machte er ausgiebig Gebrauch. Widerspruch hatte er kaum zu befürchten. Die kompetenten Zeitzeugen waren entweder tot, in Kriegsgefangenschaft oder als Kriegsverbrecher verurteilt, das gesamte authentische Aktenmaterial blieb fürs erste ausgelagert oder gesperrt. So gelang es dem ehemaligen Generalstabschef tatsächlich, der zentralen Frage nach der politischen Verantwortung seines Tuns konsequent auszuweichen. Statt dessen wurde die Fiktion aufrechterhalten, die Wehrmacht habe sich nie an Kriegsverbrechen beteiligt und sich allein auf ihre militärische Aufgabe beschränkt. Der Generalstab habe bis hin zur Möglichkeit des Hochverrats alles versucht, um der Hitlerschen Angriffsplanung entgegenzuwirken, und schließlich sei es allein dem Dilettanten Hitler zu verdanken, daß man diesen Krieg verloren habe.

Es spricht für die Wirkung dieser Mythen, daß Halder ihre Revision nicht mehr erleben mußte. Als er am 2. April 1972 in Aschau (Chiemgau) starb, endete ein widerspruchsvolles Leben. Dieses Leben war in besonderem Maß den Brüchen und Katastrophen der deutschen Zeitgeschichte ausgesetzt. Auch Halder wäre beinahe ihr Opfer geworden. Das soll jedoch nicht den Blick dafür verstellen, wie sehr auch der Generalstabschef Halder mitverantwortlich für diese Katastrophe war.

Anmerkungen

1 Heidemarie Gräfin Schall-Riaucour, Aufstand und Gehorsam. Offizierstum und Generalstab im Umbruch. Leben und Wirken von Generaloberst Halder, Generalstabschef 1938–1942, Wiesbaden 1972, S. 311.

2 BA-MA N 28/1: Brief F. Halder an L. Beck vom 6. 8. 1934.

3 Heeresadjutant bei Hitler 1938–1943. Aufzeichnungen des Majors Engel, hrsg. und kommentiert von Hildegard von Kotze, Stuttgart 1974, S. 26 (25. 6. 1938).

4 Ebd., S. 24 (Mai 1938).

5 Hans Bernd Gisevius, Bis zum bitteren Ende, Zürich 1946, Bd. II, S. 116.

6 Helmuth Groscurth, Tagebücher eines Abwehroffiziers 1938–1940. Mit weiteren Dokumenten zur Militäropposition gegen Hitler, hrsg. von Helmut Krausnick und Harold C. Deutsch unter Mitarbeit von Hildegard von Kotze, Stuttgart 1970, S. 222f. (31. 10. 1939).

7 Ansprache Halders am 3. 4. 1940, zitiert bei Schall-Riaucour, (Anm.1), S. 110f.

8 Franz Halder, Kriegstagebuch. Tägliche Aufzeichnungen des Chefs des Generalstabes des Heeres 1939–1942. Hrsg. v. Arbeitskreis für

Wehrforschung. Bearb. v. H.-A. Jacobsen, Stuttgart 1963, Bd. II,
S. 231 (13. 12. 1940).

9 Ebd., S. 261 (28. 1. 1941).

10 Friedrich Frhr. Hiller von Gaertrigen (Hrsg.), Die Hassell-Tagebücher 1938–1944. Aufzeichnungen vom Andern Deutschland [von
Ulrich von Hassell], Berlin 1988, S. 257 (15. 6. 1941).

11 Franz Halder (Anm. 8), Bd. III, S. 28 (3. 7. 1941).

12 Ebd., S. 170 (11. 8. 1941).

13 BA-MA N 220/65: Urteil der Spruchkammer X, München, vom
26. 10. 1948.

Bibliographie

Quellen

Es ist nicht einfach, Halders Biographie zu rekonstruieren, schon weil
sich Quantität und Qualität der verfügbaren Quellen nicht entsprechen.
Grundlegend für Halders Zeit als Generalstabschef bleibt sein soge-
nanntes Kriegstagebuch: Franz Halder, Kriegstagebuch. Tägliche Aufzeichnungen des Chef des Generalstabes des Heeres 1939–1942, hrsg.
vom Arbeitskreis für Wehrforschung, bearb. von Hans-Adolf Jacobsen,
3 Bde., Stuttgart 1962-64; die täglichen Notizen geben freilich oft mehr
über Halders Gesprächspartner Auskunft als über den Autor. Halders
Nachlaß im Bundesarchiv-Militärarchiv in Freiburg (Brsg.) (N 220)
wurde von allen aussagekräftigen Primärquellen gereinigt. Die Lücken
lassen sich teilweise schließen, etwa durch Kriegstagebücher militärischer Dienststellen oder Privattagebücher. Publiziert wurden zum Beispiel: Ulrich von Hassell, Die Hassell-Tagebücher 1938-1944. Aufzeichnungen vom Andern Deutschland, hrsg. von Friedrich Frhr. Hiller von
Gaertringen, Berlin 1988; Helmuth Groscurth, Tagebücher eines Abwehroffiziers 1938–1940, hrsg. von Helmut Krausnick und Harold C. Deutsch,
Stuttgart 1970; Heeresadjutant bei Hitler 1938–1943. Aufzeichnungen des
Majors Engel, hrsg. und kommentiert von Hildegard von Kotze, Stuttgart 1974; Elisabeth Wagner (Hrsg.), Der Generalquartiermeister. Briefe
und Tagebuchaufzeichnungen des Generalquartiermeisters des Heeres
General der Artillerie Eduard Wagner, München 1963; Kriegstagebuch

des Oberkommandos der Wehrmacht (Wehrmachtführungsstab) 1940–1945. Geführt von Helmut Greiner und Percy Ernst Schramm, hrsg. von Percy Ernst Schramm in Zusammenarbeit mit Andreas Hillgruber, Walter Hubatsch und Hans-Adolf Jacobsen, München 1982 (ND); Hans Meier-Welcker, Aufzeichnungen eines Generalstabsoffiziers 1939–1942, hrsg. vom MGFA, Freiburg i. Br. 1982.

Wo diese Quellen nicht ausreichen läßt sich – bei aller gebotenen Vorsicht – auf die umfangreiche Memoirenliteratur zurückgreifen: Nicolaus von Below, Als Hitlers Adjutant 1937–45, Mainz 1980; Hans Bernd Gisevius, Bis zum bitteren Ende, 2 Bde., Zürich 1946; Luise Jodl, Jenseits des Endes. Leben und Sterben des Generaloberst Alfred Jodl, München 1976; Erich von Manstein, Aus einem Soldatenleben. 1887–1939, Bonn 1958; ders., Verlorene Siege, München [11]1987; Heinrich Nolte, Landesverrat oder Hochverrat? Als Adjutant bei Halder, Oktober 1939 bis Juni 1940, in: *Kampftruppen* (1969), H. 5, S. 120–122; Walter Warlimont, Im Hauptquartier der deutschen Wehrmacht 39–45. Grundlagen, Formen, Gestalten, München [3]1978.

Literatur

Der historischen Forschung diente Halder über Jahrzehnte weniger als Studienobjekt denn als Zeitzeuge, als Autor seiner »Kriegstagebücher« wie als ein stets auskunftsbereiter Gesprächspartner oder Korrespondent. Die Dissertation seiner Enkelin erwies sich als apologetisch und wissenschaftlich unbefriedigend: Heidemarie Gräfin Schall-Riaucour, Aufstand und Gehorsam. Offizierstum und Generalstab im Umbruch. Leben und Wirken von Generaloberst Halder, Generalstabschef 1938–1942, Wiesbaden 1972. Inzwischen liegt eine Biographie des Verfassers vor mit dem Schwerpunkt auf Halders Tätigkeit als Generalstabschef: Halder. Hitlers Generalstabschef 1938–1942, Paderborn 1991. Außerdem eine knappere Zusammenfassung von Halders Biographie, die auch dessen Schicksal nach 1945 stärker berücksichtigt: Gerd R. Ueberschär, Generaloberst Franz Halder. Generalstabschef, Gegner und Gefangener Hitlers, Göttingen 1991. Zahllos dagegen die Arbeiten, die auf biographische Teilaspekte eingehen, etwa: Das Deutsche Reich und der Zweite Weltkrieg, hrsg. vom MGFA, Bd. Iff., Stuttgart 1979ff.; Harold C. Deutsch, Verschwörung gegen den Krieg. Der Widerstand in den Jahren

1939–1940, München ²1969; Andreas Hillgruber, Hitlers Strategie. Politik und Kriegführung 1940–1941, München ²1982; Peter Hoffmann, Widerstand, Staatsstreich, Attentat. Der Kampf der Opposition gegen Hitler, München ⁴1985; Helmut Krausnick, Kommissarbefehl und »Gerichtsbarkeitserlaß Barbarossa« in neuer Sicht, in: *Vierteljahrshefte für Zeitgeschichte* 25 (1977), S. 682–738; Klaus-Jürgen Müller, Das Heer und Hitler. Armee und nationalsozialistisches Regime 1933–1940, Stuttgart ²1988; Bernd Wegner, Erschriebene Siege. Franz Halder, die »Historische Division« und die Rekonstruktion des Zweiten Weltkrieges im Geiste des deutschen Generalstabes, in: Ernst Willi Hansen/Gerhard Schreiber/Bernd Wegner (Hrsg.), Politischer Wandel, organisierte Gewalt und nationale Sicherheit. Festschrift für Klaus-Jürgen Müller, München 1995, S. 287–302.

Paul Hausser –
Der Senior der Waffen-SS

VON MARK P. GINGERICH

Am Ende seiner Laufbahn im Jahre 1945 war »Papa« Hausser, wie er von seinen Untergebenen gern genannt wurde, der älteste und zugleich dienstälteste Offizier der Waffen-SS. Hausser, den Historiker und Offizierskameraden im allgemeinen für den militärisch erfahrensten Befehlshaber der Waffen-SS halten, spielte auch bei der Aufstellung und Entwicklung der Verfügungstruppe, der direkten Vorgängerin der späteren Waffen-SS, eine Schlüsselrolle.

Hausser wurde am 7. Oktober 1880 in Brandenburg an der Havel geboren und schlug, dem Beispiel seines Vaters folgend, die Offizierslaufbahn in der preußischen Armee ein. Nach Abschluß einer Ausbildung im preußischen Kadettenkorps im Jahre 1899 trat Hausser als Leutnant im 7. Westpreußischen Infanterie-Regiment Nr. 155 in die königlich-preußische Armee ein. Im Laufe des nächsten Jahrzehnts diente er in verschiedenen Stellungen und besuchte die Kriegsakademie. Im März 1914 kam er zur Topographischen Abteilung im Generalstab des Heeres. Während des Ersten Weltkrieges sammelte Hausser als Stabsoffizier sowie im Rang eines Hauptmanns als Kompaniechef bei der Infanterie Erfahrungen und nahm an militärischen Operationen im Westen, in Kurland und in Rumänien teil. Gleich nach dem Waffenstillstand im Jahre 1918 diente er im Grenzschutz Ost, der Deutschlands umstrittene Ostgrenzen verteidigte. Er trat dann in die neugegründete Reichswehr der Weimarer Republik ein und diente in verschiedenen Stellungen, bis er am 1. Februar 1932 als Generalleutnant seinen Abschied nahm.

Der »zweite Abschnitt«[1] von Haussers militärischer Laufbahn begann 1933, als er dem »Stahlhelm« beitrat, jener 1918 zur Bekämpfung der deutschen Novemberrevolution gegründeten Organisation nationalistisch gesinnter Kriegsveteranen. Hausser hatte vor, seine Jahre im Ruhestand zur Förderung der nationalistischen Sache zu nutzen, mit der er stark sympathisierte. Doch bald wurde der »Stahlhelm« in die SA eingegliedert, und Hausser, der Bezirksleiter für Berlin-Brandenburg gewesen war, gehörte nun im Rang eines Standartenführers zur SA-Reserve (für »Stahlhelm«-Mitglieder über 35 Jahre). Nach dem Röhm-Putsch im Sommer 1934 kam er durch einen alten Reichswehrkameraden, den SS-Offizier Paul Scharfe, zur SS (Mitgliedsnummer 239 795).

In der Absicht, innerhalb der SS eine paramilitärische Eliteorganisation zu schaffen, war Reichsführer-SS Heinrich Himmler eifrig bestrebt, ehemalige Berufsoffiziere zu gewinnen, die sich wie Hausser im Ruhestand befanden und die Gelegenheit begrüßten, für den Aufbau der militärischen Macht Deutschlands tätig zu werden. Am 1. November 1934 erhielt Hausser von Hitler den Auftrag, die SS-Führerschule Braunschweig ins Leben zu rufen, auf der SS-Offiziere militärisch geschult werden sollten. Zwei Wochen später wurde er im Rang eines SS-Standartenführers der erste Kommandeur dieser Schule. In der Zeit von Ostern bis zum Sommer 1936 leitete Hausser die in SS-Junkerschule Braunschweig umbenannte Einrichtung, die er zu einer professionellen Ausbildungsstätte entwickelte.

Nach der erfolgreichen Gründung der Offiziersschule in Braunschweig wurde SS-Brigadeführer Hausser im Jahre 1936 beauftragt, den neugeschaffenen Posten des Chefs des Inspektorats der SS-Verfügungstruppe zu übernehmen. Diese Einrichtung diente als eine Art Generalstab; sie kontrollierte die Ausbildung und Erziehung der Verfügungstruppe, die im Dezember 1934 durch Zusammenlegung der sogenannten Politischen Bereitschaften geschaffen worden war.

Nach 1945 behauptete Hausser im Hinblick auf Charakter und Zweck der Waffen-SS mit Beharrlichkeit, die Verfügungstruppe und ihre Nachfolgerin, die Waffen-SS, seien ausschließlich für militärische Aufgaben konzipiert und geschaffen worden. In mehreren Erlassen des »Führers« war jedoch ausdrücklich festgehalten, daß die Hauptaufgabe der SS-Verfügungstruppe in der Unterdrückung innerer Unruhen bestehen sollte. Dies geht zum Beispiel aus Hitlers Anordnung vom 17. August 1938 klar hervor, die von Historikern generell als das grundlegende Dokument hinsichtlich Aufgabe und Zweck der Verfügungstruppe angesehen wird. Entsprechend dieser Anordnung war die Verfügungstruppe »für besondere innenpolitische Aufgaben«[2] vorgesehen. Im Kriegsfall konnte sie allerdings taktisch dem Heer unterstellt und an der Front eingesetzt werden, wobei die letzte Entscheidung über ihren Einsatz in jedem Fall bei Hitler persönlich verblieb.

Möglicherweise wurden Hausser (und andere im Ruhestand befindliche Reichswehroffiziere) über den wahren Charakter der Verfügungstruppe von Himmler absichtlich getäuscht; es besteht kein Anlaß zu der Annahme, Hausser sei bewußt gewesen, daß er etwas anderes tat, als nur eine militärische Eliteeinheit auszubilden, die im Kriegsfall der Armee zur Verfügung gestellt werden sollte. Überdies war Hausser in keiner Weise in der nationalsozialistischen Ideologie als solcher befangen. Sicherlich war er ein ultrakonservativer Nationalist, dessen Haltung zum Versailler Vertrag, zum Marxismus und Kommunismus sowie zu den sozialen und ökonomischen Schwierigkeiten Anfang der dreißiger Jahre sich in manchen Punkten mit den Auffassungen der Nationalsozialisten deckte. Trotzdem trat er erst Ende der dreißiger Jahre der NSDAP bei (Mitgliedsnummer 4158779), und zwar vorrangig aus beruflichen, nicht aus politischen Gründen.

Unter Haussers Anleitung wurden die verschiedenen Einheiten der Verfügungstruppe, die in Formationen von Bataillons-stärke über das ganze Reich verstreut waren, zu zwei Standarten – zur Standarte »Deutschland« in München und zur Standarte »Germania« in Hamburg – zusammengefaßt und einem harten Training unterworfen. Die Aufstellung der Verfügungstruppe war allerdings keine leichte Aufgabe. Hausser stieß sowohl bei Offizieren des Heeres auf Widerstand, von denen bewaffnete Verbände, die nicht ihrer direkten Kontrolle unterstanden, rigoros abgelehnt wurden, als auch bei regionalen Führern der allgemeinen SS, die sich nicht mit dem Verlust der Befehlsgewalt über die bewaffneten SS-Formationen abfinden mochten. Sogar Widerstände innerhalb der Verfügungstruppe selbst mußte Hausser überwinden. Eine Formation, die »Leibstandarte-SS Adolf Hitler«, war offiziell der Verfügungstruppe zugeordnet, ihr Befehlshaber Josef (»Sepp«) Dietrich hatte jedoch persönlichen Zugang zu Hitler und besaß einen höheren Rang als Hausser, so daß dessen Befehlsgewalt über diese Einheit allenfalls auf dem Papier stand. Die Reibereien mit Dietrich wurden so unerträglich, daß Hausser bereits seinen Rücktritt erwog. Doch trotz dieser Schwierigkeiten entwickelte er ein effizientes Programm zur militärischen Ausbildung der Verfügungstruppe, das in der Hauptsache auf seinen Erfahrungen in der Reichswehr beruhte, und schaffte es, ihr einen hohen Grad militärischer Professionalität zu verleihen. Vor allem Haussers Bemühungen war es zu verdanken, daß Himmler in einer Rede am 8. November 1937 stolz verkünden konnte: »Die Verfügungstruppe ist, nach den Maßstäben der heutigen Wehrmacht gerechnet, kriegsverwendungsfähig.«[3]

Zu Beginn des Krieges wurde Hausser vorübergehend Generalmajor Werner Kempfs Division als Verbindungsoffizier zugeteilt und hatte somit zunächst keine Befehlsgewalt über SS-Einheiten. Die Verfügungstruppe wurde jedoch im Polenfeldzug eingesetzt, und trotz ziemlich hoher Verluste und einiger Kritik von seiten der Heeresbefehlshaber hinsichtlich ihrer Leistungen zeigte sich Hitler mit der Verfügungstruppe so zufrieden, daß er die Aufstellung von drei Divisionen der – erstmals im Dezember 1939 offiziell so bezeichneten – »Waffen-SS« genehmigte. Die Aufgabe, aus den Regimentern »Germania«, »Deutschland« und »Der Führer« eine Verfügungsdivision zu bilden, wurde Hausser übertragen.

Unter Haussers Befehl nahm die Verfügungsdivision im Mai 1940 als Teil der Heeresgruppe B am Westfeldzug teil und wirkte an Operationen gegen die alliierten Truppen in den Niederlanden mit. Nach dem Zusammenbruch des Widerstandes der Alliierten in Holland kämpfte Haussers Division in Flandern und Frankreich. Nachdem die Kampfhandlungen im Juni eingestellt worden waren, bildeten Haussers Truppen bis März 1941 einen Teil der Besatzungsmacht in den Niederlanden und Frankreich. Im Dezember 1940 wurde SS-Gruppenführer Haussers Verfügungsdivision neu ausgerüstet und in »Deutschland« umbenannt; dieser Name wurde gegen Ende des Monats in »Reich« umgewandelt (später, im Jahre 1942, in »Das Reich«). Im April 1941 befehligte Hausser die Division »Reich« im Jugoslawienfeldzug, sodann wurde sie in Österreich für die Operation »Barbarossa«, den Überfall auf die Sowjetunion, neu ausgerüstet.

Seinen Ruf als fähiger und tapferer Befehlshaber im Felde erlangte Hausser vor allem im schweren und schließlich erfolglosen Krieg gegen die UdSSR. Er diente in mehreren wichtigen Frontkommandos, und hier kamen sowohl seine Wendigkeit in der Offensive wie auch seine Zähigkeit in der Defensive zur Geltung. Am 24. Juni überschritt Haussers Division, die der Heeresgruppe Mitte unterstellt war, die sowjetische Grenze von 1939. Hausser war in mehrere Kampfhandlungen verwickelt und wurde am 1. Oktober zum SS-Obergruppenführer und General der Waffen-SS befördert. Im selben Monat spielte er eine entscheidende Rolle beim Durchbruch der wichtigsten Verteidigungsstellungen der Roten Armee bei Borodino, wodurch es den deutschen Truppen ermöglicht wurde, bis zur sowjetischen Hauptstadt vorzustoßen. Bei dieser militärischen Operation wurde Hausser schwer verwundet und blieb mehrere Monate außer Gefecht.

Haussers Leistungen beeindruckten offenbar die richtigen Leute. Anfang Januar 1942 erklärte Hitler bei einem seiner Tischgespräche: »Wenn mir ein Armeeführer sagt, seine Stärke beruhe auf einer Panzerdivision und der SS-Division Reich, dann ist das für mich auch etwas Schönes!«[4] Bald darauf entsprach Hitler einer Bitte, die Hausser im August 1941 geäußert hatte, und gab seine Einwilligung zur Ausstattung der Waffen-SS-Divisionen mit Panzereinheiten. Außerdem stimmte Hitler der Aufstellung eines Armeekorps der Waffen-SS zu, das später SS-Panzerkorps genannt wurde, und bestimmte Hausser zu dessen Befehlshaber.

Als Kommandierender General des SS-Panzerkorps nahm Haussers Ruhm weiter zu; bald verließ man sich auf seinen Verband und andere Einheiten der Waffen-SS als »Feuerwehr«, die an jedem beliebigen Krisenpunkt der Front eingesetzt werden konnte. In dieser Eigenschaft führte Hausser auch den Befehl bei der Rückeroberung Charkows. Als Charkow im Januar/Februar 1943 angesichts der überlegenen sowjetischen Kräfte nicht gehalten werden konnte, mißachtete Hausser Hitlers ausdrücklichen Befehl, die Stadt um jeden Preis zu halten, und zog sein Korps zurück. Diese Gehorsamsverweigerung versetzte Hitler in Wut, verhinderte aber ein weiteres »Stalingrad«. Haussers umsichtiger Rückzug ermöglichte es den Deutschen, Charkow im März zurückzuerobern. Für diesen Sieg erhielt Hausser das Eichenlaub zum Ritterkreuz, doch schob man die Verleihung bis Ende Juli hinaus, da Hitler immer noch über Haussers vorangegangenen Ungehorsam verärgert war.

Im Sommer 1943 befehligte Hausser das II. SS-Panzerkorps im Rahmen der Operation »Zitadelle«, der letzten deutschen Offensive an der Ostfront. Der Angriff richtete sich gegen den Kursker Bogen. Haussers Panzerkorps, das der 4. Panzerarmee angegliedert war, nahm an der größten Panzerschlacht aller Zeiten teil, und erneut schlug sich Hausser auf bewundernswerte Weise. Doch selbst seine engagierten Bemühungen konnten die Gesamtlage der Deutschen nicht verbessern.

Nach der Landung der Alliierten in Sizilien beschloß Hitler, Haussers Panzerkorps zur Verstärkung der deutschen Verteidigung auf den italienischen Kriegsschauplatz zu verlegen. Nach mehrmaligem Aufschub wurde der Verband im August 1943 nach Norditalien entsandt und in den darauffolgenden Monaten sowohl dort als auch in Slowenien zur Partisanenbekämpfung eingesetzt. Zum Jahresende wurde Hausser nach Frankreich abkommandiert, sein II. Panzerkorps der Panzergruppen-Reserve in Nordwestfrankreich zugewiesen und dort nach der Invasion der Normandie (6. Juni 1944) gegen die Alliierten eingesetzt.

Im Juni 1944 wurde Hausser zum Oberbefehlshaber der 7. Armee ernannt und damit zum ersten Offizier der Waffen-SS, der eine Armee führte. Im August erhielt er die Beförderung zum SS-Oberstgruppenführer und Generaloberst der Waffen-SS – ein Rang, den außer ihm nur noch »Sepp« Dietrich erreichte. Während der Kämpfe in der Normandie wurde Hausser von Hitler zeitweilig sogar als Oberbefehlshaber der Heeresgruppe B verwendet, da der »Führer« den Feldmarschall Kluge des Defätismus und des Verrats verdächtigte. Im August leitete Hausser den erfolglosen Gegenangriff gegen amerikanische Einheiten bei Mortain und danach den Ausbruch der 7. Armee aus dem Kessel von Falaise. Dieser verlief zum größten Teil erfolgreich, doch wurde Hausser dabei schwer verwundet und konnte sich nur mit knapper Not auf einem Panzer in Sicherheit bringen. Mehrere Monate verbrachte er danach in einem Lazarett.

Im Januar 1945 kehrte Hausser in den aktiven Dienst zurück und befehligte bis April die Heeresgruppe G am Oberrhein. Während dieser Zeit wuchs jedoch Hitlers Unzufriedenheit mit der Waffen-SS; er kritisierte, daß sie militärisch, wenn nicht gar politisch unzuverlässig würde. Goebbels diktierte Ende März 1945 in sein Tagebuch: »Überhaupt ist der Führer der Meinung, daß aus der SS kein Feldherr von Format hervorgegangen sei. Weder Sepp Dietrich noch Hauser [!] rechneten unter die großen operativen Begabungen.«[5] Hausser seinerseits war ebenfalls zunehmend kritisch gegenüber Hitlers Durchhalteparolen und weigerte sich, vom »Führer« befohlene Evakuierungen und Maßnahmen seiner Politik der »verbrannten Erde« durchzuführen. Anfang April beschloß Hitler, auf Haussers weitere Dienste zu verzichten. Goebbels schrieb: »Haußer [!] ist mittlerweile seines Kommandopostens enthoben. Er hat sich durchaus nicht bewährt.«[6]

Als die Wehrmacht am 8. Mai 1945 die Waffen streckte, befürchtete Generalfeldmarschall Kesselring (genauso wie einige Befehlshaber der Alliierten), die Waffen-SS könnte versuchen, fanatisch bis zum letzten Atemzug weiterzukämpfen. Aus diesem Grund bevollmächtigte er Hausser, den er für den »beliebtesten und befähigtsten SS-Führer«[7] hielt, als sein Sondervertreter dafür zu sorgen, daß die Kapitulation der Einheiten der Waffen-SS ohne Zwischenfall erfolgte. Haussers lange militärische Laufbahn endete, als er sich den amerikanischen Truppen in Zell am See in Österreich ergab. Die nächsten Jahre waren bitter für ihn. Als Mitglied der Himmlerschen SS wurde er als möglicher Kriegsverbrecher angesehen und war deshalb in verschiedenen amerikanischen Kriegsgefangenenlagern in Süddeutschland interniert. Erst im Januar 1948 wurde, seinen Erinnerungen zufolge, die Gefangenschaft für ihn »erträglicher«[8], als sein letzter Aufenthalt im Lager Neustadt-Allendorf begann.

Als Kriegsgefangener der Amerikaner mußte Hausser als Zeuge der Verteidigung im Sommer 1946 vor dem Internationalen Militärtribunal in Nürnberg erscheinen. In seiner Aussage vertrat er einen Standpunkt, auf dem er in all den nachfolgenden Jahren verharrte. Er wies das Argument der Anklagevertretung, es habe eine organisatorische und ideologische Affinität zwischen den verschiedenen Teilen der SS gegeben, energisch zurück und bestand darauf, daß die »Waffen-SS« »ein vollkommen selbständiges Gebilde« und »mit den anderen SS-Organisationen nur ... durch die Persönlichkeit Heinrich Himmlers« verbunden gewesen sei, der laut Hausser »übertriebenen, romantischen Ansichten«[9] nachhing und nicht als Militär angesprochen werden könne. Praktisch sei die Waffen-SS »ein vierter Zweig der Wehrmacht« gewesen, der ehrenhaft gekämpft habe, und die von der Anklagevertretung angeführten Greueltaten und Kriegsverbrechen seien von Einheiten begangen worden, die »überhaupt nichts mit den kämpfenden Truppen zu tun« und »keine Verbindung zur Waffen-SS«[10] gehabt hätten.

Hausser mag tatsächlich geglaubt haben, die Männer der Waffen-SS seien in ihrer übergroßen Mehrheit nur »Soldaten wie andere auch« gewesen, und es ist immerhin denkbar, daß er nichts von den spezifischen Greueltaten und Verbrechen gewußt hat, welche die Anklagevertretung Einheiten der Waffen-SS anlastete. Allerdings ist es schwer zu glauben, daß ihm der Ruf der Waffen-SS, im Kampf erbarmungslos zu sein, verborgen geblieben war; aus den SD-»Meldungen aus dem Reich« geht eindeutig hervor, daß deutsche Zivilisten die Waffen-SS als eine brutale Kampftruppe ansahen. Haussers Aussagen darüber, ob er den infamen »Kommissarbefehl« gekannt habe, sind widersprüchlich und unklar. Außerdem erscheint seine Behauptung unglaubwürdig, der kämpfenden Truppe der Waffen-SS sei der organisatorische Zusammenhang zwischen der Waffen-SS und den Wachmannschaften der Konzentrationslager völlig unbekannt gewesen; es war durchaus nicht ungewöhnlich, daß Wachpersonal und Soldaten untereinander ausgetauscht wurden. Die während des Krieges weitverbreitete Werbebroschüre der Waffen-SS *Dich ruft die SS* enthielt sogar eine Zusammenstellung der »Waffenfarben der Waffen-SS«, die zeigt, daß »Hellbraun« die Waffenfarbe für den Wachdienst im »Konzentrationslager«[11] war.

Bis zu seinem Tod am 21. Dezember 1972 in Ludwigsburg verwandte Hausser viel Mühe darauf, die Rehabilitierung der Waffen-SS zu betreiben und die rechtliche Diskriminierung der Veteranen der vom Internationalen Militärgerichtshof als »kriminelle Organisation« definierten Waffen-SS zu beseitigen, und zwar vorwiegend im Rahmen der »Hilfsgemeinschaft auf Gegenseitigkeit der Waffen-SS« (HIAG), der von Otto Kumm im Jahre 1951 gegründeten Veteranenorganisation. Ursprünglich war Hausser gegen die Gründung einer eigenen Organisation für ehemalige Angehörige der Waffen-SS gewesen, da er gehofft hatte, daß alle deutschen Kriegsveteranen in einer einzigen Massenorganisation zusammengefaßt werden könnten. Seine gemäßigte politische Haltung und seine Bereitschaft, die Bonner Regierung zu unterstützen, stießen aber auf den Widerstand einer kleinen, doch einflußreichen Minderheit halsstarriger Fanatiker innerhalb der HIAG. Darüber hinaus wurden Haussers Bemühungen, die Gleichsetzung der Veteranen der Waffen-SS mit denen der Wehrmacht zu erreichen, von einigen ehemaligen Wehrmachtsoffizieren vereitelt, die schamlos den Mythos mittrugen, die deutschen Kriegsverbrechen seien ausschließlich von der Waffen-SS begangen worden.

Hausser war der prominenteste Sprecher der HIAG und veröffentlichte zahlreiche Briefe im *Wiking Ruf* (später *Der Freiwillige*) sowie zwei Bücher: »Waffen-SS im Einsatz« und »Soldaten wie andere auch. Der Weg der Waffen-SS«, in denen er es als unfair bezeichnete, die Veteranen der Waffen-SS als Verbrecher zu brandmarken. Er verstand es, das sich wandelnde politische Klima in Westdeutschland auszunutzen, um den Prozeß der Rehabilitierung der Waffen-SS voranzutreiben. Nachdem die Veteranen der Waffen-SS in den ersten Nachkriegsjahren praktisch eine Pariaexistenz geführt hatten, kam es infolge der internationalen politischen Entwicklung, vor allem durch den Kalten Krieg, sowie infolge der Tatsache, daß die Bonner Regierung Größe und Einfluß der HIAG überschätzte (die HIAG repräsentierte niemals mehr als 15 Prozent der Veteranen der Waffen-SS), dazu, daß viele für Veteranen der Waffen-SS geltende rechtliche und soziale Restriktionen beseitigt wurden.

Obwohl Hausser in dieser Hinsicht ziemlich erfolgreich war, gelang es ihm trotz aller Bemühungen nicht, das historische Bild der Waffen-SS grundlegend zu revidieren. Die meisten Historiker erkennen zwar die beeindruckenden militärischen Leistungen der Waffen-SS an, kommen jedoch nicht umhin, auf den spezifischen Zusammenhang zwischen Nationalsozialismus und Waffen-SS hinzuweisen. Hausser scheint sich mit dieser Tatsache, zumindest in seinen offiziellen Stellungnahmen und Schriften, nie abgefunden zu haben. Aber selbst wenn man den Standpunkt im wesentlichen akzeptierte, die Männer der Waffen-SS seien »Soldaten wie andere auch« gewesen, so bliebe mit dieser Interpretation doch die größere und historisch wichtigere Frage unbeantwortet, welche Rolle die Waffen-SS und Hausser selbst – ob wissentlich oder unwissentlich – dabei gespielt haben, zur Ausdehnung der massenmörderischen nationalsozialistischen Herrschaft auf ganz Europa beizutragen.

Anmerkungen

1 Paul Hausser, Soldaten wie andere auch. Der Weg der Waffen-SS, Osnabrück 1966, S. 7.

2 Der Führer und Reichskanzler – Geheime Kommandosache, 17. August 1938, in: Kurt Klietmann, Die Waffen-SS. Eine Dokumentation, Osnabrück 1965, S. 26–31.

3 Rede vor den SS-Gruppenführern am 8. 11. 1937, in: Bradley F. Smith/Agnes Petersen (Hrsg.), Heinrich Himmler. Geheimreden 1933 bis 1945 und andere Ansprachen, Frankfurt a. M 1974, S. 69.

4 Hitlers Bemerkungen in der Nacht vom 3. zum 4. Januar 1942, in: Werner Jochmann (Hrsg.), Adolf Hitler. Monologe im Führerhauptquartier 1941–1944. Die Aufzeichnungen Heinrich Heims, München 1982, S. 169.

5 Elke Fröhlich (Hrsg.), Die Tagebücher von Joseph Goebbels. Teil II: Diktate 1941–1945, 15 Bde., München/New Providence/London/ Paris 1993ff., hier Bd. 15, Eintr. vom 31. 3. 1945, S. 649.

6 Ebd., Eintr. vom 4. 4. 1945, S. 678.

7 Albert Kesselring, Soldat bis zum letzten Tag, Bonn 1953, S. 353.

8 Hausser (Anm. 1), S. 127.

9 Haussers Zeugenaussagen in: Der Prozeß gegen die Hauptkriegsverbrecher vor dem internationalen Militärgerichtshof Nürnberg. 14. November 1945 – 1. Oktober 1946, 42 Bde., Nürnberg 1947– 1949, Bd. XX, S. 402f. Haussers Name ist in diesem Band ständig falsch mit Hauser wiedergegeben.

10 Ebd., S. 412f., 418ff.
11 SS-Hauptamt, *Dich ruft die SS,* Berlin (1942?), S. 92.

Bibliographie

Quellen

Unveröffentlichte Dokumente über Haussers Tätigkeit in der Waffen-SS befinden sich in verschiedenen Sammlungen im Bundesarchiv Koblenz und im Bundesarchiv/Militärarchiv Freiburg. Ein Großteil dieses Materials ist auch in den auf Mikrofilm kopierten erbeuteten deutschen Dokumenten in den U.S. National Archives, Washington, zu finden. Haussers Personalakten werden im Bundesarchiv Potsdam (zuvor im Berlin Document Center) aufbewahrt. Haussers Zeugenaussagen von Nürnberg sind veröffentlicht in: Der Prozeß gegen die Hauptkriegsverbrecher vor dem Internationalen Militärgerichtshof Nürnberg. 14. November 1945 – 1. Oktober 1946, 42 Bde., Nürnberg 1947–1949, Bd. XX. Haussers Nachkriegsbetrachtungen sind in seinen beiden Büchern enthalten: Waffen-SS im Einsatz, Göttingen 1953, und Soldaten wie andere auch. Der Weg der Waffen-SS, Osnabrück 1966. Haussers Ansichten sind auch in seinen Beiträgen zum offiziellen Organ der HIAG, *Wiking Ruf,* und dessen Nachfolgeblatt *Der Freiwillige* dargelegt.

Literatur

Es existiert zur Zeit keine Hausser-Biographie. Trotzdem wird seine Rolle bei der Entwicklung der Waffen-SS in mehreren wichtigen Monographien beleuchtet und eingeschätzt. Die ausgewogenste wissenschaftliche Abhandlung über die ganze SS-Organisation ist Robert Koehl, The Black Corps. The Structure and Power Struggles of the Nazi SS, Madison 1983. Interessantes Material über Hausser (vieles davon stammt aus Interviews) ist in Heinz Höhne, Der Orden unter dem Totenkopf. Die Geschichte der SS, Gütersloh 1967, zu finden. Zwei ausgezeichnete Werke über die Waffen-SS mit Hinweisen auf Hausser sind: George H. Stein, Geschichte der Waffen-SS, Düsseldorf 1978, und Bernd Wegner, Hitlers Politische Soldaten. Die Waffen-SS 1933–1945, Paderborn 1988. Unver-

234

zichtbar ist auch Kurt Klietmann, Die Waffen-SS. Eine Dokumentation, Osnabrück 1965. Auf Haussers politisches Wirken nach dem Krieg geht ein: Kurt Tauber, Beyond Eagle and Swastika. German Nationalism Since 1945, 2 Bde., Middletown 1967.

Alfred Jodl – Hitlers Besprechungsoffizier

VON ALAN P. WILT

Generaloberst Alfred Jodl ist eine der umstrittensten militärischen Führungspersönlichkeiten des Dritten Reiches. Die Kontroverse um Jodl beruht weniger auf seiner militärischen Laufbahn vor dem Zweiten Weltkrieg oder persönlichen Verwicklungen in Kriegsverbrechen. Während des ganzen Krieges war Jodl als Hitlers »Besprechungsoffizier« tätig, der als Chef des Wehrmachtführungsstabes die Lageberichte vortrug, und besuchte nur selten die Soldaten an der Front. Es geht vielmehr um die Frage, wie jemand, der sich in Hitlers unmittelbarer Nähe befunden hatte – dienstlich wie außerdienstlich war Jodl praktisch jeden Tag mit dem »Führer« zusammen –, nach dem Krieg behaupten konnte, er habe nie etwas mit den schmutzigen Aspekten des Nationalsozialismus zu tun gehabt, sondern, wie man dies von jedem erfahrenen deutschen Generalstabsoffizier erwarten konnte, »nur seine Pflicht erfüllt«. So waren sich während des Nürnberger Hauptkriegsverbrecherprozesses die amerikanischen, britischen, französischen und sowjetischen Richter wegen Jodls Beharren auf seiner militärischen Gehorsamspflicht und Treue zunächst unschlüssig, doch dann verurteilten sie ihn wegen Kriegsverbrechen zum Tod durch den Strang. Das Urteil wurde am 16. Oktober 1946 vollstreckt.

Jodl wurde am 10. Mai 1890 als eines von fünf Kindern einer bayerischen Offiziersfamilie in Würzburg geboren. Seine drei Schwestern starben früh, sein jüngerer Bruder Ferdinand schlug ebenfalls eine militärische Laufbahn ein und befehligte während des Zweiten Weltkrieges als General ein Gebirgskorps in Norwegen.

Alfred Jodl wurde im Alter von 13 Jahren Zögling einer bayerischen Kadettenanstalt und mit 20 Jahren Fähnrich. 1912 erhielt er im 4. Bayerischen Feldartillerie-Regiment das Leutnantspatent. Zu dieser Zeit lernte er Irma Komtesse von Bullion kennen, die er im darauffolgenden Jahr heiratete. Bis zu Irmas Tod – sie starb nach einer langen Krankheit 1943 an Lungenentzündung – führten sie eine glückliche, wenn auch kinderlose Ehe.

Während des Ersten Weltkrieges war Jodl an der Ost- und Westfront im Einsatz. Er trug eine Beinverwundung davon und erhielt das Eiserne Kreuz. Nach dem Krieg las er viel über Geschichte, Literatur, Philosophie und Kunst. Zuerst erwog er, Medizin zu studieren, beschloß dann aber, die militärische Laufbahn doch fortzusetzen. Obwohl nicht sonderlich an Politik interessiert, war er einer der wenigen Offiziere, die eine positive Einstellung zu Friedrich Ebert und der Weimarer Republik hatten, wobei er hoffte, daß Eberts Sozialdemokraten im Interesse der Stabilisierung des Landes von den Konservativen genügend Unterstützung erhielten.

Im Krieg hatte er sich den Ruf eines hervorragenden Artillerieoffiziers erworben und bekleidete in den zwanziger Jahren als Stabs- und als Truppenoffizier verschiedene Posten. 1920 wurde er vom Truppenamt übernommen, dem faktischen Generalstab der Reichswehr, von dessen Chef, General Wilhelm Adam, der ebenfalls Bayer war, er eine hohe Meinung hatte. In seiner Freizeit fuhren Jodl und seine Frau in den Alpen gern Ski oder unternahmen Bergtouren – die beste Voraussetzung für seine spätere Verwendung bei den Gebirgstruppen. 1927 wurde er zum Batteriechef im 7. Artillerieregiment ernannt, und zwei Jahre später übernahm Major Jodl als Ausbilder für junge Offiziere eine noch größere Verantwortung. Anfang der dreißiger Jahre waren er und andere Offiziere gut über die braune »Bewegung« informiert, doch Hitlers Machtantritt im Januar 1933 überraschte ihn. Jodl war anfangs vom »Führer« nicht sonderlich beeindruckt, andererseits vermochte er auch nicht zu ermessen, inwieweit die revolutionären Ziele des Nationalsozialismus seinen eigenen hehren Prinzipien widersprachen: dem Nationalismus, der sozialen Frage und dem Antikatholizismus (Jodl war seit langem aus der Kirche ausgetreten). Nach wie vor galt seine Treue dem Heer, und so wollte er trotz seiner Vorliebe für die nun dem Untergang geweihte Republik seine Pflicht als Soldat auch weiterhin erfüllen.

1932 hatte Jodl seine Tätigkeit im Führungsstab des Heeres aufgenommen. Diesen Posten bekleidete er bis 1935. In den darauffolgenden drei Jahren war er Chef der Abteilung Landesverteidigung des Wehrmachtamtes, das dem Reichswehrministerium unter Generalfeldmarschall Werner von Blomberg unterstand. Die Heeresspitze hatte Jodl zwar zu dieser Position verholfen, damit er die Interessen des Heeres vertrat und mithalf, Blombergs Pläne zur Schaffung eines allen drei Teilstreitkräften übergeordneten »Wehrmachtgeneralstabes« zu durchkreuzen, doch hatte sich Jodl alsbald die Meinung des Reichswehrministers zu eigen gemacht, was seine Beziehungen zum Oberkommando des Heeres nachhaltig belastete. Jodls spezielle Dienststellung war die eines Mitarbeiters von General Wilhelm Keitel, zu dem Jodl, nun Oberst, in den folgenden elf Jahren ein zwar enges, aber problematisches Verhältnis entwickelte. Zu jener Zeit wurde Jodl auch der Posten des Chefs des Generalstabes der Luftwaffe angetragen, den er wegen seiner starken Bindung zum Heer jedoch ablehnte.

Nach dem »Anschluß« Österreichs im Jahre 1938 wurde Jodl Artilleriekommandeur einer Reservedivision in Wien. Danach hoffte er Kommandeur einer Gebirgsdivision zu werden, doch am 23. August 1939, noch bevor er die Ernennung erhielt, beorderte Keitel ihn nach Berlin zurück, um ihn zum Chef des Wehrmachtführungsamtes im Oberkommando der Wehrmacht (OKW) zu machen. Ursprünglich war das OKW kaum mehr als Hitlers militärischer Arbeitsstab gewesen, doch mit der Zeit erweiterte sich sein Aufgabenkreis. 1941 trat die größte Wende ein, als Hitler die Kompetenz des Oberkommandos des Heeres auf die Leitung des Krieges gegen die Sowjetunion beschränkte, während dem OKW die Zuständigkeit für die anderen Kriegsschauplätze übertragen wurde. Den ganzen Krieg über behielt Jodl die privilegierte Stellung des Chefs des am 8. August 1940 in Wehrmachtführungsstab umbenannten Amtes.

Rein organisatorisch war Jodl Keitel unterstellt, da Jodl aber Hitlers wichtigster Besprechungsoffizier war, hatte er regelmäßig Zugang zum »Führer«. Ob hieraus gefolgert werden kann, daß er auch Einfluß auf Hitler hatte, läßt sich nur schwer einschätzen.

Es unterliegt keinem Zweifel, daß der Chef des Wehrmachtführungsstabes sehr hart arbeitete. Er nahm an über 5000 Lagebesprechungen teil. Zu seinen Aufgaben gehörte es, sich mit allgemeinen strategischen Fragen zu befassen, Lageberichte vorzubereiten und sie auf den täglichen Zusammenkünften des »Führers« mit militärischen und anderen Führern vorzutragen, Mitteilungen und Befehle zu Papier zu bringen, nachdem Entscheidungen gefällt worden waren, und dann dafür zu sorgen, daß sie den jeweiligen Befehlshabern und Behörden zugestellt wurden. Alle diese Aufgaben waren zeitraubend, und Jodl bekannte, daß er oft bis drei Uhr morgens gearbeitet habe, um die anfallenden Arbeiten bewältigen zu können. Die meisten Offiziere seiner Umgebung, auch Albert Speer, seit Februar 1942 einflußreicher Minister für Rüstung und Kriegsproduktion, brachten ihm für seinen Fleiß höchsten Respekt entgegen.

Gewiß war Jodl mit seiner Tätigkeit nicht immer zufrieden. Er gab zu, daß er die spartanische Lebensweise im »Führerhauptquartier« als belastend empfand, denn er rauchte und trank gern Bier und Wein. Doch er fand sich mit dem anspruchslosen Dasein ab, und mit der Zeit wurde auch seine straffe militärische Haltung legerer: Anderen Offizieren fiel zum Beispiel auf, daß er eine Hand in der Hosentasche behielt, wenn er zu ihnen sprach.

Darüber hinaus war Jodl ein ziemlicher Einzelgänger. Zu seinen Untergebenen verhielt er sich korrekt, doch im allgemeinen distanziert und akzeptierte selten einen Rat von ihnen. Er zog die Büroarbeit Inspektionsreisen in die Kriegsgebiete vor; damit beauftragte er lieber seinen Stellvertreter, General Walter Warlimont. Hitler entsandte Jodl jedoch Ende August 1942 zur Überprüfung der Lage an die Kaukasusfront und im Oktober 1943 nach Finnland, um dort mit Feldmarschall Mannerheim zusammenzutreffen. Die Kaukasusreise war für Jodl ein besonderer Mißerfolg, denn als er dem »Führer« berichtete, daß Generalfeldmarschall Wilhelm List, Oberbefehlshaber der Heeresgruppe A, und die ihm unterstellten Befehlshaber ihr Bestes täten, die Truppe aber nicht in der Verfassung sei, ihre Offensivziele zu erreichen, bekam Hitler einen fürchterlichen Wutanfall: List wurde seines Kommandos enthoben (und durch Hitler selbst ersetzt), und Jodl wurde vom Kreis derer ausgeschlossen, die an Hitlers Tafel speisen durften. Ferner lehnte es Hitler monatelang ab, Jodl oder Keitel die Hand zu geben. Darüber hinaus änderte sich der Charakter der Lagebesprechungen. Sie wurden von Jodls Kartenraum in Hitlers Hauptquartier verlegt, und der »Führer« befahl, daß bei allen Besprechungen ein SS-Offizier sowie Stenographen zugegen waren, damit sich die Generäle keine Freiheiten erlaubten oder das Besprochene hinterher eigenwillig uminterpretierten. In dieser Zeit fühlte sich Jodl besonders unglücklich und bemühte sich um eine Versetzung zu einer Gebirgsdivision nach Finnland. Aber Ende Januar 1943, als sich die Schlacht von Stalingrad ihrem katastrophalen Ende näherte, beschloß Hitler, es noch einmal mit Jodl zu versuchen, und verlieh ihm das Goldene Parteiabzeichen.

Doch was hielten die beiden wirklich voneinander? Obwohl sie sich vor September 1939 nie begegnet waren, begann Hitler seinen Besprechungsoffizier offenbar bald zu schätzen. Das war gewiß auf Jodls Fleiß und fachliche Kompetenz zurückzuführen, vielleicht aber auch darauf, daß Jodl, als der »Führer« während der Narvik-Krise im Mai 1940 die Nerven verlor, einen kühlen Kopf bewahrt hatte. Außerdem dürfte Hitler klargewesen sein, daß Jodl zwar aus viel härterem Holz geschnitzt war als Keitel, sich aber Hitler oder dessen Wünschen niemals widersetzen würde.

Mindestens zweimal erwogen Hitler und Keitel gleichwohl die Absetzung Jodls. Im Dezember 1941, während der ersten Winterkrise, schlug Keitel vor, den ebenso genialen wie eigenwilligen Erich von Manstein in den Wehrmachtführungsstab zu holen, doch Hitler, der sich gerade bemühte, das Militär stärker unter seine Kontrolle zu bringen, war nicht gewillt, dem zuzustimmen. Und während im darauffolgenden Jahr die List-Affäre schmorte, hatte der »Führer« General Friedrich Paulus an Jodls Stelle setzen wollen – doch dann kam die Katastrophe von Stalingrad dazwischen. Jodl blieb weiter Chef des Wehrmachtführungsstabes, und bis Kriegsende verkehrten Hitler und sein bewährter Mitarbeiter sachlich, wenn auch kaum herzlich miteinander.

Jodls Meinung über Hitler hatte sich im Laufe der Zeit geändert. Wie gesagt, hatte der neue Reichskanzler Jodl vor ihrer ersten Begegnung nicht übermäßig beeindruckt. Aber sobald sie engen Kontakt hatten und Deutschland zunehmend diplomatische und militärische Erfolge erzielte, war Jodl von Hitler immer mehr fasziniert. Er bekannte, wenig von Fragen der Politik zu verstehen, die überließ er dem »Führer«, doch wie viele andere Offiziere gelangte er zu der Überzeugung, daß Hitler auch auf militärischem Gebiet eine sichere Hand hatte. Für Jodl war Hitler ein Mann von erstaunlicher Voraussicht, und daher glaubte er, daß die Auffassungen seines »Führers« möglichst nicht in Zweifel gezogen werden sollten.

Während des Nürnberger Prozesses hob Jodl natürlich diejenigen Fälle hervor, in denen er Hitler unangenehme Fakten mitgeteilt oder dazu beigetragen hatte, Schlimmeres zu verhüten. So sagte er beispielsweise, er habe Hitler nicht nur auf die schwierige Lage im Kaukasus hingewiesen, sondern auch darauf bestanden, daß man die von der SS-Brigade Kempinskis in Warschau verübten Greueltaten aufklärte, die Erschießung amerikanischer Kriegsgefangenen in Malmédy in Belgien untersuchte und die Genfer Konvention über die humane Behandlung von Kriegsgefangenen nicht aufkündigte.

Was sich indessen nicht beschönigen ließ, war, daß Jodl lange Zeit ergeben mit Hitler zusammengearbeitet hatte. In einer Rede, die Jodl im November 1943 zum Gedenken an den Münchener Putsch vor den Gauleitern hielt, sang er beispielsweise regelrechte Loblieder auf den »Führer«. Zugleich legte er die deutsche Strategie dar und malte aus, was ein Europa unter dem »furchtbaren Joch« der amerikanischen Juden und der bolschewistischen Kommunisten bedeuten würde. Allerdings behauptete er in Nürnberg, allein deshalb so gesprochen zu haben, um die Gefolgsleute Hitlers anzufeuern. Darüber hinaus erregte das Attentat militärischer Kreise auf Hitler nichts als Zorn bei Jodl. Gewiß, er selbst war dabei verletzt worden – doch obwohl er der Ansicht war, er habe während des ganzen Krieges viel dazu beigetragen, daß alles gut funktionierte, schien er nicht begriffen zu haben, daß seine Position mehr erfordert hatte, als nur ein Funktionär im Dienst des Dritten Reiches zu sein.

Jodl erstattete Hitler am 22. April 1945 zum letzten Mal Bericht über die militärische Lage und verließ dann Berlin, um bei Großadmiral Dönitz in Flensburg-Mürwik den Führungsstab A (Nord) des aus Berlin evakuierten und nunmehr geteilten OKW einzurichten. Nach Hitlers Selbstmord blieb er in führender Stellung und unterschrieb am 7. Mai als Dönitz' Vertreter die Kapitulationsurkunde in Reims. Am 23. Mai wurde er zusammen mit den übrigen Mitgliedern der Regierung Dönitz von den Briten festgenommen.

Im Nürnberger Prozeß, der im November 1945 begann und mehr als zehn Monate dauerte, war Jodl einer der 24 führenden Vertreter des Nationalsozialismus, die wegen Kriegsverbrechen angeklagt wurden. Obwohl nicht alle Nationalsozialisten im strengen Sinne des Wortes, das heißt Parteimitglieder gewesen waren, hatten sie alle aktiv mit Hitlers Regime kooperiert. Ursprünglich stand Jodl nicht auf der von den Briten und Amerikanern zusammengestellten Liste der Angeklagten, doch die Sowjets hatten ausdrücklich verlangt, daß neben anderen auch er als Chef des Wehrmachtführungsstabes mit angeklagt werde, und die westlichen Vertreter hatten dem zugestimmt. Die Anklage umfaßte vier Punkte: Verschwörung zur Kriegsvorbereitung, Führen eines Angriffskrieges, Verletzung internationaler Abkommen über die Kriegführung sowie Verbrechen gegen die Menschlichkeit.

Jodl wurde von Dr. Franz Exner, einem Münchener Professor der Rechte und Freund der Familie, sowie von dem Völkerrechtler Dr. Hermann Jahrreiss vortrefflich verteidigt. Jodls zweite Frau Luise, geborene von Benda, die als Sekretärin im OKW gearbeitet hatte, assistierte ihnen dabei. Sie hatte Irma Jodl während ihrer langen Krankheit geholfen und Alfred schließlich wenige Monate vor Kriegsende geheiratet. Noch vor Eröffnung des Prozesses hatten die Verteidiger einen Antrag gestellt, in dem sie den Militärgerichtshof ersuchten, ihnen Dokumente über eventuelle Kriegsverbrechen der Alliierten zur Verfügung zu stellen. Das Tribunal lehnte den Antrag ab, doch sah sich die Anklage dadurch gezwungen, die Anklagepunkte so weit einzuschränken, daß nur solche Rechtsverletzungen behandelt werden konnten, die nicht zugleich auch von den Alliierten begangen worden waren.

Jodl wurde in der Hauptsache Anfang Juni 1946 eine Woche lang im Zeugenstand vernommen. Er hatte seine Akten einschließlich seines Kriegstagebuches den Alliierten ausgehändigt, und daher konnten sich Anklagevertretung wie Verteidigung auf seine militärische Tätigkeit konzentrieren, und in diesen Fragen verteidigte er sich recht gut.

Was die Planung und Führung eines Angriffskrieges betraf, so wies Jodl überzeugend nach, daß er allenfalls am Rande oder überhaupt nicht an der Ausarbeitung von Plänen für die Operationen gegen Österreich und Polen beteiligt gewesen war. Er überspannte jedoch den Bogen, als er bei der Erörterung der Sudetenkrise vom September 1938 behauptete, das Heer habe fast bis zum Schluß kaum über Planungen für militärische Maßnahmen verfügt, obwohl faktische Beweise dafür vorlagen, daß bereits einige Monate davor detaillierte Pläne ausgearbeitet worden waren.

Gleichwohl führten Jodl und seine Verteidiger als plausibles Argument die Tatsache an, daß er als Generalstabsoffizier zwangsläufig in die Kriegsplanung einbezogen war. Doch ging er erneut zu weit, als er anführte, daß Deutschland keine Bedenken gehabt habe, Belgien und die Niederlande anzugreifen, da diese nicht wirklich neutral gewesen seien, und daß ein »Präventivkrieg« gegen die Sowjetunion wegen des russischen Aufmarsches an der Grenze gerechtfertigt gewesen sei. In der Tat habe die deutsche »Aggression« insgesamt einen präventiven Charakter gehabt.

Die Anklagevertretung ging im Fall Jodls und anderer Angeklagter speziell auf zwei Befehle ein. Der eine war der »Kommissarbefehl« vom Mai 1941. Dieser sah vor, sowjetische Politkommissare – Angehörige der kämpfenden Truppe, die im Auftrag der Kommunistischen Partei bei der Truppe für Linientreue sorgten und Mitglieder warben – nicht als Kriegsgefangene zu behandeln, sondern auf der Stelle zu »erledigen«. Jodl verteidigte sich damit, daß er den Befehl nicht unterschrieben habe, und legte Beweise dafür vor, daß er versucht hatte, die Rücknahme des Befehls zu erwirken. Obwohl der Befehl 1942 tatsächlich aufgehoben wurde, ist der Verteidigung zugute zu halten, daß sie nicht nachzuweisen versuchte, daß Jodl an der Aufhebung dieses Befehls mitgewirkt hatte.

Der »Kommandobefehl« wiederum erging als geheime Anweisung an die Befehlshaber im Felde. Er sah vor, daß Kommandotrupps oder Saboteure, die in den von Deutschen besetzten Gebieten gefangengenommen wurden, nicht als Gefangene zu behandeln, sondern ohne Gerichtsurteil zu erschießen seien – selbst wenn sie bei der Gefangennahme Uniformen trugen. Jodl gab zu, er habe, als er den Befehl weitergab, erkannt, daß dieser wahrscheinlich gegen das Völkerrecht verstieß. Des weiteren erklärte er, die Befehlshaber im Felde hätten versucht, den Befehl zu umgehen. Auch andere rechtswidrige Befehle, wie zum Beispiel die Weisung, Partisanen im Osten durch »geeignete drakonische Maßnahmen« zu bestrafen, trugen Jodls Unterschrift (er unterschrieb unzählige Befehle im Namen des »Führers«), doch die Anklagevertretung konnte nie nachweisen, daß Jodl auch am Entscheidungsgang vor der Ausgabe solcher Befehle beteiligt war.

Obwohl Jodl völkerrechtswidrige Befehle hingenommen hatte und an der Ausarbeitung von Plänen für aggressive Kriegshandlungen (die er nicht als aggressiv ansah) beteiligt gewesen war, konnte er sich in militärischen Fragen relativ wirksam verteidigen. Was aber andere Handlungen betraf, die mit militärischen Erwägungen nichts zu tun hatten, hinterließ er einen recht schwachen Eindruck. Er sagte, er habe von Konzentrationslagern gewußt, aber nur von solchen innerhalb Deutschlands, und was dort geschah, sei ihm verborgen geblieben. Von der Judenvernichtung habe er keine Ahnung gehabt. Er behauptete ferner, von den Erschießungskommandos der SS, die in der Sowjetunion tätig waren, nichts gewußt zu haben, sondern nur davon, daß die Geheime Militärpolizei hinter der Front Partisanen bekämpfte. Er sagte weiter, er habe schon 1942 erkannt, daß der Krieg verloren sei, jedoch nicht auf eine Beendigung des Krieges hingewirkt, weil dies eine politische Entscheidung gewesen sei. Allerdings habe er gegen Kriegsende dem »Führer« schriftlich mitgeteilt, daß er die Situation für aussichtslos hielt. Praktisch verfocht Jodl die Linie, er sei so sehr in seiner Arbeit aufgegangen, daß er nicht wirklich gewußt habe, was draußen vor sich ging.

Der Militärgerichtshof benötigte mehrere Monate, um die anderen Fälle abzuschließen und neben der obersten militärischen

Führung solche NS-Organisationen wie SS und Gestapo wegen ungesetzlicher Handlungen anzuklagen. Am 1. Oktober 1946 verkündeten die Richter dann die Urteile für die einzelnen Angeklagten. Die meisten Prozeßberichterstatter waren der Ansicht, daß Jodl für schuldig befunden, aber nicht zum Tode verurteilt werden würde. Die Richter sprachen ihn jedoch in allen vier Anklagepunkten schuldig und verurteilten ihn zusammen mit elf anderen zum Tode durch den Strang.

Jodl konnte das Urteil nicht fassen, doch er ertrug es mit Gleichmut. Was ihn hingegen zutiefst verletzte, war, daß die Todesstrafe nicht nach militärischem Brauch durch Erschießen vollstreckt werden sollte, sondern durch Erhängen. Das Gericht blieb jedoch dabei, daß alle Verurteilten, egal ob Zivilist oder Militär, erhängt werden sollten.

Jodl sträubte sich zunächst, Einspruch gegen das Urteil zu erheben; weil aber seine Frau und seine Verteidiger darauf drängten, willigte er ein, daß ein Gnadengesuch eingereicht wurde. Dieses wurde jedoch abgelehnt. Luise Jodl ging noch weiter und schickte Telegramme an führende Politiker und Militärs, darunter an Churchill, Stalin, Feldmarschall Alphonse Juin, Feldmarschall Montgomery und General Eisenhower. Sie fragte, wie es möglich sei, daß ihr Ehemann, ein aufrechter Offizier, wie ein gewöhnlicher Krimineller behandelt werde. Sie erreichte jedoch nichts. 16 Tage nach der Urteilsverkündung wurde Jodl zum Galgen geführt und gehenkt. Er fühlte sich nicht schuldig und sprach kurz vor seinem Tod die Worte: »Ich grüße Dich, o Du mein Deutschland!«[1]

Selbst nachdem Jodls Leichnam von den alliierten Behörden verbrannt und seine Asche in München in die Isar gestreut worden war, setzte seine Frau ihre Bemühungen um die Rehabilitierung Jodls fort. 1953 erreichten sie und ihre Anwälte, daß sein Fall vor der Hauptspruchkammer in München neu verhandelt wurde. Besonders wirkungsvoll war die Aussage eines der französischen Richter im Nürnberger Prozeß, der im Jahre 1949 erklärt hatte, das Urteil gegen Jodl sei nicht gerechtfertigt gewesen.

Die Aussagen zugunsten Jodls führten dazu, daß das Gericht ihn der Verbrechen, derentwegen er verurteilt worden war, entlastete und verfügte, daß sein Besitz, der rechtsgültig eingezogen worden war, der Witwe zurückgegeben werde. Zwei Monate später gab jedoch die Bayerische Staatskanzlei dem Druck der amerikanischen Regierung nach und hob das Münchener Urteil auf.

Die Kontroverse um die Verurteilung Jodls hält immer noch an. Der Historiker Bodo Scheurig glaubt, daß Jodl einer Tragödie zum Opfer fiel. Obwohl nicht von aller Schuld freizusprechen, hätte er nach Meinung seines Biographen nicht verurteilt werden dürfen, da er lediglich engagiert seine militärischen Pflichten erfüllt habe und die Alliierten sich insofern heuchlerisch verhalten hätten, als auch sie anerkannte Kriegsregeln verletzt hatten. Da die Alliierten jedoch, wie Scheurig schlußfolgert, den Standpunkt vertraten, daß eine Verschwörung zur Entfesselung eines Krieges ein Verbrechen darstellte, hatte Jodl keine Chance.

Ein anderer angesehener Experte, Eugene Davidson, stimmt mit Scheurig im großen und ganzen überein und weist darauf hin, daß es der Anklagevertretung gelang, eine Verbindung zwischen den Angeklagten Keitel und Jodl herzustellen, obgleich Keitel viel willfähriger gewesen war als sein Untergebener.

Dagegen legt Telford Taylor den Fall Jodl in seinem Buch über den Prozeß sehr überzeugend von der Seite der Anklage her dar. Danach ging aus den Aussagen und vor allem aus Jodls Kriegstagebuch zweierlei eindeutig hervor: Zum einen unterstützte Jodl bewußt und sogar begeistert Hitlers Angriffspläne und -handlungen, zum anderen wußte er, daß viele Befehle, die er unterschrieb, gegen geltendes Kriegsrecht verstießen. Taylor stellt auch klar, daß Jodls Berufung auf die absolute Gehorsamspflicht nur bei Vorliegen mildernder Umstände gerechtfertigt gewesen wäre, doch in Jodls Fall gab es keine mildernden Umstände. Er wußte ja, und gab es auch zu, daß manche Befehle, die er unterschrieben hatte, völkerrechtswidrige Handlungen verlangten, und deshalb war er schuldig.

Sieht man von der grundsätzlichen Frage ab, ob die Todesstrafe überhaupt angewandt werden sollte, so stellt für viele von uns auch heute noch Jodls Verhalten während des Krieges ein Dilemma dar. Insgesamt war er kein Bösewicht, vielleicht sogar ein anständiger Mensch, der jedoch der Faszination eines verruchten »Führers« erlag. Außerdem war Jodl ein gewissenhafter Offizier, den jedoch die Schandtaten des Regimes, dem er diente, völlig ungerührt ließen. Wenn man Jodls Zeugenaussagen vor Gericht liest, so ist man überrascht, daß er sich selbst als einen pflichtbewußten, politisch naiven Offizier darzustellen versuchte. War Jodl wirklich so naiv? Als Generalstabsoffizier war er mit den Elementen der großen Strategie vertraut, die neben den militärischen auch politische Umstände in Betracht zieht, seine Antworten aber sind zu naiv, und er zeigt sich zu unwissend hinsichtlich der Entwicklungen außerhalb des militärischen Bereichs, als daß es noch glaubhaft wäre. Vielleicht hätte Jodl für seine »Verbrechen« nicht mit dem Tode bestraft werden dürfen, doch hatte er einen so engen Kontakt zu Hitler, daß man ihn schwerlich als ein unwissendes Rädchen im Getriebe der nationalsozialistischen Kriegsmaschinerie ansehen konnte.

Anmerkungen

1 Alfred Jodl, hier zitiert nach: Bodo Scheurig, Alfred Jodl. Gehorsam und Verhängnis, Berlin/Frankfurt a. M. 1991, S. 422.

Bibliographie

Quellen

Zwei Dokumentsammlungen sind besonders wertvoll: zum einen der Nachlaß Alfred Jodl (N69) im Bundesarchiv/Militärarchiv in Freiburg, siehe dort auch Nachlaß Wilhelm Keitel (N54) und Personalakten für

Alfred Jodl, PA 64817; zum anderen die Protokolle des Nürnberger Hauptkriegsverbrecherprozesses, veröffentlicht unter dem Titel Der Prozeß gegen die Hauptkriegsverbrecher vor dem internationalen Militärgerichtshof Nürnberg. 14. November 1945 – 1. Oktober 1946, 42 Bde., Nürnberg 1947–1949. In bezug auf Jodl ist hier besonders Band XV relevant. Zusätzliches Material über den Nürnberger Prozeß mit Bezug auf Jodl enthält das Werk Nazi Conspiracy and Aggression, 3 Bde., dazu 2 Ergänzungsbände, Washington 1946–1948, besonders Band IV. In den US National Archives, Washington, Record Group 238, Microcopy T989, befinden sich der größte Teil der Tagebücher Jodls und andere relevante Dokumente. Ebenfalls in den National Archives: Records of the Department of State, Special Interrogation [Poole] Mission to Germany. 1945–1946, RG59, M679, Roll 2, mit Unterlagen über Jodls Tätigkeit in den dreißiger Jahren. Viele Lageberichte, an deren Erarbeitung Jodl mitgewirkt hat, sind veröffentlicht in Percy Ernst Schramm u. a. (Hrsg.), Kriegstagebuch des Oberkommandos der Wehrmacht 1940–1945, 4 Bde., Frankfurt a. M. 1961–1965.

Memoirenliteratur: Walter Warlimont, Im Hauptquartier der deutschen Wehrmacht 1939–1945, Frankfurt a. M. 1962; bei diesem Werk ist Vorsicht geboten. Des weiteren Teile von Bernhard von Loßberg, Im Wehrmachtführungsstab. Bericht eines Generalstabsoffiziers, Hamburg 1949, sowie Albert Speer, Erinnerungen, (Neuausgabe) Frankfurt a. M./ Berlin 1993, und, vom selben Autor, Spandauer Tagebücher, Frankfurt a. M./Berlin/Wien 1981.

Literatur

Die beste Biographie ist Bodo Scheurig, Alfred Jodl. Gehorsam und Verhängnis, Frankfurt a. M./Berlin 1991, obwohl ich mit seinen Schlußfolgerungen nicht einverstanden bin. Eine kürzere, aber ebenfalls einfühlsame Darstellung enthält Eugene Davidson, The Trial of the Germans, New York 1966. Luise Jodl, Jenseits des Endes. Leben und Sterben des Generaloberst Alfred Jodl, Wien 1976, ruft die Tugenden ihres Mannes in Erinnerung. Alan P. Wilt, War from the Top. German and British Military Decision Making During World War II, Bloomington (Indiana) 1990, enthält eine kurze Einschätzung Jodls und schildert, welchen Platz das OKW innerhalb der Organisationsstruktur der Wehrmacht einnahm.

Von den vielen Büchern über den Nürnberger Prozeß sind folgende erwähnenswert: Telford Taylor, Die Nürnberger Prozesse. Hintergründe, Analysen und Erkenntnisse aus heutiger Sicht, München 1994, und Bradley F. Smith, Reaching Judgment at Nuremberg, New York 1977. Beide Bücher vermitteln ausgezeichnete, einfühlsame Einschätzungen Jodls. Zwei populäre Darstellungen – Walter Görlitz, Keitel, Jodl and Warlimont, in: Corelli Barnett (Hrsg.), Hitler's Generals, London 1989, und Joseph E. Persico, Nuremberg. Infamy on Trial, o. O. o. J. – enthalten zwar Fehler, geben aber auch wenig bekannte Tatsachen über Jodls Leben wieder.

Wilhelm Keitel – Der gehorsame Soldat

VON GENE MUELLER

Kerzengerade stand der hochgewachsene Feldmarschall, seine Augen starrten ins Leere, und in der Art, wie er seinen Kopf so hoch wie möglich hielt, zeigte sich sein ganzer Stolz. Langsam und vorsichtig führte der Henker die Schlinge über seinen Kopf und zog sie um den Hals des Generalfeldmarschalls zusammen. Als sich die Falltür öffnete, rief er noch aus: »Alles für Deutschland!« – so endete am 16. Oktober 1946 das Leben des Generalfeldmarschalls Wilhelm Bodewin Johann Gustav Keitel.

Geboren am 22. September 1882, wuchs Wilhelm Keitel auf dem elterlichen Gut in der preußischen Provinz Hannover auf. Seine Jugendzeit auf dem Familiengut in Helmscherode bei Bad Gandersheim am Harz ließ in ihm eine starke familiäre Bindung wachsen, geprägt von Respekt und Loyalität. In Göttingen besuchte Keitel das Gymnasium; ursprünglich wollte er anschließend die Bewirtschaftung des Gutes übernehmen, doch daraus wurde nichts, weil sein Vater, der sich kürzlich wiederverheiratet hatte, darauf bestand, dies auch weiterhin selbst zu tun. So beschloß er im Jahr 1901, in das preußische Heer einzutreten.

Was zunächst als Übergangslösung gedacht war, wurde zur lebenslangen Verpflichtung für Heer und Vaterland. Keitel trat als Fahnenjunker in das Niedersächsische Feldartillerie-Regiment Nr. 46 in Wolfenbüttel ein und wurde am 18. August 1902 zum

Leutnant befördert. Zwar wäre er lieber als Landwirt nach Helmscherode zurückgekehrt, doch war sein Vater nach wie vor der Überzeugung, daß das Gut für zwei Familien nicht genug hergebe. Nur zögernd ließ sich Wilhelm Keitel deshalb auf die militärische Laufbahn ein, doch nachdem er sich einmal dafür entschieden hatte, war er auch entschlossen, sein Bestes zu geben.

Als Leutnant wurde Keitel Rekrutenoffizier bei der Braunschweigischen Batterie seines Regiments. 1904/05 absolvierte er einen Lehrgang an der Feldartillerie-Schießschule in Jüterbog, wo er wegen vorzüglicher Leistungen positiv auffiel, und brachte es 1908 zum Regimentsadjutanten. Auch als Keitel 1910 zum Oberleutnant und 1914 zum Hauptmann ernannt wurde, hoffte er immer noch, eines Tages in das friedliche Landleben von Helmscherode heimkehren zu können.

Diese Hoffnung verringerte sich jedoch, nachdem er im Jahre 1909 Lisa Fontaine geheiratet hatte, eine attraktive, intelligente junge Dame, in die sich der junge Offizier verliebt hatte. Als der ehrgeizigere und stärkere Partner in der Ehe bestand Lisa darauf, daß Wilhelm Soldat bliebe und nach höheren Ehren strebe. Trotz der unterschiedlichen Temperamente führten sie eine glückliche Ehe. Lisa schenkte Wilhelm drei Söhne und drei Töchter. Alle drei Söhne wurden, wie ihr Vater, Offiziere im deutschen Heer.

Während der ersten Monate des Ersten Weltkriegs war Keitel zum Hauptmann befördert worden. Er nahm an den äußerst harten Frontkämpfen teil und wurde durch Granatsplitter am rechten Unterarm verwundet. Nachdem er genesen war, kehrte er als Batteriechef zum Feldartillerie-Regiment Nr. 46 zurück.

Im März 1915 schrieb Keitel voller Stolz an seinen Vater, er sei in eine Generalstabsoffizier-Stellung beim Generalkommando des X. Reservekorps versetzt worden. Bereits ein Jahr zuvor hatte er, quasi als Vorbereitung, erfolgreich an einer Generalstabsreise des X. Armee-Korps teilgenommen. Später in diesem Jahr lernte er Major Werner von Blomberg kennen. Zwischen den beiden Männern entstand eine Freundschaft, die viele Jahre lang andauerte und starken Einfluß auf Keitels Karriere hatte. Nach seiner Versetzung zum XIX. Reservekorps diente Keitel in der 19. Reserve-Infanteriedivision, im Generalstab des Heeres in Berlin sowie während der letzten Monate des Krieges als 1. Generalstabsoffizier (Ia) beim Generalstab des Marine-Korps in Flandern.

Der Vertrag von Versailles, der dem Ersten Weltkrieg folgte, sollte einen dauerhaften Frieden bringen, indem Deutschland so geschwächt wurde, daß es niemals wieder die Sicherheit Europas bedrohen konnte. Im Rahmen des Vertrages wurde das Heer auf 100 000 Mann reduziert und der Generalstab abgeschafft. Dies hätte für Keitel die Gelegenheit sein können, den Militärdienst auf friedliche Weise zu quittieren, doch er beschloß zu bleiben. Da die Armee bei der beträchtlichen Reduzierung ihrer Kräfte wenigstens einen möglichst hohen Qualitätsstand sicherstellen wollte, spricht es für Keitels Fähigkeiten als Soldat, daß seine Dienste weiterhin erwünscht waren.

Nachdem er in die Elite der 4000 deutschen Heeresoffiziere aufgenommen war, die der Vertrag von Versailles gestattete, diente Keitel zunächst als Ausbilder in der Kavallerieschule von Hannover. Drei Jahre später kam er in den Stab des Artillerie-Regiments Nr. 6. Im Jahr 1923 wurde er zum Major befördert – ein bedeutender Schritt in der Reichswehr, wo Beförderungen nur sehr selten und nach sorgfältiger Erwägung erfolgten. 1925 wurde Keitel dann von Oberst von dem Bussche-Ippenburg, der mit ihm zusammen 1914 an der Generalstabsreise des X. Korps teilgenommen hatte, in die Heeres-Organisationsabteilung des Truppenamts berufen. In Wahrheit erfüllte das Truppenamt die Funktionen des durch Versailles verbotenen Generalstabs. 1927 kehrte er als Kommandeur des II. Bataillons des Artillerieregiments Nr. 6 nach Minden zurück, erhielt 1929 seine Beförderung zum Oberstleutnant und wurde wiederum zum Truppenamt versetzt, nun als Leiter der Heeres-Organisationsabteilung. Offenbar glaubte die Reichswehr an Keitels Befähigung, verantwortungsvolle Aufgaben übernehmen zu können, und Lisa muß stolz auf die steile Karriere ihres Mannes gewesen sein!

Die Beförderungen Wilhelm Keitels und seine steigenden Verantwortungen waren seiner stets gewissenhaften Pflichterfüllung zu verdanken, wie selbst sein Widersacher Feldmarschall Erich von Manstein später einräumte. Doch gingen diese Erfolge auf Kosten seiner Gesundheit. Er war ein sehr gewissenhafter und fleißiger Verwaltungsbeamter, dessen langer Arbeitstag ihn zunehmend unter Streßsymptomen leiden ließ. Schon seine normalen Pflichten hätten einen Mann über Gebühr beansprucht; hinzu kam nun noch der wachsende Druck, seine wahre Tätigkeit zu verbergen, nämlich unter Verletzung des Versailler Vertrages das Reichsheer in aller Heimlichkeit zu vergrößern. Die Überbeanspruchung seiner körperlichen Gesundheit und die Anforderungen seines Amtes forderten ihren Tribut. Er wurde zum Kettenraucher, und 1932 wurde ihm eine Arterienembolie und -thrombose sowie eine schwere Venenentzündung im rechten Bein diagnostiziert. Keitel wurde beurlaubt, um seine schweren physischen und psychischen Leiden auszukurieren, und in die Hohe Tatra geschickt, wo er von dem österreichischen Militärarzt Dr. Guhr betreut wurde, der dort ein Sanatorium betrieb. Während Keitel sich im Gebirge erholte, wurde Hitler deutscher Reichskanzler.

Im Oktober 1933 kehrte Keitel in den aktiven Dienst zurück, und zwar als stellvertretender Kommandeur der 3. Infanteriedivision bei Potsdam, wo er nicht allzuweit von Helmscherode entfernt war. Er blieb dort bis ins folgende Jahr hinein, im April wurde er zum Generalmajor befördert. Am 1. Mai hatte er Gelegenheit, Hitlers Rede vom Tempelhofer Feld anzuhören, die über Lautsprecher auf dem Sportplatz bei Potsdam ausgestrahlt wurde. So sehr beeindruckte ihn die Rede, daß er zu der Überzeugung gelangte, Hitler werde die Fesseln des verhaßten Versailler Vertrages sprengen und Ruhm und Ehre Deutschlands wiederherstellen. Zwar wurde er niemals selbst politisch aktiv (Offizieren war es nicht erlaubt, sich in die Politik einzumischen), doch zeigt ein Blick in seine Lebenserinnerungen, daß er manchen Zielen der Nationalsozialisten Sympathien entgegenbrachte – jedenfalls in der Weise, wie er diese Ziele interpretierte.

Am 10. Mai 1934 starb Keitels Vater. Als Erbe des väterlichen Gutes dachte er nun wiederum ernsthaft daran, den Dienst zu quittieren. Er fuhr nach Berlin, um sich bei General Freiherr Werner von Fritsch für dessen Kondolenzbrief zu bedanken und mit ihm über die Möglichkeit einer Entlassung zu reden. Fritsch riet ihm, keine übereilte Entscheidung zu treffen, worauf Keitel nach Potsdam zurückkehrte, um sich mit seiner Frau zu besprechen. Keitel schrieb in seinen Lebenserinnerungen, die er 1946 in der Nürnberger Haft verfaßte: »Mich zog es mit allen Fasern des Herzens nach Helmscherode, aber mit meiner Stiefmutter und meiner Schwester konnte meine Frau nicht zusammen wirtschaften, und ich konnte dieses Problem nicht lösen.«[1] Es gab jedoch auch noch etwas anderes zu bedenken: Lisa zog fraglos die Rolle der Frau eines hochrangigen Offiziers derjenigen der Gattin eines bürgerlichen Gutsherrn vor. Folglich beschloß Keitel, umschmeichelt von seiner Frau und von seinen Vorgesetzten darin bestärkt, Soldat zu bleiben.

Die Versetzung nach Liegnitz, über 500 Kilometer von Helmscherode entfernt, zwang Keitel abermals, über eine Quittierung des Dienstes nachzudenken. Da intervenierte General Fritsch und bot Keitel eine Stationierung in größerer Nähe zu Helmscherode an. Keitel hätte sich nun für Hannover entscheiden können, doch Lisa wollte lieber nach Bremen. Diese scheinbar unbedeutende Episode zeigt zwei wichtige Dinge auf: Erstens deutet die Bereitschaft der Heeresleitung, auf Wilhelm Keitels Wünsche einzugehen, auf das Vertrauen hin, das sie in ihn setzte, was Keitel gewiß schmeichelte. Zweitens zeigt seine Wahl Bremens anstelle von Hannover, daß Wilhelm sich der stärkeren Persönlichkeit seiner Frau Lisa fügte. Folglich war Wilhelm Keitels Schicksal von nun an untrennbar mit der deutschen Reichswehr und späteren Wehrmacht verbunden – im Guten wie im Bösen.

Am 1. Oktober 1934 begann Keitel in Bremen mit den Vorarbeiten zum Aufbau einer Division, die ein Jahr später in voller Kampfstärke als 22. Infanteriedivision stehen sollte. Viele der Bataillone, die er mit großem persönlichem Engagement aufzustellen und auszubilden half, wurden später in Stalingrad aufgerieben. Gegen Ende des Jahres legte Keitel, zusammen mit allen anderen Wehrmachtsangehörigen, den Treueeid auf den »Führer« ab. Wie vielen anderen war auch Keitel der Schwur, der Hitler gegenüber »unbedingten Gehorsam« verlangte, heilig.

1935 wurde Keitel zum Nachfolger General Walther von Reichenaus als Chef des Wehrmachtamts im Reichskriegsministerium bestimmt, wo er als enger Mitarbeiter von Reichskriegsminister Werner von Blomberg diente. Keitel trat sein neues Amt mit Begeisterung an. Bei seiner Tätigkeit im Reichskriegsministerium kam er bald manchem Nebeneinander und Gegeneinander der verschiedenen Abteilungen auf die Spur, so auf dem Gebiet der Wirtschaftsplanung, für die auch ein einziges Amt genügt hätte. Weiterhin schlug Keitel von Blomberg eine bessere Koordinierung zwischen Heer, Kriegsmarine und Luftwaffe vor. Blomberg stimmte zu und ermutigte Keitel, einen Plan auszuarbeiten.

Keitel zur Seite stand Oberstleutnant Alfred Jodl. Zwischen den beiden Männern entwickelte sich eine enge Zusammenarbeit, die bis zum Ende des Krieges andauerte. (Obwohl Jodl später, als Chef des Wehrmachtführungsstabes im OKW, nach wie vor nur Keitels erster Assistent war, hatte er, wie sich dann herausstellte, einen größeren Einfluß im »Führerhauptquartier« als Keitel selbst.) Keitel schlug einen »›Führungs-Stab‹ der Gesamtwehrmacht« zur besseren Koordinierung vor, doch wurde sein Vorschlag von allen drei Teilstreitkräften vehement zurückgewiesen. Die Generäle des Heeres wollten, daß die Kriegsplanung dem Generalstab überlassen blieb. So ließ Blomberg das Konzept fallen.

Keitel war bitter enttäuscht. Er glaubte aufrichtig, daß dem Staatschef, also Hitler, ein einziges, koordiniertes Kommandosystem zur Verfügung stehen sollte, um die Befehle des »Führers« effizient und effektiv auszuführen. Des weiteren führte

Keitel an, daß die neue militärische Technologie, gepaart mit den in der modernen Kriegführung erforderlichen wirtschaftlichen Anstrengungen, eine einheitliche Kommandostruktur erforderlich mache. Er definierte seine damalige Haltung später, vor dem Nürnberger Tribunal, wie folgt: »Der Begriff des Führerstaates [bedeutet], daß der Staatschef ... aufgerufen ist, das Kommando zu führen. Dieser Grundsatz erstreckt sich auf sämtliche Gebiete, und es ist ganz natürlich, daß er auf militärischem Gebiet ganz besondere Geltung hat.«[2] Zwar konnte Keitel seine Vorgesetzten nicht von seinem Plan überzeugen, doch erhielt er die Beförderung zum Generalleutnant. Lisa hatte mit ihrer Entschlossenheit recht behalten: Ihrem Gatten stand eine bedeutende militärische Karriere in führender Stellung bevor. Außerdem verlobte sich im Januar 1938 ihr ältester Sohn, Leutnant Karl-Heinz Keitel, mit Dorothee, der Tochter Blombergs.

Die »Blomberg-Fritsch-Krise« von 1938 zog bedeutende Veränderungen in der Reichswehr nach sich. Keitels Rolle dabei war eher marginal. Werner von Blomberg hatte sich entschlossen, in zweiter Ehe Luise Margarethe (Eva) Gruhn, eine »Frau aus dem Volk«, zu heiraten. Keitel wußte von der bevorstehenden Heirat, dachte sich aber zunächst wenig dabei. Die Hochzeit fand in ganz kleinem Kreise statt, Göring und Hitler fungierten als Trauzeugen.

Kurz nach der Hochzeit stieß Wolf Heinrich Graf Helldorf, der Berliner Polizeipräsident, auf die Akte eines Fräulein Eva Gruhn. Entsetzt über den skandalösen Inhalt – darunter auch pornographische Bilder von Fräulein Gruhn –, brachte er die Akte zu Keitel. Der General war schockiert, sich aber nicht sicher, ob es sich dabei tatsächlich um die Frau des Reichkriegsministers handelte. Blomberg war nicht zu erreichen, und anstatt die Angelegenheit der Wehrmacht zu übergeben, wies er Helldorf an, mit der Akte zu Göring zu gehen, der als preußischer Innenminister Helldorfs Vorgesetzter war. Göring identifizierte die Frau als von Blombergs frischvermählte Gattin und offenbarte alles Adolf Hitler.

Der »Führer« raste. Er machte von Blomberg die bittersten Vorwürfe – er fühle sich als Trauzeuge mißbraucht – und verlangte, daß der Reichskriegsminister seine Ehe annullieren ließe. Blomberg weigerte sich zunächst, und als Hitler ihm daraufhin sagte, dann müsse er zurücktreten, trat er zurück. Hitler fragte ihn, wer sein Stabschef sei, und von Blomberg entgegnete, das sei Keitel, obwohl dieser eigentlich nur sein Amtsleiter war. Hitler nickte. Verzweifelt und erbittert zog sich von Blomberg zurück. Später bat der zurückgetretene Reichskriegsminister Keitel, Hitler ein Schreiben zu überbringen, in dem von Blomberg sich bereit erklärte, sich von seiner Ehefrau zu trennen, falls er dann in sein Amt zurückkehren könne. Dies lehnte Hitler ab. Als Blomberg von dieser Entscheidung Hitlers in Kenntnis gesetzt wurde, beschuldigte er Keitel der Sabotage. Ihre Freundschaft kam damit zu einem bitteren Ende; von Blomberg verzieh Keitel nie, obwohl dieser völlig unschuldig war.

Keitel wurde zu Hitler geladen, um mit ihm die Nachfolge Blombergs zu klären. Zunächst schlug der General Göring vor, doch den wollte Hitler als Luftfahrtminister behalten. Als Keitel daraufhin den Oberbefehlshaber des Heeres, Generaloberst Werner von Fritsch, nannte, setzte der »Führer« ihn davon in Kenntnis, daß gegen diesen bereits eine Anzeige wegen Homosexualität vorliege. Keitels zaghafte Versicherungen der Unschuld Fritschs wurden von Hitler beiseite gewischt. Anschließend erörterten sie, wer Fritschs Nachfolger werden sollte. Nachdem Hitler General Gerd von Rundstedt aufgrund seines Alters – er war zweiundsechzig – abgelehnt hatte, brachte er Walther von Reichenau ins Gespräch. Keitel entgegnete, dieser sei politisch zu ehrgeizig, und schlug seinerseits Walther von Brauchitsch vor. Hitler akzeptierte.

Am nächsten Tag kamen Hitler und Keitel nochmals zusammen. Hitler warf seinem Wehrmachtsadjutanten Friedrich Hoßbach Vertrauensbruch vor und befahl Keitel, Ersatz für ihn vorzuschlagen. Keitel war bereits darauf vorbereitet und nannte Rudolf Schmundt, den Hitler ebenfalls akzeptierte. Sodann schlug Keitel auf Betreiben Görings hin diesen nochmals für die Nachfolge Blombergs als Oberbefehlshaber der Wehrmacht vor. Hitler entgegnete darauf, daß er den Oberbefehl selbst übernehmen wolle. Anschließend überhäufte er Keitel mit überschwenglichem Lob und erklärte dem vertrauensseligen General, daß er, Keitel, in Zukunft sein getreuer Berater in allen Wehrmachtsangelegenheiten sein werde.

Stolzerfüllt verließ Keitel die Konferenz mit dem »Führer«. Er deutete Hitlers Worte so, daß zwischen ihnen ein wichtiges Band geknüpft worden sei, das es ihm, Keitel, ermöglichen werde, einigen Einfluß hinsichtlich Führung und Kommando der Wehrmacht geltend zu machen. Hatte Hitler nicht bereitwillig seine Vorschläge akzeptiert, was von Brauchitsch und Schmundt betraf? Später vertraute Keitel Jodl an, Hitler habe sein Vertrauen in ihn, Keitel, gesetzt, der als Chef des Oberkommandos der Wehrmacht (das OKW wurde im Februar 1938 eingerichtet) endlich eine gewisse Einheitlichkeit in die Führung der Wehrmacht bringen könne. Zu dieser Einheitlichkeit kam es jedoch nicht.

Das OKW, auf dem Papier eine recht eindrucksvolle Institution, hatte in Wirklichkeit recht wenig zu sagen. Das Heer formulierte weiterhin seine größeren Planungsanstrengungen selbst, und alle drei Teilstreitkräfte konkurrierten gegeneinander um Finanzmittel. Zwar drängte Keitel weiterhin auf eine einheitlichere Führung, doch letztlich gab er nur Hitlers Befehle weiter. Außerdem mußte er seinen Lebensstil an denjenigen Hitlers anpassen, der oft bis in die frühen Morgenstunden arbeitete. Doch Keitel nahm den ungewohnten Arbeitsrhythmus klaglos hin. Zwar nicht politisch motiviert – er und seine Frau waren keine Anhänger der nationalsozialistischen Ideologie –, brachte er Hitler eine Art persönlicher Treue entgegen. Keitel war offenbar Hitlers Charisma sowie seiner Stellung als Chef des OKW erlegen, die es ihm ermöglichte, an den militärischen Erörterungen auf höchster Ebene teilzunehmen. Auf Hunderten von Fotos und in Filmen von Hitlers Gefolge ist Keitel zu sehen, der gehorsam in der Nähe seines Herrn steht, oftmals die Hände hinter dem Rücken verschränkt, immer bereit, seinem »Führer« zu Diensten zu sein.

Hitler nutzte Keitels unerschütterliche Treue weidlich aus und setzte ihn geschickt in der Österreich- und der Tschechoslowakei-Krise 1938/39 ein. Als im September 1939 der Krieg ausbrach, bestanden Keitels Pflichten im wesentlichen darin, die Verbindung zwischen Hitler und seinen Generälen aufrechtzuerhalten, und dabei blieb es auch bis zum Ende des Krieges.

Nach dem Sieg über Polen kam es zu einer ersten Auseinandersetzung zwischen Keitel und Hitler. Während Hitler den sofortigen Angriff im Westen forderte, zögerten die Generäle noch, forderten mehr Zeit für die Vorbereitung und stellten die Erfolgschancen einer direkten Invasion in Frankreich wegen der Maginot-Linie in Frage. Keitel stimmte darin mit von Brauchitsch und Franz Halder überein und legte Hitler seine Meinung dar. Daraufhin bekam Hitler einen Wutanfall und warf Keitel vor, die Opposition der Generalität gegen ihn zu unterstützen, was Keitel sehr verletzte. Später beauftragte der OKW-Chef Schmundt, Hitler zu sagen, daß er, Keitel, um eine andere Verwendung bitte. Er ließ einen Brief folgen, in dem er Hitler nochmals darum bat, zur Front versetzt zu werden. Hitler lehnte ab. In der folgenden Aussprache sagte er zu Keitel, sein Brief sei ein Ausdruck von Überempfindlichkeit; er, Hitler, habe ihm sein Vertrauen nicht entzogen. Daraufhin nahm Keitel gehorsam und in aller Stille seine Pflichten wieder auf.

Im folgenden Jahr wurde Frankreich besetzt. Zusammen mit vielen anderen Offizieren feierte Keitel den Sieg, den er größtenteils Hitlers Führung zuschrieb. Da die folgende Luftschlacht um England Sache der Luftwaffe war, wandten sich Keitel und das OKW anderen Dingen zu, darunter der verunglückten Planung für eine Invasion in England. Hierbei ist zu bemerken, daß Alfred Jodl als Chef des Wehrmachtführungsstabes für die Operationsplanung zuständig war und Hitler öfter ihn als Keitel um Rat anging.

Während das OKW direkt an der Planung des Norwegenfeldzuges beteiligt war, diente Keitel hauptsächlich als Hitlers »Erfüllungsgehilfe«, weshalb der am 19. Juli 1940 zum Generalfeldmarschall Beförderte dann auch mit dem Spitznamen »Lakaitel« belegt wurde. Es stimmt freilich, daß er seinem »Führer« treu ergeben war, obwohl dieser ihn mit sehr wenig Autorität ausstattete. In Wirklichkeit entschied Hitler über den Lauf der Dinge, wobei er seine Anregungen größtenteils vom Heer und dessen Generalstab empfing.

Zwar hatte Keitel Bedenken wegen Hitlers Entscheidung, die Sowjetunion anzugreifen (»Unternehmen Barbarossa«), doch Widerspruch äußerte er diesmal nicht. Als der Feldzug im September jedoch ins Stocken geriet, kam es zu einer weiteren scharfen Auseinandersetzung zwischen ihm und Hitler. Später fand Jodl den Generalfeldmarschall an seinem Schreibtisch vor, die Pistole neben sich, sein Rücktrittsschreiben verfassend. Es war offensichtlich, daß Keitel an Selbstmord dachte. Jodl konnte ihn jedoch davon abbringen, indem er ihn daran erinnerte, daß ein guter Soldat bis zum Ende durchhalten müsse. Fast unterwürfig stimmte Keitel zu. Von da an – abgesehen von einem weiteren Mal, als er im September 1942 im Zusammenhang mit der Kritik an Feldmarschall Wilhelm Lists Heeresgruppe im Kaukasus nochmals an Rücktritt dachte – war Keitel seinem »Führer« unermüdlich und bereitwillig zu Diensten. Hitler war sich der Loyalität Keitels bewußt und betraute ihn deshalb mit wichtigen Aufgaben. Im Oktober 1941 entsandte er ihn nach Rumänien, im Februar 1942 nach Ungarn, um sich des anhaltenden Truppenbeistands der Verbündeten im Krieg gegen Rußland zu versichern.

Keitels Pflichten umfaßten auch dunklere Aspekte. Mehrere mit seiner Unterschrift versehene Erlasse des »Führerhauptquartiers« stellten klare Verletzungen der Genfer Konventionen dar. Darunter fielen zum Beispiel der »Kommissarbefehl« vom 6. Juni 1941, der im Krieg mit der Sowjetunion die Erschießung aller gefangenen politischen Kommissare verlangte; der »Nacht-

und-Nebel-Erlaß« vom 7. Dezember desselben Jahres, der bestimmte, daß des politisch-militärischen Widerstands in den besetzten Gebieten – vorwiegend Westeuropas – Beschuldigte heimlich (»bei Nacht und Nebel«) zur Aburteilung durch Sondergerichte nach Deutschland verbracht und in Konzentrationslager eingewiesen werden sollten, sowie mehrere Erlasse, welche die Grundlage für das deutsche Besatzungsregime in der Sowjetunion bilden sollten. Man sollte jedoch vorsichtig mit der Behauptung sein, daß Keitel in voller Übereinstimmung mit allen Erlassen stand, die seine Unterschrift trugen. Zwar gab der Feldmarschall später vor dem Nürnberger Tribunal zu, daß viele Erlasse des »Führerhauptquartiers« seine Unterschrift trugen, doch fügte er erläuternd hinzu, daß seine Aufgabe lediglich darin bestanden hätte, Hitlers Befehle an die Wehrmacht weiterzugeben. Er gehorchte zwar, doch andererseits wandte er sich auch strikt gegen die wachsende Macht der SS und deren Aktivitäten in den besetzten Gebieten.

Nichtsdestoweniger wirkte der hochgewachsene, kräftig gebaute Mann in stets makelloser Uniform, der sich immer kerzengerade hielt, bei den »Führerbesprechungen« eher wie ein lebendes Inventarstück als ein Akteur. Nach seiner Meinung wurde selten gefragt, und wenn, dann in rein militärisch-operativen Angelegenheiten. Jodl übte hier weit größeren Einfluß aus. In einem Interview mit dem Autor berichtete Burckhardt Müller-Hillebrand, der eine Zeitlang als General Franz Halders Adjutant diente, wie er einmal das »Führerhauptquartier« betreten habe und direkt an Feldmarschall Keitel vorbeigegangen sei. Besorgt, weil er es versäumt hatte, den Feldmarschall zu grüßen, wandte er sich an Halder und flüsterte: »Wer ist das? Ich habe nicht salutiert!« Halder blickte über die Schulter, erkannte Keitel, wandte sich zurück zu Müller-Hillebrand und erklärte seinem nervösen Adjutanten: »Das ist nur Keitel. Keine Sorge!« Bereits damals war klar, daß Keitel im Offizierkorps keinerlei Prestige besaß, obwohl er immerhin versuchte, das Heer vor Einmischungen von außen, zum Beispiel von seiten der SS und des SD, zu schützen.

Einigen Einfluß hatte das OKW jedoch beim Rüstungsprogramm. Keitel nahm an den Sitzungen des Reichsverteidigungsausschusses teil, einem Organ, das ursprünglich mit dem Aufbau der Wehrmacht befaßt war. Daraus entstand der sogenannte Dreierausschuß: Hans Heinrich Lammers, Staatssekretär in der Reichskanzlei; Martin Bormann, Hitlers Chef der Parteikanzlei; und Wilhelm Keitel. Diese drei gaben Direktiven auf verschiedenen Gebieten heraus – zum Beispiel Transport oder Volksgesundheit –, die in erster Linie auf Äußerungen Hitlers fußten. Ihre tatsächliche Macht und Wirksamkeit indes sind umstritten. Von Albert Speer erfuhr der Verfasser, der Dreierausschuß habe sehr wenig Macht ausgeübt und sei hauptsächlich von Bormann dazu benutzt worden, mehr Einfluß zu gewinnen.

Des weiteren war Keitel an Entscheidungen hinsichtlich der besetzten Gebiete sowie des Personalersatzes beim Heer beteiligt. So unterstützte er zum Beispiel die Ernennung von Hans Frank zum Generalgouverneur des besetzten Polen gegen die Einwände der Heeresleitung.

Meist handelte Keitel nur so, wie er glaubte, daß es Hitlers Wünschen entsprach. Göring bemerkte 1942, daß Keitel eigentlich nicht der richtige Mann sei, dem dynamischen Hitler Ratschläge zu erteilen. Zwar erfüllte Keitel administrative Funktionen von einigem Gewicht, doch stand er nicht an vorderster Front der Intrigen, die sich in Hitlers Umgebung fortwährend abspielten. Er hielt sich lieber im Hintergrund, gelegentlich unterbreitete er Bormann Vorschläge, war Mitunterzeichner von politischen Direktiven der Reichskanzlei und schützte ansonsten nach Kräften das, was er für Vorrechte des Heeres hielt.

Der Krieg zog sich hin, und im Winter 1942/43 erlitt Deutschland in Stalingrad seine erste große Niederlage. Während jener schicksalhaften Tage ließ Hitler oftmals seine Wut an Keitel aus. Ulrich von Hassell notierte am 26. November 1942 in seinem Tagebuch: »Am tollsten ist er mit Keitel umgesprungen. ... Keitel hat neulich ... [Olbricht] schon auf die Frage nach der Lage gesagt: ›Ich weiß es nicht, mir sagt er nichts, er spuckt mich nur noch an!«»[3] Diese Feststellung beschreibt treffend den schrecklichen Winter in Hitlers Hauptquartier. Offiziere wurden entlassen, Hitler fiel von einem Tobsuchtsanfall in den anderen, die Tage waren lang und anstrengend. Und als sich das Jahr 1944 näherte und der Feind an allen Fronten vorrückte, trug dies auch nicht gerade zur Entlastung bei.

Am 20. Juli 1944 scheiterte der Versuch Claus Schenk Graf von Stauffenbergs, Hitler mittels einer Zeitzünderbombe, die der Oberst in seiner Aktentasche versteckt hatte, zu töten, nur knapp. Die Bombe explodierte in der sogenannten Lagebaracke der »Wolfsschanze« bei Rastenburg in Ostpreußen, es regnete Glas, und das Dach wurde teilweise weggerissen. Keitel war es, der Hitler aus den Trümmern half. Von diesem Augenblick an stellte der OKW-Chef nie mehr einen »Führerbefehl« in Frage und tat sein Bestes, um seinen geliebten »Führer« zu schützen. In aggressiver Weise betrieb er die amtlich verordnete Rache an den Verschwörern, nahm seinen Chef des Nachrichtenwesens, General Fritz Erich Fellgiebel, eigenhändig fest und veranlaßte die Verhaftung anderer Offiziere, darunter die des Feldmarschalls Erwin von Witzleben. Seine Entfremdung vom Offizierkorps und dessen Ehrenkodex äußerte sich auch in seiner Rolle bei den Vorgängen, die zum Tode Generalfeldmarschall Erwin Rommels führten. Wie Hitler schenkte er der Aussage des gefangenen und gefolterten Caesar von Hofacker Glauben und verfaßte auf Hitlers Anweisung einen Brief an Rommel. General Wilhelm Burgdorf, Chef des Heerespersonalamts, und General Ernst Maisel überbrachten den Brief zusammen mit einem giftgefüllten Amulett. Falls Hofackers Anschuldigungen zutrafen, so hieß es in dem Brief, solle der berühmte »Wüstenfuchs« das ihm von Burgdorf und Maisel dargebotene Gift einnehmen. Seien die Unterstellungen Hofackers hingegen falsch, so habe Rommel nichts zu befürchten. Rommel entschied sich für den Freitod. Anschließend half Keitel mit, die ganze Affäre zu vertuschen. Er war entsetzt, daß deutsche Offiziere imstande waren, ihren auf den »Führer« geleisteten Eid zu brechen. Er selbst blieb diesem treu, noch über das Ende hinaus, wie auch die große Mehrheit der Wehrmachtoffiziere. In Nürnberg sagte er aus: »Soweit es mich angeht, und zwar als Soldat, ist mir Treue etwas Heiliges. Man mag mir vorwerfen, Fehler begangen und dem Führer, Adolf Hitler, gegenüber Schwäche gezeigt zu haben, aber man kann nicht sagen, daß ich feige, unehrenhaft oder treulos war.«[4]

Anfang 1945 war dann selbst so manchem im »Führerhauptquartier« klar, daß der Krieg verloren war. Doch Keitel glaubte noch fest daran, daß Hitler schon »einen Ausweg finden« werde. Der Feldmarschall übernahm nun auch eine ausgesprochen groteske »Beschützerrolle« gegenüber seinem geliebten »Führer«, indem er zornige Frontgeneräle, die in Hitlers Hauptquartier kamen, um sich zu beklagen, wie verzweifelt die Lage sei, darum bat, Hitler nicht aufzuregen. Erst in den letzten Kriegswochen übernahm das OKW schließlich die operative Führung – doch da war es bereits zu spät.

Während Keitel noch im März 1945 daran glaubte, daß die Wehrmacht ihre Verteidigungsstellungen halten könne, hatten bereits alle anderen, einschließlich Hitler, eingesehen, daß das Ende nahe war. Als Keitel am 22. April Hitler zu überreden versuchte, das »Führerhauptquartier« wie geplant von Berlin nach Berchtesgaden zu verlegen, lehnte Hitler ab und sagte, er werde die Hauptstadt bis zum Letzten verteidigen.

In den folgenden Tagen hastete Keitel persönlich im Vorfeld Berlins in der vergeblichen Hoffnung von Gefechtsstand zu Gefechtsstand, die feindlichen Heere noch abwehren zu können. Dabei schalt er General Walther Wenck und später auch General Hasso von Manteuffel und General Heinrici, daß sie die Russen nicht zum Stehen brachten! Keitel hatte jeden Realitätssinn verloren.

Feldmarschall Wilhelm Keitel, Chef des Oberkommandos der Wehrmacht, vollzog seinen letzten offiziellen Akt für Deutschland am 9. Mai 1945. Der Generalfeldmarschall erschien in Feldgrau im sowjetischen Hauptquartier in Berlin. Nachdem er den

Sowjethelden Marschall Schukow militärisch gegrüßt hatte, unterzeichnete er die Kapitulationsurkunde. Der Krieg war nun offiziell zu Ende.

Am 13. Mai wurde Keitel von den Briten verhaftet und zwei Monate später von den Alliierten nach Nürnberg überstellt. Gegen ihn wurde Anklage erhoben, und zusammen mit dreiundzwanzig weiteren Nazigrößen wurde ihm der Prozeß gemacht. Keitel wurde von dem Tribunal für schuldig erklärt und zum Tod durch den Strang verurteilt. Auf seine Bitte, als Soldat erschossen zu werden, wurde gar nicht erst eingegangen.

War Keitel ein Nazi? Mit Gewißheit nicht. Er war deutscher Offizier, stolz auf sein Vaterland und seinem Vorgesetzten ergeben. In Nürnberg bekannte er sich freimütig zu seiner Rolle als Hitlers Chef des OKW und wurde, wie Albert Speer sagte, »endlich doch noch ein ehrenhafter Mann«[5]. Er war, wie Tausende weiterer deutscher Offiziere, ein Produkt der »Überparteilichkeit«. Keitel beklagte seine Bildungsdefizite, soweit es über das Soldatenhandwerk hinausging, und betonte, daß dem deutschen Offizier fortwährend erklärt werde, er müsse die dem Heer übergeordnete Politik in Betracht ziehen. So legte Keitel lediglich den Treueeid auf Hitler als Staatsoberhaupt ab und mußte dann die Last der Arbeit für einen Diktator tragen, der viel verlangte und niemandem traute. Indem er streckenweise das Leben eines Einsiedlers führte, litt Keitels physische und mentale Gesundheit, während er versuchte, Ehre und Beruf des deutschen Offiziers zu schützen, die am Ende durch seine eigenen, in blindem Gehorsam vorgenommenen Handlungen diskreditiert wurden.

Wilhelm Keitel diente seinem Land nach bestem Wissen und Gewissen und versuchte auf seine Art, die Ehre seines Berufes hochzuhalten. Er offenbarte sein Innerstes in Nürnberg, als er seinem ältesten Sohn Karl-Heinz am 3. Oktober 1946 schrieb: »Keines meiner Worte im Prozeß bereue ich oder würde es jemals widerrufen. Ich habe stets und zu jeder Frage und bei jeder Gelegenheit die reine Wahrheit gesagt. – Darauf bin ich stolz jetzt und für alle Zukunft auch der Geschichte ...«.[6] Stoisch nahm er sein Schicksal hin und führte sich in seinen letzten Stunden als ehrenwerter Soldat.

Anmerkungen

1 Walter Goerlitz (Hrsg.), Generalfeldmarschall Keitel, Verbrecher oder Offizier? Erinnerungen, Briefe, Dokumente des Chefs OKW, Göttingen u. a. 1961, S. 71.
2 Der Prozeß gegen die Hauptkriegsverbrecher vor dem internationalen Militärgerichtshof Nürnberg. 14. November – 1. Oktober 1946, 42 Bde., Nürnberg 1947–1949, im folgenden zitiert als IMT, hier Bd. X, S. 562f.
3 Ulrich von Hassell, Vom anderen Deutschland. Aus den nachgelassenen Tagebüchern 1938–1944, Zürich/Freiburg i. Br. o. J. [1947], S. 280 (Frankfurt a. M./Hamburg 1964, S. 251).
4 IMT (Anm. 2), Bd. XI, S. 35f.
5 Interview des Autors mit Albert Speer, 1972.
6 Goerlitz (Anm. 1), S. 384.

Bibliographie

Quellen

Im Bundesarchiv-Militärarchiv in Freiburg i. Br. finden sich zahlreiche dokumentarische Akten zu Keitel, von denen insbesondere Keitels »Lebenserinnerungen« sowie die Akte RW4 / Oberkommando der Wehrmacht WFSt zu erwähnen sind. Weiteres Archivmaterial findet sich in den Berliner Archiven (hervorzuheben die Sammlung Lammers) und im Bundesarchiv, Koblenz, das über verschiedene OKW-Akten verfügt. Die U.S. National Archives, Washington, besitzen zwei wichtige Dokumentsammlungen mit zahlreichen von Keitel und dem OKW erlassenen Befehlen samt der dazugehörigen Korrespondenz: Captured German War Documents und Foreign Military Studies, hierin die in diesem Kontext wichtigste Studie: The German Army High Command. Die Protokolle der Nürnberger Kriegsverbrecherprozesse beinhalten zahlreiche Keitel betreffende Dokumente und Zeugenaussagen: Der Prozeß gegen die Hauptkriegsverbrecher vor dem internationalen Militärgerichtshof Nürnberg. 14. November – 1. Oktober 1946, 42 Bde., Nürnberg 1947–1949; Trial of War Criminals Before the Nuremberg Military Tribunals, 11 Bde., Washington (D.C.) 1949–51. Siehe auch Nazi Conspiracy and Aggression, 6 Bde., Washington (D.C.) 1946. Das wichtigste der veröffentlichten Dokumente betreffend Keitel ist Percy E. Schramm (Hrsg.), Kriegstagebuch des Oberkommandos der Wehrmacht Band I–IV, Frankfurt a.M. 1963. Weitere veröffentlichte Dokumente mit Informationen über Keitel im Führerhauptquartier sind: Helmut Heiber (Hrsg.), Hitlers Lagebesprechungen: Die Protokollfragmente seiner militärischen Konferenzen, 1942–1945, Stuttgart 1962; und Werner Jochmann (Hrsg.), Adolf Hitler: Monologe im Führerhauptquartier 1941–1944. Die Aufzeichnungen Heinrich Heims, Hamburg 1980.

Von den Myriaden von ehemaligen Offizieren verfaßter Bücher und/oder Tagebücher sind als ergiebigste Quellen zu nennen: Walter Warlimont, Im Hauptquartier der deutschen Wehrmacht 1939–1945, Frankfurt a.M. 1962, und Hans-Adolf Jacobsen (Hrsg.), Generaloberst Halders Kriegstagebuch, Band I–III, Stuttgart 1962f. Von Regierungsbeamten, deren Erlebnisberichte oder hinterlassene Tagebücher geeignet sind, Licht auf Keitels Macht und Persönlichkeit werfen, sind zu nennen: Ulrich von Hassell, Vom anderen Deutschland. Aus den nachgelassenen Tagebüchern 1938–1944, Zürich/Freiburg i. Br. o. J. [1947] (TB-Ausgabe Frankfurt a.M./Hamburg 1964), und Albert Speer, Erinnerungen, Frankfurt a.M. u. a. 1969.

Literatur

Es gibt nur ein signifikantes Werk über Keitel: Walter Goerlitz (Hrsg.), Generalfeldmarschall Keitel: Verbrecher oder Offizier? Erinnerungen, Briefe, Dokumente des Chefs OKW, Göttingen u. a. 1961. Nicht nur Keitels Briefe und seine Autobiographie, die er während des Prozesses in Nürnberg schrieb, auch die Anmerkungen des Herausgebers sind eine wertvolle Quelle. Folgende zwei Monographien sind in englischer Sprache erschienen: Gene Mueller, Wilhelm Keitel: The Forgotten Field

Marshal, Durham 1979, und Helmut Schmeller, Hitler and Keitel: An Investigation of the Influence of Party Ideology on the Command of the Armed Forces in Germany Between 1938–1945, Fort Hays 1970. Zahlreiche andere Werke beschäftigen sich indirekt ebenfalls mit Keitel, doch vermitteln die oben genannten Werke einen guten Überblick über Keitels Rolle, Autorität und Persönlichkeit besonders nach 1933. Unter den zu Keitel erschienenen Zeitschriftenartikeln sind als besonders interessant hervorzuheben, weil sie einen guten Einblick in »Ausflüge« Keitels zu Gesprächen mit ausländischen Kommandeuren vermitteln, zwei Artikel von Lucio Nova in *Risorgimento* 29 (1977), S. 1–45, und 30 (1978), S. 151–182.

Albert Kesselring –
Der Soldat als Manager

VON SAM L. LEWIS

Obgleich er im Zweiten Weltkrieg an einigen spektakulären
Siegen beteiligt war, ist Albert
Kesselring inzwischen weitgehend in Vergessenheit geraten.
Sein Name ist nicht mit einer
neuen Form der Kriegführung,
einem glänzenden Durchbruch
in der Kriegsdoktrin oder gar
einer besonders heroischen Leistung verknüpft. Albert Kesselring war ein sehr fähiger Berufs-
offizier und ein Mann der Hierarchien. Als solcher repräsentiert
er einen Persönlichkeitstyp des 20. Jahrhunderts, der nicht nur
für das Militär spezifisch ist. Er war weder Monarchist noch Nationalsozialist, sondern ein politisch konservativer Nationalist,
der die bemerkenswerte Fähigkeit besaß, Karriere zu machen,
obwohl nach seiner Herkunft nichts darauf hindeutete, daß er
den Marschallstab im Tornister trug.

Albert Kesselring wurde am 30. November 1885 im unterfrän-
kischen Marktsteft bei Kitzingen geboren, wo sein Vater Lehrer
und später Stadtschulrat war. Er besuchte keine Kadettenanstalt,
sondern trat im Juli 1904 als Fahnenjunker in das bayerische
Fuß-Artillerieregiment ein.

Kesselring hatte Glück, daß er zu dieser Waffengattung kam,
zumal er nicht aus einer Offiziersfamilie stammte. Zwar waren
die renommiertesten Waffengattungen des preußischen Heeres
die Infanterie und die Kavallerie, doch war das Prestige der

Artillerie beim bayerischen Militär deutlich höher als beim preußischen. Zudem testeten und entwickelten die Regimenter der schweren Artillerie ständig neue Waffen. Auf diese Weise erwarb der Leutnant Erfahrungen auf dem Gebiet der schweren Artillerie sowie der Beobachtung und Erkundung. Er wirkte auch an Versuchen bei den neu aufgestellten Luftschiffer-Einheiten (mit stationär einzusetzenden Fesselballons) mit. Diese Erfahrungen trugen dazu bei, daß er ein vielseitig verwendbarer Offizier wurde, der in der Lage war, die verschiedenen Elemente zu dem zu verknüpfen, was heute als »Kriegführung mit gemischten Verbänden« bekannt ist. Diese Fähigkeiten waren allerdings wohl weniger wichtig als sein herausragendstes Talent: seinen Vorgesetzten gefällig zu sein.

. Kesselring absolvierte die obligatorischen Weiterqualifikationen und erntete Belobigungen von seinen Vorgesetzten. Im August 1913 ernannte man ihn zum Adjutanten des 1. Bataillons. 1914 wurde er zum Oberleutnant befördert und Adjutant des bayerischen Generals der Fußartillerie. Im Jahre 1916 zum Hauptmann aufgestiegen, hatte er während der beiden letzten Kriegsjahre rasch hintereinander verschiedene Positionen in bayerischen Stäben inne. 1917 wurde er, offenbar ohne die Kriegsakademie besucht zu haben, bayerischer Generalstabsoffizier.

Kesselring behauptet in seinen Memoiren, er habe sich nach dem Krieg ins zivile Leben zurückziehen wollen. Nur die Bitte eines führenden Offiziers habe ihn dazu bewogen, seinen Dienst fortzusetzen, um die Demobilisierung des III. Bayerischen Korps zu überwachen. Er hatte jedoch wenig zu befürchten, da für das neue 100000-Mann-Heer der Reichswehr gerade Leute wie er gesucht waren: Generalstabsoffiziere mit vielseitigen Erfahrungen. Die Reichswehr übertrug ihm nacheinander verschiedene Truppenkommandos (Artillerie und Transportwesen) im bayerischen Militärbezirk und gab ihm damit Gelegenheit, sich »an den richtigen Stellen umzusehen«. Deutschland hatte einen Krieg verloren, doch innerhalb des Militärs gab es sowohl Gewinner als auch Verlierer. Die Gewinner im Heer waren Generalstabsoffiziere und Artillerieoffiziere, besonders solche aus dem süddeutschen Raum. Auf Kesselring warteten höhere Aufgaben.

Von Oktober 1922 bis April 1929 bekleidete Kesselring verschiedene Stellungen im Reichswehrministerium in Berlin. Dabei sammelte er Erfahrungen auf dem Gebiet der militärischen Verwaltung – des Finanzwesens, der Organisation und des Ausbildungswesens des Heeres. In dieser Zeit erhielt er den Spitznamen »Sparkommissar«. Danach war er Stabschef der 7. und später der 3. Division und wurde im Februar 1930 zum Major befördert. Wenige Monate später kehrte er für kurze Zeit nach Berlin zurück, wo er in der Personalabteilung des Reichwehrministeriums tätig war. Mittlerweile waren zehn Jahre seit seinem letzten Truppenkommando vergangen. Daher ernannte ihn das Heer im Februar 1932 zum Kommandeur der III. Abteilung des 4. Artillerieregiments. Im Oktober wurde er zum Oberst befördert.

Damit war die erste Etappe seiner Laufbahn beendet. Sie war bisher für eine bestimmte Art moderner militärischer Laufbahnen nicht untypisch gewesen. Unter normalen Umständen wäre er nach knapp dreißig Dienstjahren als unbekannter Oberst des Generalstabes in den Ruhestand getreten.

Die nächste Etappe der Karriere Kesselrings wurde erst durch die nationalsozialistische »Machtergreifung« im Jahre 1933 möglich. Adolf Hitler sah den Versailler Vertrag als ungültig an: Er baute die Reichswehr zur »Wehrmacht« aus und modernisierte sie. Heer und Marine waren etablierte Teilstreitkräfte, die allmählich erweitert werden konnten. Doch Luftstreitkräfte, die durch den Versailler Vertrag verboten waren, mußten von Grund auf neu geschaffen werden. Hitler beauftragte seinen ihm ergebenen Stellvertreter Hermann Göring mit der Leitung der neuen Luftwaffe. Der Chef der Lufthansa, Erhard Milch, wurde Staatssekretär im neugeschaffenen Reichskommissariat für Luftfahrt. Das Heer hatte sich auf die geplante Wiederaufrüstung vorbereitet und stellte daher Kader für die Fallschirm-

und Flakeinheiten der Luftwaffe zur Verfügung. Auch erfahrene Generalstabsoffiziere wurden damit beauftragt, ihre Kenntnisse und Fähigkeiten auf dem Gebiet der militärischen Organisation, Planung und Führung in den Dienst des Aufbaus der Luftwaffe zu stellen. Der hochbegabte Walther Wever wurde zum Stabschef der Luftwaffe und Hans-Jürgen Stumpff zum Leiter des Verwaltungsamtes (D-Amt) des Generalstabes der Luftwaffe ernannt.

Im Oktober 1933 verließ Kesselring das Heer und ging zur Luftwaffe, wo seine »Managerfähigkeiten« – seine Kenntnisse und Erfahrungen auf dem Gebiet der militärischen Planung und Führung – dringender benötigt wurden. Während der folgenden zweieinhalb Jahre leistete er allem Anschein nach seine wichtigsten Beiträge: Er stellte Finanzpläne auf, ließ Flugplätze anlegen, sorgte für Ausbildungsstätten und ließ Fabriken bauen. Offenbar liebte er seine Arbeit und lernte im Alter von 48 Jahren fliegen. 1934 wurde er zum Generalmajor und 1936 zum Generalleutnant befördert. Diese idyllische Welt erfuhr jedoch im Juni 1936 eine Erschütterung, als er nach dem Tod von General Wever Chef des Generalstabes der Luftwaffe wurde.

Kesselring ließ sich bereits nach einem Jahr von diesem wichtigen Posten abberufen. Für diese kurze Amtsdauer haben sich die Militärhistoriker besonders interessiert. Manche Autoren vertreten die Meinung, Kesselring habe in der Zeit, in der er Chef des Generalstabes war, einen nicht wiedergutzumachenden Fehler begangen, als er Wevers weitsichtiges Programm für den Bau strategischer Bomber kassierte: Kesselring trug nicht nur dazu bei, daß das Entwicklungsprogramm für den viermotorigen »Ural-Bomber« abgebrochen wurde, er lehnte darüber hinaus auch strategische Bombardierungen grundsätzlich ab und verurteilte die Luftwaffe dazu, nur heeresunterstützende Aufgaben zu erfüllen. Die Befürworter der »Luftmacht« vertreten den Standpunkt, daß eine strategische Bomberflotte die *conditio sine qua non* für die nationale Sicherheit sei. Mit strategischen Bombern, so argumentieren sie, hätte die Luftwaffe eine entscheidende Rolle in der Atlantikschlacht spielen und die russischen Rüstungsfabriken im Ural angreifen können. Obwohl Albert Kesselring nur ein Jahr lang Chef des Generalstabes war, gilt er ihnen als verantwortlich für das spätere Scheitern der Luftwaffe.

Diese Autoren behaupten allerdings in der Regel nicht, daß strategische Bomber den deutschen Sieg herbeigeführt hätten. Es stellt sich auch die Frage, ob strategische Bombardierungen tatsächlich ein vielversprechendes Konzept gewesen wären und weshalb das Programm für den Bau des »Ural-Bombers« nach Kesselrings Ausscheiden nicht sofort wieder neu aufgelegt wurde. Offenbar spielten auch andere Faktoren, nicht nur die willkürliche Entscheidung eines Mannes, der zudem nur kurze Zeit im Amt war, eine Rolle. Edward L. Homze liefert eine andere Erklärung: Er hält es für wahrscheinlich, daß Göring das Entwicklungsprogramm für schwere Bomber nicht aus Gründen der Militärdoktrin einstellen ließ, sondern weil sich die ersten Prototypen als völlig ungeeignet erwiesen hatten.

Kesselrings einjährige Tätigkeit als Chef des Generalstabes der Luftwaffe wirft nicht nur ein Licht auf ihn selbst, sondern auch auf die unklare Befehlsstruktur innerhalb der Luftwaffe. Er geht in seinen Memoiren nur verblüffend kurz auf diese Periode ein und erwähnt allein seine Meinungsverschiedenheiten mit Staatssekretär Milch. Wie es scheint, hat Milch nach Wevers Tod versucht, seinen Einfluß auf den militärischen Bereich auszudehnen. Statt eine klare Entscheidung zugunsten der einen oder der anderen Seite zu treffen, ließ Göring zu, daß diese Streitigkeiten weitergingen. Das war der typische Führungsstil des Dritten Reiches, der von Hitler selbst ausging. Kesselring konzentrierte sich auf seine militärische Arbeit, indem er Organisationsstrukturen und Verantwortlichkeiten festlegte. Mitte des Jahres 1937 gelang es ihm, Görings Zustimmung zum Organisationsplan der Luftwaffe zu erlangen. Die Reorganisation wurde am 2. Juni 1937 in Angriff genommen, drei Tage nach Kesselrings Ausscheiden als Chef des Generalstabes. Als General der Flieger übernahm er am 1. Juni 1937 das Kommando des Luftkreises III.

Auf den ersten Blick hat es den Anschein, als ob Kesselring sein Amt verließ, weil er sich geschlagen gab; in Wirklichkeit war es hinsichtlich seiner weiteren Karriere ein kluger Schritt. Denn ein Generalstabschef der Luftwaffe konnte wie andere, die sich in Hermann Görings Nähe befanden, nur scheitern. Kesselring war zu Recht der Meinung, daß er für einen Posten zu schade sei, auf dem er nichts ausrichten konnte. Trotzdem hatte er, so gut wie unter den gegebenen Umständen möglich, seine Pflicht getan. Die Luftwaffe blieb eine durch und durch zerrüttete Organisation, doch hatte Kesselring zumindest die Möglichkeit geschaffen, aus ihr eine vernünftig gegliederte Waffengattung zu machen. Kesselrings Reform verhinderte, daß Milch sich in die Militärpolitik einmischen konnte, und sicherte dem Generalstab der Luftwaffe und dessen Chef eine gewisse Autorität. In der Folgezeit mußten verschiedene Stabschefs der Luftwaffe Demütigungen erdulden oder schieden durch Selbstmord aus dem Leben. Kesselring hingegen kehrte zu jenem sicheren Bereich zurück, der ihm vertraut war – zum Truppendienst. Relativ unbehindert erfüllte er die Aufgaben eines Berufsoffiziers, der Truppenverbände ausbildete und organisierte.

Kesselrings veröffentlichte Erinnerungen sind leider in verschiedenen Punkten ungenau. Die meisten Memoiren wurden unter dem Blickwinkel der Selbstbestätigung und -rechtfertigung verfaßt, er aber schrieb im Gefängnis, wo er kaum Hilfe hatte und ihm, wenn überhaupt, nur wenige Aufzeichnungen zur Verfügung standen. In seinem »Soldat bis zum letzten Tag« wimmelt es von Fehlern, und er tendiert dazu, unangenehme Kapitel seines Lebens zu übergehen. Der Teil des Buches, in dem er über sein Leben von Juni 1937 bis August 1939 berichtet, ist jedoch besonders lebendig, selbstbewußt und detailreich geschrieben. Er spiegelt die wirkliche Lebensfreude eines Berufsoffiziers wider, der Truppen führt. Für den alten Generalstabsoffizier war es eine intellektuelle Herausforderung, die Ausbildung und Doktrin der fliegenden Verbände einschließlich der Flak-, Fallschirmjäger- und Nachrichteneinheiten darzulegen, die bis dahin verboten gewesen waren. Dieses Kapitel überzeugt durch die Wahrhaftigkeit und Ehrlichkeit der Darstellung. Kesselring äußert sich wenig zu politischen Fragen. Wenn er dies tut, klingen seine Feststellungen naiv. Man hat den Verdacht, daß er dabei unaufrichtig ist; denn er war an und für sich ein sehr kluger Mann und schrieb seine Memoiren eindeutig zu dem Zweck, herauszustellen, daß er schlicht ein »guter Soldat« gewesen sei, der nur Befehle ausgeführt habe. Es ist allerdings auch denkbar, daß seine Memoiren tatsächlich seine Auffassungen wiedergeben.

Der amerikanische Militärhistoriker John Shy hat das westliche Offizierkorps als »von Natur aus konservativ« charakterisiert. Er verweist darauf, daß es sich den »Werten der Treue, des Gehorsams und der Ordnung«[1] verpflichtet fühle. Man könnte noch hinzufügen, daß seine Angehörigen in der Regel zum Nationalismus tendieren und aus der Mittel- und Oberschicht stammen. Kesselring ist ein typisches Beispiel dafür. Zumindest in diesem Punkt schaffen seine Memoiren Klarheit.

Albert Kesselrings Erfahrungen aus dem Zweiten Weltkrieg spiegelten Deutschlands Schicksal in diesem Konflikt wider: einer Reihe spektakulärer Siege folgten Pyrrhussiege, gekonnte Rückzüge und schließlich die katastrophale Niederlage. Im April 1938 wurde er zum Oberbefehlshaber der Luftflotte 1 ernannt, die er auch im Polenfeldzug im September 1939 befehligte. Zwar unterstand sie nicht General Fedor von Bocks Heeresgruppe Nord, doch unterstützte Kesselrings Luftflotte deren Operationen. Die Schöpfer der Luftwaffe hatten eine Doktrin und eine Streitmacht geschaffen, die auf den Lehren des Ersten Weltkrieges beruhten. Um sich die Luftüberlegenheit zu sichern, kam es entscheidend darauf an, die gegnerischen Flugplätze und Kommunikationszentren zu bekämpfen. Danach konnten die eigenen Flugzeuge die Nachschublinien des Gegners unterbrechen. Kesselrings Flugzeuge taten dies erfolgreich, indem sie in den ersten zwei Tagen einen Großteil der polnischen Luftwaffe vernichteten und dann dazu übergingen, die Nachschublinien anzugreifen. Kesselring selbst notierte, daß sein Erfolg durch die kritische Rolle Warschaus als Verkehrsknotenpunkt erleichtert wurde. Folglich konzentrierte er seine Angriffe auf die Straßen und Eisenbahnlinien, die von der Hauptstadt ins nördliche Polen führten.

Am 12. Januar 1940 löste Kesselring General Hellmuth Felmy als Oberbefehlshaber der Luftflotte 2 ab. Diese hatte die Aufgabe, von Bocks Heeresgruppe B zu unterstützen, die den nördlichen Flügel der Westfront bildete. Kesselring und von Bock arbeiteten gut zusammen, indem sie vor allem die schwierige Landung der Fallschirmtruppen und ihr anschließendes Zusammenwirken mit den vorrückenden Bodentruppen koordinierten. Kesselring spielte beim spektakulären deutschen Sieg im Westen eine wesentliche Rolle, doch war er auch an mehreren umstrittenen Unternehmen beteiligt. Seine Flugzeuge bombardierten Rotterdam, wozu die meisten Historiker heute den Standpunkt vertreten, daß dies eine bedauerliche Fehlentscheidung war. Zu Dünkirchen, wo man versäumte, die eingekesselten Truppen der Alliierten zu vernichten, bemerkte Kesselring, es sei für ihn unmöglich gewesen, seinen Auftrag auszuführen, wofür Hitler und Göring verantwortlich seien. Auch hier räumen die meisten Historiker ein, daß sich Hitler und Göring tatsächlich einmischten, und minimieren dadurch Kesselrings Verantwortung. In der Endphase des Westfeldzuges unterstützte die Luftflotte 2 weiterhin von Bocks Heeresgruppe. Am 19. Juli 1940 wurde Kesselring zum Generalfeldmarschall befördert.

Bald darauf erlitt die Luftwaffe in der »Schlacht um England« ihre erste Niederlage. Kesselring befehligte eine der beiden Luftflotten, die hierbei eingesetzt waren. Zahlreiche Historiker lasteten ihm seine allzu optimistischen Lagebeurteilungen an; doch am meisten wurde die bekannte Tatsache kritisiert, daß Hitler, Göring und der Luftwaffen-Generalstabschef Hans Jeschonnek sich immer wieder in die Operationsführung einmischten. Offiziell wurde die »Schlacht um England« zwar fortgesetzt, Kesselrings Luftflotte 2 jedoch aufgrund der strategischen Interessen

Hitlers für den Einfall in Rußland nach dem Osten verlegt. Das deutsche Militär riß nicht gern erfolgreiche Kommandogespanne auseinander, und daher unterstützte Kesselring erneut von Bocks Heeresgruppe. Wieder zerstörten seine Flugzeuge den größten Teil der feindlichen Fliegerverbände am Boden und unterstützten dann die Operationen der Bodentruppen. Kesselring blieb bis November 1941 in Rußland. Zu diesem Zeitpunkt wandte Hitler seine Aufmerksamkeit der sich verschlechternden Lage im Mittelmeerraum zu.

Hitler hatte an dieser Region kein Interesse und betrachtete sie im Grunde als Schauplatz der italienischen Kriegsoperationen. General Erwin Rommels kleines Korps war bereits nach Nordafrika entsandt worden, um eine totale militärische Niederlage der Italiener zu verhindern. Rommel erzielte einige taktische Erfolge, doch versenkte die Royal Navy im November 1941 so viele Schiffe der Achsenmächte, daß das Oberkommando der Wehrmacht Kesselring und Teile der Luftflotte damit beauftragte, den Nachschubweg von Italien nach Nordafrika wieder zu öffnen. Kesselring, am 25. November 1941 zum Oberbefehlshaber Süd ernannt, repräsentierte symbolisch die deutsche Präsenz auf diesem Kriegsschauplatz. Der Titel war jedoch bedeutungslos, da Kesselring (mit Ausnahme eines kurzen Zeitabschnitts im Jahre 1943) nicht die Kommandobefugnis über die deutschen Heeresteile oder die deutschen Marineeinheiten, geschweige denn über die italienischen Streitkräfte hatte. Dies bedeutete, daß seine »Hauptwaffe« die persönliche Überzeugungskraft war.

Fast drei Jahre lang spielte Kesselring bei den Operationen im Mittelmeergebiet eine wesentliche Rolle. Es handelte sich um Operationen, in denen die Achsenmächte eine Niederlage nach der anderen erlitten. In den ersten militärgeschichtlichen Veröffentlichungen nach dem Krieg wurde Kesselrings fachliche Kompetenz gelobt, die er besonders nach der am 21. November 1943 erfolgten Übernahme des Oberbefehls über die deutschen Luft- und Bodentruppen in Italien bewiesen habe. Die deutschen Truppen seien zwar immer schwächer und die der Alliierten sowohl zahlenmäßig als auch in ihrer Kampfkraft immer stärker geworden, doch hätten Kesselrings Streitkräfte das Terrain, ihre Waffen und die personellen Ressourcen zumeist bestmöglich genutzt. Die meisten Historiker vertreten den Standpunkt, daß Kesselring ein kompetenter Fachmann war, der seinen Stab gut eingesetzt und Verantwortung richtig delegiert hat.

Als die Briten 1974 den Schleier der Geheimhaltung über das Projekt »Ultra« lüfteten, wurde ersichtlich, daß Großbritannien und die USA, abgesehen von ihrer ohnehin schon gewaltigen Überlegenheit an Menschen und Material, bereits seit April 1940 auch noch in der Lage gewesen waren, die chiffrierten Funksprüche der Wehrmacht zu entschlüsseln. Rein theoretisch hätte dies das Prestige Kesselrings und einiger anderer deutscher Oberbefehlshaber noch erhöhen müssen. Aber über Kesselring und andere Generäle wurde immer weniger geschrieben. Das Interesse der Historiker an den Generälen begann nachzulassen, und die Berufsoffiziere begannen zu zweifeln, ob es sinnvoll gewesen war, konventionelle Armeen in Gebirgsregionen wie in Italien völlig weißbluten zu lassen.

Am Nachmittag des 23. Oktober 1944 wurde Kesselring während eines Besuchs bei der Truppe bei einem Autounfall schwer verletzt. Nach einem dreimonatigen Genesungsurlaub kehrte er für kurze Zeit noch einmal nach Italien zurück, bevor ihn Hitler am 8. März 1945 zum Oberbefehlshaber West ernannte. Die deutsche Militärmaschinerie war unterdessen größtenteils zerschlagen und ähnelte in vielen Fällen nur noch einer Miliz. Obwohl die Sache aussichtslos war, setzte Hitler den blutigen Kampf bis zum Ende fort. Albert Speer vermittelt den Eindruck, daß Kesselring ein Offizier gewesen sei, der jeden Befehl befolgte, wie sinnlos er auch sein mochte. Speer schildert in seinen Memoiren eine Szene, in der Kesselring sich gegen Kriegsende weigerte, Speers Bitte auch nur in Betracht zu ziehen, den »Führerbefehl«, beim Rückzug nur »verbrannte Erde« zu hinterlassen, zu sabotieren. Kesselring hat in seinen Memoiren auf dieselbe Begegnung Bezug genommen, ohne jedoch die Politik der

»verbrannten Erde« zu erwähnen. Höchstwahrscheinlich mißtraute der 65 Jahre alte Feldmarschall dem 40jährigen Vertrauten Adolf Hitlers. Kesselrings Chef des Generalstabes, General
Siegfried Westphal, behauptet nämlich, er und Kesselring hätten
aus eigenem Antrieb den Plan sabotiert, alle deutschen Anlagen
zu zerstören, die für die Alliierten von Nutzen sein könnten.

Es ist nach wie vor schwierig, die Geisteshaltung des deutschen Offizierkorps gegen Kriegsende zu begreifen. Genauso
wie seine Kameraden setzte Kesselring seinen Dienst bis zum
letzten Tag fort. Er scheute sich allerdings nicht, wegen der Kapi-
tulationsbedingungen geheime Kontakte zu den Alliierten aufzunehmen. Doch war Kesselring erst bereit, sich den siegreichen
Alliierten zu ergeben, als er dazu die Genehmigung vom Oberkommando der Wehrmacht erhalten hatte. Als sie schließlich am
6. Mai 1945 vorlag, kapitulierte er mit den ihm unterstellten
Heeresgruppen.

Der Vorgang der Kapitulation nahm etwa eine Woche in Anspruch. In dieser Zeit konnte Kesselring noch in voller Uniform
frei umherreisen, um seine Verbände aufzusuchen. Dann war die
Farce jedoch zu Ende, seine Auszeichnungen und seine persönliche Habe wurden ihm abgenommen, und er pendelte zwischen
verschiedenen Kriegsgefangenenlagern hin und her. Am besten
gefiel ihm das Lager Allendorf, wo die Historische Abteilung der
US-Armee die verbliebenen Mitglieder des deutschen Generalstabes zusammengefaßt hatte. Mit dem Segen Franz Halders
verfaßten deutsche Offiziere hier historische Studien für die
US Army.

Obgleich die deutschen Offiziere Kriegsgefangene waren,
fühlten sie sich in Allendorf recht wohl. Sie wurden in der Regel
nicht schlecht behandelt, und die Arbeit an den historischen
Studien ermöglichte ihnen die Fortsetzung ihrer militärischen
Tätigkeit. Offiziere, die Hitler und den Nationalsozialisten besonders nahegestanden hatten, wie zum Beispiel Guderian und
Zeitzler, waren hier nicht willkommen. Kesselring spielte jedoch
insofern eine wichtige Rolle, als er mehrere große Projekte

beaufsichtigte. Er war für mindestens 35 Manuskripte verantwortlich.

Diese geordnete Welt brach im Februar 1947 zusammen, als britische Soldaten ihn nach Venedig brachten, wo er als Kriegsverbrecher angeklagt werden sollte. Kesselring war sowohl bei den deutschen wie bei den amerikanischen Offizieren in Allendorf wohlgelitten. Die Generäle richteten ein Gnadengesuch an Premierminister Clement Attlee und Feldmarschall Montgomery. Die amerikanischen Offiziere ließen Kesselring die Nachricht zukommen, daß sie ihn bei der Verteidigung unterstützen wollten.

Ein britisches Militärgericht verhandelte gegen Kesselring, Generaloberst Eberhard von Mackensen und Generalleutnant der Luftwaffe Kurt Maelzer wegen der Erschießung von 335 Italienern in den Ardeatinischen Höhlen. Hierbei hatte es sich um eine Vergeltungsmaßnahme nach einem Partisanenangriff auf eine deutsche Kaserne gehandelt. Mackensen und Maelzer waren bereits zum Tode verurteilt. Der für die eigentliche Exekution verantwortliche SS-Offizier war von einem italienischen Gericht zu lebenslänglicher Haft verurteilt worden. Ein zweiter Anklagepunkt war, daß Kesselrings Befehle zur Partisanenbekämpfung im Jahre 1944 verbrecherisch gewesen seien. Das Gericht verurteilte ihn ebenfalls zum Tode, wandelte aber das Todesurteil für die Generäle schließlich in lebenslange Haftstrafen um. Im Werler Zuchthaus klebte Kesselring als Mitglied der 1. Mittleren Werkstattkompanie Papiertüten, und es war ihm auch erlaubt, zusätzliche Arbeiten für die Historiker der US-Armee zu erledigen. 1952 wurde er wegen seiner angegriffenen Gesundheit begnadigt und kam frei.

Albert Kesselring zog sich nach Bad Wiessee zurück. Seine Ehe war kinderlos geblieben, nach seiner Freilassung adoptierten er und seine Frau Pauline jedoch eine 18jährige Verwandte. Er betätigte sich weiter als Autor und war aktives Mitglied mehrerer Organisationen von Kriegsveteranen. Am 16. Juli 1960 starb er an einem Herzinfarkt und wurde in Bad Wiessee begraben. An seiner Beisetzung nahmen viele deutsche und italienische Kriegsveteranen teil. Bundeswehrgeneral Josef Kammhuber, sein früherer Untergebener, hielt die Grabrede.

Nur wenige würden behaupten, Albert Kesselring sei ein bedeutender Heerführer gewesen. Dank seiner Fähigkeit, Karriere zu machen, war er allerdings ein erstaunlich erfolgreicher Offizier. Bevor die Ära der modernen Kriegführung anbrach, war eine Beförderung durch den Kauf von Offizierspatenten, durch Feudalrechte oder eben durch Erfolge auf dem Schlachtfeld zustande gekommen. Auf diese Weise entwickelte sich das korporative Modell, bei dem ein Erfolg auf dem Schlachtfeld zwar noch von Nutzen sein konnte, doch andere Faktoren wie zum Beispiel Dienstalter und Akzeptanz wahrscheinlich viel wichtiger waren. In einigen westlichen Armeen existieren noch Elemente dieses Modells. Im 20. Jahrhundert ist allerdings ein neues Modell, das des kapitalistischen Konkurrenzkampfes, entstanden, bei dem die Offiziere untereinander um Auszeichnungen und Beförderungen wetteifern. Im Krieg sind die Kriterien ganz einfach. Da kommt es darauf an, wer die meisten Flugzeuge, Schiffe oder Truppenverbände vernichten kann. In Friedenszeiten dagegen wird der Erfolg schwieriger, da das alte korporative Modell seine Geltung eben doch noch nicht vollständig verloren hat. Akzeptanz durch die korporative Gruppe bleibt daher ein wichtiger Faktor, aber der heutige Offizier wird auch daran gemessen, wie er im Vergleich zu anderen fähig ist, seine militärischen Aufgaben zu erfüllen. Befördert wird also, wer seine Maschinen und Waffen in Schuß hält, wessen Truppe keinen Ärger bereitet, wessen Berichte am erfreulichsten sind.

Albert Kesselring ist ein sehr interessantes Beispiel für die Entwicklung des westlichen Offizierkorps im 20. Jahrhundert. In seiner korporativen Gruppe war er nicht nur akzeptiert, sondern sogar beliebt – ein Ergebnis der alten Regimentstugenden. Viel interessanter als diese waren jedoch die Fähigkeiten, die ein aus der Mittelschicht stammender bayerischer Artillerieoffizier benötigte, um Feldmarschall zu werden. Einige seiner Fähigkeiten (oder Talente) sind natürlich mit denen des zuvor erwähnten Regimentstyps identisch. Aber es waren offensichtlich noch andere nötig.

Albert Kesselring war ein Prototyp des militärischen Managers, denn die meisten dieser anderen besonderen Fähigkeiten entsprechen denen des Industriemanagers. Herausragende Intelligenz war keine Voraussetzung dafür, ins Offizierkorps aufgenommen zu werden, aber Kesselring war sehr gescheit. Gleichermaßen verbindet man harte Arbeit und organisatorische Fähigkeiten normalerweise nicht mit der Vorstellung vom Soldatenberuf. Allerdings beförderte das deutsche Militär Kesselring wegen eben dieser Eigenschaften und schützte ihn gleichzeitig, indem es dafür sorgte, daß er in periodischen Abständen Feldverbände führte.

Kesselring erwies sich auch in der »Militär-Politik« als recht geschickt, indem er demonstrierte, daß er nicht »einfach nur ein Soldat« war. Sein Entschluß, das Amt des Chefs des Generalstabes der Luftwaffe aufzugeben, war ein überlegter Schritt, der seiner weiteren Karriere förderlich war. Er war auch klug genug, sowohl Hitlers als auch Görings Nähe zu meiden und in seiner eigenen Wirkungssphäre zu bleiben. Wenn er jedoch das Gefühl hatte, daß schwierige Probleme auf ihn zukamen, stattete er entweder Hitler oder Göring überraschend einen Besuch ab – je nachdem, wer von beiden ihm im konkreten Fall am meisten nutzen konnte. Gewiß aber war seine Fähigkeit, seinen Vorgesetzten das zu sagen, was sie hören wollten, das nützlichste der modernen Managertalente, über die Kesselring verfügte.

Fünf Jahrzehnte lang haben Kesselrings ungewöhnlich optimistische Lageeinschätzungen die Militärhistoriker irritiert. Sogar Hitler hat einmal geäußert: »Kesselring ist ein kolossaler Optimist, und man muß vorsichtig sein, daß er nicht in seinem Optimismus, sagen wir, die Stunde verkennt, in der der Optimismus vorbei und die Härte am Platze ist.«[2] Einer seiner ehemaligen Untergebenen, General Frido von Senger und Etterlin, räumte zwar ein, daß Kesselring ein Optimist gewesen sei, unterstellte aber, daß Kesselring sich nach außen hin nur so gab, während er im persönlichen Gespräch durchaus in der Lage war, sich von rationalen Argumenten überzeugen zu lassen.

Franz Halder, ebenfalls ein bayerischer Artillerist, der bis Ende 1942 Chef des Generalstabes des Heeres war, wollte weder Optimisten noch Pessimisten um sich haben. Er verlangte nur Tatsachenberichte, ohne die keine vernünftigen Entscheidungen zu fällen seien. Kesselring legte ebenfalls großen Wert darauf, nur über Fakten informiert zu werden. Doch wenn er mit seinen Vorgesetzten (oder deren Stellvertretern) zu tun hatte, erstattete er zweifellos allzu optimistische Lageberichte. Mag dies nun kalkulierte Strategie oder aufrichtige Meinung gewesen sein, auf jeden Fall förderte es seine Karriere. In den Hauptquartieren Hitlers und Görings waren schlechte Nachrichten und Defätismus nicht willkommen. Das schuf oder beschleunigte ein Konkurrenzklima in der Führung, das unzählige Absetzungen, gefolgt von der Beförderung »angenehmerer« Offiziere, zur Folge hatte. Albert Kesselring war einer der wenigen aus dem Kreis der rangältesten Offiziere, die während des Krieges nicht ihres Kommandos enthoben wurden.

Kesselring symbolisiert die Spaltung im Offizierkorps des 20. Jahrhunderts. Um die Jahrhundertwende herrschte in jedem Offizierkorps die Tendenz, eine homogene Körperschaft zu bilden. In jener Regimentswelt fühlte sich ein Offizier wie Kesselring heimisch. Zugleich aber hatte er das Glück, daß sein Regiment und seine Erfahrungen es ihm ermöglichten, Kenntnisse und Fertigkeiten zu entwickeln, die er für die Zukunft benötigte. Sein Aufstieg war seinem Talent als Manager, dem raschen Ausbau der Luftwaffe und seiner Fähigkeit, seinen Vorgesetzten zu gefallen, zu verdanken. Zudem war er ein sehr versierter Befehlshaber.

Der spätere britische Premierminister Harold Macmillan hat Kesselring während des Krieges einmal in seinem Tagebuch erwähnt: »Marschall Badoglio [der Italien auf die Seite der Alliierten brachte] sagte, der deutsche Widerstand bei Salerno gehe auf Kesselring zurück, der auf ganzer Linie für Widerstand stehe. Seiner Meinung nach – da müsse ich ihn entschuldigen – erweckten die Alliierten fortwährend den Eindruck, als würden sie Kesselrings Pläne begünstigen.«[3] Blickt man auf die damalige Zeit zurück, so hatte Marschall Badoglio wahrscheinlich recht: Die langsamen, einfallslosen Methoden der westlichen Alliierten in Italien schienen Kesselring tatsächlich in die Hände zu spielen.

Mit jedem Jahrzehnt treten Kesselring und seine Operationen mehr und mehr in den Hintergrund. Das einzige, was bleibt, ist das moralische und politische Dilemma des Soldatseins. Wir möchten behaupten, daß der Generalfeldmarschall mit diesem Dilemma nicht fertig wurde, und zugleich hoffen, daß das Offizierkorps des Westens es schafft, sich in dieser Hinsicht weiterzuentwickeln.

Anmerkungen

1 John Shy, »Jomini«, in: Peter Paret (Hrsg.), Makers of Modern Strategy, Princeton 1986, S. 176 und 160.
2 Walter Warlimont, Im Hauptquartier der deutschen Wehrmacht 1939–1945. Grundlagen, Formen, Gestalten, Frankfurt a. M./Bonn 1962. Das Zitat stammt aus einem aufgezeichneten Gespräch, das am 20. Mai 1943 geführt wurde.
3 Harold Macmillan, War Diaries. The Mediterranean 1943–1945, New York 1984, S. 241, Eintragung für den 29. September 1943.

Bibliographie

Quellen

Wichtige Informationen über die dienstliche Karriere Kesselrings, darunter die Beförderungsdaten, sind unter der Signatur MSg 109/10848 im Bundesarchiv-Militärarchiv Freiburg zu finden. Eine Quelle von unschätzbarem Wert, die Aufschluß über Kesselring und insbesondere darüber gibt, wie Kollegen und Mitgefangene ihn während der Zeit sahen, in der er als Kriegsgefangener für die US-Armee tätig war, ist die Dokumentation in den U.S. National Archives, Washington D.C., Record Group 338: Records of United States Army Commands, 1942–. Eine wichtige Quelle, die wie die meisten Memoiren mit Vorsicht verwendet werden sollte, ist Albert Kesselring, Soldat bis zum letzten Tage, Bonn 1953. Der Generalfeldmarschall schrieb seine Erinnerungen während der Haft nieder, ohne daß er Dokumente oder private Aufzeichnungen zur Hand hatte. Frido von Senger und Etterlin, Krieg in Europa, Köln/Berlin 1960, nimmt, abgesehen davon, daß dieses Buch zu den nachdenklicheren und objektiveren Memoiren zählt, eine kühle, distanzierte Einschätzung von Generalfeldmarschall Kesselring als Befehlshaber vor. Siegfried Westphal, The German Army in the West, London 1951 (dt.: Erinnerungen, Mainz 1979), ist eine zuverlässige Quelle, die von Kesselrings Generalstabschef stammt. Westphal schätzte und respektierte den Feldmarschall.

Literatur

Edward L. Homze, Arming the Luftwaffe. The Reich Air Ministry and the German Aircraft Industry 1919–39, Lincoln 1976, ist unverzichtbar für das Verständnis des Aufbaus der Luftwaffe und der Rolle, die Kesselring im Jahre 1937 dabei spielte. Die Arbeit beruht auf gründlichen Recherchen und kommt zu vernünftigen Bewertungen. Kenneth Mackay, Kesselring. The Making of the Luftwaffe, New York 1978, ist eine populäre Darstellung, die größtenteils auf Sekundärliteratur beruht. Samuel W. Mitcham Jr., Men of the Luftwaffe, Navato (California) 1988, ist eine populäre Darstellung, die im wesentlichen auf den Studien basiert, die gefangengenommene Luftwaffenoffiziere für die U.S. Air Force verfaßt haben. Bei Williamson Murray, Strategy for Defeat. The Luftwaffe 1933–1945, Alabama 1983, handelt es sich um eine wissenschaftliche Studie, die auf Nachforschungen in Archiven beruht und nachdrücklich auf die Bedeutung der strategischen Bombardements im Sinne der Befürworter der »air-power« hinweist. Ralf Georg Reuth, Entscheidung im Mittelmeer. Die südliche Peripherie Europas in der deutschen Strategie des Zweiten Weltkrieges 1940–1942, Koblenz 1985, bietet einen guten

Überblick über die Rahmenbedingungen, unter denen Kesselring als OB Süd agierte. Neue Erkenntnisse über die Verstrickungen des Feldmarschalls in deutsche Kriegsverbrechen auf dem italienischen Kriegsschauplatz vermittelt Gerhard Schreiber, Die Wehrmacht und der Partisanenkrieg in Italien: »... auch gegen Frauen und Kinder«, in: Ernst Willi Hansen/Gerhard Schreiber/Bernd Wegner (Hrsg.), Politischer Wandel, organisierte Gewalt und nationale Sicherheit. Beiträge zur neueren Geschichte Deutschlands und Frankreichs. Festschrift für Klaus-Jürgen Müller, München 1995 (= Beiträge zur Militärgeschichte, Bd. 50), S. 251–268, sowie Friedrich Andrae, Auch gegen Frauen und Kinder. Der Krieg der deutschen Wehrmacht gegen die Zivilbevölkerung in Italien 1943–1945, München 1995.

Hans Günther von Kluge –
Ein Zauderer im Zwielicht

VON PETER STEINBACH

Für Prof. Dr. Georg Kotowski zum 75. Geburtstag

Es gibt nur wenige hohe militärische Führer, deren ganzes Leben und Handeln geradezu unauflöslich mit einem einzigen und noch dazu gescheiterten historischen Ereignis verbunden bleiben. Generalfeldmarschall Günther von Kluge gehört zu ihnen. Seine im Feld oder in der Stabsarbeit bewiesenen Leistungen als Offizier sind im Rückblick und im Vergleich keineswegs besonders bemerkenswert. Seine Überlegungen als Feldherr zeichnen sich weder durch soldatische Kühnheit noch durch strategisch-innovatives Denken aus. Seine Truppenführung war weder wagemutig noch durch besondere Rücksicht auf seine Soldaten gekennzeichnet, so daß sie ihn zum Objekt ihrer Bewunderung oder Verehrung hätte machen können. Kluge fällt so im Vergleich mit anderen Feldherren des Zweiten Weltkrieges deutlich ab, die sich wie Erich von Manstein, Walter Model oder Erwin Rommel oftmals sogar bei ihren Gegnern großen Respekt zu verschaffen wußten oder wegen ihrer hohen Dekorationen bei ehemaligen Landsern zur Legende wurden. Kluge galt hingegen als absolut zuverlässiger Gefolgsmann Hitlers, wenn er sich auch nicht durch die Zuwendung an Sympathie auszeichnete, die Hitler zum Beispiel Rommel, dem jüngsten unter den Generalfeldmarschällen, entgegenbrachte.

Im Widerspruch zu der von Kluge bewiesenen und auch immer

wieder beschworenen »Gefolgschafts- und Eidtreue« gegenüber Hitler stand seine Zwiespältigkeit, die ihn, wenn schon nicht zum Jongleur mit extremen Optionen, so doch zu einem besonderen Beispiel einer Zwiespältigkeit werden ließ, die geradezu das Zwielicht produzierte, in das er sich schließlich selbst rückte: Für die Angehörigen des 20. Juli 1944 gilt er als schuldig, für die Vertreter eines rechtsextremistischen Bildes als Verräter, dem man sogar unterstellt, Mitverantwortung für die schweren Fronteinbrüche im Osten, den Zusammenbruch der Heeresgruppe Mitte und im Westen an der Invasionsfront zu haben – umstritten ist bei beiden nur, ob sein Versagen absichtlich erfolgte oder mangelnde Kompetenz und Begabung widerspiegelte.

Bekannt geworden ist Günther von Kluge vor allem wegen seiner verschlungenen und merkwürdigen, immer wieder der Interpretation bedürfenden Verbindungen zum Widerstand. Auch in diesem Zusammenhang zeichnete er sich nicht durch Eindeutigkeit, sondern durch seine erstaunliche Zurückhaltung aus, die sich wohlwollend als konsequent betonte demonstrative Ambivalenz interpretieren läßt. Das bedeutet: Er war kein Mann des Widerstands und auch kein Regimegegner, sondern letztlich eher ein Hindernis für alle, die den politischen Umsturz wollten, um die NS-Herrschaft zu überwinden. Angesichts ihrer Aufforderung zur Mitarbeit und ihrer schließlich offen und geradezu verzweifelt geäußerten Bitte um Unterstützung in denkbar kritischer Lage wäre der persönliche Mut zur Entscheidung notwendig gewesen. Mut dieser Art wäre weniger Ausdruck des soldatischen Kampfesmutes als vielmehr jener Courage gewesen, die dem Zivilisten ebenso wie dem Militär zugestanden werden muß und als Zivilcourage oder als eine besondere Form soldatischer Tapferkeit bezeichnet wird, die sich aus dem Wissen von der Gefährdung der persönlichen Existenz ableitet. An dieser Courage hat es Kluge wohl stets gefehlt.

Er war offensichtlich aus persönlichen und charakterlichen Gründen nicht fähig, sich zu entscheiden, im Unterschied zu anderen hohen aktiven oder deaktivierten Kameraden, die im

Zuge ihrer Karriere in Distanz zum NS-Staat gerieten und im Widerstand eine wichtige Rolle spielten, wie Beck, von Witzleben, Hoepner und Olbricht. In seiner Haltung spiegelt sich aber auch unübersehbar die persönlichkeitsbezogene Konsequenz eines militärischen Ideals, das sich zu allen Zeiten durch die Entscheidung des Soldaten für Loyalität und Gehorsam ausgezeichnet hat. Die Kraft zur Befehlsverweigerung aus ethischen Gründen oder die bewußte Eigenständigkeit des Militärs in schwierigen Lagen gilt nur in Gedenkreden als eine besondere Tugend der Militärs – im allgemeinen wird statt dessen ihre Pflicht zum militärischen Gehorsam und ihre Verpflichtung zur Zurückhaltung in politischen Entscheidungen beschworen.

Insofern entsprach Kluge eigentlich in besonderer Weise den Erwartungen, die man gegenüber höchsten Offizieren hegte. In dieser Hinsicht blieb er nicht nur folgsam, sondern auch rollenfest bis in die Stunde seines Todes hinein: Als der militärische Widerstand gegen Hitler jedoch gescheitert war und Kluge eigentlich die Wahl persönlicher Entscheidung nicht mehr hatte, zog er sich verhalten und selbstsüchtig zurück, ohne dadurch jedoch sein Leben retten zu können. Sehr bald unter den Verdacht der Mitwisserschaft am Umsturzversuch des 20. Juli 1944 geraten, wurde Kluge am 17. August 1944 seines Postens enthoben und nach Berlin beordert. Auch jetzt noch versicherte Kluge in einem der unwürdigsten Zeugnisse der Selbstunterwerfung eines Oberbefehlshabers, der nichts mehr zu verlieren hat, Hitler seine unwandelbare Treue und nahm sich einen Tag später, am 19. August 1944, in der Nähe von Metz durch Gift das Leben.

Erst nach dem 20. Juli 1944 wurde er, der Zögerer, somit wegen seiner unentschiedenen Verhaltensweise endgültig zur tragischen Gestalt: Er war verstrickt in Loyalitäten, aus denen er sich nicht zu lösen vermochte, ein Gefangener von Wertvorstellungen, die nicht mehr in Einklang zu bringen waren, ein Opfer wohl auch seiner eigenen Persönlichkeit, die den moralischen Anforderungen seiner Funktionen nicht gewachsen war. Wer »in den Kreis der Attentäter« getreten sei, habe unausweichlich das

Nessushemd übergezogen, so hatte Generalmajor Henning von Tresckow, ehemals als 1. Generalstabsoffizier (Ia) der Heeresgruppe Mitte ein wichtiger Mann in Kluges Stab, in der Überlieferung durch Schlabrendorff die Unausweichlichkeit der persönlichen Konsequenz eines jeden aus der militärischen Führung geschildert, der aktiv oder indirekt an der Vorbereitung des Umsturzversuches beteiligt war. Tresckow suchte keinen Ausweg aus seiner persönlich katastrophalen Situation, sondern legte konsequent nach dem Scheitern des Staatsstreiches selbst Hand an sich, vier Wochen vor Kluge, der gehofft haben mochte, den eigenen Kopf zu retten, indem er befahl, die Spuren seiner Einbeziehung in die Umsturzerwägungen zu verwischen. Er konnte sich zu diesem Zeitpunkt nicht entschließen, die Verantwortung für sich und sein Handeln zu übernehmen.

Gerade wegen seines bis auf die Tatsache seines Todes kaum als tragische Verstrickung zu deutenden Lebens und seines Scheiterns in einer außerordentlichen, ungewöhnlichen und sich dem aktiven Militär eigentlich nur unter ganz besonderen Umständen bietenden Entscheidungssituation ist Kluge so auf eine in ihrer Eindeutigkeit schon wieder problematische, negative Weise in die Annalen der deutschen Geschichte des Zweiten Weltkriegs eingegangen. »Kluge fiel *wieder* um«, so schreibt der Stauffenberg-Biograph Peter Hoffmann und vermutet, die Loyalität dieses Militärs sei letztlich die eines »Landsknechts gegenüber dem Kondottiere«[1] gewesen, der allein durch seinen persönlichen Ehrgeiz angetrieben worden sei. Dieses Urteil ist mit Blick auf die Quellenlage ohne Zweifel zu hart und läßt kaum Platz für weitere historisch-hermeneutische Interpretationen; es zeigt die Erbitterung, mit der über Kluge gestritten wurde, und es steht in einem merkwürdigen Spannungsverhältnis zu der Erfahrung des Historikers, daß sich kein Mensch aus einem einzigen Ereignis seines Lebens erklären läßt. Dies müßte auch für Kluge gelten, um so mehr, als wiederholt – und zunehmend – auch seine angeblichen Verbindungsleute zum Widerstand in das Zwielicht historischer Ereignisse gerückt werden.

Der Wunsch, die geradezu übliche Eindeutigkeit des in der widerstandsgeschichtlichen Literatur verbreiteten Urteils über Kluge zu problematisieren oder zumindest zu überprüfen, steht allerdings in merkwürdigem Kontrast zur Überlieferung der Quellen und damit auch zur Forschungslage. Wer sich über Kluge informieren will, greift in der Regel weniger zur kriegs- als vielmehr zur widerstandsgeschichtlichen Literatur, zu den bekannten Biographien über Tresckow, Stauffenberg, Stülpnagel und selbst über Rommel. Dabei zeigt sich, daß das Urteil über ihn sehr früh feststand. Von der frühesten Darstellung aus der Feder von Gisevius spannt sich ein klarer Bogen über das Erinnerungsbuch von Fabian von Schlabrendorff bis zur jüngsten Schilderung der verschlungenen Entscheidungen vor allem der deutschen Militärs über ihre Beteiligung am »Staatsstreich« des 20. Juli 1944 aus der Feder von Joachim Fest. Die Problematik dieser Überlieferung wird zumal in den Erinnerungen von Rudolf-Christoph von Gersdorff und Alexander Stahlberg, ganz besonders aber auch in den Arbeiten von Philipp von Boeselager deutlich, die Jahrzehnte nach den eigentlichen Ereignissen entstanden und deshalb wie schriftliche Zeugnisse einer mündlichen Geschichtsschreibung, also nicht als Überreste, sondern als Traditionen in der Begrifflichkeit Droysens zu behandeln sind.

Kluge wurde nach dem frühen Zeugnis von Gisevius seit 1938 vielfach von dem in seinem Kern zu diesem Zeitpunkt feststehenden und seitdem bemerkenswert festgefügten Kreis von Regimegegnern umworben, die den politischen Wandel deutscher Politik als Konsequenz eines militärisch vorbereiteten und von Offizieren durchgeführten Umsturzversuches herbeizuführen versuchten. Kluge versagte sich ihnen aber keineswegs nur in den Abendstunden des 20. Juli 1944, sondern auch in den Jahren zuvor wiederholt in entscheidender Stunde, nachdem er sich ihrem Werben gegenüber lange Zeit, vermutlich seit 1938, möglicherweise aber auch erst später, hinhaltend distanziert, aber nicht unengagiert gezeigt hatte. Diese Zurückhaltung mochte

bei der von ihm als Ausdruck seiner Pflicht zum Gehorsam empfundenen Vorbereitung des zweiten großen Krieges, den Kluge
als Stabsoffizier erlebte, ebenso verständlich sein wie in der
Phase militärischer Triumphe Hitlers in den Jahren 1939 bis 1941,
die vor allem nach dem Sieg über Frankreich aus manchem distanzierten Zeitgenossen über Nacht einen Bewunderer Hitlers
werden ließen.

Seit 1942/43 bot angesichts der sichtbar werdenden militärischen Schwierigkeiten der deutschen Wehrmacht die vorsichtig
von Kluge bewahrte und auch gegenüber intensivem Werben der
Verschwörer behauptete innere Schwebelage aber keine Alternative mehr zu der Entscheidung für die Beteiligung an der aktiven Konspiration, die ohne Deckung erfolgen mußte. Möglicherweise suchte Kluge den Ausweg aus der von Mitgliedern des
Widerstands immer schonungsloser gezeichneten und wohl auch
von ihm mitempfundenen Situation angesichts der Wende des
Krieges, indem er schlicht auf Zeit setzte. Die Niederlage schien
zu diesem Zeitpunkt absehbar, die Gefährdung der Substanz des
Nationalstaates war offensichtlich – es standen in der Tat sowohl
»letzte Dinge« (Bonhoeffer) als auch der »Bestand der Nation«
(Beck) auf dem Spiel. Aber Hitler war stark, auch er umwarb
Kluge und festigte dessen Loyalität durch eine bemerkenswerte
Dotation anläßlich seines 60. Geburtstages: ein Geldgeschenk
über 250 000 RM. Die deutschen Fronten waren zu dieser Zeit
noch nicht durchbrochen. Wenn überhaupt, dann bestand im
Jahre 1943 noch eine geringe Chance, auch von deutscher Seite
aus die Beendigung des Krieges politisch zu gestalten – trotz der
alliierten Forderung einer bedingungslosen Kapitulation. Und
Kluge konnte das Gefühl haben, von verschiedenen Seiten ho-
fiert zu werden, denn er wurde von Hitler als Oberbefehlshaber
geschätzt und von den Regimegegnern umworben, ja, so scheint
es, sogar als möglicher deutscher Oberbefehlshaber nach der
Ausschaltung Hitlers gehandelt, ohne daß sich diese Erwägungen in den Quellenbelegen konkret niedergeschlagen hätten.
Auch im Zusammenhang mit den ständigen Diskussionen über

die Führungsspitze, die innerhalb der Wehrmacht, insbesondere unter den gegenüber der NS-Führung distanzierten Offizieren, geführt wurden, scheint Kluges Name immer wieder genannt worden zu sein.

Die Voraussetzung zur Gewinnung der politischen Handlungs- und Gestaltungsfreiheit war zu dieser Zeit allerdings die Ausschaltung Hitlers, der Kluge nicht nur mit finanziellen Zuwendungen, sondern auch durch militärische Auszeichnungen lähmte: Am 18. Januar 1943, dem Tag der Kaiserproklamation in Versailles und eigentlichen Gründungstag des zweiten Deutschen Reiches, hatte er von Hitler das Eichenlaub zum Ritterkreuz erhalten. Es ist überliefert, daß die Regimegegner durch Tresckow zu dieser Zeit den moralischen Druck auf Kluge verstärkten, denn die Ausschaltung oder Beseitigung Hitlers konnte, in welcher Form auch immer, nur das Militär erreichen. Strittig blieb für die Regimegegner in diesem Falle nur die Frage, wo gehandelt werden sollte: innerhalb des Reichsgebiets, in Deutschland oder Berlin, also unter Ausnutzung des Ersatzheeres und anderer im Reich stationierter Verbände, oder draußen, im Felde, also durch das Feldheer, und das hieß zu dieser Zeit: im Osten. Denn im Westen unter militärischen Auspizien zu handeln war zu dieser Zeit nicht möglich; hier konzentrierten sich die Kontaktversuche damals vor allem auf diplomatische oder geheimdienstliche Kanäle. Zunächst lag der Schwerpunkt der konkreten Umsturzvorbereitungen bei der aktiven Truppe. Dies machte die Bedeutung der Heeresgruppe Mitte aus, wo sich, wie seit dem Herbst 1944 dann auch der NS-Führung bewußt wurde, um Tresckow entschlossene Regimegegner konzentrierten, welche enge politische Verbindungen zu den Berliner Gruppen und Kreisen hatten.

Nicht strittig war bei den Beteiligten, daß nach dem notwendigen militärischen Impuls unausweichlich die Stunde der Politiker gekommen sei – das Militär strebte nicht im Zuge eines Putsches nach der politischen Macht, sondern wollte der zivilen Führung nur neue politische Optionen eröffnen. Dies bedeutete aber, daß die im Reich agierenden aktiven oder außer Dienst gestellten Militärs zunehmend Einfluß gewannen, weil sie in ständigem Kontakt mit den verschiedenen zivilen Widerstandskreisen standen und sogar deren Koordination eines zunächst diffusen politischen Handelns verstärkten – Regimegegner an der Front waren deshalb zugleich in besonders selbstloser Weise zum Dienst am Umsturz verpflichtet, dessen politische Konsequenzen sich letztlich ihrem Einfluß entzogen. Das verlangte in der Tat große politische Selbstlosigkeit und zugleich ein bemerkenswertes Selbstbewußtsein, das diese Unsicherheit zu überspielen half. Zurückhaltung und die Sicherheit des Urteils in der Einschätzung von Menschen und Situationen verbanden sich so miteinander.

In seiner Urteilsfindung und Motivation war Kluge in besonderer Weise von Untergebenen abhängig, die offensichtlich ganz unterschiedliche Ränge bekleideten und vor allem den persönlichen Zugang nutzten (zumindest wenn man der unsicheren, weitgehend durch rückblickende Rekonstruktionsversuche gezeichneten Quellenlage glauben darf). Kluge schwankte, empfing immer wieder Regimegegner, hörte ihnen zu, verriet sie nicht, aber entschied sich auch nicht, sondern gab diese angebliche Entscheidung nur vor. Er wartete ab und betonte bestenfalls, daß er nur in eindeutiger Lage zur Unterstützung von Umsturzbemühungen und Neuorganisationsbestrebungen der Heeres- oder Wehrmachtsführung bereit sein könnte – er spielte damit letztlich anderen die Verantwortung für seine persönliche Entscheidung zu und täuschte dabei zuweilen Sympathie und Einverständnis vor, indem er bekundete, die Sorge über krisenhafte innere oder militärische Entwicklungen, über die Kompetenz der Führung oder über die Kriegsspitze zu teilen. Entscheidend war, daß er über zwei entscheidende Jahre hinweg in einer für ihn so charakteristischen Distanz verharrte.

Über den Charakter des Regimes bestanden in dieser Zeit wohl keine Unklarheiten mehr, wie jüngst ausgewertetes Aktenmaterial über die Situation im Bereich der Heeresgruppe Mitte auf beklemmende Weise belegt. Doch unterschied Kluge sich, zumindest im Bild der nachträglich entstandenen Zeugnisse in den Erinnerungen einzelner Weggefährten gerade hier von seinen Kameraden, welche in stärkerem Maße als Kluge die innere Kraft zur Eindeutigkeit hatten. Allerdings ist unbestreitbar, daß im Stab von Kluge über die Situation im Hinterland mit ihren offensichtlichen Einsatzgruppenaktivitäten, mit »Bandenbekämpfung« und allen Erscheinungen des Rassen- und »Weltanschauungskrieges« Klarheit herrschte – sowohl bei Kluges Ic Gersdorff als auch bei Tresckow, seinem Chef der Führungsabteilung.

Vielleicht spiegelte sich in Kluges Ambivalenz auch ein Teil der Wirklichkeit in diesen Frontabschnitten, also das Nebeneinander von oppositionellen Überlegungen und täglicher Diensterfüllung. Die Entscheidung für den Widerstand läßt sich angemessen vielfach nur als ein Prozeß begreifen, der nicht selten immer neue Anstöße von außen brauchte. Als einer der ersten befreite sich trotz der inzwischen deutlicher werdenden Verstrickungen in die nationalsozialistischen Gewaltverbrechen Henning von Tresckow, der in der Erinnerungsliteratur geradezu als eine Art geistiger und moralischer Gegenspieler Kluges erscheint und der vor allem auf ihn als möglichen Oberbefehlshaber des Heeres zu setzen schien, wohl auch deshalb, weil es kaum eine andere Alternative gab. Ohne Zweifel überforderte Tresckow seinen Vorgesetzten. Denn Hans Günther von Kluge war den moralischen Anforderungen, die die Beteiligung an einem militärischen Umsturz von ihm verlangt hätte, in letzter Konsequenz ohne Zweifel nicht gewachsen. Vor allem deshalb wurde er am 20. Juli 1944 für den Widerstand zu einem mehr als belastenden Faktor. Und damit steht das Urteil weitgehend fest: Mag man Kluge auch, wie der zur Selbstüberschätzung neigende und Situationen regelmäßig kräftig ausmalende Hans Bernd Gisevius, als »klugen Hans«[2] bezeichnet haben, so ist stets spürbar, daß dieses Attribut eine starke ironische Komponente enthielt: Am 20. Juli 1944, konfrontiert mit einer ausweglosen Entscheidung, die nur den Keim zur moralischen Größe in sich trug, verfing Kluge sich glanzlos im eigenen Kalkül und scheiterte persönlich, militärisch, politisch und historisch.

Deshalb ist es gewiß viel zutreffender, den zu dieser Zeit bereits sehr hoch dekorierten Kluge schlicht als ein »Chamäleon« zu bezeichnen – aber selbst dieser Charakterisierungsversuch bleibt interpretationsbedürftig, denn ein Chamäleon zeichnet sich durch seine Fähigkeit aus, sich Umweltverhältnissen anzupassen, sich zu tarnen – und dennoch sein Wesen und seine Identität zu bewahren. Kluge hingegen scheint eher deshalb die Anpassung an Möglichkeiten gesucht zu haben, weil er sich nicht für Optionen und Alternativen zu entscheiden vermochte; und dies, als durch historische Entwicklungen längst die Zeit der Ambivalenzen vorüber war. Dadurch hat er sich in den Augen derjenigen, die um ihn warben, endgültig in dem Moment diskreditiert, als das Unternehmen, das er nicht zu unterstützen vermochte, bereits endgültig gescheitert war.

Und dennoch bleibt Kluge für die Wehrmachts- wie für die Widerstandsgeschichte in gleicher Weise wichtig. Denn er verkörpert zum einen auf militärisch unspektakuläre Weise den »Normaltyp« eines deutschen Generalfeldmarschalls, das heißt, er ist exemplarisch in seiner sozialen Herkunft, seiner militärischen Laufbahn und auch in seiner Wirksamkeit als Angehöriger jener kleinen Gruppe höchster Offiziere zu sehen, die sich als Technokraten des Krieges, als Organisatoren des Aufmarsches und als Inspiratoren der Eroberung, der Verteidigung, selbst des Rückzugs begriffen haben und die zugleich tief in den nationalsozialistischen »Weltanschauungskrieg« verstrickt blieben. Sie waren nicht verantwortlich für Hitlers Entscheidung zum Krieg, wohl aber für dessen Dauer – und vielfach gerade auch für jene Ereignisse, die mit den militärischen Auseinandersetzungen verbunden bleiben und euphemistisch als Begleitumstände bezeichnet werden. Zum anderen war Kluge der wohl ranghöchste militärische Führer, in dessen Umfeld sich manche der entschiedensten und mutigsten militärischen Regimegegner formieren konnten. Und weil sich unter ihnen Henning von Tresckow befand, einer der bestechendsten Köpfe des militärischen Widerstands, hat Kluge seinen Zusammenhang mit der Widerstandsgeschichte bewahrt.

Tresckow, fünfzehn Jahre jünger als Kluge, gehörte trotz seines späteren Generalsranges zu den Obristen, die im Jahre 1943 den militärischen Widerstand in seiner aktiven, geradezu putschistischen Komponente verkörperten und durch ihre hohe politische und nicht zuletzt auch militärische Energie andere jüngere Offiziere bewegen konnten, bei der Vorbereitung und schließlich Durchführung des Umsturzversuches persönlich hohe Risiken einzugehen. Tresckow motivierte aber nicht nur Regimegegner wie den Kavallerieoffizier Georg von Boeselager, den Generalstabsoffizier Rudolf-Christoph von Gersdorff und den jungen Fabian von Schlabrendorff, sondern er versuchte auch wiederholt, die höchste militärische Führung von der Notwendigkeit des Handelns zu überzeugen.

Diese Diskussionen erstreckten sich mehr auf die Führungsstruktur und die politischen Optionen als auf die Wirklichkeit des Krieges. Denn nachdem inzwischen zweifelsfrei feststeht, daß der Führungsstab der Heeresgruppe Mitte ebenso wie Kluge über die vielfältigen Vernichtungsmaßnahmen im Rücken der Front vergleichsweise gut informiert war, stellt sich die Frage, weshalb sich nur selten Reflexionen über die NS-Verbrechen in den Erinnerungen der Beteiligten finden. So wird man davon ausgehen müssen, daß sich unter Tresckow eine Gruppe widerstandsfähiger und -williger Offiziere im Führungsstab der Heeresgruppe Mitte sammelte und nahezu mehr als eineinhalb Jahre von Kluge kommandiert wurde, die mit allen Konsequenzen ihren Teil zur deutschen Kriegführung in allen ihren Facetten beitrug und sich so auf eine viel konkretere Weise schuldig gemacht hatte, als es die allgemeinen Auseinandersetzungen über Verantwortung und Schuld vermuten lassen, die 1943 in den Kreisen führender Regimegegner geführt wurden.

Beeinflußt durch Tresckow, hätte Kluge die Chance gehabt, als derjenige Oberbefehlshaber in die deutsche Militärgeschichte einzugehen, unter dessen Schutz die Gegner des NS-Regimes an der Ostfront in entscheidender Zeit – 1942/43 – agierten und offensichtlich mehrere Möglichkeiten nutzen wollten, Hitler auszuschalten. Es ist bekannt, daß dieser zum Handeln entschlossene Kern mühsam in ständiger Auseinandersetzung mit Kluge und mit einigen anderen hohen Militärs immer wieder die Bedingungen des Handelns neu klären mußte und letztlich auch an den Generälen scheiterte, die sich immer neu in ihre – nicht selten sogar nur durch die Berufung auf ihren Eid moralisch gerechtfertigte – Entschlußunfähigkeit flüchteten. Widerstand in der Führung der Heeresgruppe Mitte scheint so über lange Monate hinweg im wesentlichen ein Ringen darum gewesen zu sein, die Unterstützung Kluges zu gewinnen. Nur mit ihm hätten die sich immer wieder revidierenden Generäle veranlaßt werden können, sich einem Umsturz anzuschließen, so scheint es. Kluge, daran ist kein Zweifel, versagte sich dieser Herausforderung – deshalb vor allem scheint er auch moralisch gescheitert zu sein.

Und dies gilt in besonderem Maße auch für die zweite Chance, die er erhielt, um im Zusammenhang mit der Widerstandsgeschichte in die Annalen einzugehen, welche sich nicht in Schlachten und Siegen erschöpfen. Denn Kluge trug im Hochsommer 1944 als Oberbefehlshaber West nicht nur die Verantwortung für die Kämpfe in Frankreich, sondern er führte am 20. Juli 1944 auch die Heeresgruppe B des bei einem Fliegerangriff verletzten Generalfeldmarschalls Erwin Rommel, der sich innerlich auch vom Kritiker Hitlers zum Regimegegner gewandelt zu haben schien. Kluge erhielt so die Möglichkeit, ganz entscheidend dazu beizutragen, nach dem Attentat auf Hitler durch entschiedenen Zugriff in Paris die Lage im Westen im Sinne der Verschwörer zu wenden. Aber auch in der Nacht zum 21. Juli 1944 versagte Kluge: Er hielt sich zurück, er entschied sich nicht, er akzeptierte nicht, daß es vielleicht nicht allein auf den Erfolg, sondern längst auf das Zeichen ankam.

So bleibt sein Name zweimal mit dem Scheitern des militärischen Widerstands verbunden. Kluge ist deshalb nicht nur ein »Chamäleon«, das sich aus Karrieregründen bedeckt hält, sich anpaßt, so zu überleben sucht. Dies hätte dem normalen Bild eines karriereorientierten Offiziers entsprochen. Er ist vor allem derjenige, der sich einer entschiedenen Unterstützung jener bedrängten Kameraden verweigert, deren Überlegungen und Analysen er kennt und teilt. Er wird so in der widerstandshistorischen Deutung neben Friedrich Fromm und Ernst-Otto Remer zu einer Negativgestalt der Widerstandsgeschichte, vor allem in jener Phase, als es um nichts mehr zu gehen scheint als um die Wahrung des Gesichts: in den Stunden nach dem Anschlag, den Stauffenberg im »Führerhauptquartier« Rastenburg auf Hitler verübte. Die Paradoxie liegt darin, daß er für führende Nationalisten zugleich zu einem der ranghöchsten »Verräter« wird.

Insgesamt läßt sich feststellen, daß Kluge sich den Regimegegnern ohne Zweifel nicht konsequent verweigert, sie aber auch nicht unterstützt hat. Insofern ist die Lebensgeschichte dieses hohen deutschen Offiziers ein wesentlicher Teil der Geschichte dieses Umsturzversuches, der gewiß mehr als ein Staatsstreich war. Obwohl aber die Geschichte des 20. Juli 1944 ebenso gut erforscht ist wie die Vorgeschichte dieses Tages, bleiben Unklarheiten. Da viele Ereignisse vergleichsweise gut bekannt sind, werden sie hier nicht noch einmal in die Lebensgeschichte von Hans Günther von Kluge integriert. So gesehen, ist es allerdings um so bemerkenswerter, daß Kluge, an dem sich ein Teil des Scheiterns der »Operation Walküre« festmacht, auch fünfzig Jahre nach dem Ende des Krieges zu den großen Unbekannten im Umkreis dieses Attentats gehört. Dieses Schicksal teilt er mit anderen mittelbar und verhängnisvoll in das Geschehen des 20. Juli 1944 einbezogenen hohen Offizieren, etwa mit Fromm, dessen Verhalten erst jetzt komplexer untersucht worden ist. Dies ist nicht allein eine Folge der Quellenlage: Kluges Nachlaß befand sich bei Kriegsende in Privatbesitz und gilt als verschollen. Eine ähnliche Situation finden wir auch bei anderen Regimegegnern und Militärs. So bleibt man bei ihm ganz auf die wissenschaftliche Literatur, vor allem aber auf Erinnerungen angewiesen, die erst nach 1945 und überdies zum größten Teil im Umkreis derjenigen entstanden sind, die viel Kraft darauf verwandt haben, sich selbst – oftmals viel später – in den Zusammenhang des Umsturzversuches einzuordnen.

Dies bedeutet für jeden, der eine Lebensskizze von Kluge zu schreiben versucht, sich vor allem mit der Überlieferung auseinanderzusetzen, die ein eindeutiges Bild des zwielichtigen, auch wankelmütigen, in manchen Zügen geradezu feigen, sogar korrumpierbaren Karriereoffiziers zu zeichnen sucht. So gilt er den einen als »kluger Hans«, den anderen als »Chamäleon«, dritten wieder als der entscheidende Faktor eines greifbaren Teilerfolges des Umsturzversuches im Westen und anderen als der karrierebewußte und käufliche Militär. Bis heute hat Kluge keinen Biographen gefunden, der in seiner Lebensbeschreibung den Umkreis des 20. Juli 1944 verlassen konnte. Dabei wäre Kluges Entwicklung in idealtypischem Sinne durchaus bemerkenswert. Denn in seiner Karriere findet sich viel Durchschnittlichkeit, im Unterschied zu dem wesentlich jüngeren Rommel. Ein guter Teil seiner Entwicklung war mehr Folge einer geradezu unspektakulär eingeschlagenen und ohne wesentliche Höhepunkte – erfolgreiche Planungen oder gar die Durchführung von Schlachten – verlaufenden »Laufbahn« als eines sich in Fortune niederschlagenden kämpferischen Ehrgeizes.

Kluge wurde am 30. Oktober 1882 in Posen geboren. Sein Vater stammte aus einer schlesischen Kaufmanns- und Industriellenfamilie. Der Großvater Ferdinand Kluge hatte in der Mitte des 19. Jahrhunderts dem Stadtrat in Görlitz angehört und verkörperte so nach allem, was wir wissen, auf seine Art das aufstiegsorientierte Bürgertum, dem man gemeinhin die Flucht in die Geschäfte des Alltags und die politische Verwirklichung in der kommunalen Selbstverwaltung nachsagt. Diese Schicht war aber auch durch den Wunsch geprägt, im Staatsdienst aufzusteigen. Kluges Vater Max war 1845 geboren worden und hatte bereits die militärische Laufbahn eingeschlagen; mit großem Erfolg, denn er wurde 1913 nicht nur zum Angehörigen des preußischen Adels nobilitiert, sondern stieg bis zum Generalleutnant der preußischen Armee auf und ging überdies den Geschäften eines Rittergutsbesitzers nach. Seine Mutter Elise war die Tochter eines Großkaufmanns aus Glogau, der sich ebenfalls in der Selbstverwaltung engagiert hatte. Sie war sechs Jahre jünger als ihr Mann, der 1934 verstarb und von seiner Frau um elf Jahre überlebt wurde. Auch ihren Sohn überlebte sie.

Günther von Kluges Weg schien durch die militärische Verwendung seines Vaters vorgezeichnet. Nach dem Abitur begann er 1901 seine militärische Laufbahn als Angehöriger des Niedersächsischen Feldartillerie-Regiments 46, das in Wolfenbüttel stationiert war. Er absolvierte die Kriegsakademie und legte die Prüfung zum Generalstabsoffizier ohne Probleme ab; seit 1910 gehörte Kluge, zu dieser Zeit noch ein bürgerlicher Offizier, dem Großen Generalstab an. Als 1914 der Weltkrieg ausbrach, hatte er es zum Hauptmann gebracht – eine normale Karriere, die offensichtlich auch während des Krieges in den Bahnen eines »Führungsgehilfen« verlief. Während andere Schlachtenlärm und Kameradschaftserfahrungen beschworen, um so den inneren Übergang von einem ganz formal definierten Glied einer »Alterskohorte« in die innerlich nicht selten tief empfundene Zugehörigkeit zu einer politischen Generation der »Frontsoldaten« anzudeuten, wissen wir von Kluge eigentlich nur, daß er nach dem Zusammenbruch des Kaiserreichs völlig problemlos in die Reichswehr übernommen wurde und dort auf die übliche Weise – Versetzungen von der Truppe in die Stäbe, erneute Truppenverwendung – am Aufbau und Ausbau der Reichswehr beteiligt war. Hans Günther von Kluge galt als befähigter, sich offensichtlich von politischen Diskussionen und Überlegungen dezidiert fernhaltender Verwaltungsoffizier. Er wurde 1930 zum Oberst befördert, stieg drei Jahre später – nach Hitlers Regierungsübernahme – zum Generalmajor und bereits 1934 zum Generalleutnant auf. Damit gehörte er mit Sicherheit nicht zu jenen Offizieren, die ihre rasche Karriere im Zuge der Aufrüstung machten, die 1934/35 einsetzte und zu einer bemerkenswerten Verjüngung des Offizierkorps führte.

Im Frühjahr 1934 wurde von Kluge nach Münster versetzt und übernahm das Kommando der 6. Division, aus der sich das seit 1935 seinem Kommando unterstehende VI. Armeekorps entwikkelte. Münster war nicht nur der Sitz eines wichtigen Armeekommandos; hier trafen sich erstmals einige der Offiziere, die sich später in ihrer Kritik und Opposition zum Regime wiederfanden. Es entstand ein kameradschaftliches Netz, das ein Vertrauensverhältnis begründete, welches die Entscheidung zur aktiven Regimegegnerschaft zwar nicht erklärt, das aber doch als ein möglicher Ausgangspunkt kameradschaftlicher Zuverlässigkeit gilt, die Jüngere vor allem in den militärischen Lehrgängen oder in den gewachsenen Familienbeziehungen ausmachten. 1936 zum General der Artillerie befördert, hatte Kluge so auf eine beeindruckend unspektakuläre Weise eine durchaus glanzvolle Karriere gemacht, die erst seit dieser Zeit zunehmend unter den Einfluß der Heeresexpansion geriet und in höchste Höhen führte.

Kluges innere Entwicklung entzieht sich hingegen völlig unserer Einsicht: So sind weder seine Reaktionen auf die Ausschaltung der SA und die Ermordung hoher Generalskameraden im Zusammenhang mit dem »Röhm-Putsch« im Juni 1934 überliefert noch seine inneren Auseinandersetzungen mit der nationalsozialistischen Rassenpolitik vor dem Krieg, die in der Münsteraner Zeit Kluges einen zunächst durchaus deutsch-national gesonnenen Bischof wie Clemens August Graf von Galen auf Distanz zum NS-Staat gehen ließ. Auch mögliche Gedanken Kluges über die Ausschaltung seiner Kameraden Blomberg und Fritsch aus der Reichswehrführung, die immer wieder im Zusammenhang mit möglichen Motivationen zur Distanz gegenüber dem Regime in Verbindung gebracht werden, sind nicht überliefert. Und schon gar nicht ist Zuverlässiges über Kluges Einbindung in die sich seit 1938 konkretisierenden Umsturzpläne einzelner Mitarbeiter des Auswärtigen Amtes, der Abwehr und der militärischen Führung bekannt, die im Zusammenhang mit dem Münchener Abkommen und dem dort demonstrierten Entgegenkommen vor allem des britischen Premierministers Chamberlain gegenüber Hitler ihr Ende fanden. Dies läßt sich ebensowenig wie die nicht nachweisbaren Reaktionen auf die Demission Becks mit dem verschollenen Nachlaß Kluges erklären – insgesamt ist ja nicht zu bezweifeln, daß diese Ereignisse auch andere hohe Offiziere viel weniger beeinflußt haben, als man im Rückblick aus den fünfziger und sechziger Jahren glauben machen wollte.

Kluge war Teil des Systems, er stieg militärisch innerhalb der durch die NS-Führung kräftig expandierenden Strukturen auf und setzte so seine Karriere geradezu folgerichtig fort, ohne besonderen Ehrgeiz zu entfalten, scheinbar fast ganz aus den politisch vorgegebenen Rahmenbedingungen heraus. Anfang Dezember 1938 wurde er nach Hannover versetzt und übernahm den Befehl über die hier neugebildete Heeresgruppe 6, aus der sich mit Kriegsbeginn die 4. Armee entwickeln sollte. Es war niemals fraglich, daß Kluge auch diese Armee führen würde, die bei Kriegsbeginn zur Heeresgruppe Nord unter Generaloberst von Bock gehörte und aus acht Infanteriedivisionen und einer Panzerdivision bestand. Sie sollte von Hinterpommern und Westpreußen aus durch Pomerellen auf Warschau vorstoßen und spielte so durchaus eine bedeutende Rolle bei der Überwältigung der polnischen Armee, ohne allerdings in die heftigsten Abwehrkämpfe dieses ersten deutschen »Blitzkrieges« verwickelt zu sein. Teile der Armee schwenkten nach Norden, andere nach Süden und erreichten Bug und San, trugen auf diese Weise zur Umklammerung von Warschau und zur raschen Beendigung dieses ersten »Blitzkrieges« der Wehrmacht bei. Kluge wurde Ende September mit dem Ritterkreuz ausgezeichnet und einen Tag später mit Wirkung vom 1. Oktober 1939 zum Generalobersten befördert.

Seine 4. Armee, zu der bald 13 Divisionen – darunter zwei Panzerdivisionen – gehörten, wurde wenig später innerhalb der Heeresgruppe A, die Gerd von Rundstedt unterstand, an der Vorbereitung und Durchführung des Angriffs auf Frankreich beteiligt, den Hitler noch vor Jahresende anstrebte. Kluge gehörte zu jenen Armeeführern, die Hitler Ende Oktober 1940 aus Witterungsgründen vor einem Angriff warnten. Hitler ließ sich nicht beeindrucken und schloß sich den operativ allerdings schon vorbereiteten Überlegungen an, von Lüttich aus eine Art »Sichelschnitt« zu führen. Dadurch kam der Heeresgruppe A eine besondere Bedeutung zu. Kluges Armee nahm ihre Aufstellung im Raum Aachen/Prüm und sollte nach Nordwesten durchstoßen; denn sie verfügte über eine eigene Panzergruppe, die rasch im Bogen nach Süden einschwenkte. Kluges Angriffsrichtung zielte dabei vor allem über die Maas hinaus in nordwestliche Richtung.

Als es dann im Frühjahr 1940 zum Angriff auf Frankreich, Belgien und die Niederlande kam, stießen seine Divisionen durch Belgien zum Kanal vor; allerdings weit genug südwestlich Dünkirchen vorbei, so daß Kluge auch in dieser Phase des Krieges zwar am militärischen Erfolg beteiligt, aber nicht eigentlich gefordert war. Die Voraussetzung des Sieges schufen vielmehr die Panzerverbände und nicht zuletzt die Nachschubeinheiten, die nur mit Mühe den vormarschierenden Verbänden folgen konnten. Mit dem raschen Sieg über Frankreich erreichte Hitler den Höhepunkt seiner öffentlichen Anerkennung in Deutschland; seiner »Faszination« vermochten sich zu dieser Zeit nur ganz konsequente und gefestigte Regimegegner zu entziehen, die sich zu dieser Zeit besonders in den Abwehrkreisen um Oster und im militärischen Bereich vor allem um Moltke und Yorck gebildet hatten.

In der deutschen Heeresführung bedeutete der Sieg über Frankreich hingegen einen tiefen Einbruch in der angeblich so entscheidenden Motivation, mit Rücksicht auf die vermeintliche Schwäche der Wehrmacht die weitere Fortsetzung des Krieges zu verhindern. Der deutsche Erfolg in Frankreich hatte aber nach Hitlers Überzeugung mehrere Väter, denen er sich erkenntlich zeigen wollte. Wohl in diesem Zusammenhang wurde Kluge dann Mitte Juli 1940 im Rahmen einer bis dahin niemals dagewesenen Beförderungsaktion gemeinsam mit anderen hohen Offizieren zum Generalfeldmarschall ernannt und gehörte damit fortan in die absolute Spitzengruppe deutscher Militärs.

Ein knappes Jahr später bereitete Kluge seine Armee, die er weiterhin führte und die nun zur Heeresgruppe Mitte unter Fedor von Bock gehörte, im Zusammenhang mit dem »Unternehmen Barbarossa« auf den Angriff vor, der im Osten geplant war. Die Heeresgruppe Mitte sollte die Herrschaft Stalins durch den zügigen Vorstoß bis Moskau zerstören und zugleich mit militärischen Mitteln die Voraussetzungen für die Verwirklichung des sich abzeichnenden »Generalplans Ost«[3] schaffen. Die Verbände stießen im Raum Brest über den Bug vor und erreichten, unterstützt von zwei Panzergruppen, innerhalb sehr kurzer Zeit Minsk. Unter Kluge wurden zwei Panzergruppen, von denen eine Guderian befehligte, zur 4. Armee vereinigt, die innerhalb von wenigen Wochen Smolensk erreichte und Mitte Oktober nur etwa 200 Kilometer vor Moskau stand. In großen Kesselschlachten wurden von der Wehrmacht im Osten Hunderttausende Kriegsgefangene gemacht, von denen der größte Teil in Gefangenenlagern umkam. Ihr Tod wurde bewußt in Kauf genommen, denn sie galten nicht als Kameraden, sondern als Träger einer »bolschewistischen Gefahr«, der man auch von seiten der militärischen Führung auf der Grundlage von »Kommissarbefehl« und »Gerichtsbarkeitserlaß« im Zusammenhang des unerbittlich geführten Rassen- und »Weltanschauungskrieges« Herr werden wollte.

Die Behandlung der sowjetischen Kriegsgefangenen machte deutlich, in welchem Maße der Krieg gegen die Sowjetunion mit dem nationalsozialistischen Kriegsziel verwoben war, Osteuropa deutscher Herrschaft zu unterwerfen, ethnisch begründete Verschiebungen größten Ausmaßes anzustoßen und in diesem Zusammenhang auch die »Judenfrage« endgültig zu lösen – auf welche Weise auch immer. Jeder im Osten kämpfende Verband war seitdem mehr oder minder mit den Folgen dieses weitergehenden Kriegszieles konfrontiert, denn Einsatzgruppen von

Sicherheitspolizei und SD, denen kurzfristig durchaus Wehrmachtsverbände zugeordnet werden konnten, führten hinter der Hauptkampflinie die zielstrebig betriebene »Ausrottung« des osteuropäischen Judentums aus. Teilweise kam es zu Pogromen gegen die Zivilbevölkerung, teilweise zu Exzeßtaten deutscher Soldaten; und zu großen systematischen Übergriffen von Angehörigen der bewaffneten Macht kam es schon frühzeitig und vor allem seit 1941/42 im Zusammenhang mit einem angeblich zu führenden »Bandenkampf« gegen Partisanen, der aber erst längere Zeit später voll entbrannte und deshalb keineswegs – wie oftmals behauptet – die Rechtfertigung für die Ermordung einer unüberschaubaren Anzahl von als Geiseln genommenen Zivilisten, von Frauen, Kindern und Greisen abgeben konnte.

Als die Heeresgruppe Mitte mit ihren Kampfverbänden im Spätherbst 1941 bei ihrem Vormarsch auf Moskau im Schlamm steckenblieb und sich abzeichnete, daß es den von Hitler gewünschten schnellen Krieg gegen die Sowjetunion nicht geben würde, kam es zur ersten großen militärischen Krise der Wehrmacht. Bis Ende November/Anfang Dezember richteten sich die militärischen Anstrengungen auf die Umzingelung von Moskau. Bald wurde deutlich, daß der rasche Vorstoß vom gesicherten Nachschub abhängig war, von der Zuführung neuer Kampfverbände und von der Sicherung einer Verteidigungsstellung, die für die geplante Offensive des Jahres 1942 gute Ausgangsbedingungen bot. Dies erforderte die Verlangsamung des Vormarsches und eine mehr defensive operative Führung. Denn es zeigte sich bald, daß keine Vorbereitungen in allen drei Fragen getroffen waren – die deutschen Verbände wurden mangelhaft koordiniert, die Führungsstrukturen zerfaserten, die Berichtspflicht gegenüber dem Oberkommando des Heeres wurde zunehmend als schikanös empfunden, Reibereien zwischen Befehlshabern brachen auf, und im Oberkommando machte man sich Sorgen wegen der Material- und Menschenverluste, aber auch wegen der Disziplin der Truppe.

Diese Krise sollte durch eine Umorganisation der Heeresspitze gelöst werden, in deren Zusammenhang neben Brauchitsch dann vor allem auch von Bock abgelöst wurde. Damit verloren alle Oberbefehlshaber erheblich an operativer Selbständigkeit. Mehr als dreißig hohe Offiziere wurden abberufen. An die Stelle von Bock trat am 18. Dezember 1941 Günther von Kluge als Oberbefehlshaber von drei Armeen und drei Panzerarmeen mit insgesamt 68 Divisionen. Bald nach seinem Dienstantritt gab es erste Auseinandersetzungen mit dem Panzergeneral Heinz Guderian, der sich nach heftigen erfolglosen Kämpfen bei Tula unter Berufung auf sein Gewissen als Befehlshaber weigerte, seine Selbständigkeit als Truppenführer im Zuge einer Beschneidung seiner Verantwortung aufzugeben und, den Durchhaltebefehlen des Oberkommandos und Hitlers zum Trotz, den Rückzug seiner Einheiten in neue Verteidigungsstellungen befahl. Ganz ähnliche Argumente verwendete auch sein Kamerad Hoepner, als dieser sich Anfang Januar 1942 nach seiner unehrenhaft anmutenden Absetzung von seinen Mitarbeitern verabschiedete.

Offensichtlich ging es aber bei dem Konflikt zwischen Guderian, Hoepner und Kluge um mehr als nur eine militärische Auseinandersetzung. Kluge stellte die Führung vielmehr vor die Alternative, entweder Guderian abzuberufen oder seinen eigenen Rücktritt zu akzeptieren. Er konnte sich durchsetzen. Da auch Hoepner wegen seiner Rückzugsbefehle deaktiviert worden war, waren die beiden für Kluge entscheidenden Befehlshaber der seine Heeresgruppe flankierenden Panzerarmeen kaltgestellt. Beide kreuzten im Zusammenhang mit dem 20. Juli 1944 erneut Kluges Weg – Hoepner als eine der neuen Berliner militärischen Schlüsselfiguren des Umsturzes, Guderian als das Hitler bis wenige Wochen vor Kriegsende willig ergebene Instrument der würdelosen »Selbstreinigung« der Wehrmacht von »Verrätern«: Er trug letztlich die Verantwortung nach dem 20. Juli 1944 für die Entlassung »belasteter Kameraden« aus der Wehrmacht.

Wenn man die Bedingungen für Kluges Aufstieg Ende 1941 reflektiert, so stellt sich die Frage, aus welchen Gründen ein hoher Offizier in einer von ihm deutlich als kritisch und als verfahren analysierten militärischen Situation die Übernahme eines Kommandos rechtfertigen kann, in dem ein Kamerad und Vorgesetzter, der für den ihm von Hitler zugeschriebenen Fehlschlag ersichtlich nicht verantwortlich war, letztlich als gescheitert hingestellt wurde. Es drängt sich deshalb der Eindruck auf, daß sich im Laufe des Krieges im konkreten Verhalten Kluges die für ihn typischen Charakterzüge eines karriereorientierten Offiziers zu verstärken scheinen, die nun auch in der Auseinandersetzung mit dem Widerstand immer deutlicher hervortraten und in dem unterwürfigen Brief Kluges an Hitler unmittelbar vor seinem Selbstmord kulminierten. Beide Handlungsebenen überlagerten sich zunehmend, denn der Jahreswechsel 1941/42 markiert nicht nur eine erste Wende des Rußlandkrieges, sondern eine Zäsur des Widerstands, die bis zum Sommer 1943 eng mit Kluge und seinem ersten Führungsoffizier Henning von Tresckow verbunden bleibt.

Tresckow war seit dem 22. Juni 1941 Ia der Heeresgruppe Mitte. Sei es, daß er wirklich, wie oft betont worden ist, bereits zu diesem Zeitpunkt letztlich die unabwendbare militärische Katastrophe Deutschlands erwartete und nur mehr den Willen hegte, die »Niederlage möge ihn gewappnet finden und zur Stunde der Befreiung werden«[4], sei es, daß er die Absicht verfolgte, unter Ausnutzung guter Verbindungen zu Hitlers Chefadjutanten Schmundt durch eine gezielte Versetzung einiger Vertrauensleute in den Stab der Heeresgruppe Mitte ein Widerstandszentrum aufzubauen – jedenfalls wird die Heeresgruppe Mitte unter ihm zum Mittelpunkt des Widerstands aus dem Feldheer, ehe er sich wieder nach Berlin verlagert. Um Tresckow fand sich ein kleiner Kreis Entschlossener, dem es allerdings nicht gelang, Fedor von Bock oder Hans Günther von Kluge zu beeindrucken oder gar zu überzeugen und sie auf diese Weise für die Sache des Umsturzes zu gewinnen.

Wie die Kontaktversuche verlaufen sind, entzieht sich mangels ausreichender Quellen ebenso unserer Kenntnis wie die Verstrickung dieser Gruppe in die Kriegführung im Osten. Sicher ist nur, daß die Tätigkeit der Einsatzgruppen den Regimegegnern ebensowenig verborgen bleiben konnte wie die Konsequenzen der ethnisch begründeten Verschiebungen der Bevölkerung im Osten, die Behandlung der Kriegsgefangenen und die systematisch betriebene Vermengung von Partisanenkrieg und Ausrottung des osteuropäischen Judentums. Hier wird ein Dilemma deutlich, welches vor allem Helmuth James Graf von Moltke reflektiert hat, als er von der Schuld der Regimegegner auch »an den Verbrechen der Verbrecher«[5] sprach. Über das genaue Ausmaß dieser Verstrickung werden allerdings erst neue Quellen sicheren Aufschluß bringen, die unter den in Moskau liegenden Beständen vermutet oder in den nun frei zugänglichen Archivbeständen entdeckt werden.

Ohne Berücksichtigung dieser Problematik ist unstreitbar, daß Kluge nach der Übernahme seines Postens als Oberbefehlshaber einer Heeresgruppe für die militärische Opposition besonders wichtig wurde. Diese Bedeutung seiner Person überlagert geradezu alle weiteren Ereignisse, mit denen sein Leben und Wirken seitdem verknüpft bleibt – und dies um so mehr, als sein militärisches Wirken in der Heeresgruppe Mitte mit Stagnation und Rückzug, nach seiner Versetzung als Oberbefehlshaber an die Front im Westen schließlich mit dem Zusammenbruch der deutschen Abwehr nach der Invasion und der gegen seine mehrfach geäußerte klare Einsicht in die Lage nachgerade apathisch hingenommenen Niederlage im Westen verknüpft scheint.

Kluges Kriegführung im Osten war durch geringe Geländegewinne im Sommer 1942 und durch große Geländeverluste im Zuge sehr heftiger Abwehrkämpfe Anfang 1943 charakterisiert, die ihre strategische Bedeutung vor allem aus der Notwendigkeit erhielten, eine bewegliche Truppenführung im Süden Rußlands und eine Stabilisierung der Leningrader Front zu unterstützen. Die Räumung des Bogens um Rshew und Wjasma führte seit Ende Februar 1943 zwar im Zuge eines gut vorbereiteten und planvollen, nicht zuletzt aber auch mit anderen Oberbefehlshabern wie Model gut koordinierten Rückzugs auf die »Büffellinie« zu einer beträchtlichen Verkürzung der Front; zugleich aber war Moskau, von dem deutsche Truppen bei Beginn der Rückzugsbewegung etwa 150 Kilometer entfernt waren, nun geradezu unerreichbar, trotz aller Hoffnungen auf eine neue Frühjahrsoffensive, die als »Operation Zitadelle« vorbereitet worden war und in der Panzerschlacht bei Kursk nach der als Katastrophe empfundenen militärischen Niederlage der 6. Armee bei Stalingrad nun endgültig die Wende im Rußlandkrieg einleitete.

Im Unterschied zu Manstein beurteilte Kluge die Angriffspläne der Wehrmacht zu dieser Zeit vergleichsweise zurückhaltend, weil er frühzeitig einen Einbruch der deutschen Front bei Orjol befürchtete, der dann im August 1943 auch tatsächlich erfolgte und die breite Rücknahme der Hauptkampflinie der Heeresgruppen Mitte und Süd bis Ende November 1943 um 300 bis 400 Kilometer bis weit hinter den Dnjepr einleitete. Seine Erwartungen reflektierten aber nicht nur seine Befähigung zur schonungslosen Analyse, sondern ebenso seine allgemeine Zurückhaltung bei operativen Stellungnahmen. Denn natürlich zeigte sich sehr bald, daß eine Verkürzung der deutschen Verteidigungslinien nicht nur für die Wehrmacht eine große Entlastung bedeutete, sondern auch für die Rote Armee durch die Frontbegradigung eine bessere Position entstanden war.

Die neue deutsche Verteidigungstaktik orientierte sich an den Grundsätzen der »verbrannten Erde«, bedeutete aber auch eine heftige Auseinandersetzung mit sowjetischen Partisanenverbänden im Rücken der Front, mit allen Begleiterscheinungen wie Geiselnahme und Geiselerschießung, Zerstörung von

Lebensgrundlagen der Zivilbevölkerung, mit Zwangsrekrutie-
rung und Deportation. Bis heute ist die Geschichte dieses
Kriegsalltags des Jahres 1942/43 noch nicht geschrieben, weil
die Quellenlage bisher unzugänglich und mehr als dürftig war
– es ist jedoch zu erwarten, daß hier in den nächsten Jahren
erhebliche Fortschritte in der Erforschung auch dieser Kriegs-
phase gemacht werden. Dies wird auch das Bild von Kluges
verändern, der am 12. Oktober 1943 bei einem Autounfall
schwer verletzt wurde, den Oberbefehl über die Heeresgruppe
Mitte abgeben mußte und deshalb den Rückzug deutscher Verbände im Rahmen der Abwehrkämpfe des November 1943
nicht mehr leitete. So wurde Kluge auch in dieser kritischen
Phase des Rußlandkrieges nicht mit dem Odium des militärischen Versagens belastet – im Gegenteil: am 2. November erhielt er das Eichenlaub mit Schwertern zum Ritterkreuz des
Eisernen Kreuzes.

Mit der Verletzung Kluges endete eine entscheidende Phase
des militärischen Widerstands, die mit der Lage an der Ostfront verbunden bleibt. Sie hatte offenbar begonnen, als Tresckow Kluge in vielen Gesprächen umwarb und mit sachlichen,
aber auch moralischen Argumenten zu überzeugen suchte,
sich dem Widerstand zur Verfügung zu stellen. Mitte März 1943
versuchte die Gruppe um Tresckow mit Hilfe von Schlabrendorff, Hitler durch eine Bombe zu töten, die, als Geschenk ge-
tarnt, in das Reisegepäck der Maschine Hitlers geschmuggelt
worden war und das Attentat als Flugzeugabsturz verschleiern
sollte. Auch der mehr als unrealistisch erscheinende Versuch,
Hitler unter Einsatz einer Kavallerie-Einheit unter Georg von
Boeselager auszuschalten, scheiterte, ebenso ein von Gersdorff vorbereiteter Bombenanschlag im Zeughaus und ein unter unmittelbarem Einsatz des Lebens geplantes Attentat des
Hauptmanns Axel von dem Bussche.

Diese Attentatspläne und Umsturzversuche waren Ausdruck der Bemühung um eine »Teilaktion«, für die Goerdeler
die Unterstützung »irgendeines« Frontgenerals zu gewinnen

hoffte. Seine umfangreiche, ebenso optimistische wie selbstbewußte Denkschrift vom 26. März 1943, die für die Generalität
bestimmt war, kursierte offenbar in mehreren Exemplaren.
Goerdelers Hoffnungen richteten sich im Spätsommer 1943 vor
allem auf Kluge, obwohl Tresckow nach der Stabilisierung der
Ostfront die Bereitschaft der Generalität, zu handeln, sehr zurückhaltend beurteilte. Goerdeler hatte Kluge bereits im Spätsommer 1942 nach abenteuerlicher Fahrt im Hauptquartier
der Heeresgruppe Mitte in Smolensk aufgesucht und scheint
dort auf der Grundlage von Tresckows »Vorarbeit« in einem
zweistündigen Gespräch bei Kluge »das Eis (gebrochen)« zu
haben, zumindest berichtet dies Schlabrendorff[6], gegenüber
dessen Überlieferung allerdings Zurückhaltung angebracht
ist. Kluge schwankte jedoch schon kurze Zeit später erneut,
was Schlabrendorff durch die Abwesenheit von Tresckow erklärt.

Im Spätsommer 1943 kam es in Berlin zu einem erneuten
Gespräch zwischen Goerdeler und Kluge, an dem auch Beck
und Olbricht sowie Tresckow teilnahmen. Hatte Goerdeler im
August 1942 vor allem den Eindruck gewonnen, Kluge fehle
das Verständnis für wirtschaftliche Zusammenhänge, so
machte Kluge ein Jahr später den Eindruck, »von großer
Sorge« erfüllt zu sein, und sagte Goerdeler zufolge auch die
militärische Katastrophe voraus: Die Kräfte des Heeres reichten nicht aus, um die Ostfront und zugleich »eine drohende
Westfront« zu halten. »Er sei jetzt schon sicher, daß die Ostfront im Süden nicht einmal am Dnjepr stehenbleiben werde.«
Die Folgerung war eindeutig und ließ sich rückblickend in den
Augen der NS-Führung nur als früher Defätismus deuten:
»Der Krieg werde verloren, wenn man nicht zu großen Ent-
schließungen gelange.«[7] Kluge scheint zu diesem Zeitpunkt
fest entschlossen gewesen zu sein, »Gewalt« anzuwenden,
offenbar sogar, wie Goerdeler bei Verhören zu betonen sucht,
in weitaus größerem Maße als er selbst. Goerdeler hob, mit
Sicherheit zu seiner Verteidigung, statt dessen hervor, er habe

sich zu diesem Zeitpunkt noch »offen« mit Hitler auseinandersetzen wollen. Das entscheidende Ergebnis dieser Unterredung war, nach Schlabrendorff, »Einmütigkeit ... im Zusammenspiel zwischen Heimat- und Frontheer«.[8]

Die Kenntnisse über Kluges immer wieder behauptete Nähe zur deutschen Widerstandsbewegung dieser Zeit stützen sich auf die späteren Ermittlungen der sogenannten Kaltenbrunner-Kommission, vor allem aber auf den Entwurf eines Briefes Goerdelers an Kluge, der mit dem 25. Juli 1943 datiert ist und den der Historiker Gerhard Ritter als die »leidenschaftlichste Äußerung seines [d. h. Goerdelers] Hasses auf das Hitler-Regiment«[9] bezeichnet hat. Mit größter Wahrscheinlichkeit hat dieser Brief Kluge aber niemals erreicht; er ist deshalb vor allem als ein Zeugnis Goerdelers zu deuten, ohne daß es gestattet ist, aus ihm Rückschlüsse auf die innere Disposition oder gar die Motivationslage Kluges zu ziehen. Dies gilt ebenso für die Überlieferung Schlabrendorffs, denn die Gegenwart Tresckows in seiner Nähe und dessen Versuche zur Vorbereitung von Anschlägen rechtfertigen in keiner Weise die Vermutung, Kluge sei über alle Einzelheiten informiert gewesen.

Vermutlich hat sich anstelle von Goerdeler schließlich General Friedrich Olbricht in einem Brief, den laut eigener Aussage Stieff am 11. August 1943 übermittelte, an Kluge gewandt, aber sicher ist auch das nicht. Dieser Brief könnte genausogut die Intentionen Tresckows gespiegelt haben. Denn Stieff berichtet Ende Juli 1944 bei einer Vernehmung lediglich, Tresckow habe im Hochsommer 1943 behauptet, daß Kluge »seinen Ansichten im Ganzen« zustimme.[10] Tresckow entwickelte bei dieser Gelegenheit auch seinen Plan, »Kluge an die Spitze der Wehrmacht zu schieben«, was die Aussöhnung zwischen Guderian und Kluge zur Voraussetzung hatte. Guderian versagte sich augenscheinlich diesem Versöhnungsversuch. Deshalb können wir nur davon ausgehen, daß in der Zeit vor Kluges Unfallverletzung lediglich einzelne und in ihrer Bedeutung schillernde Kontakte zwischen einzelnen Regimegegnern und

Kluge, auf den sich einige Zeit ohne Zweifel die besonderen Erwartungen nicht nur der Regimegegner richteten, belegt sind, ohne daß dessen Haltung zuverlässig zu bestimmen ist.

In gewisser Weise gilt dies auch für die zweite Phase intensiver Kontakte zwischen Kluge und den militärischen Regimegegnern. Sie hängt mit der neuen militärischen Funktion zusammen, die Kluge nach seiner endgültigen Genesung Anfang Juli 1944, vier Wochen nach der am 6. Juni 1944 erfolgten Landung der Alliierten in der Normandie, von Rundstedt als Oberbefehlshaber West übernahm. Nach der Verwundung von Rommel kam Mitte Juli auch noch die Führung der Heeresgruppe B hinzu. Sehr früh, bereits am 24. Juli 1944, wird in diesem Zusammenhang offensichtlich bei einem der ersten Verhöre Hoepners durch Ermittlungsbeamte von Gestapo und SD überliefert, daß der am 20. Juli bereits erschossene und deshalb von den überlebenden Regimegegnern belastete Friedrich Olbricht am 11. Juli 1944 angeblich erwähnt hätte, Kluge sei »zunächst mit einer stark optimistischen Auffassung an seine neue Aufgabe im Westen gegangen«, habe aber schon nach kurzer Zeit »seine Meinung geändert und schwerste Bedenken über den Kampf an der Invasionsfront zum Ausdruck gebracht«.[11] Dieser Hinweis ist insofern besonders bemerkenswert, weil er Kluge erstmals massiv belastet und wohl über sein weiteres Schicksal mitentschieden hat.

Die Situation, in der sich Kluge im Hinblick auf den Widerstand befand, ähnelte der vom Sommer 1943. In seinem unmittelbaren Umkreis befand sich mit dem Militärbefehlshaber in Frankreich, Carl-Heinrich von Stülpnagel, ein zum Widerstand entschlossener hoher Offizier; auch Rommels Stabschef Hans Speidel, der sich Kluge allerdings nicht offenbart hatte, stand mit anderen Offizieren dem Widerstand durchaus nahe, ohne sich allerdings vorbehaltlos auf die Seite der Regimegegner zu schlagen. Als engster Verbindungsmann zur Berliner Widerstandsgruppe wirkte in Paris Caesar von Hofacker aus dem Stabe von Stülpnagels. Hofacker war mit den jüngeren Berliner

Regimegegnern aus der, wie die Ermittlungsbeamten der Gestapo später sagten, »Grafenrunde« eng befreundet und bildete mit anderen den Kern einer Gruppe jüngerer Offiziere, die ihre Impulse aus einer politisch-ethischen Reflexion zogen und so über eine Ausstrahlung verfügten, die derjenigen Tresckows durchaus vergleichbar war.

Die jetzige Entscheidungssituation Kluges unterschied sich allerdings von seiner früheren: Bereiteten sich die Regimegegner im Osten 1942 und 1943 auf den Umsturz vor, indem sie die hohe Generalität umwarben, so hatten sie sich im Juli 1944 entschieden auf ihre eigene Kraft besonnen und wollten die Ausgangsbedingungen des Umsturzes selbst gestalten. Deshalb gab es für sie kein Zögern und keine Ausflüchte mehr, deshalb mußte der Umsturz *coûte que coûte,* wie Tresckow beschwörend gesagt haben soll, gewagt werden. Dies wußte von Stülpnagel, der von Beck persönlich über die Pläne und den Stand der Bemühungen nach dem Anschlag vom 20. Juli 1944 telefonisch informiert worden war, und so schuf er in Paris vollendete Tatsachen. Kluges Verhalten ähnelt hingegen demjenigen Fromms in Berlin. Auch dieser verweigerte sich und versuchte schließlich seine Haut durch die Vorspiegelung seiner Unkenntnis und die Demonstration seiner Loyalität zu retten. Im Unterschied zu Berlin gab es in Paris jedoch Chancen zumindest eines partiellen Gelingens. Denn der Umsturz kam hier so zügig wie in keinem anderen Wehrkreis voran. Dieser Fortschritt wiederum belastete Kluge auf besondere Weise mit dem Vorwurf, für den Fehlschlag, der dann in Paris ebenso wie in Berlin eintrat, verantwortlich zu sein. Allerdings hatte Stülpnagel nicht damit gerechnet, daß Kluge selbst in dieser letztlich persönlich alternativlosen Entscheidungssituation erneut zögerte und sich zu verweigern wußte. Insofern ähnelte Kluges Haltung nun wieder derjenigen, die er in den dramatischen Konstellationen der Umsturzplanungen im Frühjahr und Frühsommer 1943 gezeigt hatte.

Die Pariser Ereignisse des 20. und 21. Juli 1944 sind vielfach analysiert worden und sollen hier nicht noch einmal ausgebreitet werden. Vor die Entscheidung gestellt, sich dem Umsturzversuch anzuschließen, versagte sich Kluge in entscheidender Stunde sogar einem verzweifelten Appell Becks, weil der für ihn offenbar entscheidende Vorbehalt nicht ausgeräumt werden konnte, Hitler habe den Anschlag überlebt. Kluge ließ sich auch durch Stauffenberg, Hoepner und Falkenhausen nicht umstimmen. Er erwog Eventualitäten, zu denen die durchaus Mut erfordernde Anordnung der Feuereinstellung und die daraus folgende Teilkapitulation im Westen gehört hätten. Hatte Beck pathetisch ihm gegenüber betont: »Herr Kluge, es geht jetzt um Deutschland«, so setzte Kluge dem nicht einmal zwei Stunden später entgegen: »Ja, es ist eben ein mißglücktes Attentat.«[12] Als ihn Stülpnagel und Hofacker noch einmal nachdrücklich über den Ernst der ausweglos gewordenen Lage informierten, stritt Kluge seine Einbeziehung in Vorüberlegungen rundweg ab: »Keine Ahnung« habe er gehabt. Vielleicht zwang er sich deshalb sogar zur ganz undramatischen Fortsetzung des in dramatischen Stunden begonnenen Arbeitsessens.

Nicht einmal in den späten Abendstunden wußte er beherzt zu handeln – sei es, indem er sich für Unterstützung des Umsturzes entschied, sei es, daß er entschieden gegen die Regimegegner Position bezog. Wie Zeller überliefert, konzentrierte sich Kluge vielmehr umgehend auf die Verwischung möglicher Spuren und dachte über ein Ergebenheitstelegramm an Hitler nach, das aber nicht überliefert ist, obwohl dies zuweilen behauptet wird. Kluge machte seine Kameraden, die ihn in diese als unangenehm empfundene Lage gebracht hatten, heftige Vorhaltungen. Er verfiel in einen Zustand innerer Lähmung, bewahrte aber selbst in dieser Lage stets die gesellschaftlich gebotenen Formen, beendete Besprechung und Abendessen und gab denen, die sich als eindeutige Regimegegner zu erkennen gegeben hatten, beim Abschied lediglich den Befehl, in Paris unmittelbar nach ihrer Rückkehr gegen die Besetzung wichtiger Dienststellen des SD und der SS durch die Verschwörer vorzugehen. Erst danach begannen offenbar hektischere Aktivitäten, ehe Kluge geradezu unterzutauchen schien. So erst belastete er sich endgültig persönlich mit dem Odium der Zögerlichkeit, ja der Preisgabe seiner engsten Kameraden, die auf ihn setzten und ihm die moralische Dimension seiner Verhaltensweise in vielen Gesprächen deutlich gemacht hatten.

Kluges Entscheidung gegen die Unterstützung des Widerstands war um so überraschender, als er zu dieser Zeit klar erkannt hatte, daß die deutsche Front im Westen nur noch Tage zu halten war. Aber er konnte sich nicht aus den Bindungen an Hitler befreien. Und diese Abhängigkeit bestimmt sein Bild in der zeitgeschichtlichen Forschung. Kluge hätte im Sommer 1943 die Chance gehabt, sich dem Umsturz als Oberbefehlshaber zur Verfügung zu stellen; ein Jahr später hatte er die Möglichkeit, sich im Westen an die Spitze des Umsturzversuches zu stellen. Statt dessen wirkte er auf die Schwächung des begonnenen Aufstands in Frankreich hin, der so gerade nicht zu einem »Aufstand der Generäle« wurde. In den Wochen der Verfolgung, Entehrung und Verurteilung, schließlich der Hinrichtung seiner Vertrauten, Kameraden und auch Freunde reagierte er kleinlich und kleinmütig, weil er darauf setzte, daß seine Verbindungen zum Widerstand nicht bekannt geworden seien.

Hitler aber hatte Kluge offenbar sehr früh durchschaut und bezeichnete ihn Guderian gegenüber eindeutig als »Mitwisser des Attentats«. Zunehmend wirkten sich auch Gerüchte aus, die im Ausland wie in Deutschland im Zusammenhang mit dem Umsturzversuch und der Beteiligung hoher Generäle entstanden waren. Sie entfalteten eine eigene Dynamik, wie Bormanns entschiedene und fast triumphierend hämische Reaktion auf die ersten Vernehmungsergebnisse zeigt.

Zu diesem Zeitpunkt, seit den Aussagen von Hoepner und Stieff Ende Juli 1944, konnte Kluge seinen Kopf nicht mehr retten. Aus der persönlichen Tragödie wurde nun eine Farce, ein geradezu entehrender Abgang. Kluge, der sich im Osten einen

Ruf als gewiß nicht glänzender, doch vergleichsweise solide-un-spektakulärer Feldherr erworben und den vielleicht planvollsten deutschen Rückzug des Krieges überhaupt organisiert hatte, war nun gezwungen, zum Rädchen in einem immer fiktivere Züge annehmenden Verteidigungsspiel zu werden. Er befehligte kaum mehr kampfstarke Einheiten, sondern nicht selten Divisionen, die in der Wirklichkeit längst aufgerieben waren. Hitler sah in der ausweglosen Lage im Westen auch den Ausdruck persönlichen Versagens. Er mochte vielleicht auch die Desertion seines Oberbefehlshabers befürchten und fühlte sich offensichtlich bestätigt, als Kluge vorübergehend nicht erreichbar, weil in die Wirren der Kämpfe im Westen geraten und für mehrere Stunden in einen Kessel eingeschlossen war.

Hitler befürchtete wohl auch eine Wiederholung der Ereignisse, die nach der Niederlage bei Stalingrad zur Gründung des »Bundes deutscher Offiziere« unter Beteiligung von Generalfeldmarschall Paulus geführt hatten. Er versetzte wohl deshalb Model als Oberbefehlshaber aus der Nordukraine in den Westen. Seine Absetzung wurde Kluge nicht angekündigt, sondern einfach vollzogen, denn sein Nachfolger Walter Model teilte diesem persönlich und überraschend seinen unmittelbar vollzogenen Dienstantritt mit. Ob Kluge die Hintergründe dieses Affronts ganz begriff, wissen wir nicht. Aber als er mögliche Folgen dieser geradezu ehrwidrigen Absetzung erkannte, zog er erneut falsche Konsequenzen: Er unterwarf sich Hitler zum letzten Male, ehe er am 19. August 1944 in der Nähe von Metz bei einer Mittagsrast Gift nahm.

Gewiß ist nur, daß Hitler ihn aufgefordert hatte, anzugeben, »in welche Gegend« Deutschlands er nun fahren wolle. Wahrscheinlich ist, daß man Kluge verhaftet, aus der Wehrmacht ausgestoßen und vor dem Volksgerichtshof angeklagt hätte. Dies hätte ihm die Chance der Abrechnung eröffnet. Aber Kluge entzog sich wiederum. Sein Abschiedsbrief an Hitler liest sich als letztmalige Bekundung seiner unbeirrbaren Eidtreue und seiner Verehrung, was um so überraschender ist, als

Kluge nichts mehr zu verlieren hatte: »Mein Führer, ich habe immer Ihre Größe bewundert.« Er beschwor Hitlers »Genie« ebenso wie den »Willen der Vorsehung« und übernahm auf diese Weise Hitlers Deutung seiner eigenen Person und auch seiner angeblichen historischen Mission. Er exkulpierte sogar wider besseres Wissen Hitlers Kriegführung, die er in Rußland in allen ihren Facetten und Zielen kennengelernt hatte, mit den folgenden Worten: »Sie haben einen ehrlichen, ganz großen Kampf geführt. Die Geschichte wird Ihnen das bescheinigen.« Nur in diesem Zusammenhang fand Kluge auch die Kraft, Hitler zu ermuntern, Frieden zu schließen, nachdem er an die »unsagbaren Leiden« des Volkes erinnert hatte. Es sei Zeit, dem »Schrecken ein Ende« zu machen: »Zeigen Sie nun auch die Größe, die notwendig sein wird, wenn es gilt, einen aussichtslos gewordenen Kampf zu beenden.« Und der Abschiedsbrief steigerte sich schließlich zu einem Zeugnis seiner blinden Treue gegenüber Hitler, dem Kluge nicht nur seine Karriere, sondern auch einen Teil seines Vermögens verdankte: »Ich scheide von Ihnen, mein Führer, dem ich innerlich näher stand, als Sie vielleicht geahnt, in dem Bewußtsein, meine Pflicht bis zum äußersten getan zu haben.«[13] Ob Hitler diesen Brief jemals erhalten hat, ist nicht sicher.

So lebt Kluge im Urteil der Nachwelt als persönlich schwacher und charakterlich überforderter Zauderer fort, der immer nach Anpassung strebte. In seinem Scheitern verkörpert sich das Dilemma eines Militärs im Jahrhundert der modernen Diktaturen: »... eidtreu und unglaubwürdig, bewußt ein Preuße und doch materiell gebunden, dem Feldherrentum und der Selbstrechtfertigung ergeben bis in die letzte Stunde«, so bezeichnete ihn Zeller, einer der frühen Chronisten des deutschen Widerstands. Er bestätigte die Ambivalenz unseres Urteils, das zugleich die Zwiespältigkeit einer Persönlichkeit spiegelt, die durch die Zeitläufte überfordert war, indem er Kluge als »eine bedeutende und tief denkwürdige Gestalt in der Geschichte der Erhebung«[14] des 20. Juli 1944 bezeichnet, die zu deren Scheitern maßgeblich beitrug – durch eine ganz bewußte Inaktivität. Und vor allem deshalb bleibt der hohe Offizier, dessen Namen mit dem Scheitern des Umsturzversuches vom 20. Juli 1944 verbunden ist, auch weiterhin eine negative Figur unter den deutschen Militärs, nach dem in Deutschland mit Sicherheit niemals eine Kaserne benannt wird.

Anmerkungen

1 Peter Hoffmann, Widerstand, Staatsstreich, Attentat. Der Kampf der Opposition gegen Hitler, München 1979, S. 585.

2 Ebd., S. 234 ff.

3 Vgl. Ceslaw Madajczyk (Hrsg.), Vom Generalplan Ost zum Generalsiedlungsplan, München 1994.

4 So Bodo Scheurig, Henning von Tresckow. Eine Biographie, Frankfurt a. M. 1980, S. 99.

5 Helmuth James von Moltke, Briefe an Freya 1939–1945, München 1988, Brief vom 6. 11. 1941, S. 312.

6 Fabian von Schlabrendorff, Offiziere gegen Hitler, Berlin 1984, S. 60.

7 Hans-Adolf Jacobsen (Hrsg.), »Spiegelbild einer Verschwörung.« Die Opposition gegen Hitler und der Staatsstreich vom 20. Juli 1944 in der SD-Berichterstattung, 2 Bde., Stuttgart 1984, hier Bd. 1, S. 408 ff.

8 Schlabrendorff (Anm. 6), S. 99.

9 Gerhard Ritter, Carl Goerdeler und die deutsche Widerstandsbewegung, Stuttgart 1984, S. 539.

10 Jacobsen (Anm. 7), Bd. 1, S. 88.

11 Ebd., S. 44.

12 Hoffmann (Anm. 1), S. 583, 585.

13 Dieter Ose, Entscheidung im Westen. Der Oberbefehlshaber West und die Abwehr der alliierten Invasion, Stuttgart ²1985 (= Beiträge zur Militär- und Kriegsgeschichte, Bd. 22), Anlage 18, S. 340.

14 Eberhard Zeller, Geist der Freiheit. Der 20. Juli 1944, München 1963, S. 539, Anm. 19.

Bibliographie

Quellen

Die Quellenlage im Hinblick auf Kluge ist außerordentlich schwierig. Sein persönlicher Nachlaß gilt als verschollen. Wegen seiner spezifischen Problematik hat Kluge im Unterschied zu den bekannten Regimegegnern auch niemals das Interesse derjenigen Zeithistoriker gefunden, die mit den Methoden der Oral history oder durch gezielte biographische Recherchen neue Quellen erschließen konnten. Die Erforschung der Quellen zur Heeresgruppe Mitte steht erst am Anfang. Bis zum Jahre 1990 wurden sie durch die Abteilung IX/11 des Ministeriums für Staatssicherheit der Forschung entzogen; seitdem sind sie in der Außenstelle des Bundesarchivs in Dahlewitz-Hoppegarten – demnächst Berlin-Lichterfelde – und im Bundesarchiv Potsdam zugänglich. Die Materialsammlung über Henning von Tresckow, die Bodo Scheurig im Zusammenhang mit seiner Tresckow-Biographie angelegt hat, befindet sich im Münchener Institut für Zeitgeschichte. Die Quellen zu Kluges Tätigkeit im Westen seit Juli 1944, darunter auch sein Abschiedsbrief an Hitler, liegen im Bundesarchiv-Militärarchiv in Freiburg i. Br. Auch die Dokumentation »Spiegelbild einer Verschwörung«. Die Opposition gegen Hitler und der Staatsstreich vom 20. Juli 1944 in der SD-Berichterstattung, hrsg. von Hans-Adolf Jacobsen, 2 Bde., Stuttgart 1984, behält ihren Wert, muß allerdings in ihren Entstehungsbedingungen erfaßt werden.

Zu den wichtigsten Überlieferungen gehören angesichts der schlechten Quellenlage Erinnerungen und ähnliche Veröffentlichungen aus dem Kreis der Regimegegner, die allerdings mit der gebotenen kritischen Vorsicht zu verwenden sind. Denn sie orientieren sich wegen der Fixierung auf die klassischen widerstandsgeschichtlichen Fragestellungen auf die Akzentuierung möglicher lebensgeschichtlicher Bruchpunkte, weniger auf das systembezogene und systembedingte Handeln der Regimegegner. Hervorzuheben sind aus diesem Umfeld: Rudolf-Christoph Frhr. von Gersdorff, Soldat im Untergang, Frankfurt a. M./Berlin/Wien 1977; Fabian von Schlabrendorff, Offiziere gegen Hitler, Berlin 1984; ders., Begegnungen in fünf Jahrzehnten, Tübingen 1979; Hans Speidel, Aus unserer Zeit. Erinnerungen, Berlin/Frankfurt a. M./Wien [4]1977, und Siegfried Westphal, Erinnerungen, Mainz 1975.

Eine knappe übersichtliche biographische Skizze hat Thilo Vogelsang für die Neue deutsche Biographie, Bd. 12, S. 141 f., verfaßt. Grundlegend jetzt für die militärische Seite in Kluges Leben und Wirken: Romedio Galeazzo Graf von Thun-Hohenstein, Generalfeldmarschall Günther von Kluge, in: *Militärgeschichte* 4, 1994, H. 3, S. 39–51. Verschiedene mehr oder weniger kursorische Sammlungen von Lebensdaten finden sich auch in Werken über Ritterkreuzträger. Selbst in der englischsprachigen Literatur gibt es bezeichnenderweise nur eine einzige nennenswerte Lebensskizze: Richard Lambs, Field-Marshal Gunther von Kluge, in: Corelli Barnett (Hrsg.), Hitler's Generals, London 1989, S. 395–409. Ansonsten kann nur hervorgehoben werden, daß eine wissenschaftlichen Ansprüchen genügende Kluge-Biographie ein großes Desiderat der Militär- und Kriegsgeschichte des Zweiten Weltkrieges ist. Sie hätte Kluge nicht mehr allein aus der Perspektive des Widerstandes zu deuten, sondern aus dem Zusammenhang seiner Karriere.

Das militärische Wirken Kluges ist übersichtsartig den bisher erschienenen Bänden 2, 3, 4 und 6 der Reihe Das Deutsche Reich und der Zweite Weltkrieg, Stuttgart seit 1979, zu entnehmen. Für das erste halbe Jahr des Krieges gegen die Sowjetunion sollte auch auf Klaus Reinhardt, Die Wende vor Moskau. Das Scheitern der Strategie Hitlers im Winter 1941/42, Stuttgart 1972 (= Beiträge zur Militär- und Kriegsgeschichte, Bd. 13), zurückgegriffen werden. Zu Kluges Tätigkeit im Westen ab Juli 1944 ist vor allem auf Dieter Ose, Entscheidung im Westen. Der Oberbefehlshaber West und die Abwehr der alliierten Invasion, Stuttgart ²1985 (= Beiträge zur Militär- und Kriegsgeschichte, Bd. 22), zu verweisen.

Ansonsten überwiegen Darstellungen aus widerstandsgeschichtlicher Perspektive. Hier sind vor allem Peter Hoffmann, Widerstand, Staatsstreich, Attentat. Der Kampf der Opposition gegen Hitler, München 1979; Bodo Scheurig, Henning von Tresckow. Eine Biographie, Frankfurt a. M. 1980, und Antonius John, Philipp von Boeselager. Freiherr, Verschwörer, Demokrat, Bonn 1994, zu nennen. Zu den neuerdings bekanntgewordenen Verstrickungen der militärischen Widerständler auch im Umkreis Kluges in den »Weltanschauungskrieg« gegen die Sowjetunion vgl. zunächst Christian Gerlach, Männer des Widerstands und der

Massenmord, in: *Freitag,* Nr. 20 vom 22. 7. 1994 und ders., Männer des 20. Juli und der Krieg gegen die Sowjetunion, in: Hannes Heer/Klaus Naumann (Hrsg.), Vernichtungskrieg – Verbrechen der Wehrmacht 1941–1944, Hamburg 1995, S. 427ff.

Erich von Manstein – Das operative Genie

VON ENRICO SYRING

Er sei der »gefährlichste militärische Gegner der Alliierten«[1] gewesen – darin stimmen nicht nur
Sir Basil Liddell Hart, der Nestor
der modernen britischen Kriegs-
geschichtsschreibung, und der
spätere Verteidigungsminister und
Marschall der Sowjetunion Rodion Malinowski überein. Unangefochten gilt Generalfeldmarschall Erich von Lewinski genannt von Manstein als der bei

weitem fähigste der Heerführer der deutschen Wehrmacht. Manche – zumal britische und amerikanische – Militärexperten halten ihn darüber hinaus gar für den brillantesten operativen Kopf
des Zweiten Weltkrieges überhaupt. Auf ihn geht jener legen-
däre »Sichelschnitt«-Plan zurück, der sich im Sommer 1940 als
Schlüssel zum spektakulären Sieg über den deutschen »Angstgegner« Frankreich erwies. Für die Eroberung der Krim mit der
sehr starken sowjetischen Festung Sewastopol wurde ihm am
1. Juli 1942 von Hitler der Marschallstab zugesprochen. Und
schließlich war es Manstein, dem es immerhin zu verhindern gelang, daß sich die Katastrophe von Stalingrad zum Zusammenbruch des gesamten deutschen Südflügels auf dem sowjetischen
Kriegsschauplatz ausweitete. Als er dann im Frühjahr 1943 im
Raum Charkow überdies zu einer wuchtigen Gegenoffensive antrat und die Front seiner Heeresgruppe nachhaltig stabilisieren
konnte, stieg er vollends zum viel beneideten, gleichwohl allseits

– wenn zuweilen auch nur widerwillig – mit größtem Respekt betrachteten *primus inter pares* im Kreis der nicht eben durch mangelndes Selbstbewußtsein gekennzeichneten deutschen Generalfeldmarschälle auf. Erwin Rommel und Günther von Kluge bekundeten ihm nunmehr unaufgefordert ihre Bereitschaft, sich »im Falle des Falles« seinem Kommando zu unterstellen. Und noch am 3. Mai 1945 beschwor der tödlich verwundete Fedor von Bock seinen sieben Jahre jüngeren Kameraden vom Sterbelager aus: »Manstein, retten Sie Deutschland!«[2]

So unumstritten jedoch die militärische Lebensleistung Erich von Mansteins bis auf den heutigen Tag auch ist, so umstritten wurde der Feldmarschall zumal nach 1945 hinsichtlich seiner Gesamtpersönlichkeit. Im Zentrum der Kritik standen und stehen dabei vor allem drei Komplexe: Mansteins Rolle im Rahmen der Katastrophe von Stalingrad, seine strikt attentistische Haltung gegenüber allen Sondierungen aus Kreisen des deutschen Widerstandes und drittens und damit zusammenhängend ein von ihm unterschriebener Befehl, in welchem – wenn auch in verschleierter Form – eine Rechtfertigung der gegen jedes Völkerrecht verstoßenden Massenmorde an jüdischen Zivilisten im deutschen »Weltanschauungskrieg« gegen die Sowjetunion versucht wird. Bis zu seinem Tode im Jahre 1973 hat Manstein – auch öffentlich – immer wieder zu den gegen ihn vorgebrachten, zum Teil überaus heftigen Vorwürfen Stellung genommen und die in seinen Erinnerungen niedergelegte Sicht der Dinge vehement verteidigt.

Der spätere Feldmarschall wurde am 24. November 1887 als zehntes Kind des Generals Eduard von Lewinski und seiner Ehefrau Helene in Berlin geboren. Gemäß vorheriger Absprache adoptierten die kinderlose Schwester der Mutter und deren Ehemann, der nachmalige Generalleutnant Georg von Manstein, das Kind kurz nach der Geburt. Es führte seither den Namen »von Lewinski genannt von Manstein«.

Beide Familien hatten dem König von Preußen seit Generationen Offiziere gestellt. Der junge Manstein wuchs mithin in einer überaus traditionsbewußten Umgebung auf, die grundlegend von preußischem Soldatentum und protestantischer Schlichtheit geprägt war – wenn auch ein aus einer königlichen Dotation des Jahres 1871 stammendes Vermögen materielle Unabhängigkeit gewährleistete.

Nach dem Lyzeum im elsässischen Straßburg durchlief Manstein die Kadettenanstalten in Plön und in Berlin-Lichterfelde, wo er ob seines Herkommens zu besonderen Anlässen auch zum Pagendienst am kaiserlichen Hof herangezogen wurde. Unmittelbar nach seinem Abitur trat er Anfang März 1906 in das exklusive Berliner 3. Garde-Regiment zu Fuß ein, aus dem auch der spätere Generalfeldmarschall und Reichspräsident Paul von Hindenburg, welcher überdies ein angeheirateter Verwandter Mansteins war, der Weimarer General und Reichskanzler Kurt von Schleicher sowie Kurt von Hammerstein-Equord, Chef der Heeresleitung von 1930 bis 1934, hervorgingen. Hier wurde Manstein im Jahre 1907 auch mit Patent vom 14. Juni 1905 zum Leutnant befördert. 1913/14 besuchte er die Kriegsakademie in Berlin, mußte sie jedoch infolge des Kriegsausbruchs vorzeitig wieder verlassen. Der – so Hitler später – »»vielleicht ... beste Kopf, den der Generalstab hervorgebracht hat«« [3], verfügte folglich über keine ordnungsgemäß abgeschlossene Generalstabsausbildung.

Den Ersten Weltkrieg erlebte Manstein nach schwerer Verwundung im November 1914 als Oberleutnant und später als Hauptmann in verschiedenen Generalstabsstellungen auf Armee- und auf Divisionsebene an der Ost- wie an der Westfront.

Die deutsche Niederlage und die durch sie ausgelöste Revolution von 1918/19 markierten auch für ihn den völligen Zusammenbruch der Welt, in der er aufgewachsen und durch deren Wertvorstellungen er nachhaltig geprägt worden war. Die Kräfte der Separatisten und der revolutionären Linken, auf die er seinen Vorkriegserinnerungen zufolge mit seiner nach wie vor disziplinierten Frontdivision beim Rückmarsch in die Heimat traf, erschienen ihm geradezu als Elemente der völligen Desorganisation und des chaotischen Durcheinanders. Diese traumatischen Erfahrungen übten eine nachhaltig abschreckende Wirkung auf den jungen Hauptmann aus und riefen offenbar einen latent fortwirkenden antibolschewistischen Affekt bei ihm hervor.

Den Sturz der Monarchien in Deutschland hat Manstein augenscheinlich alsbald als definitiv hingenommen. Mit dem neuen deutschen Nachkriegsstaat, der pluralistischen Weimarer Republik, konnte er sich gleichwohl nicht anfreunden. Diese erschien ihm »je länger um so mehr, als ein Spielball der Parteien und Interessengruppen«. Sie stellte nach seiner Auffassung »weniger eine wirkliche Autorität dar, als einen alles ergreifenden Apparat«[4]. War Manstein bis Kriegsende gewohnt gewesen, sich durch seinen als Dienst im wörtlichen Sinne verstandenen Beruf der Institution des Staatsoberhauptes, des preußischen Königs und deutschen Kaisers persönlich besonders verpflichtet zu fühlen, so fand er nun an der von Generaloberst Hans von Seeckt propagierten – von der jeweiligen konkreten Staatsform völlig abstrahierenden – Idee einer Verpflichtung gegenüber dem geradezu mystisch verklärten »Reich« eine neue Orientierung.

In den zwanziger Jahren fand Manstein zumeist in Stabsstellungen Verwendung. Ob sein besonderes Talent schon in dieser Zeit erkannt wurde, ist anhand der verfügbaren Quellen nicht zu klären. Der entscheidende Durchbruch gelang ihm jedenfalls, nachdem er im Jahre 1928 – nunmehr im Range eines Majors – Gruppenleiter I in der Abteilung T1 des Truppenamtes im Berliner Reichswehrministerium geworden war. Auf diese Weise an die Spitze des eigentlichen Operationsstabes des Chefs der Heeresleitung – ab 1930 war dies Mansteins Regimentskamerad von Hammerstein – gelangt, fand er ein Aufgabenfeld vor, auf dem sich seine besondere Veranlagung voll entfalten konnte. Darüber hinaus machte er bald nach seiner Abkommandierung dadurch nachhaltig auf sich aufmerksam, daß er den von der Organisationsabteilung unter dem damaligen Oberstleutnant Wilhelm Keitel ausgearbeiteten Mobilmachungsplan einer ebenso stichhaltigen wie vernichtenden Kritik unterzog. Dieser mußte daraufhin auf der Basis von Mansteins Gegenvorschlag noch einmal grundlegend überarbeitet werden. »Für mich hatte die Annahme meines Vorschlages die Nebenwirkung, daß fortan meine Ansicht als Mitglied der Operationsabteilung ein gewisses Gewicht gewann«[5], freute sich Manstein darob noch in seinen Erinnerungen. Während seiner Kommandierung ans Truppenamt besuchte er übrigens auch zweimal die Sowjetunion: Im Spätherbst 1931 begleitete er den damaligen Truppenamtschef General Wilhelm Adam zu den geheimen deutsch-sowjetischen Waffenschulen und nach Moskau, und im Sommer 1932 besuchte er als Adams offizieller Vertreter die Manöver der Roten Armee in der Kaukasusregion.

Mansteins Haltung zur nationalsozialistischen »Machtergreifung« ist anhand der zugänglichen Quellen nicht näher zu bestimmen. Zudem war er von Oktober 1932 bis Januar 1934 – laufbahnbedingt – als Bataillonskommandeur in Kolberg eingesetzt. Erst am 1. Februar 1934 kehrte der inzwischen zum Oberst Beförderte als Chef des Stabes im Wehrkreiskommando III nach Berlin zurück. Hier geriet er nun allerdings umgehend mit der Politik der nationalsozialistischen Machthaber in Konflikt: Durch Erlaß des Reichswehrministers von Blomberg vom 28. Februar 1934 sollte die Geltung des »Arierparagraphen« nunmehr auch auf die Soldaten der Reichswehr ausgedehnt werden. Gegen dieses Ansinnen ließ Manstein von seinen Mitarbeitern eine Denkschrift ausarbeiten, die er sich durch seine Unterschrift zu eigen machte, um sie dann am 21. April des Jahres an den Chef des Truppenamtes, Generalleutnant Ludwig Beck, weiterzuleiten. Es handelt sich hierbei offenbar um den einzigen auf das Grundsätzliche zielenden offiziellen Schritt aus dem Offizierkorps der Reichswehr, der überhaupt gegen die von Blomberg verfügte »rassenpolitische« Maßnahme unternommen worden ist. Den Tenor der Denkschrift faßte Manstein in einem an Beck gerichteten Begleitschreiben so zusammen: »Daß wir alle Nationalsozialismus und Rassegedanken restlos bejahen, steht außer Zweifel. Wir dürfen aber m. E. nicht die Soldatenehre vergessen, die uns bisher unlöslich aneinander gekettet hat.«[6] Dementsprechend wird auch gegen eine *zukünftige* Anwendung des »Arierparagraphen« innerhalb der Reichswehr keinerlei Einwand erhoben; angefochten wird unter Berufung auf die soldatische Kameradschaft allein dessen *rückwirkende* Wirksamkeit.

Gleichwohl rief die auf dem Dienstwege an Blomberg gelangte Denkschrift – ob dieser sie auch Hitler zur Kenntnis gebracht hat, ist ungewiß – im Reichswehrministerium einen wahren Sturm der Entrüstung hervor. Blomberg war über die von untergeordneter Stelle vorgetragene Einmischung in die ihm als ranghöchstem Soldaten und verantwortlichem Fachminister obliegenden politischen Kompetenzen außer sich und verlangte eine disziplinarische Bestrafung Mansteins, welche der Chef der Heeresleitung, General Werner von Fritsch, jedoch zu verhindern wußte. Wie dieses von der Denkschrift hervorgerufene Echo auf deren Urheber zurückwirkte, ist unbekannt. Vielleicht ist es jedoch bezeichnend, daß kein weiterer Fall bekannt geworden ist, in dem Manstein gegen rassen- oder sonstige politische Maßnahmen des Regimes Einspruch erhoben hätte.

Dennoch hat dieser Zusammenstoß mit der obersten Wehrmachtführung Mansteins weiterer Karriere zunächst offenbar nicht geschadet. Am 1. Juli 1935 wurde er, der, wie es scheint, schon damals innerhalb der Wehrmacht als »hervorragender operativer Kopf« galt, zum Chef der Operationsabteilung im nunmehr wieder offen als solchem firmierenden Generalstab des Heeres ernannt.

Manstein war nach Herkommen, Selbstverständnis und persönlichem Auftreten ein »Herr«. Wenig kontaktfreudig, gab er sich in größerer Runde nicht frei, war auch kein sonderlich guter Redner und wirkte daher auf den ersten Blick eher kühl, distanziert und arrogant. Ein Eindruck, der durch einen gewissen Hang zu sarkastischen Bemerkungen noch verstärkt wurde. Zudem war er sich seiner besonderen Begabung durchaus bewußt, legte großen Wert auf die Wahrung seiner persönlichen Autorität und galt nicht zu Unrecht als ehrgeizig. Wer mit seinem durch große Schnelligkeit gekennzeichneten und auf Intuition basierenden, sehr entscheidungsfreudigen Arbeits- und Führungsstil nicht zurecht kam, konnte seine geradezu gefürchtete Scharfzüngigkeit zu spüren bekommen; denn Manstein hielt lange Erklärungen und geduldige Überzeugungsarbeit offenbar für Zeitverschwendung. Erst im kleinen vertrauten Kreise wurde deutlich, daß er Humor besaß und ihm persönliche Liebenswürdigkeit nicht abgesprochen werden konnte.

Als Chef der Operationsabteilung gelang es ihm nicht nur, den ihm vorgesetzten Oberquartiermeister I alsbald beiseite zu schieben, sondern er beanspruchte darüber hinaus auch noch ein Mitspracherecht in allen operative Fragen berührenden Belangen der anderen Abteilungen, während andererseits er selbst sich nicht gern in die Karten sehen ließ. Große Beliebtheit erlangte er auf diese Weise nicht, und das von Manstein in seinen Erinnerungen mit Blick auf Walter Model geprägte Bild vom »Hecht im Karpfenteich« kann zu einem guten Teil wohl auch auf ihn selbst übertragen werden. Dazu paßt auch, daß er sich, nachdem er am 1. Oktober 1936 selbst zum Oberquartiermeister I aufgestiegen war, entgegen seiner eigenen zuvor gegenüber dieser Ebene geübten Praxis nun keineswegs »die Butter vom Brot nehmen ließ«, sondern die ihm unterstellten Abteilungen straff an der Leine führte und sich insbesondere immer wieder in die Geschäfte der Operationsabteilung einschaltete.

Mit seiner Ernennung zum Oberquartiermeister I war Manstein nicht nur zum ersten Mitarbeiter des Chefs des Generalstabes des Heeres, sondern auch zu dessen Stellvertreter und *de facto* ebenfalls zu dessen designiertem Nachfolger geworden. In seiner neuen Funktion wurde er zuweilen anstelle des Generalstabschefs zu den Schlußbesprechungen der von den Armeekorps ausgerichteten großen Planspiele geschickt. Dabei kam es im Winter 1936/37 zu einem folgenschweren Zusammenstoß mit dem rang- und dienstälteren General Walther von Brauchitsch: »»Die Lösung, die Bauchitsch gefunden hatte, entsprach nicht den Vorstellungen des Generalstabschefs und Mansteins. Von diesem Zeitpunkt bestand ein latenter Gegensatz zwischen Brauchitsch und Manstein, der niemals ganz abklang.‹‹[7]

Die zentrale militärpolitische Streitfrage jener Jahre war allerdings die nach der zukünftigen Spitzengliederung der Wehrmacht im Kriegsfall. Hier standen sich eine »Linie Fritsch-Beck-Manstein« (Karl-Heinz Janßen/Fritz Tobias) und eine Linie Blomberg-Keitel und andere in diametralem Gegensatz gegenüber: Während der Kriegsminister und dessen Mitarbeiter die Einrichtung eines aus dem Ministerium heraus zu bildenden, den drei Teilstreitkräften übergeordneten »Wehrmacht-Generalstabs« durchzusetzen trachteten, verfocht die Partei des Oberbefehlshabers des Heeres ebenso unbeirrt wie hartnäckig die Auffassung, da das Heer nun einmal die unbestreitbar größte und bedeutendste Teilstreitkraft der Kontinentalmacht Deutschland sei und zudem im Falle eines Krieges zweifellos die Hauptlast zu tragen hätte, gebühre seinem Oberkommando auch die zentrale Leitung der gesamten Kriegführung und die operative Rahmenrichtlinienkompetenz gegenüber Marine und Luftwaffe. Die vom Oberkommando des Heeres (OKH) im Rahmen dieser Auseinandersetzung vorgelegten Denkschriften sind alle maßgeblich von Manstein ausgearbeitet worden.

Erst die »Blomberg-Fritsch-Krise«, in deren Folge Hitler selbst den unmittelbaren Oberbefehl über die Wehrmacht übernahm, brachte vorübergehend wieder etwas Bewegung in die festgefahrenen Fronten, zumal von den durch sie ausgelösten Personalveränderungen neben Fritsch auch Manstein betroffen war, der am 4. Februar 1938 als Kommandeur der 18. Infanteriedivision in die schlesische Provinz nach Liegnitz versetzt wurde. Zwar hatte Hitler bereits im Jahre 1937 geäußert, er würde anstelle Becks lieber mit dem ihm »fortschrittlicher« erscheinenden Franz Halder zusammenarbeiten; daß er jedoch bei Mansteins Versetzung eine zentrale Rolle gespielt haben sollte, ist um so unwahrscheinlicher, als dieser ihm bis dahin nur sehr flüchtig bekannt geworden war. Als treibende Kraft trat hier vielmehr der gerade ernannte Chef des neu eingerichteten Oberkommandos der Wehrmacht, Wilhelm Keitel, in Erscheinung, der offenbar danach trachtete, nach dem Ausscheiden Fritschs nun auch die beiden noch verbliebenen Mitglieder jener »Linie Fritsch-Beck-Manstein« auszuschalten, welche ihm in den vergangenen Jahren im Ringen um die Spitzengliederung der Wehrmacht so viel Verdruß bereitet hatten. Ferner war sicherlich ebenfalls nicht ohne Belang, daß der zu Fritschs Nachfolger ernannte General von Brauchitsch von der Aussicht, in absehbarer Zeit einmal unmittelbar mit Manstein zusammenarbeiten zu müssen, kaum sonderlich erbaut gewesen sein dürfte.

Für Manstein stellte seine Versetzung jedenfalls einen Karriereknick dar, wie er schmerzlicher kaum vorstellbar ist. Die Verbitterung, die er darob empfand, ist noch aus seinen zwanzig Jahre später erschienenen Vorkriegserinnerungen deutlich herauszuspüren: Zwar hätte er – laufbahnbedingt – in jedem Falle einmal ein Divisionskommando übernehmen müssen; angesichts der besonderen Umstände habe es sich bei seiner Versetzung im Frühjahr 1938 allerdings um eine »einschneidende Änderung« in der nach menschlichem Ermessen noch vor ihm liegenden Laufbahn gehandelt. »Mein Werdegang im Generalstab ... hatte mich als späteren Chef des Generalstabes qualifiziert. Es war zu jener Zeit auch wohl als mehr oder weniger feststehend angesehen worden, daß ich, wenn General Beck einmal seinen Posten abgeben würde, sein Nachfolger werden sollte. ... Damit war es nun vorbei. Die für jeden Generalstabsoffizier ehrenvollste Aussicht, einmal den Platz einnehmen zu dürfen, auf dem ein Moltke, ein Schlieffen und ein Beck gewirkt hatten, war für mich begraben.«[8] Dafür, daß Manstein diesen Karriereknick keineswegs so leicht verwunden hat, wie in manchen biographischen Skizzen behauptet wird, spricht auch die betont schroffe Form, in der er die Übergabe der Amtsgeschäfte an seinen Nachfolger, den damals rangälteren Franz Halder, vollzog. Nach dessen Erinnerung hat Manstein ihm schlicht den Schlüssel zum Panzerschrank mit den Geheimunterlagen übergeben und ihn dann mit den Worten »›So, das können Sie sich durchlesen. Auf Wiedersehen‹«[9] einfach stehenlassen.

Bei Kriegsausbruch fand Manstein als Generalstabschef der auf dem polnischen Kriegsschauplatz eingesetzten Heeresgruppe Süd unter Generaloberst Gerd von Rundstedt Verwendung, dessen Heeresgruppenoberkommando nach Erlöschen des letzten polnischen Widerstandes als Stab »Oberbefehlshaber Ost« zunächst in Polen verblieb. Was Manstein von den Massenerschießungen polnischer Juden und anderer Zivilisten durch die Einsatzgruppen des Sicherheitsdienstes der SS (SD) erfahren hat, ist aus den zugänglichen Quellen nicht mit hinreichender Sicherheit zu ersehen. Jedenfalls hat aber der Oberbefehlshaber der der Heeresgruppe unterstellten 10. Armee, von Reichenau, gegen diese Erschießungen protestiert. Und dieser Protest muß dem Oberkommando der Heeresgruppe in der einen oder anderen Form bekannt geworden sein.

Mansteins große Stunde schlug erst, nachdem Rundstedts Stab – nunmehr in Oberkommando Heeresgruppe A umbenannt – an die Westfront verlegt worden war. Hier fand er in der relativen Ruhe des »Sitzkrieges« die Zeit, sich mit den Plänen des OKH für die deutsche Offensive gegen Frankreich auseinanderzusetzen. Da sie ihm als wenig erfolgversprechend erschienen, arbeitete er einen Gegenvorschlag aus, der statt des – von den Alliierten erwarteten – geraden Stoßes nach Belgien hinein auf eine bloße Vortäuschung einer Neuauflage des Schlieffenplanes von 1914 hinauslief, während die eigentliche Entscheidung weiter südlich mit dem Vorstoß eines massierten Panzerkeils durch die als unwegbar geltenden Ardennen herbeigeführt werden sollte. Dieser Plan erschien Halder und Brauchitsch jedoch als zu abenteuerlich, um ernst genommen werden zu können. Dennoch scheint Halder befürchtet zu haben, Manstein könne angesichts des Beharrens auf dem ursprünglichen Plan des OKH seine höchst private Offensive gegen Frankreich führen, und betrieb daher dessen »Wegbeförderung« auf ein in Deutschland erst noch aufzustellendes neues Generalkommando.

Nachdem Mansteins Alternativplan auf dem Dienstwege stekkengeblieben war, verschaffte ihm sein Mitarbeiter Henning von Tresckow durch Vermittlung des mit ihm befreundeten Chefadjutanten Hitlers, Rudolf Schmundt, eine nach außen hin sorgsam abgeschirmte Möglichkeit, seine Konzeption Hitler Mitte Februar 1940 persönlich vorzutragen. Hitler erkannte darin spontan die generalstabsmäßige Ausarbeitung dessen, was auch ihm selber vorschwebte – »Der Mann ist nicht mein Fall, aber können tut er was«[10], soll er bei dieser Gelegenheit mit Blick auf Manstein bemerkt haben –, und zwang daraufhin dem nach wie vor widerstrebenden OKH den Manstein-Plan geradezu auf.

Seine ohnehin nicht sonderlich große Beliebtheit bei den Spitzen des Heeres steigerte Manstein durch diese unter Umgehung des Dienstweges erreichte Veränderung nicht. Zudem war in Generalstabskreisen durchaus bekannt geworden, wer der Urheber des neuen Planes war, und es gab »Leute, die sag[t]en, daß – nachdem man seine Idee verwirklicht – er [Manstein] eigentlich Nachfolger Halders werden müßte«[11]. Und nachdem Mansteins Plan im Sommer 1940 auf ganzer Linie zum Erfolg geführt hatte, genoß er im Kreise der Generalstabsoffiziere vollends einen geradezu legendären Ruf. In seiner ihm auf diese Weise zugefallenen Rolle als »Schatten-Generalstabschef« erschien er Halder und Brauchitsch nun offenbar als so bedrohlich, daß sie erwogen, ihn auf den norwegischen Kriegsschauplatz abzuschieben, und Ende 1940, einer Zeugenaussage zufolge, entschlossen waren, den lästigen General als Kommandierenden General des neuaufgestellten Deutschen Afrikakorps ganz buchstäblich »in die Wüste zu schicken«. Es bedurfte erst einer persönlichen Intervention Hitlers, um statt seiner Erwin Rommel mit diesem Kommando zu betrauen.

Auf dem sowjetischen Kriegsschauplatz war Manstein im Rahmen der zur Heeresgruppe Nord gehörenden Panzergruppe 4 zunächst als Kommandierender General eines motorisierten Armeekorps – später nannte man solche Verbände Panzerkorps – eingesetzt, bevor er am 12. September 1941 in Nachfolge des tödlich verunglückten Generalobersten Ritter von Schobert zum Oberbefehlshaber der ganz im Süden der Ostfront kämpfenden 11. Armee ernannt wurde. Ob bei dieser Ernennung ein Wink Hitlers eine ausschlaggebende Rolle gespielt hat oder ob das Manstein nicht sehr günstig gesonnene OKH ihn aufgrund seiner herausragenden Leistungen angesichts der Vakanz einfach nicht übergehen konnte, muß offenbleiben.

Als Armeeoberbefehlshaber mit der Territorialherrengewalt betraut, wurde Manstein nun in das massenmörderische Treiben der Einsatzgruppen des SD verstrickt, die den Armeeoberkommandos (AOK) in versorgungstechnischer Hinsicht angekoppelt waren. Im Falle der 11. Armee handelte es sich dabei um die Einsatzgruppe D, die nach Aussage ihres damaligen Leiters Otto Ohlendorf in der Zeit vom Juni 1941 bis Juni 1942 rund 90 000 Menschen ermordete. Was Manstein von diesen Massenverbrechen gewußt oder doch zumindest geahnt hat, ist bis auf den heutigen Tag heftig umstritten. Möglicherweise hat er sich dadurch aus der Affäre gezogen, daß er das, was zu ihm drang, einfach nicht »*offiziell* zur Kenntnis nahm«[12]. Seine Anhänger legen demgegenüber allerdings nach wie vor großen Wert auf die Feststellung, daß ihm selbst im Verlauf seines Nachkriegsprozesses im Jahre 1949 »allenfalls ›mangelnde Dienstaufsicht‹«[13] gerichtlich nachgewiesen werden konnte.

Am 20. November 1941 unterzeichnete Manstein einen geheimen Armeebefehl, der dem berüchtigten »Reichenau-Befehl« über die angeblich notwendige »Sühne des Judentums« nachempfunden war, in Teilen gar noch über diese Vorlage hinausging, sie in Teilen aber auch abmilderte. Vor dem Nürnberger Hauptkriegsverbrechertribunal hat Manstein ausgesagt, er könne sich an diesen ihm dort im Original vorgehaltenen Befehl nicht erinnern, bestritt jedoch nicht, daß die Unterschrift von ihm stammte. Auch wenn Manstein während seiner gesamten militärischen Karriere nicht gerade dafür bekannt war, seine Mitarbeiter und seine Stäbe nahezu unkontrolliert schalten und walten zu lassen, ist anhand der zugänglichen Quellen nicht zu entscheiden, ob er diesen Befehl tatsächlich ungelesen unterschrieben, ihn aufgrund etwaiger Affinitäten zur nationalsozialistischen Rassenideologie wissentlich unterzeichnet oder gar veranlaßt hat. Vorstellbar wäre auch, daß er sich über diese Anbiederung an den Nationalsozialismus nachdrücklich für höhere Aufgaben empfehlen wollte, denn immerhin fällt auf, daß der Armeebefehl just zu dem Zeitpunkt erging, an dem die Entlassung des Oberbefehlshabers des Heeres absehbar und Manstein bereits als möglicher Nachfolger Brauchitschs gehandelt wurde.

Nachdem die Eroberung der Krim mit dem Fall von Sewastopol abgeschlossen war, stand Manstein im »Führerhauptquartier« in höchster Gunst. Hitler betrachtete seinen neuernannten Generalfeldmarschall nun offenbar als eine Art »Geheimwaffe« zur Wiederbelebung steckengebliebener deutscher Offensiven an der Ostfront: Zunächst sollte er die Belagerung von Leningrad endlich zum erfolgreichen Abschluß bringen; dann wieder wurde er als Oberbefehlshaber für die im Kaukasus festliegende Heeresgruppe A vorgesehen.

Vor die bei weitem schwierigste Aufgabe seiner gesamten militärischen Laufbahn wurde Manstein jedoch gestellt, als sein AOK 11 – nunmehr in Oberkommando Heeresgruppe Don umbenannt – nach der Einschließung der 6. deutschen Armee schließlich Ende November 1942 im Raum Stalingrad eingeschoben wurde, um dort die Ausgangslage angriffsweise wiederherzustellen. Manstein schätzte die Aussichten für ein solches Unterfangen zunächst erstaunlich optimistisch ein und plädierte im Gegensatz zu allen anderen in diesem Raum verantwortlich führenden Oberbefehlshabern des Heeres und der Luftwaffe – und auch im Gegensatz zum neuen Generalstabschef des Heeres, Kurt Zeitzler – dafür, die 6. Armee in Stalingrad zu belassen, sofern deren ausreichende Versorgung gewährleistet sei: »Dies ist entscheidend«[14], wußte er sich allerdings rückzuversichern. Zwar schwenkte Manstein dann sehr schnell auf die Linie seiner Kameraden ein, doch nun weigerte sich Hitler kategorisch, von seinem einmal gefaßten Entschluß, in dem er sich durch Mansteins operative Autorität ja anfangs auch durchaus bestätigt fühlen dürfte, wieder abzuweichen.

Es hat den Anschein, als habe Manstein früher als alle anderen erkannt, daß er der 6. Armee angesichts des Kräfteverhältnisses vor der Front seiner Heeresgruppe und der sich alsbald drohend abzeichnenden sowjetischen Umfassungsoffensive gegen seinen linken Flügel im Grunde gar nicht helfen konnte, sofern diese sich nicht selber half. Allerdings ist bis heute kein stichhaltiger Beleg für die später von ihm in seinen Kriegserinnerungen aufgestellte Behauptung bekannt geworden, er habe der 6. Armee in eigener Verantwortung, wenn auch in verdeckter Form, den Befehl zum Ausbruch zukommen lassen. Und selbst der Offizier, den er mit der entsprechenden Mission betraut haben will, hat sich nach 1945 von dieser Lesart seines damaligen Auftrags distanziert.

Spätestens nachdem Mitte Dezember 1942 die lange erwartete sowjetische Offensive gegen den linken Flügel der Heeresgruppe losgebrochen war und den definitiven Abbruch des ohnehin bereits liegengebliebenen deutschen Entsatzvorstoßes in Richtung Stalingrad erzwungen hatte, blieb Manstein nur noch die Wahl zwischen einer großen und einer – hieran gemessen – kleineren Katastrophe: Entweder er überließ die 6. Armee endgültig ihrem Schicksal, oder er riskierte die Vernichtung des gesamten Südflügels der deutschen Ostfront mitsamt seiner Heeresgruppe Don und der nach wie vor im Kaukasus festliegenden Heeresgruppe A. In dieser Situation forderte Manstein von Hitler, den gesamten Südflügel unter seinem, Mansteins, Oberbefehl zusammenzufassen und ihm uneingeschränkte Operationsfreiheit zuzugestehen, »»dann werde ich Ihnen im Süden Rußlands eine Entscheidungsschlacht schlagen, an deren Ende Sie sich das Öl holen können, wo Sie wollen!«« [15] Und tatsächlich scheint Hitler Ende Dezember entschlossen gewesen zu sein, Mansteins Forderungen zu entsprechen, kam dann jedoch wieder davon ab.

Noch bevor der letzte Widerstand der 6. Armee in Stalingrad

erloschen war, begann Manstein, sich über ein Thema Gedanken zu machen, welches damals allerorten – und nicht nur in den Stäben der Ostfront – diskutiert wurde: die Frage nach dem Fortgang des Krieges. Auch wenn ihm ein deutscher Sieg als nun nicht mehr sehr wahrscheinlich erschienen sein mag, hielt es der unübertroffene Virtuose des Bewegungskrieges noch immer für möglich, dem Gegner durch geschicktes Operieren so schwere Schläge zu versetzen, daß sich dem angeschlagenen Deutschen Reich ein Fenster für einen politischen Ausweg aus dem Krieg auf der Basis eines Remis eröffnen würde. Dies hielt er unter drei Voraussetzungen für erreichbar: Erstens mußte alles vermieden werden, was den Kriegsgegnern als ein Zeichen innenpolitischer Schwäche erscheinen konnte; zweitens mußten die deutschen Kriegsanstrengungen unter zeitweiliger Inkaufnahme hoher Risiken an allen übrigen Fronten voll und ganz auf den sowjetischen Kriegsschauplatz konzentriert werden (»Wird der Russe geschlagen oder wenigstens zum Stehen und Ausbluten gebracht, dann werden wir mit den Westmächten in Europa immer fertig werden. Siegt der Russe, dann geht der Krieg verloren«[16], schrieb Manstein am 8. August 1943 dazu in sein privates Tagebuch); und drittens mußte Hitler zu der Einsicht gebracht werden, daß er das Alltagsgeschäft der Kriegführung einem im Rahmen der von ihm formulierten politischen Vorgaben alleinverantwortlich tätigen Generalstabschef des Heeres mit operativer Rahmenrichtlinienkompetenz auch gegenüber Marine und Luftwaffe überlassen müsse oder aber doch zumindest einen Oberbefehlshaber Ost mit uneingeschränkter Operationsfreiheit einzusetzen habe.

Daß nach Lage der Dinge vor allen anderen er selbst für diese Positionen in Frage kam, war Manstein durchaus klar. Allerdings wußte er auch, es würde nicht einfach sein, die entsprechenden Veränderungen im Rahmen von Hitlers Diktatur ins Werk zu setzen: »Meine Verwendung dort hat nur Sinn, wenn ich gerufen werde, mir also das nötige Vertrauen geschenkt wird, das Voraussetzung dafür ist, daß Ratschläge auf operativem Gebiet angenommen werden. In irgendwelcher Form sich aufdrängen, sei es auch nur durch Anmeldung zu einem Vortrag über diese Themen, heißt m. E. von vornherein das Vertrauen verschütten.«[17] Allein, daß Manstein diesen Themenkomplex ihm gegenüber überhaupt berührte, alarmierte Hitler jedoch ebenso wie Heinrich Himmler, Hermann Göring und Joseph Goebbels. Die potentiellen Diadochen des »Führers« befürchteten wohl das Entstehen eines neuen, mit ihnen rivalisierenden politischen Machtzentrums und taten deshalb seither alles, um Hitlers einmal erwachtes Mißtrauen zu nähren und auszubauen. Sie verdächtigten Manstein, er beschäftige sich mehr mit ihn angeblich nichts angehenden politischen Fragen als mit seiner Heeresgruppenfront, schmähten ihn hämisch als »Marschall Rückwärts«[18] und beobachteten argwöhnisch jeden seiner Schritte.

Obgleich Hitler mehrfach mit dem Gedanken gespielt hat, Manstein zu entlassen, muß es unter diesen Umständen geradezu als ein Zeichen seiner außerordentlich hohen Meinung von den Fähigkeiten des Feldmarschalls gewertet werden, von denen er sich immer wieder tief beeindruckt zeigte, daß er ihn überhaupt so lange auf seinem Posten beließ und ihn erst – und bezeichnenderweise ging diesem Entschluß eine eindringliche Unterredung mit Heinrich Himmler unmittelbar voraus – am 30. März 1944 seines Kommandos enthob. Seine Wertschätzung der Begabungen Mansteins blieb allerdings selbst hiervon unberührt, denn am 18. April 1944 diktierte Joseph Goebbels voller Enttäuschung in sein Tagebuch: »Der Führer ist gar nicht so sehr gegen Manstein, wie ich eigentlich angenommen hatte. Er hält ihn zwar nicht für einen begeisternden Heerführer, der die Truppe mit sich reißen kann, aber für einen ausgesucht klugen Taktiker, und er beabsichtigt sogar, wieder auf ihn zurückzugreifen, wenn wir wieder einmal offensiv werden. Aber damit hat es ja noch gute Weile, und sollte das einmal tatsächlich der Fall sein, so werden wir den Führer schon dagegen beraten.«[19]

All dies jedenfalls gehört zu dem Hintergrund, vor dem Vertreter des deutschen Widerstandes im Jahre 1943 in mehrfachen

Anläufen versuchten, den Feldmarschall für ihre Sache zu gewinnen. Und es ist vielleicht um keinen anderen Oberfehlshaber so gerungen worden wie um diesen – zumindest innerhalb des höheren Offizierskorps der Wehrmacht – damals wohl angesehensten militärischen Führer. Manstein hat keinen dieser Fühlungnahmeversuche denunziert, verweigerte sich jedoch kategorisch jeder Mitarbeit – obgleich ihm sein Ordonnanzoffizier Alexander Stahlberg zu diesem Zeitpunkt über das massenmörderische Treiben der Einsatzgruppen bereits Meldung erstattet hatte. Allerdings ließ er die Bereitschaft erkennen, sich auf die Basis der neuen Realitäten zu stellen, sobald diese von anderen geschaffen und erfolgreich stabilisiert worden wären. Die Zeiten, in denen der Marschallstab noch eine Teilhabe an der staatlichen Souveränität symbolisierte, gehörten für Manstein in Hitlers Diktatur wohl endgültig der Vergangenheit an. Zudem befürchtete er im Falle eines inneren Umsturzes einen Bürgerkrieg, der auch die Wehrmacht vor eine Zerreißprobe stellen und die außenpolitische Situation des Deutschen Reiches weiter verschlechtern würde.

Mansteins ohnehin schon gespanntes Verhältnis zum innersten Führungszirkel des Regimes spitzte sich schlagartig weiter zu, als er Anfang 1944 in der Presse des feindlichen Auslandes plötzlich als der »preußische Junker« herausgestellt wurde, der Hitler die Herrschaft streitig zu machen suche. Dieser noch erheblich gesteigerte Argwohn fand weitere Nahrung, als sich Manstein einem aus Anlaß der Aufrufe des »Nationalkomitees ›Freies Deutschland‹« durch Rudolf Schmundt auch an ihn herangetragenen schriftlichen »Treuegelöbnis« der Feldmarschälle an den »Führer« zunächst dadurch zu entziehen versuchte, »daß er erklärte, eine solche Unterschrift sei nicht nötig, da das, was in dem Dokument stände, eine Selbstverständlichkeit sei«[20]. Dabei stellte sich hinterher heraus, daß Hitler gerade auf seine Unterschrift und auf seine persönliche Anwesenheit bei der Überreichung dieses »Treuegelöbnisses der Feldmarschälle« ganz besonderen Wert legte.

Nachdem Hitler Manstein am Abend des 30. März 1944 die Gründe für seine Entlassung nahezubringen versucht und ihm eine alsbaldige Wiederverwendung als Oberbefehlshaber West in Aussicht gestellt hatte, verabschiedete sich der Feldmarschall selbstbewußt mit den Worten: »Ich wünsche Ihnen, mein Führer, daß Ihr heutiger Entschluß sich nicht als nachteilig erweisen möge.«[21] Ob Manstein nach seiner Entlassung nun seinerseits vergeblich die Fühler zum deutschen Widerstand ausgestreckt hat, ist ungewiß. Zudem berichtet sein damaliger Adjutant Alexander Stahlberg, der Feldmarschall habe womöglich noch bis in das Jahr 1945 hinein ungebrochen die Überzeugung gehegt, »›Wenn ihm [Hitler] das Wasser bis an den Hals steht, wird er mich rufen ...‹«[22] – und zwar als mit umfassenden Vollmachten ausgestatteten Generalstabschef.

Immerhin ließ jedoch der mit Manstein eng befreundete Erich Fellgiebel dem Feldmarschall Mitte Juli 1944 über Stahlberg mitteilen, ein Attentat auf Hitler stehe nunmehr unmittelbar bevor. Manstein bemühte sich daraufhin um ein hieb- und stichfestes Alibi für die kritischen Tage. Er tat gut hieran, denn der SD bekam im Zuge seiner Ermittlungen nach dem gescheiterten Umsturzversuch vom 20. Juli 1944 sehr wohl heraus, daß in Kreisen des Widerstandes die Absicht gehegt worden war, an den Feldmarschall heranzutreten. Allerdings konnte offenbar nicht nachgewiesen werden, inwieweit solche Versuche überhaupt bis zu diesem vorgedrungen waren, und deshalb blieb Manstein unbehelligt.

Während des Nürnberger Haupkriegsverbrecherprozesses agierte der sich in britischer Kriegsgefangenschaft befindende Feldmarschall als der »strategische Kopf« hinter der Verteidigung des dort als verbrecherische Organisation angeklagten deutschen Generalstabes. Es ist wohl wesentlich seinem Einfluß zuzuschreiben, daß die Verteidigung eine Linie verfolgte, die auf ein »Mauern« hinauslief: Man brachte von sich aus nichts Belastendes vor und räumte nur das ein, was die Anklagevertretung zweifelsfrei beweisen konnte, stellte dies dann aber wiederum als isoliertes Versagen einzelner hin, welches keineswegs als für das Ganze typisch angesehen werden könne. Der so zählebige Mythos vom angeblich »unbefleckten Ehrenschild« der deutschen Wehrmacht wurde hier geboren. Immerhin war man mit dieser Verteidigungsstrategie so erfolgreich, daß der deutsche Generalstab in Nürnberg nicht zur verbrecherischen Organisation erklärt wurde.

Der nach langem Hin und Her erst 1949 in Gang gekommene britische Kriegsverbrecherprozeß, welcher in der Tat auf einer höchst problematischen Rechtsgrundlage beruhte und, nachdem alle übrigen in britischer Kriegsgefangenschaft befindlichen Spitzenmilitärs der deutschen Wehrmacht aus gesundheitlichen Gründen für verhandlungsunfähig erklärt worden waren, nun in Hamburg gegen Manstein allein geführt wurde, erregte weltweites Aufsehen. Es überwog allgemeine Entrüstung, und selbst Winston Churchill, Feldmarschall Montgomery und Basil Liddell Hart ergriffen öffentlich für Manstein Partei, der in diesem Verfahren zu 18 Jahren Haft verurteilt wurde.

Noch in der Haft, aus der er dann übrigens doch bereits wieder Anfang Mai 1953 vorzeitig entlassen wurde, avancierte der Feldmarschall zu »einer Art militärischer Kult- und Leitfigur« (Ulrich Brochhagen), deren Rat als Militärexperte nahezu aus der ganzen Welt gesucht wurde. So nimmt es denn auch nicht wunder, daß Manstein während der Debatten um die deutsche Wiederbewaffnung und den NATO-Beitrag in den Jahren 1955/56 auch von der deutschen Bundesregierung als Experte herangezogen wurde. Allerdings sollte man den Einfluß der von ihm in diesem Zusammenhang maßgeblich ausgearbeiteten Denkschriften auf den Gang der Ereignisse auch nicht zu hoch veranschlagen, gibt es doch gewisse Indizien dafür, daß Bundesregierung und Bundesministerium der Verteidigung ihm zuvor nahezubringen wußten, welche Ergebnisse ihnen zu bestimmten grundsätzlichen Fragen besonders erwünscht wären.

Gleichwohl erreichte das öffentliche Ansehen des Feldmarschalls in diesen Jahren einen neuen Höhepunkt, zumal er sich auch der zeithistorischen Forschung ausgiebig als Zeuge zur Verfügung stellte und auf diese Weise zu demjenigen ehemaligen Spitzenmilitär der deutschen Wehrmacht wurde, welcher – nächst Franz Halder – die Geschichtsschreibung über den Zweiten Weltkrieg vielleicht am nachhaltigsten beeinflußt hat. Allerdings blieben seine Darstellungen, darunter vor allem seine unter dem beziehungsreichen Titel »Verlorene Siege« erschienenen Kriegserinnerungen, die zu einem geradezu sensationellen Verkaufserfolg wurden, nicht unwidersprochen. Besonders aus dem Umkreis ehemaliger deutscher Widerstandskämpfer wurde ihm eine allzusehr geschönte Sichtweise vorgeworfen. Man hielt ihm entgegen, er wolle einen »Mythos der deutschen Feldmarschälle« begründen, und spekulierte, er beabsichtige letztendlich, sich selbst zu einer Art »zweitem Hindenburg« emporzustilisieren, um sich so als möglichen Nachfolger für Bundespräsident Theodor Heuss ins Gespräch zu bringen: »Die Heerführer des zweiten Weltkrieges, die in der Mehrzahl keine Nationalsozialisten waren, tragen auf Grund ihrer umfassenden Kenntnis der Lage, ihrer Erziehung und ihrer Stellung für das Schicksal ihres Volkes eine sehr schwere Verantwortung, die sie nicht auf Hitler abwälzen können. Deshalb sollte man keinen Heerführermythos erfinden, um ausgerechnet den Aufbau der neuen Wehrmacht zu fördern.«[23]

An diesen Auseinandersetzungen um seine Person hat Manstein bis zu seinem Tod ein reges Interesse gezeigt und sich auch immer wieder daran beteiligt. Nachdem ihm zu seinem 80. und zu seinem 85. Geburtstag militärische Ehrungen durch die Bundeswehr zuteil geworden waren, verstarb der Feldmarschall international hoch angesehen, wenn auch keineswegs unumstritten, im Jahre 1973. Er wurde am 15. Juni 1973 in Dorfmark bei Soltau mit militärischen Ehren beigesetzt.

Anläßlich seines 80. Geburtstages im Jahre 1967 hatte der damalige Heeresinspekteur der Bundeswehr, Generalleutnant Ferber, ausgeführt: »Losgelöst von Zeitumständen und Tragik wird die Persönlichkeit des Feldmarschalls v. Manstein auch künftigen

Generationen deutscher Soldaten vor Augen stehen«[24] – ein Satz, den man nach heutigem Kenntnisstand wohl nicht mehr ohne Einschränkung oder doch zumindest nicht ohne nähere Erläuterung so formulieren würde.

Anmerkungen

1 Basil H. Liddell Hart, Deutsche Generale des 2. Weltkrieges. Aussagen, Aufzeichnungen und Gespräche, o. O. o. J., S. 69, und Rodion Malinowski, hier zitiert nach: Gerd F. Heuer, Die deutschen Generalfeldmarschälle und Großadmirale, Rastatt (Baden) 1978, S. 87.

2 Alexander Stahlberg, Die verdammte Pflicht. Erinnerungen 1932 bis 1945, erw. Neuausgabe, Berlin/Frankfurt a. M. 1994, S. 436.

3 Heinz Guderian, Erinnerungen eines Soldaten, Heidelberg 1951, S. 276.

4 Erich von Manstein, Aus einem Soldatenleben 1887–1939, Bonn 1958, S. 54.

5 Ebd., S. 115.

6 Klaus-Jürgen Müller, Armee und Drittes Reich 1933–1939. Darstellung und Dokumentation, Paderborn 1989, Dok. 48, S. 184.

7 Theodor Busse, hier zitiert nach: Joachim Engelmann. Manstein. Stratege und Truppenführer. Ein Lebensbericht in Bildern, Friedberg (Hess.) o. J. [1981], S. 50.

8 Manstein (Anm. 4), S. 318 f.

9 Franz Halder, hier zitiert nach: Christian Hartmann, Halder. Generalstabschef Hitlers 1938–1942, Paderborn/München/Wien/Zürich 1991, S. 55.

10 Hildegard von Kotze (Hrsg.), Heeresadjutant bei Hitler 1938–1943. Aufzeichnungen des Majors Engel, Stuttgart 1974 (= Schriftenreihe der Vierteljahrshefte für Zeitgeschichte, Nr. 29), Eintr. 19. 2. 1940, S. 75.

11 Hans Meier-Welcker, Aufzeichnungen eines Generalstabsoffiziers 1939 bis 1942, Freiburg i. Br. 1982 (= Einzelschriften zur militärischen Geschichte des Zweiten Weltkrieges, Bd. 26), Tgb.-Eintr. 2. 3. 1940, S. 53.

12 Rüdiger von Manstein/Theodor Fuchs (Hrsg.), Erich von Manstein. Soldat im 20. Jahrhundert. Militärisch-politische Nachlese, Koblenz ²1983, S. 196.

13 Engelmann (Anm. 7), S. 159.

14 Manfred Kehrig, Stalingrad. Analyse und Dokumentation einer Schlacht, Stuttgart 1974 (= Beiträge zur Militär- und Kriegsgeschichte, Bd. 15), Dok. 14, S. 564.

15 Manstein in einem Telefongespräch mit Hitler, hier zitiert nach: Stahlberg (Anm. 2), S. 248.

16 Manstein-Tgb., Eintr. 8. 8. 1943, hier zitiert nach: Peter Hoffmann, Claus Schenk Graf von Stauffenberg und seine Brüder, Stuttgart 1992, S. 313.

17 Manstein-Tgb., Eintr. 27. 1. 1943, hier zitiert nach: ebd., S. 265 f.

18 Elke Fröhlich (Hrsg.), Die Tagebücher von Joseph Goebbels, Teil II: Diktate 1941–1945, 15 Bde., München/New Providence/London/Paris 1993 ff., hier Bd. 10, Eintr. 20. 12. 1943, S. 511.

19 Ebd., Bd. 12, Eintr. 18. 4. 1944, S. 128 f.

20 Ebd., Bd. 11, Eintr. 14. 3. 1944, S. 474.

21 Erich von Manstein, Verlorene Siege, München ⁹1981, S. 616.

22 Stahlberg (Anm. 2), S. 423.

23 Kunrad von Hammerstein, Manstein, in: *Frankfurter Hefte* 11 (1956), S. 449–454, hier S. 454.

24 Ernst Feber am 24. 11. 1967, hier zitiert nach: Engelmann (Anm. 7), S. 175.

Bibliographie

Quellen

Der nur sehr schwer zugängliche private Nachlaß Mansteins befindet sich nebst Teilen seiner dienstlichen Hinterlassenschaft im Besitz seines Sohnes in Irschenhausen bei München. Ein anderer Teil des dienstlichen Nachlasses wie auch die Kriegstagebücher der von Manstein geführten Heeresgruppen lagern im Bundesarchiv-Militärarchiv in Freiburg i. Br. Ebenfalls dort befindet sich das Tagebuch Wolfram Freiherr von Richthofens, welches besonders hinsichtlich der Stalingrad-Problematik recht aufschlußreich ist. Interessantes Material zum Manstein-Prozeß von

1949 enthält der Nachlaß seines damaligen Anwalts Paul Leverkuehn im Bundesarchiv in Koblenz. Darüber hinaus sind jeder der einschlägigen Quelleneditionen zur deutschen Wehrmacht Einzelinformationen über Manstein zu entnehmen. Der Prozeß gegen die Hauptkriegsverbrecher vor dem internationalen Militärgerichtshof Nürnberg. 14. November 1945 – 1. Oktober 1946, 42 Bde., Nürnberg 1947–1949, beinhaltet neben der Zeugenaussage Mansteins auch wichtiges dokumentarisches Material über ihn. Das gespannte Verhältnis des Feldmarschalls zu den Spitzen des NS-Regimes wird in Elke Fröhlich (Hrsg.), Die Tagebücher von Joseph Goebbels. Teil II: Diktate 1941–1945, 15 Bde., München/New Providence/London/Paris 1993 ff., belegt.

Manstein selbst hat ein umfängliches Memoirenwerk hinterlassen: Erich von Manstein, Aus einem Soldatenleben 1887–1939, Bonn 1958 und ders., Verlorene Siege, München ⁹1981. Die Manstein berührende Memoirenliteratur ist so umfangreich, daß hier nur die wichtigsten Titel genannt werden können: Alexander Stahlberg, Die verdammte Pflicht. Erinnerungen 1932–1945, erw. Neuausgabe Berlin/Frankfurt a. M. 1994; Rudolf-Christoph Freiherr von Gersdorff, Soldat im Untergang, Frankfurt a. M./Berlin/Wien 1977; Siegfried Westphal, Erinnerungen, Mainz 1975 und ders., Der deutsche Generalstab auf der Anklagebank. Nürnberg 1945–1948, mit einer Denkschrift von Walther von Brauchitsch – Erich von Manstein – Franz Halder – Walter Warlimont – Siegfried Westphal, Mainz 1978.

Literatur

Eine wissenschaftlichen Ansprüchen genügende Manstein-Biographie gibt es nicht. Rüdiger von Manstein/Theodor Fuchs (Hrsg.), Erich von Manstein. Soldat im 20. Jahrhundert. Militärisch-politische Nachlese, Koblenz ²1983, wie – wenn auch in etwas geringerem Grade – Joachim Engelmann, Manstein. Stratege und Truppenführer. Ein Lebensbericht in Bildern, Friedberg (Hess.) o. J. [1981], sind im Kern – teils paraphrasierende – autorisierte Kompilationen von Texten und Bildern aus den Erinnerungen des Feldmarschalls und anderen Teilen seines Nachlasses. Gleichwohl liegen – zumeist in der englischsprachigen Literatur – eine Reihe knapper biographischer Skizzen vor. Mit Ausnahme von Andreas Hillgruber, In der Sicht des kritischen Historikers, in: Nie außer Dienst.

Zum achtzigsten Geburtstag von Generalfeldmarschall Erich von Manstein, Köln 1967, S. 65–83, beschränken sich diese jedoch mehr oder weniger auf die Würdigung des militärischen Führers Manstein. Am lesenswertesten sind aus diesem Kreis noch die entsprechenden Abschnitte aus Basil H. Liddell Hart, Deutsche Generale des 2. Weltkrieges. Aussagen, Aufzeichnungen und Gespräche, o.O. o.J.; Richard Brett-Smith, Hitler's Generals, San Rafael (California) 1977, und Samuel W. Mitcham Jr., Hitler's Field Marshals and their Battles, London 1989.

Die Manstein tangierende Literatur ist so umfangreich, daß hier wiederum in knappster Auswahl nur auf einige wenige Überblicksdarstellungen zu zentralen Streitfragen hingewiesen werden kann. Zum deutschen »Weltanschauungskrieg« gegen die Sowjetunion: Helmut Krausnick/Hans-Heinrich Wilhelm, Die Truppe des Weltanschauungskrieges. Die Einsatzgruppen des Sicherheitsdienstes und des SD 1938–1942, Stuttgart 1981, und Jörg Friedrich, Das Gesetz des Krieges. Das deutsche Heer in Rußland 1941 bis 1945. Der Prozeß gegen das Oberkommando der Wehrmacht, München 1993. Zu Mansteins Rolle in der deutschen Kriegführung 1942–43 und zum Stalingrad-Komplex: Horst Boog/Werner Rahn/Reinhard Stumpf/Bernd Wegner, Das Deutsche Reich und der Zweite Weltkrieg, Bd. 6: Der Globale Krieg. Die Ausweitung zum Weltkrieg und der Wechsel der Initiative 1941–1943, Stuttgart 1990, und Joachim Wieder/Heinrich Graf von Einsiedel (Hrsg.), Stalingrad – und die Verantwortung des Soldaten, München [4]1993. Zur Entwicklung an der Ostfront ab Stalingrad: Earl F. Ziemke, Stalingrad to Berlin: The German Defeat in The East, Washington (D. C.) 1968 (= Army Historical Series). Zu den Manstein betreffenden Sondierungsversuchen aus Kreisen des deutschen Widerstandes: Peter Hoffmann, Claus Schenk Graf von Stauffenberg und seine Brüder, Stuttgart 1992. Zu den Zusammenhängen des Manstein-Prozesses von 1949: Ulrich Brochhagen, Nach Nürnberg. Vergangenheitsbewältigung und Westintegration in der Ära Adenauer, Hamburg 1994. Und zu Mansteins Gutachter-Tätigkeit für die Bundesregierung in den fünfziger Jahren: Hans Ehlert / Christian Greinert/Georg Meyer/Bruno Thoß, Anfänge westdeutscher Sicherheitspolitik 1945–1956, Bd. 3: Die Nato-Option, München 1993.

Erhard Milch – Der Architekt der Luftwaffe

VON HORST BOOG

Erhard Milch war ein karrierebe-
wußter Technokrat und Patriot,
kein NS-Ideologe oder gar Antisemit. Seine technisch-wirtschaft-
liche Karriere wurde durch die
Machtübernahme Hitlers nicht
begründet, sondern nur fortgesetzt. Haupttriebkräfte waren bei
ihm der persönliche Ehrgeiz und
das Bewußtsein seines zweifellos
vorhandenen, außerordentlichen
technisch-organisatorischen Kön-
nens. Sie ließen ihn neben seinem Gefühl, etwas für die Wieder-
erstarkung seines Vaterlandes tun zu müssen, in geschickter Ausnutzung der politischen Konstellation seinen Arbeitseifer und
sein Durchsetzungsvermögen in den Dienst Hitlers stellen, der
ihm weiteren persönlichen Aufstieg, Macht und selbstverant-
wortliches Handeln sowie eine Steigerung des deutschen Ansehens in der Welt zu garantieren schien und den er anfangs als
»Retter« Deutschlands ansah. Seine beiden herausragenden
Leistungen waren der Aufbau der Deutschen Lufthansa und der
Luftwaffe, die aber für den langen Abnutzungskrieg, den Hitler
schließlich entfesselte, nicht gerüstet war und vor allem deswegen, nicht wegen gravierender Fehler Milchs, zugrunde ging.
Obwohl ihm wiederholt Zweifel an einem deutschen Kriegserfolg
kamen – die er aber immer wieder schnell verdrängte – und er
schließlich völlig desillusioniert war, leistete er Hitler dennoch
Gefolgschaft bis zum Ende, wobei es ihm zunehmend weniger

um die Person Hitlers und um den Nationalsozialismus ging als vielmehr um die deutschen Kriegsanstrengungen. Ein Kriegsverbrecher war er nicht. Er war aber trotz besserer Kenntnis der Gesamtsituation ein Durchhaltefanatiker, jedenfalls bis zu seiner selbst eingeleiteten eigenen »Wegrationalisierung«. Höhepunkt seines Lebens waren die zwölf Jahre des Dritten Reiches, mit dessen Aufstieg und Untergang er an führender Stelle eng verbunden war.

Wer nach der Machtübernahme durch die Nationalsozialisten Ende Januar 1933 in Deutschland seinen Posten behalten oder gar Karriere machen wollte, der mußte in der Regel arischer beziehungsweise nichtjüdischer Abstammung sein. Vor dieser Hürde des Ariernachweises stand der Stellvertretende Reichskommissar für die Luftfahrt und alsbaldige Staatssekretär des Reichsluftfahrtministeriums und Ständige Vertreter des Reichsluftfahrtministers Göring, Erhard Milch, im Sommer 1933. Sie war für ihn besonders hoch, weil sowohl der Gauleiter Terboven als auch der Vorsitzende der Messerschmitt-Flugzeugbaugesellschaft, Theo Croneiss, ein Antisemit und Konkurrent um den Posten als Staatssekretär der Luftfahrt, seine arische Abstammung anzweifelten. Letzterer denunzierte ihn bei Göring als Halbjuden, weil ihm auf einem jüdischen Friedhof in Breslau ein Grabstein mit dem Namen Milch aufgefallen war. Auf diese Weise zum Nachweis seiner »nichtjüdischen« Abstammung gezwungen, wurde Milch, so berichtet sein Biograph David Irving, erstmals und zu seiner eigenen Überraschung mit seiner wahren Herkunft konfrontiert. Es sei zwar festgestellt worden, daß sein natürlicher Vater Arier war, aber dies sei nicht der Marine-Apotheker Anton Georg Hugo Milch, der Ehemann seiner Mutter, gewesen, sondern deren Onkel Carl Wilhelm Bräuer. Dieser sei der Vater aller ihrer Kinder gewesen. Die für ihre Zeit sehr fortschrittliche Mutter Clara Auguste Wilhelmine Milch geb. Vetter, Tochter eines Tapeziermeisters und dem Tennis-, Schwimm- und Reitsport aufgeschlossen, habe ihren Onkel geliebt und ihn heiraten wollen. Die Eltern hätten hierzu wegen der nahen Verwandtschaft nicht ihre Einwilligung gegeben. Auch die evangelische Kirche, der sie angehörten, hätte es mißbilligt, obwohl eine solche Ehe gesetzlich möglich gewesen wäre. Die Hochzeit sollte mit dem stillen, von ihr nicht geliebten Anton Milch stattfinden, der um so heftiger um sie warb. Als dann noch herausgekommen sei, daß dessen Mutter nicht tot war, sondern sich in unheilbarer geistiger Umnachtung in einer Anstalt befand, einigten sich beide schon vor ihrer Heirat, daß sie miteinander keine Kinder zeugen wollten, sie aber solche mit ihrem Geliebten haben durfte. Die 1933 noch lebenden Eltern, die Mutter Clara und der »Adoptivvater« Anton Milch, sollen diesen Sachverhalt seinerzeit schriftlich bestätigt haben. Die beiden Erklärungen wurden Hitler am 1. November 1933 vorgelegt, der sie, wie Göring, akzeptierte. Diese Geschichte erscheint romanhaft unwirklich und kaum glaubhaft. Milch selbst hat sie aber 1967 David Irving erzählt, und der Verfasser hat sie übernommen, nachdem Milchs Tochter in einem diesbezüglichen Gespräch nichts dagegen einzuwenden hatte.

Da Milch, wie sein Merkbuch für 1933 zeigt, damals öfter mit Göring über das Problem gesprochen hat, drängen sich dennoch zwei Vermutungen auf. Göring soll damals, wie allgemein bekannt, gesagt haben: »Wer Jude ist, bestimme ich« – Ausdruck einer gewissen ideologischen Ungebundenheit, die ihm auch in manch anderer Hinsicht nicht abgesprochen werden kann. Während dieser Ausspruch aber allgemein auf Milch bezogen wird, ließ dieser seinen Biographen Irving wissen, er habe einem der anderen Lufthansa-Direktoren, Dr. Martin Wronsky, gegolten. Eine zweite unbewiesene Vermutung beruht auf dem Umstand einer ähnlichen, wenn auch völlig anders gelagerten Jugenderfahrung Görings mit seinen Eltern. Auch hier gab es ein Dreiecksverhältnis. Görings Mutter war wesentlich jünger als ihr Mann. Nach dessen Pensionierung lebte die ganze Familie fünfzehn Jahre lang auf der Burg Veldenstein, die sich im Besitz des vermögenden jüdischen Stabsarztes Dr. Hermann von Epenstein, des Geliebten von Görings Mutter, befand. Aus dieser

Beziehung ging ein Sohn, ein Halbbruder Görings, hervor, der ebenfalls nicht den Namen seines natürlichen, sondern seines Adoptivvaters Göring trug. Epenstein beeindruckte Göring, der ihm später mit seinem romantisch-barocken Lebenswandel und Verkleidungszeremoniell nachzueifern suchte, stark. Hat der Luftfahrtminister seinem damals noch unentbehrlichen Staatssekretär im Bewußtsein dieses Verhältnisses den Ausweg aus dem Dilemma des Ariernachweises gewiesen?

In der Tat wird neuerdings die von Milch/Irving verbreitete Herkunftsversion des Staatssekretärs von Professor Dr. Klaus J. Herrmann von der Concordia University in Montreal, Kanada, angezweifelt und als reine Schutzbehauptung abgetan, von der die Familie aus verständlichen Gründen nicht mehr abrücken wollte. Er hat eine »lückenlose (und überzeugende) väterliche Ahnenreihe festgestellt, aus der eindeutig die ... jüdische Herkunft«[1] Erhard Milchs hervorgeht. Er war der leibliche Sohn von Anton Milch und Clara Milch geb. Vetter, die zusammen sechs Kinder, drei Söhne und drei Töchter, hatten.

Die Familienverhältnisse Erhard Milchs – an sich Privatsache – sind für den Historiker dennoch aus mehreren Gründen wichtig und interessant, und wenn hier im folgenden versucht wird, eine Erklärung für seine Handlungsweise zu geben, dann nicht im Sinne einer Rechtfertigung. Milch war eine der führenden Persönlichkeiten des Dritten Reiches. Nach einem Erlaß Hitlers vom 22. Februar 1944 nahm er bei militärischen Anlässen als Vertreter Görings bei dessen Abwesenheit den dritten Platz unter den Oberbefehlshabern der Wehrmachtteile nach dem Oberbefehlshaber der Kriegsmarine und vor dem Reichsführer-SS ein und hinsichtlich seines persönlichen Ranges den siebten Platz, noch vor Generalfeldmarschall von Brauchitsch und vor allen anderen aktiven und inaktiven Feldmarschällen, Mackensen und Keitel ausgenommen.

Zweitens bestätigt Milchs patriotische Einstellung, was wir auch von anderen deutschen jüdischen Soldaten des Ersten Weltkrieges und von bürgerlichen deutschen Juden inzwischen wissen:

daß sie häufig national fühlten und Deutsche sein wollten. Im vorliegenden Fall bestand das Besondere darin, daß Milch als Halbjude in einem antisemitischen Deutschland eine hohe Stellung einnahm und in diesem System große Machtbefugnis hatte, was besonders makaber war. Drittens läßt Milchs Umgang mit seiner eigenen Abstammung eine gehörige Portion charakterlicher Robustheit – um es neutral auszudrücken – und einen sehr starken, fast rücksichtslosen Durchsetzungswillen erkennen, ohne die er sicher nicht so weit aufgestiegen wäre. Daß die hochbetagten Eltern ihrem Sohn wie ihrer Tochter angesichts von Umständen, die sie nicht ändern konnten, helfen wollten und offenbar der Wahrheit nicht entsprechende Erklärungen möglicherweise auf Druck ihrer beiden Kinder abgaben – wer will darüber richten? Und wer darüber, daß Milch – im besten Mannesalter stehend, als Fachmann und Könner gefragt, das Verbrecherische des Nationalsozialismus wie viele andere noch nicht erkennend – seine schon bestehende zivile Karriere, die sich auszuweiten versprach, nicht selbst zerstören oder stoppen wollte? Sicher ist man heute nach allem, was der Nationalsozialismus an Krieg und Verbrechen der ganzen Welt gebracht hat und wozu Erhard Milch und viele andere Deutsche indirekt beigetragen haben, geneigt, nach einem härteren moralischen Maßstab zu urteilen. Aber die Folgen des NS-Regimes waren damals wohl nur für die wenigsten voraussehbar.

Die »Herkunftsbereinigung« Milchs zeigt viertens ein »klassisches« Verhaltensmuster von intelligenten und robusten bis skrupellosen, vorwärtsstrebenden Menschen in diktatorischen oder totalitären Systemen: die Anpassung zum Zwecke des persönlichen Weiterkommens. Viele taten es ihm auf andere Weise gleich, wenn auch nicht mit solcher Wirkkraft. Manche Menschen verleugnen ihre Identität schon aus weniger gravierenden Gründen im täglichen Leben, um Vorteile zu erlangen.

Fünftens läßt sich an Milchs Korrektur seiner Identität aber auch die Not der Zeit ablesen. Sollte er alles stehen und liegen lassen und ins Ausland gehen angesichts des sich etablierenden

Antisemitismus? Andere ähnlicher Herkunft haben das damals auch nicht gleich getan. Vielleicht steckte hinter seinem Durchhaltefanatismus im Zweiten Weltkrieg auch ein bißchen Angst vor einer Aufdeckung seiner Abstammung mit den damals schon ersichtlichen Folgen.

Erhard Alfred Richard Oskar Milch wurde am 30. März 1892 in Wilhelmshaven geboren. Er war evangelisch und starb am 25. Januar 1972 in Wuppertal. Am 8. März 1917 heiratete er in Berlin Käthe Patschke, Tochter eines Gutsbesitzers. Der Ehe entsprangen zwei Töchter.

Treue zu Kaiser und Vaterland war, wie Erhard Milch vor dem Nürnberger Gericht sagte, »die einzige politische Belehrung»[2], die er im Elternhaus und später als Offizier erhalten hatte. Sein Nationalgefühl entwickelte sich aus Gesprächen mit seiner Großmutter und – nachdem sich Mutter und Adoptivvater getrennt hatten und die Mutter mit den Kindern von Gelsenkirchen, wo letzterer nach seinem Ausscheiden aus der Marine eine Apotheke betrieb, nach Berlin gezogen war – durch die Freundschaft zur Familie des rechtsstehenden Admirals von Schroeder, den er nun fast als Vater ansah.

Nach dem Erwerb des Reifezeugnisses am traditionsreichen Joachimsthalschen Gymnasium in Berlin trat Erhard Milch getreu seiner Erziehung als Fahnenjunker beim Fußartillerieregiment 1 ein und wurde am 18. November 1911 zum Leutnant befördert. Den Ersten Weltkrieg begann er als Bataillonsadjutant an der russischen Front in Ostpreußen. Schon als Schüler vom Fliegen fasziniert, wurde er im Juli 1915 schließlich als Beobachter ausgebildet und, nach Beförderung zum Oberleutnant, am 28. August 1915 zur Artilleriefliegerabteilung 204 an die Westfront versetzt. Für einen mutigen Beobachtungsflug bei Verdun erhielt er am 23. Juni 1916 das Eiserne Kreuz I. Klasse. Nach verschiedenen Verwendungen als Adjutant des Kommandeurs einer Beobachterschule, Führer der Fliegerabteilung 5, Gruppenbildoffizier in einer Aufklärungsfliegergruppe und nach Kommandierungen zu für die vorgesehene Generalstabsausbildung wichtigen Komplementärwaffen der Fliegertruppe, so als Kompanieführer zum Infanterieregiment 41 bei Arras, als Batteriechef zum Feldartillerieregiment 273 sowie als Nachrichtenoffizier zum Stab des Kommandeurs der Flieger 17, wurde er am 18. August 1918 zum Hauptmann befördert. Da es wegen der inzwischen eingetretenen Kriegslage zur eigentlichen Generalstabsausbildung nicht mehr kam, wurde er in den letzten Kriegsmonaten zunächst als Führer seiner alten Fliegerabteilung 204 und ab 1. Oktober 1918 als Führer der Jagdgruppe 6 verwendet. In dieser Funktion erlebte er den deutschen Zusammenbruch im November 1918.

Nach dem Krieg kam er zum Grenzschutz Ost und führte nacheinander die Flugsonderstaffel XVII. Armeekorps, die Grenzschutzfliegerabteilung 412 und die Polizeifliegerstaffel Königsberg, die er erst im März 1921 verließ. Bereits am 31. Januar 1920 war er aus dem aktiven Dienst ausgeschieden, um bei der Polizei Flieger zu bleiben, und nun trat er in die »Lloyd-Ostflug GmbH« von Professor Hugo Junkers und Gotthard Sachsenberg ein. Dort war er als Geschäftsführer der Tochtergesellschaft »Danziger Luftpost GmbH« und als Flugleiter der Strecke Berlin–Königsberg tätig, bis diese Tätigkeit wegen des alliierten Flugzeugbauverbotes zum Erliegen kam. Nach Aufhebung des Verbotes am 5. Mai 1922 arbeitete Milch in der Firma »Junkers-Luftverkehr«, deren Betriebsleitung er Ende 1923 übernahm. Auf Geschäftsreisen lernte er Nord- und Südamerika sowie die Sowjetunion kennen.

Die »Junkers-Luftverkehr« und die »Aero-Lloyd« waren 1925 die beiden einzigen Fluggesellschaften in Deutschland, die nach hartem Konkurrenzkampf und dank der Konzentrationspolitik des Ministerialdirektors und Leiters der Luftverkehrsabteilung im Reichsverkehrsministerium Ernst Brandenburg von ursprünglich 38 Gesellschaften übriggeblieben waren. Zwischen beiden Luftverkehrsgesellschaften entspann sich ein letzter Konkurrenzkampf mit Milch auf der Junkers- und Otto Merkel auf der Lloyd-Seite. Als nach Fehlspekulationen von Professor Junkers die Firma zahlungsunfähig wurde, sprang Brandenburg mit Subventionen ein und konnte seine Absicht durchsetzen, daß sich beide Gesellschaften zu einer einzigen nationalen Fluggesellschaft zusammenschlossen. So kam es Anfang 1926 zur Gründung der »Deutschen Lufthansa AG« mit Milch als einem der drei Direktoren neben Otto Merkel und Martin Wronsky. Es sollte, wie Milch nach dem Kriege selbst schrieb, die befriedigendste Zeit seines Lebens werden. Er war, erst 33 Jahre alt, für Flugdienst und Technik verantwortlich, kümmerte sich vor allem um den Ausbau des Fernstreckennetzes und war bemüht, von der Regierung höhere Subventionen zu erlangen, wie diese im Ausland auch üblich waren.

Hermann Göring war mit seiner Rednergabe und seiner herausgehobenen militärischen Vergangenheit neben Vertretern anderer Parteien (SPD, DVP) einer der Reichstagsabgeordneten, die sich gegen Bezahlung für die Interessen der Lufthansa einsetzten – vor allem nachdem die Subventionen für diese im Jahre 1929 halbiert worden waren und Entlassungen vorgenommen werden mußten. Nach einem Revirement an der Spitze der Gesellschaft übernahm Milch nun noch zusätzlich die kaufmännische Leitung, wurde praktisch zum Generalbevollmächtigten der Lufthansa und sanierte ihre Finanzen. Aber der weitere Ausbau und die Modernisierung erforderten erneute Subventionen, zumal auch die Wirtschaftskrise die Gesellschaft schwer traf.

Milchs politische Interessen scheinen schon früher denen der Nationalsozialisten entsprochen zu haben, wenn man von der Rassenideologie absieht. Schon Anfang 1929 erklärte er Göring seine grundsätzliche Bereitschaft zum Eintritt in die NSDAP, was aber von Hitler aus taktischen Gründen zum damaligen Zeitpunkt noch nicht gewünscht wurde. Als Nichtmitglied könne Milch wahrscheinlich mehr für die Partei tun. Für ihn wurde aber eine niedrige Mitgliedsnummer (123 885) freigehalten. Erst im März 1933 wurde er mit Eintrittsdatum 1. April 1929 offiziell Parteimitglied. Am 13. Oktober 1930 hatte er Hitler in Görings Wohnung kennengelernt. Ab April 1932 überließ er diesem wiederholt gegen Bezahlung Lufthansa-Flugzeuge für den Wahlkampf, so daß er täglich in mehreren Städten reden konnte. Milch versuchte 1932 auch die Reichswehrführung zur Unterstützung der mit finanziellen Schwierigkeiten kämpfenden Lufthansa zu gewinnen. Die Reichswehr sollte mit vier Millionen Reichsmark den Kauf von Ju-52-Verkehrsflugzeugen finanzieren, die ihr im Kriegsfall zur Verfügung gestellt würden.

Göring hatte Milch 1932 wiederholt gedrängt, im Falle der Regierungsübernahme durch Hitler Staatssekretär in dem neu zu schaffenden Luftfahrtministerium oder in der preußischen Regierung zu werden. Nachdem der Beibehalt von Milchs Stellung als ehrenamtliches Vorstandsmitglied der Lufthansa gesichert war, nahm er mit Zustimmung des Aufsichtsratsvorsitzenden der Deutschen Lufthansa, Georg-Emil von Stauß, das Angebot an und wurde am 3. Februar 1933 Stellvertretender Reichskommissar für die Luftfahrt, am 22. desselben Monats Staatssekretär des Reichskommissariats, das am 1. Mai 1933 zum Reichsluftfahrtministeriums wurde. Er war nun der ständige Vertreter Görings an der Spitze der deutschen Luftfahrt. Neben seiner nationalen Haltung bewogen Göring und Hitler vor allem Milchs außerordentliches Können und sein Sachverstand zu dieser Wahl. Rasch folgten – jeweils im Anschluß an Görings Beförderungen – die »Charakterverleihung« als Oberst (28. 10. 1933), Generalmajor (24. 3. 1934) und als Generalleutnant (1. 4. 1935) und die Ernennung zum General der Flieger (1. 4. 1936) unter Beibehalt der Stellung des Staatssekretärs der Luftfahrt und fester Anstellung in der seit März 1935 enttarnten Luftwaffe. Am 30. Januar 1937 wurde ihm von Hitler sogar das Goldene Parteiabzeichen verliehen.

Während Göring, von vielen anderen Staatsämtern und Aktivitäten absorbiert, sich kaum um den Aufbau der Luftwaffe kümmern konnte, aber auf Grund seiner starken Stellung als zweiter Mann im Staate für die großzügige Berücksichtigung ihrer finanziellen Belange sorgte, wurde Milch mit seiner Tatkraft, Ausdauer, Erfahrung und mit seinem Organisationstalent zum eigentlichen Architekten der Luftwaffe. Nach Doktrin und Ausrüstung sollte sie vornehmlich eine Angriffsluftwaffe mit dem Bomber als dominierender Flugzeuggattung sein, da eine wirksame Luftverteidigung mit den damaligen Mitteln – wie in England auch – als unmöglich galt. In der Frage, ob die Luftwaffe schwerpunktmäßig mit dem viermotorigen Großbomber oder mit dem schnellen mittleren Bomber ausgerüstet werden sollte, das heißt, ob der Schwerpunkt auf eine unabhängig-strategische Bombenkriegführung oder auf eine im weitestmöglichen Sinne taktische Kooperation mit dem Heer, daneben auch mit der Marine, gelegt werden sollte, entschied sich Milch mit Göring und Hitler gemäß der vorherigen Weichenstellung durch den ersten Chef des Generalstabes der Luftwaffe, Walther Wever, und der geostrategischen und wirtschaftlichen Situation Deutschlands im Frühjahr 1937 für letzteres, wenngleich er nach dem Krieg und angesichts der Wirkung des alliierten strategischen Luftkrieges nicht mehr gern daran erinnert werden wollte, da nun in der Rückschau das Fehlen einer strategischen deutschen Bomberwaffe als eine schwerwiegende Unterlassung erschien. Dennoch war die Entscheidung damals angemessen. Es war Hitlers Kriegspolitik, welche die damit gesetzten Grenzen mißachtete.

Milchs Wirken vollzog sich in der spannungsgeladenen Atmosphäre zwischen Göring und dem Generalstab der Luftwaffe. Gegenüber letzterem war er wie Göring verwundbar, da beide keine Generalstabsausbildung genossen und mehrere Dienstränge übersprungen hatten, außerdem als »Zivilisten« und »Politiker« galten und Milch zudem drei bis sieben Jahre jünger war als die wichtigsten militärischen Amtschefs unter ihm, nämlich der Generalstabschef Wever, mit dem er übrigens gut auskam, der Chef des Verwaltungsamts Albert Kesselring und der Chef des Technischen Amtes Wilhelm Wimmer. Dies mußte zu Unsicherheiten ihnen gegenüber führen, zumal sich die aus dem Heer übernommenen Generalstabsoffiziere schnell in die Luftwaffenbelange einarbeiteten und Milch nicht länger unterstellt sein wollten. Bei den anderen Wehrmachtteilen gab es ja auch keinen Staatssekretär. Göring wurde eifersüchtig auf den von Hitler wegen seiner Tüchtigkeit geschätzten Milch, wollte aber auf den für ihn nützlichen Staatssekretär, der wiederholt um seine Entlassung gebeten hatte, nicht verzichten. Zwei schwer vereinbare Charaktere standen sich an der Spitze der Luftwaffe gegenüber: ein usurpatorischer, selbstsüchtiger, eitler, zu Bequemlichkeit und Wohlleben neigender Göring als Reichsminister der Luftfahrt und Oberbefehlshaber der Luftwaffe, der seine Arbeitskraft auch wegen zu vieler anderer Aufgaben nur beschränkt der Lufwaffe zukommen und die Dienstgeschäfte schleifen ließ, und sein Staatssekretär Milch, ein körperlich nicht sehr großer, aber kraftvoll untersetzter, unerhört ehrgeiziger, hochintelligenter und zupackender Könner, der überdies von Durchsetzungskraft erfüllt und von Arbeitswut geradezu besessen war. Ihm konnte es auf die Dauer nicht genügen, als zweiter Mann im Schatten Görings zu wirken. De facto stand Milch in der Mitte der dreißiger Jahre an der Spitze der gesamten deutschen zivilen und militärischen Luftfahrt, des Luftsports und der Luftrüstung.

Die von Hitler gemäß seiner auch von Göring nachvollzogenen Politik des *divide et impera!* geduldeten Reibungen wurden durch die Umorganisation der Luftwaffenspitzengliederung vom 1. Juni 1937 bewußt nicht vollständig beseitigt. Der Generalstabschef war nun dem Staatssekretär gleichgestellt und führte, wie dieser, selbständig innerhalb seines Bereiches nach den Weisungen Görings. Einzelne Kompetenzen überlappten sich. Der Milch unterstellte Chef des Technischen Amtes, Ernst Udet, erhielt unmittelbares Vortragsrecht bei Göring, so daß für Reibungen in der Zukunft gesorgt war. Die mit der Neuorganisation einsetzende Trennung der bisher unter dem Staatssekretär vereinten Technik von der operativen Führung währte bis Mitte 1944 und hatte schwerwiegende Folgen für die Luftwaffe, zumal Göring nicht kontinuierlich führte und eigentlich eine Schwachstelle an der Spitze darstellte, deren Aufgabe es gerade jetzt hätte sein müssen, alle Bereiche miteinander zu koordinieren.

Obwohl die Technik formal weiterhin Milch unterstand, konnte er sich nicht mehr so wie früher um sie kümmern. Sein einstiger Freund und jetziger Rivale Udet, dessen Inkompetenz als Chef des Technischen Amtes und später als Generalluftzeugmeister ihm bewußt war, blieb mehr und mehr sich selbst überlassen. Die in erster Linie durch die chaotische Rüstungspolitik des Dritten Reiches verursachten Schwierigkeiten insbesondere in der Luftrüstung, für die Udet die Verantwortung trug, führten am 17. November 1941 zu dessen Selbstmord. Durch die Organisationsänderungen vom 1. Februar 1938 und 1. Februar 1939 erlangte Milch zwar einen Teil seiner früheren Machtfülle zurück und wurde zudem noch Generalinspekteur der Luftwaffe, die organisatorisch vorprogrammierten Reibungen mit dem Generalstabschef, nunmehr dem jungen General Hans Jeschonnek, blieben jedoch und wurden verstärkt durch persönliche Feindschaft: Milch hatte ihn früher einmal wegen eines falschen Befehls mit Todesfolge mit einem Verweis bestraft, um ihn vor dem Kriegsgericht zu bewahren.

Am 1. November 1938 zum Generaloberst befördert, erhielt Milch nach sehr kurzem Kommando über die Luftflotte 5 im April 1940 in Norwegen das Ritterkreuz in Anerkennung des hohen Anteils der Luftwaffe an der Bereinigung der dortigen militärischen Lage. Am 19. Juli 1940 wurde er wegen hervorragender Verdienste um den Aufbau der Luftwaffe zum Generalfeldmarschall ernannt.

Gegen den Ostfeldzug erhob Milch aus seiner Kenntnis russischer Verhältnisse vergebens Bedenken bei Göring. Er will auch für die rechtzeitige Bereitstellung von Winterbekleidung für die im Osten eingesetzte Luftwaffe gesorgt haben. Nach Udets Freitod übernahm er zusätzlich den Posten des Generalluftzeugmeisters. Nach dem Tode von Stauß wurde er 1942 Präsident der Deutschen Lufthansa. Seit Frühjahr 1942 war er zusammen mit dem Reichsminister für Bewaffnung und Munition, Albert Speer, und dem Reichswirtschaftsminister Walther Funk einer der drei Chefs der sogenannten Zentralen Planung, die allen zivilen und militärischen Bedarfsträgern die Rohmaterialien zuteilte. Zu seinem 50. Geburtstag bedachte ihn Hitler mit einer Dotation von einer Viertelmillion Reichsmark zum Kauf eines Gutes.

In Zusammenarbeit mit Speer und im ständigen Verteilungskampf mit den Wehrmachtteilen gelang es ihm, ohne wesentliche Kontingentserhöhungen von Rohmaterialien, durch die schon vom Vorgänger Speers, Reichsminister Dr. Ing. Fritz Todt, begonnene Neuorganisation der Industrie, durch Rationalisierungsmaßnahmen, Rückgriff auf die bei den Firmen gehorteten Rohstoffe und mitunter hartes Durchgreifen die rückläufige Flugzeugproduktion zu erhöhen. Milch drohte dabei häufig mit Kriegsgericht, Erschießen, Einweisung in ein Konzentrationslager oder mit der Gestapo, ohne dies im allgemeinen in die Tat umzusetzen. Auch scheute er, der das Wort »unmöglich« nicht wahrhaben wollte, manchmal nicht vor viel zu optimistischen, irrealen Lagebeurteilungen zurück, die seine Mitarbeiter, wie er nach dem Krieg andeutete, anspornen sollten. Die von ihm bewirkte Steigerung der Flugzeugproduktion, die gewichtsmäßig bis zum Sommer 1944 nur etwa 50 Prozent betrug, wurde häufig übertrieben dargestellt, indem man von der bloßen Zahl der gebauten Flugzeuge ausging. Ohne die unter den widrigen Kriegsumständen erzielte Leistung zu schmälern, muß jedoch darauf hingewiesen werden, daß Milch – und dies war wohl sein Hauptverdienst als Generalluftzeugmeister – in Erkenntnis der zunehmenden Luftbedrohung Deutschlands durch die alliierte Bomberoffensive schon bald den Rüstungsschwerpunkt entgegen den Bestrebungen Hitlers, Görings und des Luftwaffengeneralstabes vom Angriff auf die Verteidigung, von den Bombern auf die Jagdflugzeuge, also auf kleinere Maschinen verlegte. Diese konnten schneller, mit weniger Material, Arbeitskräften und Zeitaufwand produziert werden. Wiederholte Zugeständnisse an die Bomberseite mußte er dabei gleichwohl machen. Die Erfordernisse des Abnutzungskrieges und vielleicht auch ein wenig das Streben nach Anerkennung – große Zahlen von Flugzeugen imponierten Hitler immer – führten zur Produktion vor allem von eingeführten, bewährten, inzwischen aber veraltenden Flugzeugmustern. Seine auch von dem Flugzeugkonstrukteur Professor Willy Messerschmitt geteilte Befürchtung der Verringerung des Ausstoßes bei Auflegung moderner, aber naturgemäß noch mit »Kinderkrankheiten« behafteter Flugzeugtypen zählte neben dem von Göring im Februar 1940 ausgesprochenen sogenannten Entwicklungsstopp, dem zufolge nur noch innerhalb eines Jahres zur Frontreife führende Entwicklungen vorangetrieben werden sollten, und neben technischen Problemen vor allem mit den Turbinentriebwerken zu den Gründen für die Verzögerung der Serienproduktion der Strahlflugzeuge. Schon aus Zeitgründen konnten unter Milch als Generalluftzeugmeister kaum neue Flugzeugmuster vom Reißbrett bis zur Einsatzreife entwickelt werden, sieht man von der Flugbombe V 1 ab. Diese förderte Milch sehr, weil sie bei ungefähr gleichstarker Sprengladung wesentlich billiger herzustellen war als die Rakete V 2 und die nachlassende Offensivkraft der Bomberwaffe ausgleichen sollte, daneben auch, weil ihre zumeist in den besetzten Westgebieten befindlichen Abschußstellungen große Bombenmengen von Deutschland fernhielten und starke alliierte Bomberkräfte banden.

Daß Milch Mitte Januar 1943 an Göring vorbei mit der Luftversorgung der in Stalingrad eingeschlossenen 6. Armee betraut wurde, zeugt von der hohen Wertschätzung, die Hitler seinem Durchhaltewillen und seinem Organisationstalent entgegenbrachte, so wie er aus entsprechend anderen Gründen den Feldmarschall Erich von Manstein zum Oberbefehlshaber der Heeresgruppe Don ernannt hatte, damit er mit seinem hohen Können die dortige Krise bereinigte. Der von Milch entwickelte Optimismus und Einsatzwille fand von der Lagebeurteilung her häufig keine ausreichende Begründung. Von Mut zeugt seine nur von ihm selbst überlieferte Unterredung mit Hitler am 5. März 1943, bei der er ihm riet, insgesamt und vorübergehend besonders im Osten in die Verteidigung zu gehen, die Zahl der Jagdflugzeuge drastisch zu erhöhen, Göring wegen Unfähigkeit des

Oberbefehls über die Luftwaffe zu entheben, Feldmarschall von Manstein zu seinem Stabschef zu ernennen, Feldmarschall Keitel und die Minister Ribbentrop und Frick durch neue Männer zu ersetzen und selbst zu handeln, um Deutschland noch einigermaßen aus dem Krieg herauszuführen.

Die Kriegslage entwickelte sich mehr und mehr zuungunsten des Dritten Reiches. Wegen des von der Luftwaffe gewünschten Einsatzes der Me 262 als Strahljäger kam es zu Differenzen mit Hitler, der sie als Blitzbomber zur Abwehr der Invasion haben wollte. Hitler machte die Luftwaffe zunehmend zum Sündenbock für militärische Mißerfolge und wollte nicht wahrhaben, daß die ihr zugewiesenen Aufgaben ihre Kräfte überstiegen. Die Luftrüstung, immer noch luftwaffeneigene Domäne, wurde von Speers Stellvertreer, Hauptdienstleiter Saur, in der Material- und Kapazitätszuteilung behindert. Das Verhältnis zwischen Milch und Göring, der Hitlers Druck nach unten weitergab, verschlechterte sich zusehends. Hierzu trug auch bei, daß dem Staatssekretär unter Beschneidung seines Arbeitsbereiches der Göring-Protegé Generaloberst Bruno Loerzer als Chef der Personellen Rüstung und Nationalsozialistischen Führung der Luftwaffe zur Seite gestellt wurde. So erwuchs in Milch der Wunsch, sich selbst mit Hilfe seines Freundes Speer aus der verantwortlichen Luftwaffenführung »hinauszuorganisieren«[3]. Er betrieb nun die längst überfällige Überführung der Luftrüstung in das Rüstungsministerium. Den Anfang hierzu bildeten ab 1943 gemeinsam mit Speer durchgeführte Generalluftzeugmeisterbesprechungen. Die »Big Week«, die strategische Bomberoffensive der Amerikaner gegen die deutsche Jagdflugzeugindustrie Ende Februar 1944, gab Anlaß zur Bildung des sogenannten Jägerstabes unter Milch, Speer und Saur. Er intensivierte die Jägerproduktion und übernahm auch bald die Leitung der Bomberproduktion. Am 20. Juni 1944 wurde die Stelle des Staatssekretärs der Luftfahrt und Generalluftzeugmeisters aufgehoben und die Luftrüstung anschließend dem Ministerium Speer anvertraut, das nun für die Gesamtrüstung verantwortlich war. Milch fungierte jetzt als nomineller Vertreter Speers, ohne jedoch im Rüstungsministerium Fuß fassen zu können. Ein schwerer Autounfall schaltete ihn im Herbst 1944 für ein Vierteljahr aus. Am 15. Januar 1945 wurde er von Göring auch des überflüssig gewordenen Postens als Generalinspekteur der Luftwaffe, der ohnehin nie mit einem zur Wahrnehmung seiner Obliegenheiten nötigen eigenen Verwaltungsapparat ausgestattet gewesen war, enthoben. Dies war der letzte Akt des Entfremdungsprozesses zwischen Göring und Milch.

Bei Kriegsende geriet Milch in englische Kriegsgefangenschaft und wurde von noch unter dem Eindruck von KZ-Greueln stehenden englischen Kommandotruppen, darunter ihrem General, mißhandelt. Hierfür entschuldigte sich die Royal Air Force drei Jahre später auf persönliche Veranlassung König Georgs VI.

Als einziger Einzelangeklagter in Nürnberg wurde er im dortigen Prozeß Nr. 2 vom amerikanischen Militärtribunal wegen Zwangsverschleppung ausländischer Arbeiter, krimineller luftfahrtmedizinischer Unterdruckversuche an lebendigen Menschen im Konzentrationslager Dachau und wegen Verbrechen gegen die Menschlichkeit, insbesondere wegen der Deportation und Folterung ungarischer Juden, angeklagt. Im zweiten Punkt ohne Einschränkung freigesprochen, in den beiden anderen Punkten jedoch für schuldig befunden, obwohl die Beschaffung von Arbeitskräften in der Verantwortung des Gauleiters Sauckel lag und die Judendeportationen erst nach seiner Ablösung als Staatssekretär und Generalluftzeugmeister stattfanden, wurde er am 17. April 1947 zu lebenslänglicher Freiheitsstrafe verurteilt. Im Zuchthaus Landsberg erlernte er das Tischler- und Glaserhandwerk. Am 31. Januar 1951 wurde er zu 15 Jahren Gefängnis begnadigt und am 28. Juni 1954 vorzeitig entlassen. Bis zu seinem Tode war er in beratender Funktion für die deutsche Automobilindustrie tätig. Zuvor wurde ihm noch in einer schlichten Zeremonie der ihm 1945 von den Engländern weggenommene Marschallstab zurückgegeben.

Anmerkungen

1 Klaus J. Herrmann in zwei Schreiben an den Verfasser vom 9. und vom 22. Januar 1995 (mit Stammbaum Erhard Milchs und Erläuterungen).
2 David Irving, Die Tragödie der Deutschen Luftwaffe. Aus den Akten und Erinnerungen von Feldmarschall Milch, Frankfurt a. M. u. a. 1970, S. 20.
3 Handschriftl. Anmerkung Milchs zu Richard Suchenwirth, Der Staatssekretär Milch. Lebenslauf und Werdegang (BA-MA, Studie Lw 21/4), S. 32 u. 34.

Bibliographie

Quellen

Die Quellen, die Einblick in Milchs Leben, Tätigkeit und Persönlichkeit geben, fließen verhältnismäßig reichlich, da er selbst von 1910 bis 1950 ein itinerarartiges Merkbuch und für die Jahre seiner größten Verantwortung für die Luftwaffe auch ein Tagebuch geführt hat, von dem nur wenige Bände erhalten sind, während die Merkbücher vollständig vorliegen. Sie bilden den Nachlaß Milch (N 179) beim Bundesarchiv-Militärarchiv Freiburg i. Br. Dort findet man auch die etwa 60 000 Seiten umfassende Sammlung Milch (RL 3/1-64), die zum geringeren Teil aus offiziellem Schriftwechsel des Staatssekretärs und Generalinspekteurs, zum größten Teil aus den von Reichstagsstenographen gefertigten Wortprotokollen der Generalluftzeugmeister- und anderer Besprechungen besteht und Aufschluß vor allem über die Luftrüstung mit ihren technisch-taktischen und wirtschaftlichen Problemen vornehmlich von 1942 bis 1944 gibt. Die Personalakte Milch (Pers 6/11) im Bundesarchiv-Militärarchiv ist wenig aussagekräftig und sollte durch im Berlin Document Center über ihn vorhandene Unterlagen ergänzt werden. Aufschlußreich sind auch die Unterlagen und Protokolle des in Nürnberg geführten Kriegsverbrecherprozesses, nämlich des Falles II, Vereinigte Staaten gegen Erhard Milch (Milch Case Hearings – MCH), die beim Staatsarchiv Nürnberg liegen. Sie sind aber inhaltlich nur von peripherer Bedeutung für eine Bewertung Milchs. Weiteres Material über ihn findet man in den

Beständen R 3 (Reichsministerium für Bewaffnung und Munition), R 13 XXV (Wirtschaftsgruppe Luftfahrtindustrie) und R 26 III (Reichsforschungsrat) des Bundesarchivs in Koblenz sowie unter RL 3 (Generalluftzeugmeister) beim Bundesarchiv-Militärarchiv Freiburg. Schließlich sind als wichtige Quelle der Selbstdarstellung die von Milch 1947 im Nürnberger Militärgefängnis verfaßten Erinnerungen zu nennen, die nicht veröffentlicht wurden. Eine maschinenschriftliche Kopie befindet sich beim Militärgeschichtlichen Forschungsamt Freiburg.

Literatur

Einen kurz gefaßten Überblick über das Leben und Wirken Milchs gibt neuerdings der Beitrag von Horst Boog: Milch, Erhard, in: Neue Deutsche Biographie, Bd. 17: Melander-Moller, Berlin 1994, S. 499–503. Nach dem heutigen Stand der Forschung treffen die dortigen, auf Irving beruhenden Herkunftsdaten Milchs in bezug auf seinen leiblichen Vater nicht mehr zu. Die einzige Biographie über Milch ist die von David Irving, Die Tragödie der Deutschen Luftwaffe. Aus den Akten und Erinnerungen von Feldmarschall Milch, Frankfurt a. M./Berlin/Wien 1970. Da Milch ihre Entstehung von Anfang an begleitete und seine Unterlagen zur Verfügung stellte, insbesondere die Erinnerungen und Tagebücher, ist sie, wie Memoiren üblicherweise, ein wenig Selbstdarstellung. Unabhängig von dieser Tendenz bewahrt der Verfasser jedoch ein hohes Maß an Ausgewogenheit und Sachlichkeit, indem er sein Werk vor allem auf Akten gründet, die damals noch im Imperial War Museum in London lagerten. (Die in diesem Buch von Milch aufgetischte Geschichte seiner Herkunft trifft allerdings nicht zu.) Eine heftige Kritik dieser Milch-Biographie wurde vorgelegt von Theo Osterkamp und Franz Bachér, Tragödie der Luftwaffe? Kritische Begegnung mit dem gleichnamigen Werk von Irving/Milch, Neckargemünd 1971. Diese beiden ehemals hohen Luftwaffenoffiziere urteilen jedoch weniger aus der Zeit heraus als nach ihren späteren Erkenntnissen.

Knappe biographische Skizzen bieten Karl Friedrich Hildebrand, Die Generale der deutschen Luftwaffe 1935–1945, Bd. 2, Osnabrück 1991; Otto Ernst Eugen Moll, Die deutschen Generalfeldmarschälle 1935–1945, Rastatt 1961; und Gerd F. Heuer, Die deutschen Generalfeldmarschälle und Großadmirale, Rastatt 1978. Eine sehr einfühlsame, knappe und gut

lesbare Persönlichkeitsskizze des Feldmarschalls lieferte Richard Suchenwirth, Der Staatssekretär Milch. Lebenslauf und Werdegang
(MGFA Lw 21/4), im Rahmen einer Serie kritischer Lebensbeschreibungen der wichtigsten Luftwaffenführer für die Historical Division der US
Air Force in den fünfziger Jahren. Diese Serie wurde für den Dienstge-
brauch gedruckt als: Richard Suchenwirth, Command and Leadership
in the German Air Force, USAF Historical Studies No. 174, USAF Historical Division, Air University, Maxwell AFB Alabama, July 1969. Milch
wird auf den Seiten 17–51 abgehandelt. Zu seiner Rolle in der Luftwaffenführung siehe Karl-Heinz Völker, Die deutsche Luftwaffe 1933–1939.
Aufbau, Führung und Rüstung der Luftwaffe sowie die Entwicklung der
deutschen Luftkriegstheorie, Stuttgart 1967, und Horst Boog, Die deutsche Luftwaffenführung 1935–1945. Führungsprobleme – Spitzengliederung – Generalstabsausbildung, Stuttgart 1982. Über Milchs Einfluß auf
die deutsche Rüstung im Dritten Reich, insbesondere auf die Luftrüstung
und Luftfahrtforschung, erfährt man in fast jeder der sich damit befas-
senden Veröffentlichungen des In- und Auslandes. Aus ihrer großen
Zahl seien nur die folgenden genannt: Albert Speer, Erinnerungen, Berlin 1969; David Irving, Die Geheimwaffen des Dritten Reiches, Reinbek
1968; Heinz-Dieter Hölsken, Die V-Waffen. Entstehung – Propaganda –
Kriegseinsatz, Stuttgart 1984 (= Studien zur Zeitgeschichte, Bd. 27);
Helmuth Trischler, Luft- und Raumfahrtforschung in Deutschland 1900–
1970. Politische Geschichte einer Wissenschaft, Frankfurt a. M./New
York 1992 (= Studien zur Geschichte der deutschen Großforschungsein-
richtungen Bd. 4); Ralf Schabel, Die Illusion der Wunderwaffen. Die
Rolle der Düsenflugzeuge und Flugabwehrraketen in der Rüstungspolitik
des Dritten Reiches, München 1994 (= Beiträge zur Militärgeschichte
Bd. 35); Deutschlands Rüstung im Zweiten Weltkrieg. Hitlers Konferen-
zen mit Albert Speer 1942–1945, hrsg. u. eingel. von Willi A. Boelcke,
Frankfurt a. M. 1969; Bernhard R. Kroener u. a., Kriegsverwaltung, Wirt-
schaft und personelle Ressourcen 1939–1941, Stuttgart 1988 (= Das Deut-
sche Reich und der Zweite Weltkrieg, hrsg. vom Militärgeschichtlichen
Forschungsamt, Bd. 5.1: Organisation und Mobilisierung des deutschen
Machtbereichs); Edward L. Homze, Arming the Luftwaffe. The Reich
Air Ministry and the German Aircraft Industry 1919–1939, Lincoln and
London 1976; Richard J. Overy, The Air War 1939–1945, London 1980;
Williamson Murray, Strategy for Defeat. The Luftwaffe 1933–1945, Air
University, Maxwell AFB, Alabama 1983.

Walter Model – Hitlers bester Feldmarschall?

VON JOACHIM LUDEWIG

24.1. 1891 — 21.4. 45 (54)

Das Dritte Reich lag in Agonie, im Westen hatte der Ruhrkessel aufgehört zu bestehen. Die Heeresgruppe B existierte nicht mehr. Am 21. April 1945 setzte ihr letzter Oberbefehlshaber, Generalfeldmarschall Walter Model, seinem Leben mit einem Pistolenschuß ein Ende.

Dies geschah in den Wäldern des Grafen Spee bei Duisburg. Einer der jüngsten Feldmarschälle der Wehrmacht – und unter den Soldaten seines Dienstgrades der einzige – hatte den Tod gewählt, um der Gefangenschaft zu entgehen. Wer war dieser Mann, den Hitler Ende April 1945 seinen »besten Feldmarschall«[1] nannte? War Model tatsächlich der »gläubige Nationalsozialist«, der aus ideologischer Verblendung heraus den Kampf auch dann noch nicht aufgeben wollte, als längst schon alles verloren war?

Model hatte sich die Gunst des »Führers« vor allem durch seine hervorragenden operativen Leistungen an der Ostfront erworben. Zuvor in Polen als Chef des Generalstabes des IV. Armeekorps und in Frankreich als Chef des Generalstabes der 16. Armee eingesetzt, erlebte er den Beginn des Unternehmens »Barbarossa« als Kommandeur der 3. Panzerdivison. Der gelernte Infanterist bewies hier seine Talente als Panzerführer. Mit seinem Verband, Speerspitze von Guderians Panzergruppe 2, konnte Model, oft rücksichtslos ohne Flankendeckung vorstoßend, am 14. September 1941 den Kessel von Kiew schließen. Kurze Zeit später wurde er zum Kommandierenden General des XXXXI. Armeekorps ernannt, das er in die Schlußoffensive auf die sowjetische Hauptstadt führte. Nach der strategischen Niederlage vor Moskau war es nicht zuletzt Models Verdienst, daß das Korps bis Mitte Januar 1942 geschlossen in eine erste Aufnahmelinie geführt und dort für den Rückzug auf die Winterstellung beiderseits Jaropoletz (ostwärts von Wjasma) geordnet werden konnte. Im Januar 1942 übernahm Model die 9. Armee. In vier erfolgreichen Abwehrschlachten um Rshew festigte der Generaloberst (seit dem 1. Februar 1942) seinen Ruf als Abwehrexperte. Die nach der Katastrophe von Stalingrad notwendige Räumung des Frontbogens bei Rshew, die »Büffelbewegung«, war eine führungsmäßige Glanzleistung Models. Am Unternehmen »Zitadelle« mit dem Ziel, die Sowjets bei Kursk einzukesseln, war seine 9. Armee als nördliche Angriffszange beteiligt. Nachdem dieser letzte deutsche Versuch, im Osten das Gesetz des Handelns an sich zu reißen, gescheitert war, begann hier endgültig die Zeit der Abwehr- und Rückzugskämpfe. Generaloberst Model wurde am 31. Januar 1944 mit der Führung der Heeresgruppe Nord beauftragt. Seine Defensiverfolge im Osten fanden in diesem Jahr ihren Höhepunkt: Nachdem er es unter Mühen vermocht hatte, die Front der Heeresgruppe bis März am Rande des Baltikums (Nava – Lugafluß) zu stabilisieren, plante Hitler ihn bereits an einem neuen Krisenherd, bei der Heeresgruppe Nord-Ukraine, ehemals Heeresgruppe Süd, ein.

Deren scheidendem Oberbefehlshaber Manstein gegenüber äußerte Hitler am 30. März, was er von dem eben zum Feldmarschall beförderten Model erwartete: »Im Osten sei die Zeit der Operationen größeren Stils, für die [Manstein] besonders geeignet gewesen sei, abgeschlossen. Es komme jetzt hier nur noch auf starres Festhalten an. Diese neue Führung müsse mit einem neuen Namen und einer neuen Parole eingeleitet werden ... Model [sei] hierfür besonders geeignet ... Er werde bei allen Divisionen ›herumflitzen‹ und das Letzte aus der Truppe herausholen.«[2]

Nach dem Zusammenbruch der Heeresgruppe Mitte – er hatte zusätzlich zur Heeresgruppe Nord-Ukraine am 28. Juni auch deren Oberbefehl übernommen – konnte Model noch ein letztes Mal im Osten seinen Ruf als Abwehrexperte rechtfertigen. Trotz einer für ihn katastrophalen Ausgangssituation gelang es ihm schließlich, zumindest eine zusammenhängende Frontlinie zu schaffen und so einen größeren Einbruch in deutsches Reichsgebiet zu verhindern. In einer Besprechung mit Marschall Antonescu erwähnte Hitler dies am 5. August 1944 lobend: »Als General Model die Mittelfront übertragen bekam, habe er mit Recht darauf hinweisen können, daß er eigentlich nur ein Loch, aber keine Front übernehme. Heute aber stehe bereits wieder eine Front da und würde von Stunde zu Stunde mehr konsolidiert [sic].«[3]

Abgesehen von diesen Leistungen war Hitler wohl von der Art des Auftretens und der Befehlsführung des kleinen, drahtigen Feldmarschalls beeindruckt. Obwohl noch im Ersten Weltkrieg zum Generalstabsoffizier ausgebildet und als solcher auch eingesetzt, verkörperte Model von seinem Wesen her nicht mehr den Typ des Heeresoffiziers der Kaiserzeit, wie ihn zum Beispiel noch Rundstedt darstellte.

Model hatte einen höchst eigenen, temperamentvollen und von kaum zu bändigendem Tätigkeitsdrang gekennzeichneten Führungsstil entwickelt, der ihm bald Spitznamen wie »Terrorflieger« oder »der deutsche Stachanow« eintrug. Hart und kompromißlos führend, verlangte er stets das Äußerste, nahm aber sich selbst von dieser manchmal Unmögliches fordernden, bis zur Rücksichtslosigkeit gehenden Art nicht aus. Seine ständige Allgegenwart, vor allem an Krisenpunkten, verschaffte ihm bei den einfachen Soldaten einen auf Vertrauen beruhenden Respekt, worauf er besonderen Wert legte. Gute Umgangsformen galten ihm wenig. Während Model den Mannschaften gegenüber »den richtigen Ton« traf, hatten es Offiziere nicht leicht. Wurden seine oft zu hoch gesteckten Erwartungen nicht schnell genug realisiert, konnte er besonders im Umgang mit Generälen und Stabsoffizieren in schroffes Benehmen, eine sarkastische, bisweilen verletzende Tonart und sogar rüde Drohungen verfallen, was dazu führte, daß selbst Armeeführer regelrecht Angst vor ihm empfanden.

Das wenig »generalstabsmäßige« Auftreten Models mußte Hitler bei seiner sprichwörtlichen Animosität gegenüber dieser Institution – erst recht nach den Ereignissen des 20. Juli 1944 – imponieren. Zu der »Sonderstellung«, die Model auf diese Weise einnahm, hatte auch seine kaltschnäuzige Art, Hitler zu »nehmen«, beigetragen. Der impulsive, selbstbewußte Feldmarschall, von dem man sagte, er sei als Untergebener wie als Vorgesetzter gleich schwierig, trat Hitler in einer Weise gegenüber, wie es nur wenige wagten, und lehnte es bisweilen sogar schlichtweg ab, ihm nicht einleuchtende Befehle auszuführen. Unabhängig davon: Der Abwehrexperte der Ostfront war von der Persönlichkeit Hitlers durchaus angetan. Die »ungewöhnliche Duldsamkeit« des »Führers« ihm gegenüber beruhte auf Respekt vor dem Soldaten Model und vor dessen Eigenschaft, auch den hoffnungslosesten Lagen mit einem erstaunlichen Optimismus zu begegnen.

Hitler schätzte vor allem die seinen eigenen Vorstellungen verwandten außergewöhnlichen Methoden des einer »neuen« Generation von Truppenführern angehörenden Feldmarschalls. Abgesehen von seinen Erfolgen fügte sich Model zudem gut in das Idealbild der militärischen Führungsspitze ein, das dem Heerespersonalamt schon seit langem vorschwebte. Mit der von dieser Seite im Sinne nationalsozialistischer »Elitenmanipulation« angestrebten Verjüngung und Veränderung der sozialen Strukturen des Offizierkorps glaubte man größere »politische Zuverlässigkeit« sowie eine positivere Einstellung gegenüber Regime und Fortsetzung des Krieges besser gewährleisten zu können. Der junge Feldmarschall Model (geboren am 24. Januar 1891 in Genthin bei Magdeburg) erschien ganz als Vertreter des besonders nach der Kriegswende stärker in den Vordergrund rückenden »dynamischen« und von militärischen Familientraditionen »unbelasteten« bürgerlichen Generalstypus, dessen unkonventionelle Durchsetzungskraft Hitler – zu Recht oder Unrecht – der inneren Bindung an den Nationalsozialismus zuschrieb. Während der ebenfalls dieser Gruppe zuzurechnende Rommel durch die letztlich niederdrückenden Erfahrungen der Kämpfe mit den Westalliierten in Afrika und in der Normandie in seiner zunehmend pessimistischen Grundhaltung bestärkt wurde und auf kritischere Distanz zur obersten Führung ging, befand sich Model mit den im gleichen Zeitraum errungenen Abwehrerfolgen im Osten auf dem Zenit seiner militärischen Schaffenskraft. Für ihn war damit ein potentieller Anlaß, der in ähnlicher Weise zu grundsätzlichen Reflexionen und daraus resultierend zu einem inneren Wandlungsprozeß hätte führen können, nicht gegeben. Anders als Rommel hatte sich Model in seiner Haltung zum Regime bisher weder in der einen – zustimmenden – noch in der anderen – kritischen – Hinsicht exponiert.

Es liegt auf der Hand, daß Hitler nach den Geschehnissen des 20. Juli 1944 am 16. August 1944 keinen ausgesprochenen Gegner des Nationalsozialismus in die wichtige Führungsposition eines Oberbefehlshabers West, zugleich OB Heeresgruppe B berief. Dennoch sollten Urteile wie das Waldemar Erfurths, Model sei »von der Glut nationalsozialistischen Bekennens erfüllt«[4] gewesen, näher beleuchtet werden.

Fest steht zum einen, der Feldmarschall führte grundsätzlich keine politischen Diskussionen. Die Welt der Politik war und blieb ihm fremd. In Offizierskreisen gab sich Model darüber hinaus bei allem forschen Auftreten stets sehr verschlossen. Selbst mit Männern, die schon lange in seinem Stabe dienten, sprach er beispielsweise so gut wie überhaupt nicht über private Dinge. Einem Offizier, der ihm nahestand, Oberst Buntrock (Ic AOK 9), zufolge gab es sehr wenige, die den Feldmarschall wirklich kannten. Er, der nach außen schroff und ausschließlich auf das Dienstliche konzentriert wirkte, mußte so für die ihn umgebenden Offiziere gewissermaßen undurchsichtig bleiben. Was lag da näher – auch Neid mag eine Rolle gespielt haben –, als seine steile Karriere auf eine enge Bindung an den Nationalsozialismus zurückzuführen? Aus dem wenigen, was aus seiner Hand erhalten ist, läßt sich nur schwer ein eindeutiges Bild seiner politischen Vorstellungswelt rekonstruieren. Es bleibt lediglich der Versuch, die Zeit bis zum selbstgewählten Tod des Feldmarschalls im April 1945 auf sein Verhalten in bestimmten Situationen zu überprüfen.

Vor Kriegsbeginn hob ihn in dieser Hinsicht kaum etwas aus dem Kreis seiner Kameraden heraus. Model entsprach ganz dem Seecktschen Leitbild eines unpolitischen Offiziers. Als einzige Bezugspunkte einer im weitesten Sinne politischen Orientierung erscheinen in seinen Briefen allenfalls die für diese Einstellung typischen abstrakten Begriffe wie »Staat« oder »Staatsidee«. Mit den sich hinter solchen Formeln verbergenden, im Offizierkorps selbstverständlichen Fernzielen eines wiedererstarkenden Deutschen Reiches und einer von den Bindungen des Versailler Vertrages befreiten Armee verband Model eine Abneigung gegen jede Art von Extremismus. Das beruhte auf einschneidenden persönlichen Erfahrungen aus der Frühzeit der Weimarer Republik.

Als Kompaniechef war Model 1920 in die sich aus dem Kapp-Putsch entwickelnden Kämpfe mit der sogenannten Roten Ruhrarmee involviert worden. In deren Verlauf sah er sich schließlich zum Übertritt in die englische Besatzungszone gezwungen, um seine Kompanie nicht in die Hände der Aufständischen fallen zu lassen. Sich von eigenen Landsleuten in die Internierung durch den ehemaligen Kriegsgegner genötigt zu sehen, mußte für den Berufsoffizier ein traumatisches Ereignis sein. Hierin liegt wohl eine wesentliche Ursache für den über eine allgemeine Grundströmung hinausgehenden, innenpolitisch hergeleiteten Antikommunismus. Diese Haltung war durch persönliche Eindrücke, die er 1931 während eines Aufenthaltes in der Sowjetunion gewonnen hatte, verfestigt worden. Das Bürgerkriegserlebnis muß aber auch zur Erklärung für Models Verhalten nach dem 20. Juli 1944 herangezogen werden.

Sicherlich konnte sich Model mit den von der Reichswehrführung in der Krisensituation Anfang der dreißiger Jahre aufgegriffenen militärischen Konzeptionen insoweit voll identifizieren, als sie die »Wehrhaftmachung der Nation«, breitere soziale Fundierung der Armee und Stärkung des »Wehrwillens« der jüngeren Generation anstrebten. Dies mochte auch ihm – gerade vor dem Hintergrund seiner eigenen trüben Erfahrungen – als probates Heilmittel gegen solch »volkszersetzende Giftstoffe«, wie sie seiner Ansicht nach vor allem im Radikalismus von links zu finden waren, erscheinen.

Model wurde jedenfalls 1932 Stabschef beim neugegründeten »Reichskuratorium für Jugendertüchtigung«, das durch eine koordinierende vormilitärische Ausbildung im Sinne der Reichswehrführung Einfluß auf die verschiedenen Wehrverbände – vom Reichsbanner bis zur SA – nehmen sollte. Von den weitergehenden politischen Implikationen der Pläne Schleichers unberührt, sah er den Zweck seiner Tätigkeit darin, der »schwer enttäuschten Jugend Ziele und befriedigende Tätigkeit«[5] zu geben. Am »Weimarer Militarismus« faszinierte ihn so in erster Linie die neue soziale Komponente, die propagierte »unmittelbare Zusammenarbeit zwischen der Reichswehr und der breiten Masse des Volkes«.

Wenn er auch nach der »Machtergreifung« – wohl aufgrund der Probleme, die sich während seiner Zeit im Reichskuratorium mit der SA ergeben hatten – der neuen Regierung anfangs recht zurückhaltend gegenüberstand, so war er doch durchaus empfänglich für die Zugkraft, welche die »Bewegung« auf das Offizierkorps ausübte. Völkisch-nationale Appelle, Zielvorstellungen wie »Ausrottung des Marxismus, … Stärkung des Wehrwillens mit allen Mitteln« und »straffste autoritäre Staatsführung«[6] hinterließen gerade bei dem im Grunde einfachen Raster seiner politischen Wertvorstellungen mit Sicherheit den erwünschten Eindruck. Angesichts von Models rein soldatisch geprägtem Selbstverständnis waren jedoch die diesen Bereich unmittelbar betreffenden Entwicklungen von nachhaltigerer Wirkung. Die Vereidigung auf die Person Hitlers im Jahre 1934

– von Model zynisch mit der Bemerkung »kleiner Staatsstreich« kommentiert – bedeutete für ihn nichtsdestoweniger eine unabänderliche Grundentscheidung, zu deren Bindungskraft auch die Obrigkeitsvorstellungen des lutherischen Protestantismus – als gläubiger Christ dieser Konfession empfand er sich zeitlebens – beigetragen haben mögen.

Model mußte sich darüber hinaus durch das Regime in seinen Überzeugungen bestätigt sehen, als die Zusammenarbeit mit der Roten Armee eingestellt und mit der Weimarer Außenpolitik einer deutsch-sowjetischen Kooperation anscheinend endgültig gebrochen wurde. Wohl im Zusammenhang mit dem »Antikominternpakt« 1936 kamen seine ideologischen Vorbehalte nochmals in einem Brief, in dem er von einer »Unterschätzung« der aus dem Ausland drohenden »bolschewistischen Gefahr«[8] warnte, deutlich zum Ausdruck. Daß sein ausgeprägter Antikommunismus nun nicht mehr im Widerspruch zu den außenpolitischen Leitlinien stand, machte jedenfalls die Entwicklung einer inneren Zustimmung zum Regime leichter.

1935 zum Leiter der Technischen Abteilung im Generalstab des Heeres ernannt, stand Model vor einem für ihn völlig neuen Aufgabengebiet. Wenn auch selbst technisch nicht sehr begabt, so hatte er doch ein feines Gespür für die operativen Möglichkeiten neuartiger technischer Entwicklungen. Um die Entwicklung der Sturmartillerie erwarb er sich große Verdienste. Model wurde außerdem – anders als Beck und Halder – zu einem entschiedenen Fürsprecher der Ideen General Guderians über die potentiell schlachtentscheidende Bedeutung großer Panzerverbände. Die sich den Militärs beim Aufbau der Wehrmacht bietenden faszinierenden Chancen, ihre professionellen Fähigkeiten zu entfalten, und natürlich auch die Aussicht, in einer wieder voll tauglichen Armee dienen und avancieren zu können, besaßen eine Blendkraft, die problematische Entwicklungen im außermilitärischen Bereich zu überstrahlen vermochte.

Vor diesem Hintergrund ist es in gewisser Hinsicht nachvollziehbar, daß Model die Motive seines langjährigen Bekannten, des in den Dahlemer Predigten aufbegehrenden Pfarrers Nie-möller, nicht mehr verstand. Nach der Festnahme des ehemali-gen kaiserlichen U-Boot-Kommandanten und Freikorpsführers Niemöller, der ihm nicht nur als Offizier verbunden, sondern auch zum Taufpastor seiner drei Kinder geworden war, notierte Model lapidar: »Alte Verdienste sagen nicht alles«, und vermu-tete gleichzeitig ratlos, Niemöller habe sich wohl »verrannt«. »Als aktiver Offizier« könne er, Model, sich jedenfalls nicht »in Kirchenfragen ... mischen«. Vor der Bedeutung der eigenen Aufgabe mußte das, worin Model unkritisch lediglich »Perso-nenstreit und kleinliche Lösungen«[9] vermutete, zurücktreten.

Zu der hier deutlich spürbar werdenden Tendenz der Abschot-tung gegenüber nichtmilitärischen Fragen wird auch die Hilf-losigkeit beigetragen haben, die er in einer für ihn nicht über-schaubaren Situation empfand. Insgesamt gesehen, trifft auch für sein Verhältnis zum Nationalsozialismus Messerschmidts Feststellung von der »Teilidentität der Ziele« zu; einer Teilidenti-tät, die allerdings auf der Unkenntnis der qualitativ singulären, alle Parallelitäten gleichsam »aufhebenden« Endziele Hitlers beruhte.

Selbst wenn man berücksichtigt, daß die »Verschiedenheit der Wertwelten«, die ihn von seinem Kriegsherrn trennte, zunächst hinter der Zustimmung zum nationalen Kurs, hinter lockenden Aussichten und dann einer glänzenden Siegesserie verborgen bleiben konnte, so muß es doch erstaunen, daß sich Model offen-bar auch nach mehrmonatiger Dauer des Ostfeldzuges nicht der rassenideologisch motivierten Vernichtungsabsichten Hitlers be-wußt wurde.

Es bleibt die Frage, wie und in welchem Ausmaß er den quali-tativen Umschlag der Kriegführung persönlich erlebte und dies mit seiner eher an tradierten Kategorien orientierten Grundhal-tung vereinbarte. In dieser Richtung Erfahrenes oder Gehörtes konnte Model in seiner bisweilen leichtfertigen Art wohl derartig psychologisch verarbeiten, daß er es unter die von vornherein als »besonders« angenommenen Verhältnisse des Ostkrieges subsumierte oder einfach als »unliebsame« Begleiterscheinungen einer »großen, vielleicht manchmal schwierigen Kriegszeit«[10] begriff. Sicherlich fiel das Einnehmen einer solchen Haltung insofern leichter, als der militärischen Führung schon vor Kriegsbeginn der Bolschewismus nicht nur als innere Bedrohung des Staates, sondern auch als »selbstverständlicher Bestandteil ... des militärischen Feindbildes« (Jürgen Förster) galt. Hierdurch dürften insbesondere in Verbindung mit den emotional nachwirkenden Erfahrungen Models die Grenzen zwischen soldatisch Vertretbarem und den vermeintlichen Forderungen eines »Weltanschauungskrieges« fließender, die Toleranz gegenüber dem nach militärischem Ethos nicht zu Rechtfertigenden größer geworden sein.

Jedenfalls war für ihn, der in seinen Briefen immer wieder dazu ermahnte, stets »positive Einstellung zu allen Dingen« zu bewahren und nie »von der einfachen Grundeinstellung in ihrer harten Klarheit abzuweichen«[11], damit die Gelegenheit gegeben, sich ausschließlich wieder der Front zu widmen. In dieser Weise ihm schwer Verständlichem auszuweichen erscheint insofern denkbar, als es, wie gezeigt, schon in der Vorkriegszeit hierfür Parallelen gab.

Model, von seinem Wesen her ganz der praktischen Seite zugeneigt, war kein Mann politischer oder grundsätzlicher Reflexionen. Deshalb durchschaute er auch nicht, wie sehr sich seine Vorstellungen von Absichten und Praktiken des Regimes, dem er diente, abhoben. Nur so ist es verständlich, daß er noch im Februar 1942 seinem Sohn von der Ostfront schreiben konnte, als »Endziel« des »gewaltigen Ringens« müsse »Großdeutschland auf bewährter preußischer, vom friderizianischen Geist getragener Grundlage ... erstehen«.[12] Der eigentliche Aufstieg Models aus den Reihen der Generäle fällt in die Zeit der Rückschläge im Großen. Je stärker das, wofür er zu kämpfen glaubte, bedroht und das Reich – in der Rolle als Großmacht sein einziger politischer Bezugspunkt – in Frage gestellt wurde, desto mehr versteifte sich seine Haltung zu einem unbedingten und schließlich nicht mehr realitätsbezogenen, fanatischen Behauptungs-willen.

Während nun auch bei überzeugten Nationalsozialisten oder »Nur-Soldaten« Skepsis und Zweifel wuchsen, die immer bedrückenderen Tagesgeschäfte resignierend zu einer Zuflucht wurden, wieder andere sich zu oppositionellem Denken und Handeln bereit fanden, führte die um den Jahreswechsel 1942/43 deutlich spürbare Situation der Kriegswende – in Models Briefen taucht zum ersten Mal der Begriff »Schicksalskampf« auf – bei ihm zur Freisetzung ungeahnter Energien. Die alliierte Formel des »unconditional surrender« und die hiermit verbundene Befürchtung einer Besetzung des Reiches durch die Rote Armee, ja die Vorstellung, daß so »die Opfer ... umsonst gebracht«[13] sein könnten, waren ihm unerträglich.

Er, der kaum Schlaf brauchte, unempfindlich gegen Strapazen und von einer bis an den Rand des Leichtsinns gehenden Tapferkeit war (Model war Träger des Goldenen Verwundeten-Abzeichens, einer für Angehörige des Generalstabes sehr seltenen Auszeichnung), versuchte nun, sich durch höchste persönliche Einsatzbereitschaft der drohenden militärischen Katastrophe entgegenzustemmen. Ganz seiner Art entsprechend, hielt es ihn immer weniger bei den Stäben, suchte er ständig die Nähe zu den Brennpunkten der Front, um selbst eingreifen zu können und gerade dem einfachen Soldaten durch seine Unerschrockenheit Vertrauen einzuflößen, ihm ein Vorbild, ein »Modell«, wie er das unter Anspielung auf seinen Namen nannte, zu sein. Bei dieser dynamischen Art der Befehlsführung – so problematisch sie auch für eine kontinuierliche Stabsarbeit sein mochte – war Model ganz in seinem Element, sein Denken und Handeln waren ausschließlich von den unmittelbar erlebten militärischen Ereignissen in Anspruch genommen. Diese Totalität des persönlichen Einsatzes »ersparte« es ihm aber auch, sich mit potentiell aufkeimenden Gewissenskonflikten auseinanderzusetzen.

In dieser von ihm selbst gesuchten Einseitigkeit liegt auf der einen Seite der Grund dafür, warum das Gesamtbild Walter

Models in der Geschichte unter einem zwiespältigen Aspekt erscheinen muß. Andererseits gab ihm diese Einseitigkeit eines im wörtlichen Sinne »absoluten« Soldatentums aber erst die erforderliche Kraft, solche militärisch herausragenden Leistungen zu erbringen. Diese Erfolge führten Model nicht nur zum Zenit seiner Laufbahn, sie gaben auch dem ihn kennzeichnenden tiefgehenden Optimismus immer neue Nahrung. Hieraus erwuchs jene der Gesamtsituation in keiner Weise angemessene Haltung einer unerschütterlichen Zuversicht, die von vielen Zeitgenossen nur als Ausfluß der Propaganda angesehen wurde und Model als »gläubigen Nationalsozialisten« erscheinen ließ.

Diese Einschätzung fand vordergründig ihre Bestätigung in seiner Reaktion auf die Ereignisse des 20. Juli. Das erste Ergebenheitstelegramm der Ostfront erhielt Hitler von Feldmarschall Model. Nach dem Zeugnis eines Generalstabsoffiziers, der Models Verhalten in jener auf das Attentat folgenden Nacht im Hauptquartier der Heeresgruppe Mitte miterlebte, verfolgte der Feldmarschall mit dem Fernschreiben jedoch nur den Zweck, »den Zerfall der Heeresgruppen (Mitte und Nord-Ukraine) durch eine richtungsweisende Kundgebung ihres Oberbefehlshabers zu verhindern«. Sein knapper Kommentar zu dem Attentatsversuch: »Noch schlechter vorbereitet als der Kapp-Putsch«[14], legt nahe, daß die Ereignisse bei ihm in erster Linie Assoziationen an jene prägenden Erfahrungen als junger Kompaniechef wachriefen, er den 20. Juli nur unter dem Aspekt potentieller Gefahren für den inneren Zusammenhalt seiner Truppen, ja der ganzen Wehrmacht und des Volkes begriff. Models Telegramm war also »führungspsychologisches Mittel zum Zweck« (Hermann Teske), entsprach damit eher militärischen Notwendigkeiten als dem Bedürfnis einer Devotionsformel nationalsozialistischer Gesinnung. Auch wenn er das Attentat schon vor dem Hintergrund solcher Assoziationen persönlich entschieden ablehnte, hinderte ihn seine ungebrochene Loyalität doch nicht daran, einigen in diesem Zusammenhang Verfolgten oder Verdächtigten nach Kräften zur Seite zu stehen.

Das verdient schon deshalb hervorgehoben zu werden, weil im Offizierkorps damals kaum noch jemand »mit Kameraden umgehen oder … sich zu ihnen« bekennen wollte, »wenn sie auch nur im entfernten Verdacht der Mitwisserschaft standen«.[15] So scheint es Model gelungen zu sein, den Stab der Heeresgruppe Mitte durch sein entschiedenes Auftreten und wohl auch durch seine »Sonderstellung« bei Hitler vor weiteren Nachforschungen zu bewahren.

Unter diesem Aspekt gewinnt sein Ergebenheitstelegramm eine ganz andere Qualität. Mit den Auswirkungen des 20. Juli kam Model auch noch in Berührung, als er schon den Oberbefehl im Westen übernommen hatte. Es steht fest, daß er sich hier nachdrücklich für seinen Chef des Generalstabes bei der Heeresgruppe B, den ihm seit langem bekannten Generalleutnant Dr. Speidel, verwandte. Der Anordnung Hitlers, Speidel sei aufgrund erheblicher Belastungsmomente sofort abzulösen, widersetzte sich Model im Gespräch mit dem Chef des Heerespersonalamtes, General Burgdorf, in einer Diktion, die nichts an Klarheit vermissen ließ: »Ich kann jetzt meinen Chef nicht hergeben … Ist doch alles Unsinn« und abermalige Einwände abschmetternd: »Interessiert mich nicht! Fertig!«[16] Seinem Adjutanten gegenüber äußerte der Feldmarschall: »Die sind völlig verrückt geworden. Speidel soll weg … irgend so ein politischer Quatsch.«[17]

Die Motive Models in diesem letztlich vergeblichen Kampf – Speidel wurde zwei Wochen später dann doch verhaftet – werden in erster Linie in dem Wunsch gelegen haben, endlich die innere Ruhe im Offizierkorps wiederherzustellen und natürlich seinen Bereich von vornherein vor Eingriffsmöglichkeiten des Reichssicherheitshauptamtes abzuschirmen. Solche Befürchtungen bestimmten nämlich auch sein Verhalten im mit den zeitgleichen Ereignissen um Paris verbundenen Fall des Generals von Choltitz.

Gegen die Versetzung an die Westfront hatte Model sich zu sträuben versucht, da er seine vordringliche Hauptaufgabe nicht dort, sondern einer Bemerkung gegenüber seinem Sohn zufolge darin sah, »die Russen von den Reichsgrenzen fernzuhalten«. Doch nicht nur deshalb bedeutete die Ernennung zum Oberbefehlshaber im Westen eine Zäsur im Leben des Feldmarschalls.

Model war mit einer vorgefaßten Meinung nach Frankreich gekommen; die »flüchtige« Lageeinweisung im »Führerhauptquartier« hatte ihn wohl über die personelle Problematik der von Hitler als »Saulanden« diffamierten Stäbe, nicht aber im erforderlichen Umfang über die grundsätzlich anderen Kampfbedingungen im Westen informiert. Falsch instruiert, ging er zunächst davon aus, es komme lediglich darauf an, hier »aufzuräumen und eine starke Zügelführung« zu ergreifen. »Im Westen«, so seine Überzeugung, sei bisher »zu wenig getan worden«, es habe an »Schwung und Energie« gemangelt, unter »seiner Führung« aber würde das nun alles anders.[18] Als sein typischer Optimismus jedoch mit den Realitäten konfrontiert wurde, wandelte sich Models Einschätzung rasch und grundlegend. In Briefen konnte er – vor allem angesichts der erdrückenden alliierten Luftherrschaft – bald nur noch der Hoffnung Ausdruck geben, daß sich der, so Model, »total verfahrene Apparat … noch notdürftig deichseln«[19] lasse. Mochten auch seine Chefs Blumentritt und Speidel in dieser Zeit den Eindruck gewinnen, selbst der Feldmarschall halte nun eine Wendung der Lage für unmöglich, so ist nach seinem Charakterbild doch nachvollziehbar, daß er alle Hebel in Gang setzen, nach jedem Strohhalm greifen würde, solange der Krieg eben nur wahrscheinlich, nicht aber bereits tatsächlich verloren war. Alles müsse unternommen werden, um im Westen »dem Ostheer den Rücken freizuhalten«.[20]

Möglicherweise entstehende interne Schwierigkeiten schreckten Model nicht. Obwohl er Hitlers allergische Reaktionen zu diesem Thema kennen mußte, verlangte er kurz nach seiner Ankunft in Frankreich die »sofortige Zuführung aller verfügbaren Strahl*jäger* (Me 262)« oder wandte sich unter Umgehung des Dienstweges unmittelbar an den ihm gut bekannten Albert Speer, um auf diese Weise »improvisierte Rüstungshilfe« für seine Heeresgruppe zu erhalten.

Daß es schließlich – nach den katastrophalen Niederlagen und Kesselschlachten bei Falaise, Montélimar und Mons – doch noch gelang, das Westheer »aufzufangen« und um den 11. September 1944 zwischen der Scheldemündung und Belfort wieder eine zusammenhängende Frontlinie zu bilden, stellte insgesamt gesehen einen deutschen Defensiverfolg dar, an dem Model großen Anteil hatte. Seine Führungsleistungen bestanden einerseits in geschickter Organisation des Abwehrkampfes mittels Improvisationen größten Ausmaßes, andererseits in seiner Allgegenwart, der Fähigkeit, der Truppe auch in hoffnungslos erscheinenden Situationen Halt und neue Zuversicht zu geben. Dies muß besonders deshalb hoch bewertet werden, weil es schon am 17. August, dem Tag, an dem Model im Westen eintraf, für die Durchführung geordneter Rückzugsoperationen im Grunde genommen zu spät war.

Auch nachdem dreieinhalb Monate später die Ardennenoffensive, deren von Hitler allein bestimmte Konzeption Model im Verein mit Rundstedt vergeblich zu modifizieren versucht hatte, gescheitert war und sich Gedankenspiele zerschlagen hatten, das Westheer könne zur Eindämmung der hereinbrechenden sowjetischen Truppen kehrtmachen und diese »Flut«, so Model, »ähnlich den früheren Mongolenstürmen«[21], aufgefangen werden, bemühte sich der Feldmarschall, keinerlei Resignation erkennen zu lassen.

Noch Mitte März 1945 schrieb er, schließlich habe man bisher immer wieder »neue positive Aushilfen« »im Kampf mit der feindlichen Überlegenheit« gefunden. Aber zwischen den Zeilen gab er seiner Frau zu verstehen, daß er den Tod wählen würde, sollten sich seine immer weniger an der Realität orientierten Hoffnungen, es werde auch diesmal »wie im 7- oder 30jährigen Kriege« aus »aussichtsloser Lage … etwas Gutes heraus[kommen]«[22], nicht verwirklichen. Daß ihm ein solches Verhalten von jeher als eine aus der Berufsauffassung hervorgehende Selbstverständlichkeit erschien, zeigt eine Äußerung noch aus der Zeit des Polenfeldzuges: »Alles flüchtet …, alle die, die nun eigentlich auf ihren Posten vorsterben müßten!«[23] So war auch nach der Kapitulation von Paulus in Stalingrad gegenüber seinem Sohn voller Unverständnis der Satz gefallen: »Ein Feldmarschall geht nicht in Gefangenschaft.«[24]

Wenn Model im Angesicht des im Todeskampf liegenden Reiches, getrieben von völlig irrationalen Hoffnungen, doch noch etwas bewirken oder Zeit gewinnen zu können, sich deshalb nun in der Befehlsgebung der NS-Diktion anpaßte, so wird man der Feststellung Messerschmidts, die soldatische Sprache habe zuletzt ihr Profil verloren, zustimmen können. Es sollte jedoch darauf hingewiesen werden, daß dieser Tatsache, die letztlich einen Umbruch in der deutschen Militärgeschichte bedeutete, in der Sicht Models wiederum rein instrumentale, auf Wirkung bei den Empfängern bedachte Motive zugrunde lagen. Wenn der Feldmarschall sich in einem Befehl vom 29. März 1945 des Vokabulars der Ideologie bediente, so tat er das nicht im Bewußtsein der mit dieser Ideologie verbundenen schrecklichen Konsequenzen, sondern weil er, der sich der Mentalität einfacher Soldaten stets nahe fühlte, nur auf diese Weise glaubte, ein letztes Aufbäumen im Ruhrkessel zuwege bringen zu können. Das ihn leitende militärische Zweckdenken, das die Verwendung solcher Mittel möglich werden ließ, hatte ihm den Blick dafür verstellt, daß er nun selbst zum mißbrauchten Instrument geworden war, das sich auch von der Diktion her kaum mehr vom Nationalsozialismus abhob. Grenzen dieser Assimilation blieben jedoch deutlich sichtbar: Die militärisch völlig zwecklose Durchführung der von Hitler mit dem sogenannten Nero-Befehl angeordneten Zerstörungen in Deutschland unterband Model – im Gegensatz zu anderen führenden Soldaten – in seinem Heeresgruppenbereich bewußt.

Nachdem auch das letzte lokale Angriffsunternehmen aus dem Raum Winterberg am 30. März 1945 gescheitert, der Ruhrkessel am 1. April geschlossen und die verbliebenen Hoffnungen zerstoben waren, löste der Feldmarschall seine Heeresgruppe auf, um nicht formell kapitulieren zu müssen. Seinen Soldaten hatte er freigestellt, weiterzukämpfen oder sich zu den Angehörigen durchzuschlagen. Der besiegte Oberbefehlshaber richtete schließlich am 21. April 1945 die Pistole gegen sich. Er blieb damit der Tage zuvor seiner Frau übersandten Zeile »lieber tapfer gestorben, als die Freiheit verloren«[25] treu.

Model war sicherlich nicht der »Feldherr« im herkömmlichen Sinne, der Stratege großer Konzeptionen, sondern zeitbedingt eher ein Improvisator, ein »Frontflickschuster von großem Format«.[26] Er, der sich dem Reich in seiner Rolle als europäische Großmacht verpflichtet fühlte, erkannte nicht oder erst *in extremis mortis,* daß seine aus diesem Bewußtsein heraus erbrachten Leistungen letztlich einem verbrecherischen, den Lebensinteressen seines Volkes entgegenstehenden Regime dienstbar wurden. Sein Blick blieb stets aufs Militärische begrenzt; seine Verantwortung erschöpfte sich zuletzt darin, alle nur denkbaren Mittel zur Verhinderung der Niederlage zu organisieren, ohne daß er aber – wie es bei einem Feldmarschall eigentlich zu erwarten gewesen wäre – den Gesamtzusammenhang zu begreifen suchte. Will man diese rein militärfachliche Haltung erklären, wird man auf die in dieser Hinsicht fatalen Folgen der Ära Seeckt wie auch auf den allgemeinen gesellschaftlichen Verfall von Ethos und Moral, auf die Lockerung sittlicher Bindungen verweisen müssen.

Es verdient berücksichtigt zu werden, daß Model erst zu einem Zeitpunkt in eine Spitzenstellung der Armee gelangte, als deren Verstrickung schon unlösbar und »ein Weg zurück« nur über den Bruch der noch unangetastet gebliebenen, allerdings aus dem entscheidenden Wertzusammenhang herausgelösten soldatischen Maximen wie der Gehorsamspflicht möglich geworden war. Dies aber kam für Model, der innerlich eher Kämpfernatur geblieben als zum nüchternen Generalstabsoffizier geworden war, nicht in Frage. Er war weder zu im weitesten Sinne politischen Abstraktionen bereit noch dazu angesichts des täglich auf ihn einhämmernden Geschehens wankender Fronten überhaupt in der Lage. Der Druck der Zeitumstände in Verbindung mit einer professionellen Passion ließen Walter Model seine Pflicht, die er zu erfüllen, und das Vaterland, dem er zu dienen glaubte, höher stellen als jede moralische Erwägung.

Auch bei dem so zu konstatierenden, jedoch im Rahmen der Generalität in keiner Weise exponierten Versagen im großen Zusammenhang bleibt eine über dem Schicksal dieses *Soldaten pur sang* stehende Tragik in besonderer Weise augenfällig.

Anmerkungen

1 Walter Görlitz, Model. Strategie der Defensive, Wiesbaden 1975, S. 230.

2 Erich von Manstein, Verlorene Siege, Bonn 1964, S. 615 ff.

3 Unterredung Hitler-Antonescu im Führerhauptquartier vom 5. August 1944, Aufzeichnung vom 7. August 1944, in: Staatsmänner und Diplomaten bei Hitler. Vertrauliche Aufzeichnungen über die Unterredungen mit Vertretern des Auslandes, hrsg. und eingel. von Andreas Hillgruber, Bd. 2: 1942–1944, Frankfurt a. M. 1970, S. 488.

4 Waldemar Erfurth, Geschichte des Deutschen Generalstabs 1918–1945, Göttingen 1957, S. 293.

5 Brief Models vom 27. November 1932, Privatarchiv Model.

6 Rede Hitlers vor Reichswehrbefehlshabern am 3. Februar 1933, in: Thilo Vogelsang, Neue Dokumente zur Geschichte der Reichswehr 1930–1933, in: *Vierteljahrshefte für Zeitgeschichte* 2 (1954), S. 397–436, hier S. 432 ff.

7 Konrad Leppa, Generalfeldmarschall Walter Model, Nürnberg 1961, S. 76.

8 Brief Models vom 27. Dezember 1936, Privatarchiv Model.

9 Brief Models vom 3. August 1937, Privatarchiv Model.

10 Brief Models vom 14. Januar 1942, Privatarchiv Model.

11 Briefe Models vom 25. Februar und 13. April 1942, Privatarchiv Model.

12 Brief Models vom 1. Februar 1942, Privatarchiv Model.

13 Brief Models vom 27. Januar 1943, Privatarchiv Model.

14 Hermann Teske, Die silbernen Spiegel. Generalstabsdienst unter der Lupe, Heidelberg 1952, S. 226.

15 Georg Meyer, Zur Situation der deutschen militärischen Führungsschicht im Vorfeld des westdeutschen Verteidigungsbeitrages 1945–
1950/51, in: Anfänge westdeutscher Sicherheitspolitik, hrsg. vom Militärgeschichtlichen Forschungsamt, Bd. 1, München 1982, S. 579–
735, hier S. 589.

16 Rudolf Schmundt, Tätigkeitsbericht des Chefs des Heerespersonalamtes, General der Infanterie Rudolf Schmundt, fortgeführt von Wilhelm Burgdorf, hrsg. von Dermot Bradley und Richard Schulze-Kossens, Osnabrück 1984, Eintrag für den 25. August 1944, S. 226; Aussage des ehemaligen O 1 der Heeresgruppe B, Hauptmann Maisch,
Privatarchiv Model.

17 Oberst a. D. Freyberg, Adjutant Oberbefehlshaber der Heeresgruppe B, in: BA-MA N 6/1, Model, S. 245.

18 Bodo Zimmermann, Geschichte des OB West, Bd. B IV, MS-T-121,
S. 1596.

19 Brief Models vom 26. August 1944, Privatarchiv Model.

20 Interview des Verfassers mit Herrn Brigadegeneral Hansgeorg Model
vom 13. September 1986.

21 Brief Models vom 22. Januar 1945, Privatarchiv Model.

22 Brief Models vom 24. März 1945, Privatarchiv Model.

23 Brief Models vom 26. September 1939, Privatarchiv Model.

24 Vgl. Anm. 22.

25 Brief Models vom 24. März 1945, Privatarchiv Model.

26 General d. Inf. Edgar Röhricht, in: BA-MA N 6/1, Model, S. 69.

Bibliographie

Quellen

Das Quellenmaterial zur Person Models, der seine Dokumentensamm-
lung 1945 in Dresden verbrennen ließ, ist spärlich. Nachlaßsplitter finden sich im Bundesarchiv-Militärarchiv Freiburg unter den Signaturen
BA-MA N 6/1 und Pers 6/12. Der Sohn des Feldmarschalls, Brigadegeneral a. D. H. Model hat zusammen mit D. Bradley 1991 eine umfassende Quellenedition vorgelegt, die unverzichtbares Material zum Leben
seines Vaters aufweist. H. Model hat dabei Kriegstagebücher und Teile
seines umfangreichen Privatarchivs verwertet, das unter anderem die

Briefe des Feldmarschalls an seine Familie, aber auch nach dem Kriege zusammengetragene Stellungnahmen verschiedener Offiziere enthält. Dennoch ist die Primärquellenlage nicht erschöpfend, weshalb zur Beurteilung der Persönlichkeit Models die Erinnerungen von ehemaligen Soldaten eine wichtige Ergänzung bieten. So vor allem: Hermann Balck, Ordnung im Chaos. Erinnerungen 1893–1948, Osnabrück 1980; Günther Blumentritt, von Rundstedt. The soldier and the Man, London 1952; Rudolf-Christoph von Gersdorff, Soldat im Untergang, Frankfurt a. M./Berlin/Wien 1977; Hermann Goetzel, Die Erinnerungen des Generaloberst Kurt Student, Friedberg 1980; Heinz Guderian, Erinnerungen eines Soldaten, Stuttgart 1979; Franz Halder, Kriegstagebuch. Tägliche Aufzeichnungen des Chefs des Generalstabes des Heeres 1939–1942, bearb. von Hans-Adolf Jacobsen, 2 Bde., Stuttgart 1962–1964; Basil H. Liddell Hart, Deutsche Generale des Zweiten Weltkrieges, Wien 1964; ders., Jetzt dürfen sie reden. Hitlers Generale berichten, Stuttgart 1950; Erich von Manstein, Verlorene Siege, Bonn 1964; Hans Speidel, Invasion 1944. Ein Beitrag zu Rommels und des Reiches Schicksal, Stuttgart 1950; Hermann Teske, Die silbernen Spiegel. Generalstabsdienst unter der Lupe, Heidelberg 1952; Siegfried Westphal, Erinnerungen, Mainz 1975; ders., Heer in Fesseln. Aus den Papieren des Stabschefs von Rommel, Kesselring und Rundstedt, Bonn 1950.

Literatur

Es gibt zwei Model-Biographien. Das Werk von Konrad Leppa, Generalfeldmarschall Walter Model, Nürnberg 1961, war ursprünglich auf drei Bände angelegt, von denen aber lediglich der erste erschienen ist, der nur die Zeit bis Ende 1941 umfaßt. Ebenfalls an einen breiten Leserkreis gerichtet und dementsprechend auch ohne ausreichende Quellenverweise ist das Buch von Walter Görlitz, Model, Strategie der Defensive, Wiesbaden 1975, das schon mehrere Auflagen unter zum Teil wechselndem Titel erlebt hat. Görlitz liefert eine Lebensbeschreibung, die sich allerdings im wesentlichen einer kritischen Würdigung enthält.

Friedrich Paulus – Patriot in zwei Diktaturen

VON TORSTEN DIEDRICH

»Ja, ich weiß, die Kriegsgeschichte hat schon jetzt das Urteil über mich gesprochen.«[1] Als Paulus diese Worte Ende Januar 1943 in die frostige Kälte der Steppenlandschaft um Stalingrad sprach, war er im Grunde ein gebrochener Mann. Die Ereignisse der letzten zwei Monate hatten ihn aller Ideale beraubt, die ihn in seiner bis dato grandiosen Karriere begleitet und geleitet hatten – den Glauben an die Tugenden und Ehrbegriffe des »unpolitischen« deutschen Soldaten, an den Dienst an »Führer« und – vermeintlich – »Volk und Vaterland«. Paulus stand vor dem Scherbenhaufen seines Lebens, die Seele belastet mit 150000 sinnlos gefallenen oder verhungerten Soldaten, die Bestialität und Menschenverachtung des Regimes spürend, dem er ergeben und nun resignierend diente.

Friedrich Paulus irrte jedoch, was das Urteil der Militärgeschichte anbetrifft, welches ihm am Ende der Stalingrader Schlacht als so eindeutig erschien. Er wollte das, was er als militärische Pflicht empfand, so erfüllen, daß Zeitgenossen und die Geschichte seinem militärischen Verdienst Respekt zollen würden. Paulus war vielleicht einer der fähigsten operativen Köpfe des deutschen Generalstabs, sah sich als Strategen, verglich sich als Heerführer im Rußlandfeldzug mit einem Ludendorff und erlitt ein militärisches und persönliches »Cannae« unvergleichlichen Ausmaßes. Er war kein Widerständler wie Beck, kein Nazi wie Jodl, jedoch auch nicht prinzipienfest wie Seydlitz. Stalingrad, der Bruch in seinem Leben, ging einher mit dem Untergang des Dritten Reiches. Paulus, ein Repräsentant der militärischen Führungsschicht dieses Reiches, der immer nur unpolitischer Militär hatte sein wollen, wurde nun zum Politikum.

Der am 23. September 1890 in Breitenau-Gershagen im Hessischen geborene Friedrich Wilhelm Ernst Paulus wuchs in einem typischen kaiserlichen Beamtenhaushalt auf. Sein bürgerlicher biographischer Hintergrund hat seinem weiteren Leben ein deutliches Gepräge gegeben. Vater Ernst, Kassierer einer Korrektionsanstalt, und Mutter Bertha, die Tochter des Erziehungsanstaltsleiters Nettelbeck, führten ein einfaches bürgerliches Leben, in dem beamtische Tugenden den Umgang miteinander bestimmten: Korrektheit, Genauigkeit, ein einfaches National- und Hierarchiebewußtsein und ein tiefverwurzelter Treuebegriff.

Ausgestattet mit diesen Tugenden und einer überdurchschnittlichen Intelligenz, schien der junge Paulus für eine militärische Karriere geradezu prädestiniert. Dabei hatte der Start in die Militärlaufbahn so gar nicht gelingen wollen. Nach bestandenem Abitur in Kassel bewarb sich der Neunzehnjährige 1909 bei der Kaiserlichen Marine. Dem sich als Elite fühlenden Marineoffizierkorps erschien der Beamtensohn jedoch nicht als standesgemäß. So schrieb sich Paulus für ein Jura-Studium in Marburg ein, verließ aber die Universität bereits im Februar 1910, um als Fahnenjunker nunmehr Aufnahme im 3. Badischen Infanterie-Regiment Nr. 111 in Rastatt zu finden. Nach dem Besuch der Kriegsschule Engers erhielt Paulus 1911 das heißbegehrte Leutnantspatent. Nicht ohne Einfluß auf seine Karriere war die Hochzeit mit der rumänischen Adligen Elena Constance Rosetti-Solescu im Jahr 1912. Die für beide Seiten ungewöhnliche Ehe prägte den späteren Feldmarschall nicht nur in gesellschaftlicher Hinsicht; besonders seine Kenntnis der rumänischen Mentalität spielte 1942 eine Rolle bei seiner Ernennung zum Oberbefehlshaber der im engen Kontakt mit den rumänischen Armeen operierenden 6. deutschen Armee.

Als Adjutant des III. Bataillons des Infanterie-Regiments Nr. 111 erlebte Paulus kriegsbegeistert und kaisertreu den Beginn des Ersten Weltkriegs. Schnell erkannte man seine Begabungen als Stabsoffizier: seine Gewissenhaftigkeit, sein Organisationstalent, die Anpassungsfähigkeit und vor allem seine Gewandtheit im Umgang mit Vorgesetzten. So fand sich der schließlich zum Hauptmann beförderte Paulus bis Kriegsende in wechselnden Stabsstellungen.

Der verlorene Krieg und der Sturz der Monarchie in Deutschland hatten den Soldaten und Monarchisten Paulus politisch tief getroffen. Er empfand als Soldat die Schmach der Niederlage, seine Stellung zum Militär und zum Krieg als Mittel der Politik blieben jedoch unberührt. So gelang es dem jungen Offizier, seine militärische Laufbahn 1919 im Freikorps »Grenzschutz Ost«, in dem Reichswehr-Schützen-Regiment 113 und dem 14. Infanterieregiment Konstanz über die Zeit der Demobilisierungen zu retten. Die nicht genau bestimmbare Tätigkeit im Freikorps und die sympathisierende Haltung gegenüber den Kapp-Putschisten weisen Paulus als einen konservativ-monarchistisch denkenden und das Militär verehrenden Menschen aus.

Seinen Neigungen und operativen Fähigkeiten entsprechend, fand Paulus nach mehrjähriger ungeliebter Truppenpraxis ab 1927 Verwendung als Taktiklehrer für »Führergehilfenanwärter« (Generalstabsausbildung). Seit Herbst 1931 ins Reichswehrministerium versetzt, fungierte er, inzwischen zum Major befördert, als Lehrgangsleiter für Taktik und Kriegsgeschichte. Hier verkörperte der großgewachsene, fast steif wirkende Paulus den Prototypen des neuen Stabsoffiziers Seecktscher Prägung. Die am Kartentisch geschulte Fähigkeit zum operativen Denken verband sich bei ihm mit der Abneigung gegenüber jedweder politischer Stellungnahme, die den »unpolitischen« Reichswehroffizier auszeichnen sollte.

1933 wurde Paulus zum Oberstleutnant befördert und erhielt

mit der Übernahme der Kraftfahr-Abteilung 3 in Wünsdorf/Zossen die Chance zum Aufstieg in die höchste militärische Hierarchie des Dritten Reiches. Unmittelbar in den Aufbau der neuen Waffengattung »Panzertruppen« einbezogen, erlebte Paulus Hitlers »Machtergreifung«. Obwohl er instinktiv eher gegen diesen »Proleten« und seine »Volkspartei« eingestellt war, fühlte sich Paulus doch von den Versprechen Hitlers hinsichtlich der Entwicklung Deutschlands und der Wehrmacht angezogen, zumal ihn die »fehlende Zucht und Ordnung« in der Weimarer Demokratie abgestoßen hatte. Auch auf Paulus traf die Äußerung Vizeadmiral Canaris' von 1938 zu: »Wir sind als Soldaten glücklich, uns zu einer politischen Weltanschauung bekennen zu dürfen, die zutiefst soldatisch ist.«[2] Paulus' Sympathien zur neuen politischen Macht im Lande verstärkten sich, als er – nun Oberst und Chef des Stabes des neugebildeten Kommandos der Panzertruppen in Berlin – mehrfach mit Hitler in Berührung kam und dessen großes Interesse an der neuen Waffengattung spürte.

Den Ausbruch des Zweiten Weltkriegs mit dem Überfall auf Polen erlebte Generalmajor Paulus als Chef des Generalstabes der im Rahmen der stillen Mobilmachung im August 1939 aufgestellten 10. Armee unter Generaloberst von Reichenau. Der Kriegserfolg der Feldzüge gegen Polen, Belgien und Frankreich, in denen die Armee Reichenaus sehr zur Zufriedenheit des »Führerhauptquartiers« operierte, ließ Kritiken und Vorbehalte der Wehrmachtführung gegen den »Führer« schnell verstummen. Auch für Paulus war damit die Schmach des Versailler Vertrages getilgt, der »Erzfeind« besiegt und Deutschland zu neuer Geltung verholfen. Wie so mancher hielt er Hitlers Strategien für die eines Abenteurers. Doch der »errang einen Sieg nach dem anderen und die Stimmen der Unzufriedenen verstummten. Er wollte Deutschland zu einer Großmacht werden lassen, und das ist ihm gelungen. Zumindest bis zum Beginn des Ostfeldzuges. Dies aber imponierte allen.«[3]

Aus militärischer Sicht erwiesen sich Reichenau und Paulus als ein ideales Gespann. Walther von Reichenau, der spontane, entschlußfreudige, heißblütige Truppenführer, fand in dem wie am Schachbrett wägenden, alle Möglichkeiten sezierenden Stabschef das optimale Pendant. Paulus offerierte gut durchdachte taktische und operative Optionen, die der Armeeführer kühn und entschlossen umsetzte. Er verehrte Reichenau, sah in ihm trotz dessen Rücksichtslosigkeit und Vierschrötigkeit den idealen Oberbefehlshaber.

Von den engen Bindungen an den Nationalsozialismus und den politischen Eskapaden Reichenaus nahm Paulus kaum Notiz. Er war mehr beeindruckt von dessen Sportlichkeit, Mut und militärischem Truppenführungstalent, die der wesentlich elegantere, große, sportlich wirkende und doch kränkelnde Paulus gern für sich beansprucht hätte. Reichenau schätzte seinen so gänzlich anderen Stabschef, vertraute väterlich auf dessen Planungstalent und die ihm eigene Gründlichkeit. So unvergleichbar diese beiden Männer waren, so gut ergänzten sie sich.

Mit Blick auf den bevorstehenden Überfall auf die Sowjetunion erkor der Chef des Generalstabes des Heeres, Generaloberst Halder, den inzwischen zum Generalleutnant avancierten Paulus im Spätsommer 1940 zum Quartiermeister I im Generalstab des Heeres. Halder wollte einen mit der Panzertaktik vertrauten Mann für den Rußlandfeldzug an seiner Seite wissen. Paulus brachte den bislang von General Marcks bearbeiteten Plan »Barbarossa« zur Vollendung. Damit war er in die höchsten Führungskreise der Wehrmacht, in die unmittelbare Nähe Hitlers gerückt und in die direkte Kriegsplanung einbezogen.

Karrierebewußt und anpassungsgeübt erfüllte Paulus seine Pflichten. Wohl stand er militärisch einem Krieg gegen die UdSSR skeptisch, aber nicht ablehnend gegenüber. Er glaubte an die Notwendigkeit einer Auseinandersetzung mit dem bolschewistischen Reich, das er ablehnte und von dem er ernsthaft annahm, es werde wie ein Kartenhaus zusammenbrechen. Gleichwohl plädierte er wie Halder zuerst für die Vernichtung des »Hauptfeindes« England. Paulus fragte nicht nach Verantwortung, konzentrierte sich auf seinen Auftrag, den er als seine persönliche Chance erkannte. So wie viele Militärs war auch Paulus, bewußt oder unbewußt, zum willfährigen Werkzeug nationalsozialistischer Aggressionspolitik geworden.

Der von Paulus hauptverantwortlich erarbeitete »Barbarossa«-Feldzugsplan setzte auf die Vernichtung der russischen Streitkräfte in operativer Umfassung und sah die Hauptunwägbarkeit des Feldzuges in der Gewährleistung des Nachschubs. Zwei großangelegte Planspiele unter seiner Leitung vor den höchsten militärischen Befehlshabern der Wehrmacht schlossen die Planung zur Zufriedenheit Hitlers ab. Paulus kümmerte sich nunmehr um die Vorbereitung der Verbündeten Rumänien und Ungarn auf die Eroberungspläne des Dritten Reiches.

Mit dem Überfall auf die Sowjetunion am 22. Juni 1941 erfüllten sich Paulus' hochgesteckte Ambitionen des Generalstabsoffiziers, der vom Kartentisch aus die Operationen im Osten in großen Zügen zu leiten hatte. Immer stärker aber mischte sich Hitler in die militärische Führung ein, riß diese an sich. Kontroversen gab es vor allem über den überschätzten »Koloß«, dessen rüstungswirtschaftliche Kraft sowie die vom OKH geforderte und von Hitler abgelehnte Vorbereitung auf einen Winterfeldzug 1941/42. Allerdings war Paulus nicht der Mann, der durch offenes Opponieren gegen die Entscheidungen Hitlers seine Karriere riskierte. Er verstand Gehorsam als seine oberste Pflicht und vertraute durchaus auf das militärische Können des »Gefreiten«.

Die entscheidende Wende im Leben von Friedrich Paulus trat ein, als sich der Kaukasusfeldzug bei Rostow festfuhr, Generalfeldmarschall von Rundstedt Hitler um Entbindung vom Oberbefehl über die Heeresgruppe Süd bat, weil dieser seine Vorschläge zum Rückzug auf eine Winterstellung verworfen hatte, und nunmehr von Reichenau dessen Nachfolge antrat. Als neuen Oberbefehlshaber der 6. Armee erbat sich Reichenau Paulus, was dessen Karrierewünschen durchaus entsprach.

Der am 1. Januar 1942 zum General der Panzertruppen beförderte Paulus, dem der Truppendienst nicht lag und der sein letztes Truppenkommando über eine gepanzerte Aufklärungsabteilung im Jahre 1934 innegehabt hatte, erhielt nun die Aufgabe, eine Armee zu führen. Menschliche Rechtschaffenheit bewies Paulus, als er für den Bereich der 6. Armee umgehend den verbrecherischen »Kommissarbefehl« Hitlers und den unsittlichen Härte-Befehl Reichenaus zum Vorgehen gegen die russische Bevölkerung und die Juden aufhob. Beide Befehle entsprachen nicht dem Ethos seines Soldatenbildes, an dem er zeitlebens festhielt.

Im Verlauf der Sommeroffensive 1942 konnte die 6. Armee die Truppen Marschall Timoschenkos bei Charkow vernichtend schlagen. Paulus bewies damit Fähigkeiten zum Führen eines operativen Truppenkörpers, erhielt das Ritterkreuz und befand sich in hoher Gunst des »Führerhauptquartiers«. Angesichts des Erfolges trieb Hitler die Heeresgruppe Süd voran und teilte sie, um gleichzeitige Offensiven gegen Wolga und Kaukasus führen zu können. Nach Siegen bei Stary Oskol und Kalatsch erreichte die bereits von den Kämpfen gezeichnete 6. Armee die Wolga. Am 21. August befahl Paulus den Angriff auf Stalingrad. Seine Divisionen verbluteten in der heldenhaft verteidigten Stadt, ohne Hitlers erklärtes »Prestige-Objekt« je vollständig einnehmen zu können. Die durch den schnellen Vormarsch entstandenen langen, ungenügend gesicherten Flanken an Don und Wolga waren militärisch unverantwortlich, luden zum Gegenangriff geradezu ein.

Am 19. November 1942 brach der sowjetische Gegenangriff auf die Nahtstellen beiderseits der 6. Armee los. Drei Tage später vereinigten sich die sowjetischen Stoßgruppen bei Kalatsch im Rücken der 6. Armee. 22 Divisionen, etwa 280 000 Mann, waren im Raum Stalingrad eingeschlossen. Ungenügend auf den Winter vorbereitet, verfügten sie schon jetzt nur unzureichend über Munition, Verpflegung und Treibstoff. Das militärhistorisch einmalige Desaster der 6. deutschen Armee begann.

Vor Paulus stand seit der Einkesselung die schicksalhafte Entscheidung zwischen eigenmächtigem Ausbruch und Gehorsam gegenüber dem »Führer«, dem Menschenleben, eine Armee nichts, die Einnahme Stalingrads alles bedeutete. Die Kommandierenden Generäle der 6. Armee, allen voran von Seydlitz, plädierten für den unverzüglichen Ausbruch, zweifelten an der von Göring großspurig versprochenen Luftversorgung des Kessels, die sich letztlich als Fiasko erwies. Wie Paulus auch entscheiden mochte, er war Richter über Leben und Tod. Sein permanentes Wägen ließ ihn berechtigte Gründe finden, den Entschluß immer wieder zu vertagen. Sein hitlerhöriger Stabschef Schmidt stützte ihn dabei. Anfangs dominierten der strikte »Führerbefehl« zum Ausharren und die Furcht, beim Ausbruch mit der 6. Armee in der deckungslosen Steppenlandschaft liegenzubleiben. Im Dezember, als es dem LVII. Panzerkorps der 4. Panzerarmee des Generalobersten Hoth gelungen war, sich beim Entsatzversuch dem Südrand des Kessels bis auf 55 km zu nähern, waren es die geringen Treibstoffvorräte und die große Zahl der zurückzulassenden Verwundeten, die Paulus vor eigenmächtigem Handeln zurückschrecken ließen. »So wie die Dinge um die Wende des Jahres 1942/43 lagen, glaubte ich, durch das lange Aushalten bei Stalingrad gerade den Interessen des deutschen Volkes zu dienen, da mir ein Zusammenbruch an der Ostfront jeden politischen Ausweg zu versperren schien.«[4]

Tatsächlich ließen das »Führerhauptquartier« und die Heeresgruppe Don Paulus über die Gesamtlage bewußt im unklaren, sicherten permanent den Entsatz zu. Hitlers Befehl, Vertrauen auf die Führung und der gebotene Gehorsam schienen Paulus die eigene Verantwortung abzunehmen. Anfänglich mag Paulus der Gedanke beherrscht haben, in militärisch auswegloser Situation als »Held von Stalingrad« in die Geschichte einzugehen. Retrospektiv verglich er seine Rolle in Stalingrad mit der des Spartanerkönigs Leonidas, doch »der Regisseur hat sich verrechnet. Aus Thermopylae ist ein Cannae geworden«.[5]

Nach dem Scheitern des Entsatzversuches resignierte Paulus, hielt nur noch an dem sinnlosen Befehl Hitlers zum Ausharren bis zur letzten Patrone fest. Hatte die absolute Hörigkeit der Wehrmachtführung Hitlers Weltmachtträume und militärische

Abenteuer erst ermöglicht, so war diese »Loyalität« nun auch auf Paulus zurückgeschlagen. Niemand wagte gegen den Befehl des Diktators zu handeln, das OKW nicht, nicht das OKH, nicht der Oberbefehlshaber der Heeresgruppe. Es »gab ... keinen Feldherrn mehr, sondern nur höhere Führer im Rahmen eines funktional gesteuerten Getriebes, eines ungeheuren Räderwerks«.[6]

Die letzte Chance, das Blutvergießen zu beenden, bot sich, als am 8. Januar 1943 der Oberbefehlshaber der sowjetischen Donfront, Generalleutnant Rokossowskij, der 6. Armee die Kapitulation anbot. Wieder bat Paulus Hitler um Handlungsfreiheit, anstatt zu handeln, hoffte auf Entsatz und befal den sinnlosen Widerstand. Zwei Tage später begann die Rote Armee ihre Offensive.

Während die Mehrzahl der Eingeschlossenen das Zaudern ihres Armeeoberbefehlshabers mit dem Leben bezahlte, ließ es sich Paulus nicht nehmen, seinem »Führer« telegraphisch zum zehnten Jahrestag des Machtantritts zu gratulieren. Der dankte das Durchhalten mit Beförderungen. Am 31. Januar 1943 traf der Glorienschein des höchsten militärischen Dienstgrades in dem sich für das Propagandaministerium anbahnenden Heldenepos einen gebrochenen Mann. In der Todesstunde der 6. Armee war Paulus in Lethargie gefallen, unwillig, Hitlers Wunsch nach dem Freitod zu erfüllen, unfähig, die längst überfällige Kapitulation zu befehlen. Am 31. Januar 1943 begab sich Paulus durch die Vermittlung seines Stabschefs ausdrücklich nur als Privatperson in sowjetische Gefangenschaft. Das Sterben im Nordkessel ging noch zwei Tage weiter.

Paulus' Weg in die Gefangenschaft führte Anfang Februar per Eisenbahn in das Lager Krasnogorsk bei Moskau, im April in das Kloster Susdal und im Juli 1943 ins Generalslager Woikowo. Seine Haltung hier charakterisierte Paulus später so: Als »Armeeführer hielt ich mich auch nicht für berechtigt, aus der Kriegsgefangenschaft – also unter dem Anschein der Zusammenarbeit mit einem Gegner Deutschlands – in das Schicksal

meines Vaterlandes einzugreifen«.[7] Er fürchtete den »Dolchstoß« in den Rücken des deutschen Volkes. Während Paulus in
schweren inneren Auseinandersetzungen seine Mitschuld am
Elend der 6. Armee begriff, blieb seine Überzeugung, daß er nur
militärische, keine politische Verantwortung trage, noch uner-
schüttert. »Zu einer richtigen politischen Beurteilung der ganzen Zusammenhänge dieses Krieges und der eigenen Mitverantwortung sind wir zu diesem Zeitpunkt noch nicht vorgedrungen.
Vielmehr sahen wir die ganze Verantwortung nur bei Hitler und
seinen unmittelbaren Beratern, genau wie auch die Kritik von
Stalingrad sich auf die rein militärischen Maßnahmen beschränkte«[8], formulierte er rückblickend.

Paulus' Interesse an dem Neuen, welches ihm die UdSSR präsentierte, hing mit der Erkenntnis zusammen, daß Hitler die
6. Armee in Stalingrad schmählich verraten hatte. Er erkannte
schrittweise, daß die Wehrmacht zum Werkzeug eines menschen-
verachtenden Systems geworden war und Deutschland einen
nicht zu rechtfertigenden Eroberungskrieg führte. Die Sowjets
informierten den ranghöchsten Gefangenen ausführlich über
Greueltaten von SS- und Wehrmacht-Einheiten, um ihn für eine
Mitarbeit im Nationalkomitee »Freies Deutschland« (NKFD)
zu gewinnen. Bald holte die Politik den »Nur-Soldaten« nun
auch in der Gefangenschaft ein.

Paulus' Verhältnis zur »antifaschistischen Bewegung« war
1943 voller Argwohn und Zurückhaltung, obgleich er einen Prozeß der Umbewertung aller Werte durchlebte. So ließ er sich von
hitlertreuen Generalen wie Heitz, Sixt von Arnim, Rodenburg,
Strecker und Pfeffer zum offiziellen Boykott der »Verräter und
Eidbrüchigen« im »Bund Deutscher Offiziere« (BDO) überreden. Paulus bedauerte aber nach einer Unterredung mit sowjetischen Offizieren die »unwürdige Angelegenheit« und nahm
die diffamierenden Erklärungen gegen von Seydlitz, Korfes und
Lattmann zurück.

Bis zum Sommer 1944 bemühte sich Paulus, alles Politische
von sich fernzuhalten. Er verfolgte den Kriegsverlauf auf einer

Karte im Speisesaal und gelangte bald zu der Erkenntnis, daß der Krieg für Deutschland verloren sei. Am 24. Juli 1944 erfuhren die Gefangenen des Generalslagers von dem mißglückten Attentat auf Hitler. Viele der Verschwörer kannte und schätzte Paulus, so die Generale Beck, Fellgiebel, Olbricht und Oberst Stauffenberg. Nun brach der Generalfeldmarschall mit seinen Prinzipien. Möglich, daß die Sowjets ihm suggerierten, daß nach dem Scheitern der Verschwörung er der einzige sei, der Einfluß auf die Wehrmachtführung nehmen könne, möglich, daß sein Umdenken die politische Dimension der Konsequenzen von NS-Regime und Krieg für das deutsche Volk erfaßte. Sowjetische Offiziere und NKFD-Persönlichkeiten, darunter der Kommunist Wilhelm Pieck, hatten ihn seit 1943 bedrängt, mit dem Beitritt zum BDO ein Signal für die Beendigung des Krieges zu setzen. Hitler brauchte den toten Paulus für seine Propaganda, Moskau und später Pankow den lebenden.

Am 8. August 1944, als Feldmarschall von Witzleben in Plötzensee als Verschwörer stranguliert wurde, gab Generalfeldmarschall Paulus seine Zurückhaltung auf. Er unterzeichnete den Appell »An die kriegsgefangenen deutschen Offiziere und Soldaten und an das deutsche Volk« und sprach im Sender »Freies Deutschland«. »Deutschland muß sich von Adolf Hitler lossagen und sich eine neue Staatsführung geben, die den Krieg beendet und Verhältnisse herbeiführt, die es unserem Volk ermöglichen, weiterzuleben und mit seinen jetzigen Gegnern in friedliche, ja freundschaftliche Beziehung zu treten«,[9] lautete seine Botschaft.

Die Sowjetunion hatte damit die Galionsfigur unter den deutschen Gefangenen für ihre Zwecke gewonnen, Paulus seine Neutralität aufgegeben. Der BDO gewann eine Persönlichkeit zu dem Zeitpunkt hinzu, als seine Ziele vollends zur Illusion wurden. Auch die verschiedenen von Paulus erarbeiteten und unterzeichneten sowjetischen Kapitulationsangebote, so 1944 an die eingekesselte 6. deutsche Armee, verfehlten ihre Wirkung. Der Krieg endete mit der nationalen Katastrophe für das deutsche Volk. Während Seydlitz 1945 entsetzt und fassungslos über den sinnlosen Krieg auch die Wehrmachtführung geißelte, konnte sich Paulus zu einem derartigen Verdikt nicht durchringen.

Nach Kriegsende allerdings erregte er mit seinem Auftritt als Zeuge vor dem Nürnberger Kriegsverbrechertribunal erneut das Interesse der Weltöffentlichkeit. In einem Schreiben vom 9. Januar 1946 begründete er seinen Schritt: »Heute, wo über die Verbrechen Hitlers und seiner Helfer Gericht der Völker gehalten wird, sehe ich mich verpflichtet, alles, was mir aufgrund meiner Tätigkeit bekannt ist und als Beweismaterial für die Schuld der Kriegsverbrecher im Nürnberger Prozeß dienen kann, der Sowjetregierung zu unterbreiten.«[10] Tatsächlich teilte Paulus die Position der UdSSR hinsichtlich des verbrecherischen Charakters des deutschen Überfalls, wollte sich im patriotischen Sinne seiner persönlichen Mitverantwortung stellen und seinen Bruch mit dem Vergangenen dem deutschen Volk sichtbar machen. Daß Paulus auf seine Aussagen vorbereitet worden war, ist jedoch augenscheinlich. Entscheidender aber wurde, daß sich Paulus damit vollends in die Hand der UdSSR begab. Wie sehr dies der Fall war, mag ihm erst in den letzten Jahren bewußt geworden sein wie auch die Tatsache, daß er mit seinen Aussagen gegen die Wehrmachtspitzen einen tiefen Graben zu vielen ehemaligen Kameraden gezogen hatte, die seine Haltung als Verrat werteten.

Am 24. Oktober 1953 kehrte Paulus nach Deutschland zurück. Er konnte dies im Gegensatz zu General von Seydlitz tun, weil er entschlossen war, fortan in der DDR zu leben. Bei dieser Entscheidung mögen sowohl der Tod seiner Frau im Jahr 1949, die in Sippenhaft das KZ Dachau nicht lange überlebt hatte, als auch die Furcht vor einer Auseinandersetzung um seine Person in der Bundesrepublik und seine offensichtlichen Vorbehalte gegen den Adenauerkurs zur Wiederaufrüstung und militärischen Integration in ein westeuropäisches Paktsystem eine Rolle gespielt haben. Paulus war sich zudem bewußt, daß eine kriegsgerichtliche Verurteilung wegen der Behandlung der sowjetischen Kriegsgefangenen im Kessel von Stalingrad sowie des Feuerbefehls auf Parlamentäre durchaus im Ermessen der UdSSR lag. Der UdSSR nicht im gleichen Maße willfährig, mußte von Seydlitz dies erfahren.

Paulus war kein Kommunist, ein kommunistisches Deutschland wünschte er nicht, wohl aber eine »friedliche Zukunft eines geeinten demokratischen Deutschlands«. Diesem Ziel verpflichtete ihn seine neue Heimat – die DDR. Hier bot man Paulus die Möglichkeiten, seinen Interessen entsprechend tätig zu werden. Als Leiter des neu entstehenden Kriegsgeschichtlichen Forschungsrates begann er im August 1954 eine Lehrtätigkeit über Kriegskunst an der Hochschule für Offiziere der Kasernierten Volkspolizei (KVP) in Dresden. Bereits in der Gefangenschaft hatte er begonnen, seine wichtigsten persönlichen Schlußfolgerungen und Erfahrungen niederzuschreiben. Als verallgemeinerungswürdig empfand er besonders die Einsicht, daß Deutschland nie wieder versuchen dürfe, Rußland in den Krieg zu ziehen, was er militärisch als aussichtslos und politisch als nicht zu rechtfertigen beurteilte. Aktiv beteiligte er sich an der Planung des Forschungsrates und hielt Vorträge über Stalingrad und den Schlieffen-Plan. Die DDR »bedankte« sich mit einer Villa auf dem Weißen Hirsch in Dresden und Vergünstigungen wie Waffenschein, Jagdrechten und einem KVP-finanzierten Opel.

Der DDR gelang es, den Generalfeldmarschall der Wehrmacht für ihre politischen Ziele zu gewinnen. Mit Sensibilität hatte man Paulus' Umdenken beobachtet und gefördert. Nun bauten Ulbricht und die Politische Verwaltung der KVP auf seine patriotische Einstellung gegenüber einem friedlichen, einigen Deutschland und auf seine Verachtung der Westintegrations- und Aufrüstungspläne Adenauers, dessen Ziele er nach zehnjähriger einseitiger Information und Abwesenheit aus Deutschland gar denjenigen des Dritten Reiches gleichsetzte: Über ehemalige Kriegsteilnehmer wollte die DDR-Führung eine gesamtdeutsche Fraktion gegen die Pariser Verträge schaffen. Paulus, auf dessen Artikel und Vorträge man permanent Einfluß nahm, trat im Juli 1954 auf einer internationalen Pressekonferenz sowie im

Dezember des gleichen Jahres in einem Interview mit dem Deutschlandsender erstmals in der Öffentlichkeit gegen die Pariser Verträge auf. Auch als Hauptredner vor Offizieren der ehemaligen Wehrmacht in Ostberlin am 29./30. Januar und 25./26. Juni 1955 sowie auf zwei kleineren Veranstaltungen vertrat Paulus die Auffassung, daß die Weltkriegsteilnehmer eine tiefe Verantwortung für ein demokratisches Deutschland mittrügen, und stellte sich gegen die militärischen Integrationspläne der Bundesrepublik. Eine neue deutsche Armee solle unter keinem fremden Willen stehen und nur dem Volke dienen. Er blieb sich dabei selbst treu und trat nur für solche Ziele ein, die seiner Überzeugung entsprachen. Wie Paulus allerdings zur Aufrüstung in der DDR, zur Sowjetisierung in Ostdeutschland oder aber zu den kommunistischen Machthabern hier stand, wie er sich ein einheitliches Deutschland vorstellte, darüber äußerte er sich auch zu keinem Vertrauten. Tief trafen ihn in Vorbereitung der Treffen Antwortbriefe ehemaliger Kameraden, so von General Halder, in denen ihm Verrat an Deutschland und gemeinsame Sache mit den Kommunisten vorgeworfen wurden, aber auch jene von Angehörigen, die sich nach dem Verbleib von Stalingradkämpfern erkundigten und die er gewissenhaft und nach bestem Wissen beantwortete. All das nagte an seiner Gesundheit, vergrößerte sein Leiden an der Verantwortung, die er trug und die er nun mit seinem als patriotische Pflicht am deutschen Volk empfundenen Tun wiedergutzumachen gedachte.

Schwer von Krankheit gezeichnet, verschwand Paulus Ende 1955 aus dem politischen Rampenlicht. Am 1. Februar 1957 starb der Generalfeldmarschall in tiefer Depression, die ihn in den dunklen Monaten des Jahres immer befiel. Selbst der Todestag des in kleinem Kreis beigesetzten Paulus widerspiegelte noch den tiefen Bruch in seinem Leben.

Was Paulus wirklich dachte und empfand, ist nicht aus Erklärungen ablesbar. Er war stets sehr verschlossen und nach Stalingrad sich seines historischen Platzes durchaus bewußt. Die Person des Generalfeldmarschalls der Wehrmacht ist heute weder mit dem Stigma des historiographisch oft verteufelten national-sozialistischen Heerführers Paulus noch mit dem des kommunistischen Saulus zu fassen. Der große introvertierte Mann verkörpert aus heutiger Sicht viel mehr eine vom Schicksal schwergeprüfte Persönlichkeit, die sich dank ihrer Intelligenz selbst als tragische Figur deutscher Militär- und Politikgeschichte wahrnahm. Zwischen der Last der Verantwortung seiner Wehrmachtstätigkeit und dem politischen Druck der für ihn nicht vollends erfaßbaren neuen Gesellschaften in Ost und West nach neuen Idealen suchend, blieb Paulus, der sich immer als unpolitischer Offizier verstanden hatte, eine öffentliche und hochpolitische Person. Letztlich wurden seine patriotischen Hoffnungen auf ein einiges, friedliches Deutschland und sein Versuch, hier seine persönlichen Erfahrungen einzubringen, nur erneut politisch ausgenutzt. Einsam endete das Leben eines Mannes, der tragische deutsche Geschichte letztlich zweimal mitschrieb.

Anmerkungen:

1 Herbert Selle, Die Tragödie von Stalingrad, Hannover 1948, S. 120 f.

2 Wilhelm Canaris, Politik und Wehrmacht, in: Richard Donnevert (Hrsg.), Wehrmacht und Partei, Leipzig ²1938/39, S. 49.

3 Alexander Blank, Die deutschen Kriegsgefangenen in der UdSSR, Köln 1979, S. 182.

4 Walter Görlitz (Hrsg.), Paulus »Ich stehe hier auf Befehl«. Lebensweg des Generalfeldmarschalls Friedrich Paulus. Mit den Aufzeichnungen aus dem Nachlaß, Briefen und Dokumenten, Frankfurt a. M. 1960, S. 262.

5 Blank (Anm. 3), S. 175.

6 Görlitz (Anm. 4), S. 53.

7 »Rückschauende Betrachtungen« im Fonds Paulus 1945, vgl. Bundesarchiv-Militärarchiv, Pau 1-2 sowie D. Dreetz, Weg und Bekenntnis des Generalfeldmarschall Friedrich Paulus, in: *Zeitschrift für Deutsche Militärgeschichte* 1 (1962), S. 89–102, hier: S. 98.

8 Alexander Blanck, Begegnungen und Gespräche mit Generalfeldmarschall Paulus zum Nationalkomitee »Freies Deutschland«, in:
  Zeitschrift für Militärgeschichte 6 (1977), S. 716–724, hier S. 718.
9 Erklärung vom 8. August 1944, in: Wahrheit und Dichtung und Lüge
  über Feldmarschall Paulus, Schreibmaschinenmanuskript, Dresden
  1955, Bd. 1, S. 1 f.
10 Schreiben an die UdSSR-Regierung vom 9. 1. 1945. In: Natalija
  Lebedewa, Generalfeldmarschall Friedrich Paulus als Zeuge der Anklage im Nürnberger Prozeß gegen die faschistischen Hauptkriegsverbrecher, in: *Zeitschrift für Militärgeschichte* 5 (1985), S. 421–428,
  hier S. 426.

Bibliographie

Quellen:

Zur Person F. Paulus befand sich im Militärarchiv Potsdam (jetzt Bundesarchiv-Militärarchiv Freiburg) ein Fonds, der die Kopien des Nachlasses Paulus mit Lebensdaten, Pressestimmen zum Tode Paulus', Vorträ-
gen und Darstellungen sowie Briefen enthielt. Die Originale wurden
dem Sohn, Dr. Alexander F. Paulus, übergeben und sind z. T. veröffentlicht. Des weiteren existieren in der Außenstelle Potsdam des BA-MA
Akten zur Tätigkeit Paulus in der DDR. Schriftwechsel mit der KVP-
Führung (Pt 2069, Pt 2219, Pt 2066, VA-01/4369), Referate (VA-01/6141)
und Erinnerungsberichte. Zudem stehen Erinnerungen (so von Horst
Gaudigs, Dr. Max Hummeltenberg) und Dokumente von Personen aus
dem näheren Bekannten- und Arbeitskreis von Paulus (z. T. beim Autor)
zur Verfügung. Unter dem Titel »Wahrheit, Dichtung und Lüge über
Feldmarschall Paulus«, Bd. 1 und 2 (ungedrucktes Schreibmaschinen-
typoskript), Dresden 1955, existiert eine unveröffentlichte Sammlung
von Dokumenten, Zeitungsberichten und Stellungnahmen über den
Zeitraum von 1944 bis 1954.

Literatur:

Aus der Vielfalt von Kriegserinnerungen sind die von Paulus' Adjutanten
Wilhelm Adam, Der schwere Entschluß, Berlin (Ost) 1965; des Befehls-

habers der Heeresgruppe Don, Erich von Manstein, Verlorene Siege, Bonn 1955; sowie der Stalingradteilnehmer bzw. deren Biographen Heinrich Graf von Einsiedel, Tagebuch der Versuchung, Berlin/Stuttgart 1950; Luitpold Steidle, Entscheidung an der Wolga, Berlin (Ost); Hans Doerr, Der Feldzug nach Stalingrad. Versuch eines operativen Überblicks, Darmstadt 1955, und Sigrid Wegner-Korfes, Weimar – Stalingrad – Berlin. Das Leben des deutschen Generals Otto Korfes. Biographie, Berlin 1994; Hans Martens, General von Seydlitz 1942–1945, Analyse eines Konflikts, Berlin (West) 1971, und Joachim Wieder, Stalingrad und die Verantwortung des Soldaten, München 1962, zu nennen. Letztere ist insbesondere durch seine kritischen Betrachtungen zu den Erinnerungen von Mansteins, Paulus' und von Seydlitz' im Zusammenhang mit dem Eigenerlebten des Autors empfehlenswert, die Erinnerungen Steidles, Adams, Korfes' und von Einsiedels geben ein aus der entsprechenden Nachkriegssichtweise geschriebenes Bild der Vorgänge im Kessel und insbesondere auch zu deren Stellung zum »Bund der Offiziere« bzw. zum Nationalkomitee »Freies Deutschland«.

Zur Person des Generalfeldmarschalls stehen neben der auf großen Teilen des Nachlasses beruhenden, die Zeit nach der Gefangennahme jedoch kaum berührenden Biographie von Walter Görlitz (Hrsg.), Paulus »Ich stehe hier auf Befehl«, Lebensweg des Generalfeldmarschalls Friedrich Paulus. Mit den Aufzeichnungen aus dem Nachlaß, Briefen und Dokumenten, Frankfurt a. M. 1960, verschiedene andere Publikationen zur Verfügung. Zu nennen sind Dieter Dreetz, Wege und Bekenntnisse des Generalfeldmarschall Friedrich Paulus zum Nationalkomitee »Freies Deutschland«, in: *Zeitschrift für Militärgeschichte* 1 (1962), S. 89–102; Natalija Lebedewa, Generalfeldmarschall Friedrich Paulus als Zeuge der Anklage im Nürnberger Prozeß gegen die faschistischen Hauptkriegsverbrecher, in: *Zeitschrift für Militärgeschichte* 5 (1985), S. 421–428 sowie Alexander S. Blank, Begegnungen und Gespräche mit Generalfeldmarschall Paulus, in: Ebenda 6 (1977), S. 716–724. Blank, der Dolmetscher von Paulus in russischer Gefangenschaft war, veröffentlichte zudem Alexander Blank, Die deutschen Kriegsgefangenen in der UdSSR, Köln 1979 und ders./Boris Chawkin, Das zweite Leben des Feldmarschall Paulus (russisch), Moskau 1990, in zeitlicher Reihenfolge abnehmend prosowjetische Reflexionen über Paulus und die sowjetische Kriegsgefangenenproblematik. In diesem Zusammenhang sei auf zwei biographische Darstellungen zu Paulus in Otto E. Moll,

Die deutschen Generalfeldmarschälle 1939–1945, Rastatt 1962 und im Soldaten-Jahrbuch 1993, verwiesen.

Zu dem Komplex »Nationalkomitee« und »BDO« sind vor allem die Publikationen: Bodo Scheurig (Hrsg.), Verrat hinter Stacheldraht, Das Nationalkomitee »Freies Deutschland« und der Bund Deutscher Offiziere in der Sowjetunion 1943–1945, München 1965; ders., Verräter oder Patrioten? Das Nationalkomitee »Freies Deutschland« und der Bund Deutscher Offiziere in der Sowjetunion 1943–1945, Berlin/Frankfurt a.M. 1993; ders., Walther von Seydlitz-Kurzbach – General im Schatten Stalingrads. Beiträge zum Thema Widerstand, Informationszentrum Berlin, Gedenk- und Bildungsstätte Stauffenbergstraße, Berlin 1983; und ders., Spiegelbilder der Zeitgeschichte, Oldenburg/Hamburg 1978, Gerald Diesner, Der Beitritt kriegsgefangener Generale zur Bewegung »Freies Deutschland« 1944, in: *Zeitschrift für Militärgeschichte* 5 (1988), S. 455–460, zu nennen. Den Bereich Literatur runden die militärhistorischen Darstellungen zur Reichswehr, Manfred Zeidler, Reichswehr und Rote Armee 1920–1933, München 1993, und zum Zweiten Weltkrieg ab, hier: Jürgen Förster, Stalingrad. Risse im Bündnis 1942/43, Freiburg 1975; Manfred Kehrig, Stalingrad. Analysen und Dokumentationen einer Schlacht, Stuttgart 1978, Die Welt im Krieg 1941–1943, Bd. 2, Frankfurt a.M. 1992, und Das Deutsche Reich und der Zweite Weltkrieg, Bd. 6, Stuttgart 1991.

Erich Raeder –
Oberbefehlshaber »seiner« Marine

VON MICHAEL SALEWSKI

Am 24. April 1876 wurde Erich Raeder als ältester von drei Söhnen des Oberlehrers Hans Raeder und seiner Frau Gertraudt, geborene Hartmann, in Wandsbek bei Hamburg geboren. Er starb 85jährig in der Universitätsklinik Kiel. Die Christiana Albertina (Universität zu Kiel) hatte ihm am 31. März 1926 den Dr. h. c. für sein im Rahmen des Reichsarchivwerkes »Der Krieg zur See« erschienenes Werk zur Geschichte des Kreuzerkrieges während des Ersten Weltkrieges verliehen. Raeder war der Universität zeit seines Lebens für diese Ehrung dankbar; als er starb, vermachte er einen Teil seines Vermögens der Universität mit der Maßgabe, aus den Zinserträgen Literatur für das Historische Seminar anzuschaffen. Noch heute wirft dieser »Raeder-Fonds« ein erkleckliches Sümmchen ab, 1994 konnte das Historische Seminar dafür den Faksimilenachdruck des Kriegstagebuchs der Seekriegsleitung erwerben, in dem die Persönlichkeit Raeders bis zum 30. Januar 1943 die prominenteste Rolle spielt.

Raeder war davon überzeugt, daß Geschichtskenntnisse zur wesentlichen Voraussetzung des Offizierberufes gehören; sein Leben wird von der Sehnsucht durchzogen, die Geschichte zu begreifen, aus ihr zu lernen, es den Altvorderen, wenn sie denn Vorbilder waren, gleichzutun, deren Fehler aber zu vermeiden. Diese Eigenschaft ließ ihn oft die Attitüde des »Oberlehrers«

gewinnen und forderte nicht selten den Spott seiner Kameraden, vor allem aber jüngerer Offiziere, heraus, denen das auch sonst eher altfränkische, steif-konventionelle Gebaren des kleinen, stets akkurat und sehr gerade wirkenden Mannes reichlich antiquiert vorkam. Die Marine, so dozierte Raeder bei allen sich bietenden Gelegenheiten, sei eine große Familie, er aber fühlte sich als der gestrenge, gerechte Familienvater. All dies fügte sich in den Rahmen einer tief empfundenen evangelischen Gläubigkeit; noch als Oberbefehlshaber kümmerte er sich persönlich um die Seelsorge in der Marine, die ihm freilich nicht nur Selbstzweck, sondern Teilstück eines sehr umfassenden, anspruchsvollen Erziehungsprogramms war. Traumatisch durch die Matrosenrevolte von 1918 geprägt, war Raeder davon überzeugt, daß solche Unglücke nicht zuletzt dem Versagen der Menschenführung während des Weltkrieges zuzuschreiben waren. Als er 1928 Chef der Marineleitung geworden war, galt daher der Menschenführung in der Marine sein besonderes Augenmerk; als Siegfried Sorge sein Werk »Der Marineoffizier als Führer und Erzieher« 1940 in zweiter Auflage vorlegte, schrieb Raeder in einem Geleitwort: »Welche ausschlaggebende Bedeutung die Kunst des Offiziers, Menschen zu führen, erlangen kann, haben besonders deutlich die Ereignisse des Großdeutschen Freiheitskampfes gezeigt. Immer wieder haben Offiziere mit kühnem Wagemut und rücksichtslosem persönlichem Einsatz ihre Soldaten zu gewaltigen und beispiellosen Taten mitgerissen.«[1]

Als Erich Raeder am 1. April 1894 als Offizieranwärter in die Kaiserliche Marine eintrat, konnte von »gewaltigen und beispiellosen Taten« der deutschen Flotte noch keine Rede sein, es war jedoch für Raeder charakteristisch, daß ihm als Begründung seines Wunsches, Offizier und nicht Mediziner zu werden, bloß der Titel eines Buches des Admirals von Werner einfiel: Dieser hatte es verstanden, ganzen Generationen von jungen Menschen die Liebe zur See einzuimpfen. Das hatte nichts mit Imperialismus oder Navalismus zu tun, sondern gehörte in jene geistige Strömung, die etwa gleichzeitig auch die Ideale des Jugendstils, der

Jugendbewegung und einer spezifisch deutschen national-technizistischen Romantik hervorbrachte. Bis zum Ende seiner militärischen Laufbahn blieb Raeder von Anblick und Funktion »dicker« Schiffe und der gewaltigen rangierten Schlachtflotte fasziniert; in den Tagen seines Sturzes wurden ihm die großen Schiffe endgültig zum Schicksal.

Raeder durchlief die üblichen Stationen der Seeoffiziersausbildung in einer Epoche, die von den Ideen und Taten des Großadmirals Alfred von Tirpitz geprägt wurde. Es waren die Jahre eines raschen, imponierenden Auf- und Ausbaus der deutschen Flotte; was der Flottenbau technisch, taktisch, operativ, strategisch, vor allem auch politisch bedeutete, erlebte Raeder unmittelbar. Das Mit- und Gegeneinander der Hochsee- und der Kreuzerflotte konnte er als Navigations- und Wachoffizier auf Kreuzern und Linienschiffen in den heimatlichen Gewässern sowie als Adjutant des Fregattenkapitäns von Müller beim Ostasiatischen Kreuzergeschwader beobachten. Sprachbegabt, lernfreudig, theoretischen Gedankengängen aufgeschlossen, setzte Raeder schon in den Jahren vor dem Ersten Weltkrieg seine Erfahrungen und Schlußfolgerungen in allerlei Artikel, Broschüren, Übersetzungen und Bücher um, von denen die professionelle Übersetzung des Werkes von René Daveluy »Étude sur la tactique navale« deswegen am bemerkenswertesten ist, weil die Ergebnisse dieser Studie das operativ-strategische Denken des Großadmirals Erich Raeder nachhaltig prägen sollten.

Raeder war jedoch keineswegs nur Denker des Seekriegs, er war immer zugleich ein Mann der Tat, durchsetzungsfähig, verbissen, zäh, ganz unerschrocken mitten im Hagel der feindlichen Geschosse. Das historische Bild dieses Mannes wäre unvollständig, würde man nicht der nahezu fünfjährigen Tätigkeit Raeders als Mitarbeiter, zuletzt Stabschef des Admirals von Hipper gedenken. Am dritten Jahrestag der Skagerrakschlacht schrieb Hipper an Raeder: »Was mir in diesem Kriege vergönnt gewesen ist zu leisten, was mir dafür an Ehren und Auszeichnungen zugeflogen ist, alles verdanke ich Ihrer tatkräftigen, klaren und zielbewußten Unterstützung, und nie werde ich aufhören, mir dessen bewußt zu sein. Sie waren mein guter Stern, und er erblaßte, als Sie von mir gingen.«[2]

Raeder wurde durch die Skagerrakschlacht nachhaltig geprägt, und auf dem Höhepunkt der Diskussionen um den zukünftigen Einsatz der deutschen Großkampfschiffe »Bismarck«, »Tirpitz«, »Scharnhorst«, »Gneisenau« keimt beim Betrachter immer wieder der Verdacht, Raeder habe sich vom Nimbus des Skagerrak immer noch nicht frei gemacht, er träume von einer zweiten »Battle of Jutland« – nun aber in der Position der damals Höchstverantwortlichen. Die oft bitteren Kontroversen zwischen den Vertretern der »Raederschule« und den Mannen um Dönitz, als es um die Räson der deutschen Seestrategie während der Jahre 1939 bis 1943 ging, spiegeln immer auch Raeders Dickschiff- und Seeschlachterfahrungen, wohingegen Dönitz von nichts mehr zehrte als von seinen U-Booterlebnissen 1918 im Mittelmeer.

Vom Glanz Hippers fiel nach dem 31. Mai 1916 viel auch auf dessen ersten taktischen Berater; seitdem ragte Raeder deutlich aus der Phalanx seiner Crew heraus, von nun an war es ihm bestimmt, die höchsten Führungspositionen in der Marine zu erklimmen. Er selbst war selbstbewußt genug, um dies zu wissen; fortan ist alles auf diese Ziele ausgerichtet, die Zäsur der Niederlage von 1918, der Revolution wurde von ihm als Schock empfunden, als wahres Aha- und Schlüsselerlebnis – daß er damit selbst an das Ende seiner Karriere gelangen könnte, kam ihm niemals in den Sinn, und dies zu Recht: Schon 1918 war Erich Raeder für jede Marine unentbehrlich geworden.

Die hatte keine Probleme mit ihm, wenigstens zunächst, und Raeder sollte nie Probleme mit den verschiedenen Marinen haben, denen er diente. Ob die Kaiserliche, die republikanisch-weimarianische oder die Marine des Dritten Reiches: für Raeder war »die Marine« ein von allen anderen Bezügen gleichsam losgelöstes, völlig autochthones Gebilde, frei von Politik. Die einzige Zielsetzung lautete: Dienst für das Vaterland. Die

Staatsform war gleichgültig. »Reibungslos«, so Raeder am Tage seines Abschieds als Oberbefehlshaber der Marine (ObdM) am 30. Januar 1943, habe er die Marine dem »Führer in das Dritte Reich zugeführt«.[3] Das klang so naiv, wie es gemeint war; noch auf dem Sterbelager signalisierte Raeder seiner Umgebung Sympathie für die junge Bundesmarine – auch mit der hatte er keine Probleme.

Genau dies aber macht die historische Persönlichkeit Raeder zu einem großen Problem. Es blitzt in seiner Biographie gelegentlich dramatisch auf, zum ersten Mal im Jahre 1920. Im März dieses Jahres putschten Lüttwitz und Kapp, aber auch Adolf von Trotha, der Chef der Admiralität, verfing sich in der Intrige; Raeder war sein engster Mitarbeiter, er vertraute dem törichten Urteil Trothas in dieser kritischen Stunde der Republik mehr als dem demokratisch-staatsbürgerlichen System Weimars; er war schon deswegen selbst in den Putsch verwickelt.

Es geschah ihm wie so vielen anderen Beteiligten und Mitwissern jedoch nichts, man nahm den Kapitän zur See Raeder nur ein wenig aus dem Rampenlicht des öffentlichen Interesses. Erich Raeder wurde in das Marine-Archiv versetzt; hier konnte er mehr als historisch dilettieren, sein »Kreuzerkrieg«, Frucht dieser beiden Jahre (1920 bis 1922), formte ihn zum ernstzunehmenden Historiker und schärfte sein strategisches Denken. Beim Studium der Akten wurde ihm klar, wo die Fehler von Tirpitz gelegen hatten; es war und blieb ihm jedoch selbstverständlich, darüber öffentlich niemals zu richten. Den krönenden Abschluß des Admiralstabswerkes zu schreiben, in dem es um Politik und Strategie, kurzum um Tirpitz, hätte gehen müssen, behielt er sich selbst vor – er kam nicht dazu, der Band ist nie erschienen.

Raeders Gedankenwelt wurde seit dem November 1918 von der Überzeugung geprägt, daß es einen zweiten November 1918 in der Marine nie mehr geben dürfe. Das war fortan Raeders politische Leitlinie. Die militärische ergab sich aus seinen theoretischen und praktischen Erfahrungen. Die Effizienz der Marine war ihm Derivat der Menschenführung und der Offiziersbildung. Hieraus folgte alles übrige.

Als Chef des Bildungswesens, als Befehlshaber der Leichten Seestreitkräfte der Nordsee (1924/25), schließlich als Chef der Marinestation der Ostsee in Kiel (1. Februar 1925 bis 30. September 1928) lernte Raeder die kleine, aber hochambitionierte Reichsmarine von allen Seiten kennen, auch die Verstrickungen einiger ehrgeiziger Admirale in die Politik, genauer: die Machenschaften mit dem Ziel der Umgehung der militärischen Bestimmungen des Versailler Vertrages. Als sich der Chef der Marineleitung Zenker 1928 im Zusammenhang mit dem Bau des Panzerschiffes »A« und der sogenannten Lohmann-Affäre in den Augen vor allem der SPD (und der SPD-Regierung Müller) gründlich diskreditiert hatte und der Reichswehrminister Groener auf die Suche nach einem Nachfolger ging, war am Chef der Ostseestation gar nicht mehr vorbeizukommen, zumal Raeder es geschickt verstanden hatte, sich aus allen politischen Querelen herauszuhalten. Er galt, ähnlich wie Seeckt, als ganz unpolitisch, und er selbst pflegte diese Attitüde vom ersten Tag seiner Amtsführung an. Wie wenig dieses nach außen zur Schau getragene Bild des unpolitischen Offiziers tatsächlich zutraf, macht sein Briefwechsel mit Admiral von Levetzow, einem alten Vertrauten Raeders und glühenden Verehrer Hitlers drastisch deutlich. Die Marine, so Raeder, sei gegenwärtig für die Öffentlichkeit ein »rotes Tuch«[4]; zunächst komme es darauf an, die Gemüter zu beruhigen, die Hetze gegen die Marine – auch von seiten des Parteivorsitzenden der NSDAP, Adolf Hitler – zu parieren, um eine neue Grundlage zu schaffen, auf der die Reichsmarine nun weiter aufgebaut werden müsse.

Raeder gelang es binnen kurzem, die Reichsmarine zu einem in sich geschlossenen, homogenen Körper zu machen, jedermann machte er klar, daß fortan er und er allein die Richtlinien der Marine-Politik zu bestimmen habe. Hatte er noch als Stationschef in Kiel dem Bau eines schwerfälligen, stark armierten Monitors den Vorzug geben wollen, als es um die Frage ging,

411

wie die dem Reich im Versailler Vertrag zugestandenen Ersatzbauten von 10 000 Tonnen Verdrängung aussehen sollten, so setzte er sich nun vehement für den Bau von Panzerschiffen ein. Diese hatten entgegen allen amtlichen Verlautbarungen in der Ostsee nichts zu suchen, sie waren ganz im Hinblick auf eine mögliche Gegnerschaft nicht allein Polens, sondern auch Frankreichs konzipiert. Sie sollten in der Nordsee und im Atlantik, ja weltweit einsetzbar sein. Schneller als jedes stärkere Schiff, stärker als jedes schnellere, sollten die Panzerschiffe eine Lücke im Washingtoner Flottenvertrag von 1922 füllen und zugleich den Grundstock zum Aufbau einer neuen Überwasserflotte bilden.

Die Spitze gegen Frankreich hatte in der Reichsmarine seit 1918 Tradition, die prinzipielle Gegnerschaft Polens stand außer Frage; die Frage war, wie sich das Verhältnis der Reichsmarine zu den übrigen Mächten entwickeln sollte, vor allem zu Italien und England.

Auch Italien war eine revisionsbedürftige Macht, schon in den zwanziger Jahren kam es zu einem lebhaften Austausch der Meinungen zwischen italienischen und deutschen Marineoffizieren; wohin sich diese Kontakte entwickeln konnten, war bis zur »Machtergreifung« durch Hitler noch ungewiß. England war, solange es eine deutsche Marinegeschichte gegeben hatte, aber immer zugleich Vorbild und vornehmster Rivale gewesen. Die deutsche Marine hatte sich seit 1848 bis in kleinste Kleinigkeiten hinein dem englischen Vorbild anzupassen versucht, und das ganze Unglück der deutschen Geschichte, so verkündete es Tirpitz in seinen Erinnerungen 1919, habe bloß darin bestanden, daß die deutsche Politik im Hinblick auf England kläglich versagt und die Deutschen die See nicht verstanden hätten.

Raeder kannte Tirpitz, aber sosehr er dessen Leistungen bewunderte, so klar war ihm, daß die Tirpitzsche Flottenpolitik England unkalkulierbar herausgefordert hatte. Die Tirpitzsche Grundidee, durch eine hypertrophe Flottenrüstung England zum »Kommen« zu bewegen, hatte sich als fundamentaler Fehler erwiesen – genau diesen Fehler trachtete Raeder zu vermeiden. Das wurde sein *ceterum censeo*: nie wieder Rivalitäten mit England, nie wieder Krieg mit England. Der Aufbau der Reichsmarine durfte nicht gegen den Willen Englands forciert werden, es galt vielmehr, das Vertrauen Englands zu gewinnen und seine wohlwollende Neutralität im Falle eines deutsch-französisch-polnischen Krieges sicherzustellen.

An dieser Maxime änderte Raeder zunächst nichts; in seinen ersten politischen Besprechungen mit Brüning wies er den Reichskanzler auf sie hin, die große Politik schien in die gleiche Richtung zu weisen, das hieß, Raeder konnte den Aufbau der Marine in der Gewißheit betreiben, daß ein Kriegsfall England (ebenso wie Italien und Japan) auszuschließen sei.

Schien die Außenpolitik des Reiches somit in ruhigen Bahnen zu verlaufen, geriet die innere Politik in schwerste Turbulenzen, aber Raeder verstand es, seinen Wehrmachtteil aus allen Wirrnissen herauszuhalten. Man diente dem Reich, nicht einer Partei, man verteidigte das Vaterland und kein »System«. Voll Stolz schrieb Raeder noch in seinen Erinnerungen im Hinblick auf den Systemwechsel vom 30. Januar 1933: »Bei der Marine kamen daher keine Entgleisungen vor. Die Beauftragung des Führers der NSDAP, Adolf Hitler, mit dem Amt des Reichskanzlers durch den Reichspräsidenten im Januar 1933 und die Bildung eines neuen Kabinetts brachten für die Marine weder Erschütterungen noch Reibungen mit sich.«[5] Diese bloß formale Deutung des 30. Januar 1933 war für Raeder typisch, aber kann man daraus ableiten, daß Erich Raeder – etwa im Gegensatz zu Karl Dönitz – kein Nationalsozialist war?

Hier kommt alles auf die Beantwortung der Frage an, was denn einen Nationalsozialisten ausmachte. Zum einen äußere Attribute: Fast bis zum Schluß trug Raeder das ihm ehrenhalber verliehene goldene Parteiabzeichen. Er legte es, seinem Zeugnis zufolge, erst ab, als er von Folterungen erfuhr, die dem ehemaligen Reichswehrminister Geßler zugefügt worden waren. Zum anderen geht es um die innere Einstellung. Raeder war Christ und von daher gegen die gröbsten Ideologeme der Nationalsozialisten gefeit. Er lebte – Frucht seiner historischen Interessen – in einer eher rückwärtsgewandten politischen Welt; später wurde behauptet, Raeder und »seine« Marine seien »kaiserlich« geblieben. Tatsächlich gibt es Indizien, die vermuten lassen, daß Raeder die eigentlichen Zielsetzungen Hitlers niemals in dem Sinne begriffen hat, in dem sie gemeint waren. Die ungeheuerlichen Implikationen der Hitlerschen Äußerungen, wie sie im Hoßbach-Protokoll aufscheinen, hat er nicht erkannt; den Ausführungen Hitlers zum 23. Mai und 22. August 1939 maß er nur untergeordnete Bedeutung zu; geradezu grotesk wirkt es, daß Raeder die unverhüllte Ankündigung Hitlers, im Osten einen Rasse- und Vernichtungsfeldzug führen zu wollen, gar nicht mitbekam. Für Raeder war die Hitlersche Gewaltpolitik immer nur eine Art Neuauflage der wilhelminischen Weltpolitik, wenn auch mit schärferen Mitteln und, zumindest anfangs, fulminanten Erfolgen. Daß diese Raeder wie nahezu jedermann zutiefst beeindruckten, steht fest. Eindeutige Aussagen zu den Kernideen des Nationalsozialismus aber fehlen bei Raeder: Man findet – wieder im Gegensatz zu Dönitz – keine antisemitischen Hetztiraden, die Rassenwahnideen finden bei ihm keinen Niederschlag, den Begriff »Lebensraum« verstand er als »Raumerweiterung« im Sinne kolonialer Expansion im Stil des 19. Jahrhunderts.

Dieses Nichtbegreifen – oder Nichtbegreifenwollen – entschuldigt Raeder freilich nicht: Er trug als Oberbefehlshaber eines ganzen Wehrmachtteiles selbstverständlich politische Verantwortung mit; indem er aus den großen Verbrechen des Regimes keine Konsequenzen zog, machte er sich mitschuldig, seine Proteste gegen die Ausschreitungen in der »Reichskristallnacht« wollen da wenig besagen. Raeder war in den Augen Hitlers bis 1943 ein nützlicher Idiot; während nach der Hoßbach-Besprechung und der Krise des Januar/Februar 1938 von Neurath, Blomberg, Fritsch gehen mußten, blieben Göring und Raeder: deutlicher Hinweis darauf, daß Raeder in Hitlers Augen tatsächlich »reibungslos« funktionierte. Raeder protestierte nicht gegen die Vorbereitung und Durchführung des Angriffskrieges; so wurde er mitschuldig. Raeder war kein überzeugter, ideologisch geprägter Nationalsozialist, aber in diesem weiteren Sinne war er es doch.

Er gehorchte Hitler widerspruchslos. Als dieser 1937/38 – der genaue Termin ist umstritten – seinen grundsätzlichen Schwenk in der Englandpolitik vollzog, parierte Raeder. Sein *ceterum censeo,* auch von Hitler 1933 Raeder unter vier Augen nochmals bestätigt – Raeder notierte: »Nie wieder Krieg mit England, Italien, Japan« –, ging mit dem Entschluß, das deutsch-britische Flottenabkommen von 1935 zu kündigen und eine Flotte gegen England zu bauen (»Z-Plan«) über Bord, aber Raeder nahm nicht seinen Hut. Obwohl er wie wenige andere aufgrund der eigenen Lebenserfahrung wußte, was die Gegnerschaft Englands für die Marine und das Reich bedeutete, fügte er sich der Vabanquepolitik Hitlers; dieser war es auch, der der Marine und damit Raeder den Bauplan praktisch diktierte. Gewiß, die Zustimmung zum Z-Plan, der das Schwergewicht auf die schweren Schiffe, nicht auf die U-Boote legte, fiel Raeder deswegen leichter, weil auch er die Maxime verfolgte, daß die Weltgeltung der Mächte von der Stärke ihrer Seemacht abhinge; das änderte aber nichts daran, daß Raeder mit diesem Entschluß seine Marine in ein unkalkulierbares Abenteuer stürzte; und dies ganz wissend, von bösen Vorahnungen geplagt.

Sie erfüllen sich am 3. September 1939. Raeder empfand die englische Kriegserklärung als wahren Schicksalsschlag. In einer berühmten Aufzeichnung von diesem Tag heißt es: »Am heutigen Tage ist der Krieg gegen England–Frankreich ausgebrochen, mit dem wir nach den bisherigen Äußerungen des Führers nicht vor etwa 1944 zu rechnen brauchten ... Was die Kriegsmarine anbetrifft, so ist sie selbstverständlich im Herbst 1939 noch keineswegs für den großen Kampf mit England hinreichend gerüstet. Sie hat zwar in der kurzen Zeit seit 1935 (Flottenvertrag) eine gutausgebildete, zweckmäßig aufgebaute U-Bootwaffe geschaffen, ... die aber trotzdem noch viel zu schwach ist, um ihrerseits kriegsentscheidend zu wirken. Die Überwasserstreitkräfte aber sind noch so gering an Zahl und Stärke gegenüber der englischen Flotte, daß sie – vollen Einsatz vorausgesetzt – nur zeigen können, daß sie mit Anstand zu sterben verstehen und damit die Grundlage für einen späteren Wiederaufbau zu schaffen gewillt sind.«[6]

Bewußt oder unbewußt: Mit dem Wort vom »anständig sterben« ließ Erich Raeder ein Leitmotiv anklingen, das fortan nicht nur ihm, sondern der gesamten Kriegsmarine zur Nemesis werden sollte. Mit unerbittlicher Härte und Konsequenz trieb Raeder die Flotte in den Seekrieg; die Selbstversenkung der »Graf Spee« vor Montevideo löste bei ihm einen Schock aus: Deutsche Schiffe hatten bis zur letzten Granate zu kämpfen und mit wehender Flagge unterzugehen – das Schicksal der großen Schiffe bewies, daß sich der ObdM mit dieser Maxime durchzusetzen verstand. Sein gelehrigster Schüler freilich sollte Karl Dönitz werden. Dieser trieb die U-Boote auch nach dem Zusammenbruch des atlantischen Tonnagekrieges im Mai 1943 unerbittlich in einen immer aussichtsloser werdenden Kampf. Die U-Boot-Besatzungen gehorchten schweigend und starben.

Hatte Raeder sich schon in Friedenszeiten darum bemüht, möglichst alle Entscheidungen persönlich zu treffen, so zog er nach Beginn des Krieges die Zügel noch strenger an. Er war nicht nur der Oberbefehlshaber, sondern zugleich sein eigener Stabschef; im Titel führte er beide Bezeichnungen: ObdM und Chef Skl. Mit der 1. Abteilung der Seekriegsleitung stand ihm ein hochkompetenter, aber nur wenig erfahrener Stab zur Seite; die teilweise schwerfällige, unübersichtliche Organisation des gesamten Wehrmachtteiles trug freilich wenig zu einer Effizienzsteigerung bei. Bedenklicher war es, daß Raeders Ansichten über den Stellenwert des Flottenchefs und des Befehlshabers der U-Boote zu ständigen Friktionen gerade mit diesen beiden Kommandobehörden führten; binnen weniger Monate verschliß Raeder zwei Flottenchefs, der dritte, Lütjens, ging im Mai 1941 mit der »Bismarck« unter. Obwohl auch Raeder immer betonte, daß man England nur mit Hilfe des U-Boot-Krieges bezwingen könne, verhielt er sich merkwürdig reserviert, wenn es um die Forcierung des U-Boot-Baues ging; immer wieder stießen Dönitz und Raeder in der Frage der U-Boot-Politik zusammen, und wenn es nicht zum Eklat kam, so nur deswegen, weil Dönitz als der viel Jüngere das Gehorchen in der Raederschen Marine ebenfalls gelernt hatte. Raeder hoffte bis zum Mai 1941, daß der Überwasserkrieg mit kriegsentscheidend sein würde; erst die Folgen von »Rheinübung« – dem Unternehmen von »Bismarck« und »Prinz Eugen« – führten bei Raeder in dieser Frage zur Resignation.

War die Verantwortung Raeders für den Seekrieg insgesamt unumstritten, so fühlte er sich für die Politik und die große Strategie (grand strategy) überhaupt nicht zuständig – er verkannte, daß der ObdM mehr sein mußte als der erste Berater des »Führers« in Angelegenheiten des Seekrieges. So wie er Hitlers Kriegsentschluß vom September 1939 hinnahm, fand er sich auch mit den Angriffen im Westen und auf die Sowjetunion ab. Nur ein einziges Mal beeinflußte Raeder die Gesamtkriegführung entscheidend: Er war es, der aufgrund seestrategischer Überlegungen Hitler zum Überfall auf Dänemark und Norwegen bewog; dieses Unternehmen, das Raeder stolz als das kühnste der ganzen Seekriegsgeschichte bezeichnete, fiel wesentlich in seine Verantwortung.

Die Erfolge der Wehrmacht auf dem europäischen Kontinent veränderten die Bedingungen des Seekrieges radikal; aber obwohl die Kriegsmarine nun über hervorragende seestrategische Positionen verfügte, war sie viel zu schwach, um die »Endlösung der englischen Frage« – so Raeder am 3. September 1939 – suchen zu können. Die geplante Landung in England mußte abgeblasen werden, Raeders Hoffnung, mit einer »doppelpoligen Kampfführung« in Atlantik und Mittelmeer das »Rückgrat« des britischen Empire brechen zu können, erwies sich als eitel. Es gelang zu keinem Zeitpunkt, England an den Rand der Niederlage zu bringen; vollends aussichtslos wurde alles, als die Vereinigten Staaten in den Krieg eintraten.

Schon seit Beginn des Rußlandfeldzuges, den Raeder wie so viele andere anfangs eher als Nebenaktion abtat, bemühte er sich um die Einbeziehung Vichy-Frankreichs in seine Mittelmeerstrategie; als Japan ins Spiel kam, blühten sogar wilde Visionen von einer weltweit wirkenden Seekriegführung auf – alles blieb Wunschtraum. Zwar gelang es, die Erfolge im U-Boot-Krieg zu steigern, aber die Rückführung der großen Schiffe aus Brest war schon das endgültige Aus der atlantischen Seekriegführung mit schweren Einheiten.

Nachdem der Rußlandfeldzug nicht so wie erhofft verlief, das Schwergewicht der Rüstung erneut auf Heer und Luftwaffe zurückverlagert wurde, geriet Raeders Marine ins Abseits, und trotz großer Anstrengungen gelang es dem ObdM nicht mehr, von Albert Speer die notwendigen Ressourcen zu erstreiten. Seine Erfolglosigkeit war nicht zuletzt Folge seiner Scheu, sich bei Hitler mehr denn nötig zu präsentieren, und seiner herzlichen Abneigung gegenüber dem ihm allzu »forsch« und modern wirkenden Albert Speer. Das vollständige Desaster der Seefliegerei war auch logische Konsequenz der kaum kaschierten Verachtung, mit der Raeder Hermann Göring zu begegnen pflegte.

Ende des Jahres 1942 war Raeder innerhalb der Wehrmachtführung zu einem ähnlich erratischen Block geworden wie die von ihm so sehr geliebten Dickschiffe. Sein Sturz – und als solchen hat er seine Entlassung zum 10. Jahrestag der »Machtergreifung« empfunden – ging nur vordergründig auf den unglücklichen Verlauf der Unternehmung »Regenbogen«, den vergeblichen Einsatz schwerer Schiffe im Nordmeer, und Hitlers maßlose Ausfälle gegen die Kriegsmarine zurück, welcher der Diktator nahezu Feigheit vor dem Feind vorwarf und damit Raeder in seiner Ehre zutiefst verletzte. Tatsächlich war Raeder für das NS-Regime untragbar geworden, weil er sich den akuten Anforderungen verschloß, sich teilweise nicht gewachsen zeigte, weil er immer noch einen brav-biederen Seekrieg führte, ohne zu bemerken, daß der zur Totalität entartete Krieg neue Männer, Mittel und Methoden erforderte. Raeder selbst sah ein, daß

Dönitz der richtige Mann war, und empfahl ihn, wenn auch schweren Herzens, als konsequente Alternative Adolf Hitler – wohlwissend, daß die Dönitzsche Marine mit der Raederschen schon bald wenig gemeinsam haben würde. So umweht seinen Rücktritt ein Hauch von Tragik. Ähnlich wie Ludwig Beck 1938 hat es auch Raeder nicht gewagt, seinen Abschied zum Fanal zu machen; er ließ sich mit dem nichtssagenden Titel eines »Admiralinspekteurs« abspeisen. Er sollte fortan als *elder Flagg Officer* Rat geben – der aber wurde kein einziges Mal gewünscht und eingeholt.

Die historische Persönlichkeit Erich Raeder endet mit dem 30. Januar 1943. Am 20. Juli 1944 geriet er nahezu in Panik und beeilte sich geflissentlich, den »Führer« seiner unverbrüchlichen Treue zu versichern. Die Tat Stauffenbergs war für ihn wie für Dönitz nichts als schnöder Hoch- und Landesverrat, die Problematik des Hitler geleisteten Eides wurde Raeder nie klar.

»Mit reinem Schild und unbefleckter Flagge«[7], so Raeders Credo am Ende, als alles aus war, habe die Kriegsmarine den Krieg geführt. Deswegen war er zutiefst schockiert, als man auch ihn auf die Nürnberger Anklagebank setzte. Verbrechen gegen die Menschlichkeit wurden Raeder nicht bescheinigt, wohl aber die Planung und Führung eines Angriffskrieges. Subjektiv ebenso wie seine Kameraden davon überzeugt, völlig unschuldig zu sein, traf ihn das Verdikt von Nürnberg vernichtend: Erich Raeder wurde zu lebenslanger Haft verurteilt. Er trat sie am 18. Juli 1947 an.

In den nachfolgenden Jahren wurden ehemalige Seeoffiziere, aber auch der eine oder andere ehemalige Gegner nicht müde, Raeders Freilassung zu fordern. Tatsächlich war vor allem Briten und Amerikanern unwohl bei dem Gedanken, nicht gegen eine satisfaktionsfähige Marine, sondern gegen ein Verbrechersyndikat gekämpft haben zu sollen. Die Vehemenz, mit der auch in der deutschen Öffentlichkeit die Unschuld der beiden inhaftierten Oberbefehlshaber behauptet wurde, verfehlte ihre Wirkung nicht: Raeder wurde am 26. September 1955 angeblich aus gesundheitlichen Gründen aus der Haft entlassen.

Er hat dann noch fünf Jahre zurückgezogen in Kiel gelebt; seine Memoiren waren ein Gemeinschaftswerk seiner ehemaligen engen Mitarbeiter unter Leitung von Admiral Erich Förste und nichts anderes als die gleichsam offizielle Rechtfertigungsschrift der Kriegsmarine. Darin liegt heute ihr eigentlicher Quellenwert. »Mein Leben« endet mit den Worten: »Der Dienst für die Marine war uns allen nicht nur eine vaterländische Pflicht, sondern eine Herzenssache. Viele Männer aus unserer Mitte haben im Frieden und zahllose im Kriege Blut und Leben dafür hingegeben. Das Werk, an dem sie gearbeitet haben, ist aber nicht mit den Schiffen versunken und mit den Trümmern des einst stolzen Baues dahingegangen. Wohl hat sich über den Gefallenen die ewige See geschlossen, und die Kränze, die zu ihrem Gedächtnis von überlebenden Seeleuten dem immer bewegten Element übergeben werden, versinken in der unendlichen Weite des Meeres. Aber die Toten hinterlassen späteren Geschlechtern als etwas Unvergängliches jene Kameradschaft, die die Marine zu allen Zeiten umschlungen hat, die die Verbindung bildet zwischen alt und jung, zwischen Vergangenheit, Gegenwart und Zukunft und die zugleich die Brücke schlägt zu den Seeleuten in aller Welt.«[8]

Anmerkungen

1 Siegfried Sorge, Der Marineoffizier als Führer und Erzieher, Berlin [2]1940.

2 Erich Raeder, Mein Leben, Bd. 1, Tübingen 1956, S. 314.

3 Michael Salewski, Von Raeder zu Dönitz. Der Wechsel im Oberbefehl der Kriegsmarine 1943, in: *Militärgeschichtliche Mitteilungen* 11 (1973), S. 144.

4 Michael Salewski, Marineleitung und politische Führung 1931–1935, in: *Militärgeschichtliche Mitteilungen* 7 (1971), S. 115.

5 Raeder (Anm. 2), S. 280.

6 Michael Salewski, Die deutsche Seekriegsleitung 1935–1945, Bd. 1, München 1970, S. 91.

7 Ebd., Bd. 2, S. 587.
8 Raeder (Anm. 2), S. 335.

Bibliographie

Quellen

Im Bundesarchiv-Militärarchiv Freiburg i. Br. befindet sich die MA-Sammlung Raeder (RM 6). Dabei handelt es sich um eine sehr disparate Ansammlung von privatdienstlichen, dienstlichen Aufzeichnungen, Denkschriften, Entwürfen, Kommentaren, teilweise aus fortlaufenden Aktenbeständen, wohl zum Zweck der Beschäftigung mit der eigenen Geschichte zusammengestellt. Eine Fundgrube zur Persönlichkeit und dienstlichen Tätigkeit Raeders. Das Kriegstagebuch der Seekriegsleitung (KTB Skl. Teil A (RM 7) III M 1000 1-68) ist die wichtigste Quelle zur Geschichte der Kriegsmarine während des Zweiten Weltkrieges, das Kernstück der gesamten Quellentektonik. Die Bände geben einen erschöpfenden Überblick, wobei auch der Land- und Luftkrieg sowie die politische Lage berücksichtigt werden.

Raeder hat seine Erinnerungen (Erich Raeder: Mein Leben, 2 Bände, Tübingen 1956, 1957) nur zum Teil selbst geschrieben. Sie wurden unter Leitung von Erich Förste von vielen ehemaligen Mitarbeitern Raeders kompiliert und vermitteln das von Raeder und »seiner« Marine gewünschte Bild der eigenen Geschichte. Zur Entstehungsgeschichte vgl. den Nachlaß Förste im BA-MA Freiburg i. Br. Erich Raeder, Der Kreuzerkrieg in den außerheimischen Gewässern, 2 Bände, Berlin 1922, 1923, ist eine Gesamtdarstellung des Kreuzerkrieges auf der Grundlage des in der Kriegswissenschaftlichen Abteilung der Marine seinerzeit vorhandenen Aktenmaterials. Dabei spielen die Kriegstagebücher der Kreuzerkriegseinheiten eine wichtige Rolle. Es ist nach wie vor das Standardwerk zur Geschichte des Kreuzerkrieges während des Ersten Weltkrieges. Im Rahmen des KTB Skl. wurden die Protokolle der Lagebesprechungen gesammelt und später vom ehemaligen Ia der 1. Skl., Konteradmiral Wagner, herausgegeben: Gerhard Wagner (Hrsg.): Die Lagevorträge des Oberbefehlshabers der Marine vor Hitler 1939–1945, München 1971. Es handelt sich um die wertvollste Quelle zur großen Strategie und zur Rolle Hitlers in bezug auf den Seekrieg. Die Quellen sind noch von Karl Dönitz durchgesehen worden, die sorgfältigen Kommentare Wagners basieren teilweise auf den Aussagen ehemaliger hoher Marineoffiziere; die Forschungen von Michael Salewski sind teilweise schon mit einbezogen.

Literatur:

Das maßgebende Standardwerk zur Geschichte der Reichs- und Kriegsmarine vor Beginn des Zweiten Weltkrieges ist Jost Dülffer, Weimar, Hitler und die Marine. Reichspolitik und Flottenbau 1920–1939, Düsseldorf 1973. Es ist in Fragestellung und Quellendichte unerreicht, in den Urteilen gelegentlich scharf pointiert. Basierend auf dem verfügbaren Quellenmaterial, bietet Rolf Güth, Die Ära Raeder, Eine Dokumentationsserie, in: *Schiff und Zeit* Nr. 26 ff., o. J., Skizzen zu Leben und Werk Raeders, die schon deswegen wichtig sind, weil Güth, lange Jahre Wehrgeschichtslehrer, gleichzeitig ein hervorragender Kenner der »internen« Marinegeschichte, Raeder persönlich kannte und ihn ausführlich hat befragen können. Friedrich Ruge/Michael Salewski, Erich Raeder zum hundertsten Geburtstag, in: *Marineforum* 4/1976, S. 89–92, vermittelt die offiziöse Sicht der Bundesmarine zum »Fall Raeder«. Ruge war der erste Inspekteur der Bundesmarine und während des Krieges in zahlreichen hohen Dienststellungen auch Mitarbeiter von Raeder. Michael Salewski, Die deutsche Seekriegsleitung 1935–1945, 3 Bände, München 1970–1975 ist das Standardwerk zum Thema. Band 1 und 2 sind Darstellungsbände, Band 3 enthält die wichtigsten Denkschriften und Lagebeurteilungen der Seekriegsleitung.

Walther von Reichenau –
Der politische General

VON BRENDAN SIMMS

Kaum eine Figur ist in der Militärgeschichte des Dritten Reiches
umstrittener als die Walther von
Reichenaus. Die außerordentlich
schillernde Gestalt des Obersten
und späteren Generalfeldmarschalls begegnet uns einmal als
»Nazi-General«, ein anderes Mal
als Widerständler, einmal als bedingungsloser Gefolgsmann Hitlers, ein weiteres Mal als durchaus unabhängiger Kopf, der sich
nicht scheute, dem »Führer« in wichtigen militärischen und politischen Fragen entgegenzutreten. Bei keinem anderen promi-
nenten deutschen Militär häufen sich derart die Widersprüche.
Der gleiche Mann, der im Herbst 1941 jenen berühmt-berüchtig-
ten Aufruf zur »gerechten Sühne am jüdischen Untermenschentum« erließ, fand im Frühjahr des gleichen Jahres die Zeit, zwei
Shakespeare-Sonette zu übersetzen. Es ist derselbe Reichenau,
der mit Monokel und Adelstitel den Inbegriff eines preußischen
Offiziers darzustellen schien, von dem General Blumentritt später sagte, daß er ebensogut ein amerikanischer General hätte
sein können.

Entsprechend weit gehen die zeitgenössischen Urteile über
den am 8. Oktober 1884 in Karlsruhe geborenen Reichenau auseinander. Sein enger Mitarbeiter Helmut Foertsch sah in ihm
»einen sehr modernen Soldaten ... Einen klugen, weitgebilde-
ten Mann«, aber »ehrgeizig und nicht ohne Eitelkeit«. Aus der

Landser-Perspektive lobte Otto Heizmann den »kühnen, eigenwilligen Soldaten«, den »Mann der Tat und des Instinkts«, die »brillante Führernatur« und den »guten Kameraden«. Jüngere Offiziere wie Felix Steiner schätzten Reichenaus »moderne, kluge und großzügige« Seiten, die ihn in der damaligen Reichswehr zum »Ausnahmetyp« machten. Eher negativ fällt dagegen die Beurteilung der älteren und gleichrangigen Offiziere aus. So tadelte General Erfurth die »deutlich hervortretenden Charakterschwächen« Reichenaus und dessen »zügellosen Ehrgeiz«; er sei »nicht gründlich, nicht fleißig, Hans Dampf in allen Gassen, zu oberflächlich«[1], so sein Rivale Wilhelm Keitel.

Auch unter Historikern herrscht kein Konsens über Reichenau. Insbesondere sein Verhältnis zum Nationalsozialismus ist umstritten. Doch in einem stimmen alle überein: Reichenaus Rolle im Dritten Reich ist nicht nur unter rein militärischen oder gar weltanschaulichen Aspekten zu verstehen. Vielmehr ist seine Karriere aus der allgemeinen politischen Geschichte zumindest der Frühphase der nationalsozialistischen Herrschaft schlechthin nicht wegzudenken. Reichenau und sein nomineller Vorgesetzter Werner von Blomberg werden in der Literatur zu Recht als diejenigen dargestellt, die sowohl die Armee nach und nach an das Regime heranführten als auch das Phänomen des neuen »politischen Soldatentums« verkörperten.

Dieses Urteil wird von drei Zeitgenossen bestätigt, die sich später auch als Historiker mit der Person Reichenaus befaßten. Herbert Selle beschreibt seinen früheren Vorgesetzten als den »neben Schleicher ... politischste[n] Soldat[en], den die Reichswehr je in ihren Reihen gehabt hat, ausgestattet mit einem besonderen Gefühl für die Macht«.[2] Georges Castellan, der damalige französische Militärattaché, sah in ihm »den Typ des Militärpolitikers, mehr Politiker als Militär«.[3] Hans Bernd Gisevius schließlich spricht vom »verschlagene[n] Reichenau«, der ein »verhinderter Napoleon und mißglückter Fouché zugleich« gewesen sei. Kurzum, Reichenau war nicht nur ein »politischer General«, sondern auch ein *politisierender* General.

Bis Anfang der dreißiger Jahre deutete auf den ersten Blick nichts darauf hin, daß dem damaligen Oberstleutnant eine steile, wenn auch wechselreiche Karriere bevorstand. Wie zahlreiche andere seiner Generation hatte er im Weltkrieg als Frontoffizier der Garde-Feldartillerie und später im Generalstab gedient. Wie viele seiner Kameraden erhielt er das Eiserne Kreuz, zunächst das der zweiten und dann das der ersten Klasse. Nach dem Krieg zog es ihn zu einem Freikorps nach Schlesien, wo er sich im »Volkstumskampf« gegen polnische Freischärler hervortat – auch dies in jener Zeit eine keineswegs untypische Betätigung für Militärs.

Beim genaueren Hinsehen können wir jedoch bereits zu dieser Zeit einige ungewöhnliche Aspekte in der Karriere Reichenaus ausmachen. Denn trotz seiner fast karikaturhaft preußisch wirkenden äußeren Erscheinung paßte Reichenau realiter mitnichten in die Schablone der landläufigen Vorstellung vom preußischen Offizier. Zum ersten war er überhaupt kein Preuße, sondern Kind eines hessischen Adligen und einer Westfälin bürgerlicher Herkunft. Reichenau lernte deshalb früh, sich über die herkömmlichen Standesschranken hinwegzusetzen. Das ging sogar so weit, daß er als leidenschaftlicher Sportler mit seinen Mannschaften Fußball spielte. Diese Hemdsärmeligkeit trug ihm heftige Kritik von seiten konservativer Offiziere ein. Daran änderte auch seine Heirat, eine »gute Partie« ins schlesische Magnatentum hinein, nichts. Ferner war Reichenau vielseitig gebildet und technisch versiert. Als Artillerist und Generalstabsoffizier hatte er im Weltkrieg die zunehmende Industrialisierung des Krieges genau beobachtet und daraus entsprechende Lehren gezogen. Bei der Nachrichtentruppe in Stuttgart/Bad Cannstatt konnte Reichenau dann später seine technischen Kenntnisse vertiefen. Dabei blieb er für neue Erfahrungen und Erkenntnisse stets aufgeschlossen. Schon vor dem Krieg hatte er weite Reisen ins europäische Ausland, in die Vereinigten Staaten und nach Südamerika unternommen. Er sprach fließend Englisch, und seine bekannte Anglomanie veranlaßte ihn dazu, englische Kleidung zu tragen und mit seiner Familie oft nur in englischer Sprache zu verkehren. Reichenau war also, was Mentalität und Einstellung betrifft, weit von der Mehrzahl seiner konservativen Kameraden entfernt.

Die Versetzung als Stabschef zum Wehrkreis I in Ostpreußen im Jahre 1931 brachte für ihn den Sprung in die politische Arena mit sich. Da sein Vorgesetzter Werner von Blomberg als Mitglied der deutschen Delegation bei der Genfer Abrüstungskonferenz oft abwesend war, genoß Reichenau in politischen und militärischen Fragen einen beträchtlichen Freiraum, den er zu nutzen wußte. Die für sein späteres Avancement so wichtige Zusammenarbeit mit den Nationalsozialisten erwuchs zunächst aus den akuten Sicherheitsbedürfnissen des vom polnischen »Bandenwesen« bedrohten Ostpreußen. Die daraus resultierende militärische Zusammenarbeit mit Verbänden der SA war aber gleichzeitig auch eine deutliche Absage an die SPD-freundliche Politik seines Amtsvorgängers, des Obersten von Bonin.

Im Laufe des Jahres 1932 also tasteten sich Reichenau und die Nationalsozialisten vorsichtig aneinander heran. Durch seinen Onkel, den Gesandten a. D. und Präsidenten des Vereins für das Deutschtum im Ausland, Friedrich von Reichenau, gelang es ihm, direkten Kontakt mit Hitler aufzunehmen. Schon am 7. April des Jahres konnte Reichenau seinem Minister in Berlin, General von Schleicher, von einem Treffen unter vier Augen berichten, in dem er Schleichers »Linie seinem [d.h. Hitlers] Verständnis näher zu bringen [versuchte], um damit zur notwendigen Einigung beizutragen«.[4] Die Kooperation mit der SA war indes nicht unproblematisch und auch innerhalb der SA stark umstritten. Manche SA-Führer beschuldigten Reichenau sogar, die Spannungen, die innerhalb der Führerschaft, insbesondere, zwischen politischer Leitung und SA-Führung, bestanden, auszunutzen. Gerade hierin lag in der Tat das besondere politische Geschick Reichenaus. Im Gegensatz zu Schleicher verstand er es, die SA-Oberen zu umgehen und direkt mit der politischen Führung zu verhandeln.

426

Mit der Machtübernahme durch die Nationalsozialisten im Januar 1933 ging das politische Kalkül Reichenaus auf: Die aus Hitlers Machtantritt erwachsenden Möglichkeiten, neue militärpolitische Konzeptionen durchzusetzen, aber auch die eigene Karriere zu fördern, suchte Reichenau voll auszuschöpfen. Von jetzt an waren sachliche, weltanschauliche und persönliche Momente bei ihm kaum mehr auseinanderzuhalten. Er begriff schnell, daß sich in dem neuen Staat alles nach dem »Führer« richtete, und er bemühte sich, die damals bereits erworbene Gunst Hitlers nicht zu verlieren und sie gegenüber Anfeindungen eventueller Nebenbuhler auch zu behaupten. Seinem Mitarbeiter Edgar Röhricht erklärte er: »[Ich] betrachte … es als meine Aufgabe, engsten persönlichen Kontakt zu halten, wie er in einer Diktatur wesentlicher ist als alle Arbeit der Ministerien.«[5] So wurde Reichenau 1933 zu einer Schlüsselfigur in dem von Carl Schmitt so einprägsam beschriebenen »Vorraum der Macht« im Dritten Reich.

Neuer Reichswehrminister wurde Reichenaus früherer Vorgesetzter Werner von Blomberg. Reichenau, der damit Gerüchten zufolge eventuelle eigene Ambitionen auf den Ministerposten hintenanstellte, zog als Chef des Ministeramtes im Reichswehrministerium nach. Er gelangte dadurch an eine Schaltstelle der politischen Macht, die Schleicher gegen Ende der zwanziger Jahre als Zwischenstellung für seinen Sprung in den Ministersessel aufgebaut hatte. Die Kompetenzen des Amtes griffen nämlich weit über den rein militärischen Sektor hinaus: Alle Fragen, welche die politische Rolle der Reichswehr betrafen, sowie alles, was über die Belange der einzelnen Reichswehrteile hinausging, gehörten in sein Ressort.

Sinn und Zweck der Reichenauschen Militärpolitik nach 1933 war die Macht, »die Macht der Armee, die Deutschlands und nicht zuletzt seine eigene«. In dem Bestreben, sich sowohl beim »Führer« zu profilieren als auch der Reichswehr »die erste Stellung« im neuen Staat zu garantieren, betrieb er vom Ministeramt aus eifrig die Heranführung der Armee an den Nationalsozialismus. »Niemals«, behauptete er bereits im Januar 1933, »war die Wehrmacht identischer mit dem Staat als heute.«[6] In seinen *Richtlinien für die Wehrpropaganda* (November 1933) forderte er sogar »die Durchdringung der Wehrmacht mit nationalsozialistischem Gedankengut«.[7] Mehr noch: In seiner Schrift *Der Soldat des Dritten Reiches* stellte er fest: »Die Wehrmacht führt heute kein Sonderleben mehr mit eigenen Zielen ... Die Wehrmacht eines nationalsozialistischen Volkes kann selbst nur nationalsozialistisch sein.« Dazu benötige man aber »die klare Einstellung auf das Bekenntnis zu den ewigen Werten unseres Volkstums von Blut und Rasse, und den wahren Sozialismus der Tat, der die Grundlage einer alle umfassenden Volksgemeinschaft geworden ist«.[8] Es folgten weitere Maßnahmen der Selbstgleichschaltung: die Einführung des NS-Hoheitsabzeichens, der »Arierparagraph«, wonach sogenannte nichtarische Offiziere entlassen wurden, und schließlich der Eid auf Hitler. Reichenau und sein Ministeramt fungierten also gleichsam als trojanisches Pferd innerhalb der Reichswehr.

Ob es Reichenau tatsächlich gelang, die Unabhängigkeit der Armee weitgehend zu bewahren, mag bezweifelt werden. Als er es 1933 unterließ, die nicht nationalsozialistischen Jugendverbände und paramilitärischen Organisationen vor der Gleichschaltung oder der Selbstauflösung zu retten, wurde jedenfalls die Basis für jedwede unabhängige Reichswehrpolitik restlos zerstört. Andererseits wußte sich Reichenau im nationalsozialistischen Ämterchaos, im Klein- und Dauerkrieg gegen Parteiinstanzen durchaus zu behaupten. Unterwanderungsversuche des Propagandaministeriums wurden abgewiesen; auch das mißliebige »Wehrpolitische Amt der NSDAP« konnte ausgeschaltet werden.

Der weitere persönliche politische Erfolg aber blieb aus. Als der träge von Hammerstein als Chef der Heeresleitung zurücktrat, hoffte Reichenau auf die Nachfolge. Doch als Hitler und Blomberg sich für ihn verwendeten, stießen sie bei der Papen-Hindenburg-Clique in dieser Angelegenheit auf schroffe Ablehnung. »Nein, der kommt gar nicht in Frage«, meinte der greise Reichspräsident. »Er hat noch nicht einmal ein Offizierskorps führen gelernt, und da soll ich ihm die ganze Reichswehr anvertrauen. Ausgeschlossen!«[9] Die Enttäuschung traf Reichenau schwer: Als Blomberg die Ablehnung telefonisch weiterreichte, fiel ihm vor lauter Erregung das Monokel auf den Schreibtisch.

Zum ersten, aber nicht zum letzten Mal fand Reichenau seinen Weg nach oben versperrt, denn sein unverhohlener politischer Ehrgeiz hatte zwangsläufig politische Feindschaften auf den Plan gerufen. Diese Feindschaften speisten sich aus verschiedenen Quellen. Einerseits gab es die älteren und konservativen Offiziere, die sich dem Urteil Hindenburgs anschlossen. Andererseits gab es die NS-Größen, die in Reichenau einen unwillkommenen Nebenbuhler um die Gunst des »Führers« sahen. Schließlich gab es jene Offiziere, die sich genauso wie Reichenau im Vorraum der Macht um den »Führer« zu behaupten versuchten. Zu dieser Gruppe gehörten Hitlers Wehrmachtsadjutant Friedrich Hoßbach und dessen Nachfolger Rudolf Schmundt; später auch Wilhelm Keitel, der Reichenau 1935 als Chef des Wehrmachtamtes ablöste.

Anfang 1934 wurde General Werner Freiherr von Fritsch neuer Oberbefehlshaber des Heeres. Wie sein Generalstabschef Ludwig Beck entwickelte auch er sich zu einem politischen Intimfeind Reichenaus. Rein weltanschaulich läßt sich diese Feindschaft nicht erklären, da alle drei den neuen Staat, wenn auch mit Einschränkungen, bejahten. Eine weit größere Rolle hingegen wird der übliche Ressortneid der Teilstreitkraft, des Heeres, gegenüber dem Reichswehrministerium gespielt haben. Doch im wesentlichen war der Konflikt ein persönlicher im engsten Sinne, das unausweichliche Resultat zweier aufeinanderprallender Ambitionen.

Reichenau setzte seinen Kampf nun mit anderen Mitteln fort. Am 9. Mai 1934 brachte er einen Vorschlag für eine integrierte Wehrmachtspitzengliederung zu Papier. Dabei schwebte ihm der Ausbau des Ministeramtes zum Wehrmachtsgeneralstab vor. Und in der Tat wurde das Ministeramt alsbald in Wehrmachtamt umbenannt. Diese neue Wehrmachtsleitung sollte nicht nur die operative Kriegführung, sondern auch die rüstungswirtschaftliche Kriegsvorbereitung übernehmen. In der Reichenauschen Konzeption griffen sachliche und persönliche Momente nahtlos ineinander. So war einerseits zwar unbestreitbar, daß Reichenau mit seinem Entwurf der Komplexität des modernen Krieges Rechnung zu tragen versuchte, indem er sich über die anachronistischen Konkurrenzkrämpfe der Teilstreitkräfte hinwegsetzte. Andererseits war allerdings ebenso klar, daß er im gleichen Zuge auch die unliebsame Konkurrenz in der Heeresleitung, insbesondere Beck und Fritsch, zu eliminieren trachtete. Entsprechend kühl fiel die Reaktion des Heeres, aber auch diejenige der Luftwaffe (Göring) und der Marine (Raeder) aus. Man fürchtete zu Recht, durch die Einrichtung einer integrierten Wehrmachtsführung an Unabhängigkeit zu verlieren. Kurzum: Angesichts derart starker Opposition lief der Reichenausche Vorstoß ins Leere.

Reichenaus militärtheoretische Konzeptionen erschöpften sich allerdings nicht in Fragen der Spitzengliederung. Ab Januar 1934 trieb er als Vorsitzender des Reichsverteidigungsausschusses die Wiederbewaffnung voran. Sein besonderes Anliegen war es, die Lehren des Ersten Weltkrieges im wehrwirtschaftlichen Bereich zur Geltung zu bringen. Da man in den Rationalisierungsbestrebungen des Wehrmachtamtes jedoch weiterhin – und nicht ohne Grund – ein politisches Manöver Reichenaus sah, gelang es ihm nicht, die Rüstung der drei Wehrmachtsteile zu koordinieren. Die daraus resultierende Unordnung beschrieb Oberst Thomas später plastisch als »Krieg aller gegen alle«.

Trotz alledem konnte Reichenau weitgehende Erfolge bei der Modernisierung der Wehrmacht verbuchen. Er hielt seine schützende Hand über die junge Luftwaffe, mit der er bereits im Juni 1933 ein Rüstungsprogramm vereinbarte. So kam er beispielsweise der Forderung der Flieger nach einem von Heer und

Marine unabhängigen »Luftamt« nach. Daß er sich dadurch den Weg zu einer integrierten Wehrmachtsführung verbaute, war damals noch nicht abzusehen. Auch die zu dieser Zeit noch in ihren Anfängen steckende Panzerwaffe profitierte vom Wohlwollen Reichenaus. Er hatte selbst 1917 bei Cambrai den ersten massierten Panzerangriff der Engländer miterlebt und erkannte daher sofort die Möglichkeiten des Bewegungskrieges. Reichenau ließ deshalb die bahnbrechenden Schriften von Liddell Hart aus dem Englischen übersetzen und trug damit entscheidend zur Verbreitung der neuen Ideen bei. Als ehemaliger Stabschef des Inspektorats der Nachrichtentruppe im Reichswehrministerium wußte er sich zudem mit der Rolle der Nachrichtentruppe im modernen Bewegungskrieg auseinanderzusetzen. Reichenau gehörte also zusammen mit Heinz Guderian und Carl-Heinrich von Stülpnagel zu jener jüngeren und fortschrittlichen Generation deutscher Generäle, welche die späteren Blitzsiege ermöglichte.

Seinen entscheidenden Beitrag leistete Reichenau jedoch auf dem Gebiet der militärischen Jugenderziehung und der Massenmobilisierung. Wieder einmal griffen dabei sachliche, weltanschauliche und persönliche Momente ineinander. Sein bereits erwähnter Enthusiasmus für den Sport war nämlich zugleich ein Engagement für die Wehrertüchtigung. Wie schon in Ostpreußen ging es Reichenau darum, die ganze Bevölkerung, insbesondere die Jugend, für den modernen Massenkrieg heranzuziehen und militärisch auszubilden. Damit suchte er die Landesverteidigung auf eine möglichst breite Basis zu stellen. Die Reichenausche Wehrertüchtigung hatte ferner starke weltanschauliche Implikationen. Sportfanatismus und NS-Ideologie konnten – nicht etwa: mußten! – sich gegenseitig ergänzen. Schon vor der Machtübernahme hatte Reichenau »die innere Bereitschaft zum Kampf, das Wesen jeden echten Sportmanns« gelobt, welche dieser dann auf dem Schlachtfeld in die Tat umsetze. Die damals durchaus noch nicht vorsätzlich erfolgte Anlehnung an den NS-Duktus zeigt, wie sehr sich Reichenau bereits an der Nahtstelle zwischen konventionellem Militarismus und Nationalsozialismus befand.

Dem engen *esprit du corps* der alten Reichswehr, wie er gerade von Fritsch verkörpert wurde, waren derartige Gedanken, die auf eine nationalsozialistische »Volksmiliz« hinausliefen, natürlich ein Greuel; selbstverständlich strebte jedoch auch Reichenau das Fernziel eines auf allgemeiner Wehrpflicht basierenden Volkheeres an. Zu dem ohnehin bestehenden persönlichen Gegensatz Fritsch–Reichenau gesellte sich gleichwohl eine bedeutsame weltanschaulich-militärpolitische Divergenz. Insofern waren die Reichenauschen Pläne für eine militärische Massenmobilisierung sowohl ein sachlicher Richtungsstreit zwischen Wehrmachtamt und Heeresleitung als auch eine Waffe im Kampf um den Vorraum der Macht.

Inzwischen bahnte sich jedoch ein viel bedrohlicherer Konflikt an: das Bestreben der Röhmschen SA, das Waffenmonopol der Reichswehr zu brechen. Reichenau war durchaus bereit, die SA für seine Idee eines Volksheeres einzuspannen, doch er bestand darauf, den Primat der Armee in der Jugenderziehung sicherzustellen. Am Ende einer etwa einjährigen Zusammenarbeit mit der SA konnten auch die immer fadenscheiniger werdenden Kompromißlösungen den bevorstehenden Eklat nicht mehr verzögern. Nachdem die Heeresleitung eine auf eine zwölfmonatige Dienstpflicht gestützte 300 000-Mann-Armee bewilligt hatte, entfiel sogar die militärische Begründung für die Kooperation mit Röhm.

Reichenau schaltete schnell. Zunächst schleuste er durch seinen Gehilfen, den SA-Obergruppenführer Krüger, reichswehrfreundliche Personen in das Amt für Ausbildungswesen, die für die Zusammenarbeit mit Röhm zuständige Behörde. Alsdann ließ er den eitlen SA-Renegaten Viktor Lutze als möglichen Röhm-Nachfolger aufbauen. Schließlich gelang es Reichenau, auch mit dem Röhm-Gegner Göring und der SS Himmlers eine taktische Allianz zustande zu bringen.

Wie hinlänglich bekannt, wurde die SA am 30. Juni 1934 mit der Ermordung Röhms »enthauptet« und als selbständiger Machtfaktor ausgeschaltet. Gewiß wird die Rolle Reichenaus im Rahmen des sogenannten Röhmputsches bisweilen übertrieben und die anderer Militärs, insbesondere Fritschs, verschwiegen. Daß aber Reichenau die eigentlich treibende Kraft innerhalb des Militärs war, steht außer Zweifel. Der Aussage des Himmler-Adjutanten Karl Wolff zufolge hatte Reichenau vor dem Blutbad oft mit dem Reichsführer-SS Heinrich Himmler im Reichssicherheitshauptamt konferiert. Von dort aus steuerten sie eine ausgeklügelte Desinformationskampagne gegen Röhm. Noch eindeutiger ist die Erinnerung des Staatssekretärs Milch, der am 30. Juni Zeuge einer Zusammenkunft zwischen Himmler, Göring und Reichenau wurde. Während Himmler von einer feuchten und abgegriffenen Liste Namen verlas, nickten oder schüttelten die beiden anderen Verschwörer den Kopf. Ob bei dieser Gelegenheit auch Schleicher und Bredow mit einer Kopfbewegung ins Jenseits befördert wurden, wissen wir nicht. Fest steht nur, daß mit ihrer Ermordung am 30. Juni 1934 zwei politisierende Rivalen verschwanden und eine noch offenstehende persönliche Rechnung zwischen Schleicher und Blomberg aus der Weimarer Zeit beglichen wurde.

Der Gewinn war allerdings nur von kurzer Dauer, sowohl für Reichenau als auch für die Wehrmacht im allgemeinen. Der einstweilige Bündnispartner – Himmlers SS – entwickelte sich seinerseits zum militärischen Konkurrenten. Doch auch Reichenaus persönliche Karriere geriet in eine Sackgasse. Nach zwei Jahren im Ministeramt war es ihm weder gelungen, die einzelnen Teilstreitkräfte einer integrierten Wehrmachtsführung unterzuordnen, noch den Oberbefehl über das Heer zu erlangen. Daher mochte seine Versetzung nach München, als Kommandierender General im Wehrkreis VII, zunächst als politische Niederlage erscheinen. Sicherlich wurde Blomberg damit auch den »unbequemen Dränger und Mahner« (Foertsch) los. Und auch rein geographisch war Reichenau nun aus dem Vorraum der Macht um Hitler verdrängt. Doch kann man den Wechsel ebenso als zweiten Anlauf auf den Posten des Oberbefehlshabers des Heeres verstehen, zumal Hindenburg und Papen die Ernennung

Reichenaus Anfang 1934 ja wegen »mangelnder Erfahrung« abgelehnt hatten. Das Divisionskommando sollte ihm jetzt den konventionellen Weg nach oben öffnen. Den Schleichweg durch die Hintertür verließ er damit fürs erste.

Das hinderte Reichenau indes nicht, sich auf weltanschaulichem Gebiet weiter zu profilieren. Seine Politik, die Abgrenzung der Wehrmacht durch Selbstgleichschaltung zu gewährleisten, wurde fortgesetzt. Das geflügelte Wort »Wir haben es nicht nötig, den Soldaten zum Nationalsozialisten zu machen ... Wir sind Nationalsozialisten auch ohne Parteibuch«[10], prägte er in München. Doch damit nicht genug, erschien Reichenau zu den Erinnerungsfeiern der NSDAP an den Hitlerputsch von 1923. Er engagierte sich für die Teilnahme der Wehrmacht an den Nürnberger Parteitagen. Ferner leitete er die Zusammenarbeit zwischen Heer und Hitlerjugend ein, noch bevor eine entsprechende Weisung dazu aus Berlin erging. 1937 ließ er in München sogar eine Gedenktafel anbringen, um Hitlers freiwillige Meldung zum Frontdienst im Jahr 1914 zu verewigen.

Die Heranführung der Wehrmacht an den Nationalsozialismus war für Reichenau jedoch nur Mittel zum Zweck, allenfalls ein Nebenschauplatz. Seine eigentlichen Ambitionen richteten sich nach wie vor auf den Oberbefehl über das Heer. Im Februar 1938 schien sich dann mit dem überraschenden Rücktritt von Blomberg und Fritsch die langersehnte Gelegenheit zu ergeben. Sofort erschien Reichenau – ungebeten – in Berlin und antichambrierte. Seine Rechnung ging allerdings nur insofern auf, als er von Hitler als erster Kandidat für die Fritsch-Nachfolge vorgeschlagen wurde. Denn wiederum sperrte man sich gegen die Ernennung Reichenaus. Joseph Goebbels notierte schlicht ins Tagebuch: »... gegen Reichenau sind alle.«[11] General Rundstedt lehnte ihn gar »im Namen der Armee« rundweg ab. Auch Wilhelm Keitel, Reichenaus Nachfolger im Wehrmachtamt, entpuppte sich als erbitterter Feind. Sein Urteil, Reichenau sei »ein Soldat, dessen Ehrgeiz auf politischem, nicht aber auf rein militärischem Gebiet Befriedigung sucht«[12], teilten viele. Mit der

Ernennung von Brauchitschs zerschlugen sich die Reichenau-schen Hoffnungen. Gewissermaßen als Trostpreis erfolgte die Versetzung nach Leipzig als Oberbefehlshaber des Generalkommandos IV.

Erst mit dem Ausbruch des Zweiten Weltkriegs im September 1939 eröffneten sich neue Aufstiegschancen für Reichenau. Mit dreizehn Divisionen, davon zwei Panzer- und fünf motorisierten Divisionen, war seine 10. Armee die weitaus kampfkräftigste im ganzen Polenfeldzug. Gleich nach dem Überfall stieß Reichenau aus dem Raum Oppeln in Richtung Warschau vor. Zusammen mit den Armeen der Heeresgruppe Nord gelang es ihm, die zahlenmäßig starken, aber technisch unterlegenen polnischen Verbände zu umfassen und zu vernichten. Bald darauf konnte Reichenau einen großangelegten polnischen Gegenangriff in die offene Flanke der benachbarten 8. Armee – die »Schlacht an der Bzura« – durch geschicktes Operieren abfangen. Einen wesentlichen Beitrag dazu leistete seine innovative Anwendung der operativen Funkaufklärung und die flexible Handhabung seiner Panzertruppen.

Die militärischen Erfolge im Polenfeldzug brachten Reichenau politisch nichts ein. Dagegen kamen ihm im Winter 1939/40 die ersten ernsthaften Bedenken gegen das Regime. Reichenau plädierte nämlich in aller Entschiedenheit gegen den von Hitler vorgesehenen baldigen Angriff im Westen. »Geradezu verbrecherisch« nannte er den Gedanken, im Westen noch vor Weihnachten, das heißt unvorbereitet, zur Offensive überzugehen. Im Laufe des Winters fuhr Reichenau mindestens fünfmal nach Berlin, um Hitler von seinem Vorhaben abzubringen. Der politischen Vorrangstellung, die Reichenau bis dato bei Hitler vor anderen Generälen genossen hatte, ging er dabei verlustig. Er geriet in den Ruf, »etwas in defaitistisch zu machen«.[13] Als General Guderian Hitler in einer Unterredung im November 1939 Reichenau als möglichen Brauchitsch-Nachfolger vorschlug, antwortete dieser nur: »Der kommt nicht in Frage.«[14]

Um einem Desaster im Westen vorzubeugen, nahm Reichenau

sofort über die Goerdeler-Gruppe des deutschen Widerstandes Kontakt mit den Alliierten auf. Diese Tatsache kann nur denjenigen überraschen, der in ihm allein den treuen weltanschaulichen Gefolgsmann Hitlers sieht. Reichenau war ein Mann, der immer »das Gras wachsen hörte«. Durch den Verrat des Angriffstermins im Westen an die Alliierten hoffte er, den Aufschub der Offensive zu erzwingen. Vielleicht wollte Reichenau hiermit für den Fall eines Fiaskos im Westen gar seinen Absprung vom NS-Regime vorbereiten. Etwaige Hoffnungen in dieser Richtung wären nicht ganz verfehlt gewesen: Reichenaus Name wurde vom Widerständler Hans von Dohnanyi für eine mögliche »Kerenski-Lösung« erwogen. Jedenfalls zeigt die atemberaubende Art, in welcher der angeblich so regimetreue Reichenau mitten im Krieg hochverräterische Sondierungen mit dem Feind aufnahm, daß er das Politisieren nicht verlernt hatte. Trotzdem dehnt Gerhard Ritter den Widerstandsbegriff wohl zu weit, wenn er meint, der Generaloberst sei »im Winter 1939/40 zeitweise zur Opposition übergegangen«. Reichenaus Zusammengehen mit dem Widerstand war eine rein taktische Handlung: Es ging ihm allein um den Zeitpunkt der Westoffensive, nicht um die daraus folgende Ausweitung des Krieges. Niemals wollte er sich zu einem Putsch gegen das Regime hinreißen lassen.

Im Verlauf der deutschen Westoffensive vom Mai/Juni 1940 spielte Reichenau nicht mehr die Glanzrolle, die ihm noch in Polen zugekommen war. Das hatte zunächst militärische Gründe, denn im Zuge der Angriffsvorbereitungen waren ihm nach und nach die schnellen Verbände weggenommen worden. Durch den Manstein-Plan, der eine Schwerpunktbildung im Süden vorsah, geriet Reichenaus an der belgischen Grenze aufmarschierte 6. Armee auf einen Nebenschauplatz. Ihre Aufgabe war es, nördlich von Aachen über die Maas zu gehen, die belgischen Grenzbefestigungen zu nehmen und dann rasch nach Westen vorzustoßen. Dies gelang im wesentlichen auch. Trotzdem war Reichenaus Befehlsführung im Frankreichfeldzug problematisch. Der überaus erfolgreiche Einsatz der Fallschirmjäger- und Luftlandetruppen mußte dem in dieser Hinsicht überraschend konservativen General förmlich aufgezwungen werden. Auch seine Führung der Panzerverbände ließ bisweilen zu wünschen übrig: Er weigerte sich oft, die ihm unterstellten schnellen Verbände für den Einsatz freizugeben. Ferner wird ihm mangelnde Schwerpunktbildung beim Panzerangriff vorgeworfen.

Sehr zum Leidwesen seiner Kameraden benutzte Reichenau den Feldzug schamlos zur persönlichen Profilierung. So kritisierte Generalstabschef Halder beispielsweise Reichenaus »Privatschlacht in Gegend Oudenarde, die wahrscheinlich Verluste kostet und kein operatives Ergebnis bringt«.[15] Auch der ihm vorgesetzte Oberbefehlshaber der Heeresgruppe B, Generaloberst von Bock, tadelte: »Reichenau führt ein bißchen Sonderkrieg.«[16] Besonders irritierte den Heeresgruppenoberbefehlshaber jedoch die Tatsache, daß Reichenau einen ganzen Nachmittag lang den König von Belgien hofierte, anstatt seine Armee zu führen. Damit nicht genug, nahm er sich sogar die Zeit, ausländischen Journalisten persönlich den Gang der Operationen zu erklären. Selbst der deutschfeindliche Amerikaner William Shirer zeigte sich von dieser Öffentlichkeitsarbeit beeindruckt. Von Reichenau offenbar fasziniert, schrieb er ins Tagebuch: »Er ist nicht angespannt. Er ist nicht besorgt. Man fragt sich: ›Haben diese deutschen Generäle keine Nerven?‹«[17]

Nach dem triumphalen Erfolg im Westfeldzug wurde Reichenau zwar mit sechsundfünfzig Jahren zum jüngsten Generalfeldmarschall in der neueren deutschen Geschichte ernannt – doch gleichzeitig wurde diese Ehre auch einem guten Dutzend seiner Kameraden zuteil. Relativ änderte sich also nichts. Reichenau blieb zudem Armeeoberbefehlshaber: Ein Heeresgruppenoberkommando wurde ihm nicht in Aussicht gestellt. Im Laufe des nächsten Jahres verlor er sogar noch an Bedeutung. Zu Beginn des Rußlandfeldzugs wurde seine 6. Armee zu einem reinen Infanterieverband deklassiert. Gemäß der neuen Doktrin waren die schnellen Verbände in Panzergruppen zusammengefaßt, die der Heeresgruppe Süd (Rundstedt) unmittelbar unterstanden.

In der Frühphase des Rußlandfeldzuges war Reichenau entscheidend an den weiträumigen Umfassungsschlachten bei Uman und Kiew in der Ukraine beteiligt. Es gelang ihm, den außerordentlich starken Widerstand im Südabschnitt zu brechen und bis Ende September den Feind bis auf den Dnjepr zurückzudrängen. Doch auch diesmal waren seine militärischen Leistungen nicht unumstritten. Der Stoß nach Kiew wurde von Halders bissiger Kritik gegen den »Egoisten Reichenau« begleitet. Und in der Tat gestaltete dieser die Operationen oft zurückhaltend, fast schleppend. Insbesondere warf man ihm im Spätsommer die Überschätzung des »Pripjet-Problems« vor, einer zahlenmäßig zwar starken, jedoch völlig desorganisierten russischen Versprengten-Armee, die in das unwegsame Sumpfgebiet um Minsk ausgewichen war. Bei der Heeresgruppe herrschte später sogar der Verdacht, »daß 6. Armee (R.) von einer anderen Auffassung ausgeht als OKH und Heeresgruppe und den Angriffswillen der oberen Stellen sabotiert«.[18] Reichenaus konstante Weigerung, den Angriff zeitplangemäß voranzutreiben, veranlaßte Halder schließlich dazu, im Winter 1941 ein Untersuchungsverfahren gegen ihn einzuleiten.

Derweil arbeitete Reichenau unbeeindruckt weiter an seinem »Image«. Schon in Polen hatte er halbnackt die Weichsel durchschwommen, eine Tat, die er in der Heimat propagandistisch ausschlachten ließ. In Frankreich kämpfte er bei Lille in der ersten Linie mit. Auch in Rußland zeigte Reichenau starkes persönliches Engagement. So beschrieb er während der Kesselschlacht in der Ukraine seinem Stabschef Paulus einen Sturmangriff folgendermaßen: »Drei Kilometer weit führte ich sie vor, buchstäblich nicht nur in der vordersten Linie, sondern als ihr vorderster Mann.«[19]

Solche Profilierungsversuche allein konnten jedoch nicht ausreichen, um die steckengebliebene Karriere wieder zu beleben. Daher griff Reichenau auf ein bewährtes Konzept zurück, nämlich auf die Heranführung der Wehrmacht an den Nationalsozialismus bei gleichzeitiger Anbiederung an Hitler persönlich. Im

Kontext des Rußlandfeldzuges bedeutete dies nichts weniger, als eine Vorreiterrolle im Rassen- und »Weltanschauungskrieg« einzunehmen. Hatte Reichenau noch im Polenfeldzug Ausschreitungen der SS gegen die Zivilbevölkerung scharf kritisiert, so mahnte er von Beginn des Rußlandkrieges an die Wehrmacht, mit den Einsatzgruppen des SD zusammenzuarbeiten. Die Vorgänge in der Schlucht von Babi Yar bei Kiew, in der mehr als 30 000 Juden ermordet wurden, dürfen deshalb zumindest zum Teil Reichenau angelastet werden. Hier nämlich arbeitete der seinem Befehl unterstehende Wehrmachts-Stadtkommandant von Kiew in engem Einvernehmen mit der zuständigen Einsatzgruppe. Ferner bestimmte Reichenau, daß die bei Bjelaja Zerkow in der Westukraine unternommene Vernichtungsmaßnahme gegen jüdische Kinder durch die Wehrmacht nicht behindert werden solle: »Grundsätzlich habe ich entschieden, daß die einmal begonnene Aktion in zweckmäßiger Weise durchzuführen sei.«[20]

Das Kernstück dieser Reichenauschen Politik bildete jedoch der vielzitierte Tagesbefehl vom 10. Oktober 1941. Darin benannte er unter anderem die »Ausrottung des asiatischen Einflusses im europäischen Kulturkreis« als das Ziel des Feldzuges. Dabei sei der deutsche Soldat »Träger einer unerbittlichen völkischen Idee«, der die »Sühne am jüdischen Untermenschtum« erstreben solle. Deshalb verlangte Reichenau »die erbarmungslose Ausrottung artfremder Heimtücke und Grausamkeit und damit die Sicherung des Lebens der Deutschen Wehrmacht in Rußland«.[21] Die apologetische Behauptung, der Reichenausche Befehl sei *allein* im Zusammenhang mit der Partisanenbekämpfung zu sehen, ist offensichtlich unsinnig. Aber auch die These, Reichenau habe sich damit aus innerer Überzeugung dem Rassen- und Vernichtungskrieg verschrieben, greift zu kurz. Vielmehr ist der Befehl als Schachzug im Kampf um den Vorraum der Macht zu interpretieren. Reichenau ließ nämlich den Text ins »Führerhauptquartier« lancieren, wo er von Hitler für »ausgezeichnet« befunden wurde. Alsbald fand der Befehl auch als Vorlage für ähnliche Verlautbarungen von Hoth und Manstein

Verwendung. Damit hatte sich Reichenau im Handumdrehen wieder die Gunst des »Führers« ergattert.

Im Dezember 1941 ging Reichenaus Kalkül zunächst auf. Nach dem Rücktritt Rundstedts trat er am 1. Dezember die langersehnte Nachfolge im Oberkommando der Heeresgruppe Süd an. Gleichzeitig wurde das Ermittlungsverfahren gegen ihn eingestellt. Dem Oberbefehl über das gesamte Heer schien er – so sah er das jedenfalls – einen letzten entscheidenden Schritt nähergerückt zu sein. Als jedoch kaum vierzehn Tage später Walther von Brauchitsch als Oberbefehlshaber des Heeres den Abschied nahm, sperrte sich sogar Hitler gegen Reichenau. Mit den Worten »Nein, der ist mir zu politisch. Die Katze läßt das Mausen nicht«[22] zerschlugen sich die Reichenauschen Hoffnungen auf den Oberbefehl zum dritten und letzten Mal. Hitler übernahm statt dessen selbst das Oberkommando des Heeres.

Das Ende kam schnell. Am 15. Januar 1942 erlitt der erst siebenundfünfzigjährige Generalfeldmarschall einen Schlaganfall. Zwei Tage später verstarb er auf dem Rückflug in die Heimat.

Der historische Ort Reichenaus ist nicht in der reinen Kriegsgeschichte des Dritten Reiches zu suchen. Sein Beitrag zur deutschen Kriegsvorbereitung steht außer Zweifel. Auf der operativen Ebene dagegen war er, etwa im Vergleich zu Manstein, Guderian oder Kleist, kein hervorragender Praktiker des Blitzkrieges. Reichenaus Karriere ist vielmehr im Zusammenhang mit dem ständigen Kampf um den Vorraum der Macht im Dritten Reich zu sehen. Damit erübrigt sich im Grunde auch die heftig umstrittene Frage seines Verhältnisses zum Nationalsozialismus. Gewiß war Reichenau durch seine revolutionäre Grundhaltung, seinen Modernismus, vielleicht sogar auch durch seine Hemdsärmeligkeit anfälliger für den Nationalsozialismus als mancher seiner konservativen Kameraden. Gewiß waren seine Verlautbarungen immer mehr vom NS-Geist durchsetzt. Daß Reichenau wesentliche Aspekte des nationalsozialistischen Weltbilds teilte oder zu teilen vorgab, ist unbestreitbar. Anderseits war Reichenau durchaus imstande, sich sein eigenes politisches oder militä-

440

risches Urteil zu bilden, Hitler zu widersprechen und ihn notfalls sogar hochverräterisch zu hintergehen. Zudem ist festzuhalten, daß seine öffentlich bekundete NS-Gesinnung, war sie nun genuin oder nicht, von ihm stets in den Dienst seiner eigenen politischen Ambitionen gestellt wurde. Reichenau war nämlich in erster Linie hitleristisch, nicht nationalsozialistisch eingestellt. Die Option für Hitler und damit für den Nationalsozialismus war mehr eine politisch-karrieristische als eine weltanschauliche Entscheidung. Mit der Gunst des »Führers« gewappnet, suchte er sich im internen Machtkampf des Dritten Reiches zu behaupten. In den Anfangsjahren der NS-Herrschaft beseelte ihn die Hoffnung, durch politische Gefügigkeit den herkömmlichen, langwierigen Weg nach oben zu umgehen; während des Krieges suchte er seine im Endeffekt eher durchschnittliche operative Begabung durch eine weltanschauliche Vorreiterrolle wettzumachen. Dabei wurden ihm mehrere politisch-persönliche Feindschaften zum Verhängnis. In der Frühphase sperrten sich Hindenburg und Papen. Im Heer selbst blockierte Rundstedt seinen Aufstieg. Schließlich arbeiteten im OKW Keitel und Schmundt gegen ihn.

Letztlich aber beruhte Reichenaus Strategie ohnehin auf einem Mißverständnis. Die Hoffnung, im militärpolitischen Bereich eine Stellung im Vorhof der Macht einnehmen zu können, wie sie später Bormann auf einem anderen Sektor bekleiden sollte, scheiterte daran, daß Reichenau, im Gegensatz etwa zu Schmundt oder Keitel, gegenüber Hitler seine eigenen Konzeptionen zu verwirklichen suchte. Das konnte der »Führer« auf lange Sicht nicht dulden. Adolf Hitler war nicht der in dem Maße lenkbare Diktator, wie ihn der Reichenausche Ansatz implizit voraussetzte. Vielmehr wurde auch der »machiavellistische« Reichenau von Hitler ausgenutzt und schließlich fallengelassen. Somit können wir uns zum Schluß ohne weiteres dem Urteil von Gisevius anschließen: »Auf dem politischen Schachbrett war auch er [Reichenau] ein geschobener Schieber.«[23]

Anmerkungen

Der Autor ist Herrn Doron Arazi (Freiburg/Breisgau) für seine selbstlose Hilfe bei der Vorbereitung dieses Beitrages zu besonderem Dank verpflichtet. Dank schulde ich auch Herrn Dr. Jonathan Steinberg (Cambridge), Herrn Dr. Christopher Clark (Cambridge), Frl. Verena Salzmann (Cambridge), Herrn Dr. Schlie (Bonn), Frau Dr. Stephanie Salzmann (Düsseldorf), Herrn Professor Dr. Martin Vogt (Darmstadt/ Mainz) und Herrn Alexander Rose (Cambridge).

1 Walter Görlitz (Hrsg.), Generalfeldmarschall Keitel. Verbrecher oder Offizier? Erinnerungen, Briefe, Dokumente des Chefs OKW, Göttingen u. a. 1961, S. 108.

2 Siehe die Manuskript-Studie von Herbert Selle, Blombergs und Reichenaus Einstellung zu Hitler und zum Nationalsozialismus, Bundesarchiv-Militärarchiv Freiburg (BA-MA) Msg 1/2, Blatt 2.

3 Georges Castellan, Le réarmement clandestein du Reich, 1930–1935. Vu pat le 2me Bureau de l'État-Major Français, Paris 1952, S. 87 [Übersetzung vom Autor].

4 Reichenau an Schleicher, 7. 4. 1932, Königsberg, BA-MA N42/25, Blatt 49/50.

5 Edgar Röhricht, Pflicht und Gewissen. Erinnerungen eines deutschen Generals 1932–1944, Stuttgart 1956, S. 44.

6 Karl-Dietrich Bracher/Werner Sauer/Gerhard Schulz, Die nationalsozialistische Machtergreifung. Studien zur Errichtung des totalitären Herrschaftssystems in Deutschland 1933/34, Köln/Opladen 1960, S. 717.

7 Klaus-Jürgen Müller, Das Heer und Hitler. Armee und nationalsozialistisches Regime 1933–1940, Stuttgart 1969, S. 592.

8 Zitiert nach der ungedruckten Studie von Walter Kayser, Generalfeldmarschall von Reichenau. Ein Lebensbild, BA-MA Msg 1/1238, Blatt 71–73.

9 Franz von Papen, Der Wahrheit eine Gasse, München 1952, S. 324.

10 Müller (Anm. 7), S. 193–194.

11 Joseph Goebbels, Tagebuch-Eintragung vom 1. 2. 1938, in: Ralf-Georg Reuth (Hrsg.), Joseph Goebbels Tagebücher 1924–1945, Bd. 3: 1935–1939, München/Zürich 1992, S. 1194.

12 Görlitz (Anm. 1), S. 108.

13 Joseph Goebbels, Tagebuch-Eintragung vom 8. 12. 1939, in: Elke Fröhlich (Hrsg.), Die Tagebücher von Joseph Goebbels. Sämtliche Fragmente, Bd. 3: 1. 1. 1937–31. 12. 1939, Müchen u. a. 1987, S. 660.

14 Zitiert nach: Harold C. Deutsch, Verschwörung gegen den Krieg. Der Widerstand in den Jahren 1939–1940, München 1969, S. 283.

15 Franz Halder, Kriegstagebuch-Eintragung vom 23. 5. 1940, in: Hans-Adolf Jacobsen (Hrsg.), Generaloberst Halder. Kriegstagebuch, Bd. 1: Vom Polenfeldzug bis zum Ende der Westoffensive (14. 8. 1939–30. 6. 1940), S. 314.

16 Fedor von Bock, Tagebuch-Eintragung vom 29. 5. 1940, BA-MA, N22/5, S. 24.

17 William Shirer, Tagebuch-Eintragung vom 21. 5. 1940, in: William L. Shirer, Berlin Diary. The Journal of a Foreign Correspondent 1934–1941, London 1941, S. 290–292 [Übersetzung vom Autor].

18 Franz Halder, Kriegstagebuch-Eintragung vom 29. 11. 1941, in: Jacobsen (Anm. 15), Bd. 3: Der Rußlandfeldzug bis zum Marsch auf Stalingrad (22. 6. 1941–24. 9. 1942), S. 318.

19 Reichenau an Paulus, 27. 9. 1941, im Felde, in: Walter Görlitz (Hrsg.), Paulus »Ich stehe hier auf Befehl!«. Lebensweg des Generalfeldmarschalls Friedrich Paulus. Mit den Aufzeichnungen aus dem Nachlaß, Briefen und Dokumenten, Frankfurt a. M. 1960, S. 143.

20 Stellungnahme Reichenaus vom 26. 8. 1941 zu dem Bericht der 295. Division über die Vorgänge in Bjelaja Zerkow, in: Helmut Krausnick und Harold C. Deutsch (Hrsg.), Helmuth Groscurth. Tagebücher eines Abwehroffiziers 1938–1940. Mit weiteren Dokumenten zur Militäropposition gegen Hitler, Stuttgart 1970, S. 541.

21 Der Wortlaut des Befehls zum »Verhalten der Truppe im Ostraum« befindet sich in den Akten der Nürnberger Prozesse: Der Prozeß gegen die Hauptkriegsverbrecher vor dem internationalen Militärgerichtshof, Nürnberg 1949, Dokument 411-D, S. 85f.

22 Walter Warlimont wurde Ohrenzeuge dieser Unterredung: Walter Warlimont, Im Hauptquartier der Wehrmacht 1939–1945, Bonn 1964, S. 75.

23 Hans Bernd Gisevius, Bis zum bittern Ende, Zürich 1946, S. 179.

Bibliographie

Quellen

Ein persönlicher Nachlaß Reichenaus ist nicht vorhanden. Dagegen befindet sich in den Quellen des Militärarchivs in Freiburg i. Br., vor allem in den Nachlässen seiner Kameraden Bock, Schleicher und Paulus, auch Material zu seiner Person. Der Blomberg-Nachlaß ist ebenfalls von Interesse. Quellen, die sich auf Reichenaus Zeit im Ministeramt und als Truppenführer beziehen, lagern ebenfalls im genannten Militärarchiv. Ferner befinden sich dort einige ungedruckte Studien zu Reichenau. Die Studie von Herbert Selle, Blomberg und Reichenaus Einstellung zum Nationalsozialismus, enthält wichtige Augenzeugenberichte aus der Zeit des Reichenauschen Oberbefehls über die 6. Armee. Die noch zu Reichenaus Lebzeiten entstandene Schrift von Walter Kayser, Generalfeldmarschall von Reichenau. Ein Lebensbild, o. O. 1940, ist zwar stark mit Konzessionen an den Zeitgeist befrachtet, enthält aber wichtige Informationen. Schließlich sei noch auf die gedruckten Memoiren seiner engen Mitarbeiter Helmut Foertsch, Schuld und Verhängnis. Die Fritsch-Krise im Frühjahr 1938, Stuttgart 1951, und Edgar Röhricht, Pflicht und Gewissen. Erinnerungen eines deutschen Generals 1932–1944, Stuttgart 1965, verwiesen.

Literatur

Zu Reichenau gibt es noch keinen kritischen Ansprüchen genügenden systematischen Überblick, geschweige denn eine Biographie. Problematisch sind die Beurteilungen bei Gerd Heuer, Die deutschen Generalfeldmarschälle und Großadmirale, Rastatt 1978 (= Landser Bibliothek, Bd. 1) und Otto Moll, Die deutschen Generalfeldmarschälle 1935–1945, Rastatt 1961. Besser sind die zahlreichen Studien von Walter Görlitz (zum Beispiel in Corelli Barnett (Hrsg.), Hitler's Generals, London 1989). Teilaspekte seiner Karriere werden allerdings in der Fachliteratur sehr ausführlich behandelt. Die Arbeiten von Karl Dietrich Bracher, Werner Sauer und Gerhard Schulz, Die nationalsozialistische Machtergreifung, Köln und Opladen 1962; Klaus-Jürgen Müller, Das Heer und Hitler. Armee und nationalsozialistisches Regime 1933–1940, Stuttgart 1969, und die Pionierleistung von Robert O'Neill, The German Army and the Nazi Party, 1933–1939, London 1966, sind für die Frühphase des Dritten Reiches besonders zu empfehlen. Zu Reichenaus Verhalten im Rahmen der Blomberg-Fritsch-Krise vgl. Karl-Heinz Janßen/Fritz Tobias, Der Sturz der Generäle. Hitler und die Blomberg-Fritsch-Krise 1938, München 1994. Die militärtheoretischen Gedanken werden bei Michael Geyer, Aufrüstung oder Sicherheit. Die Reichswehr in der Krise der Machtpolitik, Wiesbaden 1980 (= Veröffentlichungen des Instituts für europäische Geschichte Mainz, Bd. 91), behandelt. Harold C. Deutsch, Verschwörung gegen den Krieg. Der Widerstand in den Jahren 1939–1940, München 1968, geht auf Reichenaus geheime Kontakte mit den Westalliierten ein. Reichenaus Rolle im Vernichtungskrieg gegen die Sowjetunion ist bei Helmut Krausnick/Hans-Heinrich Wilhelm, Die Truppe des Weltanschauungskrieges. Die Einsatzgruppen der Sicherheitspolizei und des SD 1938–1942, Stuttgart 1981, nachzuvollziehen.

Wolfram Freiherr von Richthofen – Hitlers Schlachtfliegergeneral

VON EDWARD L. HOMZE

Obwohl die Unterstützung der Bodenverbände durch Schlachtflieger traditionell weniger im Mittelpunkt des Interesses gestanden hat als die Erringung der Luftüberlegenheit oder die strategischen Bombardierungen, ist sie zu einer der wichtigsten Aufgaben der Luftflotten geworden. Die breite Öffentlichkeit und die Luftwaffentheoretiker bewunderten und rühmten zwar die Heldentaten der neuen »Ritter der Luft«, der Jagdflieger, und erbebten vor der Macht der Bomberpiloten, doch wurde die profane, aber notwendige Aufgabe der Luftnahunterstützung der Bodenverbände gewöhnlich übersehen. Das war auch so in der deutschen Luftwaffe im Zweiten Weltkrieg, als Wolfram Freiherr von Richthofen – der Cousin des berühmten Roten Barons des Ersten Weltkrieges, Manfred von Richthofen – der stärkste Verfechter des Einsatzes von Schlachtfliegern war.

Wolfram von Richthofen wurde am 10. Oktober 1895 auf dem väterlichen Gut Barzdorf im Kreis Striegau in Schlesien geboren. Als Sproß einer angesehenen adligen Familie trat er am 22. März 1913 als Kadett in das Husaren-Regiment Nr. 4 ein und erhielt am 19. Juni 1914 sein Leutnantspatent. Er kämpfte zunächst an der Westfront, wurde aber am 6. September 1917 zum Fliegerkorps abkommandiert. Man versetzte ihn dort schließlich zum berühmten Jagdgeschwader 1 seines Cousins, und sein erster Kampfeinsatz fand am 21. April 1918 statt, ausgerechnet an dem Tag, an dem der Rote Baron abgeschossen wurde. Unter seinem neuen Kommandeur Hermann Göring erzielte er bis Kriegsende insgesamt acht Feindabschüsse. Nach dem Krieg diente er in der Reichswehr und schloß im Jahre 1923 sein Maschinenbaustudium in Hannover als Diplomingenieur ab. Gegen Ende der zwanziger Jahre wurde er inoffizieller Luftattaché bei der italienischen Luftwaffe. Als Göring nach Hitlers Machtantritt mit dem Aufbau der Luftwaffe begann, gehörte der damalige Major Wolfram von Richthofen zum Kreis der künftigen Generäle, die der Reichswehrminister General Werner von Blomberg sorgfältig für die neue Luftwaffe auswählte.

Im Unterschied zu vielen dieser Offiziere, die mit dem Flugwesen nicht vertraut waren (Stabschef Walther Wever und Verwaltungschef Albert Kesselring waren herausragende Beispiele hierfür), kannte sich von Richthofen in diesem Metier gut aus und wurde sofort in die Entwicklungsabteilung des Technischen Amtes unter Wilhelm Wimmer abkommandiert. Wie viele der jüngeren Offiziere begrüßte er, daß Hitler an die Macht gekommen war, wovon er sich die Rückkehr zu deutscher Tradition und Größe versprach. Beruflich bedeuteten die politischen Veränderungen für ihn noch mehr: die Chance, auf dem Gebiet seiner geliebten Fliegerei arbeiten zu können, und eine großartige Gelegenheit, seine Talente zu nutzen und seinen Ambitionen nachzugehen. Es waren aufregende Zeiten, angefüllt mit harter, doch befriedigender Arbeit, die durch Auszeichnungen anerkannt wurde. Er konnte den Aufbau der neuen Luftwaffe mit vorantreiben und den Anbruch einer neuen Ära unmittelbar erleben.

In der Zeit, in der Richthofen im Technischen Amt tätig war, hatte er mit unzähligen Entwicklungsprojekten zu tun, von denen drei besonders erwähnenswert sind: das leichte Aufklärungsflugzeug »Fieseler Storch«, der Sturzkampfbomber (Stuka) und die künftige ballistische Rakete des Heeres, die V 2. Richthofen bezweifelte den Nutzen des »Fieseler Storchs«, gab aber später zu, daß er sich geirrt hatte. Der »Storch« wurde zu einem seiner Lieblingsflugzeuge und wurde auch von der übrigen Luftwaffe außerordentlich geschätzt. Am ersten Tag des Krieges flog Richthofen mit seinem »Fieseler Storch« so nahe an die polnischen Linien heran, daß er vom Abwehrfeuer getroffen wurde und notlanden mußte.

Das V-2-Projekt wurde von ihm sehr unterstützt, da er diese Rakete als eine Waffe mit enormen Möglichkeiten ansah; doch hatte er mit ihrer Entwicklung wenig zu tun. Mit dem Stuka verhielt es sich anders. Richthofen hatte ihn mit dem Argument abgelehnt, er könne in geringer Höhe zu leicht von der Flugabwehr getroffen werden; außerdem hegte er Zweifel an der Stabilität der Flugzelle beim harten täglichen Kampfeinsatz. Der stärkste Befürworter des Stuka war Ernst Udet, Deutschlands berühmtester noch lebender Flieger des Ersten Weltkrieges. Göring hatte Udet umworben und erreicht, daß er sich 1935 für die neue Luftwaffe zur Verfügung stellte. Er wurde Wimmers Nachfolger als Leiter des Technischen Amtes. An dem Tag, an dem Wimmer ging, hatte Richthofen entschieden, die Entwicklung des Stuka nicht weiter fortzusetzen. Udet hob diese Anordnung auf, der Stuka wurde in das Arsenal der Luftwaffe aufgenommen, und schließlich war es Richthofen selbst, der dieses Flugzeug vervollkommnete.

Richthofens Verhältnis zu Udet war gespannt. Viele Offiziere ärgerten sich über von den Nationalsozialisten aus parteipolitischen Erwägungen ernannte »Emporkömmlinge« wie Milch und Udet, die sich nicht hochgedient hatten und deren militärische Kompetenz angezweifelt wurde. Richthofen war bestrebt, einen anderen Posten zu finden, und erhielt ihn in Spanien. Als die »Legion Condor« unter Generalleutnant Hugo Sperrle nach Spanien entsandt wurde, war der zum Oberstleutnant beförderte Richthofen Sperrles Stabschef. Für ihn war das eine große Chance, da eine der Aufgaben der »Legion Condor« darin bestand, die neuen Maschinen der Luftwaffe unter der Aufsicht des Technischen Amtes zu testen. Der spanische Bürgerkrieg hatte großen Einfluß auf Richthofens militärisches Denken.

Manche der grundsätzlichen Probleme, denen sich die Luftwaffe in Spanien gegenübersah, hatte man theoretisch vorausgesehen, nun aber waren praktische Erfahrungen notwendig. Mit schweren, mittelschweren und leichten Bombern, Jagdflugzeugen, starken Aufklärungs- und Übungseinheiten war die Luftwaffe als eine ausgewogene Streitmacht konzipiert. Typisch für die Luftstreitkräfte der dreißiger Jahre war, daß die Luftwaffe Bombenabwürfe aus großer Höhe als ineffektiv ansah, während Angriffe mit Sturzbombern sogar von Besatzungen mit durchschnittlicher Qualifikation erfolgreich durchgeführt werden konnten. Die Deutschen hatten aufmerksam amerikanische und schwedische Experimente verfolgt, bei denen Sturzbomber gegen Schiffe eingesetzt worden waren, und nutzten nun diese Erfahrungen für die Bekämpfung von Bodenzielen. Ein weiteres Problem betraf die Luftnahunterstützung des Heeres. In der Schlußphase des Ersten Weltkrieges setzten beide Seiten erfolgreich »Nahkampfflugzeuge« ein. In der Märzoffensive des Jahres 1918 boten die Deutschen 38 Staffeln von Schlacht- oder Nahkampfflugzeugen auf, die sich sowohl für den Angriff als auch für die Verteidigung als außerordentlich nützlich erwiesen. Die neue Luftwaffe besaß einige Nahkampf-Fliegerverbände, die meist mit Doppeldeckern älteren Typs, wie zum Beispiel der Heinkel H 51, ausgerüstet waren. Doch erst in Spanien begann man die Methoden des Schlachtfliegereinsatzes, besonders gegen Panzer, zu entwickeln. Der Bedarf an speziell ausgerüsteten und ausgebildeten Einheiten führte zu einer Reihe von Ad-hoc-Maßnahmen, die zur Klärung der Auffassungen der Luftwaffe über die Luftnahunterstützung beitrugen. Nach dem Krieg schrieb Karl Drum, einer der Kommandeure der »Legion Condor«: »Von allen Erfahrungen, die die ›Legion Condor‹ in Spanien gesammelt hat, waren diejenigen am wichtigsten und in ihrer Wirkung am weitreichendsten, die die Methoden des taktischen Einsatzes fliegender Verbände betrafen.«[1]

Richthofen spielte bei der Entwicklung der Taktik der Luftnahunterstützung eine entscheidende Rolle. Seine früheren Vorbehalte gegenüber dem Stuka-Programm wurden durch seine Spanien-Erfahrungen ausgeräumt, vor allem als die neuere Ju87 zur Verfügung stand. Unterdessen war Richthofen am 1. November 1938 Kommandeur der »Legion Condor« geworden und führte am 6. Juni 1939 die Siegesparade der Legion in Berlin an. Die Weichen für seine künftige Rolle als Erneuerer auf dem Gebiet der Taktik waren gestellt. Seine Erfahrungen als Truppen- und Luftwaffenoffizier ergänzten sein draufgängerisches Wesen gut. Sein technisches Fachwissen dämpfte oft seinen Überschwang und seine bisweilen ungezügelten Ambitionen, es besteht jedoch kein Zweifel daran, daß er, wie auch sein enger Freund Hans Jeschonnek, der jüngste Stabschef der Luftwaffe, ein aufsteigender Stern war. In dieser freundschaftlichen Beziehung scheint Richthofen dominiert zu haben. Selbstbewußt-extrovertiert unterschied er sich sehr stark von dem grüblerisch veranlagten »Hamlet« Jeschonnek. Für Richthofen war es charakteristisch, daß er Fehler zugab, aus ihnen lernte und sich danach selten grämte.

Als der Zweite Weltkrieg ausbrach, übernahm Richthofen, inzwischen Generalmajor, einen besonderen Nahkampf-Fliegerverband, das spätere VIII. Fliegerkorps. Er hatte praktisch seinen ganzen Stab aus Spanien übernommen, und sein Korps, das vier Sturzkampfgeschwader, ein Nahkampfflieger- und ein Langstreckenjäger-Geschwader umfaßte, besaß von allen Luftwaffenverbänden im Polenfeldzug die meisten Erfahrungen. Typisch war sein Bestreben nach engem Zusammenwirken mit dem Heer; er richtete sein Hauptquartier zehn Kilometer von der polnischen Grenze entfernt im Schloß Schönwald in Schlesien ein und schlug dem Oberbefehlshaber der 10. Armee, General Walther von Reichenau, sofort vor, es mit ihm zu teilen. Dieses Angebot wurde angenommen. Unter ein und demselben Dach hielten der Luftwaffen- und der Heeresgeneral enge Verbindung mit den Panzern und Stukas, als diese die Spitze des Vorstoßes durch Polen bildeten.

Wie in Spanien verschaffte sich Richthofen durch den kühnen

Einsatz seiner Verbände hohes Ansehen. Unter Anwendung seiner Prinzipien Masse, Konzentration und Überrumpelung stieß er besonders zu Beginn militärischer Operationen rasch und energisch vor – oft ohne Rücksicht auf Verluste. Er wollte schnelle und entscheidende Siege erringen und setzte daher alles, was ihm zur Verfügung stand, gegen den Feind ein. Schnelles und hartes Vorgehen zahlten sich auf die Dauer aus. Er und sein Fliegerkorps nahmen überaus erfolgreich am Polenfeldzug teil, und Titel (im Oktober 1939 wurde ihm der Dr.-Ing. honoris causa verliehen, den er neben dem 1924 erworbenen Dipl.-Ing. trug), Auszeichnungen und Beförderungen folgten.

Obwohl der Krieg gegen Polen rasch siegreich beendet werden konnte, war die deutsche Militärführung mit dem Feldzug in vieler Hinsicht unzufrieden. Es gab zahlreiche Probleme und Schwierigkeiten im System, und die Deutschen nutzten die Zeit zwischen der Niederlage Polens und dem Angriff im Westen, um sie zu beseitigen. Hierzu leistete Richthofen durch den Einsatz von modernsten Panzerfahrzeugen der Luftwaffe, welche die Einheiten des Heeres begleiteten und ihre Informationen über Funk direkt an die Hauptquartiere der Luftwaffenkorps übermittelten, einen bahnbrechenden Beitrag; denn auf diese Weise wurde ein rascheres Reagieren auf den Fortgang der Schlacht gewährleistet.

Er und andere bemühten sich auch sehr um die Lösung des Problems, »freundlichem Feuer«, das heißt dem Beschuß durch die eigene Flak, ausgesetzt zu sein: Es wurden – analog den älteren Artilleriefeuerzonen – »Sicherheitslinien« festgelegt. Bessere Karten wurden hergestellt, klarere Einsatzbestimmungen traten in Kraft, und ein einfacheres, aber wirksameres Markierungssystem für die Bodentruppen wurde eingeführt. Der Einsatz von Fluglotsen und direkten Funkkontakten zwischen Bodentruppen und Fliegerverbänden schien der nächste wichtige Schritt zu sein, doch hierzu fehlten damals noch die technischen Voraussetzungen. Ein weiteres Problem der Nahkampfflieger bestand darin, daß ihre Aufgabe im Vergleich zur Sicherung der Luftüberlegenheit und der Bombardierungen für sekundär gehalten wurde. Der größte Teil der Luftwaffe war mit den Ergebnissen der Angriffe auf befestigte Stellungen und Verteidigungsanlagen als Vorbereitung der Panzervorstöße zufrieden, und diese blieben bis zum Kriegsende das Standardvorgehen der Luftwaffe.

Als der »Fall Gelb« (die Offensive im Westen) ausgelöst wurde, kam nicht das spezialisierte VIII. Fliegerkorps Richthofens zum Einsatz, das sich in Polen so gut bewährt hatte, sondern das von Bruno Loerzer befehligte II. Fliegerkorps, das Heinz Guderians Panzervorstoß durch das Gebiet der Ardennen unterstützen sollte. Richthofens Fliegerkorps hingegen wurde zur Unterstützung der größtenteils nichtmotorisierten Heeresgruppe B gegen die französischen, belgischen und holländischen Flugplätze im Norden eingesetzt. Zwar konnte die Luftwaffe besonders durch den Überraschungseffekt der Nahkampfangriffe erstaunliche Ergebnisse bei diesem Feldzug erzielen, doch interpretierte die Luftwaffenführung den Sieg als eine Bestätigung ihrer Prinzipien der strategischen Bombardierungen und der Luftüberlegenheit. All dies endete jedoch abrupt mit der »Schlacht um England«.

Richthofens berühmte Stukas erlitten in den ersten Tagen der »Schlacht um England« schwere Verluste und mußten zurückgezogen werden. Sie waren den schnellen einmotorigen Jagdflugzeugen der Royal Air Force unterlegen. Die Unterstützung von Bodenverbänden spielte eine untergeordnete Rolle, während man darauf wartete, daß die Jäger und Bomber der Luftwaffe die Luftüberlegenheit erzielten. Frustriert mußte Richthofen zusehen, wie die improvisierten und fast dilettantischen Versuche, England in die Knie zu zwingen, fehlschlugen. Der ständige Wechsel der Ziele, die heftige Kritik der Flugzeugbesatzungen und das Fehlen einer klaren Strategie erhöhten die Streitigkeiten und Spannungen zwischen führenden Militärs und Regierung. Für Richthofen und andere optimistische Luftwaffenkommandeure stellte das Scheitern der Luftschlacht um England eher ein unerfreuliches Seitengeplänkel als einen entscheidenden Wendepunkt dar. Der Krieg im Osten würde für den Gesamtkonflikt entscheidend sein.

Als Hitler sich dem Osten zuwandte, mußte er zunächst einmal die Balkankrise beilegen. Am 6. April 1941 griff Deutschland Jugoslawien und Griechenland an, wobei Richthofens VIII. Fliegerkorps, das von bulgarischen Luftstützpunkten aus startete, die Führungsrolle übernahm. Nur der Treibstoffmangel hinderte die Luftwaffe daran, den im Rückzug begriffenen britischen und griechischen Verbänden eine vernichtende Niederlage zuzufügen. Am 21. und 22. April zerstörten Richthofens Flugzeuge 23 britische und griechische Schiffe, als diese Truppen vom Festland evakuierten.

Als das Unternehmen »Quecksilber« (die Besetzung Kretas) anlief, verfügte Richthofen über 280 Bomber, 150 Stukas, 40 Aufklärungsflugzeuge sowie 46 italienische Bomber und 16 Jäger. Es folgten schwere Kämpfe, doch wieder waren die Engländer und Griechen gezwungen, sich auf See zurückzuziehen, weshalb die Luftwaffe die Royal Navy angreifen mußte. Als der Kampf vorüber war, hatte Richthofens Fliegerkorps zwei- bis dreihundert Mann und fünfzig bis siebzig Flugzeuge verloren, seinem Gegner jedoch schreckliche Verluste zugefügt. Allein neun Kriegsschiffe wurden versenkt und sieben weitere schwer beschädigt.

Nach dem Einfall in Rußland errang die Luftwaffe ebensolche Siege wie in Polen und Frankreich. Richthofens aggressive Angriffstaktik hatte das Führungskorps der Luftwaffe endlich überzeugt, besonders deren Stabschef Generaloberst Hans Jeschonnek, mit dem er eng befreundet war. Auf dem linken Flügel von Kesselrings Luftflotte 2 kämpften Richthofens Verbände den Weg durch Rußland frei. Das Ziel hieß Moskau. Durch ihren Überraschungsangriff fügte die Wehrmacht den russischen Streitkräften riesige Verluste zu, so daß Richthofen am 1. Juli 1941 den größten Teil der Roten Armee bereits für vernichtet hielt. Am 13. Juli schrieb er, der Weg nach Moskau sei frei. Auch nach der Niederlage vor den Toren Moskaus hegte Richthofen noch die Illusion, ein Sieg im Osten sei wahrscheinlich, und auch der Eintritt der USA in den Krieg vermochte seinen Optimismus nicht zu trüben. Die Zahlen des Generalstabes waren dagegen nüchterner: Bis zum 27. Dezember 1941 hatte die Luftwaffe 5730 Flugzeuge verloren, davon drei Viertel im Osten, während nur 5147 neu produziert worden waren.

Im April 1942 befehligte Richthofen die Luftunterstützung der Kertsch-Offensive, bei der er seine berühmte Angriffstaktik anwendete. Aufgrund seines hohen Ansehens und seiner guten Beziehungen zu Jeschonnek, von dem er fast nach Belieben Reserven und auserlesene Aufträge zugeteilt bekam, war er im Februar 1942 zum Generalobersten befördert worden und erhielt im Juli die Ernennung zum Oberbefehlshaber der Luftflotte 4 im Südosten Rußlands. Wieder täuschte er sich in seiner optimistischen Beurteilung des Feldzuges, als er die sowjetische Stärke bei Stalingrad schwer unterschätzte und die gegnerischen Kräfte im August für geschlagen hielt. Als die 6. Armee gegen Ende des Jahres eingekesselt war, sagte er Hitler ganz offen, daß sie nicht aus der Luft versorgt werden könne. Nach der Niederlage in Stalingrad leistete Richthofen Hervorragendes bei der Stabilisierung der Front, und im Februar 1943 wurde er zum Generalfeldmarschall befördert; doch seinen Optimismus hatte er verloren. Er fing an, sich mürrisch darüber auszulassen, daß er nur noch ein hochbezahlter Unteroffizier sei und daß die Leitung des Krieges in kompetentere Hände gelegt werden sollte. Im Kreise seiner Kameraden sagte Richthofen, Hitler müsse den Oberbcfchl im Osten abgeben. Er solle zwar den nominellen Oberbefehl behalten, doch die unmittelbare Befehlsgewalt an einen starken, fachlich kompetenten Militär delegieren. Hitler weigerte sich jedoch, weil er seinen hohen Militärs mißtraute und sie bisweilen verachtete.

Richthofen wurde im Sommer 1943 zum Kriegsschauplatz im Mittelmeerraum abkommandiert und übernahm am 4. September 1943 die Führung der Luftflotte 2, die dem Oberbefehlshaber Süd, Generalfeldmarschall Kesselring, unterstellt war. Er erlebte eine Niederlage nach der anderen, weil die Luftwaffe es nicht mit den Westalliierten aufnehmen konnte. Verbittert registrierte er den Zusammenbruch der Kommandostruktur des Reiches. Als sein Freund Jeschonnek im August 1943 Selbstmord beging, rechneten manche damit, daß Richthofen dessen Nachfolger als Chef des Generalstabes würde, doch statt dessen wählte Göring General Günther Korten aus. In der Luftwaffe vermutete man, daß Richthofen für Göring eine zu starke Persönlichkeit war.

Bei aller Unterlegenheit brachten Kesselring und Richthofen es fertig, die italienische Front zu stabilisieren, und betrieben eine defensive Kriegführung, welche die Alliierten aufhielt und frustrierte. Richthofen lernte von seinen Gegnern und befürwortete die Zusammenlegung von Jagdbombern, Aufklärungsflugzeugen und Jägern zu gemischten Verbänden, doch wurde sein Vorschlag vom Generalstab abgelehnt. Hingegen wurde nun der Einsatz von Fluglotsen und direkten Funkverbindungen zwischen Flugzeug- und Panzerverbänden erprobt. Im allgemeinen war das Verhältnis zum Chef des Generalstabes und zu den deutschen Befehlshabern in Italien gut, während Kesselring und Richthofen ihren eigenen Luftkrieg führten; sie erhielten aber nie genügend Kräfte, um den Alliierten standhalten zu können.

Auf der Höhe seiner Macht zwang eine Krankheit Richthofen, in die Heimat zurückzukehren. Er litt an einem Gehirntumor und wurde am 27. Oktober 1944 operiert. Einen Monat später wurde er zur Reserve der Luftwaffe versetzt; er versuchte zwar noch, in den aktiven Dienst zurückzukehren, doch sein Gesundheitszustand verschlechterte sich weiter. Bei Kriegsende lag er in einem amerikanischen Kriegsgefangenenlazarett in Bad Ischl, wo er am 12. Juli 1945 starb.

Richthofen war der führende Erneuerer und Praktiker der Luftwaffe auf dem Gebiet der taktischen Luft-Boden-Unterstützung und der nachdrücklichste Befürworter eines engen Zusammenwirkens von Fliegerverbänden und Bodentruppen. Viel Theoretisches hat er nicht über dieses Thema verfaßt, doch beeinflußten sein Stil und seine Erfolge die Zeitgenossen. Er wurde häufig wegen seiner draufgängerischen Taktik und seiner schroffen Art, seine Verbände anzutreiben, scharf kritisiert. Die Verluste waren hoch, und die unzähligen Feindflüge, die er vor allem zu Beginn einer Großoperation von seinen Flugzeugbesatzungen verlangte, forderten ihren Tribut. Doch ermöglichten Überrumpelung, Konzentration und Masse einen Sieg nach dem anderen. Worauf es im Krieg vor allem ankam, das waren schnelle Siege, und Richthofen war sich selbst gegenüber genauso streng wie zu seinen Männern. So verhielt er sich auch in der Niederlage. Schnelligkeit, Mobilität, Flexibilität und, wenn möglich, Überraschungsangriffe waren seine Markenzeichen. Richthofen entsprach als Luftwaffengeneral der Schule eines Rommel und Patton.

Wäre er ein guter Generalstabsoffizier oder Oberbefehlshaber gewesen? Diese Frage läßt sich nicht so leicht beantworten. Trotz seiner hervorragenden akademischen und technischen Ausbildung (eine Rarität unter den Luftwaffengenerälen) war sein Horizont begrenzt, und er schien sich nicht für den Gesamtverlauf des Krieges zu interessieren. Er war ziemlich engstirnig, wenn er seinen Standpunkt gegenüber übergeordneten Stellen vertrat. Er forderte stets mehr Leute, Ausrüstungen und Vorräte, und häufig gelang es ihm, sich aufgrund seiner freundschaftlichen Verbindungen und seines persönlichen Einflusses durchzusetzen. Die »Gesamtlage« war ihm gleichgültig, er war auf seine eigenen Probleme fixiert, was für fähige, dynamische Kommandeure nicht untypisch ist. Aber er war es auch, der während des ganzen Krieges dafür eintrat, daß Generalstabsoffiziere im Quartiermeisterdienst ausgebildet wurden und dienen sollten, damit sie besser verstehen lernten, was ein moderner Krieg bedeutete.

Was er selbst über den Krieg schrieb und äußerte, war oft sarkastisch und gefühllos. Als die Aufgaben der Luftwaffe in Rußland sie zur Lückenbüßerfunktion degradierten, schrieb er: »Die Luftwaffe ist weder eine Hure, die sich nach den Wünschen des Heeres richtet, noch eine Feuerwehrmannschaft, die jedes Feuer, ganz gleich, ob es groß oder klein ist, sofort löscht«, sie sei vielmehr eine einheitliche Streitmacht, die vielfältige Operationen durchführen müsse.[2] Und als er darum bat, Warschau völlig zerstören zu dürfen, schrieb er, es spiele keine Rolle mehr, denn Warschau »würde in Zukunft nur eine Zollstation sein«.[3]

Richthofens politische Ansichten sind unklar. Zu Beginn des Krieges unterstützte er Hitler und glaubte an dessen Fähigkeiten, zu regieren und zu gewinnen. Obwohl er von Hitler nicht so begeistert war wie Jeschonnek, paßte er besser zum Stil der Nationalsozialisten. Seine kühne Art der Kriegführung, sein Selbstvertrauen und seine Siegeszuversicht waren typisch für die Nationalsozialisten. Und dann war da sein berühmter Name. Kämpfte er, um seinen berühmten Cousin noch zu übertreffen? Manche behaupteten, dies sei seine Motivation gewesen, während andere die Meinung vertraten, daß ihm diese Verwandtschaft nur einige Türen öffnete.

In Hitlers Nähe war Richthofen zurückhaltend. Dies hat Hitlers Luftwaffenadjutant Nicolaus von Below erwähnt, als er schrieb, Richthofen, der gewöhnlich schonungslos offen war, habe sich vorsichtig verhalten, wenn er mit Hitler sprach. Er wählte den richtigen Ton, äußerte sich oft kritisch, schob aber nie anderen die Schuld in die Schuhe und war immer optimistisch. Nach Stalingrad schlug seine Stimmung um, und seine Bemerkungen klangen immer verbitterter. Zur Versorgung Stalingrads aus der Luft bemerkte er zweideutig: »Wir haben nur eine einzige Hoffnung, an die wir uns klammern können; bis jetzt hat der Führer immer recht gehabt, selbst wenn keiner von uns seine Handlungen verstehen konnte und die meisten von uns ihm von ihnen abgeraten hatten.«[4] Nun, als er desillusioniert war, klagte er darüber, daß das Oberkommando nutzlos sei und ständig die Befehlshaber im Felde ignoriere. Als er erkrankte, verstummte Richthofen. Seine Zeit des Ruhmes auf der Bühne der Geschichte war vorüber.

Anmerkungen

1 Richard Muller, The German Air War in Russia, Baltimore 1992, S. 19.
2 Von Rohden Annex Nr. 1 b, Heft 1: The German Air Force in the War against Russia, National Archives and Record Service, Microfilm series T 971/26/241.
3 Williamson Murray, Luftwaffe, Baltimore 1985, S. 32.
4 Richard Suchenwirth, Historical Turning Points in the German Air Force War Effort, USAF Historical Studies: No. 189, New York 1968, S. 103.

Bibliographie

Quellen

Das primäre Quellenmaterial über Richthofen ist verstreut oder in halb-offiziellen Berichten über den Krieg enthalten. Richthofen hinterließ Tagebücher, die aber nie veröffentlicht wurden. Ein Teil davon wurde bei der Abfassung folgender Werke verwendet: Rußland-Feldzug 1941. VIII. Fliegerkorps; und Rußland-Feldzug: Mittelabschnitt 2. Teil – 1941 ab 28.9.1941, zusammengestellt von H. W. Deichmann, Oberst a. D., damaliger Adjutant des VIII. Fl.K. an Hand von Aufzeichnungen, Umfragen und Tagebuch des Herrn Gen.Feldmarschalls Dr.-Ing. Fhr. von Richthofen. Bundesarchiv/Militärarchiv, Freiburg, RL 8/47 und RL 8/49. Einige wenige Aufzeichnungen und offizielle Berichte, die von ihm stammen, befinden sich in der Sammlung von Herhudt von Rohden, die vom National Archives and Records Service auf Mikrofilm aufbewahrt wird, unter: Microfilm scrics T 971 oder T 321, Records of the Headquarters of the German Air Force High Command.

Literatur

Es gibt keine Richthofen-Biographie. Die beste Analyse seines Beitrags zur Luftnahunterstützung ist enthalten in: Richard Muller, The German Air War in Russia, Baltimore 1992. Erwähnenswert ist auch die Karlsruher Reihe des Verlages Arno Press, besonders Paul Deichmann,

German Air Force Operation in Support of the Army, USAF Historical Studies No. 163, New York 1968, und Hermann Plocher, The German Air Force Versus Russia. 1941, USAF Historical Studies No. 153, New York 1965. Eine ausgezeichnete Studie ist Horst Boog, Die deutsche Luftwaffenführung 1935–1945, Stuttgart 1982, während das mehrbändige Werk über die deutsche Militärgeschichte, Das Deutsche Reich und der Zweite Weltkrieg, Stuttgart 1979ff., zwar unausgewogen, aber der beste und neueste Bericht ist, der bisher veröffentlicht wurde.

Erwin Rommel – Die Propagandaschöpfung

VON RALF GEORG REUTH

Wer kennt ihn nicht? Generalfeldmarschall Erwin Rommel. Als genialer Heerführer trotzte er lange Zeit den Briten in Nordafrika, organisierte den Abwehrkampf gegen die angloamerikanische Invasion im Westen und kooperierte schließlich mit dem Widerstand, was er im Oktober 1944 mit dem Leben bezahlte. Das ist Rommel, wie er in die Geschichte einging. Ein Name, der sich abhebt aus der deutschen Militärgeschichte: ein Name, der zum Mythos geworden ist.

Und dies, obgleich die militärische Laufbahn des am 15. November 1891 im schwäbischen Heidenheim als Sohn eines Oberrealschullehrers geborenen Erwin Eugen Rommel gar nicht so vielversprechend begonnen hatte. Nur widerstrebend, auf Geheiß seines Vaters, hatte sich der achtzehnjährige Schüler des Realgymnasiums Schwäbisch Gmünd beim kaiserlichen Heer, bei Artillerie, Pionieren und Infanterie, beworben. Erstere lehnten ab, die Infanterie nahm ihn. Mitte Juli 1910 trat er in das im oberschwäbischen Kloster Weingarten stationierte 124. Württembergische Infanterieregiment König Wilhelm I. ein. Im März des darauffolgenden Jahres wurde er zur Kriegsschule nach Danzig abkommandiert, wo er den Offizierslehrgang absolvierte. Der ihn beurteilende Ausbildungsleiter sah in Erwin Rommel lediglich einen durchschnittlichen Soldaten.

Nachdem 1914 das Reich in schier grenzenloser nationaler Euphorie in den Ersten Weltkrieg getaumelt war, stellte sich dann rasch heraus, daß Erwin Rommel alles andere war als ein durchschnittlicher Soldat. Zum ersten Mal fiel Rommel auf, als der junge Leutnant – als erster seines Regiments – Anfang 1915 für sein Eindringen in die französische Hauptkampflinie in den West-Argonnen das Eiserne Kreuz Erster Klasse erhielt. Zwei Jahre später zeichnete ihn der Kaiser mit dem Pour le Mérite aus. An der norditalienischen Isonzo-Front hatte der inzwischen zum Oberleutnant beförderte Kommandeur eines württembergischen Gebirgsbataillons die Kolovrat-Linie durchbrochen, den Monte Matajur erstürmt und kurz darauf das operativ wichtige Piave-Dorf Longarone eingenommen und mehr als achttausend italienische Gefangene eingebracht.

Rommel war damit zum Kriegshelden geworden, mit all der Anerkennung, mit all den Privilegien, die einem solchen im Kaiserreich zuteil wurden. Um so größer war für ihn der Schock des aus seiner Sicht so schmachvollen Endes im Eisenbahnwagen von Compiègne. Und was nach Compiègne kam, war für Rommel – wie für viele andere auch – nicht minder unfaßbar. Der Kaiser dankte ab. Der Sozialdemokrat Scheidemann rief die Republik aus, eine Republik, in der aus dem Blickwinkel des Erlebens der Schützengrabengemeinschaft jeder gegen jeden zu kämpfen schien. Nichts schien von jener großen vaterländischen Solidarität im Felde übriggeblieben. Das als »Schmach für das Vaterland« empfundene »Diktat von Versailles« hatte zudem die »ruhmreiche Armee« auf nur hunderttausend Mann verkleinert und mehreren Hunderttausenden die soziale Existenz genommen.

Rommel, der noch vor Kriegsende zum Hauptmann befördert worden war, gehörte als Frontoffizier zu denjenigen, die Glück hatten. Er wurde in die Reichswehr übernommen. Als Kompaniechef kämpfte er 1920 gegen die »Rote Ruhrarmee«, ehe er von Oktober desselben Jahres an eine Schützenkompanie eines Infanterieregiments in Stuttgart übernahm, deren Kommandeur er bis 1929 blieb.

Und noch etwas bewegte ihn, gleichsam als Lehre aus dem Krieg: Das Versagen der alten Ordnung. Sein Blickwinkel beschränkte sich dabei freilich ganz auf das Militärische, da er seine Welt, die der Schlachtfelder und Kasernenhöfe, nie verlassen hatte. So vertrat er die Auffassung, daß Führung und Struktur der Streitkräfte nicht mehr den Anforderungen des modernen Krieges entsprächen. Insbesondere die dominierende Rolle der unbeweglichen aristokratischen Offizierskaste verachtete er. Statt dessen träumte er von einem Volksheer mit sozialer Mobilität. Mit einem solchen Heer wäre Deutschland die Schmach von Compiègne erspart geblieben.

Als Hitler im Januar 1933 die Macht im Reich übernahm, hoffte Rommel, der seit 1929 Taktiklehrer an der Infanterieschule in Dresden war, daß der »Idealist und Patriot«, für den er Hitler hielt, den Streitkräften zu neuer Größe verhelfe. Sein Ziel, dem Deutschen Reich den ihm gebührenden Platz unter den Völkern zurückgeben zu wollen, bedingte eine Renaissance alles Militärischen und steigerte damit auch die Karrierechancen des einzelnen Offiziers, die im 100 000-Mann-Heer der Weimarer Republik kaum vorhanden gewesen waren.

Rommel traute Hitler zu, er werde die Armee auch strukturell verändern. Wer sollte eher dazu bestimmt sein, unkonventionell, daß hieß »modern«, zu handeln und die alten Zöpfe abzuschneiden, als dieser Mann. Tatsächlich drängte Hitler alsbald ganz im Sinne Rommels auf die Motorisierung der Armee und die rasche Entwicklung einer operativ einsatzfähigen Luft- und Panzerwaffe. Damit befanden sie sich im Gegensatz zum Generalstab, der, ganz der Tradition verhaftet, den Ausbau von schwerer Artillerie, Pionierwesen, Eisenbahntruppe und Nachrichtendiensten favorisierte.

Die Zustimmung zu Hitler wäre freilich noch größer gewesen, hätte sich dieser nicht in einem Umfeld bewegt, das viele Offiziere ablehnten. Insbesondere die hemmungs- und disziplinlose SA, in der nicht nur Rommel eine gefährliche Konkurrenz zur Reichswehr sah, wurde von ihm konsequent abgelehnt. So war dann Rommel keineswegs entsetzt, als er im Juni 1934 erfuhr, daß Röhm und seine Helfer von der SS liquidiert worden waren. Das Handeln Hitlers beeindruckte ihn vielmehr. Er zweifelte nicht an der offiziellen Version, nach der Röhm eine Verschwörung hatte anzetteln wollen und nunmehr seiner gerechten Strafe zugeführt worden war.

Als sich Hitler 1938 im Zuge der Blomberg-Fritsch-Affäre den uneingeschränkten Zugriff auf die Wehrmacht gesichert hatte und die traditionelle, aristokratische Wehrmachtführung entmachtet worden war, wurde Rommel zum bedingungslosen Gefolgsmann Hitlers. Begeistert hielt er Ende 1938 fest: »Die deutsche Wehrmacht ist das Schwert der neuen deutschen Weltanschauung«[1] – eine Weltanschauung, deren Qualität für Rommel lediglich in ihrem Nutzen für das Militärische lag.

Das menschenverachtende Wesen dieser »neuen deutschen Weltanschauung« sah Rommel nicht. Er bemühte sich auch nicht darum, es jemals zu erkennen. Dies galt um so mehr, als er Karriere zu machen begann. 1935 zum Kommandeur der Potsdamer Kriegsschule ernannt, wurde er 1938 zum Kommandeur der Kriegsschule Wiener Neustadt berufen. Während des Einmarsches in die sudetendeutschen Gebiete im Herbst 1938 wurde ihm dann das »Führerbegleitkommando« übertragen. Im darauffolgenden Jahr erhielt er die Berufung zum Kommandeur des »Führerbegleitbataillons« und wurde kurz vor Beginn des Zweiten Weltkrieges zum General befördert.

Nach dem Einmarsch in Polen schrieb der frischgebackene General an seine Frau: »Es ist doch wunderbar, daß wir diesen Mann haben.«[2] Von ihm ging – so Rommels Eindruck – eine »magnetische, vielleicht hypnotische Kraft« aus, »die ihren tiefsten Ursprung in dem Glauben hat, er sei von Gott oder der Vorsehung berufen, das deutsche Volk ›zur Sonne empor‹ zu führen«.[3] In manchen Augenblicken spreche er »aus der Tiefe seines Wesens« heraus »wie ein Prophet«[4], schrieb Rommel.

Trotz langer Monate im »Führerhauptquartier« begriff Rommel nicht, daß Hitlers Strategie und Kriegführung darauf zielten, nach einem festgefügten Plan ein kontinentaleuropäisches Großreich mit kolonialem »Ergänzungsraum« zu schaffen. Er wußte auch nicht, daß sich Hitler hierfür die Seemacht Großbritannien, mit der er keine Interessengegensätze sah, zum Verbündeten wünschte, um einmal gemeinsam mit den Briten gegen den nach der Zerschlagung der Sowjetunion einzig verbliebenen Herausforderer Europas – gegen die Vereinigten Staaten von Amerika – um die globale Hegemonie zu ringen.

Nachdem Großbritannien und Frankreich dem Deutschen Reich den Krieg erklärt hatten, weil man nach Hitlers Einmarsch in Polen das europäische Gleichgewicht endgültig dahinschwinden sah, schrieb Rommel seiner Frau Lucie, ausschließlich auf das zusammenbrechende Polen schauend, das gemeinsam mit dem bolschewistischen Verbündeten gemäß den Abmachungen des Hitler-Stalin-Paktes zerschlagen wurde: »Bis es Winter wird, bin ich m. E. bestimmt zu Hause. Der Krieg geht ja ganz nach unserem Programm, ja die kühnsten Erwartungen werden weit übertroffen. – Die Russen werden nun wohl demnächst angreifen. 2 Mill. Mann!«[5]

Rommel empfand es als Krönung seiner bisherigen Karriere, als ihm im Februar 1940 das Kommando über die 7. Panzerdivision übertragen wurde, mit der er im Mai 1940 an der Spitze der 4. Armee dann zum zweiten Mal in seinem Leben gen Westen marschierte. Schon nach zwei Wochen durchbrach er mit seinen Panzern die verlängerte Maginot-Linie. Für den als ersten Divisionskommandeur des Heeres im Westfeldzug mit dem Ritterkreuz ausgezeichneten Rommel war damit endgültig der Beweis von der Überlegenheit der neuen Ordnung und ihrer Militärmacht erbracht. Rommel war dabei wiederum verborgen geblieben, daß sich Hitler vom erfolgreichen Frankreichfeldzug das »Einlenken« Großbritanniens versprochen hatte.

Zu Beginn des Jahres 1941 wurde Rommel mit der Führung des Deutschen Afrikakorps betraut. Hitler hatte sich entschlossen, einen Panzerverband nach Nordafrika zu entsenden, denn alles deutete darauf hin, daß der italienische Verbündete sich ohne deutsche Hilfe dort nicht halten könnte. Mussolini kündigte er in einem Brief an, er werde »den verwegensten Panzerwaffengeneral, den wir in der deutschen Armee besitzen«[6], an die Spitze des Verbandes stellen.

Am 12. Februar 1941 betrat Rommel, der vom bevorstehenden Rußlandfeldzug nichts ahnte, in Tripolis erstmals afrikanischen Boden. Entgegen seiner Aufgabe, Tripolitanien zu verteidigen, und unter Protest des italienischen Bundesgenossen trat er schon nach wenigen Wochen zur Offensive an. Er wollte den Briten Ägypten entreißen. Schon Mitte April standen die »Achsen«-Truppen vor Tobruk. Die schnellen Verbände umgingen die von den Briten hartnäckig verteidigte Festung und rückten bis zur ägyptischen Grenze bei Sollum vor. Der Vormarsch und die schweren Kämpfe um Tobruk hatten bald die Kräfte verbraucht. Weiterer Nachschub blieb aus, denn im Reich hatte der Aufmarsch für den Rußlandfeldzug begonnen. Zum ersten Mal befand sich die deutsche Kriegführung in der Krise. Bis Dezember konnte Rommel die Positionen der »Achse« halten, ehe ihn die Briten zwangen, seine Verbände bis in die Ausgangsstellungen an der Großen Syrte zurückzunehmen, also dorthin, von wo er im März aufgebrochen war, um nach Ägypten vorzudringen.

Im Januar 1942 eroberte Rommel mit Hilfe der ins Mittelmeer entsandten Luftflotte Kesselrings in einem dreiwöchigen Feldzug die Cyrenaika zurück. Daß Rommel abermals die Nachschublinien überdehnt hatte und seine Verbände ohne Treibstoff vorübergehend bewegungslos in der Wüste lagen, führte zum offenen Konflikt zwischen ihm und der italienischen Führung. Hitler sah sich jetzt veranlaßt, seinen General zu bremsen. Das »Achsen«-Bündnis war dem Diktator angesichts der Schwierigkeiten im Osten wichtiger als Erfolge gegen die Briten in Nordafrika.

Während deutsche Luftstreitkräfte im Frühjahr 1942 die britische Inselfestung Malta niederkämpften, entwickelte Rommel phantastische Kriegspläne, die er in seiner 1943 verfaßten Betrachtung zum Afrikafeldzug niederschrieb. Er plante, nach

Erreichen des Suez-Kanals »in den persischen und irakischen Raum mit dem Ziel vorzustoßen, die Russen von Basra abzuschneiden, die Ölfelder in Besitz zu nehmen und uns eine Angriffsbasis gegen den Süden des russischen Reiches zu schaffen«. Als letztes strategisches Ziel dachte Rommel an einen »Angriff gegen die Südfront des Kaukasus ... Damit hätte man die Russen in ihrem Lebensnerv getroffen ... Damit wären die strategischen Voraussetzungen gegeben gewesen, um den russischen Koloß mit konzentrischen Schlägen zusammenzuschlagen.«[4]

Solange es Rommel aber nicht gelang, Hitler von diesen strategischen Möglichkeiten zu überzeugen, blieben seine weitausgreifenden Pläne die Gedankenspiele eines Generals, dessen Aufgabe es war, auf einem Nebenkriegsschauplatz die bislang erkämpften Positionen zu halten. Mit diesem Sachverhalt wollte sich der ehrgeizige Panzergeneral nicht abfinden. Er unterließ deshalb keinen Versuch, Hitler für eine schrittweise Verwirlichung seiner Pläne zu gewinnen. Im April kam er seinem Ziel näher. Hitler und Mussolini hatten auf sein Drängen hin vereinbart, Mitte Mai zur Offensive gegen Tobruk anzutreten. Außerdem sicherte Hitler dem Duce zu, bei der geplanten Landung auf Malta großzügig zu helfen. Mit dem für die Zeit nach dem Fall der Festung Tobruk vorgesehenen Unternehmen »Herkules« sollten die Nachschublinien dauerhaft gesichert werden.

Am 21. Juni kapitulierte die Festung Tobruk nach vierwöchigen schweren Kämpfen. Rommel war auf dem Höhepunkt seiner militärischen Laufbahn angelangt. Während das italienische Oberkommando und der Oberbefehlshaber Süd, Generalfeldmarschall Kesselring, verlangten, daß nunmehr, wie vereinbart, Malta erobert werden sollte, drängte der immer noch von maßlosen Zielsetzungen beherrschte Rommel gegenüber Hitler auf eine sofortige Fortsetzung seiner Offensive. Kesselrings realistischen Einwand, daß die Seewege durch das wiedererstarkte Malta abermals bedroht sein würden und deshalb eine Fortsetzung der Operationen nicht möglich sei, überging Hitler. Am 23. Juni 1942 riet er Mussolini, jetzt auch die Reste der so gut wie vernichteten britischen 8. Armee zu schlagen, denn »die Göttin des Schlachtenglücks streicht an den Feldherrn immer nur einmal vorbei. Wer sie in einem solchen Augenblick nicht erfaßt, wird sie oft niemals mehr einzuholen vermögen!«[8] Der »Wüstenfuchs« verfehlte sie. Seine Offensive – und damit der gesamte Afrikafeldzug – scheiterte Anfang Juli in der Enge zwischen Katarra-Senke und Mittelmeer vor der nach einer kleinen Araber-Siedlung benannten El-Alamein-Stellung.

Im Dezember 1943 wurde Rommel als Oberbefehlshaber der Heeresgruppe B in Frankreich eingesetzt. Die deutsche Kriegführung befand sich an allen Fronten in der Defensive. Nordafrika war im Mai 1943 der »Achse« verlorengegangen, die Alliierten waren auf Sizilien gelandet, und im Osten war die große Offensive am Südabschnitt mit der Katastrophe von Stalingrad endgültig gescheitert. An den westlichen Atlantikküsten sah Hitler die alliierte Invasion bevorstehen. Würde sie abgeschlagen werden, so rechnete er, dann hätte er Zeit gewonnen, um den Rußlandfeldzug in einem langen Abnutzungskrieg vielleicht doch noch siegreich beenden zu können. Seinen Feldmarschall hatte er deshalb mit besonderen Vollmachten ausgestattet. Voller Zuversicht erwartete dieser die große Schlacht. Er beabsichtigte, die Entscheidung im Landungsraum unmittelbar an der Küste am ersten Tage der Invasion herbeizuführen. Sieben Monate vergingen noch, ehe im Morgengrauen des 6. Juni 1944 der Sturm auf die Festung Europa in der Normandie begann – mehrere hundert Kilometer südwestlich der Ärmelkanalküste, wo Rommel die Landung erwartet hatte. Schon nach wenigen Tagen hatten die Alliierten weiträumige Brückenköpfe erkämpft, in die unaufhörlich Nachschub floß. Die Landung war damit geglückt, Rommels Plan gescheitert. Sechs Wochen später wurde der Feldmarschall auf einer Inspektionsfahrt durch einen Tieffliegerangriff schwer verletzt. Seine Laufbahn hatte ihr Ende erreicht – es war die Laufbahn eines egomanen Soldaten, der niemals Hitlers Strategie und Kriegführung begriffen hatte und der allein deshalb schon scheitern mußte.

Daß sein Name jenen Mansteins, Rundstedts oder Guderians – um nur einige zu nennen – dennoch bei weitem überstrahlte, daß er schließlich zum Mythos werden konnte, lag demnach weniger an Rommels operativen Qualitäten als vielmehr an seinem besonderen Verhältnis zur Propaganda. Schon während des Ersten Weltkrieges war er stets darauf bedacht, seine Taten ins rechte Licht zu rücken. Dies tat er 1937 wieder, als er seinen Taktikleitfaden »Infanterie greift an« herausgab, in dem er seine Erfahrungen aus dem Ersten Weltkrieg verarbeitete. Nach dem Frankreichfeldzug wollte Rommel einen Bildband vom Siegeszug seiner Panzerdivision veröffentlichen. Karl Hanke, im Zivilberuf leitender Ministerialbeamter im Propagandaministerium und späterer Gauleiter von Niederschlesien, der im Stabe Rommels diente, hatte ihn dabei unterstützt. Das Unternehmen scheiterte schließlich am Widerstand des Oberkommandos des Heeres. Halder weigerte sich, Bildmaterial für die Veröffentlichung freizugeben. Rommels gute Verbindungen zum Propagandaministerium ließen dennoch bald die Taten seiner Division und ihres Kommandeurs in hellstem Licht erstrahlen. Zum Volkshelden sollte Rommel allerdings erst in Afrika avancieren. Die Bilder vom dortigen Kriegsschauplatz waren besonders gut dafür geeignet, der Heimat die Ausdehnung des von der Wehrmacht beherrschten Raumes eindrucksvoll zu verdeutlichen. Im November 1941 gab Goebbels gegenüber dem OKW zu bedenken, daß das Heer Idole bitter nötig habe, wie sie Luftwaffe und Marine hätten. Der Propagandaminister dachte dabei wieder an Rommel. Dahinter stand die Absicht, die Volksgemeinschaft von der katastrophalen Lage an der Ostfront abzulenken. Rommel in Feldherrnpose, Rommel inmitten seiner Soldaten oder im Kampfgetöse furchtlos die Fragen des Kriegsberichterstatters beantwortend, so sah man ihn in den heimatlichen Wochenschauen. Als Rommel schließlich Tobruk nahm, stand er an Popularität »seinem Führer« nicht nach. Goebbels äußerte zufrieden in Hitlers Tischrunde, »daß kaum ein General so von der Wichtigkeit des Propagandaeinsatzes durchdrungen sei wie

Rommel. Auch diese Tatsache zeuge dafür, wie sehr er ein geistig aufgeschlossener, moderner General im besten Sinne des Wortes sei.«[9]

Auch in England geriet Rommel Anfang 1942 in den Blickpunkt. Winston Churchills Stellung als Kriegspremier war aufgrund der Niederlagen seiner Truppen ins Wanken geraten. Die kaiserlich-japanische Armee stand vor Singapur. Starke See- und Landstreitkräfte mußten zur Stützung der britischen Fernostposition aus dem Mittelmeerraum abgezogen werden. In der libyschen Wüste hatten nicht zuletzt deshalb die Empiretruppen schwere Niederlagen erlitten. Um der Kritik an seiner Kriegführung im Mittelmeerraum entgegenzutreten, pries der britische Kriegspremier den deutschen General Rommel in zahlreichen Unterhausreden als genialen Heerführer. Der »Wüstenfuchs« wurde in der britischen Öffentlichkeit zum bekanntesten Deutschen neben Hitler. Englische Generale beteuerten sich gegenseitig, daß sie auf ihren Widersacher Rommel nicht eifersüchtig seien. Bei den Soldaten löste schon der Name Rommel Furcht und Entsetzen aus, so daß er bei den Kampfverbänden aus dem aktuellen Sprachgebrauch getilgt werden mußte.

Die Glorifizierung Rommels durch die Briten dauerte auch nach dem Weltkrieg an. Gegen den »Desert Fox« wenigstens zeitweise unterlegen gewesen zu sein war in den Memoiren britischer Befehlshaber durchaus ehrenhaft. Auch auf deutscher Seite bot sich der Afrikafeldzug wie kein anderer Kriegsschauplatz des Zweiten Weltkrieges zur Würdigung soldatischer Tugenden an, denn Massenerschießungen, Ausschreitungen gegenüber der Bevölkerung und Greuel, wie sie während des Ostfeldzuges an der Tagesordnung waren, gab es dort nicht. In der 1943 verfaßten und 1950 herausgegebenen Abhandlung Rommels zum Afrikafeldzug wurde der Kampf auf dem afrikanischen Kontinent sogar zum »Krieg ohne Haß« stilisiert. Bis in die Gegenwart wird das Ringen in der Wüste als ritterlicher Wettstreit verzerrt.

Wenn Rommel im Dritten Reich wie kein zweiter durch die Propaganda über andere Heerführer der Wehrmacht herausgehoben wurde, so lag dies an seinem besonderen Verhältnis zu Hitler. Rommels unkonventionelle und optimistische Art hatte Hitler imponiert. Er war sein »Lieblingsgeneral«[10], wie sich Albert Speer erinnerte. Hitler hatte zu Rommel ein besonderes Vertrauensverhältnis aufgebaut. Als dieser im Sommer 1942 Tobruk nahm, hatte ihn Hitler zum Feldmarschall befördert, und er spielte sogar mit dem Gedanken, den »Wüstenfuchs«, der zu jener Zeit auf Hitler »einen fast hypnotischen Einfluß«[11] ausübte, zum Oberbefehlshaber des Heeres zu ernennen.

Im OKH verfolgte man die steile Karriere des Hitler-Günstlings von Anfang an mit Argwohn. Im Sommer 1941 hatte Halder in sein Tagebuch notiert: »Rommels charakterliche Fehler lassen ihn als eine besonders unerfreuliche Erscheinung hervortreten, mit der aber niemand in Konflikt geraten will wegen der brutalen Methoden und wegen seiner Stützung an oberster Stelle.«[12] Auch von Brauchitsch, der Oberbefehlshaber des Heeres, stand Rommel ablehnend gegenüber. Beide hätten ihn am liebsten seines Postens enthoben, aber der »Wüstenfuchs« war Hitlers Favorit.

Dies änderte sich erst, als Rommel – in Frankreich von der Einsicht bestimmt, daß Deutschland den Zweifrontenkrieg zwangsläufig verlieren mußte – Hitler im Frühsommer 1944 vergeblich für einen Waffenstillstand mit den Alliierten gewinnen wollte. Das schlimmste sei, daß der Führer ihm nicht traue, so soll sich Rommel beklagt haben. Mitte Juli war er entschlossen, auch ohne Hitlers Einverständnis mit Montgomery Kontakt aufzunehmen. Auch in Nordafrika hatte er oft eigenwillig gehandelt und nachträglich dennoch immer Hitlers Zustimmung erhalten. Es sollte nicht mehr dazu kommen. Als der Feldmarschall auf dem Krankenlager von Stauffenbergs Tat erfuhr, schrieb er an seine Frau: »Zu meinem Unfall hat mich das Attentat auf den Führer besonders stark erschüttert. Man kann Gott danken, daß es so gut abgegangen ist.«[13]

Es war die Ironie des Schicksals, daß ausgerechnet dieser Mann, in dessen Werteskala die Treue zu Hitler an oberster Stelle stand, nunmehr in den Strudel der Ereignisse um das Attentat gerissen wurde. Zwei Offiziere brachten den Feldmarschall in Verbindung mit dem Attentat, ohne daß Rommel es auch nur ahnte. Einer war Generalleutnant Speidel, sein Stabschef. Rommel und er stimmten darin überein, daß es Zeit für politische Konsequenzen sei. Was sie mit »Konsequenzen« meinten, unterschied sich jedoch grundlegend: Speidel glaubte, daß die Westalliierten niemals einen Frieden mit Hitler schließen würden. Unter den Konsequenzen, die gezogen werden müßten, verstand er daher, ohne dies jemals in Rommels Gegenwart auszusprechen, Hitlers Beseitigung. Der politisch naive Rommel setzte dagegen nach wie vor auf das »politische Geschick des Führers« und war davon überzeugt, daß dieser die notwendigen Schritte für einen Separatfrieden im Westen einleiten würde.

Der zweite Offizier war Oberstleutnant Caesar von Hofacker aus der Verschwörerzentrale im Pariser Hauptquartier des Oberbefehlshabers West, wo man Anfang Juli 1944 immer noch nicht wußte, ob mit Rommel gerechnet werden konnte oder nicht. Daher entsandte General von Stülpnagel Hofacker nach La Roche Guyon, um in der Angelegenheit weiter zu sondieren. Hofacker hielt in Anwesenheit Rommels und der Stabsoffiziere einen Vortrag über die strategische Lage. Danach herrschte Einigkeit darüber, daß eine politische Lösung rasch herbeigeführt werden müsse, wollte man den militärischen Zusammenbruch verhindern. Daß dafür zuvor Hitler beseitigt werden sollte – der Tag des Attentats stand bereits fest –, erwähnte auch Hofacker mit keinem Wort. Weder Hofacker noch Speidel hatten Rommel also definitiv für den Widerstand gewonnen, als in Hitlers ostpreußischem Hauptquartier Stauffenbergs Bombe detonierte.

Verhängnisvoll für Rommel war jedoch die Aussage Speidels, der inzwischen vom gefolterten Hofacker der Mitwisserschaft am Attentat auf Hitler bezichtigt worden war. In der Ausweglosigkeit seiner Situation – der Galgen schien auch ihm sicher zu sein – behauptete er, er habe zwar von Hofacker den Termin des

Attentats erfahren, diesen aber pflichtgemäß an seinen Vorgesetzten Rommel weitergemeldet. Damit hatte Speidel die Verantwortung für die unterlassene Weitermeldung ans Oberkommando der Wehrmacht auf Rommel abgeschoben. Ob Speidels Aussage glaubwürdig sei, darüber sollte der Ehrenhof des Heeres entscheiden. Und darin saßen mit den Generälen Kirchheim, Guderian und Keitel Rivalen und Neider Rommels. Sie schenkten der Aussage Speidels Glauben, womit die Schuld auf Rommel fiel. Der fürchtete derweil – nichts ahnend von den Dingen, die sich in Berlin gegen ihn zusammenbrauten –, er werde für die Niederlage im Westen zur Verantwortung gezogen. Ihr Mann sei sich darüber im klaren gewesen, berichtete Lucie, Rommels Frau, später, »daß nun der ›Schuldige‹ für die militärischen Ereignisse im Westen gesucht werde«.[14]

Am 14. Oktober 1944 trafen die Schergen Hitlers, die Generäle Burgdorf und Maisel, im oberschwäbischen Herrlingen ein, wo Rommel die Folgen seiner schweren Verwundung auskurierte. Im Auftrage Hitlers stellten sie den Feldmarschall vor die Alternative, sich vor dem Volksgerichtshof zu verantworten oder bei Wahrung seiner Ehre den »freien« Tod zu wählen. Kurze Zeit später starb Generalfeldmarschall Erwin Rommel an der Zyankali-Ampulle, die ihm Hitler mitgeschickt hatte. Der Großdeutsche Rundfunk meldete, daß der Feldmarschall den Folgen seiner schweren Verletzung erlegen sei. Während des Staatsaktes in Ulm würdigte Rundstedt als Vertreter Hitlers in seiner Trauerrede Rommels Verdienste für »Führer und Reich«. Er schloß mit den wahren, aber doch so zynischen Worten: »... sein Herz gehörte dem Führer.«[15]

Anmerkungen

1 Bezug Rommels auf die geheime Hitler-Rede im Kriegsministerium vom 1. 12. 1938, zitiert nach: David Irving, Rommel. Eine Biographie, Hamburg 1978, S. 46.

2 Erwin Rommel, Brief an Lucie Rommel vom 2. September 1939, in: Ebd., S. 51.

3 Zitiert nach: Desmond Young, Rommel. Der Wüstenfuchs, Wiesbaden 1950, S. 60.

4 Ebd., S. 61.

5 Erwin Rommel, Brief an Lucie Rommel, zitiert nach: Irving (Anm. 1), S. 52.

6 Adolf Hitler, Brief an Benito Mussolini vom 5. 2. 1941, in: Akten zur Deutschen Auswärtigen Politik, Reihe D, Band XII. 1, Dok. Nr. 17, S. 25.

7 Erwin Rommel, Krieg ohne Haß, hrsg. v. Lucie-Maria Rommel und Fritz Bayerlein, Heidenheim 1955, S. 390 f.

8 Adolf Hitler, Brief an Benito Mussolini vom 23. 6. 1942, Bundesarchiv-Militärarchiv, RM 7/235; der vollständige Brief ist abgedruckt in: Ralf Georg Reuth, Entscheidung im Mittelmeer, Koblenz 1985, Dok. Nr. 13, S. 250 f.

9 Henry Picker, Hitlers Tischgespräche im Führerhauptquartier, Stuttgart 1976, Eintragung vom 22. 6. 1942, abends, S. 374.

10 Albert Speer, Erinnerungen, Frankfurt a. M. u. a. 1969, S. 256.

11 Albert Kesselring, Soldat bis zum letzten Tag, Bonn 1953, S. 169.

12 Franz Halder, Kriegstagebuch. Tägliche Aufzeichnungen des Chefs des Generalstabes des Heeres 1939–1942, Bd. III: Der Rußlandfeldzug bis zum Marsch auf Stalingrad (22. 6. 1941 – 24. 9. 1942), bearbeitet von Hans-Adolf Jacobsen, Stuttgart 1964, Eintrag vom 6. 7. 1941, S. 48.

13 Irving (Anm. 1), S. 569.

14 Young (Anm. 3), S. 241.

15 Gerd von Rundstedt, hier zitiert nach: Ralf Georg Reuth, Erwin Rommel. Des Führers General, München/Zürich 1987, S. 130.

Bibliographie

Quellen

Neben privaten Dokumenten und Briefen im Besitz des Sohnes Manfred befindet sich der eher dienstliche Nachlaß des Feldmarschalls im Bundesarchiv-Militärarchiv in Freiburg i. Br. Aus beiden Beständen hat David Irving eine für jedermann zugängliche Mikrofilm-Edition zusammengestellt (Selected Documents on Life and Campaigns of Field Marshal Erwin Rommel, herausgegeben von EP Microform Limited, East Ardsley, Wakefield), die mehrere tausend Dokumente umfaßt, darunter die Personalakte von 1929 bis 1942 und Tagebücher aus späteren Jahren.

Die unzähligen Briefe Rommels an seine Frau Lucie sind ausschnittsweise wiedergegeben in: The Rommel Papers, hrsg. von Basil Henry Liddell Hart in Zusammenarbeit mit Lucie-Maria Rommel, Manfred Rommel und Fritz Bayerlein, London 1953. Darin befinden sich vor allem Schilderungen und Einschätzungen Rommels von den Ereignissen auf den Kriegsschauplätzen des Zweiten Weltkrieges. Der Afrikafeldzug wird noch einmal separat abgehandelt von Rommel in dem wiederum von Lucie-Maria Rommel und Generalleutnant Fritz Bayerlein herausgegebenen Buch: Krieg ohne Haß, Heidenheim 1955. In dem Bestseller der dreißiger Jahre, Infanterie greift an, Potsdam 1937, erzählt Rommel seine Fronterlebnisse im Ersten Weltkrieg.

Rommels Soldatenleben ist auch Gegenstand einer Vielzahl von Memoiren, Erlebnisberichten usw. Stellvertretend seien hier genannt: Hans Speidel, Invasion 1944. Ein Beitrag zu Rommels und des Reiches Schicksal, Stuttgart 1949; Adolf Heusinger, Befehl im Widerstreit. Schicksalsstunden der deutschen Armee 1923–1945, Tübingen/Stuttgart 1950; Siegfried Westphal, Heer in Fesseln. Aus den Papieren des Stabschefs von Rommel, Kesselring und Rundstedt, Bonn 1950; Albert Kesselring, Soldat bis zum letzten Tag, Bonn 1953; Fritz Bayerlein, Rommel. Eine Würdigung seiner Persönlichkeit, in: Schicksal Nordafrika, hrsg. vom Verband ehemaliger Angehöriger Deutsches Afrikakorps e. V., Döffingen 1954; Hanns Gert Freiherr von Esebeck, Afrikanische Schicksalsjahre. Geschichte des Deutschen Afrika-Korps unter Rommel, Wiesbaden 1961; Bernhard Law Montgomery, A Worthy Foe, in: *Life Atlantic* 45, September 2, Paris 1968, Nr. 5, S. 48ff.

Eine streng wissenschaftliche Abhandlung über Erwin Rommel gibt es trotz der kaum noch überschaubaren Zahl von Publikationen immer noch nicht. Daran ändert auch die neueste Biographie des Briten David Fraser, A Life of Field Marshal Erwin Rommel, London 1993, nichts. Das Buch faßt letztendlich wiederum die gängigen Klischees zusammen wie vor ihm schon eine ganze Reihe anderer teils angelsächsischer Biographien, von denen im folgenden die wichtigsten genannt sind: Desmond Young, Rommel. Der Wüstenfuchs, London 1950; Louis Saurel, Rommel, Paris 1967; Didier Maurès, Erwin Rommel, Paris 1968; Ronald Lewin, Rommel, Stuttgart 1969; Charles Douglas-Home, Rommel, München 1974. David Irvings wohl erfolgreichste Rommel-Biographie (Rommel. Eine Biographie, Hamburg 1978) unterscheidet sich von den zuvor genannten dahingehend, daß er den Feldmarschall nicht in Verbindung mit dem Attentat auf Hitler gebracht wissen will – eine Auffassung, die auch in der biographischen Skizze Ralf Georg Reuths (Erwin Rommel. Des Führers General, München 1987) geteilt wird.

Mit dem »Wüstenfuchs«, also mit Rommel und dem afrikanischen Feldzug, beschäftigten sich auf populärwissenschaftlicher Grundlage u. a.: Heinz-Werner Schmidt, Mit Rommel in Afrika, München 1951; Paul Carell, Die Wüstenfüchse. Rommel in Afrika, Hamburg 1958; Wolf Heckmann, Rommels Krieg in Afrika. »Wüstenfüchse« gegen »Wüstenratten«, Bergisch-Gladbach 1976.

Zur strategisch-operativen Rolle Rommels als Heerführer in Nordafrika in Hitlers Gesamtkriegführung siehe: Ralf Georg Reuth, Entscheidung im Mittelmeer. Die südliche Peripherie Europas in der deutschen Strategie des zweiten Weltkrieges 1940–42, Koblenz 1985. Rommels Verhältnis zum Widerstand wird beleuchtet in: Ger van Roon, Widerstand im Dritten Reich, München ²1981; Dieter Ose, Erwin Rommel, in: 20. Juli. Portraits des Widerstands, hrsg. von Rudolf Lill und Heinrich Oberreuther, Düsseldorf/Wien 1984.

Gerd von Rundstedt –
Des »Führers« gehorsamer Diener

VON EARL F. ZIEMKE

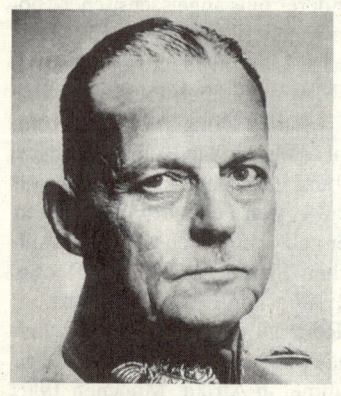

Karl Rudolf Gerd von Rundstedt wurde am 12. Dezember 1875 in Aschersleben in der Nähe von Halberstadt im Harz geboren. Die 800jährige Geschichte der Junkerfamilie – der erste in Urkunden erwähnte Rundstedt hatte im 12. Jahrhundert dem Halberstädter Bischof als Haushofmeister gedient – hat Rundstedts militärische Laufbahn sicherlich vorbestimmt. Seine Vorfahren hatten bis zum 17. Jahrhundert in verschiedenen Armeen und später stets in denen der brandenburgischen Kurfürsten und der preußischen Könige gedient. Der junge Gerd hat anscheinend nie eine andere Ambition gehegt als den Dienst im kaiserlichen deutschen Heer. Im Alter von 12 Jahren wurde er Zögling der Oraniensteiner Kadettenanstalt, und nach Absolvierung der Hauptkadettenanstalt in Groß-Lichterfelde begann er seine aktive militärische Laufbahn im 83. Königlich-Preußischen Infanterie-Regiment, wo er am 17. Juni 1893, fünf Monate vor seinem 18. Geburtstag, zum Leutnant befördert wurde.

Von Anfang an gaben ihm alle seine Vorgesetzten, die besonders seinen »Fleiß, Enthusiasmus und Takt«[1] hervorhoben, gute Noten für seine Leistungen. 1900 zum Regimentsadjutanten ernannt und 1902 zum Oberleutnant befördert, war er einer von 160 Offizieren, die 1903 zur Kriegsakademie versetzt wurden, und er gehörte zu den 35, die ihre Ausbildung 1907 als Hauptmann erfolgreich beendeten. Er wurde dann ein typischer Generalstabsoffizier, der in Moltkes Tradition stand: ein militärischer Fachmann, pfichtbewußt, reserviert-verschlossen und hochmütig.

Nach Ausbruch des Ersten Weltkrieges wurde Rundstedt im November 1914 zum Major befördert. Diesen Rang hatte er acht Jahre lang inne. Seine Leistungen sowohl an der Ost- als auch an der Westfront beurteilte man als ausgezeichnet, doch wurden Stabsoffiziere nicht zügig befördert. Sein wichtigster Auftrag war ein kurzzeitiger Einsatz unter Generalmajor Hans von Seeckt im Jahre 1916; dieser war beauftragt, das Heer des österreichischen Erzherzogs Karl neu zu formieren, das durch die russische Brussilow-Offensive demoralisiert worden war. Es war sowohl eine diplomatische wie militärische Mission, und Rundstedt meisterte beide Teile der Aufgabe gleich gut.

Als nach dem Friedensvertrag die Stärke des Heeres auf 100 000 Mann reduziert und der Große Generalstab verboten wurde, konnte die Armee nur die besten Generalstabsoffiziere behalten. General von Seeckt, der Chef der Heeresleitung, nahm die Auswahl persönlich vor. Da die Pensionierung verschiedener hoher Offiziere abzusehen war, beförderte Seeckt am 1. Oktober 1920 fünf Majore zu Oberstleutnanten. Es handelte sich dabei um Kurt von Hammerstein-Equord, Wilhelm von Leeb, Fedor von Bock, Werner von Blomberg und Gerd von Rundstedt, der von allen Genannten der Dienstälteste war. Danach wurden die fünf Offiziere in rascher Folge befördert. Innerhalb von neun Jahren avancierte Rundstedt vom Oberst zum Generalmajor und danach zum Generalleutnant. Es waren die besten Jahre seiner Laufbahn.

1929 wurde jedoch die Weimar Republik instabil, und die Politik, für die er sich bisher kaum interessiert hatte, begann sich auf die Ernennungen auszuwirken. Der Nationalsozialismus drohte das Offizierkorps zu politisieren, und Generalmajor Kurt von Schleicher nutzte seine Position als Chef des Ministeramtes im Reichswehrministerium sowie seine Verbindung zur Familie

Hindenburg aus, um selbst politisch Karriere zu machen. 1929 wurde Hammerstein-Equord, der zwar sechs Dienstjahre weniger aufzuweisen hatte als Rundstedt, doch ein ausgesprochener Gegner der Nationalsozialisten war, Chef des Truppenamtes und 1930 Chef der Heeresleitung. Blomberg, bekannt wegen seiner Empfänglichkeit für politische Schmeicheleien, wurde im Jahre 1929 Befehlshaber des Wehrkreises I in Ostpreußen, nachdem er seit 1927 bereits Chef des Truppenamtes gewesen war. Rundstedt befehligte bis Januar 1932 die 2. Kavallerie-Division; dann erhielt er die Ernennung zum Befehlshaber des Wehrkreises III in Berlin.

Im Juli 1932 benutzten Reichskanzler Franz von Papen und der damalige Reichswehrminister von Schleicher Rundstedt und seine Truppen für die Auflösung der Regierung von Preußen. Zwei Monate später belohnten sie ihn für die diskrete Erledigung des schändlichen Auftrags damit, daß er mit der Leitung der Heeresgruppe 1 betraut und zum General der Infanterie befördert wurde, wodurch er Hammerstein-Equord im Rang gleichgestellt und wie dieser berechtigt war, den Titel Oberbefehlshaber zu führen; als dienstältester aktiver Offizier durfte er sich darüber hinaus »Erster Soldat des Heeres« nennen lassen. Die Heeresgruppe 1 umfaßte vier Wehrkreise und war für die Verteidigung der gesamten Ostgrenze des Reiches verantwortlich.

In Hitlers am 30. Januar 1933 gebildetem Kabinett wurde Blomberg, der durch Oberst Walther von Reichenau, seinen Stabschef im Wehrkreis I, eine Verbindung zu Hitler hergestellt hatte, zum Reichswehrminister ernannt. Zu Blomberg hatte Rundstedt ein indifferentes Verhältnis, nicht aber zu Reichenau, den jener ins Ministerium mitbrachte. Rundstedt empfand die Äußerung jedweder politischen Neigung beklagenswert, in Reichenaus Fall verstand er sie zudem als Symptom eines ungezügelten Ehrgeizes, der Reichenau in der besonderen Situation, in der sich das Heer im Deutschen Reich befand, in Rundstedts Augen zu einer tödlichen Gefahr für die Armee werden ließ.

Hinsichtlich aller mit dem Nationalsozialismus verbundenen un-heilvollen Manifestationen nahm Rundstedt lediglich zu Reichenaus Ambitionen einen eindeutigen Standpunkt ein.

Um Hitler einen Gefallen zu tun, zwang Blomberg Hammer-stein-Equord im Januar 1934, seinen Abschied zu nehmen, und sah Reichenau, der noch nicht einmal ein Jahr lang General war, als dessen Nachfolger vor. Rundstedt und General Ritter von Leeb hatten daraufhin dem Reichspräsidenten Hindenburg »be-deutet, unter Reichenau würden sie nicht weiter dienen«.[2] Als Hindenburg Reichenau als zu wenig erfahren ablehnte, nomi-nierte Blomberg Generalleutnant Werner von Fritsch, den Hin-denburg sofort akzeptierte, obwohl er nicht so lange gedient hatte wie Rundstedt, Leeb oder Bock. Rundstedt erschien die Ernennung außerdem als bewußter Affront, da Fritsch als Be-fehlshaber des Wehrkreises III sein direkter Untergebener ge-wesen war, und wollte sich deshalb bereits in den Ruhestand ver-setzen lassen. Dann aber folgte er doch dem Ruf der Pflicht, als Hindenburg ihn angeblich beschwor: »Sie dürfen mich jetzt nicht im Stich lassen.«[3] In der Folgezeit unterstützte er den menschen-scheuen Fritsch, indem er den größten Teil seiner gesellschaft-lichen Verpflichtungen übernahm. Dadurch kam er in Kontakt mit dem Diplomatischen Korps in Berlin, trat als Vertreter des Heeres beim Begräbnis von König Georg V. im Jahre 1935 her-vor und gab zu Spekulationen Anlaß, er sei der Sprecher des Heeres im NS-Staat.

In Wirklichkeit traf dies nicht zu, und Rundstedt hatte auch keine dahingehenden Ambitionen. Die Berufsarmee hatte sei-nen Vorstellungen entsprochen, und als im Zusammenhang mit der Umwandlung der Reichswehr zur Wehrmacht 1935 die Wehr-pficht wiedereingeführt wurde, befürchtete er, daß dies einen Qualitätsverlust zur Folge haben würde. Auch bezweifelte er den Wert von Panzerkräften in einer anderen als der infanterie-unterstützenden Funktion, denn die Infanterie würde immer die wichtigste und entscheidende Kraft bleiben. Aber in dieser und anderen Fragen, darunter derjenigen nach den militärischen

Führungsqualitäten Hitlers, über die er angeblich manchmal privat spottete, versuchte er nie, den Lauf der Dinge zu beeinflussen.

Als Rundstedt Anfang 1938 in Ostpreußen ein Manöver beobachtete, erhielt er am 30. Januar eine Nachricht vom Chef des Generalstabes, General der Artillerie Ludwig Beck, der ihn bat, nach Berlin zurückzukehren. Beck holte ihn vom Bahnhof ab und teilte ihm mit, daß Blomberg gezwungen sei, wegen der zweifelhaften Vergangenheit der Frau, die er vor wenigen Wochen geheiratet hatte, seinen Abschied zu nehmen, und daß Fritsch wegen Homosexualität abgesetzt werden solle. Da Rundstedt damals der dienstälteste aktive Offizier war, zog Hitler ihn am 31. Januar in einer privaten Unterredung zu Rate. Wie Rundstedt selbst berichtete, scheint er die Affäre, bei der es sich in Wirklichkeit um einen massiven Eingriff in den militärischen Bereich handelte, nur als eine Frage der Ehre aufgefaßt zu haben: der Ehre des Heeres, die Blomberg besudelt hatte, und der Ehre Fritschs, die wiederhergestellt werden mußte. Reichenau, den Hitler zuerst als Nachfolger Fritschs vorschlug, lehnte er »im Namen der Armee« ab. Hitler, der in dieser Frage auch von anderer Seite, darunter von Hermann Göring, negative Reaktionen erfahren hatte, schlug jedoch noch einen zweiten Kandidaten vor: den jüngsten der vier Oberbefehlshaber der Heeresgruppen, General der Artillerie Walther von Brauchitsch. Diesem Vorschlag stimmte Rundstedt ohne Zögern zu. Als Hitler ihm mitteilte, er wolle das Reichskriegsministerium auflösen, ein Oberkommando der Wehrmacht unter seinem eigenen Oberbefehl schaffen und Generalleutnant Wilhelm Keitel mit den ministeriellen Routineaufgaben betrauen, entgegnete Rundstedt lediglich: »Keitel dürfte nie eine Befehlsbefugnis bekommen.«[4] Dem pflichtete Hitler sofort bei, denn dies entsprach genau seiner Absicht.

Da Rundstedt in 46 Dienstjahren bei Beförderungen bereits dreimal übergangen worden war, war er nunmehr bereit, seinen Abschied zu nehmen. Seine Beförderung zum Generaloberten am 31. März 1938 veranlaßte ihn dann allerdings, weiter im Dienst zu bleiben und die Leitung der Heeresgruppe 2 zu übernehmen, die für einen eventuellen Einmarsch in die Tschechoslowakei aktiviert wurde. Im August drängten er und die anderen dienstältesten Generäle den Oberbefehlshaber des Heeres, Hitler den Inhalt einer von Beck verfaßten Stellungnahme gegen einen Krieg mitzuteilen. Doch später wurde zufällig ein Gespräch zwischen Rundstedt und Brauchitsch mitgehört, bei dem Rundstedt diesem davon abriet, die Sache zu energisch voranzutreiben, damit er seine Position als Oberbefehlshaber des Heeres nicht gefährde – und es nicht zu einer erneuten Kandidatur Reichenaus käme. Einen Monat später, nachdem Beck aus seiner Position entfernt worden war und dessen Nachfolger, General der Artillerie Franz Halder, einen Staatsstreich zur Absetzung Hitlers erwog, wollte Rundstedt davon nichts wissen und sagte später im Nürnberger Kriegsverbrecherprozeß, dergleichen »wäre ganz gemeiner, nackter Verrat gewesen«.[5] Nachdem er die Vorbereitung des Einmarsches der Heeresgruppe 2 in das Sudetenland geleitet hatte, nahm er am 1. Oktober 1938 seinen Abschied. Zuvor war er noch damit geehrt worden, daß er zum Chef des 18. Infanterie-Regiments ernannt wurde, das er in den zwanziger Jahren kommandiert hatte. Diese Ernennung hat er anscheinend mehr als jede andere Auszeichnung geschätzt.

Die Zeit, die er im Ruhestand verbrachte, war kurz. Im April 1939 wurde er im Zusammenhang mit dem »Fall Weiß«, einer eventuellen Operation gegen Polen, zum Chef des Arbeitsstabes Rundstedt ernannt, der aus ihm selbst, Generalleutnant Erich von Manstein als Stabschef und einem Stabsoffizier (Ia), Oberst Günther Blumentritt, bestand. Sie hatten den Auftrag, eine von drei Armeen durchzuführende Operation zu planen, welche die polnische »Krakauer« Armee zerschlagen und 300 Kilometer in Richtung Warschau vorstoßen sollte. Da sie die tschechische Krise in frischer Erinnerung hatten, glaubten sie wie fast alle Deutschen, daß Hitler wisse, wie ein Krieg zu vermeiden sei.

Tatsächlich schien der »Fall Weiß« nicht dringend zu sein. Manstein und Blumentritt taten weiter ihren regulären Dienst, und Rundstedt arbeitete in seinem Haus in Kassel, bis im August 1939 der Stab komplett war. Am 19. August begann die Bereitstellung der Armeen an der Grenze: die 8. Armee auf der linken, die 14. Armee auf der rechten Seite und die stärkste Armee, die von Reichenau befehligte 10., in der Mitte. Vier Tage später richtete der Stab das Hauptquartier der Heeresgruppe Süd in Neisse ein. Der Angriff war zunächst für den 26. August vorgesehen, doch am Abend des 25. blies Hitler ihn wieder ab. Beim nächsten Versuch, am 31. August, blieb Rundstedt, der es gewohnt war, früh zu Bett zu gehen, bis nach Mitternacht auf und wartete erneut auf einen Widerruf, doch dieser Befehl kam nicht.

Mit einer massiven Überlegenheit an Flugzeugen, Panzern, Artillerie und Motorfahrzeugen hoffte man den Krieg zu gewinnen, folglich hatte man bei der Planung das Hauptaugenmerk auf einen raschen, unaufhaltsamen Vorstoß auf Warschau gerichtet, um den Polen jede Möglichkeit zu nehmen, den Angriff westlich der Weichsel zum Stehen zu bringen oder die Kampfhandlungen durch einen Rückzug hinter den Fluß zu verlängern. Am 6. September begannen die polnischen Armeen, die von drei Seiten von der Heeresgruppe Nord (Bock) und der Heeresgruppe Süd umklammert waren, ihren Rückzug auf Warschau. Am 8. September stand Reichenau mit einer Panzerdivision in den Außenbezirken der polnischen Hauptstadt und begann westlich derselben an der Bzura eine Sperrlinie aufzubauen. In den folgenden zehn Tagen dirigierten Rundstedt und Manstein Teile der 8. und 10. Armee in den Raum zwischen Bzura und Weichsel, um die erste große Einkesselung des Zweiten Weltkrieges (120 000 Gefangene) zu vollenden.

Bereits im Feldzug gegen Polen praktizierte Rundstedt den Führungsstil, den er dann während des ganzen Krieges beibehielt. Im Unterschied zu manchen seiner jüngeren Kollegen glaubte er, daß sein Platz im Hauptquartier und nicht an der Front sei. Zu keiner Zeit suchte er den Kontakt mit der Truppe. Er wollte nicht mit Details belästigt werden und verließ sich in allen Fragen, die nicht von strategischer Bedeutung waren, weitgehend auf seinen Stab. Er arbeitete ausschließlich mit Karten im kleinen Maßstab (1:1000000, wie sie auch Hitler benutzte) und besaß anerkanntermaßen großes Talent für strategische Analysen. Allerdings scheint er deren Ergebnisse, wenn er denn welche erzielte, meist für sich behalten zu haben. Obwohl im Umgang zurückhaltend, stand er in gutem Einvernehmen mit seinen Mitarbeitern und bezauberte mit seinem natürlichen Charme die Politiker, mit denen er zu tun hatte: zuerst Hitler, später Mussolini, Antonescu und Pétain. Seine Hauptaufgabe sah er darin, Befehle auszuführen. 1945 äußerte er in Nürnberg seine Ansicht über das richtige Verhalten gegenüber höheren Stellen: Man müsse, falls erforderlich, vorschlagen, wie ein Kampfauftrag wirksamer durchgeführt werden könne, dürfe aber zu einem Vorgesetzten »niemals« sagen, »was Sie machen, ist falsch«.[6]

Als der polnische Widerstand erloschen war, blieb Rundstedt als Oberbefehlshaber Ost bis Ende Oktober in Polen. Danach wurden er und sein Stab nach Koblenz versetzt, das zum Standort des Hauptquartiers der Heeresgruppe A wurde. Hitler hatte eine Anweisung für den »Fall Gelb« erteilt, die einen Einfall in die Niederlande und Frankreich vorsah. Diese Operation sollte noch vor Jahresende durchgeführt werden. Brauchitsch und Halder wiesen nachdrücklich darauf hin, daß ein solches Vorgehen nur zu einer Wiederholung des Grabenkrieges von 1914–1918 führen würde. Der Generalstabsplan sah einen Vorstoß der Heeresgruppe B (Bock) durch Holland und Belgien bis zur Somme vor. Ihn sollte die Heeresgruppe A im Osten durch einen Vorstoß durch das Gebiet der Ardennen bis zur Aisne unterstützen. Das Ziel bestand hierbei darin, im Nordwesten Frankreichs Fuß zu fassen.

Die Ereignisse des Sommers 1938 wiederholten sich, Hitler reagierte auf Halders und Brauchitschs Versuche, ihn umzustimmen, mit Brüskierungen und Beleidigungen, und Halder dachte schon wieder an Staatsstreich. Rundstedt hatte genau die gleichen

Bedenken gegen den »Fall Gelb« wie sie, resignierte aber und tat, was Hitler befahl. Sein Stabschef Manstein allerdings, der keine Skrupel hatte, Vorgesetzten zu sagen, daß sie irrten, entwickelte einen Alternativplan, der etwas vorsah, was Churchill später den »Sichelschnitt« nannte, nämlich einen Panzervorstoß durch die Ardennen und entlang der Aisne und Somme bis zur Kanalküste, wodurch die Streitkräfte der Alliierten in Belgien abgeschnitten und der Weg für einen Vorstoß tief nach Frankreich hinein frei gemacht würde. Rundstedt, auf korrekte Einhaltung des Dienstweges bedacht, unterbreitete Mansteins Überlegungen dem Oberkommando des Heeres, wo sie offenbar nur als eine elegantere Möglichkeit zur Erreichung einer Pattsituation angesehen wurden. Rundstedt teilte diese Meinung. Außerdem fühlte er sich angesichts der Tatsache, daß Reichenau gerade zum Generalobersten befördert worden war und ein stärkerer Kandidat für den Oberbefehl über das Heer zu sein schien als jemals zuvor, geradezu dazu verpflichtet, Brauchitschs Position nicht zu schwächen. Daher ließ er mindestens eine Gelegenheit verstreichen, Hitler mit dem Plan bekanntzumachen. Im Januar 1940 entsprach Rundstedt der Bitte Brauchitschs, Manstein zu einem Infanteriekorps in der Etappe zu versetzen, und verhalf damit Manstein, der über einen Kontaktmann im »Führerhauptquartier« verfügte, unbeabsichtigt zu einem Gespräch mit Hitler.

Nachdem Hitler dem »Sichelschnitt«-Plan zugestimmt hatte, sahen ihn auch Brauchitsch und Halder in einem positiveren Licht und legten fest, die beiden von Manstein vorgesehenen Panzerverbände durch einen dritten zu ergänzen. Rundstedt, der das Hauptkontingent befehligen sollte, blieb skeptisch und bemerkte zu seinem Stab, der Alliierte Oberbefehlshaber, General Maurice Gamelin, den er beim königlichen Begräbnis in London kennengelernt hatte, »würde wissen, wie die Panzer zu blockieren seien«.[7] Seine Hauptsorge hinsichtlich der Panzer war, daß die Infanterie nicht mit ihnen Schritt halten könnte.

Während des Feldzuges fand Hitler, der dazu tendierte, über

die Risiken militärischer Operationen laut nachzudenken, in Rundstedt einen Mann, der ähnlich veranlagt war wie er selbst. Rundstedt teilte seine Bedenken über die Überquerung der Meuse und die ungeschützte linke Flanke. Hitler glaubte, Brauchitsch und Halder würden den Kommandierenden Generälen der Panzerkorps zuviel freie Hand lassen, und Rundstedt versuchte sie an eine kürzere Leine zu legen. Im Endeffekt sorgten Hitler und Rundstedt gemeinsam dafür, daß die Panzer vor Dünkirchen zum Stehen kamen, und das hatte Konsequenzen, an die später weder der eine noch der andere gern erinnert werden wollte.

Bei der Siegesfeier am 19. Juli 1940 beförderte Hitler Rundstedt zusammen mit elf anderen Generälen, darunter auch Reichenau, zum Generalfeldmarschall. Rundstedt hatte sein Hauptquartier in St. Germain bei Paris, und seine Heeresgruppe sollte sich angeblich für das Unternehmen »Seelöwe«, die Invasion Großbritanniens, bereithalten. Im Oktober wurde Rundstedt zudem zum Oberbefehlshaber West ernannt, dem alle Heeresverbände in Holland, Belgien und Frankreich unterstellt waren.

Im Aufmarschbefehl für das Unternehmen »Barbarossa«, der am 3. Februar 1941 erging, wurde Rundstedt mit dem Oberkommando im Abschnitt der Ostfront zwischen den Pripjetsümpfen und dem Schwarzen Meer betraut. Sein Stab, der am 1. April in Breslau Quartier bezog, wurde zum Oberkommando der Heeresgruppe Süd, die aus der 6. Armee unter Reichenau (einschließlich der Panzergruppe I), der 17. sowie der 11. Armee bestand, welche sieben deutsche und vierzehn ungenügend ausgerüstete, unzuverlässige rumänische Divisionen umfaßte.

Da Stalin davon ausging, daß die Ukraine das Primärziel der Deutschen sein werde, war die Südwestfront, die Kiew sicherte, die stärkste sowjetische Front. Rundstedts Armeen, die links und rechts von den Sümpfen und vom Dnjestr eingeengt waren, gelang es, Anfang August eine bescheidene Einkesselung (103 000 Gefangene) vorzunehmen, doch die fast noch intakte Südwestfront formierte sich bei Kiew und am unteren Abschnitt des Dnjepr neu. Danach befahl Hitler Brauchitsch und Halder zu deren Entsetzen, den Vormarsch auf Moskau zu stoppen und die Panzergruppe 2 zur Heeresgruppe Süd umzulenken. Auf ihre Veranlassung hin hob Rundstedt in einer Besprechung mit Hitler am 6. August »die Bedeutung von Moskau hervor ...«, doch Hitler »hat diese Gedankengänge wieder eindeutig abgelehnt«.[8]

Nachdem die Panzergruppen 1 und 2 am 16. September einen großen Kessel (665 000 Gefangene) geschlossen hatten, verlief der Vormarsch zunächst schnell, verlangsamte sich aber dann immer mehr, zumal die Panzergruppe 2 wieder am Vorstoß auf Moskau teilnahm. Die 11. Armee wurde auf die Krim beordert. Der Herbstregen setzte ein, und der sowjetische Widerstand verstärkte sich. Anfang November schlug Rundstedt vor, sich für den Winter einzugraben, doch Hitler bestand darauf, noch Rostow am Don, das symbolische Tor zum Kaukasus, einzunehmen. Bis zum 21. November trieb das III. Panzerkorps einen schmalen, 70 Kilometer langen Keil nach Rostow vor, sah sich aber aufgrund erbitterter Gegenangriffe zum Rückzug gezwungen. Rundstedt, vom »Führerhauptquartier« unablässig mit Aufforderungen bombardiert, den Rückzug zu stoppen, bat unter Hinweis auf seine sich verschlechternde Gesundheit darum, als Oberbefehlshaber abgelöst zu werden, worauf Hitler ihm befahl, das Kommando sofort an Reichenau abzugeben. Als Reichenau dann berichtete, daß die einzige Alternative zum Rückzug der Verlust von vier Divisionen sei und daß Rundstedt einen Herzanfall erlitten habe, schickte Hitler diesen in Begleitung einer Ehrenwache mit einem Sonderzug nach Hause. Dann starb Reichenau plötzlich am 17. Januar 1942, und Hitler beauftragte Rundstedt, ihn bei dessen Beisetzung zu vertreten.

Hitler brauchte einen Militär von internationaler Reputation, um die Glaubwürdigkeit des Atlantikwalls zu steigern, mit dessen Bau vor kurzem begonnen worden war, und um den Gerüchten von einer Führungskrise entgegenzuwirken, die daraus resultierten, daß er seit Dezember 1941 ein halbes Dutzend hochrangiger Offiziere in den Ruhestand versetzt hatte. Daher ließ er Rundstedt als Oberbefehlshaber West und der Heeresgruppe D am 10. März wieder ins Hauptquartier nach St. Germain zurückkehren. Da in absehbarer Zeit kaum mit größeren militärischen Operationen zu rechnen war und Rundstedts Zuständigkeit weder die dortigen Einheiten der Luftwaffe und der Kriegsmarine noch das zum Bau des Atlantikwalls eingesetzte Personal oder die mit Besatzungsaufgaben in Frankreich und anderswo betrauten Truppen einschloß, war das der geruhsamste hohe Posten, der für einen aktiven General gefunden werden konnte.

Im Sommer 1942 verkehrte Rundstedt, der ausgezeichnet Französisch sprach, freundschaftlich mit Marschall Pétain, obwohl auch die Beziehungen zur Vichy-Regierung nicht in seine Kompetenz fielen. Dieser Kontakt endete jedoch am 10. November, als Truppen der Heeresgruppe D auf Hitlers Befehl den von Vichy regierten Teil Frankreichs besetzten. Bald darauf wurde als Folge der sowjetischen Gegenoffensive bei Stalingrad die Westfront zur strategischen Reserve, von der in den ersten zehn Monaten des Jahres 1943 38 komplette Divisionen für die Ostfront abgezogen wurden. Am 25. Oktober wies Rundstedt Hitler warnend darauf hin, daß eine Invasion der Alliierten wahrscheinlich bald bevorstehe und daß er nur noch über 36 Divisionen mit verminderter Kampfkraft verfüge. Hitler ordnete daraufhin an, daß alle neuen Formationen und Ausrüstungen der Westfront zur Verfügung gestellt werden sollten, bis die »als sicher erwartete«[9] Invasion zurückgeschlagen sei.

Im November 1943 unterstellte Hitler Feldmarschall Erwin Rommel und den Stab der von ihm befehligten Heeresgruppe B seinem eigenen Oberbefehl und schickte diesen zur Besichtigung des Atlantikwalls, für den Rundstedt nicht zuständig war. Rundstedt hatte Bedenken, Rommel, dem gegenüber er ähnliche Vorbehalte hegte wie seinerzeit gegenüber Reichenau, frei schalten und walten zu lassen, und versuchte deshalb, ihn halbwegs in das Kommandosystem einzubeziehen, indem er der Heeresgruppe B die beiden Armeen an der Kanalküste unterstellte.

Das Ergebnis war ein Widerstreit über die anzuwendende Taktik: Während Rommel darauf beharrte, daß alles, darunter auch die Panzerdivisionen, küstennah zu stationieren sei, um die Invasion unmittelbar bei der Landung abzuwehren, vertrat Rundstedt den Standpunkt, daß die Panzerdivisionen in Reserve gehalten werden müßten, bis ein geeignetes Ziel für ihren Einsatz, etwa ein bereits errichteter Brückenkopf, auszumachen sei. Rundstedts Auffassung war die richtige, aber er überließ es seinem Stab, sie zu vertreten.

Im April 1944 entschied Hitler diese Frage. Er teilte drei der vorhandenen zehn Panzerdivisionen der Heeresgruppe B zu, funktionierte den Stab der Heeresgruppe D, dem die Armeen an der Küste der Biskaya und des Mittelmeeres unterstanden, in das Oberkommando der Armeegruppe G unter Generaloberst Johannes Blaskowitz um und stellte dieser ebenfalls drei Panzerdivisionen zur Verfügung. Schließlich übernahm er persönlich die Verfügungsgewalt über die restlichen vier Panzerdivisionen als Frontreserve. Rundstedt sagte später, ihm selbst sei nach alledem lediglich noch die Befugnis verblieben, »die Posten vor seinem Quartier aufziehen zu lassen«.[10]

Bei dem Streit über die Taktik war zwar immer die Rede davon, daß Deutschland seine letzte strategische Karte irgendwo an der 2500 Kilometer langen Küstenlinie zwischen der Loire-Mündung und der holländischen Grenze ausspielen würde, darüber jedoch, an welcher Stelle die Landung denn nun eigentlich zu erwarten sei, fand nie eine vergleichbare Diskussion statt. Rundstedt und Rommel waren mit Hitler der Meinung, daß irgendwo anders ein Ablenkungsmanöver stattfinden, das Gros der Invasionsstreitkräfte aber am Pas de Calais landen werde. Nach der Landung in der Normandie wurden diese Überlegungen noch nicht völlig aufgegeben, bis Ende Juni Cherbourg und die größere Hälfte der Halbinsel Cotentin verlorengegangen waren. Die Panzerreserve war in der Verteidigung von Caen gebunden, und sowohl die strategische wie auch die taktische Initiative lag von da an in Händen der Alliierten. Als am 30. Juni

Hitler auf einer Konferenz über die Notwendigkeit sprach, die Front zu halten und zum Gegenangriff überzugehen und diejenigen, die wußten, daß die letzte Karte bereits übertrumpft worden war, still zuhörten, sagte Rundstedt zu Keitel, er befürchte, er könne aufgrund seines Gesundheitszustandes »den Anforderungen« seiner Position nicht länger »gerechtwerden«.[11] Zwei Tage später »erfüllte« Hitler »mit Bedauern« seinen »Wunsch, abgelöst zu werden«[12], und teilte ihm mit, daß Feldmarschall Günther von Kluge seine Nachfolge antreten werde.

Überprüft man den Zeitpunkt der Ablösung Rundstedts als Oberbefehlshaber West, so stellt man fest, daß sie nicht aufgrund der oft zitierten angeblichen Äußerung Rundstedts »Was ihr tun sollt? Schluß machen, ihr Idioten! Was wollt ihr denn sonst noch machen?«[13] erfolgt sein kann. Sein damaliger Stabschef Blumentritt hat später berichtet, Rundstedt hätte dies »einige Tage nach« der am 30. Juni abgehaltenen Konferenz am Telefon zu Keitel gesagt, doch hatte Hitler Kluge bereits in der Nacht des 30. Juni zum Nachfolger Rundstedts ernannt. Aus diesem Grund, und weil es keinen Sinn macht, daß Keitel laut Blumentritts Auskunft noch nach Hitlers Entscheidung über die Ablösung Rundstedts diesen gefragt haben soll: »Was können wir machen?«, scheint es höchst unwahrscheinlich, daß diese Worte je gefallen sind.

Während seines Abschiedsbesuchs bei Rommel sagte Rundstedt, er sei froh, daß er »bei der kommenden Katastrophe« nicht das Kommando zu führen habe, und er werde »nie mehr«[14] ein Kommando übernehmen. Indem er implizierte, daß ihm Unrecht geschehen sei, ging er geflissentlich über seine eigene Bemerkung gegenüber Keitel vom 30. Juni hinweg, von der er kaum erwarten konnte, daß sie Hitler nicht zu Ohren gekommen war. Hitler, der hoffte, daß Kluge, der im Winter 1941/42 eine ähnlich kritische Situation vor Moskau gemeistert hatte, erneut der Mann der Stunde sein würde, hatte Rundstedt keineswegs kränken wollen. Hitlers Adjutant hatte ihm einen handgeschriebenen Brief Hitlers sowie das Eichenlaub zum Ritterkreuz übergeben, und in der Pressemitteilung hatte es geheißen, der »Führer« wolle Rundstedt in Zukunft mit Sonderaufgaben betrauen.

Früher als erwartet fand Hitler eine Aufgabe, die Rundstedts Ruf, ein redlicher Mann zu sein, mehr als jeder andere von ihm übernommene Auftrag schaden sollte. Am 4. August 1944 benötigte Hitler jemanden, der einem schändlichen Verfahren den Anschein von Untadeligkeit geben sollte: Er ernannte Rundstedt zum Vorsitzenden eines »Ehrenhofes«, den er schuf, um die am Attentat vom 20. Juli beteiligten Offiziere aus der Armee verstoßen zu lassen, damit sie danach vor den berüchtigten »Volksgerichtshof« gebracht werden konnten. In vier Sitzungen, die im August und September 1944 stattfanden und jeweils einen Tag lang dauerten, verstieß dann der »Ehrenhof« entsprechend dem Befehl Hitlers, nur Beweise zu berücksichtigen, die in den Gestapo-Berichten enthalten waren, Generalfeldmarschall Erwin von Witzleben, 11 weitere Generäle und 43 Offiziere mit niedrigeren Diensträngen aus der Wehrmacht.

Am 3. September, auf der Höhe einer anderen Krise, bat Hitler Rundstedt, erneut das Oberkommando auf dem westlichen Kriegsschauplatz zu übernehmen, und Rundstedt antwortete: »Mein Führer, was immer Sie befehlen, werde ich bis zu meinem letzten Atemzug erfüllen.«[5] Generalfeldmarschall Walter Model, der im August in Nachfolge des Generalfeldmarschalls von Kluge zum Oberbefehlshaber West ernannt worden war und wie dieser zudem in Personalunion Rommels ehemalige Heeresgruppe B zu führen hatte, konnte beide Aufgaben zugleich nicht mehr bewältigen. Die Front, die in Frankreich völlig zusammengebrochen war, rollte auf Deutschland zurück, und das Hauptquartier der Westfront befand sich in Arenberg in der Nähe von Koblenz. Die Amerikaner überquerten am 11. September östlich von Aachen die Reichsgrenze. Die Briten hatten bis dahin Antwerpen und Brüssel besetzt, danach jedoch verlangsamte sich ihr Vormarsch plötzlich und kam im Oktober ganz zum Stillstand. Obwohl Model seinem Ruf als »Löwe der Verteidigung« gerecht geworden war und das Hauptproblem der Alliierten in ihren überdehnten Nachschublinien bestand, erntete Rundstedt Lorbeeren für das, was fast als ein Wunder erschien. Er sei, so die amerikanische Zeitschrift *Life*, »der Wehrmacht bester General, der bei weitem größte der preußischen Meister ... ein viel gefährlicherer Feind als Rommel«.[16]

Die Ardennen-Offensive im Dezember erhielt nach ihrem nominellen Oberbefehlshaber umgehend den Beinamen »Rundstedt-Offensive«, obwohl dieser kaum an ihrer Planung und Durchführung beteiligt war, und Feldmarschall Sir Bernard Montgomery erklärte Rundstedt zum »besten deutschen General, gegen den ich angetreten bin«.[17] Der Plan »Wacht am Rhein«, eine Variante des »Sichelschnitts«, stammte in Wirklichkeit von Hitler. Weder Rundstedt noch Model hatten je geglaubt, daß er gelingen könnte. Typisch war, daß Rundstedt es Model überlassen hatte, das Für und Wider zu erörtern. Die Offensive führte zu einer zweimonatigen Atempause im Westen, die jedoch am 7. März 1945 endgültig zu Ende ging, als die Amerikaner die Rheinbrücke bei Remagen eroberten. Vier Tage später schickte Hitler Rundstedt zum letzten Mal, erneut mit Bedauern, in den endgültigen Ruhestand.

Die Amerikaner nahmen ihn am 1. Mai in einem Sanatorium in Bad Tölz gefangen. Auf die Kriegsberichterstatter, die ihn interviewten, machte er einen kranken und gebrechlichen Eindruck, doch äußerte er, daß er sich ohne seine unmittelbar zuvor erlittene Herzattacke »niemals« kampflos ergeben hätte, denn eine solche Kapitulation sei »verachtenswert und schimpflich«.[18] Er behauptete auch, er hätte die Invasionstruppen schon an den Stränden der Normandie vernichtet, wenn die Luftüberlegenheit der Alliierten nicht so gewaltig gewesen wäre und er nicht an einem derartigen Treibstoffmangel gelitten hätte. Sein 42jähriger Sohn Hans Gerd, sein einziges Kind und seit Anfang 1943 sein Adjutant, befand sich bei ihm. Hans Gerd hatte die Familientradition durchbrochen und bis zum Kriegsausbruch den Beruf eines Archivars ausgeübt. Ihm wurde wahrscheinlich auch deshalb gestattet, seinen Vater in die Kriegsgefangenschaft zu begleiten, weil das Belauschen privater Gespräche bei Personen, die im Verdacht standen, Kriegsverbrechen begangen zu haben, eine beliebte Methode zum Sammeln von Beweisen für die Anklage war.

Zuerst schien es sehr wahrscheinlich, daß das Internationale Militärtribunal Rundstedt als einen der Hauptkriegsverbrecher verurteilen würde, doch gelang es ihm, nachzuweisen, daß er niemals im Zentrum der Kriegsplanung gestanden hatte und auch kein Drahtzieher hinter den Kulissen gewesen war. Gegen ihn wurden jedoch noch in anderen Punkten Vorwürfe erhoben, die in ihren möglichen Konsequenzen nicht weniger ernst und schwerer zu widerlegen waren. Hitlers verbrecherischer »Kommissarbefehl« von 1941, der die Erschießung gefangengenommener sowjetischer Politkommissare verlangte, war in allen Heeresgruppen der Ostfront zur Anwendung gekommen, Rundstedts Hauptquartier hatte allerdings darüber hinaus auch noch ein Schreiben herausgegeben, in dem die strikte Befolgung dieses Befehls nahegelegt wurde. Todeskommandos der SS hatten mit dem Auftrag, Juden zu erschießen, 1941 das Gebiet der Heeresgruppe Süd durchkämmt und die Massenhinrichtung von 35000 Juden bei Babij Jar in der Nähe von Kiew inszeniert. Rundstedt hatte zwar den Truppen der Wehrmacht befohlen, nicht an solchen Maßnahmen teilzunehmen, aber auch nichts unternommen, sie zu unterbinden. Der ebenso infame »Kommando-Befehl«, dem zufolge in Kontinentaleuropa operierende britische Kommandotrupps dem SD zur Erschießung zu übergeben waren, hatte sich ganz spezifisch auf den westlichen Kriegsschauplatz bezogen, doch hatte Rundstedt festgestellt, daß ihn dieser Befehl nichts anging.

Im Juli 1945 wurden Rundstedt und sein Sohn von den Briten übernommen und nach England gebracht. Da er lange in höchsten Positionen gewesen war und sich nur höchst ungern gegen Vorgesetzte aufgelehnt hatte, wäre er sicher wegen mancher Anklagepunkte für schuldig befunden worden, doch die Meinungsverschiedenheiten darüber, ob er angeklagt werden sollte oder nicht, führten dazu, daß er im Mai 1949 wegen seiner angeschlagenen Gesundheit freikam.

Hans Gerd war 1946 aus gesundheitlichen Gründen aus der Gefangenschaft entlassen worden und 1948 gestorben. Rundstedt lebte bis zu seinem Tod am 24. Februar 1953 in Celle. Der Geistliche, der die Beisetzungsfeierlichkeiten leitete, sprach in seiner Trauerrede von der »Bestattung des letzten großen Preußen«.[19] Wahrscheinlich meinte er damit, daß Rundstedt sich in der Vergangenheit durch die preußischen Tugenden Treue und Gehorsam zum Wohle der Nation ausgezeichnet habe. Rundstedts Pfichtgefühl ging jedoch nie über die bedingungslose Unterordnung unter die Obrigkeit hinaus. Damit entzog er sich seiner Verantwortung und flüchtete letztlich vor der Realität. Er verkörperte folglich in einem Grad, der nur von den Generalfeldmarschällen Keitel und Busch übertroffen wurde, die schlechteste Seite des Preußentums, den Kadavergehorsam.

Anmerkungen

1 Charles Messenger, The Last Prussian, London 1991, u. a. S. 10ff.
2 Walter Görlitz, Kleine Geschichte des deutsche Generalstabes, Berlin 1967, S. 284–286, 292–295.
3 Günther Blumentritt, Von Rundstedt. The Soldier and the Man, London 1952, S. 35.
4 Hermann Foertsch, Schuld und Verhängnis. Die Fritsch-Krise, Stuttgart 1951, S. 102.
5 Der Prozeß gegen die Hauptkriegsverbrecher vor dem internationalen Militärgerichtshof Nürnberg. 14. November 1945 – 1. Oktober 1946, 42 Bde., Nürnberg 1947–1949, hier Bd. XXI, S. 38.
6 Ebd., S. 57.
7 Blumentritt (Anm. 3), S. 64.
8 Franz Halder, Kriegstagebuch, Stuttgart 1962, Bd. 3, S. 150.
9 Dieter Ose, Entscheidung im Westen, Stuttgart 1982, S. 28–32.
10 Chester Wilmot, The Struggle for Europe, New York 1952, S. 189.

11 Dermot Bradley und Richard Schulze-Kossens, Tätigkeitsbericht des Chefs des Heerespersonalamts, Osnabrück 1984, S. 149.

12 Blumentritt (Anm. 3), S. 238f.

13 Ebd., S. 238.

14 Hans Speidel, Invasion 1944, Frankfurt a. M./Berlin/Wien 1974, S. 63.

15 Office of the US Chief Counsel for Prosecution of Axis Criminality, Nazi Conspirancy and Aggression, Washington, DC, 1948, Supplement B, S. 1285.

16 David Cort, The Last Prussian, in: *Life*, 25. Dezember 1944, S. 58–63.

17 *New York Times,* 8. Januar 1945, S. 6.

18 Ebd., 5. Mai 1945, S. 5.

19 *Time*, 1. März 1953, S. 27.

Bibliographie

Quellen

Da die Guides to German Records Microfilmed at Alexandria, VA vom National Archives and Records Service den Inhalt von Dokumenten zusammenfassen, stellen sie das bequemste Mittel dar, an die erhalten gebliebenen Dokumente von Rundstedts Kommandoposten im Zweiten Weltkrieg heranzukommen. Franz Halders 1962 in Stuttgart erschienenes Kriegstagebuch geht Tag für Tag vom Standpunkt des Generalstabes auf die Planung und Durchführung der militärischen Operationen in Polen, den Niederlanden, Frankreich und der Sowjetunion ein. Hans-Adolf Jacobson, Dokumente zum Westfeldzug 1940, Göttingen 1960, ist wichtig für das Verständnis dieses Feldzuges und der Rolle, die Rundstedt dabei spielte. Im Unterschied zu seinen Kameraden Halder, Bock und Leeb führte Rundstedt kein persönliches Tagebuch. Obwohl die von Hermann Foertsch in Schuld und Verhängnis, Stuttgart 1951, veröffentlichte kurze Schilderung der Zusammenkunft mit Hitler am 30. Januar 1938 zeigt, daß Rundstedt sich schriftlich gut ausdrücken konnte, hat er vielleicht wegen seiner Abneigung gegen Details nie daran gedacht, Memoiren zu schreiben. Die große Sammlung von Kommentaren, die von früheren deutschen Generälen unter Aufsicht des US Army Command,

Europe, verfaßt und von Donald S. Detwiler (Hrsg.), German World War II Military Studies, New York 1979, veröffentlicht wurden, enthält nur sechs kurze Kommentare von Rundstedt. Es gibt jedoch zahlreiche Aufzeichnungen seiner früheren Untergebenen und Mitarbeiter. Der Prozeß gegen die Hauptkriegsverbrecher vor den internationalen Militärgerichtshof Nürnberg. 14. November 1945 – 1. Oktober 1946, 42 Bde., Nürnberg 1947–1949, Bd. XXI, enthält die Antworten, die Rundstedt bei seinem Verhör als Zeuge gab. Milton Schulman, Autor von Defeat in the West, New York 1948, war in Nürnberg als Psychologe eingesetzt, und sein Buch beruht auf den Protokollen der Gespräche, die er dort mit Rundstedt und anderen führte. B. H. Liddell Harts Buch The German Generals Talk, New York 1948, basiert wie Schulmans Werk auf Gesprächen, doch gibt es mehr die Eindrücke des Autors wieder als das, was die Befragten sagten. Die Erinnerungen der früheren Stabschefs von Rundstedt, Siegfried Westphal, Heer in Fesseln, Bonn 1952, und vor allem Erich von Manstein, Verlorene Siege, Bonn 1955, sowie ders., Aus einem Soldatenleben, Bonn 1958, vermitteln genauso wie Heinz Guderian, Erinnerungen eines Soldaten, Heidelberg 1951, einen Eindruck von seiner Persönlichkeit und seinem Kommandostil.

Literatur

Bis jetzt sind drei Biographien Rundstedts erschienen: Günther Blumentritt, Von Rundstedt. The Soldier and the Man, London 1952; John Keegan, Rundstedt, New York 1974; und Charles Messenger, The Last Prussian. A Biography of Field Marshal Gerd von Rundstedt, London 1991. Messengers Biographie ist die vollständigste und, wenn man die Grenzen von Zeugenaussagen berücksichtigt, die genaueste. Blumentritts Biographie gehört aufgrund der Tatsache, daß er lange mit Rundstedt dienstlich zusammen war, zu einer besonderen Kategorie. Leider scheint er keinen Zugang zu Dokumenten gehabt und keine Hilfe von Rundstedt erhalten zu haben. Biographische Beiträge, die in Sammelbänden erschienen, sind Andreas Hillgruber, Field Marshal Gerd von Rundstedt, in: Sir Michael Carver (Hrsg.), The War Lords. Military Commanders of the Twentieth Century, Boston 1976, veröffentlicht auch in Andreas Hillgruber, Deutsche Großmacht- und Weltpolitik im 19. und 20. Jahrhundert, Düsseldorf 1982; Samuel W. Mitcham Jr., Karl Gerd von Rundstedt, in: ders., Hitler's Field Marshals and Their Battles, Chelsea (Maryland) 1990; Otto E. Moll, Gerd von Rundstedt. Zwischen Pflicht und Gewissen, in: ders., Die deutschen Generalfeldmarschälle 1935–1945, Rastatt 1962; und Earl F. Ziemke, Gerd von Rundstedt, in: Corelli Barnett (Hrsg.), Hitler's Generals, London 1989. Die wichtigsten allgemeinen Werke sind Andreas Hillgruber, Deutsche Großmacht- und Weltpolitik im 19. und 20. Jahrhundert, Düsseldorf 1982, für alle Perioden; Klaus-Jürgen Müller, Das Heer und Hitler. Armee und nationalsozialistisches Regime 1933–1940, Stuttgart 1969, für die Zeit zwischen den beiden Weltkriegen; Andreas Hillgruber, Hitlers Strategie. Politik und Kriegsführung 1940–1941, Frankfurt a. M. 1965, Hans-Adolf Jacobsen, Fall Gelb, Wiesbaden 1971, und aus der vom Militärgeschichtlichen Forschungsamt herausgegebenen Reihe Das Deutsche Reich und der Zweite Weltkrieg, Band 2: Die Errichtung der Hegemonie auf dem Europäischen Kontinent, Stuttgart 1979, für die Feldzüge in Polen, Frankreich und den Niederlanden sowie Band 4, Der Angriff auf die Sowjetunion, Stuttgart 1983; des weiteren Dieter Ose, Entscheidung im Westen. 1944, Stuttgart 1982, und Chester Wilmot, The Struggle for Europe, New York 1952, für den westlichen Kriegsschauplatz 1944/45.

Ferdinand Schörner –
Der idealtypische Nazi-General

VON KLAUS SCHÖNHERR

»Ich habe mir aus spürbaren Gründen schon bei der H.Gr. Südukraine im eigenen Stab in allen Dingen der nationalsozialistischen Revolutionierung ... bewußt eine starke Zurückhaltung auferlegt, gegen meine Überzeugung. Die Sache geht mir über alles ...«[1] Diese Worte schrieb der damalige Generaloberst Ferdinand Schörner im Februar 1945 an Oberst von Trotha. Nicht nur diese Äußerung, sondern auch viele Passagen in seinen Befehlen zeugen von der nationalsozialistischen Einstellung Schörners. Hitler schätzte diesen General auch deshalb, weil er so agierte, wie der Oberbefehlshaber der Wehrmacht sich seine Generäle vorstellte: »rücksichtslos, grob, scharf und streng gegen die unterstellten Truppenführer, ..., krisen- und standfest«.[2] Diese Kriterien unterschieden ihn von der älteren Generation der Armeeoberbefehlshaber und entsprachen damit vollständig den Vorstellungen und der Mentalität Hitlers. Das Wohlwollen des »Führers« dokumentierte sich nicht nur in dem schnellen Avancement und den hohen militärischen Auszeichnungen während des Krieges, sondern auch in der Verleihung des Goldenen Parteiabzeichens, »mit dem Hitler die Verbundenheit oder gar Einheit zwischen Partei und Staat bzw. Wehrmacht manifestieren wollte«.[3]

Wer war dieser Ferdinand Schörner, der von seinen Offizierskameraden sowie Untergebenen entweder über alle Maßen verehrt oder abgrundtief gehaßt wurde?

Der am 12. Juni 1892 geborene Ferdinand Schörner stammte aus dem niederen Bürgertum und verlebte seine Kindheit und Jugend in München. Nach der Volksschule wechselte Schörner 1902 zum Luitpoldgymnasium über, an dem er 1911 die Reifeprüfung ablegte. Da der Abiturient beabsichtigte, den Lehrerberuf zu ergreifen, entschloß er sich, den Wehrdienst von 1911 bis 1912 als Einjährig-Freiwilliger beim Infanterie-Leibregiment abzuleisten. Im Gegensatz zu der Regel, daß einjährig-freiwillige Abiturienten zur Laufbahn der Reserveoffiziere zugelassen wurden, bestand für Schörner in dieser Hinsicht beim Infanterie-Leibregiment kaum eine Chance. Dies lag in erster Linie an seiner sozialen Herkunft. Als Sohn eines Polizeioberinspektors kam er aus einer Gesellschaftsschicht, »die von Haus aus nicht als offizierfähig galt«.[4] Deshalb beendete er seinen Wehrdienst lediglich als Unteroffizier. Trotz dieses sozialen Nachteils nahm Schörner im Frühjahr 1913 an einer zweimonatigen Reserveübung im Infanterie-Leibregiment teil, an deren Ende er am 25. Mai zum Vizefeldwebel d. R. befördert wurde.

Im Anschluß an den Militärdienst nahm Schörner ein romanistisches Studium (Französisch und Italienisch) an der Universität München auf. Bis zum Beginn des Ersten Weltkrieges widmete er sich dem Sprachstudium, das er durch ein Semester an der Universität Lausanne sowie durch Aufenthalte in Grenoble und in Italien zu vertiefen suchte. Die Aufenthalte Schörners in der Schweiz, Frankreich und Italien zeugten von einer gewissen Aufgeschlossenheit des jungen Studenten, die in diametralem Gegensatz zu seiner späteren deutsch-nationalen Anschauung stand. Mit dem Beginn des Ersten Weltkriegs mußte Schörner seine universitäre Ausbildung abbrechen.

Im Zuge der Mobilmachung ab 1. August 1914 erhielt Ferdinand Schörner seine Einberufung zur 12. Kompanie des Infanterie-Leibregimentes, der er während des gesamten Krieges angehörte. Am 7. August verließ der Vizefeldwebel mit seinem

Truppenteil München, um an den Kämpfen in Lothringen und an der Somme teilzunehmen. Das von Schörner in den ersten Gefechten gezeigte Draufgängertum bewirkte, daß er bereits im August als Zugführer Verwendung fand und Ende des Monats zum Offizier-Stellvertreter ernannt wurde. Drei Monate später konnte Schörner aufgrund seiner soldatischen Leistungen und infolge der hohen Offiziersverluste seine Beförderung zum Leutnant d. R. entgegennehmen. Von der Somme aus kam der junge Leutnant im Mai 1915 mit seinem Regiment nach Tirol, um in der Grenzsicherung gegen Italien eingesetzt zu werden. Die in den Dolomiten geforderte Kampfweise bedeutete für ihn militärisches Neuland, da sie sich von derjenigen an der Westfront erheblich unterschied. Aber gerade im Gebirgskrieg zeigte Schörner sein außerordentliches soldatisches Talent, das allerdings infolge seines übersteigerten Ehrgeizes beträchtliche negative Auswirkungen zeigen sollte. Vom Tiroler Kriegsschauplatz wechselte das Infanterie-Leibregiment im Oktober 1915 an die serbische Front.

Nach einem halbjährigen Einsatz auf der Balkanhalbinsel wurde das Infanterie-Leibregiment an die Westfront verlegt, wo es im Sommer 1916 an den verlustreichen und operativ sinnlosen Kämpfen um Verdun teilnahm. In den Gefechten um das Dorf Fleury erlitt Schörner eine Verwundung, die ihn vor einem weiteren Einsatz in der »Hölle von Verdun« bewahrte. Im Spätsommer 1916 wechselte das Regiment den Kriegsschauplatz, um am Feldzug gegen Rumänien teilzunehmen. Die Kämpfe in den Karpaten entsprachen Schörners eigentlichem Element, so daß er mit seiner Kompromißlosigkeit die 12. Kompanie, die er seit September führte, unerbittlich zu fast übermenschlichen Leistungen antrieb. Dabei gelang es ihm, den Rotenturmpaß zu sperren, um den Rumänen den Rückzug in die Walachei abzuschneiden. Bis zum Frühjahr 1917 besetzten die Mittelmächte Rumänien bis zum Sereth und zur Putna.

Wegen einer drohenden französischen Offensive gegen das obere Elsaß zog die OHL das Regiment vom Balkan ab und verlegte es an die Westfront, wo es an der burgundischen Pforte die Angriffsversuche der Franzosen erfolgreich abwehrte. Bereits Anfang August 1917 erfolgte der Rücktransport zum rumänischen Kriegsschauplatz. Hier beteiligte sich das Regiment für sechs Wochen an den Gefechten nördlich Focşani. Mitte September zog die OHL den Verband aus Rumänien ab und ließ ihn an die italienische Front transportieren. In der 12. Isonzoschlacht griff das Regiment am 24. Oktober aus dem Brückenkopf Tolomein nach Westen an, wobei das stark befestigte Kolovrat-Gebirge überwunden werden mußte. Dies glückte Leutnant Schörner mit seiner 12. Kompanie bereits am ersten Angriffstag. Obwohl die Eroberung des Kolovrat-Gebirges eine *conditio sine qua non* für die Fortsetzung der Operation war, kann nicht übersehen werden, daß Schörner zum Erreichen des Zieles alle Verantwortung für seine Untergebenen ohne Skrupel seinem Ehrgeiz unterordnete. Beim Ansturm auf die italienischen Stellungen forderte der Kompanieführer von seinen Soldaten derart hohe körperliche Anstrengungen, daß viele aus Erschöpfung zusammenbrachen und einer an den Folgen starb. Hier zeigte sich schon der rücksichtslose und radikale Charakter seines militärischen Führungsstils, der Schörner im Zweiten Weltkrieg einen »legendären Ruf« einbrachte. Für seine operationsentscheidende Aktion wurde Leutnant Schörner am 5. Dezember 1917 mit dem höchsten preußischen Tapferkeitsorden Pour le Mérite ausgezeichnet. Nur wenige Tage später übernahm ihn die bayerische Armee als aktiven Offizier.

Für die Frühjahrsoperationen 1918 an der Westfront benötigte die OHL alle verfügbaren Kräfte, so daß das Infanterie-Leibregiment im Januar 1918 von Norditalien nach Lothringen verlegt wurde. Ab 10. April griff das Regiment in die Kämpfe ein, wobei die 12. Kompanie unter der rigiden Führung Leutnant Schörners bei den Gefechten am Kemmel entscheidende Erfolge erzielen konnte. Obwohl die deutsche Offensive anfänglich erfolgreich verlief, erreichte sie infolge der materiellen und personellen Unterlegenheit die anvisierten Ziele nicht.

500

In den ab Sommer 1918 einsetzenden Abwehrkämpfen wurde Schörner, der im August seine Beförderung zum Oberleutnant erhalten hatte, so schwer verwundet, daß er erst Ende Oktober zu seiner Kompanie zurückkehren konnte. Diese befand sich im Herbst 1918 in Serbien, wo sie an den Rückzugsgefechten teilnahm. Noch auf dem Balkan erlebte der Oberleutnant den militärischen Zusammenbruch der Mittelmächte sowie am 11. November den Waffenstillstand mit den Alliierten. Am 28. November 1918 traf das Infanterie-Leibregiment nach über vier Jahren Krieg wieder in seinem Friedensstandort München ein, wo es bis auf einen geringen Stamm demobilisiert wurde.

Die Kriegsereignisse hinterließen bei Ferdinand Schörner einen nachhaltigen Eindruck. Besonders die gemeinsamen Erlebnisse im Schützengraben, in denen es scheinbar keine Klassen- und Standesunterschiede gab und lediglich die Tapferkeit des einzelnen zählte, mußten Schörner, bedingt durch seinen Minderwertigkeitskomplex der sozialen Herkunft, stark geprägt haben. Aber nicht nur die Schützengrabenerlebnisse, auch sein langjähriger Regimentskommandeur, Oberst Franz Ritter von Epp, übte einen erheblichen Einfluß auf den jungen Leutnant aus. Vor allem die nationalkonservative Einstellung Ritter von Epps bildete die Grundlage für Schörners spätere nationalsozialistische Gesinnung.

Im Zuge der Demobilisierungsmaßnahmen wurde Schörner Ende Dezember 1918 bis auf weiteres beurlaubt. Daher schloß er sich dem nationalkonservativen »Freikorps Epp« an, mit dem er im April/Mai 1919 an der Niederwerfung der Münchener Räterepublik sowie im Frühjahr 1920 an den Kämpfen gegen die kommunistischen Unruhen im Ruhrgebiet teilnahm. Schörners Eintritt in das »Freikorps Epp« erfolgte nicht nur aus innerer Verbundenheit zu seinem früheren Regimentskommandeur, sondern stand auch im inneren Zusammenhang mit seiner veränderten politischen Gesinnung. Noch 1920 übernahm die Reichswehr Teile des »Freikorps Epp«, so daß Schörner in der aktiven Offizierlaufbahn verbleiben konnte.

In der Zwischenkriegszeit durchlief Schörner die normale Karriere eines Reichswehroffiziers. Bis 1925 im wesentlichen im Truppendienst eingesetzt, kam er im Oktober an das Reichswehrministerium in Berlin. Nach zweijähriger Stabstätigkeit im Ministerium, während der er am 1. Juli 1926 zum Hauptmann befördert wurde, übernahm er die Führung einer Kompanie im Infanterieregiment 19. Im November 1927 schloß er mit Lieselotte Karboschewsky die Ehe, aus der drei Kinder hervorgingen. Im Oktober 1931 erfolgte seine Versetzung als Taktiklehrer zur Kriegsschule, an der er bis 1936 – zuletzt als Adjutant – blieb. Anschließend kam er zur 3. Abteilung des Generalstabs des Heeres. Die Beförderung Schörners zum Major erfolgte im Sommer 1934. Bereits drei Jahre später erhielt er den Dienstgrad eines Oberstleutnants übertragen. Noch 1937 versetzte ihn das Heerespersonalamt als Kommandeur zum Gebirgsjäger-Regiment 98, mit dem Schörner den Ausbruch des Zweiten Weltkrieges erlebte. Kurz vorher war er aufgrund seiner hohen Tapferkeitsauszeichnung zum chargierten Oberst ernannt worden.

Die militärischen Verwendungen und die Beförderungen Schörners in der Zwischenkriegszeit waren keineswegs außergewöhnlich, sondern lagen im Rahmen der üblichen Offizierlaufbahn. Die raschen Beförderungen nach 1934 hingen mit dem forcierten Aufbau der Wehrmacht zusammen und waren kein Anhaltspunkt für eine bevorzugte militärische Karriere.

Als am 1. September 1939 der Zweite Weltkrieg mit dem deutschen Überfall auf Polen ausbrach, lag das Gebirgsjäger-Regiment 98 in der Slowakei, um im Rahmen der 1. Gebirgs-Division am Angriff auf Lemberg teilzunehmen. Die Gebirgsdivision besaß in ihrem Kommandeur, General Ludwig Kübler, und in Oberst Schörner zwei Truppenführer, die vieles gemeinsam hatten. Beide zeichneten sich durch gnadenlose Härte und überzogenen Ehrgeiz aus und waren überzeugte Anhänger der nationalsozialistischen Ideologie. Nur unter dieser Prämisse ist das Vorgehen der 1. Gebirgs-Division, das mit dem Begriff »Sturmfahrt auf Lemberg« in die Geschichte einging, zu verstehen.

Sowohl Kübler als auch Schörner trieben ihre Soldaten gnadenlos an, um ihr ehrgeiziges Ziel, Lemberg als erster Truppenverband zu erreichen, zu verwirklichen. Obwohl die Offensive hohe Verluste kostete, berührte dies weder den Divisions- noch den Regimentskommandeur in besonderem Maße, da lediglich die Verwirklichung ihrer Absicht zählte. Bereits zu Beginn des Zweiten Weltkrieges setzte Schörner seinen brutalen Führungsstil fort, der ihn schon zwanzig Jahre vorher »ausgezeichnet« hatte, und das alles nur, um seinen übersteigerten Ehrgeiz zu stillen. Aber auch das ausgesprochene Minderwertigkeitsgefühl gegenüber dem traditionellen Offizierkorps, dem Schörner mit seinem Draufgängertum imponieren wollte, spielte dabei eine erhebliche Rolle.

In den ersten Operationen des Westfeldzuges führte Schörner noch sein Gebirgsjäger-Regiment, ehe er am 24. Mai mit der Aufstellung einer neuen Division beauftragt wurde. Bereits Mitte Juni hatte er diesen Auftrag abgeschlossen und konnte mit der 6. Gebirgs-Division in die letzten Gefechte des Frankreichfeldzuges eingreifen. Bei seinem Durchstoß durch die Vogesen gelang es ihm, umfangreiche gegnerische Truppen bei St. Die zu besiegen. Am 1. August 1940 erhielt Schörner seine Ernennung zum Generalmajor.

Der ohne Absprache mit dem Deutschen Reich von Mussolini unternommene italienische Angriff auf Griechenland hatte zu einem Fiasko für die italienischen Truppen geführt. Daher beschloß Hitler, auf dem Balkan einzugreifen, um das Prestige der Achse wiederherzustellen. Zu den Verbänden, die für den Kampf in Griechenland vorgesehen waren, gehörte auch die 6. Gebirgs-Division, die von Bulgarien aus die Metaxa-Linie nördlich Thessaloniki durchbrechen sollte. Dies gelang Schörner schon wenige Tage nach Feldzugsbeginn, und er trieb seine Soldaten gnadenlos an, um als erster Wehrmachtverband am 26. April in Athen einzumarschieren. Für diese Aktion wurde Schörner das Ritterkreuz verliehen.

Nach Griechenland kam die Division an der arktischen Front

zum Einsatz, wo sie ab 25. Oktober in die Kämpfe eingriff. Hier gelang es Schörner, der ab 15. Januar 1942 zum Kommandierenden General des XIX. Gebirgs-Korps unter gleichzeitiger Beförderung zum Generalleutnant ernannt worden war, die Verteidigungslinie – trotz der extremen klimatischen Verhältnisse – gegen alle Angriffsbemühungen der Russen bis Oktober 1943 zu halten. An der Murmansk-Front war der rücksichtslose und unbarmherzige Führungsstil Schörners zum Teil notwendig, da seine Soldaten nur so in der Arktis überleben konnten. Noch in Finnland erhielt er am 1. Juli 1943 seine Ernennung zum General der Gebirgstruppen. Durch seine militärischen Erfolge und seine kompromißlose Führung erlangte Schörner spätestens seit dem Griechenlandfeldzug, aber vor allem seit seinem Einsatz an der Murmansk-Front die Aufmerksamkeit Hitlers. Die standfeste und harte Art Schörners sowie seine fanatische nationalsozialistische Gesinnung imponierten dem »Führer«, so daß er den General 1943 mit dem Goldenen Parteiabzeichen auszeichnete.

Nach seinem Kommando in Nordeuropa setzte der Oberbefehlshaber der Wehrmacht Schörner als eine Art »Feuerwehr« an den besonders gefährdeten Abschnitten der Ostfront ein. Deshalb kam er am 1. Oktober 1943 an den Dnjepr, wo er mit der Armeegruppe Nikopol die russische Offensive zum Stehen bringen und den Verlust der kriegswichtigen Nickelgruben verhindern sollte. Diese Aufgabe bewältigte Schörner mit seiner rücksichtslosen Energie bis zum Januar 1944, ehe er aufgrund dramatischer Einbrüche beim Nachbarn gezwungen war, seine Verbände zurückzuziehen, damit sie nicht eingekesselt und vernichtet würden. Noch während seiner Zeit als Oberbefehlshaber der Armeegruppe Nikopol erhielt Schörner am 1. März 1944 seine Ernennung zum Generaloberst.

Sowohl seine fanatische nationalsozialistische Überzeugung als auch seine fast sklavische Treue zum »Führer« gaben den Ausschlag, ihn am 15. März 1944 zum Chef des NS-Führungsstabes im OKH zu ernennen. Allerdings blieb er nur zwei Wochen auf diesem Posten, weil er aus den ständigen Querelen mit dem

504

Reichsleiter Bormann die Konsequenzen zog. Nach diesem Zwischenspiel im OKH übernahm er am 31. März die Heeresgruppe Südukraine. Am Südflügel der Ostfront sollte er eine Eroberung Ostrumäniens sowie der Krim verhindern. Trotz allem gelang es Schörner anfangs nicht, die sowjetische Frühjahrsoffensive zum Stehen zu bringen, so daß er erst im April eine Verteidigungslinie nördlich Jaşi und am Pruth aufbauen konnte, die bis zum 20. August hielt.

Am 23. Juli gab ihm Hitler das Oberkommando über die Heeresgruppe Nord, wo er das Baltikum gegen heftige Angriffe der Roten Armee verteidigen sollte. Hierbei erreichte Schörner zwar, daß sich die russische Offensive verlangsamte, aber den Verlust des Baltikums konnte auch er nicht verhindern. Ähnlich wie in Bessarabien gelang es ihm dennoch, eine stabile Abwehrfront in Kurland aufzubauen und die Masse seiner Verbände der Vernichtung durch die Rote Armee zu entziehen.

Den letzten Oberbefehl übernahm der Generaloberst im Januar 1945 bei der Heeresgruppe Mitte, die zu diesem Zeitpunkt versuchte, das kriegswichtige Industrierevier in Oberschlesien zu halten. Aber mit den personell und materiell ausgebluteten Truppen konnte auch Schörner – trotz seines brutalen Durchgreifens gegen vermeintliche Drückeberger, Defätisten und Deserteure – diesen Auftrag nicht erfüllen. Erneut mußte Schörner wie bei der Heeresgruppe Südukraine und Nord vor den überlegenen sowjetischen Truppen zurückweichen. Noch kurz vor Kriegsende ernannte ihn Hitler am 5. April zum Generalfeldmarschall und in seinem Testament zum Oberbefehlshaber des Heeres. Zu Kriegsende standen die Reste seiner Heeresgruppe in Böhmen und versuchten, die amerikanischen Linien zu erreichen, was ihnen bis zur Kapitulation nicht gelang. Obwohl spätestens seit Anfang 1944 zu sehen war, daß die Sowjetunion den Krieg gewinnen würde, gehörte Schörner zu denjenigen Armeeoberbefehlshabern, die als »Durchhaltegeneräle« den Kampf im Sinne Hitlers weiterführten. Hierzu bediente er sich drakonischer Strafen und unmenschlicher Führungsmethoden.

Doch nach dem Krieg behaupteten er und seine Getreuen, daß es bei den Kämpfen Ende 1944 und 1945 nicht mehr um den Endsieg oder die Aufrechterhaltung des Systems gegangen sei. »Der Sinn und die Verpflichtung zum Kampf bis zum letzten bestand nur noch darin, das Vordringen des Bolschewismus auf deutschen Boden zu verhindern und die vielen Hunderttausende von flüchtenden deutschen Männern, Frauen und Kindern vor dem Zugriff durch die Rote Armee zu retten.«[5] Bei dieser Argumentation wurden die Ursache und die Wirkung vollständig umgekehrt. Aber dies paßt zum Charakterbild des Feldmarschalls, der bis zuletzt ein überzeugter Nationalsozialist blieb.

Auch sein Verhalten nach der bedingungslosen Kapitulation ist äußerst dubios. Statt das Schicksal seiner Soldaten zu teilen, setzte er sich am 9. Mai in Zivil aus Böhmen ab, um in die sogenannte Alpenfestung zu fliegen. Hier sollte er – wie er behauptete – auf Befehl Hitlers prüfen, ob ein Kampf gegen die Sieger aus dem Alpenraum heraus fortgesetzt werden könnte. Es erscheint merkwürdig, daß Schörner als letzter Oberbefehlshaber des Heeres die Sinnlosigkeit und auch die völkerrechtliche Fragwürdigkeit dieser Aufgabe nicht gesehen haben sollte. Deshalb bleibt immer der Makel an ihm haften, daß er seine Truppe verlassen hat, um sich der sowjetischen Kriegsgefangenschaft zu entziehen.

Schon am 15. Mai 1945 nahmen die Amerikaner den letzten Oberbefehlshaber des Heeres in der »Alpenfestung« gefangen und lieferten ihn bald an die Sowjetunion aus. Sieben Jahre verbrachte er in sowjetischen Gefängnissen, ehe das Oberste Kriegsgericht in Moskau ihn am 11. Februar 1952 in einem stalinistischen Kriegsverbrecherprozeß zu zweimal 25 Jahren »Erziehungslager« verurteilte. Gegen dieses Votum beschwerte Schörner sich persönlich bei Stalin, der unerwartet die gerichtliche Entscheidung auf eine Haftstrafe von zwölfeinhalb Jahren reduzierte.

Schörner wurde überraschend Mitte Dezember 1954 aus dem Arrest entlassen und konnte im Januar 1955 in die DDR ausreisen. In Ostberlin bemühten sich ehemalige Wehrmachtgenerāle sowie Vertreter Ulbrichts und der sowjetischen Botschaft um sein Verbleiben in der DDR. Trotz dieser Bemühungen bestand der ehemalige Feldmarschall auf seiner Ausreise nach München, obwohl in Westdeutschland seit Ende 1954 eine Pressekampagne gegen ihn eingesetzt hatte. Diese befaßte sich vor allem mit dem harten und kompromißlosen Auftreten Schörners gegenüber seinen Untergebenen sowie seinem fanatischen Einsatz für den Nationalsozialismus. Da in den Berichten zahlreiche Hinweise auf strafbare Handlungen enthalten waren, leitete die Generalstaatsanwaltschaft München mehrere Ermittlungsverfahren ein. Allerdings mußten die Voruntersuchungen in den meisten Fällen wegen fehlender Zeugen oder Indizien, aber auch infolge von Verjährung eingestellt werden. Letztendlich gelangten nur zwei Fälle zur Anklage, für die Schörner im Oktober 1957 zu viereinhalb Jahren Gefängnis verurteilt wurde. Gegen diese Entscheidung legte er beim Bundesgerichtshof Revision ein, der diese jedoch als unbegründet verwarf. Am 4. August 1958 trat Schörner seine Haftstrafe im Gefängnis Landsberg an, aus dem er nach zwei Jahren aus gesundheitlichen Gründen entlassen wurde.

Nach seiner Entlassung lebte Schörner – trotz der Publicity um seine Person – ziemlich zurückgezogen in München. Da ihm eine Pension verweigert wurde, sorgten Freunde und die Kameradschaft der ehemaligen 6. Gebirgs-Division für seinen Lebensunterhalt. Der letzte Oberbefehlshaber des Heeres starb 81jährig am 2. Juli 1973 in München.

Anmerkungen

1 Schreiben Schörners an den Chef der Operations-Abteilung im Generalstab des Heeres, Oberst i. G. von Trotha, vom 22. 2. 1945; Bundesarchiv-Militärarchiv Freiburg (BA-MA), Nachlaß GFM Schörner, N 60/17.

2 F. W. von Mellenthin, Feldmarschall Ferdinand Schörner, in: ders., Deutschlands Generale des Zweiten Weltkrieges, Bergisch-Gladbach 1980, S. 183.

3 Der Fall Schörner. Eine Klarstellung, bearb. v. Rudolf Aschenauer, München o. J. [1963], S. 44.

4 Reinhard Stumpf, Die Wehrmacht-Elite. Rang- und Herkunftsstrukturen der deutschen Generale und Admirale 1933–1945, Boppard/Rhein 1982, S. 258.

5 Aschenauer (Anm. 3), S. 59.

Bibliographie

Quellen

Neben einem umfangreichen Nachlaß im Bundesarchiv-Militärarchiv Freiburg (BA-MA) enthalten die Personalakten im Bayerischen Kriegsarchiv München [bis ca. 1921] sowie im Bundesarchiv-Zentralnachweisstelle Aachen wichtige Daten zum Leben und zum militärischen Werdegang Ferdinand Schörners. Für seine Tätigkeit als Kommandeur bzw. Befehlshaber im Zweiten Weltkrieg müssen die relevanten Akten der 1. und 6. Gebirgs-Division, des XIX. Gebirgs- und XXXX. Panzer-Korps sowie der Heeresgruppen Südukraine, Nord/Kurland und Mitte [H. Gr. Nord und Mitte nur Splitterbestände] im BA-MA herangezogen werden.

Literatur

Auch fünfzig Jahre nach Ende des Zweiten Weltkrieges ist noch keine Biographie über Feldmarschall Schörner erschienen, die wissenschaftlichen Ansprüchen gerecht wird. Die Biographien von Erich Kern, Generalfeldmarschall Ferdinand Schörner. Ein deutsches Soldatenschicksal, Pr. Oldendorf 1978 und Roland Kaltenegger, Schörner. Feldmarschall der letzten Stunde, München/Berlin 1994, befassen sich schwerpunktmäßig mit der Militärzeit und mit seinem Lebensabschnitt nach 1945. Während Kern alle Kritik an der »sakrosankten Person« verurteilt, ist die Publikation Kalteneggers, die sehr detaillierte Informationen enthält, zwar kritischer, geht aber nur wenig über die Ansätze Kerns hinaus. Auf der gleichen Ebene wie Kern liegt die Broschüre von Rudolf Aschenauer, Der Fall Schörner. Eine Klarstellung, München o. J. [1963]. Auch das Kapitel: Feldmarschall Ferdinand Schörner, in: F. W. von Mellenthin, Deutschlands Generale im Zweiten Weltkrieg, Bergisch-Gladbach 1980, S. 180–192, beschränkt sich im wesentlichen auf seine Militärzeit. Lediglich die Passage: Schörner, bei Richard Brett-Smith, Hitler's Generals, San Rafael (Kalifornien) 1976, S. 201–204, versucht eine kritische Betrachtung über den Ex-Feldmarschall zu geben, wobei er lediglich die Zeit 1939–1945 behandelt.

Felix Steiner –
Der Vater der europäischen Waffen-SS

VON FRANZ W. SEIDLER

Als der Zweite Weltkrieg zu Ende ging, gab es offiziell 38 Divisionen der Waffen-SS. In ihnen dienten fast eine Million Männer. Mehr als die Hälfte waren Ausländer. War Himmler als Reichsführer-SS bis 1941 nur bereit, Freiwillige aus den »germanischen« Ländern für die Waffen-SS zu akzeptieren, mußte er 1944, als der Untergang des Dritten Reiches nahe war, auch auf Ukrainer und Russen zurückgreifen. Die Ausdehnung der Waffen-SS über die germanischen Völker hinaus wurde im SS-Hauptamt von Männern betrieben, die statt des von Himmler ersehnten »Großgermanischen Reiches« ein neues Europa mit einer alle europäischen Völker umfassenden Armee anstrebten. Unter allen höheren Führern der Waffen-SS stand Felix Steiner dieser Idee am aufgeschlossensten gegenüber. Er führte am Beginn des Rußlandfeldzugs den ersten Verband in der deutschen Militärgeschichte, der aus Soldaten mehrerer Völker zusammengesetzt war. 1943 wurde ihm einer der ersten Großverbände der Waffen-SS anvertraut: das III. (»germanische«) Panzerkorps. Dieser Name, auf dem Himmler bestand, war eigentlich falsch, denn in diesem Korps befanden sich auch estnische und wallonische Einheiten. Im SS-Hauptamt stellte man befriedigt fest, daß es sich hier nicht um einen »germanischen« Verband, sondern um eine erste »Europaarmee« handele. Die Erfahrungen, die

Steiner mit diesem »vielvölkischen« Verband machte, konnte er nach dem Zweiten Weltkrieg einbringen, als er bei den Planungen für eine »Europäische Verteidigungsgemeinschaft« um Rat gefragt wurde.

Am 23. Mai 1896 in Stallupönen in Ostpreußen geboren, trat Steiner nach dem Abitur am Gymnasium in Königsberg im März 1914 als Fahnenjunker in das 5. (ostpreußische) Infanterieregiment von Boyen Nr. 41 in Tilsit ein. Als Fähnrich machte er zu Beginn des Ersten Weltkriegs die Kämpfe seines Regiments an der Grenze zu Rußland, in den Schlachten von Tannenberg und an den Masurischen Seen und den Vormarsch in Litauen mit. Im November 1914 wurde er schwer verwundet und erst Anfang 1916 nach mehreren Operationen aus dem Lazarett entlassen. Am 27. Januar 1915 zum Leutnant ernannt, nahm er ab Juni 1916 als Kompanieführer der Maschinengewehr-Scharfschützenabteilung 46 an den Kämpfen an der Düna und bei Riga teil. Nach der russischen Kapitulation zur Frühjahrsoffensive 1918 an die Westfront versetzt, war er mit seiner Abteilung an den Kämpfen bei Wytschaete, im Houthoulster Wald und am Kemmel beteiligt und erlebte die große Abwehrschlacht zwischen Arras und Noyon. In dieser Zeit sah er, daß Stoßtrupps und Sturmkompanien das Geschehen bestimmten und den Kampfgeist der Truppe ausmachten. Die Offensiven des deutschen Heeres waren bereits vier Jahre zuvor gescheitert und die unzulänglich ausgebildeten Soldaten der Folgejahre in den Materialschlachten in Scharen umgekommen.

Das Fronterlebnis im Westen bestimmte Steiners operative Einsichten in der Zukunft. Während die Generalstäbe aller Länder in ihren Planspielen weiterhin Massenheere manövrierten, glaubte er an die Kampfkraft von kleinen Eliten. Von solchen Fronterfahrungen, wie Steiner sie hatte, wollte die ältere Führungsgeneration nach dem verlorenen Krieg nichts wissen. Es widersprach ihrem Erziehungssystem, daß sich die jungen Offiziere über etwas Gedanken machten, was sie nichts anging. Die Auseinandersetzungen zwischen militärischem Konservativismus und Liberalismus nahmen ihren Anfang. Der britische Kriegswissenschaftler Liddell Hart, der kurz nach dem Ersten Weltkrieg für gemischte Einheiten aus Infanterie und Panzertruppen eintrat, stützte die Ansichten der »liberalen Revolutionäre«, blieb in Deutschland aber unbeachtet, weil die Reichswehr über keine schweren Waffen verfügte.

Mit dem Eisernen Kreuz beider Klassen ausgezeichnet, wurde der Oberleutnant Steiner im Herbst 1919 in die Reichswehr übernommen, nachdem er ein Jahr lang eine Freiwilligenkompanie zum Schutz des Memellandes geführt hatte. Er diente als Kompanieführer der 2. Maschinengewehrkompanie des Infanterieregiments 101 der Vorläufigen Reichswehr und ab 1. Oktober 1921 als Zugführer der 8. Maschinengewehrkompanie des Infanterieregiments 1 der Reichswehr in Tilsit. Nach bestandener Wehrkreisprüfung als Zulassungsvoraussetzung zur Kriegsakademie wurde er 1924 nach Königsberg versetzt, wo er mit der Beförderung zum Hauptmann am 1. Dezember 1927 als Regimentsadjutant und ab 1932 als Kompanieführer Dienst tat. 14 Jahre später schilderte ein Kriegsberichter des Dritten Reiches Steiners Zeit in der Reichswehr folgendermaßen: »Er gehörte dann zu jenen unbekannten Offizieren des Hunderttausend-Mann-Heeres, die in den zuchtlosen Jahren des Niederganges, als durch die Fesseln des Versailler Schandvertrages die Grundfesten preußisch-deutschen Soldatentums und damit die Grundlagen des völkischen Widerstandswillens bedroht waren, ihrem entsagungsvollen, von vielen unverstandenen Dienst in beharrlicher Pflichterfüllung nachgingen, in dem oft einsamen, aber stolzen Bewußtsein, hier an entscheidender Stelle für die Wiedergeburt der Nation zu wirken.«[1]

Je mehr sich die Reichswehr von den Wehrverbänden distanzierte, desto mehr empfanden sich deren Angehörige als die Sachwalter und Testamentsvollstrecker der 1918 untergegangenen Frontarmee. Der Stoßtruppführer des Jahres 1918 war ihr Vorbild. Als Hitler 1933 an die Macht kam, mußte er sich zwischen einem quantitativ begrenzten, aber qualitativ hochwertigen

Kaderheer aus Wehrpflichtigen und einem Volksheer in Millionenhöhe auf der Grundlage der Wehrverbände entscheiden. Eine dritte Alternative stellte sich ihm nicht.

Wie die Wehrtheoretiker der damaligen Zeit beschäftigte sich Hitler nur am Rande mit den Möglichkeiten einer schnellen motorisierten operativen Kerntruppe als Stütze einer Wehrpflichtigenarmee. Trotz seiner entgegenstehenden persönlichen Erfahrungen als »unbekannter Gefreiter« teilte er die Illusion von der Durchschlagskraft eines Massenheeres nach dem Vorbild des Ersten Weltkriegs, das durch eine Luftwaffe effektiv unterstützt werden sollte. Wenn er an eine militärische Elite dachte, dann bestenfalls, ganz im napoleonischen Sinne, an eine Prätorianergarde für seine Person, die im Kriegsfall ein Beispiel an Tapferkeit und Standhaftigkeit geben sollte. Zu diesem Zweck und als politische Truppe stellte er nach dem »Röhm-Putsch« am 24. September 1934 eine »SS-Verfügungstruppe« auf. Sie stand zwar außerhalb des organisatorischen Zusammenhangs des Reichsheeres, aber der Reichskriegsminister hatte viele Eingriffsmöglichkeiten. Die Vorbereitung der Truppe auf den Kriegsfall etwa lag in seinen Händen, die Befehlsgewalt allerdings beim Reichsführer-SS Heinrich Himmler, von dem Steiner sagte, er sei »weder eine große Persönlichkeit« gewesen, »noch ein Idol, das Begeisterung zu wecken vermochte«.[2] Da Himmler militärisch überfordert war, überließ er die Ausbildung der Freiwilligen den Offizieren, die entweder aus der Reichswehr kamen oder nach dem Ersten Weltkrieg demobilisiert worden waren.

1933 wurde Steiner unter gleichzeitiger Beförderung zum Major als Ausbildungsleiter zur Landpolizei-Inspektion West befohlen. Zum Jahresende nahm er seinen Abschied aus dem Heeresdienst »aus innerem Gegensatz zu Erziehungs-, Ausbildungs- und sonstigen Auffassungen des Reichsheeres«[3], wie er ein paar Jahre später schrieb.

Ab 1. Januar 1934 tat Steiner Dienst als Referent beim Chef des Ausbildungswesens und entwickelte Richtlinien für die vormilitärische Ausbildung und für Kurzausbildungslehrgänge. Als die Dienststelle nach der Einführung der Wehrpflicht aufgelöst wurde, trat Steiner zur SS über und übernahm am 12. Juni 1935 als SS-Sturmbannführer das Kommando über das 3. Bataillon des Regiments »Deutschland« der Verfügungstruppe, das in Ellwangen/Jagst aufgestellt wurde. Im Juni 1936 wurde er Regimentskommandeur. 1938 nahm das Regiment »Deutschland« an der Besetzung des Sudetenlandes teil und im März 1939 am Einmarsch in die »Resttschechei«, die zum Protektorat Böhmen und Mähren umgewandelt wurde.

Im Mai 1939 fand auf dem Truppenübungsplatz Munsterlager die erste Regimentsgefechtsübung der SS-Verfügungstruppe unter Steiners Leitung statt. Mit der eindrucksvollen Vorführung der SS-spezifischen Taktik vor der Generalität des Heeres und in Anwesenheit Hitlers öffnete Steiner die Zukunft der Waffen-SS. Unmittelbar nach der erfolgreichen Übung erhielt die SS-Verfügungsgruppe endlich ein eigenes Artillerieregiment. Im Polenfeldzug im September 1939 wurden die Regimenter der SS-Verfügungstruppe letztmals einer Heeresdivision unterstellt. Die Panzerdivision Kempf bestand außer dem Divisionsstab und dem Panzerregiment 7 ausschließlich aus Einheiten der SS. Unmittelbar nach dem Polenfeldzug wurden sie zu einer SS-Verfügungsdivision zusammengefaßt, deren Kommandeur der ehemalige Reichswehr-Generalleutnant Paul Hausser wurde. Als selbständiger Verband operierte die Division erstmals im Mai 1940 im Westfeldzug mit unverhältnismäßig geringen Verlusten. Als die französische Regierung um einen Waffenstillstand ansuchte, war sie bis zu den Pyrenäen vorgedrungen.

Am 9. November 1940 wurde Steiner zum SS-Brigadeführer befördert und übernahm am 1. Dezember 1940 das Kommando über die neu gebildete 5. SS-Division »Wiking«, die erstmals in der Geschichte der deutschen Streitkräfte aus Freiwilligen mehrerer Nationen zusammengesetzt sein sollte, neben »Volksdeutschen« aus dem Osten vor allem Männer aus der Schweiz, Norwegen, Dänemark, Schweden, den Niederlanden und Belgien.

Die Aufstellung und Ausbildung fand im Winter 1940/41 in München, Wien und Klagenfurt statt. Die drei Regimenter trugen die Namen »Westland«, »Nordland« und »Germania«. Die Ausbildung orientierte sich an den Erlebnissen und Erfahrungen, die Steiner im Ersten Weltkrieg als Führer einer »besonderen Truppe« gemacht hatte. Die Formalausbildung stand im Hintergrund. Es wurden unter dem dauernden Appell an natürliche Instinkte Findigkeit, Gewandtheit, Entschlußkraft und Eigeninitiative im Gelände gefördert, um den »Sturmsoldaten« heranzuziehen, der mit Überlegenheitsgefühl und kämpferischer Sicherheit in allen Kampfsituationen blitzschnell zu reagieren imstande war. »Schweiß spart Blut« war Steiners Motto. Die nationalsozialistische Propaganda spielte während der gesamten Ausbildung keine augenfällige Rolle. Auf die politische Orientierung, welche die Freiwilligen von zu Hause mitbrachten, wurde keine Rücksicht genommen. Als sich einige Niederländer als »Mussertleute« vorstellten und gegenüber ihren nicht in der »Nationaal Socialistische Beweging« organisierten Landsleuten Vorrechte anmahnten, wurde Steiner die spaltende Wirkung von Ideologien in einer militärischen Truppe schlagartig bewußt. Er unterdrückte nationalistische Eitelkeiten und Eifersüchteleien. Er achtete alle Soldaten als seine Kameraden ohne Rücksicht auf ihre Herkunft und ihre Weltanschauung.

Das Interesse, das viele junge Männer in den besetzten Ländern an der Waffen-SS zeigten, kam den Wünschen des SS-Hauptamts zur Sicherung des personalen Ersatzes entgegen. Bereits im Mai 1940 wurden Ergänzungsstellen in Den Haag, Oslo und Kopenhagen eingerichtet, wo sich die Freiwilligen für den Dienst in der Waffen-SS bewerben konnten. Im SS-Hauptamt entstand die »Germanische Freiwilligen-Leitstelle« unter Leitung des SS-Sturmbannführers Dr. Riedweg, der sich 1938 als Schweizer Arzt freiwillig zur SS-Verfügungstruppe gemeldet hatte. In dieser Dienststelle wurden mit Billigung Himmlers die Pläne einer »pangermanischen Armee« und – ohne die Billigung Himmlers – die Pläne einer »europäischen Armee« erdacht.

Auftrieb erhielt die multinationale Konzeption, als im Sommer 1941 der Krieg mit der Sowjetunion begann. Waren bis Juni 1941 etwa 2400 ausländische Freiwillige in den Reihen der Waffen-SS, so stieg ihre Zahl bis zum Ende des Jahres auf mehr als 12000. Bis zum Ende des Krieges dienten in der Waffen-SS schließlich etwa 120000 »germanische« Freiwillige einschließlich der Finnen und Wallonen. Die Motive der Bewerber waren sehr unterschiedlich und vielfältig: Dienst in einer Elitetruppe, Solidarität der »germanischen« Völker, Kampf gegen den »Urfeind des Abendlandes«, »Kreuzzug« zum Schutz des Christentums, Ausrottung des »jüdischen Bolschewismus«, Pflege des gemeinsamen »rassischen Bewußtseins«, Teilhabe an der Neuordnung Europas, Belohnung am Ende des Krieges, Aussicht auf Siedlungsland im Osten usw. So entstand aus der Waffen-SS innerhalb von wenigen Monaten eine supranationale Armee, die es nahelegte, die Idee vom SS-Orden als »deutscher Elite« auszuweiten zu einem SS-Orden als »germanischer Elite«. Die Idee der »europäischen Elite« folgte.

Auf militärischem Gebiet machte erstmals die 5. SS-Division »Wiking« den Versuch, die nationalen Kontingente zu verschmelzen. Das große Problem bestand darin, daß nicht genügend ausländische Offiziere und Unteroffiziere verfügbar waren, welche die Ausbildung durchführen und die Führung übernehmen konnten. Die Freiwilligen hätten gerne in rein nationalen Kontingenten unter eigenen Führern gedient. Da das deutsche Rahmenpersonal nicht immer das Fingerspitzengefühl für die Eigenheiten der Freiwilligen aufbrachte, konnte das Zusammengehörigkeitsgefühl erst im Einsatz wachsen. Steiner plädierte: »Je vernünftiger, überlegter und warmherziger eine Truppe geführt wird, um so stärker ist ihr innerer Zusammenhalt und ihr Kampfwert. ... Ich bitte alle Vorgesezten, sich dauernd und mit tiefem Ernst zu bemühen, ein solches menschliches Verhältnis in ihrer Truppe zu schaffen.«[4] Steiner gab den Freiwilligen aus West- und Nordeuropa ein Kriegsziel an, mit dem sie sich identifizieren konnten: »die gerechte Ordnung in einem freien Europa, die

Erhaltung unserer Gesittung und Kultur und der Sieg des freien und adeligen Geistes über die zerstörenden Kräfte in der Welt«.[5]

Verstärkt durch ein finnisches Freiwilligenbataillon in SS-Uniform, führte Steiner die 5. SS-Division »Wiking«, die bald darauf zur 5. SS-Panzergrenadierdivision »Wiking« und 1942 zur 5. SS-Panzerdivision »Wiking« umgerüstet wurde, im Rußlandfeldzug vom Bereitstellungsraum Lublin bis in den Kaukasus. Die Division stieß über Tarnopol und Dnjepropetrowsk nach Osten vor und stand im November 1941 vor Rostow. Nach den Verteidigungsschlachten am Mius zwischen Dezember 1941 und Juli 1942 nahm sie Rostow ein, überquerte den Kuban und erreichte im August 1942 den Ostkaukasus und das Ölgebiet von Maikop. Ende September stand sie am Terek. Dem Divisionskommandeur war die Entscheidung der Wehrmachtführung nicht einsichtig, was eine Panzerdivision im Kaukasus sollte. Seine Zornesausbrüche über manche Befehle von oben waren im Stab gefürchtet. Das Ölgebiet von Grosny vor Augen, mußte die Division im Februar 1943 wegen der Niederlage bei Stalingrad den Rückzug über den Don nach Charkow antreten. Sie geriet im November 1943 in den Kessel von Tscherkassy, aus dem die Soldaten im Februar 1944 nur das nackte Leben retten konnten. Steiner, inzwischen zum Generalleutnant der Waffen-SS befördert, erhielt als 159. Soldat das Eichenlaub zum Ritterkreuz für hervorragende Führungsleistungen unter schwierigen Umständen. Die ausländischen Freiwilligen hatten ihre Bewährung bestanden.

Die neue Idee, alle »germanischen« Freiwilligen der Waffen-SS in einem Großverband zu vereinigen, hatten Steiner und Riedweg, obwohl sie vom Chef des SS-Hauptamtes, SS-Obergruppenführer Gottlob Berger, als die seine ausgegeben wurde. Steiner brachte seine Erfahrungen als Kommandeur einer Division ein, in der Dänen, Norweger, Niederländer, Finnen und andere Ausländer unter den Strapazen des Rußlandfeldzugs untereinander und mit den deutschen Kameraden zusammengewachsen waren, und Riedweg glaubte, in einem solchen Verband den Anfang einer »Europaarmee zur Neuordnung des Kontinents«

nach dem Krieg erkennen zu können. Berger sah in dem Korps »gleichsam das Symbol des kämpfenden germanischen Europas«.[6] Die nationalen Kollaborationsbewegungen in den besetzten Ländern, die nationale Legionen mit eigenen Führern und Unterführern, mit landeseigenen Insignien, Fahnen und Liedern bevorzugt hätten, wurden damit getröstet, daß ihre Kontingente die nationalen Namen, Ärmelabzeichen und Fahnen behalten könnten.

Am 30. März 1943 unterzeichnete Hitler den Aufstellungsbefehl für das »III. (germanische) SS-Panzerkorps«. Kommandierender General wurde der am 1. Januar 1942 zum SS-Gruppenführer beförderte Steiner, der vom 21. November 1942 bis 2. Januar 1943 als Führer des III. Panzerkorps des Heeres erste Erfahrungen mit einem Großverband gesammelt hatte.

Steiner sah in der Führung des Waffen-SS-Großverbands eine persönliche Herausforderung. So wie er bisher von seinen »Wikingern« gesprochen hatte, wollte er das Korps zu seiner Angelegenheit machen. Daß er seine eigenen Führungsprinzipien pflegte, mißfiel Himmler, der das militärische Prunkstück der SS für sich reklamierte. In einem Schreiben vom 15. Juli 1943 an den Chef des SS-Hauptamtes, SS-Obergruppenfüher Berger, klagte er, daß Steiner von »seinen Truppen« spreche, die unter »seinem Befehl stünden«, und weder an Hitler als den Oberbefehlshaber noch an ihn als den Reichsführer-SS denke. Statt »Heil Hitler« sei der ihm unbekannte Gruß »Heil Euch« üblich. Er übte Kritik an der »NS-kritischen Haltung« des Generals. Am meisten aber wurmte ihn, wie man im Verband über seine Person sprach. Himmler forderte Berger zum Einschreiten auf: »In diesem Zusammenhang können Sie auch Steiner nahelegen, daß ich bei aller Großzügigkeit wünsche, daß er den lästerlichen Ton, den immer noch manche Männer in der Division ›Wiking‹ mir als dem Reichsführer-SS gegenüber sich in ihren Gesprächen in Kasinos usw. erlauben, ... ein für allemal abschafft.«[7]

Bevor Ausbildung und Ausrüstung abgeschlossen waren, wurde das Korps zur Partisanenbekämpfung nach Kroatien verlegt. Die unerwartete Kapitulation Italiens am 8. September 1943 zwang Teile des Verbands, die italienischen Truppen in Slowenien zu ersetzen, bevor deren Ausrüstung in die Hände der Partisanen fiel. Im Dezember 1943 kam das gesamte Panzerkorps an die Front nach Leningrad. Von da an erlebte es nur Rückzüge, hinhaltende Gefechte, Ausbrüche aus Kesseln, Abwehrkämpfe, Befreiungsschläge, Unterstützungseinsätze und dergleichen. Es stand im Oranienbaumer Kessel, an der Narwafront und in den Lugasümpfen. Im Herbst 1944 zog es sich durch das Baltikum zurück, und im Januar 1945 stand es im Einsatz in den Kurlandschlachten. Dort zerbrach das Korps. Seine militärische Leistung bis dahin bestand darin, daß es an vielen Stellen Frontzusammenbrüche verhindert oder verzögert hatte. Der politische Anspruch, den Teile der SS-Führung mit der Aufstellung des gemischtnationalen Großverbands verbunden hatten, war nicht deutlich geworden. Die europäische Kameradschaft wuchs nur in den einzelnen Einheiten.

Bereits bei der Verlegung des III. (»germanischen«) SS-Panzerkorps an die Ostfront war klar, daß der Großverband nicht der Schmelztopf aller europäischen Freiwilligenverbände sein würde, als der er konzipiert war. Es waren nicht einmal alle »germanischen« Waffen-SS-Angehörigen dabei. Die Stärke des Korps betrug nur 19000 Mann, wenig mehr als die einer Division. Die Mehrzahl der Soldaten waren Rumäniendeutsche und nicht Freiwillige aus den »germanischen« Ländern. Zwei Drittel aller Führer- und Unterführerstellen lagen in den Händen von »Reichsdeutschen«, so daß die Freiwilligen aus den anderen Nationen nur bedingt die Möglichkeit hatten, sich in Kommandofunktionen zu bewähren. Der Anteil der nichtdeutschen »Germanen« betrug nur 25 Prozent. Da zu dieser Zeit in der gesamten Waffen-SS etwa 20000 »germanische« Freiwillige vorhanden waren, bleibt die Frage offen, warum sie nicht vollzählig in das Korps einbezogen wurden, insbesondere, warum die 5. SS-Panzerdivision »Wiking«, in der die meisten nord- und westeuropäischen Freiwilligen waren, nicht dem Großverband angegliedert wurde. Auch die »Flämische Legion« und die »Sturmbrigade Langemarck« fehlten. Allerdings wurden an ihrer Stelle Wallonen, Franzosen, Esten usw. in das Korps einbezogen. Das gab ihm ein europäisches Gesicht. Die Propaganda nahm auf diese Umstände keine Rücksicht. Sie stellte das »III. (germanische) SS-Panzerkorps« als den Beitrag der west- und nordeuropäischen Staaten zum »Schicksalskampf« gegen die »kulturvernichtende bolschewistische Flut aus dem Osten« dar und ignorierte den Beitrag der baltischen Völker.

Im SS-Hauptamt träumten die Angehörigen des Amtes VI indessen von einer »europäischen Nachkriegsarmee«, deren Nukleus das III. (»germanische«) SS-Panzerkorps werden könnte. Bei einer Realisierung dieses Konzepts wären die herkömmlichen Träger der deutschen Wehrkraft, Heer, Luftwaffe und Kriegsmarine, von der SS in den Hintergrund gedrängt worden. Wenn, wie geplant, nach der Einführung der »germanischen« Wehrpflicht 30 europäische SS-Divisionen entstanden wären, hätten die drei Wehrmachtteile in der Waffen-SS nicht nur wie bisher einen ideologischen Konkurrenten gehabt, sondern einen militärischen dazu.

Im August 1944 wurde Steiner von Hitler mit den Schwertern zum Eichenlaub des Ritterkreuzes ausgezeichnet. Im Januar 1945 übernahm er das Kommando über die 11. Panzerarmee, mit der er nach dem Durchbruch der Roten Armee an der Weichsel und dem Vorstoß bis nach Küstrin in Hinterpommern eine Verteidigungsstellung nach Süden gegen die Flanke der 1. Weißrussischen Front unter Marschall Schukow aufbauen sollte. Als die Frontlinie hinter die Oder zurückfiel, wartete die Armee auf einen neuen Einsatzbefehl. Der Stab befand sich in Schloß Plathe. Dort erreichte Steiner ein »Führerbefehl« mit der Weisung, in Neustrelitz einen Sonderauftrag zu übernehmen.

Nach der Einquartierung in der Kaserne der Stadt kam der Sonderkurier mit folgendem Auftrag: Steiner sollte in allen unter der deutschen Oberhoheit stehenden Gebieten, vor allem in den deutschen Wehrkreisen, »alle für den Endsieg verfügbaren menschlichen und materiellen Ressourcen rücksichtslos erfassen« und melden. In jedem Wehrkreis stand ihm dazu jeweils ein General des Heeres, der Luftwaffe, der Waffen-SS und im Norden zusätzlich ein Admiral der Kriegsmarine »mit unbeschränkten Vollmachten« zur Verfügung. Die beauftragten Generäle und Admiräle holten sich ihre Weisungen gegen Unterschrift im Stab Steiners ab. Alle amtlichen Stellen, besonders die Polizei, alle Gliederungen und Verbände der NSDAP und alle Wehrmacht- und SS-Stellen waren auf allen Ebenen zur Unterstützung der Aktion verpflichtet. Als besonders hilfreich bei der Suche nach geheimen Lagern erwies sich die »Hitlerjugend«. Es fanden sich eingemottete Werkzeugmaschinen, ungenutzte Produktionsstätten, unbekannte Lager mit Kriegsgerät, Stäbe ohne Soldaten, Ausbildungslager mit frontverwendungsfähigen Rekruten, Küchen- und Lazarettpersonal ohne Aufgaben usw. Nach wenigen Tagen trafen die ersten Meldungen als »geheime Kommandosache« ein. Sie wurden in einem Panzerschrank verwahrt, weil sie Beweise für Obstruktion und Hortung von kriegswichtigen Gütern in einer solchen Fülle enthielten, daß alle Wehrmachtteile, Ministerien, Parteistellen und viele Industriebetriebe belastet waren. Für Steiner wurde eine Kurzfassung der Ergebnisse zusammengeschrieben.

Ende März 1945 wurde Steiner zum Vortrag bei Hitler befohlen. In Begleitung seines Chefs des Stabes Oberst Ensor und des Obersturmbannführers Sch. fuhr er zur Reichskanzlei in das zerbombte Berlin. Der SS-Gruppenführer Rattenhuber, Chef des Sicherungsverbandes der Reichskanzlei, empfing die Berichterstatter und deutete an, daß er über die Tragweite des zu Berichtenden informiert sei und alle Vorbereitungen getroffen habe. In Anwesenheit von Göring, Himmler, Dönitz, Speer, Saur und anderen hochrangigen Führungskräften des Dritten Reiches, insgesamt etwa 12 Männern, trug Steiner dem »Führer« die Ergebnisse der Untersuchung vor. Hitler sank immer tiefer in seinen Sessel, je mehr er hörte. Als Steiner zu Ende war, trat eine lange Stille ein. Alle Nichtbeteiligten warteten auf einen

Wutausbruch Hitlers oder einen Befehl, die anwesenden Beschuldigten festnehmen zu lassen, so groß waren die Vorwürfe. Hitler sagte jedoch nur resignierend: »Ich danke Ihnen, meine Herren«, und verließ ohne Abschied sein Arbeitszimmer durch die rückwärtige Tür, an der ihn sein Kammerdiener Linge abholte. Auch der Schuß, den einige erwarteten, blieb aus. Hitler dachte noch nicht daran, sich umzubringen. Steiner kehrte erschüttert nach Neustrelitz zurück. Gegenüber den Begleitern kommentierte er das Ereignis mit den Worten: »Das war die endgültige Todesstunde des Dritten Reiches.«[8] Von da an war er nicht mehr bereit, das Blut seiner Soldaten für das nationalsozialistische Regime zu opfern.

An einem der folgenden Tage bekam Steiner das Kommando über einen Verband, der den Namen »Armeegruppe Steiner« tragen sollte. Er enthielt auch die Reste des III. (»germanischen«) SS-Panzerkorps, die aus Hinterpommern herausgekommen und Ende März 1945 in aller Eile bei Schwedt aufgefrischt und ergänzt worden waren. Es handelte sich um Teile der Divisionen »Nordland«, »Nederland« »Langemarck« und »Wallonien«. Der Divisionsgefechtsstand Steiners lag 35 km westlich von Schwedt in Steinhöfel. Nach den Erfahrungen der letzten Wochen und angesichts der aussichtslosen Lage des Deutschen Reiches bat Steiner von dort aus den in Bad Wiessee lebenden ehemaligen Reichskriegsminister von Blomberg über dessen Schwiegersohn, den SS-Obersturmbannführer Dr. Riedweg, eine Verbindung zu Feldmarschall Montgomery herzustellen, den Blomberg von den gemeinsamen Vorkriegsbemühungen um eine europäische Generalsunion gut kannte, um im Westen zum Ende des Krieges zu kommen. Blomberg lehnte jedoch ab, weil er sich an seinen Eid gegenüber Hitler gebunden fühlte.

Als am 18. April 1945 der russische Großangriff auf Berlin begann, wurden die SS-Divisionen »Nordland« und »Nederland« von der »Armeegruppe Steiner« abgezogen und dem LVI. Panzerkorps bzw. dem XI. SS-Panzerkorps zugeteilt. Steiner, der seine ausländischen Kameraden auch im »Endkampf« um sich haben wollte, konnte nichts dagegen tun. Es geschah das, was er vermeiden wollte: die europäischen Freiwilligen im Häuserkampf in Berlin für das tote Reich sterben zu sehen.

Am 21. April 1945 um 14.45 Uhr erhielt er von Hitler den fernschriftlichen Befehl, mit einem Angriff nach Süden die Verbindung zu den bei Werneuchen stehenden deutschen Kräften herzustellen. Hitler fügte folgende Drohung hinzu: »Ein Ausweichen für alle Teile nach Westen ist verboten. Offiziere, die sich dieser Anordnung nicht bedingungslos fügen, sind festzunehmen und augenblicklich zu erschießen. Sie selbst mache ich mit Ihrem Kopf für die Durchführung dieses Befehls verantwortlich. Vom Erfolg Ihres Auftrags hängt das Schicksal der deutschen Reichshauptstadt ab. gez. Adolf Hitler.«[9] Da die deutschen Verbände Werneuchen aufgaben, bevor Steiner seine Truppen in Marsch setzen konnte, war der Befehl gegenstandslos. Er wurde am Abend durch einen neuen ersetzt: Steiner sollte die Linie Spandau-Oranienburg sperren. Am 22. April 1945 kam Steiner dem Befehl ohne Feindberührung nach. Bei der Lagebesprechung im Bunker der Reichskanzlei verlangte Hitler am Nachmittag des 22. April 1945 nach der Frage »Wo ist Steiner mit seiner Armee?« den sofortigen Angriff Steiners zur Lösung des Einschließungsrings der Roten Armee um Berlin. Bei einem Telefongespräch mit dem Generalstabschef des Heeres, General Krebs, aus dem Bunker der Reichskanzlei über eine noch funktionierende Dezimeterleitung wurde Steiner klar, daß die in der Reichskanzlei Eingeschlossenen in einer Traumwelt lebten. Er lehnte den Angriff als »undurchführbar und sinnlos« ab. Um nicht wegen Befehlsverweigerung erschossen zu werden, schickte er widerwillig einige Kräfte gegen die Rote Armee. Am Morgen des 23. April gaben sie erwartungsgemäß auf, weil der Widerstand zu groß war. Mit diesem Argument bemühte sich Steiner, die Divisionen »Nordland« und »Nederland« wieder von der 9. Armee zurückzubekommen. Das war unmöglich, weil beide Verbände in Berlin im Kampf standen.

Am 25. April 1945 bat der Oberbefehlshaber der Heeresgruppe »Weichsel«, dem Steiners Verband unterstand, einen von Hitler befohlenen Angriff auf Spandau zu beginnen. Steiner lehnte mit dem Argument »Ich habe doch nur einen lächerlich bunten Haufen« ab. In der Nacht zum 27. April 1945 räumte er den Brückenkopf Germendorf, von dem der Angriff ausgehen sollte, ohne die Heeresgruppe zu benachrichtigen.

Als die Armeegruppe Steiner an diesem Tag auf Befehl aus Berlin in das XXXXI. Panzerkorps des Generalleutnants Holste eingegliedert werden sollte, wußte Steiner, daß ihn die Kriegsführer in der Reichskanzlei abgeschrieben hatten, weil sie ihm mißtrauten. Er überzeugte Holste, daß es ihre Aufgabe sei, die Männer in englische Kriegsgefangenschaft zu führen: »Von einem bestimmten Dienstgrad ab kann sich ein militärischer Befehlshaber nicht mehr hinter dem Befehl vorgesetzter oberster Dienststellen verstecken. Für das Gelingen einer Operation oder deren Mißerfolg sowie das Wohl und Wehe seiner Soldaten ist er in erster Linie selbst verantwortlich.«[10]

Eine Woche vor der deutschen Kapitulation am 8. Mai 1945 geriet Steiner in Mecklenburg in englische Kriegsgefangenschaft. Nachdem er in mehreren Lagern über seine Kriegserfahrungen genügend ausgeforscht worden war, wurde er am 27. April 1948 entlassen. Er nahm seinen Wohnsitz in München.

In den folgenden Jahren setzte Steiner seine ganze Kraft zur Rehabilitierung der Waffen-SS ein, die vom Internationalen Militär-Tribunal in Nürnberg als »kriminelle Organisation« eingestuft worden war. Mit Büchern wie »Die Freiwilligen. Idee und Opfergang« oder »Die Armee der Geächteten« machte er auf die Inkompetenz der alliierten Richter aufmerksam, distanzierte sich von Himmlers Vermischung von SS, Polizei und Waffen-SS und interpretierte die Waffen-SS als vierten Wehrmachtteil neben Heer, Luftwaffe und Kriegsmarine.

1952 gründete Steiner zusammen mit einigen ehemaligen Wehrmachtoffizieren in München mit amerikanischer Unterstützung die »Gesellschaft für Wehrkunde«, deren stellvertretender Vorsitzender er war. Die »Gesellschaft für Wehrkunde« sollte die

Aufstellung der deutschen Verbände der »Europäischen Verteidigungsgemeinschaft« beratend begleiten. Als Ende 1953 die Finanzierung an das Amt Blank, den Vorläufer des Bundesministeriums der Verteidigung der Bundesrepublik Deutschland, überging, wünschte man keinen Angehörigen der Waffen-SS im Vorstand. Mit seinen Publikationen, zum Beispiel »Von Clausewitz bis Bulganin. Erkenntnisse und Lehren einer Wehrepoche« (1956) erwies sich Steiner in der Folgezeit als zu beachtender Wehrschriftsteller. Er perfektionierte die Theorie der »dynamischen Operation«, die er seit 1934 vertreten hatte, und empfahl sie als Ausbildungkonzept für die in die NATO integrierte Bundeswehr.

Steiner starb am 17. Mai 1966 in München. Da er nicht verheiratet war, trauerten um ihn vor allem seine Kameraden aus der Waffen-SS. Ein Vertreter der »Gesellschaft für Wehrkunde« fehlte am Grab.

Anmerkungen

1 Hans-Werner Nachrodt, Ein Kommandeur, in: Das Schwarze Korps vom 11. 2. 1943.

2 Felix Steiner, Die Armee der Geächteten, Göttingen 1963, S. 61.

3 Vgl. Lebenslauf vom 25. 3. 1936, Personalakte Steiner, Institut für Zeitgeschichte Fa 74.

4 Befehl vom 31. 1. 1941, in: Felix Steiner, Die Freiwilligen. Idee und Opfergang, Göttingen 1958, S. 64f.

5 Befehl vom 31. 1. 1941, in: Ebd., S. 68.

6 Schreiben des Chefs des SS-Hauptamts an Himmler vom 10. 2. 1943, Berlin Document Center SS-HO 1765.

7 Schreiben Himmlers an Berger vom 15. 7. 1943, Bundesarchiv-MA 295.

8 Vgl. Hans Sch., Ein Weg durch die Zeitgeschichte, Maschinenmanuskript, S. 121 ff.

9 Kurt Gerhard Klietmann, Die Waffen-SS. Eine Dokumentation, Osnabrück 1965, S. 56.
10 Wilhelm Tieke, Das Ende zwischen Oder und Elbe. Der Kampf um Berlin 1945, Stuttgart 1981, S. 305.

Bibliographie

Quellen

Die einzige Quelle, die Felix Steiners Person direkt betrifft, befindet sich im ehemaligen Berlin Document Center, das seit 1994 als Außenstelle Berlin-Zehlendorf der Abt. III des Bundesarchivs Koblenz geführt wird. Dort wird seine Personalakte verwahrt. Alle anderen Auskünfte über ihn sind dem militärischen Archivmaterial des Zweiten Weltkriegs zu entnehmen. Über das SS-Hauptamt, das für die Ergänzung des nichtdeutschen Personals der Waffen-SS zuständig war, befinden sich wesentliche Bestände unter der Signatur NS 31 in der Abt. III des Bundesarchivs in Potsdam. Von der 5. SS-Panzerdivision Wiking und dem III. (»germanischen«) Panzerkorps sind nur wenige Bruchstücke erhalten. Die Kriegstagebücher sind vernichtet. Aussagen über diese Verbände müssen den Archivunterlagen der Armeen entnommen werden, denen sie im Laufe des Krieges unterstellt waren. Diese sind, soweit erhalten, im Militärarchiv in Freiburg verfügbar.

Literatur

Die einzige gedruckte Darstellung über Steiner gibt es auf zwei Seiten in dem Buch Peter Strasser, Vorwärts – voran, voran!, Leoni o. J. Über die Einsätze der beiden Verbände, die Steiner während des Zweiten Weltkriegs führte, die 5. SS-Panzerdivision »Wiking« und das III. (»germanische«) Panzerkorps, finden sich unterschiedliche Darstellungen in allen Kriegsgeschichten des Zweiten Weltkriegs. Da manche Autoren sie als »besondere Streitkräfte« im Vergleich zu den Heeresverbänden würdigen, wird ihren militärischen Leistungen ausreichend Raum gewidmet. Die einzige Monographie über einen von Steiner geführten Verband veröffentlichte Jean Mabire, Die SS-Panzer-Division »Wiking«. Germanische Freiwillige im Kampf um Europa, Preußisch Oldendorf 1983. Ebenso wie es keine kriegsgeschichtliche Darstellung des Zweiten Weltkriegs ohne Hinweise auf Steiner gibt, existiert auch keine inländische oder ausländische Abhandlung über die Waffen-SS, in der Steiner nicht erwähnt wird. Die bekanntesten Bücher sind John Keegan, Waffen-SS. The Asphalt Soldiers, New York/Toronto 1970, und George H. Stein, Geschichte der Waffen-SS, Düsseldorf 1978. Im Rahmen der sogenannten Rechtfertigungsliteratur veröffentlichte Steiner nach dem Zweiten Weltkrieg zwei Bücher zur Waffen-SS: Die Freiwilligen. Idee und Opfergang, Göttingen 1958, und Die Armee der Geächteten, Göttingen 1963. Paul Hausser, der am Ende des Zweiten Weltkriegs als Generaloberst der Waffen-SS und SS-Oberstgruppenführer der ranghöchste militärische SS-Führer war, schrieb zur Rehabilitierung der Waffen-SS das Buch Waffen-SS im Einsatz, Göttingen 1953. Über die Rekrutierungsprobleme des ersten Großverbands der Waffen-SS gibt folgende Studie Auskunft: Bernd Wegner, Auf dem Wege zur pangermanischen Armee. Dokumente zur Entstehungsgeschichte des III. (germanischen) SS-Panzerkorps, in: *Militärgeschichtliche Mitteilungen* 28 (1980). Wer das Schicksal der westeuropäischen Freiwilligen der Waffen-SS in den letzten Kriegswochen verfolgen will, kann auf Wilhelm Tieke, Das Ende zwischen Oder und Elbe. Der Kampf um Berlin 1945, Stuttgart 1981, oder auf Christopher Duffy, Der Sturm auf das Reich. Der Vormarsch der Roten Armee 1945, München 1994, zurückgreifen. Eine Gesamtdarstellung über alle nichtdeutschen Freiwilligen der Waffen-SS bietet Hans W. Neulen, An deutscher Seite. Internationale Freiwillige von Wehrmacht und Waffen-SS, München 1985.

DIE AUTOREN DIESES BANDES

KEITH W. BIRD, geb. 1945 in Grand Rapids/Michigan (USA); studierte Geschichte am Alma College B.A. und wurde 1972 mit einer Arbeit über das Verhältnis des deutschen Marineoffizierkorps zum aufsteigenden Nationalsozialismus während der Weimarer Republik zum Ph.D. promoviert; seit 1991 Deputy Commissioner am New Hampshire Technical Colleges/Institute System. Veröffentlichungen u.a.: Weimar, the German Naval Officer Corps and the Rise of National Socialism, Amsterdam 1977; German Naval History: A Bibliographical Guide, New York 1984.

HORST BOOG, geb. 1928 in Kleinkayna bei Merseburg (Saale); studierte Geschichte, Philosophie, Anglistik, Staats- und Völkerrecht an der phil. theol. Hochschule Regensburg, am Middlebury College in Vermont (USA) und an den Universitäten Kiel und Heidelberg und wurde 1965 mit einer Arbeit über Ernst Graf zu Reventlow zum Dr. phil. promoviert; seit 1993 Leitender Wissenschaftlicher Direktor am Militärgeschichtlichen Forschungsamt in Freiburg (Brsg.) a.D. Veröffentlichungen u.a.: Die deutsche Luftwaffenführung 1935–1941. Führungsprobleme – Spitzengliederung – Generalstabsausbildung, Stuttgart 1982; Das Deutsche Reich und der Zweite Weltkrieg, Bd. 4: Der Angriff auf die Sowjetunion, Stuttgart ²1987 (als Co-Autor von Jürgen Förster, Joachim Hoffman, Ernst Klink, Rolf-Dieter Müller und Gerd R. Ueberschär); Das Deutsche Reich und der Zweite Weltkrieg, Bd. 6: Der globale Krieg. Die Ausweitung zum Weltkrieg und der Wechsel der Initiative 1941–1943, Stuttgart 1990 (als Co-Autor von Werner Rahn, Reinhard Stumpf und Bernd

Wegner); Luftkriegführung im Zweiten Weltkrieg. Ein internationaler Vergleich, Herford/Bonn 1993.

CHRISTOPHER CLARK, geb. 1960 in Sydney (Australien); studierte Mittlere und Neuere Geschichte in Sydney, Berlin und Cambridge und wurde 1991 mit einer Arbeit zum Verhältnis von Juden und Protestanten im Preußen des 18. und 19. Jahrhunderts zum Ph. D. promoviert; seit 1991 Fellow, Lecturer und Director of Studies in History in Cambridge. Veröffentlichungen u. a.: The Politics of Conversion. Missionary Protestantism and the Jews in Prussia 1728–1941, Oxford 1995.

TORSTEN DIEDRICH, geb. 1956 in Berlin (Ost); studierte Wirtschaftsgeschichte und Ökonomie in Berlin (Ost) und wurde 1989 mit einer Arbeit über die Militär- und Sicherheitspolitik der SED 1949–1955 zum Dr. phil. promoviert; seit 1984 bzw. 1990 wiss. Angestellter am Militärgeschichtlichen Forschungsamt in Potsdam. Veröffentlichungen u. a.: Der 17. Juni 1953 in der DDR. Bewaffnete Gewalt gegen das Volk, Berlin 1991.

MARK PHILIPP GINGERICH, geb. 1958 in Beirut (Libanon); studierte Europäische Geschichte an der University of Wisconsin-Madison und wurde 1991 mit einer Arbeit über die Rekrutierung »germanischer« Freiwilliger durch die Waffen-SS 1940–1945 zum Ph. D. promoviert; seit 1991 Assistant Professor an der Ohio Weslevan University.

CHRISTIAN HARTMANN, geb. 1959 in Heidelberg; studierte Geschichte und Germanistik in Tübingen, Köln und Freiburg (Brsg.) und wurde 1989 mit einer Arbeit über Franz Halder zum Dr. phil. promoviert; seit 1993 wiss. Mitarbeiter am Institut für Zeitgeschichte in München. Veröffentlichungen u. a.: Halder. Generalstabschef Hitlers 1938–1942, Paderborn 1991; Akten zur deutschen auswärtigen Politik 1918–1945, Serie A, Göttingen 1990ff. (als Mitherausgeber); Hitler. Reden, Schriften, Anord-

nungen Februar 1925 bis Januar 1933, München 1993 ff. (als Mitherausgeber).

WINFRIED HEINEMANN, geb. 1956 in Dortmund; studierte
Geschichte und Anglistik in Bochum und am King's College in
London und wurde 1995 mit einer Arbeit über Desintegrations-
faktoren in der frühen NATO zum Dr. phil. promoviert; seit
1986 als Historiker – inzwischen im Range eines Majors – am Militärgeschichtlichen Forschungsamt in Freiburg (Brsg.), jetzt
Potsdam.

EDWARD L. HOMZE, geb. 1930 in Canton/Ohio (USA); studierte an der Green State University und an der Pennsylvania
State University Geschichte und wurde 1963 mit einer Arbeit
über den Fremdarbeitereinsatz in der deutschen Kriegswirtschaft während des Zweiten Weltkrieges zum Ph. D. promoviert;
seit 1965 Professor für Geschichte an der University of Nebraska
(Lincoln). Veröffentlichungen u. a.: Foreign Labor in Nazi Germany, Princeton (New Jersey) 1967; Arming the Luftwaffe. The
Reich Air Ministry and the German Air Industry 1919–1939, Lincoln (Nebraska) 1976; German Military Aviation. A Guide to
Literature, New York 1984.

KARL-HEINZ JANSSEN, geb. 1930 in Carolinensiel (Kreis
Wittmund); studierte Mittlere und Neuere Geschichte sowie
Politische Wissenschaft in Freiburg (Brsg.) und wurde 1957 mit
einer Arbeit über die Kriegsziele der Bundesstaaten 1914–1918
zum Dr. phil. promoviert; seit 1963 Redakteur bei der Wochen-
zeitung *Die Zeit*. Veröffentlichungen u. a.: Der Sturz der Generäle. Hitler und die Blomberg-Fritsch-Krise 1938, München
1994 (als Co-Autor von Fritz Tobias).

BERNHARD R. KROENER, geb. 1948 in Vallendar (Kreis Koblenz); studierte Neuere Geschichte, Klassische Archäologie
und Politikwissenschaft in Bonn und Paris und wurde 1977 mit

einer Arbeit zur Versorgung der französischen Armee in Nord-
ostfrankreich 1635–1661 zum Dr. phil. promoviert; Habilitation
1990 u. a. auf der Basis einer Arbeit über die personellen Ressourcen des Dritten Reiches im Spannungsfeld zwischen Wehrmacht, Bürokratie und Kriegswirtschaft; seit 1978 Mitarbeiter
am Militärgeschichtlichen Forschungsamt (jetzt Potsdam), seit
1990 auch Privatdozent für Neuere Geschichte an der Universität Freiburg (Brsg.). Veröffentlichungen u. a.: Les Routes et les
Étapes. Die Versorgung der französischen Armee in Nordost-
frankreich 1635–1661, Münster 1980; Europa im Zeitalter Fried-
richs des Großen. Wirtschaft – Gesellschaft – Kriege, München
1989 (als Herausgeber); Das Deutsche Reich und der Zweite
Weltkrieg, Bd. 5.1: Organisation und Mobilisierung des deutschen Machtbereichs. Kriegsverwaltung, Wirtschaft und personelle Ressourcen 1939–1941, Stuttgart 1988 (als Mitautor); Potsdam. Staat, Armee, Residenz, Berlin 1993 (als Herausgeber).

JOACHIM LUDEWIG, geb. 1958 in Köln; studierte Geschichte,
Politische Wissenschaft und Geographie in Köln und wurde 1990
mit einer Arbeit über den deutschen Rückzug aus Frankreich im
Jahre 1944 zum Dr. phil. promoviert; seit 1995 als Ministerialbeamter im Bundesministerium für Ernährung, Landwirtschaft
und Forsten. Veröffentlichungen u. a.: Der deutsche Rückzug
aus Frankreich 1944, Freiburg (Brsg.) 1994.

SAMUEL J. LEWIS, geb. 1948 in Stockton/Kalifornien (USA);
studierte Geschichte in Santa Barbara und wurde 1983 mit einer
Arbeit über die deutsche Infanterie zum Ph. D. promoviert; seit
1985 ist er als Lehrer in der Stabsausbildung der US Army tätig.
Veröffentlichungen u. a: Forgotten Legions. German Army
Infantry Policy 1918–1941, New York 1985; Iedburgh Team Ope-
rations in Support of the 12th Army Group, August 1944, Fort
Leavenworth 1991.

HORST MÜHLEISEN, geb. 1943 in Freiburg (Brsg.); Verwaltungsbeamter, studierte im zweiten Bildungsweg Geschichte, Germanistik und Politische Wissenschaften in Freiburg (Brsg.) und Köln und wurde 1981 mit einer Arbeit über Kurt Freiherr von Lersner zum Dr. phil. promoviert; seit 1989 Archivar an der Universität Trier. Veröffentlichungen u. a.: Kurt Freiherr von Lersner. Diplomat im Umbruch der Zeiten 1918–1920. Eine Biographie, Göttingen/Zürich 1988; Hellmuth Stieff: Briefe, Berlin 1991 (als Herausgeber); Georges Clemenceau. Patriot und Staatsmann, Göttingen/Zürich 1994; Bibliographie der Werke Ernst Jüngers. Begründet von Hans Peter des Coudres, erw. Neuausgabe 1920–1995, Stuttgart 1995.

GENE MUELLER, geb. 1942 in Milwaukee/Wisconsin (USA); studierte Geschichte an der University of Oregon und wurde 1973 mit einer Arbeit über Wilhelm Keitel zum Doctor of History promoviert; seit 1987 Professor am Henderson State College in Arkadelphia/Arkansas. Veröffentlichungen u. a.: The Forgotten Field Marshal. Wilhelm Keitel, Durham (North Carolina) 1979; Hitler's Commanders, Lanham (Maryland) 1992 (als Co-Autor von Samuel Mitcham).

RICHARD R. MULLER, geb. 1961 in Summit/New Jersey (USA); studierte Geschichte am Franklin and Marshall College und an der Ohio State University und wurde 1990 mit einer Arbeit über die deutsche Luftwaffe im Rußlandfeldzug 1941–1945 zum Ph. D. promoviert; seit 1991 Assistant Professor am United States Air Force Command and Staff College. Veröffentlichungen u. a.: The German Air War in Russia, Baltimore (Maryland) 1992; »The Luftwaffe's Way of War«. German Air Force Doctrine, 1909–1945, Novato (Kalifornien) 1995.

WILLIAMSON MURRAY, geb. 1942 in New York City (USA); studierte neuere europäische Geschichte an der Yale University und wurde 1975 mit einer Arbeit über die Veränderungen im europäischen Mächtesystem 1938/39 zum Ph. D. promoviert; Emeritus der Ohio State University. Veröffentlichungen u. a.: The Change in the European Balance of Power. The Path to Ruin, 1938–1939, Princeton (New Jersey) 1984; Luftwaffe, Baltimore (Maryland) 1985; The Making of Strategy. Rulers, States, and War, Cambridge (Massachusetts) 1994 (als Mitherausgeber).

RALF GEORG REUTH, geb. 1952 in Oberlangenstadt/Kronach; studierte Geschichte, Germanistik und Altertumskunde in Köln und wurde 1983 mit einer Arbeit über die deutsche Mittelmeerstrategie 1940–1942 zum Dr. phil. promoviert; seit 1994 Leiter des Büros der *Bild*-Zeitung in Berlin. Veröffentlichungen u. a.: Erwin Rommel. Des Führers General, München/Zürich 1987; Goebbels, München 1990; Joseph Goebbels: Tagebücher 1924–1945, 5 Bde., München/Zürich 1992; Das Komplott. Wie es wirklich zur Einheit kam, München 1993.

MICHAEL SALEWSKI, geb. 1938 in Königsberg (Ostpreußen); studierte Geschichte, Romanistik und Philosophie in Bonn, Saarbrücken und Besançon und wurde 1964 mit einer Arbeit über Entwaffnung und Militärkontrolle in Deutschland 1919–1927 zum Dr. phil. promoviert; Habilitation 1970 mit einer Studie über die deutsche Seekriegsleitung 1935–1945; seit 1980 Professor für Neuere Geschichte in Kiel. Veröffentlichungen u. a.: Die deutsche Seekriegsleitung 1935–1945, 3 Bde., München 1970–1975; Tirpitz. Aufstieg – Macht – Scheitern, Göttingen 1979; Zeitgeist und Zeitmaschine. Science Fiction und Geschichte, München 1986; Deutschland. Eine politische Geschichte. Von den Anfängen bis zur Gegenwart, 2 Bde., München 1993.

KLAUS SCHÖNHERR, geb. 1947 in Wiehl (Oberbergischer Kreis); studierte Geschichte, klassische Archäologie und Politologie in Gießen und Wien; seit 1980 – inzwischen im Rang eines Oberstleutnants – als Historiker-Stabsoffizier wiss. Mitarbeiter am Militärgeschichtlichen Forschungsamt in Freiburg (Brsg.), jetzt Potsdam. Veröffentlichte zahlreiche Aufsätze zu militärgeschichtlichen Themen, zumeist des Zweiten Weltkrieges.

Franz W. Seidler, geb. 1933 in Wigstadtl (Kreis Troppau); studierte Geschichte, Germanistik und Anglistik in München, Cambridge und Paris und wurde 1955 mit einer Arbeit über den »Begriff der Revolution« zum Dr. phil. promoviert; seit 1973 Professor für Neuere Geschichte, insbesondere Sozial- und Militärgeschichte, an der Universität der Bundeswehr in München. Veröffentlichungen u. a.: Deutscher Volkssturm. Das letzte Aufgebot 1944/45, München 1989; Die Militärgerichtsbarkeit der Deutschen Wehrmacht 1939–1945. Rechtsprechung und Strafvollzug, München 1991; Fahnenflucht. Der Soldat zwischen Eid und Gehorsam, München 1993; Kollaboration 1939–1945, München 1995.

Brendan Simms, geb. 1967 in Dublin (Irland); studierte Geschichte in Dublin und wurde 1992 mit einer Arbeit zur preußischen Politik vor 1806 zum Ph. D. promoviert; seit 1993 Fellow und Director of Studies in History in Cambridge. Veröffentlichungen u. a.: The Impact of Napoleon: Prussian Policy, Politics and Executive Reform, 1797–1806, Cambridge (England) 1995.

Ronald Smelser, geb. 1942 in Altoona/Pennsylvania (USA); studierte Geschichte an der University of Wisconsin und wurde 1970 mit einer Arbeit über die NS-Außenpolitik und das »Sudetenproblem« zum Ph. D. promoviert; seit 1983 Professor an der University of Utah in Salt Lake City. Veröffentlichungen u. a.: Das Sudetenproblem und das Dritte Reich 1933–1938. Von der Volkstumspolitik zur Nationalsozialistischen Außenpolitik, München/Wien 1980; Robert Ley. Hitlers Mann an der »Arbeitsfront«. Eine Biographie, Paderborn 1990; Die braune Elite. 22 biographische Skizzen, Darmstadt 1989 (als Mitherausgeber);

Die braune Elite II. 21 weitere biographische Skizzen, Darmstadt 1993 (als Mitherausgeber).

PETER STEINBACH, geb. 1948 in Lage (Lippe); studierte Geschichte, Politikwissenschaften, Philosophie und Volkswirtschaftslehre in Marburg und Berlin und wurde 1973 mit einer Arbeit über Industrialisierung und Sozialsystem im Fürstentum Lippe im 19. Jahrhundert zum Dr. phil. promoviert; Habilitation 1978 mit einer Arbeit über die Wahlkämpfe im Bismarckreich 1865–1881; seit 1992 Professor für Politikwissenschaften in Berlin sowie dort wissenschaftlicher Leiter der Forschungsstelle Widerstandsgeschichte der FU und der Gedenkstätte Deutscher Widerstand. Veröffentlichungen u. a.: Nationalsozialistische Gewaltverbrechen. Die Diskussion in der deutschen Öffentlichkeit, Berlin 1981; Die Zähmung des politischen Massenmarktes. Wahlen und Wahlkämpfe im Bismarckreich 1865–1881, 3 Bde., Passau 1991; Widerstand gegen den Nationalsozialismus, Berlin 1994 (als Mitherausgeber); Widerstand im Widerstreit. Der Widerstand gegen den Nationalsozialismus in der Erinnerung der Deutschen. Ausgewählte Studien, Paderborn/München/Wien/Zürich 1994.

ENRICO SYRING, geb. 1960 in Göttingen; studierte Geschichte, Geographie und Politische Wissenschaften in Göttingen, Köln und Bonn und wurde 1993 mit einer Arbeit über Hitlers politische Utopie zum Dr. phil. promoviert; seither Historiker in Gießen. Veröffentlichungen u. a.: Die braune Elite, Bd. II: 21 weitere biographische Skizzen, Darmstadt 1993 (als Mitherausgeber); »Für Deutschland«. Die Männer des 20. Juli, Frankfurt a. M./Berlin 1994 (als Mitherausgeber); Hitler. Seine politische Utopie, Berlin/Frankfurt am Main 1994.

JAMES WEINGARTNER, geb. 1940 in Bethlehem/Pennsylvania (USA); studierte Geschichte und Staatswissenschaften an der University of Wisconsin und wurde 1967 mit einer Arbeit über die Leibstandarte SS Adolf Hitler zum Ph. D. promoviert; seit 1969 Professor an der Southern Illinois University in Edwardsville. Veröffentlichungen u.a.: Hitler's Guard. The Story of the Leibstandarte SS Adolf Hitler, 1933–1945, Carbondale (Illinois) 1974; Crossroads of Death. The Story of the Malmedy Massacre and Trial, Berkeley (Kalifornien) 1979.

HANS-HEINRICH WILHELM, geb. 1944 in Bublitz (Kreis Köslin); studierte Germanistik, Geschichte, Politologie und Theaterwissenschaft in Köln und München und wurde 1975 mit einer Arbeit über die Einsatzgruppe A der Sicherheitspolizei und des SD 1941/42 zum Dr. phil. promoviert; seit 1974 im gymnasialen Schuldienst des Landes Berlin. Veröffentlichungen u.a.: Die Truppe des Weltanschauungskrieges. Die Einsatzgruppen der Sicherheitspolizei und des SD 1938–1942, Stuttgart 1980 (zusammen mit Helmut Krausnick).

ALAN P. WILT, geb. 1937 in Nappanee/Indiana (USA); studierte Geschichte an der Depauw University und an der University of Michigan und wurde 1969 mit einer Arbeit über den Altantikwall zum Ph. D. promoviert; seit 1981 Professor an der Iowa State University in Ames. Veröffentlichungen u.a.: The Atlantic Wall. Hitler's Defenses in the West, 1941–1944, Ames (Iowa) 1975; The French Riviera Campaign of August 1944, Carbondale (Illinois) 1981; War From the Top. German and British Decision Making During World War II, Bloomington (Indiana) 1990; Nazi Germany, Arlington Heights (Illinois) 1994.

EARL F. ZIEMKE, geb. 1922 in Milwaukee/Wisconsin (USA); studierte Geschichte an der University of Wisconsin und wurde 1951 mit einer Arbeit über die Botschafter und das deutsche Auswärtige Amt im 20. Jahrhundert zum Ph. D. promoviert; seit 1993 Emeritus für Geschichte der University of Georgia. Veröffentlichungen u.a.: The German Northern Theater of Operations, 1940–1945, Washington (D.C.) 1959; The U.S. Army in the

Occupation of Germany, 1944–1945, Washington (D.C.) 1975; Stalingrad to Berlin. The German Defeat in the East, Washington (D.C.)/New York ²1987; Moscow to Stalingrad. Decision in the East, Washington (D.C.)/New York ²1987.

BILDNACHWEIS

Personenregister

539